中国社会科学院
新闻与传播研究所
INSTITUTE OF JOURNALISM & COMMUNICATION
CHINESE ACADEMY OF SOCIAL SCIENCES

中国社会科学院新闻与传播研究所
建所四十周年论文集

40th Anniversary Proceedings of the Institute
of Journalism and Communication,
Chinese Academy of Social Sciences

知往鉴来

中国社会科学院新闻与传播研究所 / 编

社会科学文献出版社
SOCIAL SCIENCES ACADEMIC PRESS (CHINA)

编者说明

本论文集为纪念中国社会科学院新闻与传播研究所成立 40 周年而编。

中国社会科学院新闻与传播研究所成立于 1978 年，伴随着改革开放的脚步一路前行，40 年来在新闻学和传播学研究方面屡有建树。建所 10 周年时，编辑出版过论文集《新闻学研究 10 年（1978～1988）》；建所 30 周年时，编辑出版过论文集《纪念中国社会科学院建院三十周年学术论文集·新闻与传播研究所卷》。为示承继，本论文集收纳了自 2008 年 1 月 1 日至 2018 年 5 月 30 日在本所工作过的科研人员在此期间公开发表的学术论文和理论文章。

所选文章除一位去世者外皆为科研人员从自己众多成果中选定的 1 篇，或从某个角度提出了一个新的研究问题，或在某个方面论证了一个新的学术观点，或对实际工作起到了积极的推动作用，简言之，能够在一定程度上代表作者的治学志趣或科研水平。是故，每篇文章之后均附有作者的自选理由。

入选文章基本保持刊发时的原样，只做了些必要的技术处理，比如，删除了内容提要、关键词、参考文献以及其他一些无关宏旨的内容，以求全书格式统一。

全书分为新闻学、传播学、新媒体三大类，每一类以论文主题相近归集编排。

书末附有《40 年著作、期刊出版名录》，收录的是自 1978 年至 2018 年，以中国社会科学院新闻与传播研究所（或者中国社会科学院新闻所）名义和科研人员在本所工作期间以个人名义正式出版的新闻学与传播学著作（包括译著），以及由本所主办的期刊等。该名录的资料来源于 3 个途径：其一，中国国家图书馆馆藏图书目录；其二，本所资料室图书目录；其三，科研人员自报著作名录。40 年间，几代科研人员编写出版了大量专业著作，囿于各种原因，资料积累不全。此番虽竭尽全力，仍恐有遗珠之憾。现将名录暂列于此，以大致反映本所 40 年来对我国新闻学和传播学所做出的学术贡献。

全书组编工作由唐绪军负责，参加编辑工作的有钱莲生、张满丽、向芬、段铁铮。

本书在出版和印制过程中，得到了社会科学文献出版社的大力支持。谨在此一并致谢。

目　　录

新闻学

传播学

新媒体

新闻学

中国特色新闻学的历史、使命和方向

——关于中国新闻学创立百年的回顾思考

季为民*

习近平提出："要加快完善对哲学社会科学具有支撑作用的学科，如哲学、历史学、经济学、政治学、法学、社会学、民族学、新闻学、人口学、宗教学、心理学等，打造具有中国特色和普遍意义的学科体系。""要从学科建设做起，每个学科都要构建成体系的学科理论和概念"。[①] 这一论述对于即将迎来百年华诞的中国新闻学来说，可谓意义重大。然而，回溯中国新闻学百年的发展历程，审视当前新闻学科的建设状况，尤其和其他 10 个学科比较，我们又有没有足够的自信，能够回答这样几个问题：当下的新闻学是否能对哲学社会科学发挥支撑作用？它会提供什么样的支撑作用？今后怎样发挥这一作用？如何打造具有中国特色和普遍意义的新闻学学科体系？当前，中国特色社会主义进入新时代，新闻学也迎来了创新发展的新机遇，探究如何创新体现中国特色、中国风格、中国气派的中国新闻学的理论体系和话语体系，已成为新时代新闻学研究者的使命、责任和追求。

一 中国新闻学的学科定位和发展历程回顾

新闻学是研究人类社会各类新闻传播活动的形成、发展和基本规律的应用性社会科

＊ 季为民系中国社会科学院新闻与传播研究所研究员。
① 习近平：《在哲学社会科学工作座谈会上的讲话》，人民出版社，2016，第 22～24 页。

学。它的研究对象是人类社会客观存在的新闻传播活动和现象，特别是新闻事业和人类社会的关系，并从中探索新闻活动和新闻事业产生和发展的独特规律及新闻工作的基本要求。

新闻学对哲学社会科学的支撑作用，主要体现在新闻实践的经世致用之作为。虽然新闻学研究至多有数百年时间①，但新闻传播活动可以追溯到人类活动之初，新闻信息传播及其规律伴随着人类发展进步的每一阶段，并在推动社会进步中发挥作用。随着信息符号的丰富和传播技术的进步，新闻传播活动已成为人类生存和社会发展不可或缺的条件。尤其是互联网技术的运用和新媒体的兴起给人类经济社会发展提供了变革性的动力，同时也给传统新闻业带来了颠覆性的冲击，给新闻学理论创新提出了新问题、新挑战和新机遇。

新闻学是伴随现代新闻业的实践发展而诞生的，在研究解决新闻传播现实问题的过程中不断丰富发展。现代新闻学发端于欧美，西方学者不断探索修正创新，从新闻业务的总结、新闻史的梳理，到新闻理论的探讨②，以及传播理论的引入，历经各种理论、学派、学科的浸润融会，形成了相对系统的研究方法和理论体系③，为建立公共信息传播机制和发展现代新闻业提供了理论支撑，对我国新闻学的奠基发展产生了重大影响。中西方现代新闻学的初期研究几乎同时起步④。如果以1918年北京大学新闻学研究会成立为标志，中国新闻学的引入和创建即将百年。100年来，新闻学西学东渐，由术入学，经历了曲折的发展道路，走过了萌芽启蒙、登堂入室、分化发展、政治异化、回归

① 1690年3月5日，托稗厄斯·波伊瑟（Tobias Peucer）在莱比锡大学提交了题为《关于新闻报道》的博士论文。陈力丹：《回到最早的新闻学博士论文——读1690年托俾厄斯·波伊瑟〈关于新闻报道〉》，《现代传播》（中国传媒大学学报）2012年第10期，第13～18页。

② 集权主义理论、自由主义理论、社会责任理论、发展新闻理论等的发展演进。

③ 20世纪初，美国学者相继出版了几十种代表性新闻学著作，如休曼的《实用新闻学》、李普曼的《舆论学》、约斯特的《新闻学原理》、杜费法特的《论报纸》和《报学》、弗林特的《报纸的良知》、特劳布的《新闻的基本概念》、布伦菲巴的《近代新闻学》、罗伯逊的《现代新闻学导论》、威廉姆斯的《报刊、议会与人民》、凯塞尔的《一种自由的死亡》、希伯特与施拉姆等人的《报刊的四种理论》等，逐步形成西方新闻学理论体系。比较集中地突出了关于媒介独立性、新闻真实性、社会责任论等主要媒介体制和新闻报道原则。方延明：《创新中国新闻学理论体系与话语体系》，《社会科学战线》2017年第1期。

④ 20世纪初在美国相继出版的休曼的《实用新闻学》、李普曼的《舆论学》以及约斯特的《新闻学原理》。一直到后来的杜费法特的《论报纸》《报学》和弗林特的《报纸的良知》、特劳布的《新闻的基本概念》、布伦菲巴的《近代新闻学》、罗伯逊的《现代新闻学导论》、威廉姆斯的《报刊、议会与人民》、凯塞尔的《一种自由的死亡》、希伯特与施拉姆等人的《报刊的四种理论》等几十种代表性著作，逐步形成西方新闻学理论体系。这样一个新闻学的理论体系，比较集中地突出了关于媒介独立性、新闻真实性、社会责任论等主要媒介体制和新闻报道原则。但是，真正把报纸、新闻事业、媒体从业者作为一门学科来研究，是始于1908年密苏里大学建立的新闻学院。

学术、创新繁荣等发展阶段①，几代新闻学人前赴后继，以独特的学术贡献确立了新闻学的学术地位。

萌芽启蒙（1833～1917）：随着近代西方国家海外扩张，传教士、商人、政客带来教堂、医院的同时，也带来了近代报业，带来了近代报刊知识和新闻观念的传播。报业是最早的新闻事业，新闻学研究是从报业研究开始的。中国的新闻研究起点也是从近代报业开始的。1815年，英国马礼逊、米怜在马六甲创办第一家中文报刊《察世俗每月统记传》（Chinese Monthly Magazine）②。1833年，马礼逊在《杂闻篇》发表第一篇中文新闻短论《外国书论》③；1834年，普鲁士传教士郭士立在《东西洋考每月统记传》发表《新闻纸略论》④。1876年，王韬在《循环日报》发表中国人的第一篇新闻学论文《论日报渐行于中土》⑤。梁启超在《时务报》创刊号上的文章《论报馆有益于国事》，开创"政党新闻学"先河⑥。此后，王韬、梁启超、谭嗣同、汪康年、章太炎、孙中山等办报启蒙、传播思想，为求索变革救国之路径开始了新闻学研究。这一时期人们从实用的角度办报，对报纸及新闻理论与观点的探讨和介绍非常有限。而西方报纸及新闻学研究本身也不是很成熟。启蒙时期研究特点：研究者主要是有办报经历的社会求新变革者，职业构成复杂；研究重点在报纸的社会功能；研究文本为政论文体，但文本杂陈；多为办报感受和经验总结，理性抽象和逻辑力量先天不足，这一式样对以后的新闻学研究也有影响，缺乏理论的审视和历史的观察。⑦

登堂入室（1918～1937）："五四"前后，随着西学东渐和科学民主观念的传播，

---

① 参考谢鼎新著《中国当代新闻学研究的演变——学术环境与思路的考察》，中国传媒大学出版社，2007，第18～142页。也有学者提出，中国新闻学从诞生到发展大体经历了三个阶段：传统新闻学——社会主义新闻学——中国特色社会主义新闻学。郑保卫：《中国新闻学百年回望与思考》，《新闻与写作》2018年第1期。

② 《察世俗每月统记传》1815年出版时，报名旁采用孔子的话"多闻，择其善者而从之"；此后，1833年《东西洋考每月统记传》的报名旁采用了中国俗语"人无远虑，必有近忧"，体现出中西文化的结合。

③ 目前发现的被认为是中国第一篇新闻出版方面的现代文章。1833年8月29日，马礼逊在《杂闻篇》（在澳门出版中国领土上最早的中文期刊）第2期发表《外国书论》，200多字，介绍西方的活字印刷术的技术和使用方法，首次使用"新闻纸"的概念。林玉凤：《中国境内的第一份近代化中文期刊——〈杂闻篇〉考》，《国际新闻界》2006年第11期，第74页。

④ 这是第二篇中文新闻出版方面的现代文章，内容为近代报纸的产生、现状以及有关出版自由的观念等。全文三百多字，没有署名，属于一般知识性介绍，对中国读者具有报纸知识启蒙的意味。

⑤ 其他新闻研究的代表性文章有：王韬的《论各省会城宜设新报馆》（1878）、梁启超的《论报馆有益于国事》（1896）、《本馆第一百册祝辞并论报馆之责任及本馆之》（1901）、《敬告我同业诸君》。

⑥ 其他相关代表文章有：郑观应《日报》（1892）、陈炽《报馆》（1893）。

⑦ 谢鼎新：《中国当代新闻学研究的演变——学术环境与思路的考察》，中国传媒大学出版社，2007，第22～28页。

自由主义的报纸、报人及相应新闻观念，成为刚从封建专制走出的中国社会的一道风景①。1918 年，中国第一个新闻学研究团体"北京大学新闻学研究会"成立，徐宝璜、邵飘萍、任白涛、戈公振、黄天鹏等"以新闻为本位"，著书立说，授业解惑，为中国新闻学奠基发力②，标志着中国新闻学具有了自身的知识体系、学理内涵、学术定位，正式登堂入室。③ 从"术"入"学"成为当时新闻学研究的主要特征。作为一门学科，中国新闻学的学术研究和新闻教育在 20 世纪 20～40 年代经历了较充分的自我发展阶段，有过一段蜂起勃兴的时段，新闻学起步之初就达到了相当的研究水准。标志着相较以往新闻的"经验之谈"，此时的新闻研究走进了"学"的境地，具备了现代学科所必需的学术规范、学术价值、学理内涵和知识体系。至此，中国新闻学研究确立了两个起源和方向：一是 1896 年梁启超开启的政治新闻学传统，"报馆有益于国事"的先声成为中国早期新闻学者的启蒙认识；一是 1918 年北京大学新闻学研究会开启的学术新闻学传统，"以新闻为本位"的呼声使新闻学回归学术和学科建设。④

分化发展（1938～1949）：抗战爆发后，中国社会面临巨大危机和挑战，报道社会

---

① 谢鼎新：《新闻学的现代学术史语境分析》，《江淮论坛》2013 年第 5 期，第 138～139 页。1916～1927 年，军阀混战，强权相争，政治控制相对松弛，思想文化界获得发展空间，众多思想文化、科学知识期刊涌现，陈独秀、胡适、李大钊等一批领军人物领导了"五四新文化运动"，追求自由的论说俯拾皆是。

② 当时，北京大学政治学系首开新闻学选修课程，出版中国第一份新闻学刊——《新闻周刊》。自徐宝璜出版中国第一本新闻学专著《新闻学》（1919）起，先后出版邵飘萍的《实际应用新闻学》（1923）和《新闻学总论》（1924），任白涛的《应用新闻学》（1922），戈公振的《新闻学撮要》（1925）和《中国报学史》（1927），涵盖新闻理论、新闻业务和新闻史，建构了我国新闻学的史、论、业务三大板块。研究著述者多数有从事报业工作的实际经验，又长期执教于大学新闻系，使得新闻学学科建设从起始时就有明确的定位和鲜明的特色。而黄天鹏（1905～1982）20 世纪 30 年代组织编辑出版了《新闻文学概论》《中国新闻事业》《天庐谈报》《新闻记者的故事》《新闻记者外史》《怎样做一个新闻记者》《新闻学入门》《新闻学撮要》等十余本新闻学著作，整理出版了《新闻学论文集》《新闻学名论集》《新闻学刊全集》《新闻学演讲集》《报学丛刊》等多种新闻学论文集，占当时所有新闻学著作的十分之八，虽然主要是整理以往新闻学术的资料，创新有限，但功不可没。

③ 蔡元培校长在北京大学新闻学研究会第一次期满仪式上发表演讲时谈道："今日本会之发给证书，故亦非经验已经完备，不过谓之经验之始而已。新闻事业既全恃经验，后此从事于新闻事业之人，能以其一身经验，研究学理，而引进于学校中，乃吾所望者也。"蔡元培：《北京大学新闻学研究会第一次期满式训词》，《蔡孑民先生言行录》，广西师范大学出版社，2005，第 184 页。毛泽东 1918～1919 年作为北大新闻学研究会会员听课，1937 年回忆说："特别是邵飘萍，对我帮助很大。他是新闻学会的讲师，是一个自由主义者，一具有热烈理想和优秀品质的人。"〔美〕埃德加·斯诺：《西行漫记》，解放军文艺出版社，2002，第 131 页。

④ 陈力丹：《回到最早的新闻学博士论文——读 1690 年托俾厄斯·波伊瑟〈关于新闻报道〉》，《现代传播》（中国传媒大学学报）2012 年第 10 期，第 13 页。

变迁、反映引导舆论的新闻事业走上抗日救国的前台，积极从事抗日宣传报道。抗战胜利后，国共两大政治集团开始了关乎中国前途命运的大决战。新闻传播被推向政治中心，新闻服务于政治的宣传属性成为主流，成为当时的中国社会赋予新闻业的历史和现实使命。新闻学研究亦从"新闻本位"分化转向"党报宣传"研究，这一分化相对于徐宝璜时代个人化、专业化的研究而言，体现一种紧迫的使命感、组织化与意识形态的差异。围绕"党报"与"宣传"，国共两党的政治对立和全面冲突，也使报纸和新闻学观呈现资产阶级和无产阶级两极分化的状况，形成了意识形态特色的话语体系和研究范式。① 在国统区，"战时新闻学"成为新闻学研究的主流②；在解放区，1942 年《解放日报》改版，毛泽东党报理论开始在党内居主导地位，其基本观点包括：党报的基本任务是宣传党的方针政策；报道典型人物、典型单位的事迹和工作经验，成为党报的基本内容；党报具有鲜明的阶级性，采用新华社电讯稿，成为党报的纪律。在这期间，自启蒙阶段开始，李大钊、陈独秀、张闻天、毛泽东、刘少奇等以马克思主义新闻观指导思想启蒙和革命实践，形成丰富了中国共产党新闻思想；张友渔、邹韬奋、范长江、陆定一、胡乔木等在新闻活动中系统研究马克思主义新闻实践，推动了马克思主义新闻理论体系的形成。

政治异化（1949 ~ 1976）：这个阶段的新闻学研究可分为三个阶段：一是社会主义改造时期，二是全面建设社会主义时期，三是"文化大革命"时期。这一时期新闻工作和研究从最初的学习借鉴苏联模式起步，在探索社会主义新闻事业运作规律的过程中，对马克思主义新闻思想的认识也在不断深入，但由于政治运动频繁，新闻学的学术环境和研究都不正常，只是在运动缓和期取得了不多的成果，除了 1956 年《人民日报》改版等几个新闻研究的亮点和个别研究对马克思主义新闻学理论所作的探索思考③，主要是新闻工作者的回忆录和经验谈、苏联新闻工作著作译介和高校研究机构编选的讲义

---

① 谢鼎新：《中国当代新闻学研究的演变——学术环境与思路的考察》，中国传媒大学出版社，2007，第 39 ~ 41 页。

② 代表作如：张季鸾《战时新闻纸》（中山文化馆，1938 年）、任白涛《抗战期间的新闻宣传》（新闻研究社，1938 年）《综合新闻学》（商务印书馆，1941 年）、任毕明《战时新闻学》（光明书局，1938 年）、胡道静《新闻史上的新时代》（世界书局，1946 年）等。

③ 王中《新闻学原理大纲》（1956 年）在体系、观点、表述方式等方面是新闻学研究的亮点，力求在学理上对"阶级斗争工具论"进行纠偏。沈育在《江淮学刊》1963 年第 4 期发表《马克思主义新闻学的基本观点》一文，通过对马克思主义新闻学和资产阶级新闻学的比较，对新闻事业的性质、规律，新闻的定义、本源，新闻自由的含义和态度，以及无产阶级新闻事业的根本原则等马克思主义新闻学的基本问题进行了探讨。

文集。关于新闻学研究逐渐意识形态化，新闻学理论过度政治化，只是党的政治理论的一部分，理论研究呈现"不连贯、不独立、不正常"等特点①，难以建立完整的理论体系。尤其是"文化大革命"期间，新闻领域充满了斗争，体制化新闻研究围绕政治运动以批判、斗争的形式展开，学术研究经历了学术讨论—批评与自我批评—政治批判的变异而无法进行。②

回归学术（1977~1991）：新闻学研究自1978年恢复以来，在拨乱反正的基础上，新闻学开始了学术恢复和学科重建。随着新闻实践的改革发展和新闻学术的开拓创新，在王中、甘惜分、穆青、安岗、徐培汀、方汉奇等新闻学界业界领军人物的带领下，中国新闻学界培养了一批新闻学专业研究人才。伴随新闻实践的探索，新闻学研究从讨论"新闻"定义等基本问题开始，对新闻与政治、新闻与宣传、党性与人民性等论题进行理性反思和调整，一大批新闻学中青年学者精研发微，新闻学研究再发新枝，在新闻史、新闻理论、新闻业务等方面先后出版了一批有影响的专著③，有力地回应了"新闻无学"的质疑和偏见。同时，借着中外学术交流的开放潮流，传播学被引入，"为中国

---

① 赵凯、丁法章、黄芝晓主编《二十世纪中国社会科学（新闻学卷）》，上海人民出版社，2005，第54~55页。

② 谢鼎新：《中国当代新闻学研究的演变——学术环境与思路的考察》，中国传媒大学出版社，2007，第46~77页。

③ 在新闻史研究方面，中国新闻史有方汉奇的《中国近代报刊史》（1981）、《中国新闻事业通史》（主编）和金冠军、戴元光主编的《中国传播思想通史》，以及宁树藩、丁淦林、吴庭俊等的专著。外国新闻史则有张隆栋、傅显明编著的《外国新闻史业史简编》，陈力丹的《世界新闻传播史》和李彬的《全球新闻传播史》等。近十年，新闻史学研究成果丰硕，据不完全统计，有140多部各类专著教材问世（吴廷俊、李秀云：《百尺竿头——中国新闻传播史研究十年（2004—2014）述评，《新闻春秋》2015年第1期，第4~10页）。在新闻理论研究方面，20世纪80年代甘惜分的《新闻理论基础》，戴邦、钱辛波、卢惠民主编的《新闻学基本知识讲座》，李良荣主编的《新闻学概论》等均产生较大社会影响；1990年代成美、童兵编著的《新闻理论教程》和刘建明的《宏观新闻学》影响较广；21世纪以来，有杨保军的"新闻九论"［《新闻事实论》（2001）、《新闻价值论》（2003）、《新闻真实论》（2006）、《新闻活动论》（2006）、《新闻精神论》（2007）、《新闻本体论》（2008）、《新闻道德论》（2010）、《新闻观念论》（2014）、《新闻主体论》（2016）］等理论研究专著。此外，孙旭培、魏永征等关于新闻法治的研究，黄旦、吴飞等关于新闻专业和职业道德的研究都产生一定影响。尤其作为中国特色新闻理论研究重要内容的马克思主义新闻观研究成果不断。童兵的《马克思主义新闻思想史稿》（1989），陈力丹的《精神交往论——马克思恩格斯的传播观》（1993）和《马克思主义新闻观思想体系》（2006），郑保卫主编的《中国共产党新闻思想史》（2005），是目前研究的代表作。在新闻业务研究方面，也出版了大量较有影响的论著，有艾丰的《新闻采访方法论》（1982），刘海贵关于采访、蔡雯关于编辑、张征和高钢关于采写等方面的新闻业务教材影响较大。此外，伴随着广播电视、互联网、新媒体在不同时期的兴起，这方面的研究也成为新闻学界的热点，如赵玉明关于中国电视史的研究、刘燕南的收视率研究，以及一批关于新媒体的研究专著。

新闻实践和新闻学打开了一扇新的窗口",也推动了新闻改革和新闻学研究。①

创新繁荣(1992年至今):1992年邓小平南方谈话发表,中共十四大召开,确立了建立社会主义市场经济体制的经济体制改革目标,新闻事业的改革翻开了重要一页,市场经济使新闻学者、新闻业经营者有了各自的活动空间。而经过十几年改革开放的洗礼,新闻事业的体制机制日渐成熟,新闻学研究也推出了众多人才和成果,有了相当的积累,迎来了新的发展阶段。新闻改革需要理论的支持,同时又为新闻理论研究提出了课题任务。特别是新闻传媒政治、经济、社会和文化等多重属性的确认,成为新闻理论研究对此前阶级工具论和政治决定论单一模式的重大突破,这也推动了新闻学政治宣传研究局限的突破,带动了新闻学学科属性的重新认定,拓展了新闻学研究领域:沿着政治—经济—文化—社会的视域逐步由单一走向多元,由对立趋于融合和统一。② 研究领域的拓展、研究方法的更新和理论范式的引进,新闻学和其他学科理论多元交融,学科体系、学术体系和话语体系变得更加立体丰富多彩,一批凝聚学科历史和学术积淀的关于新闻理论、新闻史、应用新闻学、新闻学边缘交叉学科和传播学研究等的高水准本土化成果问世③,同时,大量的学术活动的举办和高质量学术期刊的创办,推动了学科地位的不断提升。

回顾中国新闻学科的百年发展史发现,新闻学的启蒙、创立和发展与中国的政治进程有着密切的联系。新闻学研究之所以获得了繁荣发展,一个重要因素是党和国家高度重视和关心新闻宣传和新闻舆论工作,几代主要领导人均作出重要指示。④ 特别是习近平提出,"党的新闻舆论工作是党的一项重要工作,是治国理政、定国安邦的大事"⑤。

---

① 黄旦:《整体转型:关于当前中国新闻传播学科建设的一点想法》,《新闻大学》2014年第6期,第5页。
② 芮必峰:《新闻学研究的不同视域》,《现代传播》2004年第1期,第26~28页。
③ 由方汉奇主编的三卷本、240万字的《中国新闻事业通史》于1999年完成,集中展示了中国新闻史研究的成果,建立起一套新闻学的知识系统、叙事语言和结构方式,是这一时期的新闻学研究代表作。
④ 毛泽东1959年6月曾指示:"搞新闻工作,要政治家办报。"他要求领导干部:"新闻学、教育学,这些学问也要懂得一点。"邓小平在1980年1月16日《目前的形势和任务》的讲话中提出:"要使我们党的报刊成为全国安定团结的思想上的中心。"江泽民在1989年11月《关于党的新闻工作的几个问题》的讲话中提出,要"按照党和人民的意志、利益进行舆论导向"。胡锦涛在2008年6月到人民日报社考察工作时强调:"要坚持用时代要求审视新闻宣传工作,按照新闻传播规律办事"。习近平多次就新闻舆论工作发表重要讲话,他提出"新闻学作为一门科学,与政治的关系很密切"(习近平:《把握好新闻工作的基点——在福建宁德地区新闻工作会议上的讲话》,《摆脱贫困》,福建人民出版社,1992,第64页),并在2016年2月党的新闻舆论工作座谈会上指出:"党性原则是党的新闻舆论工作的根本原则。"
⑤ 《习近平在党的新闻舆论工作座谈会上强调坚持正确方向创新方法手段提高新闻舆论传播力引导力》,《人民日报》2016年2月20日第1版。

并就新闻舆论工作提出了一系列重要科学论断①。这些针对中国新闻舆论工作现实问题的理论总结成为习近平新闻思想的重要内容，是中国特色新闻理论的最新成果②，将更有效地指导新闻事业更好发挥监测环境、协调关系、传承文明的功能，也将极大丰富、创新和发展马克思主义新闻学，强化其对哲学社会科学的基础性支撑作用。

党的十八大以来，新闻学的创新发展站在了一个新的时代起点。为了实现中华民族的伟大复兴，解决当代中国的经济社会发展和治国理政实践问题，需要新闻舆论工作的助力，需要创新和发展中国特色新闻学。尽管新闻学目前的研究尚未形成稳定成熟的理论体系③，学科体系、学术体系和话语体系也有待建构完善，但是，在研究解决和科学回答中国经济社会发展面临的新闻舆论工作问题的过程中，中国特色新闻学正在不断丰富和发展。中国特色新闻学虽然历经坎坷，但在党和国家的关心和支持下，在学界和业界的共同努力下，我国新闻学的研究已经取得了重大发展，一批凝聚学术积淀和学科积累的重要成果不断问世，研究方法日益科学和完善，学科地位不断提升和巩固，社会影响力越来越大，具有中国特色的新闻学研究呈献出生机勃勃的崭新局面。

二 中国特色新闻学学科建设和学术研究的现状、问题和目标使命

要做好中国特色新闻学的建设和研究，首先要明确当前的建设现状和问题。2017年，中国社会科学院新闻与传播研究所在高校和研究机构开展了相关调研，对新闻学科建设的现状和问题有了较全面的认识，从而明确了目标责任。

---

① 党的新闻舆论工作坚持党性原则，最根本的是坚持党对新闻舆论工作的领导；党性和人民性从来都是一致的、统一的；坚持以人民为中心的工作导向，尊重新闻传播规律，创新方法手段，切实提高党的新闻舆论传播力、引导力、影响力、公信力；坚持遵循团结稳定鼓劲、正面宣传为主是党的新闻舆论工作的基本方针；运用网络传播规律，把握好网上舆论引导的时、度、效，增强吸引力和感染力；推动传统媒体和新兴媒体融合发展，要遵循新闻传播规律和新兴媒体发展规律，强化互联网思维，坚持传统媒体和新兴媒体优势互补、一体发展；精心做好对外宣传工作，创新对外宣传方式，着力打造融通中外的新概念新范畴新表述，讲好中国故事，传播好中国声音；正确履行新的时代条件下党的新闻舆论工作的职责和使命：高举旗帜、引领导向，围绕中心、服务大局，团结人民、鼓舞士气，成风化人、凝心聚力，澄清谬误、明辨是非，联接中外、沟通世界；开展马克思主义新闻观教育，引导广大新闻舆论工作者做党的政策主张的传播者、时代风云的记录者、社会进步的推动者、公平正义的守望者……

② 季为民、叶俊：《论习近平新闻思想》，《新闻与传播研究》2018 第 4 期，第 5 页。

③ 中外学者中有一个认识，即新闻学并未形成"完备的新闻学理论学科体系"，"更多是一种职业教育的理念和体系"。方延明：《创新中国新闻理论体系与话语体系》，《社会科学战线》2017 年第 1 期，第 136 页。

（一）现状和问题

面对新形势新要求，虽然新闻学研究成果受到学界的关注和认可，但与其他人文社会科学学科相比较，新闻学学科建设仍显积淀不深、规范不够。"总体上，学术性的新闻理论研究仍然比较薄弱，新闻理论教材观念相对陈旧，需要创新思维。"[①] 审视新闻学的建设发展状况，尤其和其他学科比较，缺少一批有影响力和说服力的研究成果，新闻学界在许多方面还不那么自信。中国特色新闻学亟待创新发展，回应并解决一系列对学术、学科和话语体系建构发展有重大影响的问题。比如：如何以马克思主义为指导，确定明确的发展战略，建构中国特色新闻学学科体系、学术体系、话语体系，以学术创新填补研究空白；如何有效清除错误思潮干扰影响，特别是西方新闻自由、"新闻无学"论等错误思潮影响；如何建立全国性一级学术社团，统一领导、统筹规划和协调推进学科实现重大发展，走出低层次、低水平重复研究的困局；如何创新建构马克思主义新闻教育体系，排除建设障碍，建立科学、完善的评价体系和机制；如何解决学科人才队伍素质参差不齐，学风修养和学术水平不高等问题；如何打破自我禁锢、思想守旧的藩篱，打造高水平的、有影响力的学术平台品牌，增加海内外学术交流活动，等等。当然，对新闻学学科建设还要结合实际作具体的分析，也应看到，即使是在西方发达国家，实际上并没有一个非常完备的新闻学理论学科体系，新闻学的特点主要是立足于实践层面，包括概念、话语、文本和方法上研究，更多是一种职业教育的理念和体系。应清醒地看到，中国特色新闻学在学术机制、新闻教育、学界与业界的联动共建等方面还存在不少问题。

1. 新闻教育的过度扩张掣肘学术质量的提升。近几年，我国新闻学科建设和新闻教育发展迅速，截至 2016 年，全国有 681 所高校和研究机构开设新闻传播学类本科专业，有 1244 个新闻本科专业教学点，其中广告学 378 个，新闻学[②] 326 个，网络与新媒体 140 个，编辑出版学 82 个，传播学[③] 71 个，数字出版 13 个，在校本科生人数 23 万人，专业教师 7000 余人。[④] 但学科总体建设重视不够、教学特色不明显、院系结构不合理、课程设置不完善、师资力量有待加强、科研经费投入不够、硬件水平落后、新闻传

---

① 陈力丹：《新闻传播学科发展的文献保障与实践基础》，《新闻大学》2013 年第 4 期，第 4 页。

② 新闻学一般下设新闻理论、中外新闻史、应用新闻学（新闻采访学、新闻写作学、新闻编辑学、新闻评论学、新闻摄影学、广播电视学等）。

③ 传播学一般下设传播理论、中外传播史、应用传播学（广电采写、广电编辑、广电评论、播音主持等）、广告学、公共关系学、网络传播学。

④ 教育部高等学校新闻传播学类专业教学指导委员会工作总结，2017 年 12 月 10 日会议。

播实践教学不规范等问题仍制约着新闻学科的建设质量。①

2. 新闻学界的研究不能适应新媒体等新闻业的实践变革，学术研究水平难以提升。随着互联网的发展和新媒体的冲击，传统新闻业正遭遇急遽扩张后的行业危机。截至2017年12月，我国网民规模达 7.72 亿，普及率达到 55.8%，超过全球平均水平（51.7%）4.1 个百分点，超过亚洲平均水平（46.7%）9.1 个百分点。② 互联网带来的传播技术变革和传播形态变迁使媒介现象更加复杂化，也使社会整体的思想观念和价值取向复杂化。媒介话语多元化已是不争的现实。③ 而学界在方向性的问题上缺乏开放包容的精神，常常亦步亦趋追逐热点，过多聚焦新闻业界的实用要求和现实困境的研究，而这些往往容易迅速过时，无法形成有指导意义或学术品位的理论成果。如果新闻学教育还停留在早期的"组织性""舆论引导"等传统模式和概念框架所支撑的理论范式上，无法跟上传播环境的变化，那么新闻学就没有生命力。④

3. 在全国新闻学的统筹规划和发展保障方面，缺乏学术平台和机制保障，学术人才队伍建设不能适应学科建设的需要。缺失全国性的指导新闻学科建设的一级学术组织，顶层设计不合理，有待重建、完善、规范；一些重点高校和研究机构的研究队伍青黄不接，出现断层；存在靠小团体、小圈子和低水平重复掠取学术资源的现象；学术组织、团体和学科平台行政化现象明显；学界论资排辈现象严重，青年学者职称评定和申报项目难，成长发展受限。

4. 中国特色新闻学学科建设和教育没有得到应有的重视。在一些机构，马克思主义新闻观研究和教育被视为一种负担和任务；一些高校不开设马克思主义新闻观相关课程；马克思主义新闻观教学队伍水平不高，课程质量难以保证；学科教材水平低下，没有组织研发适应马克思主义新闻观教育创新的教材。"一个时期以来，我国高校哲学社会科学缺少体现中国特色、中国风格、中国气派的学科体系和教材体系，在一些哲学社会科学的学术研究和教材建设中，直接搬用西方理论原理、术语范畴和研究方法的现象还普遍存在，有的学科甚至只起着西方理论'搬运工'的作用。"⑤ 抓紧研究和出版高质量的中国特色新闻学著作及教材，已成为新闻教育界面临的当务之急。"要抓好教材

① 教育部高等学校新闻传播学类专业教学指导委员会：《中国新闻教育事业 2014 年度发展报告》，《中国新闻传播学年鉴·2015》，中国社会科学出版社，2015。

② 中国互联网络信息中心（CNNIC）：第 41 次《中国互联网络发展状况统计报告》，2018 年 1 月 31 日，http://www.cnnic.net.cn/hlwfzyj/hlwxzbg/hlwtjbg/201803/t20180305_70249.htm。

③ 胡正荣：《新形势下中国特色新闻传播学科建设》，《中国社会科学报》2017 年 5 月 5 日第 5 版。

④ 吴飞：《新闻传播研究的未来面向：人的主体性与技术的自主性》，《社会科学战线》2017 年第 1 期，第 156 页。

⑤ 张雁、顾海良：《学科和教材不能当西方理论的"搬运工"》，《光明日报》2017 年 2 月 14 日第 6 版。

体系建设，形成适应中国特色社会主义发展要求、立足国际学术前沿、门类齐全的哲学社会科学教材体系。"①

5. 学科成果评价体系有待完善。学术期刊对马克思主义新闻学术成果的评价标准不明，制约了办刊质量和学术水平的提高；对于中国特色新闻学的学术争鸣和学术批评缺少胆识、宽容和开放的态度。

6. 对中国特色新闻学的建设缺乏政策支持、资金投入，资源配置不平衡。目前的部校共建需要进一步探索和调整，增加对中国特色新闻学科的投入。有些部校共建集中少数教育资源多、学术资质好的院系，而有些需要扶持的特色教育方向缺少帮扶。

（二）目标和使命

在新的时代背景下，要构建中国特色新闻学，就要运用马克思主义的立场、观点与方法进行研究，创新"新闻学"的理论体系和框架，并重塑新闻理论主体性，从中国的现实问题出发进行理论创新。要倡导用主流价值观凝聚共识，消解去中心化的亚文化解构，打破现阶段中国新闻学理论创新真空。② 重新梳理中国特色新闻学在新闻观念、理论等方面的边界问题与演变路径，为探索中国新闻学发展规律提供可行规划和方案。通过梳理改革开放后中国新闻理论研究内容和框架结构，赋予学者充分的理性开展科学研究的权利与自由，鼓励学者与国际高水平新闻学术界开展平等对话，辨别吸收西方新闻传播等多学科知识养分，推出有独立理性学术品位的成果。③

三　中国特色新闻学学科体系、学术体系和话语体系建设的方向

习近平同志提出，"要按照立足中国、借鉴国外，挖掘历史、把握当代，关怀人类、面向未来的思路，着力构建中国特色哲学社会科学，在指导思想、学科体系、学术体系、话语体系等方面充分体现中国特色、中国风格、中国气派"。体现"继承性、民族性""原创性、时代性""系统性、专业性"。④ 这一要求为我们调整和构建中国新闻学的学科体系、学术体系和话语体系指明了方向。

---

① 习近平：《在哲学社会科学工作座谈会上的讲话》，人民出版社，2016，第24页。
② 胡珏、虞鑫：《构建中国特色新闻学：何以可能与何以可为》，《国际新闻界》2016年第8期，第92～115页。
③ 童兵：《中国当代新闻理论框架结构解读》，《新闻爱好者》2016年第3期，第12～18页。
④ 习近平：《在哲学社会科学工作座谈会上的讲话》，人民出版社，2016，第15～25页。

中国特色新闻学的学术成果和学科体系主要源于四个方面资源的继承融会：马克思主义新闻理论的继承发展特别是马克思主义新闻观的传播融会，中国传统文化厚重积淀的传承发扬，基于媒介新技术和新闻实践新发展的理论探索，西方现代新闻传播思想的引进吸收。四个方面交融、激荡、互动、发酵，推动着中国新闻学科的发生、演进和拓展。① 未来一个时期，新闻学的发展还应该紧密结合新闻实践的创新发展，延续对四方面学术资源进行再研究、再吸收、再整合、再研究和再创新。

在中国特色新闻学的理论建构方面，应特别注重马克思主义新闻理论的继承与创新，注重在中国新闻实践基础上推动马克思主义新闻观的发展。中国特色新闻学的核心是马克思主义新闻观，包括马克思主义创始人和其他经典作家关于人类新闻传播现象，新闻传媒生产、流通、消费行为，无产阶级政党同实际工作、同人民群众、同大众传媒关系的主要观点。② 在马克思主义新闻观的创新研究过程中，尤其要着力研究提炼中国共产党新闻实践和宣传思想的理论体系，以问题意识和科学方法，围绕党关于新闻舆论、宣传文化工作的一系列重大理论和实践命题，在概念、理念、思维与表述上进行理论创新。

在传统文化传承方面，应着力于中国气派新闻学的扬弃塑造。中华传统文化中所蕴含的天从人欲的民本思想、沟通上下的民意制度和以仁为本的伦理道德等文化元素对新闻职业有天然的影响，其中民意制度所实现的传播畅达，是几千年传播活动生生不息的最根本的制度保证。③ 连施拉姆都对中国文化推崇有加："看见中国长春的文化，和她悠久的艺术传统，总免不了会肃然起敬。""现代中国人在传的学问上认识的深刻与精到，不但反映了悠久的历史传统，且常能推陈出新。"④

在媒介技术和新闻实践的探索方面，应做好中国实践新闻知识的理论总结。中国的新闻学因新闻业实践而生长，新闻学科发展的历程表明，新的媒介技术推广一般会引发新的知识效应。"每一次新的媒介出现，也就自然而然意味着新闻学外延上的又一次扩展"⑤，不只如此，媒介技术的创新还会推动学科内涵、定位及其架构的整体变化。就新闻学科而言，新的媒介技术和实践所带来的是客观知识和经验知识的丰富多元，需要通过重构新闻传播研究的概念框架、思想观念和知识体系，确立该学科区别于其他学科

① 部分观点参考童兵《新闻传播学学科体系的观察与思考》,《南京社会科学》2017 年第 1 期，第 11 页。
② 童兵：《马克思主义新闻观形成的时代条件和在今天的发展》,《当代传播》2014 年第 1 期，第 37 页。
③ 童兵：《新闻传播学学科体系的观察与思考》,《南京社会科学》2017 年 1 期，第 9 页。
④ 宣伟伯：《传学概论》（余也鲁译述）序，（香港）海天书楼，1977，第 6 页。
⑤ 黄旦：《整体转型：关于当前中国新闻传播学科建设的一点想法》,《新闻大学》2014 年第 6 期，第 3～4 页。

的合法性基础。①

在西方新闻传播思想的引进方面,应注重中国风格新闻理论的建设。在这方面重点是在中国特色新闻活动实践的基础上实现新闻学与传播学的互动和融合。新闻学是研究新闻活动、新闻职业和新闻事业规律的科学②,而传播学是研究人类传播行为和传播过程发生、发展的规律以及传播与人和社会关系的科学。一个由术而道,一个由道而术。随着人类信息技术的革命和传播媒介的更新迭代,两个学科的界限越来越模糊,甚至在某些领域有融合发展的趋势。尤其是互联网技术和新媒体的发展,更是将新闻传播存在的天然联系突显出来,新闻学应做好扩充学科知识和拓展学科架构的准备。

在新的时代背景下,要创新发展中国特色的新闻学,就要运用马克思主义的立场、观点与方法指导研究,梳理马克思主义新闻学在新闻观念、理论等方面的边界问题与演变路径,为探索中国新闻学发展规律提供可行路径。③"要善于提炼标识性概念,打造易于为国际社会所理解和接受的新概念、新范畴、新表述,引导国际学术界展开研究和讨论"④,要倡导用主流价值观凝聚共识,消解去中心化的亚文化解构,打破现阶段中国新闻学理论创新真空。着力在以下五个方面推动新闻学学科体系、学术体系和话语体系建设,从中国的现实问题出发,创新中国特色新闻学的理论体系和框架,重塑新闻理论主体性。

(一)在学科建设上,协调好科学精神与政治原则间的关系

目前,中国特色新闻学科建设要解决好四个关键问题:遵守学术逻辑规则,坚持高标准的学术规范,平衡协调好科学精神与政治原则间的关系,妥善处理好理论抽象与指导实践的关系。⑤ 这就要求,新闻学要优化和创新传统学科专业,鼓励传统与新兴学科的交叉;探索在新兴领域和不同领域的交叉区域培育新兴专业和方向。⑥ 在新媒体成为人们生活方式的今天,人们生产、传播和看新闻的方式都发生了重大变化,新闻学需要

---

① 唐海江:《互联网革命与新闻传播学科重构之反思——一种技术自主性的观点》,《社会科学战线》2016年第 7 期,第 145 ~ 146 页。

② 新闻学是以人类社会客观存在的新闻现象作为自己的研究对象,研究的重点是新闻事业和人类社会的关系,探索新闻事业的产生、发展的特殊规律和新闻工作的基本要求的一门科学。它研究的内容是新闻理论、新闻史和新闻业务。

③ 黄楚新、彭韵佳:《2016 年新闻学学科综述》,《新闻论坛》2017 年第 2 期,第 31 页。

④ 习近平:《在哲学社会科学工作座谈会上的讲话》,人民出版社,2016,第 24 页。

⑤ 唐远清:《对"新闻无学论"的辨析及反思》,中国广播电视出版社,2008,第 215 ~ 234 页。

⑥ 胡正荣:《新形势下中国特色新闻传播学科建设》,《中国社会科学报》2017 年 5 月 5 日第 5 版。

全方位转向。① 从而，梳理出一个中国特色新闻学学科体系的创新框架图，这一创新的学科体系架构和主要内容，应该包括概念体系、理论体系、方法论、市场营销、技术意义、效果评价体系等。以往的理论分野已不再适应社会发展，有学者认为，基础理论与实务理论的边界越来越模糊。在新闻学理论创新之中，应打破史、论、业务的理论框架，三者共同推进、相互联动，不能厚此薄彼，单项发展。② 按照立足中国、借鉴国外，把握当代、面向未来的思路，着力构建一个体现中国特色、中国风格、中国气派的新闻学学科体系。③

（二）在理论创新上，倡导开放包容，摒弃抱残守缺

随着新媒体崛起，传统媒体的困境尤为突出。学界关于新闻学研究深化理论创新的呼吁越发强烈。新闻学理论到了一个亟待拓展、深化、创新、变革的历史性节点，应当从体系建构转向问题研究，在理清研究传统的基础上，正确处理好全球视野与本土学术的关系，推进新闻学理论的深化与创新。④ 当然，理论发展和创新应坚持马克思主义新闻观，坚持辩证唯物主义和历史唯物主义的新闻思想体系。在实践关怀与理论建构的互动中获得创新动力，在基础理论与实务理论的互动中谋求创新的整体性推进。更多面向实践、面向未来，鼓励学术争鸣，尊重常识、探索通识、凝聚共识。摒弃那种教条式的照搬领袖语录的做法，"切实认识和把握马克思主义新闻观的哲学基础"⑤，真正创新马克思主义新闻观研究。

（三）在学术队伍建设上，高度重视人才生态建设，避免恶性竞争

中国特色新闻学的发展需要高度重视中国特色新闻学人才培养。首先，要形成正气氛围，努力打造一支教学相长、互学互鉴、"真懂真信真用"马克思主义的新闻学术队伍，注重理论水平和教研能力的同步提升。其次，要建立良性学界人才成长生态，避免恶性竞争，保证各级高校和研究机构的人才储备，走出"建设—塌方—建设"的重复

---

① 吴飞：《新闻传播研究的未来面向：人的主体性与技术的自主性》，《社会科学战线》2017 年第 1 期，第 148 页。
② 蔡惠福、刘大勇：《关于新闻学理论创新的几个互动关系》，《社会科学战线》2017 年第 1 期，第 144 页。
③ 方延明：《创新中国新闻学理论体系与话语体系》，《社会科学战线》2017 年第 1 期，第 135～136 页。
④ 董天策：《新闻传播理论深化与创新的方法论路径》，《当代传播》2015 年第 4 期，第15～18 页。
⑤ 夏德元：《童兵：永远在攀登哲学社会科学高峰的路上》，《教育传媒研究》2017 年第 1 期，第 24 页。

循环。① 第三，加强学术界与业界的人才交流，为双方培养积累创新型全能型的传媒融合人才。第四，在学界倡导良好的学术道德，培养甘于寂寞、勇于献身的学术精神人才队伍。

（四）在新闻教育上，秉持务实开放的态度，服务新时代的人才需要

互联网和数字化时代的到来对新闻教育产生了深刻影响，这也给中国特色新闻学的新闻教育提出了新课题。中国特色的马克思主义新闻教育也要秉持务实开放的态度，在课程设置中强化创新马克思主义新闻观的教学内容，通过建设适应专业实践发展趋势的学科构架，建设拥有跨学科知识、跨文化思维、跨媒体技能的师资队伍，建设宽厚基础跨媒体的课程体系，建造多功能可扩展的融合性实验性平台，实现与新闻实践的融合、与信息技术的融合、与国际社会的融合②，跟上新闻实践的时代步伐。培养出立足于中国实际，能"顶天立地"的"全球化人才"。

（五）在学术平台建设上，打造真正推动学术发展的学术组织

创建与新闻传播学学术地位和学术作用相称的全国一级学会，根据学界和业界的实际需求举办相应的学术活动，定期出版相应的学术期刊、集刊或其他出版物，同时，建立公平公正公开的学术平台管理和运作制度，调动各方面的学术资源和参与积极性，提高中国特色新闻学的学术品质，发挥作为哲学社会科学支撑学科的作用，逐步建立相应的学术地位。

创新发展具有中国特色、中国风格和中国气派的新闻学，需要全国新闻学界秉持开放、务实和创新的理念，持续探索，共同努力，加强马克思主义新闻理论学科体系、学术体系和话语体系建设，推动新时代新闻理论研究的传承、丰富与发展，努力建构对哲学社会科学具有支撑作用的中国特色新闻学。

（原载《陕西师范大学学报（哲学社会科学版）》2018年第3期，有个别修订）

---

① 骆正林：《我国师范院校新闻传播教育的现状、问题及发展建议》，《新闻大学》2017年第1期，第138页。

② 熊剪梅、姜洁冰：《新闻学学科建设与教学改革——全国新闻学研究会一届五次理事会暨2012年中国新闻学学术年会综述》，《现代传播（中国传媒大学学报）》2012年第12期，第133～135页。

自选理由：

2004 年，我毕业后留在中国社会科学院新闻与传播研究所工作。此后的 12 年，我辗转社科院的多个岗位。没想到，2016 年，我又回归新闻与传播研究所。

一年多来，我被委以重任，成为马克思主义新闻学科的带头人，负责院重点学科马克思主义新闻学的学科建设。为了尽快胜任这一职责，我只有学习学习再学习，其间主持了马克思主义新闻学科建设项目，带队深入全国有关高校和研究机构调研，并阅读研究了大量相关文献，对百年来新闻学的建设做了力所能及的研究和思考，本文就是这一系列工作的成果之一，或者说就是一篇学习笔记。

2018 年，新闻与传播研究所迎来了建所 40 年，中国新闻学也即将创建 100 周年。正好《陕西师范大学学报（哲学社会科学版）》热情约稿，促成了本文的发表，谨以此文作为迎接这个特殊年份的纪念。

"马克思主义新闻观"的概念
起源及其话语变迁

叶　俊[*]

作为中国特色社会主义新闻理论的核心部分，"马克思主义新闻观"的实践、教育与研究已有近百年历史，但"马克思主义新闻观"概念的提出是20世纪80年代后的事。"马克思主义新闻观"的提出是出于政治与意识形态的需求，但随着"马克思主义新闻观"的实践和教育的推进，"马克思主义新闻观"已成为培养中国新闻工作者队伍的理论基础。作为中国新闻工作者必须学习的一项内容，"马克思主义新闻观"经历了从单一政治话语向职业培训再到职业教育的话语转向，其属性也从政治属性为主发展到"政治—职业"双重属性的具有中国特色的新闻学概念。

一　"马克思主义新闻观"教育及相关概念辨析

尽管学界把延安整风及1942年《解放日报》改版视为中国共产党"第一次大规模的马克思主义新闻观教育活动"[①]，但这些活动毕竟是作为政治运动的一部分出现的，而非单独对新闻界的教育。此后中国共产党党报系统内开展的"反客里空运动"，可谓是第一次专门针对新闻界提出的思想教育运动。早期的这些马克思主义新闻观教育，虽有马克思主义新闻观之"实"，但并未有"马克思主义新闻观"之"名"，而是后人用"马克思主义新闻观"概念对历史事件的套用。

回顾历史可以发现，在"马克思主义新闻观"概念诞生之前，新闻业界、学界及主管部门在概念使用上并非固定不变。在"党报理论"成熟之前，中国共产党教育新

---

　*　叶俊系中国社会科学院新闻与传播研究所助理研究员。

　①　樊炳武：《中国共产党的第一次马克思主义新闻观教育》，《新闻知识》2004年第4期，第6~8页。

闻工作者的方式，除基本业务之外，会采用马克思、恩格斯、列宁的报刊理论进行思想教育。如，早在1929年9月1日，中共中央机关刊物《布尔什维克》就刊载《布尔什维克党的组织战线——列宁论党的组织》一文，文章第一节"党报是一个集体的组织者"集中阐释了列宁在《怎么办》一文中提出的党报思想。应该说，经过马克思恩格斯列宁等人的阐释，此时的"无产阶级新闻学"已基本成熟，中国共产党新闻教育此时更多的是采用"无产阶级新闻学"思想，其特点是强调与资产阶级新闻学的对立性。1942年延安整风后，"党报理论"形成是马克思主义新闻理论中国化成熟的标志。新中国成立后，中国共产党成为执政党，马克思主义思想成为全国性的意识形态，与此相适应的"马克思主义新闻学"概念逐渐开始使用。1956年新闻改革后，新中国迎来了"马克思主义新闻学"研究高峰。1957年，宫策在《新闻与实践》一文中提出，"用马克思主义哲学来解释新闻学，这是一个重大的任务"①。随后，"马克思主义新闻学"概念首次被明确提出。李龙牧在《加强新闻学的理论建设》一文中指出，"马克思主义新闻学不能是、也从来不是从资产阶级新闻学中发展出来的"，马克思主义新闻学的源泉"来自实践"，"是在丰富的新闻工作实践中"②。随着传播学的引入及其影响扩大，1982年11月在北京召开的第一次全国传播学讨论会提出，"对西方传播学我们要采取实事求是的态度，不要简单否定，也不要简单肯定"。发展新闻学与传播学上，应该"在马克思列宁主义、毛泽东思想指导下，结合中国实际，建立起符合中国国情的、有中国特点的新闻学或传播学"③。随后，中国特色社会主义新闻学开始得到关注。

可见，在"马克思主义新闻观"概念出现前，一方面，中国共产党通过各种运动，开展对新闻工作者的思想教育；另一方面，无产阶级新闻学、马克思主义新闻学、社会主义新闻学等概念都曾发挥了理论指导作用。

而"马克思主义新闻观"概念的使用，使得针对新闻工作者队伍的教育活动有了统一称谓，并促使马克思主义新闻理论的深化，有利于马克思主义新闻理论在实际工作中的运用。在此之前，尽管有相关的教育，但一般根据教育活动来命名，或明确是"马列主义"教育运动，或关注新闻工作中出现的某些具体问题。如，延安整风时，陆定一在《我们对于新闻学的基本观点》一文中明确指出整风运动的"根本目的是在全党范围内进行一次马列主义的教育运动"；而"反客里空运动"，虽没有明确是马克思主义新闻观教育，但其本质是马克思主义新闻观教育。

---

① 宫策：《新闻与实践》，《新闻业务》1957年第1期，第1~8页。
② 李龙牧：《加强新闻学的理论建设》，《新闻业务》1962年第4期，第21~25页。
③ 李启：《创立有中国特色的社会主义大众传播学》，《中国记者》1988年第6期，第45~46页。

毫无疑问，不管使用何种概念，中国共产党历史上这些针对新闻工作者的思想教育运动都是"马克思主义新闻观教育"。但是，本文研究更关注的是，"马克思主义新闻观"概念的提出及其内涵，及在此背景下开展的"马克思主义新闻观教育"活动。

二 政治导向："马克思主义新闻观"的概念来源及其运用

考察"马克思主义新闻观"历史脉络可以发现，这一概念的出现与政治是密切相关的。20世纪80年代资产阶级自由化思潮泛滥，最终引发了"八九风波"，而新闻媒体在这股思潮及风波中扮演了相当关键的角色。因此，自"八九风波"后，新闻工作的政治要求被再次强调。继风波后新闻工作座谈会提出"以正面宣传为主"的要求之后，"马克思主义新闻观"逐渐进入业界、学界及主管部门的视角。"马克思主义新闻观"概念的使用，正是为了强化新闻工作者的政治意识，巩固意识形态在新闻工作中的指导地位。

"马克思主义新闻观"概念的提出是针对"资产阶级新闻观"而言的，具有很强的政治色彩。80年代的资产阶级自由化思潮引起了新闻学术界的关注。林枫曾撰文提出，"对于现行的新闻理论应取分析态度，不宜一棍否定"，"新闻观念要更新，但是不宜提新闻观念的全面更新、全方位更新"，"新闻要改革，喉舌的性质要坚持"，"新闻工具的舆论监督作用应当加强，但是不宜强调到不适当的地步"。[1] 数年之后，林枫又指出，他的这些文章联系新闻改革的实际，初步阐述了马克思主义新闻理论和党对新闻工作的原则、方针，批判了僵化思想，着重反对资产阶级自由化思潮和资产阶级新闻观。[2] 吴冷西更是在90年代初明确指出，"在新闻领域中坚持四项基本原则、反对资产阶级自由化的斗争，几起几落，特别是经历1989年的激烈交锋之后，更加丰富和发展了有中国特色的马克思主义新闻理论"。在他看来，中国共产党的几代领导人和从事新闻工作的卓越代表人物，以他们的实践和论述，都为我国马克思主义新闻理论提出了一系列的原理、原则、方针、政策、工作作风和工作方法，"都是同西方资产阶级新闻理论、同资产阶级自由化的新闻思想根本对立的"。[3]

80年代后期到90年代初，新闻工作的"党性"原则得到了反复的强调，有一批文

---

[1] 林枫：《新闻改革的若干理论问题》（上中下），分别刊载于《新闻与写作》1987年第5、6、7三期。

[2] 林枫：《继续成为宣传马克思主义新闻观的坚强阵地》，《新闻与写作》1994年第9期，第12～13页。

[3] 林枫：《新闻改革理论探索》，当代中国出版社，1997，序。

章都在强调。吴双焕强调，"党性原则是新闻工作的支柱"①；林枫认为，"党性原则仍有普遍意义，不同报刊可有不同要求"②；傅克家则认为，"党性原则是社会主义新闻事业的灵魂"③；吴闻章认为，"党性原则是马克思主义新闻学的根本规律"④；李光照认为，"党性原则是无产阶级新闻学的基石"⑤；薛良材避开了党性与人民性的争论，提出"坚持党性与生动性的统一"⑥；汪文风更是指出，要"用党性原则指导新闻学研究"⑦。马克思主义新闻观的政治色彩在 90 年代得到了强化。1995 年 11 月 8 日，江泽民在北京视察工作时指出："根据当前干部队伍的状况和存在的问题，在对干部进行教育当中，要强调讲学习，讲政治，讲正气。"⑧ 在 1996 年的全国宣传部长会议上，江泽民再次提到了"八九风波"，认为这次风波中，舆论导向上发生严重失误，提出"要以正确的舆论引导人"⑨。在这种政治环境下，新闻的意识形态属性得到了强化，新闻工作者政治素质、政治鉴别力、政治敏锐性、政治责任感成为新闻工作者素质的一项重要要求。自觉地在思想上、政治上与党中央保持一致，成为新闻工作的指导性思想，是"马克思主义新闻观"的核心内容。

有鉴于此，林枫首次明确公开提出了"马克思主义新闻观"概念。林枫指出："马克思主义新闻观，是社会主义新闻学的理论基础，是我国新闻工作的指导思想。"他认为："马克思主义新闻观，包括马克思列宁主义新闻理论、毛泽东新闻思想、邓小平的新闻论述、江泽民的新闻论述，以及党和国家的有关决定、法规等。"⑩ 马克思主义新闻观的核心，是"无产阶级党性原则"。这一观点即使到现在，依然多数被普遍使用。

20 世纪末，中国迎来了"马克思主义新闻观"研究的一个小高峰。这次"马克思主义新闻观"研究源于 1999 年的科索沃战争和中国驻南斯拉夫大使馆被炸事件。事件发生后，向来披着"新闻自由"外衣的西方媒体暴露了其新闻自由的虚伪性。对此，

① 吴双焕：《党性原则是新闻工作的支柱》，《新闻界》1989 年第 12 期，第 5～6 页。
② 林枫：《党性原则仍有普遍意义不同报刊可有不同要求》，《新闻与写作》1989 年第 8 期，第 1～3 页。
③ 傅克家：《党性原则是社会主义新闻事业的灵魂》，《内蒙古社会科学（文史哲版）》1990 年第 6 期，第 84～88 页。
④ 吴闻章：《党性原则是马克思主义新闻学的根本规律》，《湖北社会科学》1990 年第 12 期，第 37～40 页。
⑤ 李光照：《党性原则是无产阶级新闻学的基石——剖析"人民性"的原则、"人性论"的基石》，《中国记者》1990 年第 1 期，第 18～20 页。
⑥ 薛良材：《坚持党性与生动性的统一》，《中国记者》1990 年第 5 期，第 13～15 页。
⑦ 汪文风：《用党性原则指导新闻学研究》，《新闻研究资料》1992 年第 8 期，第 1～6 页。
⑧ 江泽民：《江泽民文选》（第一卷），人民出版社，2006，第 483 页。
⑨ 江泽民：《江泽民文选》（第二卷），人民出版社，2006，第 501 页。
⑩ 林枫：《讲政治要坚持马克思主义新闻观》，《新闻战线》1997 年第 7 期，第 3～4 页。

《新闻通讯》杂志专门以特稿的形式推出了一组"马克思主义新闻观"研究的文章，"旨在深刻透视西方所谓新闻自由的真面目，在新闻界广泛地进行一次马克思主义新闻观的再教育"，并强调"要理直气壮地加强对马克思主义新闻观的宣传，运用马克思主义新闻观的立场、观点和方法，剖析西方'新闻自由'的本质，深刻揭露西方所谓新闻自由的虚伪性"，认为"马克思主义新闻观的本质特点是，鲜明的党性原则"。① 丁柏铨等人撰文指出西方新闻界新闻自由的虚伪性，并指出，反观马克思主义的新闻理论，"它关于新闻自由、报刊客观性、真实性、党性及倾向性的阐述，既让人们重新正确分析西方新闻观，也可以帮助我们认识新闻规律，办好新闻，为无产阶级事业服务"②。由此可见，这次"马克思主义新闻观"研究的小高峰，主要是批判西方新闻理论中的一些虚伪元素。

"马克思主义新闻观"概念在中国的出现及其运用，一方面是鉴于加强国内新闻工作者的思想政治教育，要求新闻工作者要讲政治，把握正确的政治方向；另一方面，是鉴于对西方新闻理论的批判。这两个方面的研究内容初步界定了马克思主义新闻观的研究范畴和研究目标。

三 队伍建设："马克思主义新闻观" 教育的开展

尽管马克思主义新闻观实践、教育与研究由来已久，但明确使用"马克思主义新闻观教育"这一概念却是世纪之交之事。首次明确提出"马克思主义新闻观教育"这一概念的，是作为报业改革先锋的南方日报报业集团。在 1999 年下半年进行的"三讲"教育中，南方日报报业集团社委会把如何坚持政治家办报，坚持新闻工作的党性原则，坚持正确的舆论导向，作为剖析和整改的重点之一。社委会深深感到，主报《南方日报》一向舆论导向把握得好，但有时也会发生一些问题；有的子报在舆论导向上不时出现"跑调""走火"现象，有些问题还比较突出。而"舆论导向之所以反复出现问题，根本原因就是有些采编人员没有牢固树立马克思主义新闻观"③。为此，南方日报报业集团开展了马克思主义新闻观教育，旨在"通过学习讨论，使大家分清是非界线，从根

---

① 孙苏红、沈志强：《进行一次马克思主义新闻观的再教育》，《新闻通讯》1999 年第 7 期，第 1 页。

② 丁柏铨、屈雅红：《牢固树立马克思主义新闻观——由西方主流媒体对科索沃问题的报道引起的思考》，《新闻通讯》1999 年第 7 期，第 13~15 页。

③ 范以锦：《树立正确的新闻观把好导向推进改革——南方日报报业集团举办马克思主义新闻观研讨班的做法和体会》，《新闻战线》2001 年第 5 期，第 6~9 页。

本上提高对马克思主义新闻观的认识，树立坚定的党性意识、导向意识、大局意识、责任意识，排除各种干扰，旗帜鲜明地把握好正确的舆论导向，并大力推进报纸改革"①。此后，另一个传媒发达地区上海市集中开展了马克思主义新闻观教育。2000 年 11 月，上海市委宣传部发出通知，要求全市新闻从业人员集中一段时间开展马克思主义新闻观教育。报道称："通过学习帮助新闻采编一线人员树立马克思主义新闻观，加深理解党的新闻工作方针政策，提高正确把握舆论导向、执行党的新闻纪律、改进工作增强实效的自觉性，进一步确立政治意识、大局意识、责任意识、阵地意识。"② 由此可见，"马克思主义新闻观教育"概念由媒体自身提出和发起。这既是鉴于开展"三项"教育的政治要求，也是新闻改革带来的新闻工作实际问题的实际要求。

南方报业传媒集团使用"马克思主义新闻观"这一概念，是否受到此前《新闻通讯》"马克思主义新闻观"专题研究的影响无从得知，但新闻媒体提出的"马克思主义新闻观"概念并未从学术上予以探讨，而只是单纯的教育活动需要。据时任南方报业传媒集团总编辑范以锦介绍，集团提出开展"马克思主义新闻观"教育，是出于当时集团下属各报出现问题的需要，考虑"用什么观念"去指导新闻工作，又因为中国新闻工作要在马克思主义指导下进行，于是采用了"马克思主义新闻观"这一概念。③

这两次活动不仅将"马克思主义新闻观"概念带进了新闻业界，也促使这一概念进入主管部门的视线。2001 年 2 月 27 日，中国记协在北京举行"马克思主义新闻观学习教育活动座谈会"。时任中宣部副部长王晨在会上指出，"全国新闻界要进一步深入开展马克思主义新闻观教育活动，要把这一活动作为加强新闻队伍建设的根本措施，坚持不懈地开展下去"④。这一活动把由媒体和地方宣传部率先公开使用的"马克思主义新闻观"概念推向了全国新闻界。

此后，《中华新闻报》《中国记者》《新闻战线》等报刊陆续发表相关文章，阐释"马克思主义新闻观"基本内涵，推动马克思主义新闻观的教育和研究。林枫在对马克思、恩格斯、列宁、毛泽东、邓小平、江泽民新闻论述作综合分析后认为，马克思主义新闻观的基本内涵归纳起来主要有 18 个要点。⑤ 郑保卫对"马克思主义新闻观"作出

① 范以锦：《树立正确的新闻观把好导向推进改革——南方日报报业集团举办马克思主义新闻观研讨班的做法和体会》，《新闻战线》2001 年第 5 期，第 6 ~ 9 页。
② 红晶：《上海开展马克思主义新闻观教育》，《新闻战线》2001 年第 2 期，第 7 页。
③ 作者就此专程请教了暨南大学新闻与传播学院院长、南方报业传媒集团原董事长范以锦教授。他向笔者详细介绍了当时集团开展"马克思主义新闻观"教育的前因后果。
④ 《中国记协倡导新闻界深入开展马克思主义新闻观活动》，《新闻刊刊》2001 年第 2 期，第 33 页。
⑤ 林枫：《马克思主义新闻观的基本内涵》，《中华新闻报》2001 年 5 月 21 日、28 日，6 月 4 日。

了定义，他认为："所谓马克思主义新闻观，是指马克思主义对于新闻现象和新闻传播活动的总的看法，它涉及诸如新闻本源、新闻本质及新闻传播规律等许多根本性问题。其核心是马克思主义关于无产阶级及其政党新闻事业的工作性质、工作原则和工作规律的一系列基本观点。"他认为，"马克思主义新闻观是一个科学的理论体系，有其科学内涵"，有"开放性、完整性、原则性、实践性"的四大特点。① 马胜荣从新闻界的角度进行了阐释，他认为，马克思主义新闻观教育"是我们国家新闻事业发展的战略需要，也是在国际形势发生重大的变化之后新闻界所遇到的严峻挑战的需要"。他认为，马克思主义新闻观教育的核心是，"学好马克思主义新闻理论的基本观点，明确社会主义新闻事业的性质，坚定坚持党性原则、坚持正确舆论导向原则的立场，提高政治鉴别力和政治敏锐性"。②

2003 年 10 月 28 日，中宣部、国家广电总局、国家新闻出版总署、中国记协开展"三项学习"③ 教育活动。《通知》提出，要通过学习教育，"使广大新闻工作者深刻认识新闻舆论工作在意识形态领域的特殊重要性，牢固树立马克思主义新闻观"，"用马克思主义新闻观指导新闻工作，始终坚持新闻工作的党性原则，坚持把正确舆论导向放在首位，坚持为人民服务、为社会主义服务，坚持新闻的真实性原则，坚持政治家办报办台；进一步增强政治意识、大局意识、责任意识，唱响主旋律、打好主动仗、掌握主动权，把好关、把好度、把好导向，贴近实际、贴近生活、贴近群众，为全面建设小康社会营造良好的思想舆论环境"。④

从 2001 年的"马克思主义新闻观"教育活动，到"三项教育"再提"马克思主义新闻观"，一个显著的特点是加强新闻工作者队伍建设。这一教育的出发点是用"马克思主义新闻观"指导新闻业务和管理工作，目的是从我国的国情和新闻工作的实际需要和新闻工作者的思想现状出发，把"马克思主义新闻观"的理论原理和基本方法用于解决我国新闻工作和新闻工作者面临的实际问题。对"马克思主义新闻观"教育的强调，把眼光放到了整个新闻工作者队伍的素质，这种素质不仅是此前对新闻工作者政治意识的强调，也开始关注对新闻业务的要求。可以说，"马克思主义新闻观"教育从提

---

① 郑保卫：《马克思主义新闻观的形成与特点》，《中国记者》2001 年第 5 期，第 26 ~ 28 页。

② 马胜荣：《必须加强马克思主义新闻观的教育》，《中国记者》2001 年第 3 期，第 20 ~ 21 页。

③ 即《关于在新闻战线深入开展"三个代表"重要思想、马克思主义新闻观、职业精神职业道德学习教育活动的通知》。该通知首次在中央文件中提出"马克思主义新闻观"概念。

④ 《中央宣传部国家广播电影电视总局国家新闻出版总署中华全国新闻工作者协会关于在新闻战线深入开展"三个代表"重要思想、马克思主义新闻观、职业精神职业道德学习教育活动的通知》，《新疆新闻出版》2003 年第 10 期。

出到大力度推进，是社会转型期政治、经济、社会、文化问题的倒逼，也是新闻事业市场化改革中新闻业务面临各种问题的亟需。

在"三项教育"的推动下，为配合"马克思主义新闻观"教育需求，相继涌现出了一批"马克思主义新闻观"教材和研究成果。"马克思主义新闻观"逐渐成为新闻院校和新闻从业者培训的一门必修课，而中宣部等新闻主管单位每年都会发布开展活动的意见。这在很大程度上推进了马克思主义新闻观的学习、教育与研究。

四 职业规范："马克思主义新闻观"的
未来走向

自 2013 年后，"马克思主义新闻观"教育得到了全面加强。与以往在新闻工作者队伍中加强马克思主义新闻观教育不同，这一次把教育的触角延伸到新闻院校。① 2013 年底，中宣部、教育部联合发出《关于地方党委宣传部门与高等学校共建新闻学院的意见》，并在上海召开部校共建新闻学院现场会，拉开了全国范围内"部校共建"的序幕。② 通过部校共建，使宣传部与新闻院校"发挥各自优势、开展互利合作、实现效益最大化"③。

从"马克思主义新闻观"的历史发展来看，它曾先后作为政治要求和队伍建设的利器。这一变化与其所在的社会环境密切相关。作为中国特色社会主义事业的主导意识形态，马克思主义无疑是占据主导地位的，无论是哪一个行业的教育或实践，都无一例外要在马克思主义的指导下进行。但是，马克思主义新闻观如果仅仅作为政治性要求，在进入"教室"后难以实现"入脑"、"入心"，进入新闻界也会降低实际效果。现实中，新闻院校的师生、新闻界的记者乃至宣传部门的人对"马克思主义新闻观"这一概念存在不少误读。

"马克思主义新闻观"进新闻院校，首先需要破解对"马克思主义新闻观"的一些误读，这些误读正在阻碍着"马克思主义新闻观"教育的深入。如，一些人认为，"马克思主义新闻观"的奠基者和创立者已离开了我们，他们的一些新闻观点大多是针对当时政治斗争和新闻工作实际需要提出，是否已经"时过境迁"？对此，郑保卫认为，马

---

① 2005 年秋季学期，清华大学新闻与传播学院在全国新闻院系率先开设了面向全体新生的必修课"马克思主义新闻观"。

② 2001 年，上海市委宣传部与复旦大学新闻学院就已开始部校共建的探索。

③ 郑海鸥、王珏：《下一盘新闻人才培养的好棋——部校共建新闻学院综述》，《人民日报》2014 年 9 月 14 日。

克思主义新闻观的形成是一个过程。它经历了由马克思和恩格斯奠基，以列宁为代表的苏联共产党人、以毛泽东为代表的中国共产党人继承、发展的长期过程，不断充实完善，逐步形成了科学的理论体系。① 他认为，经典作家们揭示无产阶级新闻工作的基本原理及内在规律，"具有鲜明的科学性、真理性和实践性"，不应该把它看作是纯粹"概念性"、"理论性"的东西。② 在具体的马克思主义新闻教学中，董小玉、秦红雨提出，"马克思主义新闻观"不仅存在"过时论"的误区，也存在马克思主义新闻观的理论和现实脱节、马克思主义新闻观教条化导致枯燥乏味等问题。③ 有的学生听到课程名字就产生抵触情绪，不能不说是误读造成的。

对"马克思主义新闻观"的误读，已引起了学者的关注。针对学界对"马克思主义新闻观"的误读，刘建明曾指出，马克思主义新闻观的"每个观点构成彼此制约的纵深体系，单独任何一个观点脱离整个体系都会陷入谬误"。进而，他认为，"马克思主义新闻观构成严密的纵深体系，单独坚持一个观点而抛弃其他原理，就会丧失其真理性，在新闻工作实践中遭受挫折"，"坚持马克思主义新闻观决不是强调和坚持一两个观点，而是坚持完整的理论体系，贯彻理论体系的经典性和实践性"。④ 而针对马克思主义新闻观教育中的学生的误读，董小玉、秦红雨曾提出，把"马克思主义新闻理论和现实新闻实践相结合"，"马克思新闻观教育同社会整体观教育相结合"等具体的建议，以此增强马克思主义新闻观教育的实际效果。⑤

仅仅消除误读还不够，马克思主义新闻观要继续深入发展，获得理论的正当性及其业务的指导价值，还需改变其话语体系。这里所谓的话语体系是指中国特色社会主义视角下的新闻理论话语。一方面，应当承认马克思主义新闻观教育的政治与意识形态属性。甘惜分曾指出，"中外新闻事业发展史表明，新闻事业的发展变化，朝晴暮雨，昨是今非，莫不与阶级、政党、集团之间的分化离合相关联，都只能运用马克思主义这一思想武器才能解释其奥秘"，"新闻学研究离开了马克思主义，必将一事无成"。⑥ 可见，政治逻辑是马克思主义观研究背后的一个重要逻辑。刘卫东则认为，高校新闻教育工作者都是工作在一线的知识精英群体，从事对马克思主义新闻思想的诠释、普及工作，是

---

① 郑保卫：《马克思主义新闻观的形成与特点》，《中国记者》2001 年第 5 期，第 26~28 页。

② 郑保卫：《马克思主义新闻观的实践性与生命力》，《新闻战线》2005 年第 1 期，第 11~13 页。

③ 董小玉、秦红雨：《全球传播背景下"马克思主义新闻观"课程改革的思考》，《新闻大学》2012 年第 3 期，第 122~126 页。

④ 刘建明：《马克思主义新闻观的经典性与实践性》，《国际新闻界》2006 年第 1 期，第 5~10 页。

⑤ 董小玉、秦红雨：《全球传播背景下"马克思主义新闻观"课程改革的思考》，《新闻大学》2012 年第 3 期，第 122~126 页。

⑥ 甘惜分：《甘惜分文集》（第 3 卷），人民日报出版社，2012，第 496 页。

一支不可忽视的重要力量。① 胡钰则进一步指出，"建设马克思主义新闻观、开展马克思主义新闻观教育，是建设社会主义意识形态话语体系的重要组成部分"②。这都表明，"马克思主义新闻观"教育首先是政治任务。

另一方面，在政治和意识形态属性基础之上，马克思主义新闻观应向中国特色社会主义职业话语转型。"马克思主义新闻观"要继续深化并取得发展，就要改变片面的政治话语，使其成为中国特色社会主义新闻工作的职业规范话语。这一点显然已经受到了关注。陈力丹认为，"遵循新闻从业基本准则"应是马克思主义新闻观的立论基础，在这点上，"中国的传媒没有任何可以'特色'的理由，也不存在中国特色的与世界新闻业不同的行业理念"③。事实上，从马克思主义新闻观的提出，到其成为一种学习活动，已逐渐显露出其对新闻业务指导的理论价值。郑保卫认为，马克思主义新闻观的实践价值和现实意义在于，使新闻从业者"增强政治意识和党性观念"，"把握客观报道原则的内涵"，"正确开展新闻批评和舆论监督"，"坚持社会效益和经济效益的统一"，"防止道德滑坡和职业腐败"。④ 这种观点其实已经把"马克思主义新闻观"的价值从片面的政治标准延伸到了业务标准。

在笔者看来，"马克思主义新闻观"是一个具有中国特色的集新闻工作纪律、新闻工作道德与新闻工作伦理于一体的理论体系，而非单一的政治要求。一方面，它强调党性、人民性、舆论导向、正面宣传，要求新闻工作者要具有强烈的政治敏感，有"政治家办媒体"的意识；另一方面，它也讲新闻真实、新闻自由、新闻法治，舆论监督，要求新闻工作要遵循新闻传播规律，承担起反映人民呼声、监督政府和官员的责任。因此，"马克思主义新闻观"是一种双重属性的概念。

（原载《现代传播（中国传媒大学学报）》2018年第4期）

自选理由：

自党的十八大以来，"马克思主义新闻观"成为新闻学界研究的一个重点和焦点。

---

① 刘卫东：《当代中国马克思主义新闻观科学化大众化的时代表达》，《中国地质大学学报（社会科学版）》2016年第5期，第136～147页。

② 胡钰：《马克思主义新闻观教育的着力点》，《现代传播（中国传媒大学学报）》2016年第7期，第147～150页。

③ 陈力丹：《"遵循新闻从业基本准则"——马克思主义新闻观立论的基础》，《新闻大学》2010年第3期，第20～28页。

④ 郑保卫：《马克思主义新闻观的实践性与生命力》，《新闻战线》2005年第1期，第11～13页。

在诸多的研究中，很少有人去关注"马克思主义新闻观"到底是从什么时候出现的？为什么会出现？出现的背景和话语是什么？也正因如此，在现有马克思主义新闻观研究中，很少有人去关注马克思主义新闻观的概念本身。

本文基于这一原因，以"概念史"为研究方法，对"马克思主义新闻观"概念产生的历史背景、话语变迁、双重属性等进行了剖析。笔者认为，对马克思主义新闻观的研究，不能陷入简单化、片面化、口号化的模式，也不能陷入唯经典作家原著或党的领导人原著至上的教条主义模式，而应跳出简单的思想史方式，从观念史、概念的视角去审视马克思主义新闻观的形成历史与发展历程，从观念的维度去深化马克思主义新闻观，提升马克思主义新闻观的学理化水平。

作为中国特色社会主义新闻事业和中国特色新闻学的核心与灵魂，马克思主义新闻观的生命力在于其不断地发展与创新。而要做到发展与创新，就要从根本入手。本人选择这篇文章作为中国社会科学院新闻与传播研究所成立40周年所庆论文集文章，也正是基于作者对这一基本问题的看法。

略论中国特色社会主义的新闻传播理念

中国社会科学院中国特色社会主义

理论体系研究中心*

任何国家的新闻传播理论与实践，都会受到这个国家的政治制度、经济制度、民族心理、历史传统、文化背景等诸方面因素的影响。其新闻传播制度的创设与发展，也是由该国国情、国家性质和其社会发展状况所决定。各国新闻传播制度及其理念的异同，体现了人类新闻实践和传播文化发展的多样性、交融性与共通性。中国新闻传播制度与体制的建立与发展，应当也必将具有中国的特点与风格。

当代中国新闻传播业的成长及其理论探索，以中国特色社会主义的政治、经济、文化和社会实践为基础，珍视本土经验的积累和提炼，同时也注重对域外新闻传播文明成果的了解、学习、借鉴和吸纳。随着新闻传播实践的推进和中外新闻传播文明交流的拓展，中国特色社会主义新闻学的内容也将不断地充实、丰富和完善。

从中国特色社会主义思想体系的角度阐释当代中国的主流新闻理念，可将其核心的关切与诉求概述如下。

一　坚持"以人为本"

中华人民共和国宪法第二十二条第一款规定："国家发展为人民服务、为社会主义服务的文学艺术事业、新闻广播电视事业、出版发行事业、图书馆博物馆文化馆和其他文化事业，开展群众性的文化活动。"该条款中提到的新闻广播电视事业、出版发行事业，含括了主要的新闻传播媒体（当时尚未出现网络媒体）。宪法修改委员会在其提交的修宪报告中指出：之所以要在总纲中明示国家促进大众传播事业发展之责任，最主要

---

* 文章由宋小卫研究员起草，唐绪军研究员修改完成，署笔名"辛闻"。

的考虑，是因为新闻、出版等大众传播事业对于丰富和提高人民的精神生活，具有明显的重要性。这一规定及有关公民言论和出版自由条款的创设，明示了国家发展新闻传播事业满足人民群众需求的基本责任，是中国特色社会主义新闻传播制度建设的宪政法源。该条款的入宪，赋予了中国执政党和各级国家机关落实"发展新闻传播事业，满足人民获享新闻传播之需求"的责任，也为新闻传播的制度建设提供了一例具有中国特色的宪政法源，它是中国特色社会主义新闻理念赖以立论的最权威的规范依据。

在中国，中国共产党和各民主党派都必须以宪法为根本活动准则，维护宪法尊严，保证宪法实施。2008 年 6 月 20 日，中共中央总书记胡锦涛在考察人民日报社时专门就新闻宣传工作发表了重要讲话，明确提出"坚持以人为本，是做好新闻宣传工作的根本要求"；"要坚持把实现好、维护好、发展好最广大人民的根本利益作为新闻宣传工作的出发点和落脚点，坚持贴近实际、贴近生活、贴近群众"；"面向基层、服务群众、深入实际，多报道人民群众的工作生活，多反映人民群众的利益要求，多宣传人民群众中涌现的先进典型，激励全体人民信心百倍地创造美好生活"。该讲话的上述内容，是中国执政党对宪法第二十二条规定的一种与时俱进的理念阐释、政策强调与实践引导。

值得注意的是，宪法第二十二条第一款不仅将发展广播、电视、新闻出版等大众传播事业，作为国家的一项根本任务予以明文规定，而且着意强调了国家发展的是"为人民服务、为社会主义服务"的大众传播。宪法在这里所表称的"为人民服务、为社会主义服务"，主要是对我国新闻传播事业宗旨和政治方向提出的要求，而不是对新闻传播资源获享者的身份规定和资格限制。事实上，所有中华人民共和国的公民，都有权依法成为"为人民服务、为社会主义服务"的新闻传播资源的享用者和消费者。

二　按照新闻传播规律办事，
讲究新闻传播艺术

胡锦涛在 2002 年全国宣传部长会议上指出，"要尊重舆论宣传的规律，讲究舆论宣传的艺术，不断提高舆论引导的水平和效果"。这是中国共产党历任主要领导人首次谈到"尊重舆论宣传的规律"。2008 年在人民日报社考察工作时的讲话中，胡锦涛进一步明确提出了"按照新闻传播规律办事"的要求，这一要求承继了马克思 165 年前表达的思想。马克思在 1843 年写道："要使报刊完成自己的使命，首先必须不从外部为它规定任何使命，必须承认它具有连植物也具有的那种通常为人们所承认的东西，即承认它具

有自己的内在规律，这些规律是它所不应该而且也不可能任意摆脱的。"①

　　新闻媒体的从业人员及其管理者、领导者都要按照新闻传播规律办事，讲究新闻传播艺术，克服盲目性，增强科学性。中国执政党对新闻媒体的政治、组织领导，是建立在尊重新闻传播规律基础之上的科学领导，这是"科学发展观"在新闻工作领域的具体落实和体现。

　　按照新闻传播规律办事，就要实事求是地调查了解对内对外的传播环境、各种传统和新兴传播媒介的特点以及社会发展的大趋势，不能依靠个人的主观感觉。必须建立起长期、科学、系统的调查机制，深入分析各种力量之间的变化，及时调整传播的重心和基调，研究各类受众群体的心理特点和对信息的接受习惯。在了解传播态势、受众心理的前提下，善于主动研究、设置公众关注同时又是党和国家的重大事项的议题。这种设置不能只是传媒一方的主观意志，而要建立在对舆情充分了解的基础上。

　　只有把握和尊重新闻传播规律，才能提高舆论引导的权威性、公信力、影响力和感召力，增强新闻报道的实效性、生动性、可信性和适读性。

三　执政党为新闻传播事业健康、有序地发展提供有效的政治保证和组织保障

　　新闻传播是民主政治的重要组成部分，这既是世界各国普遍存在的通例，也是当代国际社会的一项基本政治共识。

　　当代中国的民主政治建设，是在中国共产党领导的多党合作和政治协商制度条件下以宪法为根本活动准则展开的。这种政党制度既不同于西方国家的两党或多党竞争制，也有别于有的国家实行的一党制。它是在中国革命、建设和改革实践中形成和发展起来的，是适合中国国情的一项基本政治制度。与这一政治制度相适应，中国的执政党——中国共产党通过"党管媒体"、"党管干部"为国内新闻传播事业健康、有序地发展提供了有效的政治保证和组织保障。

　　中国共产党历来强调新闻媒体是党、政府和人民的喉舌，是党的整个事业的一个重要组成部分。2004年党的十六届四中全会《决定》更是明确提出了"坚持党管媒体的原则"。坚持党管媒体的原则，就是要使新闻媒体体现出无产阶级政党的思想意志、政治要求和组织原则。但是，党管媒体绝不意味着党对新闻媒体的消极控制和拘限，而是

---

　　① 《马克思恩格斯全集》第1卷，人民出版社，1995，第397页。

为了引领新闻媒体实现好、维护好、发展好最广大人民的根本利益，为公民获享知情权、监督权、表达权和参与公共事务管理等民主权利营建规范有序而又充满活力的新闻环境与传播条件。

2010年在全国宣传部长会议上，谈到党管媒体时，李长春同志强调，要"切实做到善待媒体、善用媒体、善管媒体，充分发挥媒体凝聚力量、推动工作的积极作用"。这一论述后来被简称为"三善论"。"三善论"的提出是时代发展的必然要求，具体阐释了党管媒体原则的基本内容。所谓"善待媒体"，就是要正确认识新闻媒体的职责和特性，尊重专业；所谓"善用媒体"，就是要发挥新闻媒体在促进和谐社会建设中的主体作用，鼓励创新；所谓"善管媒体"，就是要按照新闻传播规律对新闻媒体实施科学的管理，顺势而为。因此，"三善论"是新时期党管媒体原则的与时俱进。

四　新闻媒体和新闻工作者对新闻报道的客观真实公正负有专业性的注意义务与核实责任

坚持新闻的真实性原则，是新闻媒体必须严守的职业道德底线。新闻的"真实"，是指新闻报道与所反映的客观现实相符合，新闻报道的事实必须是确实存在和发生的。

作为采集和提供新闻的专业机构和专业人员，新闻媒体和新闻工作者应当对新闻报道的真实准确客观负有专业性的注意义务与核实责任，保证新闻要素准确无误，情节属实；未经证实的消息，应加以说明；除需要对提供信息者保密外，报道中应指明消息来源；报道中的细节必须真实，不加以拔高、想象和夸张；报道所采用的声音、图像均应来自新闻现场或与报道主题相关的采编活动，而非个人编造或拼接；在报道、说明、解释和评论事实时，要力求全面、正确地反映社会生活的主流和真相，避免报道和言论的肤浅、片面、偏颇而导致公众对事物的判断产生偏差或错误。报道一经发布，如果发现失实或其他差错，应立即公开更正致歉，消除不良影响。

新闻真实的实现标准，既是静态的，也是动态的。新闻媒体对真实性的承诺，有时不是一次性地兑现的，需要通过多次跟进、补充报道和及时更正来完成。

新闻真实是新闻可信首要但非唯一的保证，要确保新闻传播和舆论引导的权威性、公信力和影响力，除坚持新闻的真实性原则之外，新闻媒体和新闻工作者还需恪守全面、公正、公平、不歧视等新闻职业的基本道德准则。

五　把握正确的舆论导向是新闻媒体
首要的政治责任

当代的新闻传播对国内外政治、经济、社会、文化等各领域的辐射日益加强，对人们思想、工作、生活等各方面的影响日益深入，新闻媒体在享有、施展其信息传播力、言论表达力和舆论影响力的同时，理应也必须承担相应的公共责任，这是中外新闻媒体和新闻学人的共识，区别只在于如何指认、阐释此种公共责任的丰富内涵，或者对这种公共责任的某些方面予以更多的关注和强调。广义的新闻媒体公共责任，包括媒体对国家和国际政治、经济、文化和社会之良性、有序发展所应肩负的建设性担当，也包括媒体对其受众和服务对象所应恪守的职业道德。

中国新闻媒体首要的政治责任，是把握正确的舆论导向，它要求新闻媒体牢固树立新闻传播的政治意识、大局意识，做好重大突发事件的新闻报道和舆论引导，在重大问题、敏感问题、热点问题的新闻报道上把好关、把好度，确保新闻传播活动在巩固全国各族人民团结奋斗的共同思想基础、推动经济社会又好又快发展进程中发挥积极作用。

六　新闻媒体各职能的相互协调与统一

在当代中国，新闻媒体依照自己创办的宗旨面向公众提供新闻报道、时事评论、受众来稿来信和其他信息，发挥着重要的职能。

新闻媒体的首要职能是传播信息，通过真实、准确、全面、客观的新闻报道把国内外每时每刻发生的重要事件、有价值的信息及时告知公众。

新闻媒体的第二个职能是引导舆论，把代表主流社会思想的舆论表现出来，营造有利于建设社会主义核心价值体系的良好舆论环境，做好重大问题、敏感问题、热点问题的舆论引导，化解矛盾，理顺情绪，坚持有利于社会发展和文明进步的舆论导向。

新闻媒体的第三个职能是促进发展，积极主动地推动发展，挖掘和介绍各行业的先进典型和新生事物，以榜样的力量推动生产力发展、民主政治发展和先进文化发展，激励全体人民信心百倍地创造美好生活。

新闻媒体的第四个职能是普及、宣传知识，广泛持久地把人类创造的新知识、新技术、新思想、新理论介绍给公众，促进知识的交流与创新。

新闻媒体的第五个职能是教化公众，通过各种报道、评论和其他媒体作品传播先进文化，潜移默化地引导公众提高思想道德素质、科学文化素质和关心社会进步、生态环境文明的责任感，优化公众的生产方式和生活方式。

新闻媒体的第六项职能是舆论监督，揭露公众关心的社会矛盾和违法违纪事件，通达社情民意，传达弱势群体的呼声，批判霸权主义、强权政治和非人道行为，伸张正义，主持公道。①

新闻媒体作用的有效发挥，需要其各项职能之间的协调搭配，尤其需要达至"体现党的主张与反映人民心声的统一，坚持正确导向与通达社情民意的统一，正面宣传为主与加强和改进舆论监督的统一"②。对新闻媒体负有领导责任的执政党、新闻媒体的行政管理部门以及各类新闻媒体应以各自的职责构建，达至上述统一的传播和督导机制。

实事求是地看，在我国新闻媒体的工作实践中，其各项职能的发挥并不总是能够自然地保持一种协调搭配的最佳状态，重此轻彼甚至顾此失彼的"职能失衡"现象时有发生。正因如此，党的领导人才提出上述"三个统一"的要求，督促新闻媒体注意其职能调配的合理分布，以求为改革开放和社会发展营造一个更加均衡的传播环境与新闻生态。

综上所述，以人为本、尊重规律、党管媒体、客观真实、正确导向、诸职协调，构成了中国特色社会主义新闻传播理念的基本骨架，它们之间互为依存，有机统一，合力构建了中国特色社会主义新闻事业得以充分施展其政治优势、组织优势、制度优势和密切联系群众优势的理论基础。其中，以人为本是核心，是中国特色社会主义新闻传播的出发点和归宿；尊重规律是基础，是中国特色社会主义新闻传播的科学依据；党管媒体是原则，是中国特色社会主义新闻传播的鲜明个性；客观真实是前提，是中国特色社会主义新闻传播的职业底线；正确导向是追求，是中国特色社会主义新闻传播的社会责任；诸职协调是目标，是中国特色社会主义新闻传播孜孜以求的理想状态。

（执笔：辛闻）

（原载《光明日报》2012年10月23日第2版）

自选理由：

本文从中国特色社会主义理论体系的视角提出，以人为本、尊重规律、党管媒体、

---

① 本节有关新闻媒体职能的表述，参照了柳斌杰在博鳌亚洲论坛2003年会主题演讲中的内容。参见柳斌杰《现代媒体的社会职能和公共责任》，《中国新闻出版报》2003年11月7日第1版。
② 李长春：《在第十届中国记者节暨颁奖报告会上的讲话（2009年11月8日）》，《人民日报》2009年11月9日第3版。

客观真实、正确导向、诸职协调，构成了中国特色社会主义新闻传播理念的基本骨架，它们之间互为依存，有机统一，合力构建了中国特色社会主义新闻事业得以充分施展其政治优势、组织优势、制度优势和密切联系群众优势的理论基础。这一观点系统完整地归纳和阐释了中国特色社会主义新闻传播理念的基本内容，带有一定的创新性。

论中国独创特色的内部参考信息
传播工作及其机制

尹韵公[*]

先看二则史实：

1959 年 6 月 20 日，毛泽东在阅读了刊登在新华社主办的《内部参考》上一条"关于广东水灾"的材料后，给当时主管全国新闻宣传工作的负责人胡乔木、吴冷西等写下了如下批语："广东大雨，要如实公开报道。全国灾情，照样公开报道，唤起人民全力抗争。一点也不要隐瞒。政府救济，人民生产自救，要大力报道提倡。工业方面重大事故灾害，也要报道，讲究对策。"① 1978 年 4 月 15 日，邓小平在阅读了新华社主办的《国内动态清样》上反映福建省三明地区负责人阻挠为遭受"四人帮"迫害的赵大中平反一事后，作出批示："如反映属实，地市委有关人员是不干净的，为什么省委不抓住这样典型事件，对地市委加以清查和整顿呢！"②

暂且不讨论毛泽东、邓小平的批示内容如何。本文要探讨和弄清的问题是：《内部参考》和《国内动态清样》究竟是怎样的信息传播载体？它们二者之间是怎样一种关系？新华社创办《内部参考》和《国内动态清样》的目的何在？除新华社外，中国其它新闻单位和党政机关创办过类似这样的信息传播载体没有？如果有的话，这种内部参考信息传播工作及其机制（以下简称"内参机制"）究竟在现实生活中发挥着怎样的功能和作用？中国为何创办独具特色的内参机制？中国为何需要内参机制？如此等等。

由以上二则史实的引用和诸多问题的提出，可以看出本文的最终价值取向在于：作为中国新闻传媒体制中重要组成部分的内参机制，作为中国新闻传媒体制中最能代表中

---

* 尹韵公时任中国社会科学院新闻与传播研究所研究员。

① 《毛泽东新闻工作文选》，新华出版社，1983，第 214 页。

② 《邓小平年谱（1975－1997）》（上），中央文献出版社，2004，第 297 页。

国新闻宣传高超智慧的内参机制，作为全世界独一无二的新闻品牌的内参机制，通过揭示它的产生和成长历程，阐述它的地位和能量。本文将掀开它的神秘面纱，客观而真实地把其本来面目生动地展示在世人面前。

一

任何事物的发展都有一个历史起点。那么，内部参考（以下简称"内参"）起于何时呢？从目前的材料看，内参始于我党创建的江西中央苏区根据地。1931年11月7日，中华苏维埃第一次全国代表大会在江西瑞金召开，会议开幕当天宣告成立红色中华通讯社，简称红中社即新华社前身。红中社的主要任务有两项：一是充当"喉舌"，对外发布我党、我军和苏区的新闻报道；二是充任"耳目"，抄收国民党中央社和其它电台播发的消息，编成参考材料，以《无线电材料》作为刊名，专供小范围的苏区中央局和红军高级领导决策参考。这大概就是内参最早的雏形吧。

后来《无线电材料》还先后以《无线电日讯》《每日电讯》等刊名油印内部发行，每期四五十份不等。红军到达陕北的几年后，此内参又改名为《今日新闻》。1940年3月10日，该刊由油印改为铅印，印刷质量上实现了空前飞跃。1942年12月1日，由新华社和《解放日报》合编的由《今日新闻》再次改名为《参考消息》第一号在延安创刊。从此，《参考消息》再无更名，一直沿用至今。此时的《参考消息》已模样大变，每期发行量扩大到400份以上，每期字数在4000字左右，成为一份涉及国内国际包括敌我双方各种信息的综合性参考刊物，但仍然属于仅限中共高层领导范围的秘密级读物。①

大约也是在这一时期，除了《参考消息》这样主要以搜集国外通讯社发布消息为主的内参，另外一种主要以反映根据地民意和舆情为主的内参也诞生了。曾为新华社知名记者的冯森龄，年轻时当过陕甘宁边区《边区群众报》记者。冯森龄在抗战期间和解放战争期间，曾多次向《解放日报》和中共西北局高层领导反映边区有的县评选劳模弄虚作假和有的地区执行中央政策不力的情况。他写的这些内参，均得到了上级部门的坚定支持和有力响应。②

随着人民革命战争的节节胜利，解放区范围的不断扩大，我党的各种任务越来越繁多，亦越来越艰巨。因此，我党中央需要掌握的信息需求势必也越来越强烈。1948年6

① 《参考消息》2005年2月24日第13版，又见《新华通讯社史》第一卷，新华出版社，2010，第13页。
② 曹谷溪：《人民记者冯森龄》，陕西人民出版社，1988，第137~140页。

月5日，我党中央给各中央局、分局转各新华分社发出了《中共中央关于新华社应供给多种资料的指示》，这一指示说："为了帮助中央了解各地情况，各新华总分社和分社除了供给各种准备发表的新闻稿以外，并须担负供给各种参考资料的任务。此种资料，包括各解放区所发的地方性的文件（如条例、命令、指示信、社论等或其摘要），各解放区的某些不公开发表的重要情况，及其他中央指定调查、收集的资料而为机密电台和陆上交通所不能担负者。"并明确要求："各总分社和分社应有专人担任此项任务，其名单应报告总社。"① 从现在来看，这个中共中央指示是我党在解放前发布的第一个，也是唯一的一个关于内参工作的中央文件。在我党新闻传播史上，特别是在我党内部参考信息传播史上，这份中央文件具有里程碑式的重要意义。1949 年 9 月 22 日，以《内部参考》为刊名的内部读物正式创刊。这就意味着，在我党新闻传媒体制中，内参传播及其机制已经初步创成。

综上所述，我党在解放前建立的内参系列，主要有两个品种，一为《参考消息》，一为《内部参考》；虽然同为耳目作用，但一是以国际新闻为主，一是以反映国内情况为主。谁也没有想到的是，解放以后这两大品种逐渐发展成为庞大的《参考消息》家族（以下简称"参考"家族）和《内部参考》家族（以下简称"内参"家族）。

二

新中国成立后，我党由夺取政权的革命党变为掌握政权、建设国家的执政党。由于角色、地位和使命发生了巨大变化，因而必然地，我党的新闻传播工作及其内参机制也随之相应地发生了深刻变化。当时主管全国新闻工作的胡乔木对内参工作抓得很紧，曾在短时间内连续三次向新华社提出改进意见。为此，新华社于 1953 年 1 月 6 日向各总分社、分社、记者组发出了《贯彻乔木同志对〈内部参考〉报道意见的通知》，其中强调：能够公开报道的尽量公开报道；对各种工作中缺点、偏差等不应只是消极地揭发，而应积极地追查纠正，我们不仅要向中央提供工作中的不良情况，而且要负责地帮助中央追查并及时提供改进的情况；不能公开报道的要讲明原因，或报请总社定夺。②

随后，新华社向中央高层和中央各部门发送"《内部参考》征求意见表"。毛泽东收到后，于 1953 年 1 月 16 日写下重要批语："我认为此种内部参考资料甚为有益。凡重要者，应发到有关部门和有关地方的负责同志，引起他们的注意。各大区和各省市最

---

① 新华社新闻研究所编《新华社文件资料选编》第一辑，第 148 页。
② 新华社新闻研究所编《新华社文件资料选编》第二辑，第 334 页。

好都有此种《内部参考》，收集和刊印本区本省本市的内部参考资料。"① 毛泽东不但十分赞赏新华社办的《内部参考》，而且还主张各省市都要办本地的《内部参考》。又过了半个月，毛泽东于当年2月2日又给新华社写信，说："一月三十日《内部参考》载《河北省农村基层干部违法乱纪情况严重》一稿，很有用处，请将此稿发给各中央局、分局、省委和市委的同志们阅看，作为参考。并请会知各省市新华分社照河北分社的办法，从各省市方面采访此类消息刊入《内部参考》。"② 毫无疑问，作为党和国家的最高领导人，毛泽东的这些批示极大地推动了内部参考的信息传播工作，同时也极大地鼓舞了从事内部参考工作的记者编辑。

1953年7月，中共中央发出了《关于新华社记者采写内部参考资料的规定》。这是新中国成立后，中央发布的第一个关于内参工作及其机制建立的文件。在内参工作及其机制（"内部参考信息传播工作及其机制"的略写）建立史上，它是第二个具有里程碑价值的文件。但就文件反映的思想深度和操作程度而言，它的重要性、显赫性和历史意义又超过了建国前的第一个文件。它标示着，我党的内参工作及其机制从此步入了健康发展的轨道。

在这份文件中，中央明确规定了新华社记者采写参考资料的范围，主要包括以下几个方面：

"1. 党的政策方针在各地贯彻执行中的情况和问题，特别是那些对领导机关有参考价值的实际工作中的困难、偏向、错误和缺点的情况；

"2. 各阶层人民当前的政治思想情况，各阶层人民对国内外重大政治事件的意见，各阶层人民在生活和工作中所遇到的困难和对于领导机关的意见；

"3. 统一战线工作中的问题；

"4. 工作中一些尚不成熟、带试验性的不宜公开报道的工作经验；

"5. 各地自然灾害的详细情况和反革命分子活动情况；

"6. 其他不宜于公开发表的重要情况。"

这份文件还明确要求新华社记者在采写参考资料中应注意的问题：

"1. 写参考资料内容必须注意确实，力求客观全面，反对粗枝大叶，道听途说，并防止片面夸大。要注意说明问题是什么时候发生和存在的，现在的情况如何，并要说明资料的本源及其可靠性，以便领导机关对这些问题有较全面的正确的了解。

"2. 记者写参考资料时，只负责客观真实地反映情况，不要对所反映的问题作出结

---

① 《建国以来毛泽东文稿》第四册，中央文献出版社，1990，第28页。
② 《毛泽东新闻工作文选》，新华出版社，1983，第175页。

论，也不要向有关方面提出处理的要求。记者不得参预当地的争论，不得干预当地的工作。"

考虑到记者反映问题时，很可能与问题所在地的党组织发生不同意见，因此，这份文件强调指出：

"新华社的各地记者必须在总社领导下同时在各级党委监督下进行工作。必须注意防止任何不尊重党委意见的现象发生。当然，尊重党委意见，并不是说记者在某些问题上不可以有不同的意见和看法，不应当把他们见到的工作的缺点向中央反映。为了工作的便利，兹规定：新华社记者反映地委以下工作中的情况和问题的资料，可直接发给新华社总社；反映省市一级工作中的问题的资料，要送给省市委负责人阅后发给新华社总社；如省市委对资料提出不同意见而记者认为仍应向中央反映时，应将省市委意见一并报告新华社总社。"①

应当说，这份历史性文件是很有穿透力的。它为我党的内参工作及其机制奠定了基调和框架，几十年来我们基本上都是这样做的，正如毛泽东当年说过的，中央给记者的任务就是要如实反映情况，记者反映情况就是执行自己的职责，不论是省市委喜欢的不喜欢的，他都要反映。中央怎样判断，这是中央的事。②

为贯彻执行《中共中央关于新华社记者采写内部参考资料的规定》的文件精神，新华社专门召开会议，对改进内部资料的采写和编辑工作进行了讨论，既总结了经验，又分析了不足，还提出了措施，形成了新华社内第二份关于内参工作的文件——《对加强〈内部参考〉采写和编辑工作的意见》（1953 年 9 月）。这份文件特别指出："中央规定采写资料的范围的六项中，应以第一项为主要的。因此经常反映的资料应该是：党的政策方针在各地贯彻执行中的情况和问题，特别是那些对领导机关有参考价值的实际工作中的困难、偏向、错误和缺点的情况。""编辑《内部参考》的目的，主要是供给中央负责同志参考，使他们能及时地了解到党的各项政策在具体执行中所发生的新的重要问题。"又指出："作公开报道是记者的主要任务，把在采写公开报道中所了解的不便公开报道的重要情况和问题及时写成资料也是记者的任务，这两者是完全可以结合起来的。"③ 从这份文件透露的信息可以看出，我党内参工作逐渐开始成熟起来了。

除毛泽东外，中共其他高层领导人也是非常重视内参工作的。1956 年 5 月 28 日，新华社编委会向中央作了 4 个半小时的工作汇报后，刘少奇代表中央作了极为重要的指

---

① 见《中国共产党新闻工作文件汇编》（中），新华出版社，1980，第 251 页。
② 新华通讯社主办《内部参考》总 7680 期，2006 年 1 月 2 日第 1 期，第 5 页。
③ 新华社新闻研究所编《新华社文件资料选编》第二辑，第 489 页。

示。其间，刘少奇说："事情是真实的，但如果公开报道了，对敌人有利，对我不利，那么，就不能公开报道，可写成内部参考资料。内部参考资料，国内记者要写，国外记者也要写。《内部参考》应该成为一种有权威的刊物。"① 6 月 19 日，刘少奇似乎意犹未尽，再次召集胡乔木、吴冷西等人谈新华社工作。刘少奇又强调指出："新华社要认真办好《内部参考》和《参考消息》。要当作一回事来办。内部参考可以有两种，一种是给党内少数领导同志看的，一种是给中级干部看的。可以叫做党内参考。对于如何办《内部参考》，你们要做专门讨论。"② 作为仅次于毛泽东党内地位的第二把手刘少奇显然是非常看重内参工作，在不到一个月的时间内，二次发出重要指示，不但要求新华社要办好《内部参考》，而且还要使《内部参考》成为一种有权威的刊物。刘少奇对《内部参考》寄予了深切的厚望。

正如任何一款新车即使定型以后也仍然需要一段磨合期，才能正常行驶一样，内参工作及其机制虽然在党中央的有力支持和督促下渐入佳境，但在运行过程中，也仍然发生偏差，暴露出一些还可改进的问题。1957 年 12 月 25 日，新华社编委会提交了《关于改进〈内部参考〉工作向中央的请示报告》。该报告有针对性地提出一些改进意见：一是强调只要是对中央负责同志有参考价值的一些国内外重要资料，即应有选择地加以刊载；二是选择稿件时，国际方面的要从严，国内方面的要从宽，对反映兄弟党内部关系的要从严，对反映一般国际问题和兄弟国家内部一般情况的要从宽；三是西方资产阶级报刊和通讯社制造的关于社会主义国家的纯属污蔑的谣言和对我国及兄弟国家党和政府领袖私生活的污蔑，均不宜在"内参"发表。③

中央书记处收到新华社编委会提交的报告后，以邓小平为总书记的中央书记处于 1958 年 2 月 24 日上午，专门召开会议，讨论《内部参考》工作。邓小平认为：《内部参考》主要是供中央负责同志看的，具有大字报性质，它登出的东西，算数也不算数；它反映的问题，可信也可不信。彭真认为：以后凡不宜刊内参而又有重大参考价值的稿件应打清样送中央；凡省市委对《内部参考》上反映的情况有意见的，应坚决更正；针对有的记者因怕出问题不敢写内参的情况，彭真认为应鼓励记者写，但记者要认真负责。胡乔木认为：《内部参考》是内部的，但《内部参考》登出的东西就不是内部的问题了，因此记者必须采取认真负责的态度采写内部资料；党内部组织问题特别是省市委内部组织问题不必在《内部参考》上发表；《内部参考》要强调保密工作的重要性，要

---

① 新华社新闻研究所编《新华社文件资料选编》第三辑，第 422 页。
② 新华社新闻研究所编《新华社文件资料选编》第三辑，第 435 页。
③ 新华社新闻研究所编《新华社文件资料选编》第四辑，第 172 页。

严格执行清退制度，每月销毁一次。以上三位中央领导同志一致要求新华社认真把《内部参考》办好。根据这次会议情况，最终形成了具有中央权威的《中央书记处对改进〈内部参考〉工作的意见》。① 这份中央书记处发布的文件指出：

"以后凡不宜在《内部参考》上刊登而有参考价值的稿子，除打清样送中央政治局委员、候补委员、中央书记处书记外，还应分送给中央宣传部、中央联络部、外交部。"这就表明，《内部参考》在内容上要进一步细化，或者说内参家族将会诞生一个新的成员。

"《内部参考》虽然是供少数领导同志参考的，但记者采写内部资料时，应认真负责，力求客观、公正。"这就是说，记者采写内参时，要像采写公开报道那样，严格遵循新闻真实性原则，客观公正地反映情况。

"中央书记处决定加上批语转新华社关于加强《内部参考》工作的报告，使省市委了解《内部参考》的性质，并要他们指导和协助记者完成采写内部资料的工作。"这就意味着，内参工作已不仅仅是新华社的行为，而且还是党中央的行为，是国家的行为。

总之，从中央书记处的这份文件可以看出，我党对内参工作及其机制的认识以及规律性的把握，显得更加成熟、更加老到、更加深刻、更加系统。历史表明，中央书记处的这份文件促使我党的内参工作及其机制建设，又登上了一个新台阶；同时也为内参工作的健康开展，提供了坚强而有力的保证和支持。

新华社积极而坚决地贯彻落实中央书记处关于加强《内部参考》工作的文件精神，他们认为：虽然《内部参考》"基本上起到了中央的耳目作用"，但是，也还存在一些不可忽视的缺点，如有的稿件质量不高，思想性、政策性不强；有时反映的情况和问题不及时，往往落在实际工作的后面；有时还滥竽充数，登载了一些对中央没有什么参考价值的东西；一些稿件分不清问题的主流和支流，有片面、夸大的缺点；等等。为此，新华社强调要进一步明确办刊方向和编辑方针，重新调整内参的采写范围。在《内部参考》改版十天后，新华社于 1959 年 3 月 11 日再次向中央书记处提交了《关于〈内部参考〉工作情况及问题向中央的请示报告》。这份报告，实际上是对一年前中央书记处文件的积极回应。它在三个方面有较大突破：

其一，在办刊方向上，提出了要把《内部参考》办成像胡乔木所主张的"敏锐地反映各方面动向的综合性内部刊物"的清醒判断。

其二，在编辑方针上，提出了要坚决执行"宜上不宜下、宜粗不宜细、宜快不宜迟"和"全面、客观、准确"的明确思路。

---

① 新华社新闻研究所编《新华社文件资料选编》第四辑，第 182 页。

其三，在刊物内容上，重新调整了内参的采写范围，包括："1. 实际工作和群众运动中刚刚冒头的新问题、萌芽状态的重要情况，以及能反映风向的一些重要资料；2. 各地在执行党的政策、方针中发生的一些偏差和问题；3. 各阶层群众对党的新政策、新方针以及对重大政治文件的反映；4. 重要的、带有普遍意义的但还不成熟的工作经验；5. 重要的敌情、疫情、天灾、人祸；6. 重要的不便公开报道的学术思想争论；7. 重要的不宜公开报道的创造发明，技术改革，重大的资源发现等等；8. 重要的带有政策性的典型调查材料，重大问题的背景材料；9. 关于国际方面的一些重要问题和情况，西方国家通讯社、报刊的造谣、诬蔑和挑拨等。"①

内参内容的采写由过去的六个方面，扩大为现在的九个方面，且限制性门槛也较过去有所降低，如天灾的反映等。由此看出，经过十年以上时间的反复和磨合，在毛泽东、刘少奇、邓小平、胡乔木等中央高层领导的有力督促和精心指导下，再加上新华社的积极配合，不断改错、不断校正、不断努力和不断上进，内参工作及其机制自此已基本成熟、基本合格、基本成型、基本走上正轨了。虽然以后还会出现变化，但也只是小修小改而已，大的原则、方向和框架已基本确立，不会发生根本性的逆转了。

三

如前已述，我党创造的内参已从最初的单体，逐渐发展成为具有品牌效应的系列产品，具体分为两大家族，即"参考"家族和"内参"家族。

一　先看"参考"家族

1949 年 9 月，中央批准《参考消息》由赠阅改为订阅，当月发行量由 1964 份增加到 2947 份。1953 年 3 月 1 日，根据中宣部批准的关于改进《参考消息》的方案，新华社将《参考消息》一分为二：一是继续以《参考消息》为名印出，二是以《参考资料》为名印出；前者篇幅少而简，后者篇幅多而杂。《参考资料》就是党内著名的"大参考"，每日分上午版和下午版。当时这两种内部刊物均属秘密级别，发行量很小，《参考消息》也就两千余份，但传阅的人数却很多。根据新华社 1955 年 1 月 21 日给国务院提交的关于《参考消息》发行范围一事的报告，可以看出当时的受众面很窄，中央和地方至少是副省部级干部才可阅读。有意思的是，它还规定：这份党内刊物，"各兄弟国家驻中国的大使、公使"也可订阅。

---

① 新华社新闻研究所编《新华社文件资料选编》第四辑，第 343 页。

1956 年 11 月，中共中央召开八届二中全会。毛泽东在会上倡议扩大《参考消息》订阅范围。随后，中央办公厅于 1956 年 12 月 18 日正式发文《中共中央关于扩大〈参考消息〉订阅范围的通知》，决定订阅范围由"高级的党内外领导干部"扩大到党的县委委员以上、机关副科长以上、部队团委委员以上、高校讲师以上、中学校长以上等等，发行量将达到 40 万份。① 1957 年 3 月 1 日，《参考消息》以全新面目出现，由刊物型改为报纸型，每天一期，4 开 4 版，两万字左右。从此，《参考消息》变身为日报，而《参考资料》则继续保持刊物型，也没有扩大订阅范围。

对《参考消息》扩大订阅范围的目的，毛泽东曾经有这样一段著名论断："为什么要这样做呢？目的就是把毒草，把非马克思主义和反马克思主义的东西，摆在同志们面前，摆在人民群众和民主人士面前，让他们受到锻炼。不要封锁起来，封锁起来反而危险。这一条我们跟苏联的做法不同。为什么要种牛痘？就是人为地把一种病毒放到人体里面去，实行'细菌战'，跟你作斗争，使你的身体里头产生一种免疫力。发行《参考消息》以及出版其他反面教材，就是'种牛痘'，增强干部和群众在政治上的免疫力。"② 毛泽东曾在多个场合幽默地说：这是"共产党、人民政府替帝国主义出钱办报纸，替帝国主义无条件地办报纸"，"可以说天天替帝国主义作义务宣传"。③ 1957 年 5 月 17 日，毛泽东同新华社社长吴冷西谈话时说："《参考消息》要总结一下，可再扩大，变成天下独一无二的报纸。"④

1964 年，毛泽东指示：《参考消息》发行量要增加到 100 万份。1970 年 7 月 5 日，经中央政治局批准，新华社决定将《参考消息》的订阅范围扩大到机关全体干部、部队、工厂和农村基层党支部和知识青年。"文革"期间，周恩来总理曾多次向外国政要介绍《参考消息》，并将一份原报送给法国总统蓬皮杜，周恩来说："现在世界上有一种最好的报纸，就是我们的《参考消息》。"⑤

1985 年 1 月 2 日，经中宣部同意，《参考消息》取消了报头下的"内部刊物，注意保存" 8 个字；1998 年 1 月 1 日，《参考消息》又取消了自 1988 年 1 月 2 日报头下的"内部发行" 4 个字。就这样，《参考消息》逐渐褪去了内参色彩，脱离了内参范畴，庄重地完成了自身的内参使命，从而成为一张真正意义的报纸。现在，《参考消息》仍然

---

① 新华社新闻研究所编《新华社文件资料选编》第三辑，第 350 页。
② 《毛泽东新闻工作文选》，新华出版社，1983，第 185 页。
③ 吴冷西：《忆毛主席》，新华出版社，1995，第 36 页。
④ 《中国档案》2011 年第 1 期，第 83 页。
⑤ 《中国档案》2011 年第 1 期，第 83 页。

是中国发行量最大的日报，日均发行 400 万份。① 《参考消息》有两个内容完全一样的版本，一个是发行量大的 4 开版，另一个是发行量小的对开版；后者字体大，便于老年人阅读。《参考资料》依然保留着内参性质，继续作为一个品种而存在。

二　再说"内参"家族

内参家族人丁兴旺，相当庞大。由于毛泽东的倡导，不但新华社首先办起了内参，而且其他中央纸媒、省级纸媒等也创办了自家的内参，并且中央和国家的一些机关也创办了自家的内参。简要分述如下。

1. 新华社内参

新华社内参样式和品种之多，在中国是少有的。据我所知，主要有以下几种：①《国内动态清样（附页）》，属绝密级别，专供中央政治局常委和中央政治局委员以上或相当级别干部审阅，其内容一般为反映重大和特殊事件及其动态，不定期印出。②《国内动态清样》，属绝密级别，专供省部级或相当级别干部审阅，其内容主要为反映重要事件、重要动态、重要反馈、重要建议、重要判断等等，每天印出。以上两种内参是我国内参系列中层级最高、权威最高的内部刊物，其印制也很有特点，通常是单张印刷，一事一议，篇幅很少超过三千字，文风朴实，文字简洁，文章干净。③《内部参考》，属机密级别，近似刊物，有目录，有专栏，其内容主要为反映社会各种问题、各种动态、各种典型以及专题调研等等。以往新华社办了《内部参考》《国际内参》《经济决策参考》三种机密级内部刊物，自 2006 年起，新华社将这三种内参整合为一，统合为《内部参考》。这种刊物，一般中央和地方的司局级单位均可订阅。④《内参选编》，属内部刊物，一般县团级干部、乡镇科级干部和部队营级干部均可订阅，其内容反映的情况相当广泛，许多是即将公开的报道。

2. 中央纸媒内参和省级纸媒内参

《人民日报》《光明日报》等中央纸质媒体均按中央意图创办了自家内参，如《人民日报》的《群众来信摘编》和《情况汇编》《情况汇编·特刊》，《光明日报》的《情况反映》等等。《人民日报》的内参曾享有很高声誉，尤其是改革开放初期，主要负责内参选编的人民日报社群工部，每天收到全国各地的群众来信就有几大麻袋，近百名工作人员忙得不可开交。

省级纸质媒体创办的内参也可例举一二，如上海《解放日报》的《情况简报》，《河南日报》的《内部参考》等等。有的地市报也创办了自家的内参，如郑州的《大河

---

① 《中国档案》2011 年第 1 期，第 83 页。

报》、湖南湘潭的《湘潭日报》等等。

隶属中央机关的中央纸媒也创办了自家内参，如隶属团中央的《中国青年报》就有《青年来信摘编》，隶属中国人民银行的《金融时报》有《金融内参》，等等。

3. 中央和国家机关的内参

根据《邓小平年谱（1995－1997）》（上）查询，获悉已知中央和国家机关创办的内参有以下单位：国务院办公厅信访室编印的《人民来信摘报》，中央办公厅信访处编印的《来信摘要》，中央军委办公厅信访处编印的《信访摘报》，财政部办公厅办公室编印的《信访摘报》，石油工业部办公厅编印的《外事情况反映》，教育部办公厅编印的《人民来信来访摘报》，等等。

按照逻辑推理，可以肯定地说，中央和省市以及地市纸媒的内参，远远不止上面所列举的；中央和国家机关的内参，也同样远远不止上面列举的。没有列举的中央和国家机关以及各级纸媒，绝不等于它们没有创办自家内参。实际上的内参品种，在中央和省市纸媒、在中央和国家机关内部，均广泛地存在着，表现出活跃的生命力。

深知内参成长历程的胡乔木曾经写过一篇文章，题为《中国领导层怎样决策》，他是这样写的：

"中国领导层获得信息的途径很广泛，信息渠道是多种多样。主要有：

"中央党政各部门和地方党政机关经常的情况报告和工作建议，以及党政机关建立的全国范围的信息网络，是日常性的主要的信息来源。党和政府的领导人每天都要用相当时间阅读这些信息。

"中国重要专门机构和咨询、研究系统的信息，也是重要的信息来源。统计、信息、咨询和研究等部门定期或随时提供的数据材料和分析报告，既有充分的事实又有分析和建议，受到领导人重视。

"专家、著名的活动家的个人研究成果和群众来信来访所提供的信息，也是领导机关和领导人了解情况的重要渠道。我国信访部门每年约收到人民来信五六十万件，其中相当多数是反映改革、建设情况和提出意见、建议。领导人经常阅读其中的重要信件，并交由有关部门研办。

"中国的报纸、通讯社、广播、电视等新闻单位每天都要传播大量的信息，包括来自世界各地的信息，这当然是领导及时了解信息的最重要的来源之一。"①

以上胡乔木提到四种途径的信息来源，实际上许多正是以内参形态表达和报送领导层的。

---

① 《胡乔木文集》第二卷，人民出版社，2012，第270页。

此外，还要说明的是，我国的内参工作及其机制受到党纪国法的保护。例如，中共中央于2004年颁布的《中国共产党党内监督条例（试行）》的第三十三条明确规定：新闻媒体要通过内部反映或公开报道，发挥舆论监督的作用。这里所说的内部反映，就是指内部参考。

四

我党创造内参机制的最终目的，从根本上来说，就是为了治国理政。经验和实践证明：内参机制确实是全面了解下情、充分搜集信息，有效管理国家，提高执政能力的最佳渠道和好帮手。

作为执政党，我党和国家最高领导层必须全盘掌握情况，切实保证上情下达和下情上达。而要做到这一点，一般来说，有两条路径可走：一条是依赖党的组织系统和政府的组织系统，一层一层地按照程序传输信息；另一条是依靠各级媒体，另辟路线，直达天听。虽然我们一直都是坚持两条路都走，但利用更多的还是媒体的内参。一方面，媒体内参的时效性更强，由于没有部门利益的瓜葛，反映情况也更容易客观准确，另一方面，中央高层通过来自两条路径上报的信息，可以更好地比较和辨识，有助于正确地判断，进而英明地抉择，从而保证整个社会稳定、健康、有序地发展，实现国家现代化的目标。

内参采写的主要承担者是记者。记者被要求采写内参，是我国媒体的特性赋予记者的职责。正是在这一点上，凸显了我国记者与其他国家记者的重大区别。按照马克思主义新闻观和中国特色社会主义新闻学理论，我国媒体不仅是消息发布工具和宣传教化工具，而且还是信息传播工具，又是社会动员和社会组织工具。由此展开，我国媒体的记者职责不仅要报道新闻，而且还要调查研究；不仅要充当喉舌，而且还要当好耳目，二者缺一不可。从传播学的观点看，我国记者不仅要从事大众传播工作，而且还要从事组织传播工作，即一方面记者要及时地向中央和上级部门反映基层情况，以便中央和上级部门有针对性地制定方针和政策，另一方面，记者还要迅捷地将方针和政策的实施情况反馈上去，以便中央和上级部门了解情况，哪些是正确的应该坚持，哪些是错误的必须改正，哪些是不完善的需要改进，等等。所以，掌握内参采写的本领，是我国记者必备的专业技能和职业要求。

早在延安时期，我党根据"从群众中来，到群众中去"的思想路线，创造性地提出"全党办报，群众办报"的新闻理念。正如毛泽东曾经说过的："报纸的作用和力量，就在它能使党的纲领路线、方针政策，工作任务和工作方法，最迅速最广泛地同群众见面。""我们的报纸也要靠大家来办，靠全体人民群众来办，靠全党来办，而不能只靠少数人关起门来办。"① 全党办报，群众办报，实际上是我党"全心全意为人民服务"宗旨在传媒工作中的具体体现。无论是战争年代，还是建设时期，我们的媒体和记者都要始终不渝地坚持人民群众是媒体的真正主角，既要报道群众生活，表现群众风采，又要反映群众呼声，申诉群众要求。不可否认，群众意见肯定是良莠不齐，目珠混杂，肯定有正确与错误之分、先进与落后之别。再加上建国时期，我国积贫积弱，人口众多且文盲率极高，因袭负担之沉重达到难以想象的程度。但即使是这样，也不能成为轻视、忽视和小视群众意见的理由和借口。群众意见中的确有不少不适宜公开报道，但我们完全可以走内参渠道，以认真对待群众意见的真诚态度，切实反映群众诉求。通过内参渠道表达群众意愿，也是真正实践群众办报路线的一种表现。只有这样做，才能从又一个侧面有力地巩固执政基础，凝聚执政资源，也才能牢实地维护好、发展好、保护好群众的现实利益和根本利益。

毛泽东曾经对新华社社长吴冷西说过："《参考资料》和《内部参考》我每天必看。"② 能够每天吸引毛泽东眼球的读物必定很少，它说明，这两种内参确实办得不错，同时，它更说明毛泽东极其重视内参，已成为他每天不可离身的治国理政需要。周恩来对内参报道也高度重视，他曾经对一位新华社记者说："看到不对的东西，要敢于向上报告。"③ 以邓小平为核心的第二代中央领导集体对内参工作的重视，丝毫不亚于毛、周时代。据有人回忆：胡耀邦从 1979 年到 1985 年的 6 年多时间内，共批阅人民群众来信 2000 多封。④ 其中，有相当部分就是通过内参渠道送达的。正是在胡耀邦的有力推动下，新华社于 1984 年召开了具有历史意义的新华社内参工作会议，从而为新时期的整个内参工作及其机制建设进一步指明了方向。以江泽民为核心的第三代中央领导集体同样非常关心、非常支持内参工作，他们曾对新华社说：在内部刊物上多反映一些困难和问题，对领导干部来说是非常重要的，可以使领导干部更好地了解全面情况，头脑也会更清醒一些。以胡锦涛为总书记的党中央在 2005 年 3 月 24 日听取新华社党组汇报工作时指出：长期以来，新华社内参报道在党和国家的工作中发挥了重要作用，成为中央的智囊团和思想库。⑤

历届中央高层领导对内参的高度重视和极为关注，强力地展示出内参报送的"通

---

① 毛泽东：《对〈晋绥日报〉编辑人员的谈话》，《毛泽东选集》第四卷，人民出版社，1966。
② 吴冷西：《忆毛主席》，新华出版社，1995，第 141 页。
③ 周长年：《周总理给我上"内参"课》，《新闻记者》2002 年第 4 期。
④ 郑必坚：《在胡耀邦同志身边工作的回顾和感言》，《中共党史研究》2011 年第 1 期。
⑤ 参见《内部参考》2006 年 1 月 2 日第 1 期，总第 7680 期。

天"效应。尽管内参的受众范围有限,传播范围有限,但这丝毫没有影响到内参的功能与作用的极大发挥,具有很强的爆发力。关于内参的功能和作用,概括起来讲,主要有以下几个方面:

第一,抓住苗头,凸显关注。

能否抓住苗头性问题,这对领导干部尤其是高级领导干部来说,既是一个领导能力问题,也是一个领导艺术问题。1982 年 10 月 2 日,邓小平看到新华社《国内动态清样》上反映一件事,说江苏省计委一位负责人主张我国应创自己节能道路,并提出若干建议。对此,邓小平作出批示:"紫阳、万里、依林、宋平同志阅,这些意见很值得重视。"[①] 又如,1977 年 8 月 19 日,由中共中央办公厅信访处编印的内参《来信摘要》刊登了北京市基本建设指挥部一位干部来信,反映北京市十一大代表产生不符合民主集中制、完全走形式的情况,邓小平阅后,作出批示:"此类反映极多,值得注意。"并将此期内参批送华国锋、叶剑英、李先念、吴德、倪志福等其他中央高层领导人。[②]

第二,发现问题,抓小促大。

这是内参报送中比较常见的一种形态。高层领导通过内参发现问题后,往往不仅是就事论事,而且还从小看大,以小思大,抓小促大,紧紧抓住一个不起眼的或普通的小问题,推动和促进了一个行业或一个部门或一个地区的工作改观和作风改进。1982 年 3 月 15 日,胡耀邦在看到《丁玲、姚雪垠等二十位知名人士要求解决住地的挂号邮件和包裹的投递问题》的内参后,作出批示:"请邮电部门狠抓各项工作的落实,坚决克服那种不为群众办邮电和不方便群众通信的官僚主义作风。新中国的邮政不但应该而且完全可能比旧中国时代办得好。"[③]

1983 年,新华社记者毕无畏到陕西采访时,曾经写过一篇内参《陕西富平县邮递员张平乐三年来私自毁弃信件电报一万多件》,记者通过这起建国三十年来我国邮电系统中前所未有的大案,建议邮电部门应当狠抓规章制度、培训考核和道德法纪教育等等。同年 2 月 3 日,胡耀邦看到这篇内容后,当即批示:"此件转邮电部党组。请党组讨论一次。你们是不是同某些部门一样:长期对下面不搞工作检查督促?不发现问题、处理问题?不抓本系统队伍的思想建设和组织建设?不抓这些,怎么能开创什么新局面?"[④] 在胡耀邦的直接督促下,邮电部党组迅速行动起来了:一是发出了《关于贯彻

① 《邓小平年谱》(1975－1997)》,中央文献出版社,2004,第 858 页。
② 《邓小平年谱》(1975－1997)》,中央文献出版社,2004,第 185 页。
③ 毕无畏:《胡耀邦和内参》,《新闻记者》1989 年第 8 期。
④ 毕无畏:《胡耀邦和内参》,《新闻记者》1989 年第 8 期。

耀邦同志批示，切实提高通信质量的通知》，把批示直接传达到全体邮电职工，发动全行业查问题，找原因，堵漏洞，订措施，抓整改。二是组织工作组开赴全国各地调研，推动落实。通过大检查，邮电行业的工作作风大改观，服务质量大提高，行业利润1983年比1982年增长30.8%，超过历史最好水平。在人民来信来访中，申告通信质量问题的由大检查前占30%下降到占20%，查处结案率由50%提高到85%。①

第三，查实具体，推动整体。

这也是内参报送中一种常规效应。无论是记者采写还是群众来信中反映的人和事，往往都是单个的和具体的，而高层领导则往往是通过单个的和具体的，放眼全局的和整体的，站在全国的角度上指导工作。

陕西富县有个叫李武强的青年知识分子，1982年他以优异成绩获得法国巴黎大学物理学博士学位后，怀着一腔热情回到祖国。没想到的是，当时有关部门以"哪里来回哪里去"的分配原则，将李武强调回出国前的工作单位——富县广播站。一个学"机器人"设计制造的留洋博士，居然整天干的是爬杆架线，修理舌簧喇叭。李武强为使学有所用，曾三赴西安，两进北京，写下几十份上诉材料，跑了近半年，希望安排适当工作，但投诉无门，并且还遭到单位批评，说他"不安心工作"。1983年秋天，《延安日报》记者杨捷知道这个情况后，经过一番调研，写了一篇题为《一位获博士学位的留法学生回国一年半后还未分配工作》的内参稿。② 同年11月16日，邓小平看到此文，作出批示："请国务院检查。天天讲缺人，有人不能用、不会用，为什么？是谁的责任？如何纠正？需要弄清楚。"③ 由于高层领导的干预，不但当事者本人改善了境况，更重要的是，此事还推动了全局性和整体性的工作。同年12月20日，中央组织部、宣传部、统战部联合发出通知，要求县级以上党委的组织、宣传、统战部门在1984年上半年对落实知识分子政策的情况再进行一次认真检查，边检查边解决问题，真正做到对待知识分子政治上一视同仁，工作上放手使用，生活上关心照顾。

第四，敏锐判断，重大抉择。

高层领导日理万机，思虑千种，有的重大抉择常常是在不经意地阅读内参过程中，突然触发灵感，依赖敏锐的判断来完成的，正所谓必然寓于偶然之中。

1971年4月，中国乒乓球队赴日本名古屋市参加第31届世界乒乓球赛。当时中美

---

① 毕无畏：《胡耀邦和内参》，《新闻记者》1989年第8期。

② 杨捷：《邓小平给一位小记者内参作的伟大批示》，《今传媒》2004年第1期。

③ 《邓小平年谱（1975－1997）》，中央文献出版社，2004，第945页。

高层已开始秘密接触，所以毛泽东对这次中国乒乓球队参赛格外关注，每天关注赛场内外情况。当他在 6 日这天从"大参考"上获知庄则栋同美国队球员科恩接触之事后，毅然作出重大抉择：邀请美国队访华。毛泽东的敏锐性高人一筹，他把一个"无意"行为迅即转化为中美开始公开接触的正式国家行为。对这一点，连基辛格、尼克松也不得不佩服。封闭了 20 多年的中美关系大门就是这样打开了。据有人统计，仅在 1978 年到 1981 年的短短 3 年间，新华社就有 180 多篇内参转化为中央决策。

第五、惩治贪腐，扬善求真。

内参提供的信息中，有不少是反映丑恶行为的，涉及有贪污的，也有腐败的；有违法的，也有乱纪的；有举报贪腐线索的，也有投诉欺诈行为的；如此等等，不一而足。

早在建国初期，毛泽东曾在新华社一份内参上批示，批评河北省农村基层干部违法乱纪的严重情况，并要求全党高度重视，查实本地有无类似情况。如有典型案例，请各地通报，坚决开展反对官僚主义、命令主义和违法乱纪的斗争。[1]

再举一例：新华社记者曾在内参上反映江苏沭阳县沂涛乡干部乱收费、乱罚款，导致干群矛盾尖锐化的情况，江泽民于 1991 年 6 月 15 日阅后批示："此事应派专人去查问。如确有此情况，令人发指。封建时代的宰相范仲淹还提出先天下之忧而忧。在群众遭遇特大自然灾害时，如此吃喝挥霍，必须严肃处理。"[2] 根据江泽民批示，中共江苏省委专门派出调查组，认真查处了农民负担过重的问题。

以上归纳的五个方面，只是内参功能与作用比较突出的特点而已。其实，内参批示有时还折射出高层领导的思考重心、性格兴趣和知识厚重以及高层领导之间的不同看法和争执等等。有不少内参批示后面，都有一个精彩故事。以上例举，不过是长天彩虹的小小片段，挂一漏万罢了。

五

至此，我国内参工作及其机制的论述已基本完成。虽然在网络语境下，内参工作及其机制已不可避免地遇到了新的挑战，譬如如何在海量信息化的社会中淘出有价值的信息等等，但这并不影响我们得出以下结论：

我国的内参工作及其机制是我党的一个伟大的创造，它是马克思主义中国化在新闻传播领域的一个丰硕成果。它在中国的环境下诞生，中国国情的养料滋育它成长壮大，

---

① 《毛泽东新闻工作文选》，新华出版社，1983，第 175 页。
② 吴复民：《新华社记者怎样写内参》，《新闻记者》1995 年第 10 期。

具有很强的适应性。它的独特性，正是由于它的不可复制性和不可比拟性。

我国的内参工作及其机制是整个新闻传播体制的重要组成部分。同时，它又是我国领导层治党治国治军的重要利器、重要平台和重要渠道。它在我国的政治生活、经济生活、文化生活、社会生活乃至外交生活中，每时每刻都发挥着不可替代的重大甚至巨大作用，因而它是我国60余年来所有重大事件的见证者、参与者和推动者。毫无疑问，运用内参进行治国理政，也是提高我党执政能力建设的重要方面。

（原载《新闻与传播研究》2012年第1期）

自选理由：

长期以来，许多人对我国大众传媒存在着很深的误解，认为它们从来都是"报喜不报忧"。国内如此，国外更是如此。我跟外国尤其是西方学者讨论我国传媒体制时，经常发生激烈碰撞，我告诉他们：你们所说的也许是事实，但是，你们不知道我们国家还有一种传播媒介，是专门"报忧不报喜"的，这就是我国特有的内参机制。他们听后，颇感兴趣，每每要我详细介绍，还要我说明为何要做内参及其现实理由。

以后，我意识到：内参机制必须从理论上学理上加以阐释，必须从内参的逻辑起点进行历史梳理和逻辑论证以及沿革发展说明。经过多年的资料收集整理和爬梳，终于写成此文，算是对历史有了一个交代。

有的学者看后，认为我打开了一片新闻研究的新天地，启开了一个"新频道"研究。曾经偶见发行量颇大的《作家文摘》在头版以半版篇幅介绍内参，作者几乎是整段整段"挪用"拙文。还有的学者也开始了这方面的研究。

新闻学研究的"政治"主场、退隐与回归

——对"新闻论争三十年"的历史考察与反思

向　芬*

回顾历史,从19世纪末到21世纪初,中国的新闻学研究基本上属于一种学术范式,即"政治为体,新闻为用"。① 从梁启超的"报刊有益于国事"到徐宝璜的报纸"善用为福""滥用为祸",从国民党的程沧波到共产党的陆定一,从《解放日报》改版到习近平总书记的新闻舆论工作座谈会上的讲话,可以说都始终围绕着新闻与政治的核心关切。在这一历史脉络上,新中国以甘惜分和王中为代表的新闻论争,不仅贯穿"两个三十年"的新闻理论变迁过程,而且也为这一范式留下颇堪深思的理论命题。审视"新闻论争三十年",从国家、社会、组织和个人的交互作用,探究知识分子的个人角色与社会政治的时代脉络如何呈现与纠缠,既可深入理解新闻与政治的百年逻辑及其内在有机关系,而且也能在所谓"去政治化"的潮流中重思新闻与政治,并激活新闻学的生命力。

一　"无产阶级新闻学"的历史脉络与理论建构

早在1942年整风之际,《解放日报》就已从"不完全党报"改版为"完全党报",强调党性、阶级性亦即政治性。1943年陆定一发表《我们对于新闻学的基本观点》,标志着"无产阶级新闻学"的形成,也奠定了新中国新闻理论研究的基本问题、前提假

---

*　向芬系中国社会科学院新闻与传播研究所副研究员。

① 黄旦:《二十世纪中国新闻理论的研究模式》,《北京广播学院学报》1994年第4期,第50页。

设与研究路径。① 1948 年毛泽东《对〈晋绥日报〉编辑人员的谈话》和刘少奇《对华北记者团的谈话》等，更构成新中国新闻学的纲领性文献。

新中国成立后，新政权依据马列主义理论和中国革命经验，越来越强调夺取政权只是革命的手段，而通过阶级斗争谋求社会平等，塑造社会主义"新人"和"新世界"，才是革命的真正目的。阶级斗争概念被赋予了政治性与伦理性的双重内涵。② 也因此，前 30 年针对思想文化领域以及再造知识分子的政治运动接踵而来。其间，知识分子对新政权的认同分为三个不同层面：第一是政治上接受新政权；第二是思想上接受新的国家意识形态；第三是学术上接受马列主义理论指导。③ 经过一系列思想政治运动，资产阶级学术思想的主导地位一步步瓦解，马列主义在学术思想领域的领导权一步步确立。④ 绝大部分知识分子都力求按照这一"立场、观点和方法"开展自己的研究工作，新闻学界自然也不例外。

建国之初，来自解放区（根据地）的知识分子成了宣传、文化、教育领域的主力，从中央党报到省市党报基本上由来自解放区的新闻工作者主持，建国后的党报也主要继承了解放区的农村办报传统。⑤ 与此同时，为了调整新闻专业的师资结构，又从党的新闻机构中抽调甘惜分、王中等新闻干部充实到重点高校。由此，"无产阶级新闻学"成为唯一被认可的新闻学流派⑥，"中宣部当然不能容忍新中国大学新闻系继续讲授资产阶级新闻学，不能容忍新中国大学新闻系培养出具有资产阶级新闻观点的大学毕业生"⑦。在冷战格局以及新中国"一边倒"战略下，学习苏联一时也成为新闻界的自然选择，甘惜分收到的第一本苏联新闻教材就是从俄文译成中文的《苏共中央直属高级党校新闻学教学大纲》。

1954 年，在北京大学新闻专业任教的甘惜分，以苏联教学大纲为模板制订了《新闻工作理论与实践》，在编写过程中"坚守马列这个不能突破的大门"，将党报基本原则提炼为党性、思想性、战斗性、群众性、真实性并统一于党性，也就是"五性一统论"。甘惜分 20 世纪 90 年代自称，《新闻工作理论与实践》"仍未形成新闻学的独立思

---

① 转引自刘海龙对陈力丹观点的概括。刘海龙：《中国新闻理论研究的范式危机》，《南京社会科学》2013年第 10 期，第 95 页；陈力丹：《新启蒙与陆定一的〈我们对于新闻学的基本观点〉》，《现代传播（中国传媒大学学报）》2004 年第 1 期，第 17~21 页。

② 应星：《"把革命带回来"：社会学新视野的拓展》，《社会》2016 年第 4 期，第 18 页。

③ 许纪霖：《读书人的面子》，《东方早报·上海书评》2013 年 6 月 30 日。

④ 李明山、左玉河主编《当代中国学术思想史》，河南大学出版社，1999，第 11 页。

⑤ 甘惜分：《甘惜分文集》（第二卷），人民日报出版社，2012，第 716 页。

⑥ 徐培汀、裘正义：《中国新闻传播学说史》，重庆出版社，1994，第 443 页。

⑦ 甘惜分：《一个新闻学者的自白》，载《甘惜分文集》（第一卷），人民日报出版社，2012，第 285 页。

想体系"①，不免落入"语录新闻学"窠臼。后来有学者认为"'五性一统论'不仅助长了新闻教育界、理论界和新闻实际工作部门的教条主义和形式主义，而且也给以后的新闻制度改革造成了很大的理论障碍"②。以专业主义视角所做的如此评价，同30年来新闻学界的理论转向以及当代中国文化政治的变化息息相关。

二 20世纪50年代新闻论争与思想两歧

（一）王中的"否定"与甘惜分的"否定之否定"

1956年至1957年反右前夕，在国际国内一系列新的变局中，随着自上而下对中国道路的理论探索和实践反思，新闻学也试图突破党报固有套路和苏联僵化模式，意欲从"政治本位"回归到"新闻本位"，其中代表人物就是王中。

1957年5月16日在首都第一次新闻座谈会上，王中谈了"党委政治领导与报纸关系、党报与非党报、报纸与各机关的关系、报纸思想性、报纸的特点与作用"等问题，还就"党性和真实性、党性和群众性、思想性和兴趣"等争论谈了看法。他反映上海新闻界有人提出"党性与真实性（存在）矛盾，而且还举了报纸上一些失实或片面的报道为例子，说成是党性要求的结果"。"某地报社向党委提出少登载一些指示，增加一些群众活动。党委负责人就到处批评报社是不要党性只要群众性。由此可见'党性'者即'党委性''书记性'也"。③ 甘惜分拒绝如此"丑化党性"，他理解无产阶级报纸党性，表现在"每时每刻从马克思主义的立场观点来分析形势，并且完全自觉地把自己作为整个党的事业的一个组成部分，坚决地服从党的决议，和一切歪曲党的路线的言行进行不懈的斗争"。④

王中在座谈会发言的最后建议："报纸，在党委看来是指导别人的工具，但是在读者看来，报纸是借以获得新闻和知识的出版物，读者花钱买报，我们要对得起人家的5分钱，如果赠阅的话，人家可能没有什么理由责备报纸。"⑤ 这个建议基本陈述了他自1956年8月以来公开表明的新闻理论观点，被甘惜分批评为："除了重复他那'报纸商

---

① 甘惜分：《一个新闻学者的自白》，载《甘惜分文集》（第一卷），人民日报出版社，2012，第290页。
② 童兵、林涵：《世纪中国新闻学与传播学·理论新闻学卷》，复旦大学出版社，2001，第305~308页。
③ 王中：《上海新闻界的争鸣》，《新闻与出版》1957年6月10日第17号，转引自赵凯主编《王中文集》，复旦大学出版社，2004，第115页。
④ 甘惜分：《略论王中的新闻思想》，载《甘惜分文集》（第二卷），人民日报出版社，2012，第20页。
⑤ 王中：《上海新闻界的争鸣》，《新闻与出版》1957年6月10日第17号，转引自赵凯主编《王中文集》，复旦大学出版社，2004，第116页。

品论'的胡说之外,并认为党报不懂得办报,蔑视中国共产党长期积累的革命报刊的传统经验。"①

甘惜分对于第一次座谈会上的"鸣放"从根本上持否定态度,故在1957年6月至8月首都第二次新闻座谈会上展开针锋相对的辩驳,批判了他眼里的"奇谈怪论",特别是王中的"读者需求论""社会需求论""报纸商品性"等新闻思想,被认为与无产阶级新闻学的党性、阶级性背道而驰。7月25日至8月1日,座谈会连续举行了7次大会和小会批判王中,尽管王中被视为"披着共产党员外衣的资产阶级右派在人民新闻和文教事业中的代理人",但他坚称"自己只是学术思想上的错误",而这又被斥为想"蒙混过关"。②

第二次新闻座谈会后,邓拓嘱托甘惜分根据会议发言撰写了《报纸是阶级斗争的锐利武器》,发表于9月16日《人民日报》。不久,新华社《新闻业务》9月刊,登载了甘惜分《略论王中的反党思想》。③ 当时,批判王中的文章很多,但除了甘惜分的文章始终作为"新闻论争"的历史证据,其他都烟消云散,鲜有提及。

(二)思想两歧的根源

那么,曾被甘惜分认为"奇谈怪论"的王中新闻思想是如何形成的呢?1957年已有20年党龄的王中为何被视为用"一套反动思想体系"改造新闻业呢?两位同样来自根据地的知识分子和革命干部为何在思想观念上存在霄壤之别呢?

1. 王中:从"局内人"到"边缘人"

王中出身地主家庭,早年受过良好的传统文化教育。1935年至1937年就读于国立山东大学外文系。抗战爆发后投笔从戎,1938年加入了中国共产党。1940年转移到山东抗日根据地,担任中共中央山东分局宣传部主办的《大众月刊》编辑、编委、通联部副部长、编辑部主任,新华社山东总分社编辑部主任,滨海《农民报》、鲁中区《鲁中日报》总编辑,中共济南市委机关报《新民主报》编辑部主任等。

王中对曾任《新民主报》社长兼总编辑任恽逸群推崇不已,认为恽逸群对他影响很大。④ 1949年5月恽逸群南下上海主持接管上海各大报,并任上海《解放日报》社长

---

① 甘惜分:《略论王中的新闻思想》,载《甘惜分文集》(第二卷),人民日报出版社,2012,第19页。
② 蔡铭泽:《新闻界的反右派斗争》,《新闻研究资料》1993年第2期,第177~178页。
③ 甘惜分:《略论王中的反党思想》,《新闻业务》1957年第9期,第23~25页;后全文收入上海人民出版社编《批判王中反动的新闻理论》,1958年;《甘惜分文集》所载《略论王中的新闻思想》根据后者收录。
④ 王中:《忆恽逸群同志》,《新民晚报》1985年2月4日。

兼总编辑，兼华东新闻学院院长，王中作为"得力干将"随其接管上海的新闻机构。其后，恽逸群和王中又以"中共代言人"姿态介入高校新闻教育工作。1950年恽逸群兼任复旦大学新闻系主任，提出"兼容并蓄"的办学方针："一方面继续陈望道的民主传统，另一方面加强无产阶级的政治思想教育和新闻业务教育；对教师队伍，既留用了一些老教师，又吸收一些革命干部来系任教；在教学制度方面，既保留原来行之有效的美国制度，又采用一些适应新时期的新方式，在课程中增加马列主义内容。"① 1950年，王中被任命为复旦大学政治课教学委员会主任，同时在新闻系担任教授，由于恽逸群工作繁忙，又委托王中代理系主任。1952年10月，王中正式担任系主任。如此看来，王中可谓根正苗红：从根据地一名党的新闻宣传工作者，到被委以重任成为上海宣传管理干部，再转变为上海新闻教育战线的负责人。在当年复旦师生眼里，36岁的王中是一个标准的"老革命""老干部""老八路"。②

其时，全国上下高校办学思想的转轨通过学习苏联模式、统一教学大纲来具体实施。1954年4月，王中参加北京大学新闻专业教学计划讨论会，带回苏联新闻学教学大纲，自6月起王中所做的工作与甘惜分同期所做的工作一样，都是按照苏联模式全面修订新闻专业教学计划，并开始讲授同样命名为《新闻工作理论与实践》的课程。而他们的思想分歧，在此之后逐渐显露。

1956年3月19日，复旦大学新闻系在"双百方针"的氛围中，出版了铅印刊物《新闻学译丛》，王中重用留美归国的郑北渭任主编，译载苏联有关报刊和宣传工作的重要论文、文件，发表介绍西方媒体的文章，并在国内率先译介传播学。该刊至1957年6月，一共出版了5期（从停刊时间看正是王中新闻观点被《解放日报》点名批评之时③）。1956年7月至8月间，王中率领新闻系的教师考察团，赴无锡《工人生活报》、南京《新华日报》、济南《大众日报》、青岛《青岛日报》考察报纸工作改革情况。8月4日，王中应邀在《新华日报》作了《办报人要有读者观念》的报告，明确提到"离开了读者的需要，只把报纸当做党的宣传武器，不把它当成读者要花5分钱购买的一种商品，报纸必然不会受读者欢迎的……报纸的作用，不完全在于指导人们工作，而

---

① 《新闻学院大事记》，复旦大学新闻学院官网，http://www.xwxy.fudan.edu.cn/node2/fdxwxy/gywm/node916/index.html。

② 居欣如：《一树独先天下春》，转引自赵凯主编《王中文集》，复旦大学出版社，2004，第413页。

③ 王中：《论评论文写作和新闻学上的几个问题——评〈解放日报〉一九五七年六月十六日社论》（此文写于1957年6月下旬），《复旦大学学报（社会科学版）》1980年第1期，第40~44页、第63页。

且在于增加人民群众的知识，培养人民群众的生活兴趣"①。其间，他还谈到读者调查问题："读者究竟在想些什么呢？这就需要做好读者意见的调查工作。资本主义国家的报纸很注意这个工作，他们有专人调查研究读者心理；我们要做好报纸宣传工作，也必须如此。"②

诸如此类今天看来不足为奇的观点，当年为何遭到强烈反击呢？建国初，新闻业在中央计划主导下，逐步建立了一整套国营媒体网络。这一体系既源于马克思主义的新闻思想，也出自中国革命与中国共产党的新闻实践，如新闻事业是"一定的阶级、党派与社会团体进行阶级斗争的一种工具，不是生产事业"③。正因如此，中共秉承"全党办报""群众办报"的传统，紧紧抓住三大环节：一是确立自上而下的党管报纸的机构和制度，二是确立党报及其威权地位，三是对民营报业进行改造，推动报业国营化、报纸政治化的进程。④ 王中的"读者需求""读者调查"等观点在"无产阶级政治挂帅"年代自然显得异常突兀，甚至离经叛道。8 月 10 日，王中又在济南《大众日报》作了《报纸和读者的关系》的报告，他认为："必须研究党的中心工作与报纸中心工作的区别问题，不是任何党的中心工作都是报纸的中心工作，不得照搬不误。"⑤ 王中剑指党报工作的核心地位和指导作用，即使"衷心忠言"，也不免被人归入一片甚嚣尘上的右派"刺耳之声"（如"党天下""轮流执政""歌德派"等⑥），而王中"因言获罪"的"右派"经历后来则被蒙上"殉道者"色彩。

1956 年 9 月，王中考察归来，提出"破除迷信、坚定信心、组织力量、调动因素"的办系方针，写成《新闻学原理大纲》18 章（仅列各章节标题），向全系教师征求意见，其中读者调查、广告等内容显示了王中适应"城市办报"形势的求新痕迹。刘家林评价这一"大纲"虽然过于简略，但"体大思精"，为建设中国特色的新闻学设计了

① 王中：《办报人要有读者观念》，原载于新华日报《新闻业务》1956 年第 11 期，转引自赵凯主编《王中文集》，复旦大学出版社，2004，第 4 页。

② 王中：《办报人要有读者观念》，原载于新华日报《新闻业务》1956 年第 11 期，转引自赵凯主编《王中文集》，复旦大学出版社，2004，第 6 页。

③ 《中共中央关于新解放城市中中外报刊通讯社的处理办法》，1948 年 11 月 8 日，中央档案馆编《中共中央文件选集》第 17 册，中共中央党校出版社，1992，第 465 页；转引自张济顺：《远去的都市——1950 年代的上海》，社会科学文献出版社，2015，第 138 页。

④ 《中共中央关于新解放城市中中外报刊通讯社的处理办法》，1948 年 11 月 8 日，中央档案馆编《中共中央文件选集》第 17 册，中共中央党校出版社，1992，第 465 页；转引自张济顺：《远去的都市——1950 年代的上海》，社会科学文献出版社，2015，第 138 页。

⑤ 王中：《报纸和读者的关系》，转引自赵凯主编《王中文集》，复旦大学出版社，2004，第 9 页。

⑥ 中共中央党史研究室：《中国共产党的九十年》，中共党史出版社、党建读物出版社，2016，第 490 页。

宏大、完备的理论框架。① 当时，"王中的新闻理论观点，一度被视为活跃因素，在新闻界与高校新闻系师生流传很快很广"②。王中作为"新闻改革理论家"应邀多处讲学，1957 年 1 月，王中分三次在上海人民广播电台详细阐述了《新闻学原理大纲》前三讲的内容。③

在上海人民广播电台讲学期间，王中还应邀于 1 月 22 日在《解放日报》作了《新闻事业的发展规律和报纸的职能》的报告，其中提到"在解放区，只有干部识字看报，报纸需要刊登工作经验，但不必登广告。如果现在再把报纸办成干部报，群众就不要看"④。这反映出新中国成立后"城市办报"与"农村办报"两种不同的风格和传统所形成的一时之困。王中曾指出资产阶级报纸与无产阶级报纸的本质区别在于，前者"不能起集体组织者的作用""将读者看成是顾客""吸引读者的不健康兴趣""追求商业利润"等⑤。但是，纵观王中的新闻思想，不得不说王中并未鲜明举起哪面旗帜，其新闻思想也显得与当年无产阶级新闻学貌合神离，他探索"新闻事业有其不以人的意志为转移的规律"为旨归的意图，在甘惜分的批判中被称之为"装得像一个科学唯物主义的理论家"。⑥

新中国成立之初，新政权对上海大众文化进行了全面改造。实行计划体制和确定国家意识形态是两大目标。实现这两大目标的关键，是将大批文化市场的自由职业者纳入国家计划之下的单位，成为国家意识形态机器的"螺丝钉"。⑦ 而南下干部王中正是中共这一改造计划的具体执行者之一，对号称全国新闻中心的上海旧报业实行军管和接管，改变上海报业市场消费主导的权力结构，迅速建立起以党报《解放日报》为统领的报业新格局。1984 年，王中曾经撰文回忆接管上海新闻机构时不折不扣地执行中央

① 刘家林：《新中国新闻传播 60 年长编（1949 - 2009）》（上），暨南大学出版社，2010，第 127 页。
② 余家宏、丁淦林：《王中研究新闻学的经过与贡献》，转引自赵凯主编《王中文集》，复旦大学出版社，2004，第 405 页。
③ 《新闻研究资料》在 1986 年第 3 期 "应王中同志的要求，发表他在 1956 年写的《新闻学原理大纲》原文，供同志们参考"。
④ 王中：《新闻事业的发展规律和报纸的职能》，原载于解放日报《新闻业务研究》1957 年第 13 期，转引自赵凯主编《王中文集》，复旦大学出版社，2004，第 14 页。
⑤ 王中：《新闻事业的发展规律和报纸的职能》，原载于解放日报《新闻业务研究》1957 年第 13 期，转引自赵凯主编《王中文集》，复旦大学出版社，2004，第 17 页。
⑥ 甘惜分：《报纸是阶级斗争的锐利武器》，载《甘惜分文集》（第二卷），人民日报出版社，2012，第 10 页。
⑦ 张济顺：《远去的都市——1950 年代的上海》，社会科学文献出版社，2015，第 135 页。

下达的各项新闻纪律和操作规范。①

新政权有力地推进了文化改造，促使大众文化朝着社会主义的方向转化。② 与此相应，新闻理论自然强调"政治本位"高于"新闻本位"。面对国家权力主导下的计划文化体制只用不到四年时间便摧枯拉朽地取代旧上海文化消费市场的局面③，王中不断抛出的一系列言说，与新闻业的社会主义国家化的进程相比就显得不合时宜，如果要走"党管到民办"的回头路，那么新政权无论如何都不可能接受。所以，"反右"前后无论新闻业界还是新闻学界都在拉锯和冲撞中"急转弯"，实际上可以视为重新回到无产阶级新闻学的轨道上来。"对学术研究的宗旨来说，'讲政治、讲党性'成为学术研究的前提，这不仅体现在新闻学界，在整个社会科学界都是如此。"④

2. 甘惜分："正统派"的思维方式

甘惜分 1938 年奔赴延安，在抗日军政大学和中央马列学院学习期间，通读了延安出版的马列著作。1939 年调赴八路军 120 师政治部，任高级干部学习班政治教员和政策研究室研究员。1945 年，转入新华社任记者、编辑共十年，一路从晋绥到重庆。1949 年，任新华社西南总分社编辑部主任。1954 年调任北京大学中文系新闻专业副教授。⑤

甘惜分认为自己初涉新闻理论的思想来源主要有三个方面：一是马克思列宁关于新闻工作的言论；二是中国共产党几十年的新闻工作经验；三是在新华社十年的"实践出真知"。⑥ 对比王中《新闻学原理大纲》中所列"中国目前通用新闻学著作现状"：1. 马恩列斯等经典著作中有关论述及苏共决议；2. 中共决议、延安《解放日报》的有关社论及论文；3. 苏共高级党校新闻班讲义；4. 苏中两国业务经验；5. 报刊上的单篇论著⑦。可以发现，"甘王"二人在思想来源上的差异其实并不大。相对而言，王中"没有到过延安，对上海小资产阶级懂得多一点，对工人阶级、资产阶级的关系了解很少，也不懂马克思主义"，而甘惜分在延安"学习过马克思主义，研究的对象就是资本

① 王中：《上海解放初期接管新闻机构的情况》，载《上海解放 35 周年》专辑，上海人民出版社，1984，第 383 页。
② 肖文明：《国家触角的限度之再考察——以新中国成立初期上海的文化改造为个案》，《开放时代》2013 年第 3 期，第 131 页。
③ 张济顺：《远去的都市——1950 年代的上海》，社会科学文献出版社，2015，第 136 ～ 137 页。
④ 芮必峰：《20 世纪以来中国新闻学发展历程回顾》，载《中国新闻传播学年鉴》，中国社会科学出版社，2015，第 11 页。
⑤ 甘惜分：《一个新闻学者的自白》，载《甘惜分文集》（第一卷），人民日报出版社，2012，第 286 页。
⑥ 甘惜分：《一个新闻学者的自白》，载《甘惜分文集》（第一卷），人民日报出版社，2012，第 289 页。
⑦ 王中 1956 年讲稿上第 5 点为"杂志"。

主义"，所以他认为"王中并没有抓到资本主义的实质"。①

甘惜分到北大后，既不满意苏联新闻思想，也不满意旧中国遗留的新闻学著作。根据统计，甘惜分写于1982年的《新闻理论基础》所标明的注释，对无产阶级新闻理论观点的引用达79.4%，而对旧中国新闻学论述只引用了《中国报学史》两处。② 当时，包括徐宝璜、邵飘萍、黄天鹏、谢六逸、戈公振、萨空了等人的著作，都属于"旧社会的一套思想意识和一套新闻学理论"（陆定一）。③ 而在甘惜分看来，"全国解放以后，复旦大学新闻系的同志们对这些发黄的旧书仍相当关注"。他推测，"王中同志在1956至1957年发表的那些讲话并因此而挨批，可能源出于此"。④

甘惜分20世纪90年代承认王中的许多言论"打中了党的新闻工作的要害"，"就是从今天看来，王中所指出的报纸的问题仍然存在"。但同时他认为当年对王中的批评在核心问题即新闻与政治的关系上并无错误。⑤ 虽然20世纪80年代在西北五省新闻学术讨论会上，甘惜分就1957年"无限上纲"的批判给王中当面道歉⑥，但对二人核心分歧的基本认识则始终不改。经过几十年反复思索，他意识到二人的根本分歧在于"怎样看待新闻与政治的关系"，王中竭力想使新闻与政治分离，或者说在新闻工作中淡化政治；而甘惜分始终认为新闻与政治紧密相连，新闻学研究的对象与政治的关系同样密不可分。⑦ 在他看来，问题的关键不在于讲政治，而在于讲什么政治，是无产阶级政治，还是资产阶级政治。只是，在20世纪80年代以来不问姓社姓资的潮流中，甘惜分这种学术与政治、新闻与政治的意识渐渐被"价值无涉的话语"所取代。

相较而言，王中在学术群体中显出一种"政治无知者"的天真，声称擎旗"科学"质疑他人手握的"真理"，用"客观规律"解构高度政治化的无产阶级新闻业和新闻学。王中"超越政治"的新闻理论与所处时代显得格格不入，在懵懂的"科学主义"观念引导下致力建构学科体系、描绘学科地图，也显出一种先驱者的执着与悲壮。不过，略显尴尬的是，虽然王中对20世纪80年代新闻学"科学取向"具有较大影响，但是有学者认为"作为一个不彻底的学科科学化倡导者，王中的努力既不可能得到政治取

① 甘惜分：《一个新闻学者的自白》，载《甘惜分文集》（第一卷），人民日报出版社，2012，第281页。
② 柴菊：《当代中国新闻学范式研究：以中国新闻理论教材（1978—1999）为例》，南京大学硕士学位论文，2013，第15页。
③ 甘惜分：《一个新闻学者的自白》，载《甘惜分文集》（第一卷），人民日报出版社，2012，第289页。
④ 甘惜分：《一个新闻学者的自白》，载《甘惜分文集》（第一卷），人民日报出版社，2012，第289页。
⑤ 甘惜分：《一个新闻学者的自白》，载《甘惜分文集》（第一卷），人民日报出版社，2012，第283、294~295页。
⑥ 甘惜分：《满怀凄恻祭王中》，载《甘惜分文集》（第三卷），人民日报出版社，2012，第224页。
⑦ 甘惜分：《甘惜分自选集》，中国人民大学出版社，2007，第322页。

向新闻学研究的认同，也无法真正得到科学取向强调实证的新闻学研究的认同。尽管王中的研究超越时代，本人也深受学界敬重，但他的理论还是很难得到真正的认同和继承"。①

三 20世纪80年代的"殊途同归"？

（一）王中的一脉相承

王中获得平反后，再拾新闻理论研究，1981 年至 1982 年集中发表了《论新闻》《论宣传》《论新闻事业的阶级性》《论传播工具》《新闻学的第二课题》《谈谈新闻学的科学研究》等文章，进一步论述他的新闻思想。20 世纪 90 年代初，对王中新闻理论的介绍达到一个高潮。1993 年，上海新闻界召开纪念王中从事新闻工作 55 周年的新闻理论研讨会，作为"新闻改革理论家"的王中受到各界人士的褒扬和敬仰。②

王中 20 世纪 80 年代的新闻研究，开始注重使用马克思主义的基本原理作为理论资源，多次引注《马克思恩格斯全集》《马克思恩格斯选集》《列宁全集》等马列经典论著，并强调以历史唯物主义这把钥匙解开"新闻"之谜，以生产力与生产关系来阐释"新闻产生的物质基础"。③ 但他念兹在兹的还在于"科学"，在他的文章中，"科学"成为反复提及的字眼。即使谈及新闻与政治的关系，他也首先立足于"科学"，如"意识形态分为政治思想（观念）、法律思想（观念）、道德、艺术、科学、哲学、宗教共七种……报纸几乎可以刊载上述各种意识形态"④。"但有人把这七种意识形态归结为政治一种。当然，对政治如此热衷，动机是可爱的，但不合乎马克思主义。"⑤ 其论述蕴含了他对"新闻学何以成为一门科学"的思考和描述，可惜晚年力不从心，甘惜分也觉得王中"1957 年那种理论锐气已难以表达"。⑥

---

① 柴菊、胡翼青：《"新闻学何以成为科学"的发问与消声：王中新闻学思想再认识》，《新闻春秋》2013年第 2 期，第 90 页。

② 王中：《上海新闻界隆重召开王中新闻理论研讨会》，原载《新闻大学》1993 年第 8 期；转引自赵凯主编《王中文集》，复旦大学出版社，2004，第 389 页。

③ 王中：《论新闻》，《新闻大学》1981 年第 1 期，第 12 ~ 13 页。

④ 王中：《论传播工具》，《新闻大学》1982 年第 2 期，第 5 页。《哲学大辞典》做出如下解释：属意识形态的社会意识形式，有政治法律思想、道德、文学艺术、宗教、哲学和其他社会科学等。参见冯契：《哲学大辞典》，上海辞书出版社，2007，第 200 页。王中仅将其限定为七种，需要商榷。

⑤ 王中：《论传播工具》，《新闻大学》1982 年第 2 期，第 6 页。

⑥ 甘惜分：《满怀凄恻祭王中》，载《甘惜分文集》（第三卷），人民日报出版社，2012，第 223 页。

总体来看，王中20世纪80年代的言说与20世纪50年代的"读者需求论""社会需求论""报纸两重性"一脉相承，仍然坚持去政治化的学术表达："强调读者共同兴趣是否会背弃无产阶级政治？……我们不能把新闻价值当做应有尽有的饺子馅，把什么东西都剁成菜馅吧！有的同志念念不忘阶级政治、政策，他们似乎只会吃饺子，每一口都要吞到一点政治才舒服。其实，所谓共同兴趣并不排斥政治。"①

（二）甘惜分的与时俱进

甘惜分虽对1957年上纲上线批判王中终生愧疚，但在核心思想与基本理论上始终持守新闻与政治的立场，并由此认为"抓住了王中思想的纲"。首先，针对王中报纸是社会需求而非阶级需求的产物这一"社会需求论"，甘惜分认为"社会需求论"和"阶级需求论"并非彼此互斥，而是相互兼容。② 其次，针对王中的"报纸两重性"理论，甘惜分认为所谓"政治性是有商品性的基础才能发生作用"的观点不科学，而且"实际上王中的意思非常明白，就是要冲淡报纸的政治性……但是报纸这种精神商品的制作者在贩卖消息的同时，难免把自己的是非观念也渗透其中以影响读者的思想"。③ 甘惜分的这种批评或许可用王中的话辩驳："新闻并不全部是政治宣传，并不是所有新闻都为政党的政治目的服务，我们报道天气、疾病、奇闻异事、人体特异功能等等新闻，这跟'主义'并无多大关系，纯粹是为了满足读者某一方面的需要。"④ 不过，又不能不看到，甘惜分对于商品性的警觉在发展市场经济的过程中尤具"先知"意味："过分强调报纸的商品性是危险的……不少报纸拿原则和金钱作交易，降低了报纸的品格，记者也降低了人格。这个教训难道还不沉重吗？"⑤ 最后，针对"读者需求论"，甘惜分认为王中思想上有片面性，报纸不仅要满足读者需求，还要不断提高读者的思想水平，无产阶级新闻业就是要发挥指导作用。"读者需求论"被视为王中理论缺乏严密逻辑的一个例子。

20世纪80年代以降，甘惜分不断反思以往一些"极左"问题，同时对新闻与政治的关系始终保持高度关注。甘惜分在坚持政治取向的前提下，力图将马克思主义的各种新闻观点，整合成一套系统的理论，他撰写的《新闻理论基础》被誉为"中国第一部马克思主义新闻教科书"。当有人称其为"党报新闻学"时，甘惜分并不认为是一种贬

---

① 王中：《新闻学的第二课题》，《新闻大学》1982年第4期，第6页。
② 甘惜分：《一个新闻学者的自白》，载《甘惜分文集》（第一卷），人民日报出版社，2012，第297页。
③ 甘惜分：《一个新闻学者的自白》，载《甘惜分文集》（第一卷），人民日报出版社，2012，第297页。
④ 王中：《论宣传》，《新闻大学》1982年第3期，第8页。
⑤ 甘惜分：《一个新闻学者的自白》，载《甘惜分文集》（第一卷），人民日报出版社，2012，第297页。

义，"党报学成为当代我国新闻理论最早的蓝本"。①他在书中一方面拨乱反正，反思"极左"，批判"事实为政治服务"；一方面继承和发扬全党办报、群众办报的传统，辨析党性与人民性的统一关系。尤其值得注意的是，"马克思主义新闻学"开始取代"无产阶级新闻学"，逐渐成为广泛使用的一种固定说法，后来在此基础上引发中国特色马克思主义新闻学的讨论。从此以后，学界不再以纯粹的政治话语"无产阶级"而用兼具学理蕴含的"马克思主义"，来涵括中国新闻学的学科体系和科学话语。

这方面，甘惜分做出了首屈一指的贡献。以1986年成稿的《新闻学原理纲要》为标志，他陆续提出了自己日臻成熟的新闻理论，包括"新闻三环理论""新闻三角理论""新闻真实论""新闻控制论""多声一向论"等，他的新闻思想并没有故步自封，而是与时俱进，自成体系。与此同时，他与王中看似"殊途同归"的是，越来越注重新闻学以研究科学规律为出发点："经过后来四十多年的长期研究，对科学真理的追求，探索新闻的规律，再加上四十来年中国各方面情况包括新闻工作情况的几次急剧变化，我的思维方式逐渐向第二种方式转移，即向严格的科学思维方式转移。"②

王中作古让甘惜分感慨失去了论辩的对手，他感到孤独，觉得自己"在这个时代里继续思想探索，某些方面可能比王中走得更远"③。"走得更远"也是许多人觉得甘惜分晚年转向的一个重要依据。

（三）他们"殊途同归"吗？

王中呼唤科学的新闻学研究，但最终蹉跎岁月使他心有余而力不足；而起初更强调政治取向的甘惜分，越来越走上"科学道路"。他在1986年倡导成立了我国第一家舆论研究机构——中国人民大学舆论研究所，开展舆论调查工作，探求舆论形成与变化的规律更被视为一种新闻研究的科学范例。由此，甘惜分学术研究路径的转变也契合了当年王中倡导的读者调查等科学因素，二人的学术轨迹似乎呈现"殊途同归"的意味。不过，联系新中国前后30年的错综复杂变局，以及新闻业与新闻学的一波三折，此类问题深究起来又并不那么简单了。

同属复旦名家的贾植芳忆起王中时说道："晚年感觉理想幻灭了，身体也不太好，行动上就显得很乖僻，有时候表现得很'左'。"④贾植芳说的很"左"的印象，或许与

---

① 刘建明：《学派、理论化与新闻理论研究的障碍》，《国际新闻界》2008年第12期，第31页。
② 甘惜分：《一个新闻学者的自白》，载《甘惜分文集》（第一卷），人民日报出版社，2012，第281页。
③ 甘惜分：《满怀凄恻祭王中》，载《甘惜分文集》（第三卷），人民日报出版社，2012，第224页。
④ 贾植芳：《回忆王中》，转引自赵凯主编《王中文集》，复旦大学出版社，2004，第439页。

王中力求"意识形态的科学性"而提倡"宣传学"相关："宣传和新闻各有自己的特点和要求，比如新闻要可靠、可信，宣传要有说服力，能够赢得人心。在实践过程中，我们不但要逐步建立我们的新闻学，还要建立宣传学。"① 王中认为，"无产阶级政党在宣传工作上应当是光明磊落的，有可能克服一切私有者政党宣传上的弊端。令人厌恶的宣传不是无产阶级的宣传"②。20世纪80年代后，王中的新闻观点也较多使用阶级性、宣传等鲜明政治话语，使其行文中呈现一种"马克思主义理论"的倾向。这也从另一个侧面说明，王中晚年也有向左看齐的动作，从这个角度来看，即使"殊途同归"，也是彼此双向靠拢的。

甘惜分将自己几十年学术生涯分为三个阶段：1954年至1966年为探索期；1966年至20世纪80年代前半期为徘徊期；1987年以后为清醒期。但他唯一不变的是"以马克思主义作指导思想，建设中国自己的新闻学"③。这里，对比贾植芳对晚年王中的评价就显得颇具深意："（原先积极参加革命的知识分子）个人功利心虽然很小，社会功利心却很强，然而眼中所见，与理想总是有很大差距，那么原来的激进也就很容易导致幻灭了。"④ 甘惜分和王中同为革命年代知识分子，两人都怀着很强的"社会功利心"著书立说，但甘惜分在晚年得到了"清醒"的机会，而王中未能"走得更远"。

甘惜分对新闻改革的推动、对新闻体制的批评、对舆论调查的推崇、对新闻思想的调整等，往往被视为"晚年转向"的标志，但他提出的观点及政治倾向，则又使颇为流行的"晚年转向说"显得晦暗不明，令人不能不疑窦丛生。甘惜分自言不是左右摇摆的风派人物，而是"马克思主义派"⑤"马克思主义的笃信者"⑥，丝毫不介意自己"左"右两面不讨好的"尴尬"处境。⑦ 对于20世纪90年代以来"国内学界不太谈马克思主义，国外学界中对马克思主义者避而远之"的现象⑧，甘惜分始终不渝地亮明马克思主义的旗帜。

---

① 王中：《论宣传》，《新闻大学》1982年第3期，第10页。
② 王中：《论宣传》，《新闻大学》1982年第3期，第5页。
③ 甘惜分：《一个新闻学者的自白》，载《甘惜分文集》（第一卷），人民日报出版社，2012，第387页。
④ 贾植芳：《回忆王中》，转引自赵凯主编《王中文集》，复旦大学出版社，2004，第439页。
⑤ 甘惜分：《一个新闻学者的自白》，载《甘惜分文集》（第一卷），人民日报出版社，2012，第390页。
⑥ 甘惜分：《社会主义中国的新闻体制课题总结报告》（1996年4月16日写成，当初没有公开发表），载《甘惜分文集》（第二卷），人民日报出版社，2012，第695页。
⑦ "左"之所以打上引号，是因为甘惜分说他认可真正的左派，而不是死守教条的"左"、极左偏见的"左"。
⑧ 甘惜分：《一个新闻学者的自白》，载《甘惜分文集》（第一卷），人民日报出版社，2012，第389页。

余 论

"新闻论争三十年"所呈现的是一代学人在遭遇复杂重大的理论问题与实践问题时的思考，说到底也是对"什么是社会主义，怎样建设社会主义"的上下求索。在高度政治化年代，对于文化领导权的争夺本质上源于对政治领导权的争夺，不管是甘惜分所代表的农村办报传统还是王中所追求的城市办报模式，更不用说无产阶级新闻学的学科发展，无不围绕着"为建设社会主义奠定政治基础"而展开。

"甘王"二人在新闻观念方面看似背道而驰，但他们尝试建构的新闻理论体系又都基于社会主义新中国的实践，都在马克思主义的框架中致力于中国新闻学的学术范式，同样都是基于毕生信仰和理想而说的"真话"。20 世纪 50 年代王中的"右派"理论为时局所不容，但他坚持己见，20 世纪 80 年代迎来了他的理论"春天"；甘惜分自始至终坚信马克思主义，"不管时下有多少人喊叫马克思主义过时了，破产了，却信之弥坚"。① 同时他晚年对新闻改革以及相关政治体制改革提出批评，又恰如 20 世纪 50 年代王中对"教条主义"的口诛笔伐，都表现出"以天下为己任"的政治意识，并值守葛兰西所言有机知识分子的角色。

相较而言，"甘王"一代的知识分子政治意识十分强烈，20 世纪 80 年代以来的新一代知识分子则更倾向于知识（专业）关怀，期望达成实用理性向科学理性的转换，从而表现出自觉不自觉的去政治化取向。在破解"新闻无学"时，学界着力引进美国传播学的概念、方法和观念，不仅对中国新闻学的学术话语和研究状况形成冲击，而且一整套"冷战学术"及其"政治价值"也不期然而然地瓦解甚至取代了马克思主义新闻学。换句话说，"甘王"一代的新闻学所蕴含的政治价值、政治信念、政治原则，在去政治化的时代语境和学术话语中逐渐消解，与此同时一套与西方接轨的全球化、现代化的文化政治与专业话语逐步确立，从而最终与"甘王"一代知识分子孜孜追求的"共产党的立党之本与共和国的立国之魂"② 渐行渐远。当年，"甘王"都曾对西方传播学抱持强烈的怀疑态度，在当时的社会环境下，传播学引进工作几经波折，被定位成"资产阶级新闻学""资产阶级意识形态"等③，而今看来，此类评断不乏一种基于政治

---

① 甘惜分：《谈谈我自己》，原载《新闻与成才》1993 年第 10 期，第 18 ~ 20 页；转引自《甘惜分文集》（第一卷），人民日报出版社，2012，第 452 页。

② 李彬：《新时期：社会变迁与新闻变革札记》，《山西大学学报（哲学社会科学版）》2015 年第 3 期，第 3 页。

③ 王怡红、胡翼青主编《中国传播学 30 年》，中国大百科全书出版社，2010，第 83 页。

敏锐和思想洞察的学术远见。

1978年12月31日，《人民日报》等联合上书财政部，要求新闻业施行"事业单位，企业化管理"的经营方针，获得批准。这意味着继20世纪50年代报纸企业化经营的尝试之后，新的报业市场化进程重新启动。王中倡导的"报纸商品性"作为"党性与人民性"的补充被赋予了学术正当性，也成为20世纪90年代媒体大规模市场化和产业化的缘起。李良荣1995年针对"新闻商品性"的讨论，提出了"新闻事业双重性"，即形而上的上层建筑属性和形而下的信息产业属性。① 这一充满调和色彩的说法是王中"报纸两重性"的升级版，为"事业性质，企业管理"的模式得到广泛认可，以及新闻业的市场化、产业化方向提供了理论依据，同时也在日后的实践中日益展示了"钱币的两面"："市场逻辑下的新闻商品性，一方面消解了一些显得陈旧沉闷的体制机制，一度激发了新闻业的生机以及新闻学的活力，一方面也促成某些不良的，甚至瓦解社会主义核心价值、危及国家和平发展与长治久安的隐患，且不说虚假报道、有偿新闻、作风浮夸等现象。"② 这可能是王中当年始料未及的，因而更令人怀想甘惜分针对"商品化"的暮鼓晨钟。

行至水穷处，坐看云起时。如今我们更能体会甘惜分"立足中国土，回到马克思"的学术意味，更加领悟王中"科学新闻学"的政治意涵。甘惜分和王中一代共产党人，"一生恨爱，统统融化于间，他们对党之荣辱、理想之执着，难以为后人所理解"。③ 但是，那一代知识分子"爱国爱党爱人民的至诚之心"④，终将在新一代新闻学人中不断引发共鸣，启示当下，烛照未来。

（原载《清华大学学报（哲学社会科学版）》2018年第1期）

自选理由：

2016年1月，百岁老人甘惜分先生去世，这位马克思主义新闻理论家的学术勇气、理论胆略和人格魅力为后人所传扬。学界之前对于新中国以甘惜分和王中为代表的新闻论争，以及贯穿"两个三十年"的新闻理论变迁过程，尚未用比较历史的视角做出全

---

① 李良荣、沈莉：《试论当前我国新闻事业的双重性》，《新闻大学》1995年第2期，第6页。
② 李彬：《试谈新中国新闻业的"十大关系"》，《山西大学学报（哲学社会科学版）》2014年第2期，第87页。
③ 许纪霖：《大时代中的知识人》，中华书局，2012，第417页。
④ 甘惜分：《一个新闻学者的自白》，载《甘惜分文集》（第一卷），人民日报出版社，2012，第383页。

面、深入的研究。本文从"甘王"一代学人针对复杂重大的理论问题与实践问题的思考出发,探究新闻与政治的百年逻辑、历史与现实的内在有机关系,借以激活中国新闻学的生命力、想象力和创造力。

"甘王"二老离我们远去了,谨以此文纪念他们。在改革开放四十周年之际,他们的声音仍然在新时代回响。

中国新闻奖也须"走转改"

——改革中国新闻奖评选机制建言

唐绪军*

第 23 届中国新闻奖评选已经结束。作为新任评委,第一次参加中国新闻奖的评审,我的感受可以用五味杂陈来形容。一方面,我为中国新闻奖规模的不断扩大感到兴奋;另一方面,我也为这个号称"全国优秀新闻作品最高奖"的奖项评选质量不高深感担忧。

从服务生到新评委

上世纪 80 年代中叶,当我还在读硕士研究生时,曾有幸参与过中国新闻奖的前身"全国好新闻奖"的评选服务工作。那时,评委们对候选作品严谨认真的评议,甚至对一个用词、一句表述的激烈争论,给我这个新闻学的年轻学子留下了深刻的印象。

光阴荏苒,二十多年过后,我由跑腿的助理变成了拥有投票权的评委。而遗憾的是,当年那种严谨认真的评审精神却很少再见了。多数评委似乎更关心的是本地区、本系统、本单位能获得几个奖项,而不是新闻文本本身的质量以及对全国新闻界所起到的示范作用。于是,大量的时间花费在了一轮又一轮的无记名投票上。表面上来看,评选过程似乎程序严密,公平正义。但是,没有对候选作品进行认真的讨论和评议,只凭印象和标题投票表决出来的获奖作品,能在多大程度上成为中国新闻界的标杆?重形式不重内容,这是一种事实上的不公平!也是对新闻这个职业的不尊重。

在本次评审会上,我被分在文字一组,主要负责文字消息、文字系列(连续、组

---

* 唐绪军系中国社会科学院新闻与传播研究所研究员。

合）报道、报纸版面和新闻漫画四个类别作品的评选。在小组会上，我指出了一些候选作品存在的硬伤，中止了它们进入下一轮的步伐。但是，更多的意见却没有机会在全体评委会议上提出来供大家讨论，眼睁睁地看着大量带有硬伤的作品长驱直入，最终进入了拟获奖名单。对此，我深感遗憾。

出于对中国新闻奖的爱护和对新闻职业的尊重，评审会结束后，我花了一周时间认真研读了文字消息、文字通讯、文字系列（连续、组合）报道三个类别拟获奖的全部作品。这些作品应该算是中国新闻奖的主干了，但是其中差错之多令人汗颜！总共 67 件拟获奖作品中，存在这样或那样差错的就有 31 件，占比 46.3%。差不多一半！这些差错有文字使用的不当、有新闻要素的缺失，也有事实表述的不清以及疑似的弄虚作假。

按理说，类似这样的作品是不应该进入中国新闻奖的评选行列的。根据中华全国新闻工作者协会 2012 年 12 月 28 日颁布的《中国新闻奖、长江韬奋奖评选办法》（以下简称"评选办法"）中关于中国新闻奖评选标准之规定："有错别字和标点符号错误的作品不得获一、二等奖，有病句、新闻要素不全、事实性错误的作品不得获奖。"这个规定不可谓不严格，但是为什么还会有大量的带有这样或那样差错的作品进入拟获奖名单呢？据我观察，以及与一些担任了多届评委的老同志们讨论，我们共同的结论是：中国新闻奖的评选机制出了问题，亟待改进。

评选机制存在哪些问题？

存在问题之一：作品选送渠道太过单一

根据"评选办法"，中国新闻奖候选作品的报送除了中央五大单位外主要由各省、区、市的记协及少数几个专业协会负责。由于各地记协组织的初评委员会主要由党报系统的社长、总编组成，评选出来上报的作品很自然就以党报的作品为主体。据我对本届文字类（含综合类摄影、漫画）八个奖项（消息、评论、通讯、系列、版面、副刊、摄影、漫画）参评作品的统计，在总共 260 件候选作品中，来自都市类报纸的只有 28 件，仅占报送总数的 11%。且不说都市类报纸是中国报业的新生力量，从"悦读"的角度说，近年来许多都市类报纸都聘请了视觉总监，在版面设计和编排上下了很大的功夫，一改传统报纸呆板严肃的面目，取得了很多创新成果。但是，本届中国新闻奖报纸版面奖项的候选作品只有 9 件，其中只有一件来自都市报，其他都是传统机关报的传统版面。在这个基础上评选出来的一、二、三等奖作品，根本达不到"检阅我国新闻工作年度业绩"（语出"评选办法"）的初衷。

存在问题之二：评选标准重事件轻文本

在评审讨论中，一些评委总是强调某某事件很重要，某篇报道某领导作了批示，而不考虑文本质量到底怎样。这些评委似乎忘记了，中国新闻奖评选的是作品，而不是事件。"评选办法"说得很清楚：开展中国新闻奖的评选活动，旨在检阅我国新闻工作年度业绩，发挥优秀新闻作品示范作用，促进新闻媒体多出精品。事件重要可以参加各行各业各种"十大新闻"的评选，要评中国新闻奖就必须看文本对事件的阐释和呈现符合不符合新闻职业的技能要求，有没有创新。这跟事件的重要不重要没有必然的联系。如果一味强调事件的重要，评选结果就会走偏。而事实上，这种走偏已经显现。比如，在今年报送的参选作品中，就有众多以相同事件为报道对象的作品。如"神九对接""莫言获奖""航母试航""钓鱼岛事件"，各类媒体报送的各种体裁的作品分别超过5件；其他如"重庆8·10持枪抢劫案""蛟龙下潜""宁波道德银行""最美教师张丽莉""最美司机吴斌""北京7·21暴雨"等也有多件作品参评。

存在问题之三：评选过程重形式轻内容

本届评选会尽管安排了一周（5天）时间，但有两天半时间是全体会议，通过一些程序性的决议以及进行一轮又一轮的无记名投票，用于研读文本和讨论作品的时间严重不足。组委会把评委们分成8个小组，要求各小组集中审看、审听、讨论、评议参评作品，但因为多数评委事先没有时间认真阅读作品，集体审读又相互影响，无法集中精力，因而讨论也就流于形式。如果说，小组审看和讨论时本组评委对本组需要审议的参选作品多少有所了解的话，那么对其他组的参评作品可以说一无所知。但最终的获奖作品是要由全体评委无记名投票评选出来的。试想一下，多数评委连作品都没有读、没有看，凭什么投出这一票？这不是严重的不负责任吗？

存在问题之四：评委人数太多导致相互掣肘但又责任不清

根据"评选办法"，中国新闻奖的评委人数每届不超过90人，本届评委实际到会78人。据了解，设置如此庞大的评委阵容，目的在于增加拉票者的成本，减少贿选的可能性。这个初衷当然是好的，但实际效果却并不理想。据一些评委反映，评选期间拉票现象仍然是常态，电话、短信，甚至登门说项，依然很多。除此之外，还带来了新的弊端：相互掣肘。由于研读讨论作品的时间严重不够，意见不易统一，无记名投票时评委们就必然各行其是，票数也就很难集中。这就是为什么经过了一轮又一轮投票某些奖项仍然无法投出当选作品的重要原因。而评委们这样做是没有任何风险的，反正公布的是全体评委的名单，哪一个个人都无须对可能产生的错误承担责任。

存在问题之五：有规不依，有章不循

按理说，评奖涉及具体地区、具体单位、具体作品、具体个人，评审期间的各种意见不应该外传。而且本届评选委员会在第一次全体会议上通过的《评选细则》也明确规定："对评选会上的讨论、投票情况要注意保密。"但是，实际情况并非如此。因为我是第一次担任评委，对一些规矩不太清楚，请教了一些老评委，问在评委会投票之前可不可以对具体作品发表意见。老评委们说，可以发表意见，但一定要慎重，因为你的意见如果是颠覆性的，就有可能影响某件作品得奖。听取了他们的建议，我在投票前一天下午的全体会议上提出了我对一些作品的意见。但没想到的是，当天晚上我就接到了好些说项电话和短信，希望我嘴下留情。提的意见很快就传了出去，这还让人怎么说话？

由于存在以上种种问题，评选出来的获奖作品也就难以令人信服。中国新闻奖的声誉因此会受到很大影响。事实上，据一些新闻院系教授采访写作课的老师们反映，他们现在已经不选中国新闻奖的获奖作品作为范文用于课堂教学了，因为经不住学生们的提问。这是件很令人担忧的事！因此，改革中国新闻奖的评选机制，把真正能代表"我国新闻工作年度业绩"的优秀作品评选出来，已经成为当务之急。

对中国新闻奖的建言献策

第一是"走"：走进基层，查摆问题

从 2011 年 8 月起，我国新闻界就开展了旨在贯彻"三贴近"原则的"走基层、转作风、改文风"（简称"走转改"）活动，取得了丰硕成果。当前，全党又在开展"党的群众路线教育实践活动"。党中央要求各级党的组织在查摆问题的基础上改正错误，中国新闻奖"走转改"正当其时！

根据规定，中国新闻奖是由中华全国新闻工作者协会（简称"中国记协"）主办的。我注意到，在最近学习习近平总书记在全国宣传思想工作会议上重要讲话的表态中，中国记协表示，要以改进"新闻茶座"品牌活动为重点强化对外交流；以新闻道德委员会为抓手强化行业自律，树立新闻工作者良好社会形象。① 我认为，这是不够

---

① 《习近平总书记在全国宣传思想工作会议上的重要讲话引起宣传思想文化战线和社会各界积极反响》，《中国新闻出版报》2013 年 9 月 10 日第 1 版。

的。中国记协应该把改进中国新闻奖的评选机制作为一项重要工作来抓，因为它不仅关系到中国新闻界的形象，更关系到中国新闻界的导向，事关重大。

建议中国记协组成调查组走出机关，深入新闻单位调查一下处在第一线的编辑记者，有多少人还关心中国新闻奖，有多少人还对中国新闻奖心怀崇敬；深入新闻院系调查一下老师和学生们，还有多少人在研讨中国新闻奖的获奖作品，有多少人以中国新闻奖的获奖作品为学习范文。在这个过程中，探寻改进中国新闻奖评选机制的可行措施。

第二是"转"：转变观念，注重专业

中国新闻奖，既然是"全国优秀新闻作品最高奖"，就应该敬畏"中国"这两个字，就应该尊重"新闻"这个职业，真正把那些能够展示"我国新闻工作年度业绩"的作品评选出来，使之成为全国新闻工作者学习的楷模和范本，并且在国际交往中能够毫无愧色地代表中国新闻业的职业水平。

前不久，习近平总书记在全国宣传思想工作会议上指出，巩固壮大主流思想舆论，弘扬主旋律，传播正能量，激发全社会团结奋进的强大力量，关键是要提高质量和水平，把握好时、度、效，增强吸引力和感染力，让群众爱听爱看、产生共鸣，充分发挥正面宣传鼓舞人、激励人的作用。这既是对全国从事宣传思想工作的各个部门提出的要求，更是对全国新闻媒体提出的要求。

作为为全国新闻界提供榜样的中国新闻奖更应该在"提高质量和水平"上起到引领和示范的作用。要知道，今天的新闻业在新兴媒体的冲击下早已不是二十多年前设立这一奖项的状况了，新闻界要在利益多元、观点多样、舆情多变的现实条件下，做到"增强感染力，传播正能量"，其职业技能的要求更高、更复杂。因此，作为行业的风向标，中国新闻奖应该与时俱进，包容各种媒体和传播形态，使之真正能够反映中国新闻业职业技能所取得的最新成就。

第三是"改"：改进机制，评出精品

评选机制的改进是一项系统工程，需要在充分考虑各方面因素的基础上，做出审慎的顶层设计。目前，我想到的可供参考的改进意见有以下四点：

大幅度减少一二三等奖的数量，另设"优秀作品奖"。能够在全国新闻界成为标杆，成为榜样，起到示范引领作用的优秀作品只能是少数，数量一多难免泥沙俱下。因此，建议三等奖以上的获奖作品总数控制在100个以内。为调动更多新闻单位的积极性，目前300个的设奖数额不变，没有入选一二三等奖的作品，质量合乎要求的，一律归入"优秀作品奖"。设置这一奖项也可用于地区和行业的平衡。

在保持现有参选作品报送渠道不变的前提下，开辟新的报送渠道。可以考虑由中国记协与选定的各地新闻传播院系签订合作协议，让这些高校教授新闻采访写作课和广播电视相应课程的老师们根据他们的眼光推荐一定数量的参评作品。这样做的好处是：第一，作为独立的第三方，没有切身利益关涉其间，高校老师可以相对做到公平公正；第二，由于老师们是从事新闻专业教学的，能够从专业的角度着眼，选出来的作品质量一般不会低；第三，老师们有机会亲身了解中国新闻界的现实情况，有利于教学与实践的结合，有可能促使他们更多地选择中国新闻奖的获奖作品用于教学，从而增强中国新闻奖的影响力。

增设一道文本审核环节。在每届评审会召开之前，先组织一次参评作品文本审核环节。由中国记协出面组织，邀请高校担任新闻专业授课的老师、新闻单位一线的优秀编辑记者、退休的资深编辑记者组成文本审核委员会；同时可以聘请一两位语言方面的专家作为特邀顾问，协助解决文字语言使用方面的争议。这样做的好处是，既可以把那些不符合要求的作品挡在获奖的大门之外，同时也可以使这一过程成为一次业务培训的机会，提高一线编辑记者的职业业务技能。当然，文本审核委员会只负责审核文本的技术性问题和事实性差错，没有获奖与否的建议权。为了保证文本审核不至于误伤，发现了作品中存在的问题，应该通知相应单位和个人做出回应和答辩。一旦通过了文本审核进入终审环节，就不再听取任何解释。

大幅度减少评委数量。如果减少了获奖作品数额，又经过了文本技术性的筛选，留给评选委员会的工作量就大大减轻了，因此可以大幅度地减少评委的数量。根据"评选办法"，目前中国新闻奖的评委由四部分人员组成，其中各省、区、市和新疆生产建设兵团记协主席或由主席委托的副主席（32人左右）是当然的评委。我个人认为，这种做法不妥，只会助长相互拉票，而不利于实事求是地讲真话。可以考虑实行轮换制，每届邀请其中1/3担任评委。同时，增加来自高校及专业研究机构的评委数量。评委的总人数以控制在40～50人为宜。诺贝尔文学奖也就18个评委。普利策新闻奖是按项评比的，每项的评委也都不超过20人。评委减少以后，可以考虑借鉴普利策新闻奖的办法，每个评委必须为评选出来的作品撰写获奖词，以示负责。

（原载《新闻战线》2013年第11期）

自选理由：

这篇文章分析了中国新闻奖评选机制存在的问题，有针对性地提出了解决问题的可

行办法。因为讲了点真话，引起业界广泛共鸣。以这篇文章为基础撰写的《要报》获得了中央领导同志的批示，直接推动了中国新闻奖评选机制的重大改革。自 2014 年起，中国新闻奖评选程序中开辟了由新闻传播教研机构推荐报送优秀新闻作品的渠道，成立了审核委员会对申报作品进行文本审核。本文作者受聘连续 4 年担任中国新闻奖审核委员会主任，对提升中国新闻奖的公信力和权威性做出了一定的贡献。

中国新闻奖评选若干问题的理性释诉

——兼论中国新闻奖改革的方位

钱莲生[*]

2017 年 8 月 27 日，在北京怀柔的一座教学楼里，90 位评委无一人请假，就第二十七届中国新闻奖的奖项、等级进行着无记名投票表决。最终有 287 件作品脱颖而出。此前，经过了 5 天的分组审看（审听）、讨论、评议，其中还专门利用一天时间听取各个小组的评选情况报告，并就广播、电视一等奖候选作品进行了集体审听（审看）。评选过程井井有条，表决程序民主、公正。笔者有幸作为新闻研究机构的评委代表参与其间，经历了评选的全过程，此前还于 2014 年、2015 年、2016 年连续三年参加了中国新闻奖审核委员会的审核工作，深深感受到了评好中国新闻奖实属不易，感受到了主办者把好事办好的良苦用心和艰辛付出。

中国新闻奖作为中国新闻最高奖，其评选备受全国新闻界关注。评选出来的获奖作品，"从新闻角度讲，应该是精品；从写作角度讲，应该是范文"[①]。然而，直到今天，中国新闻奖仍然处于有"高原"、无"高峰"的状态，"还未达到与其地位相称的那种示范性、权威性，还没有在人们心目中树立起山峰般高耸的形象"[②]。检视历年有关中国新闻奖评选的理论成果，我们发现，中国新闻奖评了 27 年，也反思了 27 年。近年来，学界、业界不断有人呼吁改革中国新闻奖评选工作："中国新闻奖改革势在必行"，"用新闻专业主义精神改革新闻评奖"，"中国新闻奖也须'走转改'"。[③] 实事求是地

---

[*] 钱莲生系中国社会科学院新闻与传播研究所编审。

[①] 田聪明：《中国新闻奖作品选（2014 年度·第二十五届）》序，新华出版社，2015。

[②] 包临轩：《中国新闻奖改革势在必行——兼谈普利策新闻奖的启示》，《新闻传播》2000 年第 1 期。

[③] 包临轩：《中国新闻奖改革势在必行——兼谈普利策新闻奖的启示》，《新闻传播》2000 年第 1 期；钱莲生、刘玉杰：《用新闻专业主义精神改革新闻评奖》，《新闻传播》2004 年第 7 期；唐绪军：《中国新闻奖也须"走转改"》，《新闻战线》2013 年第 10 期。

说，中国新闻奖的评选一直在改革中前行。笔者有幸参加过两次座谈会，中国记协主席专门听取新闻界和学术界对《中国新闻奖、长江韬奋奖评选办法》的意见、建议，每次参会的各路高人都能发表自己的真知灼见，有时还争论得面红耳赤。

大家讨论、关注的焦点可以归结为这样几个方面：究竟什么样的新闻是"中国好新闻"？评选程序合法是否一定表明评选结果公正？中国新闻奖评选是否还有改进的空间？笔者不揣浅陋，试就其中若干问题进行理性辨析，以就教于新闻业界、学界同人。

一　好新闻评选中的"变"与"不变"

追根溯源，1990 年创设的中国新闻奖是在 1980~1989 年全国好新闻评选的基础上一路走来的。全国好新闻评选 10 届、中国新闻奖评选 27 届，一共 37 届了。对好新闻的认知，每届表述各异，但 37 届好新闻评选的核心价值观基本一致。有学者检视了 1980~2013 年全国好新闻评选和中国新闻奖评选活动，认为这两个奖项的评选"始终扮演一种国家支配模式在运行，即由扮演党和国家的代理者的专业组织实施新闻奖的生产"①。

时代在变，环境在变，问题在变，"何谓中国好新闻"的答案似乎"处变守常"。

（一）探索期的"4个条件"

1980 年，首次全国好新闻评选依据以下四个条件："题材新颖，新闻性强；用事实说话，实事求是；文字精湛，语言朴实生动；主题好，有明显社会效果。其中特别强调了实事求是和社会效果。"戴邦总结 1979 年第一届全国好新闻评选时认为，当年评出的 31 篇好新闻"各有所长，有的时效性强，题材新颖，以新赢得赞赏；有的文字简短明了，语言精练，以短获得好评；有的叩响了时代的强音，抓住了群众最关心的问题，为人民群众说了真心话，以主题好受到重视；有的语言生动，情节感人，以文采出众得到肯定"。②

1981 年，第二届全国好新闻评选组委会明确表示，"评选有种种条件，种种标准，但最主要的是要掌握新闻价值，注意它的社会意义、社会影响"③。

① 黄顺铭：《制造职业荣誉的象征：中国官方新闻奖的制度实践（1980—2013）》，《国际新闻界》2014 年第 6 期。
② 中国社会科学院新闻研究所编《中国新闻年鉴》（1984 年卷），人民日报出版社，1984，第 321、328 页。
③ 中国社会科学院新闻研究所编《中国新闻年鉴》（1984 年卷），人民日报出版社，1984，第 333 页。

（二）发展期的"五字标准"

1982 年，第三届全国好新闻评选组委会表示，"好新闻评选是对一年来全国新闻改革成效的检阅。在评选中以习仲勋同志在新华社五十周年庆祝会上提出的'真、短、快、活、强'五条要求为依据，并在此基础上特别强调了思想性、指导性"①。

此后，历届好新闻评选标准都在上年的基础上略加修改。到了第 10 届，五条要求"真、短、快、活、强"改为"真、短、新、活、深"。把"快"字改为"新"字，是因为"新"比"快"更能完整地概括新闻的时效性，"新"体现了时效性的全部因素。把"强"字换成"深"字，是因为只有"深"才能更具有指导性。②

（三）成熟期的"七字标准"

1990 年正式开评的中国新闻奖基本也是沿袭全国好新闻评选的标准。1992 年，当过多年新闻奖评委的梁衡对好新闻的评判标准做了很好的总结："一般是用七个字来衡量，大、新、深、快、短、活、强。就是说，取材要大、达意要新、挖掘要深、抢发要快、文字要短、写法要活、效果要强。"这七个字较好地涵盖了新时期评审好新闻的标准。他认为，"七个字加起来是 100 分，也许七字均摊，也许一字就占 80 分"。③

（四）新时期学界新探"七维度"

何谓好新闻，学人们也有自己的看法。

对好新闻的科学认知是拔擢出优秀新闻作品的前提。在本届新闻奖评选之前，中国社会科学院新闻与传播研究所所长唐绪军研究员应主办单位中国记协的邀请，就"怎样评判优秀新闻作品"做了专题报告。唐绪军连续担任四届中国新闻奖审核委员会主任委员，他认为，评判"中国好新闻"要遵从"中国特色"和"新闻职业"两个前提，前者包括"坚持马克思主义新闻观、坚持宣传与报道的统一、坚持围绕大局服务中心"，后者包括"敏感发现与独特呈现、客观事实与真实表达、知识增进与现实影响"。他从"选题、方法、导向、表达、呈现、效果、责任"等七个维度，结合大量实践案例，对好新闻优劣的评判进行了系统的学理阐释，得到与会评委的高度肯定。

统合业界、学界的评价好新闻的标准，大体可概括为"导向正确、客观真实、时效

---

① 中国社会科学院新闻研究所编《中国新闻年鉴》（1984 年卷），人民日报出版社，1984，第 341 页。
② 参见何光先《十年新闻写作变革》，中国新闻出版社，1989。
③ 参见梁衡《七字标准》，《传媒新论》，学习出版社，1998。

性强、题材重大、选题新颖、视角独到、挖掘深刻、短小精悍、写作精良、社会影响大"等 10 个方面。①

这些标准看似清晰却也模糊。题材何谓大？选题何谓新？挖掘何谓深？抢发快、文字短就一定好吗？社会影响力或曰社会关注度如何衡量？新闻评价是一个复杂的精神活动，同一件作品，让不同的人评判，恐怕见仁见智，主观随意性强，正是一千个受众心中就有一千个"好新闻"的标准。

二 用"三力"托起"中国好新闻"

一直以来，新闻界评价好新闻看似有文本上的标准，实际操作中多数"跟着感觉走""大体则有，定体则无"。新闻作品的评判标准，表面上是一个技术问题，实质上，它触及的是对新闻性质、功能、作用的认识，这些都关乎新闻的常识。

换个视角来看，我们会有新的发现。新闻是对现实世界的建构。记者建构世界的能力取决于其新闻发现的能力和符号呈现的能力。决定一篇作品是否是好新闻的因素很多，但能体现作者主观能动性的无外乎发现力和表现力两个方面。而一篇作品最终成为好新闻的决定性因素还在于其传播力。

（一）"发现力"是判定好新闻的首要因子

"空气中充满了新闻，到处都在等候新闻采访的人。家家屋里藏着新闻，处处交易的地方也是如此。新闻必等人去寻觅。新闻是不会飞来的，而是取来的，是要搜寻、掘取的。"戈公振形象地描述了"发现"对于新闻报道的重要性。所谓发现力，是指记者把新闻本源所蕴含的新闻价值转化成新闻报道并传播出来的能力。在业界有"新闻发现力是第一生产力"之说。②

1. 中国新闻界习惯于从重大题材中发现新闻

有哪些重大题材呢？从国家主席每年发表的新年贺词中，我们可以看出过去一年国家最高领导人的重大关切、在中国大地上发生的重大事件。以 2016 年为例，这一年的重大题材如此之多：

> 践行新发展理念、供给侧结构性改革、国防和军队改革、司法体制改革、打虎

---

① 这里指的主要是文字类新闻作品。
② 参见潘堂林《怎样发现新闻》，湖北人民出版社，2007。

拍蝇；"中国天眼"落成启用、"悟空"号在轨运行一年、"墨子号"飞向太空、神舟十一号和天宫二号；奥运会、中国女排夺冠；贫困地区儿童入学条件改善、异地办理身份证、户口登记、农村转移人口市民化、家庭医生、"河长"制；G20 杭州峰会、"一带一路"建设快速推进、亚洲基础设施投资银行正式开张、捍卫领土主权和海洋权益；自然灾害和安全事故、维和部队英烈牺牲；中国共产党成立 95 周年、长征胜利 80 周年；1000 多万贫困人口实现脱贫······①

在第二十七届中国新闻奖中，我们看到了中国新闻界从这些题材中发现值得传播的好故事的艰辛努力。囿于篇幅，这里不一一列举。

以上题材我们往往把它视为新闻报道中的常规题材。常规题材如何写出超常规的作品，靠的就是记者的发现力。可以说，每一个题材背后都有许许多多令人心潮澎湃的好故事，这些故事甚至会成为我们未来的"集体记忆"，它们等待着好记者去发现。发现什么？发现那些能带给受众新闻文化"获得感"的故事，这些故事，让受众获得情感共鸣、心灵慰藉、人文关怀、知识增量，等等。

2. 新闻发现的两个价值追求

有学者认为，"在中国，新闻生产过程的社会控制模式主要是宣传模式，因此新闻价值的判断、选题和新闻框架的选择，受到强大的行政力量和意识形态的控制"②。也有学者发现，"西方主流媒体在意识形态上，除了自然界的新闻和一些无关紧要的、琐碎新闻以外，在其他新闻上的表现几乎无处不在，有的含而不露，有的赤裸裸的，有的曲曲弯弯地表现出它的意识形态"。"西方主流新闻媒体和政党、政府关系密切，常在'操纵'新闻中表现出它的强烈意识形态"。③ 其实，新闻本就是客观事物的主观反映。没有一个国家的记者不为自己国家的利益鼓与呼。"新闻无国界，记者有祖国。"外交部原部长李肇星的话深中肯綮。

如果说新闻发现有最高价值的话，那一定是国家层面的关切。通过对所发现新闻事实的阐释告诉受众它对这个国家意味着什么。正如媒体人所说，我们要善于"发现中国"，"其实中国对我们而言是非常非常陌生的"，"作为媒体有责任、有义务去发现，发现我们这个可能都共同经历却未必知道的中国"。④

---

① 摘自《国家主席习近平发表 2017 年新年贺词》，《人民日报》2017 年 1 月 1 日。
② 陆晔、潘忠党：《成名的想象：中国社会转型过程中新闻从业者的专业主义话语建构》，《新闻学研究》（台湾）2002 年第 7 期。
③ 参见徐人仲等著《新闻的界限》，中国文联出版社，2006。
④ 《三联副主编李鸿谷主题演讲：发现现在》，http://news.qq.com，2008 年 11 月 14 日。

如果说新闻发现有普遍价值的话，那一定是人文关怀。"新闻是对新近发生的事实的报道"，而事实总是与人相关联的。最能打动人的新闻莫不与新闻中的人有关，与生命有关。每一个重大新闻事件背后，都有"这一个人"或"这一些人"。"记者的职业尊严来自记者采写的具有普遍人性价值的永恒故事"，"永恒的故事不是关注名人和高官，而是挖掘普通人、底层社会的感人故事"。① 好新闻对我们生存的世界进行解释，能清晰地告诉受众如何分辨人性中的真假、善恶和美丑。

3. "正面报道"的新闻不等于"好"新闻

这里有一个正面报道与负面报道的问题。长期以来，我们对新闻报道有一个认识上的误区，似乎正面报道便是"好"新闻。事实上，任何一个社会既有真的善的美的一面，也有假的恶的丑的一面，以正面报道为主、弘扬真善美、唱响主旋律是中国新闻报道的核心价值观，我们也从许多正面报道中读出了人性中的大美，让生命充满正能量，但是，我们也不能忘了抨击假恶丑、监测环境也是新闻的另一个基本职能。

"就人类的任何精神产品而言，批判现实主义是其历史价值和审美价值的关键所在。""作为我们世界观和方法论基础的唯物辩证法，则更是批判的、革命的"。② 我很欣赏普利策的名言："倘若一个国家是一条航行在大海上的船，新闻记者就是船头的瞭望者，他要在一望无际的海面上观察一切，审视海上的不测风云和浅滩暗礁，及时发出警报。"负面报道，关键看出发点和落脚点是什么，是否"铁肩担道义"，是否胸怀社会责任、济世情怀和历史使命。如果不是为了负面报道而去"揭丑""扒粪"，而是希冀通过报道促进问题的解决、改善生存环境，那么这样的报道就值得赞赏。创办于1994年的《焦点访谈》一度以深度报道为主，以舆论监督见长，成为中央电视台收视率最高的栏目之一，受到党和国家领导人、各界观众的广泛关注和重视……面对悲剧，面对社会不公，"一个普通民众可以选择麻木与失语，但一个媒体人可能就得追问，不断地推翻成见，去寻找更加有效的观察角度与解释工具"③。我们注意到，有许多调查性报道发挥了"瞭望哨"的功能，推动了国家政策的完善、促进了弱势群体生存环境的改善，并没有给国家添乱，而是帮了国家的忙。这些所谓"报忧"的负面报道和"报喜"的正面报道在新闻评奖中应该享有同等重要的地位。这既是对新闻价值规律的尊重，也是对记者职业精神的肯定。

---

① 李希光：《人类不仅需要匆匆的丑闻，更需要永恒的故事》，〔美〕杰克·鲁勒：《每日新闻永恒故事》，清华大学出版社，2013。

② 时统宇：《深度报道研究》，《深度报道范文评析》，新华出版社，2001。

③ 傅剑锋：《"潜伏富士康"报道出台始末》，杨兴锋、江艺平：《南方报业是如何讲故事的》，南方日报出版社，2012。

4. 要重视新闻人的创造性劳动

新闻传播当然是一种劳动，新闻人的付出虽然与作品的社会效果有时并不一定成正相关，但是，记者创造性劳动强度的大小、新闻挖掘深入的程度、新闻伦理的把握都应该成为好新闻评定的一个重要度量。

我们看到那些为了追寻新闻理想、拷问事件真相、守望社会良知而冒着生命危险走进新闻现场进行深度采访的职业新闻人的报道，常常禁不住热泪盈眶。那些从一次会议上听到一丝新闻线索后稍加采访、整理便能成文的报道与那些历经周折、逼近真相并最终推动制度变革的新闻报道相比，孰轻孰重，不言而喻。

创造性的采访是"代表背后的受众，双方以对话的形式来交换信息，以达到任何一方都无法独自达到的知晓程度"[①]。同样是典型人物的采访，张严平面对一个不善言谈的马班邮路邮递员王顺友，留下来和他一起走过崎岖的山路，终于走进人物的内心世界，写出了《索玛花儿为什么这样红》这样感人至深的名篇。

从新闻人的专业化要求看，从信息接受者日益变成信息发布者的媒介环境看，通过新闻评价的导向作用，体现新闻人的创造性劳动显得尤其重要。

5. 新闻发现的最高境界是"无中生有"

在一些看似"没有新闻的角落"、在一些新闻沙漠地带，记者发现了新闻的"绿洲"，这是十分值得赞赏的。中国新闻奖应该鼓励这种高难度的"发现"。

当然，发现的前提是对新闻事实的准确把握、全面了解，否则就容易犯常识性错误。在第二十七届中国新闻奖评选中，某报的参评作品《儿童健身设施太少啦》就遭到评委的质疑，事实上，有的地区"儿童设施不是太少而是太多"；参评作品《十多年前被关停的煤窑为何又开了？》，有评委指出仅仅把问题的原因归结为农民生活太苦不得已而为之，有失肤浅、偏颇。

发现问题是分析问题和解决问题的前提，这是常识。

（二）"表现力"是判定好新闻的重要因子

"编筐编篓，全在收口。"新闻作品最终是以文字、图片、音视频等形式呈现在广大受众面前的。表现力是指新闻作品表达的完美程度。表现力是判定好新闻的必要因子，是由"新闻用事实说话"的基本特征决定的。好的新闻是"让经过精心选择的事实，运用事实的逻辑说服力，充分而含蓄地表现作者的倾向与观点"[②] 的。即便新闻评

---

① 〔美〕肯·梅茨勒：《创造性的采访》，中国人民大学出版社，2010。

② 童兵：《理论新闻传播学导论》，中国人民大学出版社，2003，第49页。

论也是基于新闻事实基础上的评论。过去，全国好新闻的评选强调好新闻作品要实现"新闻价值、宣传价值、审美价值的和谐统一"，是把审美价值也看作好新闻的基本价值之一的。

表现力主要由以下几方面要件组成：

1. 作品的细节展示能力

好记者善于"在真实的世界里寻找、发现新闻主题，发现戏剧性的故事、有人性的细节"①。从中国新闻奖作品看，如果说中国新闻报道最缺什么的话，我觉得最缺"讲故事的艺术"。实事求是地说，有不少参评作品在这方面很欠缺。而看看一则美联社关于国家领导人参加20国首脑峰会活动的报道，会给我们以启迪：

美联社华盛顿2008年11月15日电 在白宫为参加20国集团峰会的领导人举行的晚宴上，布什总统热情地跟墨西哥总统费利佩·卡尔德龙打招呼："嘿，朋友，最近在忙什么？"

布什跟英国的戈登·布朗握了握手，对他笑了一笑，又在他的背后拍了三下。布什吻了吻沙特阿拉伯国王阿卜杜拉的面颊。

各国领导人在蒙蒙细雨中乘轿车逐个抵达北门廊用了75分钟。他们按照相反的礼仪到场，执政时间最短的领导人先到，这样就可让执政时间最长的领导人在晚宴前等待的时间最短。

意大利总理西尔维奥·贝卢斯科尼是最健谈的一个，当他走向轿车时，布什不得不使劲让他转过身来面对等待的摄影记者。日本首相麻生太郎则太专注于与助手谈话，没有注意到布什在离他汽车六步远的红地毯上迎接他。②

2. 作品的表达效率

表达效率是新闻作品与其他文字作品的最大区别，它直接影响新闻作品的传播效率。一般认为，好新闻要短小精悍。但是，因为新闻的题材不同，所以，稿件的长短不应"一刀切"，该长则长，该短则短，关键在于是否摒弃符号中与主题无关的冗余信息。"美国对伊拉克开战"堪为史上最短的获奖消息，就因为题材重大，且新华社领先其他国际通讯社在全世界最先发布这一消息。《"三西"扶贫记》全文长达近万字，有谁能否认它不是扶贫题材报道中的优秀之作呢？！

---

① 李希光：《前沿：学在路上》，李希光等著《找故事的艺术》，清华大学出版社，2003。
② 《参考消息》2008年11月16日。

3. 作品的文风与文体

对于什么是好的文风，新闻界有共识，但是知易行难。比如，科技报道既要准确也要通俗，实际情况却不乐观。2015 年，某报的参评消息稿《暗物质探测获里程碑式发现》让一般读者无法读懂，被审核委员会撤销参评资格。有评委认为第二十七届中国新闻奖一等奖获奖消息《1445 种全新病毒科被发现》在可读性上还有值得改进的地方。

学理上的贫困导致实践中的尴尬。传统的教科书将新闻文体分为消息、通讯、调查报告等若干类别，而有的教科书去"通讯"化，或曰"特稿"，或曰"深度报道"。"通讯""深度报道""连续报道和系列报道"之间的关系互有交叉，错综复杂。中国新闻奖按文体类别设"通讯和深度报道""连续和系列报道"看来也是不得已而为之。评选中，常常有参评人投错"家门"的现象。

4. 作品的语言文字水平

这里有三个层面：其一，文字准确；其二，语言简练；其三，表达生动。在业界有重选题价值轻文字表达之虞，一位名记者毫不讳言自己的认知："曾经被新闻采写技巧方面的情况所迷惑，比如，新闻写作的叙事逻辑、语言节奏以及文字上的美。""新闻远远不是技术上的问题，新闻是用来服务社会，或者说守望社会的。"[①] 应该说好新闻的"事实之真"与"文字之美"如同一枚硬币的两面，缺少哪一个都不完美。

新闻界应该重视作品的美好呈现。"说什么固然重要，怎么说尤其重要。"老舍先生说得好。

（三）"传播力"是判定好新闻的决定性因素

所谓传播力是指新闻作品经由新闻媒体刊播后引发的社会反响的程度。发现力和表现力体现的是新闻人的主观能动性，而新闻作品的传播力往往是新闻人无法左右的。当然，强化新闻人的发现力和表现力是提高新闻作品传播力的前提。新闻写作常常主题先行，而判断一篇好新闻作品应该是传播效果先行。

这是由新闻作品的社会功能决定的。

新闻作品是易碎品，它的价值就是"活在当下"，或可成为"历史的草稿"。作者通过自己的创造性劳动把新闻事实转化为新闻产品，往往只能根据自己和传播机构主观的价值判断、采集到的新闻素材、虚拟的受众需求，至于这一新闻作品能否成为好新闻作品，还要看其传播效果。一篇作品的主题再重大，采访再深入，角度再新，开掘再

[①] 《融入历史的梦想——与范长江新闻奖获得者、〈中国青年报〉记者刘畅对话》，黎勇编著《真相再报告》，南方日报出版社，2008，第 5 页。

深，文字再精巧，如果没有传播效果，那么就很难有生命力，没有生命力的作品很难说得上是好新闻作品。既"叫好"又"叫座"的新闻作品才是好新闻作品。刘建明认为，好的新闻作品的评价标准有三条：好新闻具有丰富的获悉量；好新闻意蕴深刻、引起社会轰动；好新闻具有强烈的感染力。他认为"评价好新闻的首要标准是由社会影响来判断的"。①

我们强调好新闻的社会影响不是哗众、迎合受众，不是传播"名人的丑闻、秘闻、绯闻和传闻"或唯阅读率、收视（听）率、点击率至上，而是在遵从法律法规和新闻职业伦理、坚守职业道德的前提下，通过报道在润物无声中完成对受众的引导。

如果说新闻写作完成了"对新近发生事实的报道"，那么新闻作品的传播效果主要看对受众不确定性消除的程度。

评委仅通过阅读新闻作品是无法评估新闻作品的传播力的，这就需要借助外部信息。目前，《中国新闻奖参评作品推荐表》中有一栏"社会效果"。不少作者笼而统之地称自己的作品引起了"强烈的社会反响"。何谓"强烈的社会反响"？有人把领导批示表扬作为一种社会反响。这确是社会反响之一，可以作为好新闻作品评定的参考。但是，"事实上，有些被有关部门表扬的报道，群众有的并不关心或者并不喜欢，所以这样的表扬其实成为一种形式上的东西。""宣传报道是要领导和有关部门满意，但也要让群众和读者喜欢，所以要建立客观公正的新闻评价体系，报道的好与不好不能由某个人、某个部门说了算，而是由科学客观的评价体系来决定，保证那些党和政府满意，群众又喜欢的报道脱颖而出。"②

一般来说，传播引发的社会效果有三个层面：其一，打动受众是对作品的最低要求，这里指的是作品的可读（看、听）性和必读（看、听）性。其二，触动情感是对作品的中级要求，一篇好的作品是要能引发受众强烈共鸣的，这指的是好新闻作品要有感染力，比如穆青笔下的焦裕禄、张严平笔下的王顺友、朱玉笔下的郑培民、江胜信笔下的方永刚都曾引发受众的情感共鸣，"令人泪奔"。其三，推动问题的解决是好新闻作品的最高境界，其中包括两个层面：其一，好新闻影响今天乃至改变历史；其二，好新闻是对国家利益和人民利益的守护，大则有通过新闻报道维护国家主权和领土完整、促动国家层面政策的出台，小则有通过报道改变普通百姓的命运。

在新媒体时代，可以借助大数据分析工具对作品的传播力进行测量，比如媒体转载情况、受众评论情况等等。无效传播无异于制造信息垃圾。有效传播，善莫大焉。

---

① 刘建明：《当代新闻学原理》，清华大学出版社，2005。

② 祝晓虎：《如何提升党报的影响力和引导效果》，《新闻战线》2007年第2期。

三　新闻奖评选改革依然在路上

"中国必须要培养跟自己的实力和国际地位相称的大型媒体。"[1] 如何通过新闻评价引导我国新闻作品国内、国际影响力的提升是摆在我们面前的时代课题。诚然，新闻评奖作为一种评价制度，其主观性很强，没有对错之分，只有高下之别。没有最好，只有更好。中国新闻奖当"取法乎上"。笔者认为，需要从尊重评价规律和优化评选机制入手，对中国新闻奖做些切切实实的改革。在改革中需要注意处理好如下五个方面的关系。

（一）关于奖项类别的形式与内容统一的问题

在多年的新闻评奖中，"消息类作品短腿"的事实有目共睹。2017 年入围的消息类作品数量少，普遍认为好消息不多。这一现象背后的原因，笔者曾经将其归结为"新闻实践的快速进步与新闻评奖'固守田园'的矛盾所致"。中国新闻奖按媒体类别、体裁设奖，是传统媒体时代的产物，重形式，轻内容。[2]

有评委建议，鉴于近年来我国新闻界在新闻融合方面涌现出较多的优秀作品，应该增设融合报道奖；也有评委认为奖项设置随意更改，会影响国家级新闻奖项的权威性。笔者认为，随着传媒的竞争愈加激烈，传播手段的日益进步，新闻传播理念的不断更新，未来，新闻作品的形态会更加多样。我们可以设置"新闻专业贡献奖"，解决新闻实践快速发展与奖项设置滞后的矛盾，鼓励创新传统新闻报道形式。

我们可以考虑从内容出发，从实际出发，从新闻生产规律和评价规律出发改进奖项设置。

我们可以打破传统的文体界限，除评论、版面、专栏、漫画、论文等特殊样式的作品可单独设奖外，文字类奖项可考虑设立以下项目：

现场短新闻奖：鼓励记者深入第一现场"抓活鱼"；

宣传报道奖：突显中国媒体新闻宣传的特色；

人物报道奖：体现新闻报道的人文情怀；

舆论监督奖：发挥新闻监测环境的基本功能；

深度报道奖：鼓励记者"走基层""潜深海""揭真相"；

---

① 覃爱玲：《专访柳斌杰：新闻出版改革下一步》，《南方周末》2008 年 12 月 4 日。
② 钱莲生、刘玉杰：《用新闻专业主义精神改革新闻评奖》，《新闻传播》2004 年第 7 期。

新闻写作奖：展示非时效性新闻写作中文字的魅力；

地方新闻报道奖：解决中央新闻媒体和地方新闻媒体争夺奖项的矛盾；

评委会特别奖：评委会"找米下锅"，弥补好新闻不能入围中国新闻年度大奖的遗憾；

……

还可根据年度新闻热点或某领域报道的成就，设立科技报道奖、文化报道奖等奖项。

（二）关于评委评定与受众评价关系的问题

"评好中国新闻奖，评委是关键。"① 新闻评奖的主体直接关系着评定结果的公平公正。有学者认为，"官方新闻奖一直有着稳定的评委来源，评委们的荣誉把关实践微妙而复杂"②。

2013 年，唐绪军在参加中国新闻奖评选时发现，"评选过程似乎程序严密，公平正义。但是，没有对候选作品进行认真的讨论和评议，只凭印象和标题投票表决出来获奖作品"③。笔者 2017 年参加新闻奖评选，情况大体如是。是否获奖以及获奖等级看上去是民主协商、全体评委投票表决的结果，实则体现的是"少数人"的意志。评委会共设 9 个小组，每个小组有 2 位召集人，下设 7 ~ 9 位委员。小组的淘汰与否、排序先后已然决定了作品的命运。一定意义上，小组的专业化水准、职业道德水准影响着一篇参评作品的命运。目前小组成员由评委会领导、省级记协负责人、中央新闻媒体负责人、地方新闻媒体代表、新闻一线采编人员代表、新闻教研机构代表组成，应该说结构十分合理，但是小组成员不少是带着"任务"来的……人非圣贤，孰能无"私"呢？

1. 实行评委回避制

在评审中，绝大多数评委都能出于公心，评出自己心目中的优秀新闻作品，特别是一等奖作品。但评委也是普通人，难免有普通人的情感与偏倚。一个值得注意的现象是，不少评委既当运动员又当裁判员。即便评委"举贤不避亲"，我们也不应该忽视"孩子是自己的好"的情感偏向。理想的办法是，实行评委回避制——谁家有作品参评，谁家就不得出席评委会。退而求其次，可以采取交叉评定的办法，地方新闻单位的

---

① 田聪明：《评好中国新闻奖，评委是关键》，《中国记者》2013 年第 9 期。
② 黄顺铭：《制造职业荣誉的象征：中国官方新闻奖的制度实践（1980—2013）》，《国际新闻界》2014 年第 6 期。
③ 唐绪军：《中国新闻奖也须"走转改"》，《新闻战线》2013 年第 10 期。

作品由中央新闻单位和新闻教研机构的评委评定，中央新闻单位的作品由地方新闻单位和新闻教研机构的评委评定。

2. 实行评委评分制

好新闻作品评定，由民主协商最终达成一致，本是一个好办法，但是在实际操作中，往往因为各种因素的制约，评价标准模糊，民主也容易异化成"专制"。我们可以学习体育比赛中体操、跳水等艺术类项目的打分法来评定新闻作品。对每一篇作品，每个评委根据评价标准逐项打分。当然，前提是需要根据调研制定出科学的评价体系，使评委有据可依。

3. 公开评委评价结果

公开评委投票结果不失为一种理想的办法。新闻奖评委评判别人的作品，同时也是对评委自身学术品格和专业水准的考验。中国新闻奖每年公开评委名单的做法值得赞赏，但还可再透明些。现在初评、定评都采取无记名投票的办法，看似保护了评委的匿名权，实则不利于结果的公平公正。每年可向新闻界乃至全社会公开评委初评、复评的投票结果，至少应该公开某一类别奖项评委会的人员组成，以展示评委的立场、观点和识见，倒逼评委更加严于律己，更加珍视人生履历中"中国新闻奖评委"身份的荣耀，更加以专业精神、学术良知评判新闻作品，减少新闻评价中非专业因素导致"劣币驱逐良币"的遗憾。

4. 让受众参与进来

作为专业评奖，好新闻评选当然是参与评定的专业评委拥有最终表决权。但是我们也不要忽视受众的反应。从新闻的产制过程看，"以前的新闻是由专业新闻工作者决定的；而如今在新闻生产的过程中，民众扮演着重要的角色，因而专业新闻不能只是向受众讲授，而是将这一专业变成一种内容丰富的关于新闻的对话"①。在未来，探索让受众参与好新闻评价也是新闻界践行马克思主义新闻观、走群众路线的题中应有之意。浙江卫视"中国新歌声"虽然是一档文化娱乐类节目，但是其年度总冠军评选的办法可圈可点。它由专业评审和大众评审（观众）联合投票表决，权重各占一半，两项成绩加总，得出最终成绩。专业评审投票结果表达的是对歌手的专业认知，观众投票结果表达的是对歌手的听觉感受、是民意；两相结合可以互相纠"偏"，确保结果公平。

在1980年代全国好新闻评选中，"不可能也不适宜于在全国范围内举行投票，因为它数量太大，一般读者难以全面掌握"，但是，在网络传播手段高度发达、大数据分析

---

① 陈立丹：《树立全民"新闻素养"理念》，〔美〕比尔·科瓦奇等：《真相》，中国人民大学出版社，2014，第5页。

十分便利的今天，请受众（包括新闻界同行、普通读者）参与评选是有条件做到的。受众投票结果可供评委会参考。

（三）关于作品瑕疵与新闻价值关系的问题

好新闻作品作为精品，让人们对它多了一分期待，也多了一分"挑剔"与"苛刻"。与此同时，也带来了是评选"中国新闻奖"还是评选"中国语文奖"的质疑。

1. 现状不容乐观

新闻奖评选暴露出的作品问题不可谓不严重。且不说新闻事实的真实、准确与否，一些常识性问题乃至低级错误频频出现就足以让人"震撼"。

在第二十七届中国新闻奖评选中，某中央级大报送选的一版版面内容新颖、编排合理、中心突出、长短搭配适当、图文并茂，是新时期不可多得的清新脱俗的优质版面，该版甚至得到了中央有关领导的批示，但却因版面出现了两处常识性"硬伤"而被"拿下"。

在参评的新闻作品中，不乏主题重大、采访深入、角度新颖的上乘之作，因为犯了一些"低级错误"而被降等，甚至被排除在中国新闻奖评选的竞技场之外，这是非常令人惋惜的。

2. 审核引领风气

2013年，评委唐绪军在看稿时发现，进入终评环节的作品仍然有不少常识性差错。他大声疾呼"新闻界也需'走转改'"。对此，中央领导高度重视，中国记协从善如流，于2014年成立了中国新闻奖审核委员会。四年来，审核委员会的全体委员披星戴月、废寝忘食地审读、审看、审听作品，工作"卓有成效"，发现了大量各种类型的差错。然而审核委员会取得的"成果"越丰硕越让人高兴不起来。

审核工作不是为了纠错而纠错。中国记协连续3年以文件的形式把审核委员会工作报告下发给全国记协和新闻单位，希望新闻界进一步提高采编质量。

两任中国记协主席都对审核工作的效果给予高度评价。田聪明认为，审核工作"不断为定评委员会的评选工作做到'好中选优'提供保证，而'一般中选好'的情况在逐步改变；促使各推荐单位、报送单位在组织评选的过程中，越来越重视评委会投票前的审核工作；更重要的影响，通过剖析各级审核出来的各种问题，进一步提升了新闻报道的采编质量和新闻工作者自律的自觉性"[1]。张研农表示，审核委员会工作3年来，取得了很大成绩，中央领导有肯定、新闻界有好评，有力地提高了终评新闻作品的质

---

① 田聪明：《中国新闻奖作品选（2014年度·第二十五届）》序，新华出版社，2015。

量，有力引导了新闻从业者弘扬职业精神，有力推动了新闻界形成严格把关的风气。①

3. 理性看待两种不同意见

对新闻作品中出现的差错，主办单位的处罚力度不可谓不大：轻则降等，重则"一篇否决"，取消参评资格。语言文字不出现差错本是对新闻作品的最低要求，但是这一最低要求却成了包括中央级媒体在内的许多新闻作品入选好新闻的最大障碍。新闻界对此举意见不一，拥护者有之，持不同意见者亦有之。

一种意见认为，新闻作品因为传播范围广，理应成为正确并规范使用祖国语言文字的表率、典范。"正确地使用祖国的语言，新闻工作者承担着特殊的使命"。2014 年，一篇公示一等奖的文字评论作品因读者举报文中有一处错别字，被降为二等奖。对此，该文作者表示："过去很多人不理解中国新闻奖评选时为何那么重视文字，苛刻到对文字差错一票否决。现在想来，一片浮躁之中，这种文字洁癖上的坚守是多么可贵。"②

还有一种意见认为，在好新闻评选中，作品的新闻价值及其传播价值是第一性的，语言文字表现是第二性的。特别是对新闻价值高、社会影响力大的作品，因为其中出现不影响文义的小瑕疵，"拿下"一定要谨慎。

有评委甚至大胆放言："如果带着放大镜看作品，任何一篇作品都能挑出毛病。"在他看来，"中国的语言文字实在博大精深"。

两种意见，立场不同，各有可取之处。我们既不能为好新闻"护短"，也不应该为了挑错而"鸡蛋里挑骨头"。

4. 科学合理处置"问题"作品

"凡新闻作品都可挑出差错"的说法太过绝对，似有"抬杠"之嫌，对于追求时效性的新闻作品来说，可有适度的宽容。

笔者认为，中国新闻奖需要制定一个科学合理的处罚标准。

第一，准确理解并遵循新版国家标准《标点符号用法》《关于出版物上数字用法的试行规定》，严格区分"对与错"与"好与坏"，前者关涉是否"硬伤"，后者关涉是否规范。比如：《标点符号用法》中对"顿号"新用法的表述是："相邻或相近两数字连用表示概数通常不用顿号。""标有引号的并列成分之间、标有书名号的并列成分之间通常不用顿号。"这里的表述是"通常不用"，用了也不应该算错，至多是不规范而已。

2016 年，笔者作为审核委员，有幸见证了《一位财政部长的两份遗嘱》一文"复活"的过程。在初审阶段，有审读者对该文提出十多处文字、逻辑方面的问题，审核委

① 张研农：《更好地做好中国新闻奖评选审核工作》，《新闻战线》2017 年第 8 期（上）。
② 曹林：《奇葩错误见证媒体的失败者情绪》，《书摘》2016 年第 6 期。

员会没有认定那些"问题"，最终这篇作品没有被"误杀"而获得副刊一等奖。

第二，可参考国家有关部门关于出版物质量认定标准《出版物汉字使用管理规定》（新出联［1992］4号）、《关于印发〈报纸质量管理标准（试行）的通知》（新出报（1995）252号）等，由新闻奖评选主办单位制定"中国新闻奖参评作品差错认定细则"，让新闻界有章可循。《〈报纸质量管理标准〉实施细则（试行）》规定："报纸文字校对要求严格准确，无明显差错。每期报纸文字差错率不得高于万分之三。""万分之三"可以作为容错的临界点。

第三，每年公布好新闻评定结果的同时，实事求是地指出作品中存在的问题。2010年，通讯《甘肃14婴儿同患肾病疑因喝"三鹿"奶粉所致》，因为"在当时的国内报道中首次点名揭露了'三鹿'奶粉问题，引发了中国乳品行业地震，间接推动了中国相关的司法介入进程"而获得中国新闻奖一等奖，有学者指出作品中出现"同一个事实，出现两次重复叙述""关于患儿数字的叙述，逻辑混乱"等差错。[1] 如果因此瑕疵该作品就被排除在中国新闻奖大门外，那恐怕也是中国新闻奖的遗憾。

第四，倒逼责任编辑负起责任。一篇新闻作品的出炉是由记者、编辑等共同打造的。目前，获奖作品除了给作者颁发证书，还同时给责任编辑颁发证书。如果发现获奖作品中有"硬伤"，则可酌情考虑取消该作品责任编辑获奖的资格。

中国新闻奖审核结果表明：在新闻加工车间，没有免检的新闻作品。这就要求新闻作品创作者具有"符号表达与新闻价值同等重要"的职业意识，要求编校人员具有"怀疑一切"的职业素养，有辨别是非的火眼金睛，有精益求精的"工匠精神"。

（四）关于获奖数量与质量关系的问题

"物以稀为贵"，毋庸讳言，在一个顶级优秀新闻作品的遴选活动中，数量与质量成反相关关系。

在第二十七届中国新闻奖评选会的表决现场，有评委认为"让那么多一等奖空缺，太可惜了"，主持人期望"别浪费奖项资源"，结果不少评委在第三轮投票时放弃了自己的坚守，倾向于"简单多数"，最终让一等奖个个名花有主，287件作品个个有着落。这一善举体现了主办者宽厚的胸襟，强化了中国新闻奖的表彰色彩，但弱化了中国新闻奖"树标杆"的作用。笔者建议：

---

① 陈立丹、赵卓伦：《大胆履行职责谨慎点名揭露——评通讯〈甘肃14婴儿同患肾病疑因喝"三鹿"奶粉所致〉》，《新闻战线》2010年第2期。

1. 取消获奖等级

"文无第一，武无第二。"从实际评选情况看，一二三等奖有时高下难判。笔者斗胆设想，如果换一拨评委来对同一批作品进行评定，结果不可能完全一致，甚至大相径庭。以三等奖通讯《（脱贫攻坚）记者手记：羊小平砸缸》为例，该作品以其立意新、角度新、表达新赢得了许多评委的好评，因为有点小瑕疵被审核委员会提示"不得获一等奖"，但有谁能说它的新闻传播力就比获得更高级别奖项的同类题材作品差呢？

中国新闻奖可考虑只设中国新闻奖和中国新闻奖提名奖。中国新闻奖的前身全国好新闻评选曾只设"受奖作品"和"受表扬作品"两类。

2. 大大压缩受奖作品数量

坚持"宁缺毋滥"原则。有人撰文称，"第26届中国新闻奖获奖作品数量创十年新低，一等奖出现大面积空缺"，是"中国新闻奖评选标准提高的结果，是一种令人欣慰的进步"。① "获奖数量要下来，获奖质量要上去。"不少有识之士从爱护中国新闻奖、敬畏中国新闻奖的立场出发，发自内心地如此建议。②

从国际层面的评奖情况看，诺贝尔奖、普利策新闻奖之所以影响力大，是因为它们评选专业性强（"和平奖"除外），奖项设置"少而精"，目前前者只设6个奖项；后者只设14个类别，每个类别一般只设1个奖项。

从国内层面看，中宣部组织的精神文明建设的最高奖"五个一工程"奖2017年把获奖名额压缩了70%以上，旨在"把真正经得起检验的精品选出来"。

作为年度最高奖，每个类别考虑设1个奖项为佳，可再设2~3个提名奖。

（五）关于接受推荐与主动寻找相结合的问题

"巧妇难为无米之炊"，评委眼光再锐利、立场再公正，没有好的入围作品，自然拔擢不出好的作品，最终，只能"矬子里拔将军"。

这里有报送资格问题，也有作者不愿意参评的问题。前一个问题，主办单位已经解决，中国记协拓宽了申报渠道。自2014年起，中国新闻奖接受作者个人自荐、他荐作品参评，中国记协指定部分新闻教研机构推荐作品参评。这一举措，赢得了广大新闻工作者的一致好评。其实，上世纪80年代的全国好新闻奖评选就曾"采取各新闻单位集

---

① 弥建立等：《宁缺毋滥求精品好中选优"树标杆"——第26届中国新闻奖一等奖大面积空缺的启示》，《兰州文理学院学报（社会科学版）》2017年第3期。
② 参见包临轩：《中国新闻奖改革势在必行——兼谈普利策新闻奖的启示》，《新闻传播》2000年第1期；唐绪军：《中国新闻奖也须"走转改"》，《新闻战线》2013年第11期。

体选拔和读者个人推荐的办法"。

申报渠道拓宽，成效明显。笔者根据中国记协公布的中国新闻奖获奖作品情况进行了统计，自2014年至2016年，自荐、他荐以及新闻教研机构推荐的作品有80件获得了中国新闻奖，其中一等奖（含特别奖）11件。

年份	一等奖	二等奖	三等奖	合计
2014	4	4	9	17
2015	4（含1件特别奖）	7	21	32
2016	3	11	17	31
合计	11	22	47	80

假如主办者不给作者自荐、他荐的机会，不给新闻教研机构推荐的机会，那么，中国新闻奖的光荣榜就得改写。因此，可进一步拓宽报送渠道，在尽可能的条件下，给每个省份都有一所新闻院校（系）报送参评作品的机会。

中国新闻奖的价值导向也影响着新闻人的参评积极性。新闻评价必须遵循新闻价值规律，过多的人为干预或不适当的评选规则容易导致新闻人对新闻评奖"敬而远之"。二十多年前，有新闻人曾发出这样的无奈之慨："我对这类评选历来毫无兴趣。这类评选大体上是中国新闻界自珍自爱的一种炒作。本来新闻业的同行评议是很重要的，这是一个社会共同体不断强化内部规则的重要途径，如获得美国普利策新闻奖的那些新闻报道，你一看，就知道它的分量。可惜在中国这样的官办新闻体制下，新闻评奖竟然也是官本位的。官阶最高的媒介有权获奖的篇数就比其他媒介要高出一倍。也就是说，无论你的杰出新闻有多少篇，如果你的级别不够，那你至多只能推荐一篇，甚至可能连参加评选的权利都没有。最后的评选结果，通常是'大锅饭'，中央主要媒介基本都会评上，省级以下媒介'依级递减'。"① 时移世易，今天，当年作者指出的一些问题已经解决或正在解决的路上。

为了减少遗珠之憾，还可采取各方推荐和评委会主动遴选相结合的办法。第二十七届中国新闻奖评委会副主任委员，中国记协党组书记、常务副主席胡孝汉并不讳言自己对某件网络作品社会反响很好但并未入围本届候选作品名录表示遗憾。为此，主办者可不可以按图索骥，主动寻找"中国好新闻"呢？

"砥砺奋进，改革前行"是新时代的号角。"苟利于民，不必法古；苟周于事，不

---

① 李大同：《冰点故事》，广西师范大学出版社，2005，第159～160页。

必循旧。"倘若通过改革新闻评奖，进一步起到"立标杆、出精品、出人才"的作用，能让无愧于时代、无愧于民族、无愧于人民的优秀新闻作品不断脱颖而出，就可一试。相信中国新闻奖主办者有智慧、有热情、有信心把中国新闻人心中的最高奖办得更有权威性、更有感召力、更有影响力。

[原载《新闻战线》2017 年 11 月号（上）]

自选理由：

从事编辑工作经年，阅文多多，眼高手低，始终不敢轻易动笔。忽一日，《新闻战线》编辑来信约稿，称欲做中国新闻奖专题，还称看到十多年前本人写的拙文《用新闻专业主义精神改革新闻评奖》后"深感震撼"，"很多观点即使放在十多年后的今天依然不过时"。明知是溢美之词，但还是美滋滋的。同行约稿，不敢怠慢。关于中国新闻奖，同人之述备矣，再述恐难出新。不过想起当中国新闻奖审核委员、当评委的经历，确有很多话不吐不快，"不说白不说"。于是搜索枯肠，爬罗剔抉；感情用事，理性为文，努力用事实说话，以理据服人，为捍卫常识呐喊。本应写短章，没想到一口气草成"万言书"，心想，任由编辑部刀斫斧削吧。然交卷后终日惴惴不安，大似挑着鸡蛋筐子逛闹市的农夫，生怕撞了别人，也怕别人撞了自己。又一日，编辑来信告知，认可文章观点；蒙《新闻战线》总编错爱，全文照登，"几乎没有删减，刊出的内容有 10 页之多，大概也创了我们杂志的纪录了"。此时，我更加惶恐，甚至觉得不发此稿比发更好，心想这回真的得罪人了。又一日，在外地出差，忽然接到中国记协评奖办公室主任来电，称中国记协主要领导已阅此稿，多有褒奖，可以推动中国新闻奖进一步改革。此时，心头的一块石头似乎落地了，我为《新闻战线》的担当精神点赞，也为中国记协从善如流的君子风度所感动。据说，拙文在《新闻战线》微信公号推出后，还生出一些反响。不过，我也没啥高兴的，我只不过说了些真话而已。在我看来，中国新闻作品质量大幅提升之日，中国新闻奖成功改革之时，方是拙文有用之处。我担心，"说了也白说"。

新闻和娱乐之间：概念群的出现及变迁

殷　乐[*]

新闻和娱乐的关系一直众说纷纭，不同语境下出自不同的立场视角各有其拥趸者。历时来看，在新闻与娱乐之间形成了一个庞杂的概念群，既有若干仅在一定时间一定范围使用且现时已被碾压于历史车轮下的概念，如轻新闻（newszak）、快乐谈话（happy talk）等，又有若干历经社会和媒介变迁后依然保持了勃勃生机的名词术语，如小报（tabloid）、小报化（tabloidization）、硬新闻（hard news）、软新闻（soft news）、信息娱乐（infotainment）等，同时还有在新技术环境中不断涌现的新概念，如新闻游戏（newsgame）、沉浸式新闻（immersive journalism）等。这些概念的起起落落与媒介和社会环境、个体与社会心理、内容生产、传播模式变迁等密切相关，此起彼伏间亦形成了颇为微妙的呼应关系。

整体观之，这一概念群呈现出模糊性、流动性、普适性并存的特质。模糊性体现在定义含混上，不仅业界各有判断，各国学者在这些概念上也很难达成一致。一个例证，几十年来，在新闻学传播学研究中累积了一大批关于"软新闻""硬新闻"的研究。但是，关于何谓软硬新闻，或曰如何界定和区分二者却并无共识。更有甚者，软硬新闻与小报化和信息娱乐之间的区别或关联亦无清晰界定，多个概念的内涵和外延有重叠交叉之处。在新闻、媒介、传播和文化研究中各概念亦有替代或补偿性使用。流动性体现在两个层面，其一是这一概念群中出现了几个过渡性表述，以此展现一种流动的态势，如小报化、娱乐化等；其二则是一些概念在发展中内涵和外延有所衍变。而普适性则在于这一应概念为全球各国业界、学界和民众在多种语境下均得以普遍使用，较之常规所言的专业术语，这一概念群的门槛较低，这也与新闻和娱乐与实践和民众的紧密关联有关。一个模糊的领域中一群模棱两可的概念在被广泛地使用着、赞美着抑或批判着。这

---

*　殷乐系中国社会科学院新闻与传播研究所研究员。

一现象并不鲜见，且多发于研究领域的边缘地带，一定程度上也反映出该领域的不稳定性或曰丰富性复杂性。新闻和娱乐的结合就是这样的一种边缘地带。

词语演变的背后是社会关系变革的过程，新闻和娱乐之间的语词演变可以说是映照着媒介和社会变革过程的一滴水。在印刷媒介、电子媒介和数字媒介时代分别产生了一些相应的概念群，但其中一些概念的使用又超越了其诞生的环境，由此也折射出新闻与市场、政治和娱乐、公共领域和私人领域、科技与人文之间错综复杂的交织关系。在今天的媒介和社会语境中回看新闻和娱乐之间概念群的出现及演变，这一概念群中各个概念的发生发展及其相互关系，其价值不仅在于梳理词源及辨析脉络，亦在于在大变革中观望传播格局和新闻未来提供一个别样的视角。

印刷媒体语境中的二分概念：小报／大报，
软新闻／硬新闻

此两组概念出现的时间虽有数十年之别，所指涉的对象也有所差异，但二者之间颇有承继关系，而且从概念的提出方到释义方再到意图来看，亦有可并提之处：两组概念均为媒体运营者或新闻生产者率先使用，换言之是基于传播者视角的媒介塑造和类型建构，也是这一领域中市场和媒体技术针对大众的第一次合谋。

就词源而言，小报（tabloid）一词原指药片，其概念的形成可以分为三个重叠并递进的阶段。首先是用以指称尺寸较常规报纸为小的报纸版式。小报版面的大小是对开大报（broadsheet）的一半，19世纪末20世纪初流行于英美报业。小报概念在此一层面是作为媒介形式或曰媒介类型出现的。第二阶段则在小报面世后，通过对其内容、呈现方式等方面的总结，以此概念代指内容通俗、图片标题醒目的大众化报纸，典型代表即为英国的《每日镜报》、美国的《纽约每日新闻报》等。这类报纸在内容上关注娱乐人物、事件及社会生活趣事，甚至性、暴力、丑闻，形式上注重大幅图片和醒目标题的运用，版面小易于随身携带。这种类型的报纸因为迎合普通读者的需要，很快风靡全球。明治初年，日本出现了相对于以政治评论为重点的大报而言的小报，如1873年1月创刊的《东京假名标记新闻》和《四十八字新闻》等，其特征亦如欧美小报：版面小，不登评论、社论，内容也是以报道社会娱乐活动为主，多运用普通民众的语言，汉字注假名。[1] 此类报纸因其大小是大报纸的一半，被直接称为"小报纸"。[2] 1840至1949年

---

[1] 〔日〕山本文雄：《日本大众传媒史》，诸葛蔚东译，广西师范大学出版社，2006，第4~20页。

[2] 〔日〕桥元良明：《媒体与日本人：日常生活的演变》，何慈航、陈唯译，南京大学出版社，2013，第5页。

间，中国近代小报的发展也很具代表性，与大报相异，这些产生于上海、北京、天津等大中城市的小型报纸以消闲娱乐为主。[①]"小报"一词的出现与现代报业的发展相并行，同时其生命力又不止于印刷媒体环境，在广播电视乃至今天的新媒体环境中，"小报"一词持续使用并衍生出诸多相近词汇，如煽情新闻（sensationalism）、通俗新闻（popular journalism）、八卦新闻（gossip journalism）等；在中国新闻语境中，除却翻译而来的概念，在本土传统中，亦有社会新闻、新闻花絮、花边新闻等相近的表述；在中国港台的语境中则有"煽性腥"新闻、官能新闻等多种概念。但"小报"一词使用的广度、频度和深度远较此领域中的其他概念为最，由此也进入了"小报"一词的第三阶段：指称特定内容和风格的媒体或新闻。对于这一特定内容和风格的具体界定一直处于争论中。一些学者结合报纸的发展实践对这一概念进行了梳理分析，并试图在新闻学理论体系中为其找到适当的位置。如有论者将小报新闻等同于通俗新闻，另有论者认为小报一词，兼具小开本和通俗报道双重意蕴，并进而提出通俗新闻的概念，将小报归为通俗新闻的子类，将忽视道德准则的垃圾新闻（trash）列为小报的子类，"小报有时是实用且通俗的新闻，而垃圾新闻最多只能算是残酷的娱乐"，解析了小报新闻的多层次性。[②]

小报，作为一种媒介形式的出现，意味着两个层面的突破：一是受众关系的突破，小报将视野放至全社会，是对受众结构变化的回应，其所开拓的巨大市场体现了对受众心理的把握；二是新闻观念的突破，小报提供了新闻选择和呈现方式的新形式，其以个人化的案例讲述的正是更普通的社会问题，对版式版面标题内容等的变革，对趣味性的强调，均是对既有新闻和娱乐关系的尝试和突破。1948年至1953年的《每日镜报》编辑波拉姆（Silvester Bolam）就表示，感官主义"并不是指扭曲真相。它指的是将事件鲜活和戏剧性地呈现，强烈冲击读者心理。它指的是大幅标题、言辞犀利、语言通俗日常和广泛运用漫画和照片作图解"。他进一步声明："镜报是一份奉行感官主义的报纸，我们不用为此道歉。我们相信以诉诸感官的方式呈现新闻和观点，特别是重要的新闻和观点，是当今广大读者群和民主责任的必须和极具价值的服务。"[③] 波拉姆作为小报新闻的从业者为自己辩护固然有其私人立场，但其言论所强调的也正是小报在新闻观念层面所欲求达到的理想目标：其一是小报从业人员对自身归属感和正当性的强调，其二是对诉诸感官的呈现方式的强调，其三是对于新闻内容和呈现方式剥离的强调。小报在发

---

① 殷乐：《电视娱乐：传播形态及社会影响研究》，中国社会科学出版社，2011，第102~103页。

② Jostein Gripsrud, Tabloidization, popular journalism and democracy. In Sparks, Colin & Tulloch, John (eds.). *Tabloid tales – Global debates over media standards.* Lanham, Boulder, New York, Oxford: Rowman & Littlefield Publishers, INC. 2000, pp. 285 – 300.

③ Ian Hargreaves, *Journalism: Truth or Dare?* Oxford University Press, 2003, pp. 110 – 111.

展实践中是否实现了这些目标颇可存疑，但这里所强调的三点确实在新闻业的后续发展中均有所体现。

然而，"小报"一词有其特殊的产生和应用背景，小报风格代表了民众的真实的愿望和声音还是反映了公众低俗化的一面，是市场化的产物还是人性的释放，一直成为研究者争论的焦点所在。但小报的巨大发行量对市场的分化，对大报新闻的注意力分散等等都对既有的新闻生产理念产生了冲击，加之在诸多小报实践中由于对利润的极度追求而出现的对性、暴力、丑闻的过度关注和放大，由此引发了对新闻重要性、媒体责任乃至对民主和政治参与的威胁的担忧等。英国学者斯巴克思（Collin Sparks）在其 2000 年编辑出版的《小报叙事：媒体准则全球大讨论》一书中也谈到，较之政治、经济和社会议题，小报更多关注体育运动、丑闻、娱乐以及名人和普通人的私生活。小报的盛行意味着市场驱动新闻学渐渐取代政治驱动的新闻学，意味着新闻价值的转变等。① 词语的使用亦有其惯性和刻板印象，虽然不能否认小报的革新价值和多层次意蕴，但也难以去除其概念中的负面价值判断属性。

与小报/大报同样由传播者或曰运营者进行二元分类的另一个概念组即为软新闻/硬新闻。有论者称软/硬新闻的概念起源非来自科学论证，其具体出现时间也不可考，可以确定的是此概念组为美国新闻记者用于对不同新闻进行分类，此后逐步进入学术视野并广为使用。② 这一分类方式和概念界定堪称大胆而有效，颇有来自新闻一线的烙印。言其大胆，是因为这一非黑即白的二分法简单粗暴，将这一领域中的盘根错节关系一刀斩断；言其有效，是因为把握了新闻的内核，弱化了其他分类的专业化门槛，清晰易懂。同时由于软新闻在新闻分类的语境中产生，并没有"小报"一词所天然携带的负面标签，这组概念尤其是"软新闻"的价值判断色彩较小报为弱。由此也使得其成为近几十年来在各界均广为使用的概念。

上世纪 40 年代以来出现了一系列有关这一组概念的相关研究，大多集中在几个方面：一是软硬新闻的定义及应用。自上世纪 40 年代起即有学者从受众反馈的视角对软硬新闻进行分类，如施拉姆从即时报偿和延时报偿的角度来看待受众的内容选择。③ 数十年来，伴随印刷媒介、电子媒介乃至数字媒介的发展这样的研究从未中断。近年来，学界对此类研究有所深化，如有多国学者联手对 1990 年以来在 13 个欧洲国家发表的相

---

① Collin Sparks, Introduction: The panic over tabloid news. In C. Sparks & J. Tulloch. (Eds.) *Tabloid tales: global debates over media standards*. Boston: Rowman& Littlefield, 2000, pp. 14 – 16.

② Carsten Reinemann, James Stanyer, Sebastian Scherr, Guido Legnante, "Hard and soft news: A review of concepts, operationalizations and key findings" *Journalism*. Vol 13, Issue 2, 2012, pp. 221 –239.

③ Wilbur Schramm, "The nature of news" *Journalism Quarterly*, Vol 26, Issue 3, 1949, pp. 259 – 269.

关研究成果进行梳理，区分了这组概念的关键维度，并对标准化的定义和对如何对不同程度的软硬新闻进行多维度衡量提供了建议。建议以主题、关注点和风格作为区分软硬新闻的基本维度。对软新闻和硬新闻作出的界定为："与政治更相关，采用主题集中的报道方式，集中于事件的社会后果，风格上非个人化和非情感化，也就越能被称之为硬新闻；而一则新闻与政治越不相关，采用松散片段式的报道方式，集中于事件的个人后果，风格上趋于个人化和情感化的，也就越能被称之为软新闻。"① 亦有学者建议在其中增加一个类别，也即一般新闻（general news）。② 其二是对软新闻背后的市场驱动力的分析和批判。有学者就将市场驱动新闻、信息娱乐和软新闻均视为描述娱乐化倾向的相近词汇。③第三个较多论及的则是软硬新闻的传播效果，尤其是对政治、公共议题的报道和对民众参与政治讨论和公共议题的影响等，也恰缘于此，软硬新闻也成为政治传播研究中的重要概念。其中软新闻的可能危害是学界和业界的重要议题，有研究者在荷兰受众中进行了一项调查，探求特定类型的新闻——如软新闻、硬新闻与政治上的犬儒主义有何关联。调查发现人们获取软新闻、硬新闻的程度与其政治的犬儒主义之间有强烈的相关性。观看更多软新闻的人较之观看硬新闻更为愤世嫉俗。这个相关性与个体的政治知识和兴趣水平无关。④ 持此观点的研究不在少数，而得出娱乐有助于参与政治结论的研究也频频可见。此类讨论在信息娱乐化、小报化中同样不断进行。由此也再度强调了新闻和娱乐的交汇处实则也是政治和娱乐的博弈场。

对欧美这一软硬新闻的区分，中国新闻界亦不乏关注及回应，如任白涛在考察了中外新闻业在软硬新闻方面的发展之后，提出拆除软硬的藩篱，实现综合编辑，既使硬性纪事软起来，以"惹起公众的趣味为目的"，同时又使软性纪事硬起来，"以提高软性纪事的价值为目的"。⑤

值得注意的是，在这些概念的发展变迁中，尽管在趣味性的名义下受众需求被不断强调，依然是由掌握了内容生产权力的少数"精英"团体进行的媒介塑造和类型建构。

---

① Carsten Reinemann, James Stanyer, Sebastian Scherr, Guido Legnante, "Hard and soft news: A review of concepts, operationalizations and key findings" *Journalism*. Vol 13, Issue 2, 2012, pp. 221 – 239.

② Sam N. Lehman - Wilzig and Michal Seletzky, "Hard news, soft news, 'general' news: Thenecessity and utility of an intermediate classification" Journalism. Vol 11, Issue 1, 2010, pp. 37 – 56.

③ Thomas E. Patterson, *Doing Well and Doing Good: How Soft News and Critical JournalismAre Shrinking the News Audience and Weakening Democracy*, Cambridge, MA: Harvard University Press. 2000, pp. 3 – 6.

④ Mark Boukes, Hajo G. Boomgaarden. "Soft News With Hard Consequences? Introducing a Nuanced Measure of Soft Versus Hard News Exposure and Its Relationship With Political Cynicism" *Communication Research*, Vol 42, Issue 5, 2015, pp. 701 – 731.

⑤ 任白涛：《综合新闻学》，商务印书馆，1941，第 72 页。

受众被提出是传播者基于自身传播意图欲求扩大市场的视野下沉，或曰市场驱动带来了对受众的视角转向，但无改传播权力依然集中在传播之一端的事实，并未脱离新闻与娱乐的二元对立。同时，在这两组对立概念的提出和争论中亦可看到公共空间与私人空间、严肃新闻和通俗新闻、政治传播和休闲娱乐，精英文化和大众文化等等的关系建构与重构之势。

电子媒介语境中的融合与混杂：小报化、信息娱乐与新闻娱乐化

二分概念之下的清晰版图并未持续太久，伴随着媒体商业化的加剧，媒体规制的放松和内容市场竞争的持续深入，上世纪80年代以来在新闻和娱乐之间集中出现过数个形容态势的概念。由此也进入了市场和传媒技术的第二次合谋，信息和娱乐之间的界限趋于模糊，小报在此阶段演化出"小报化"一词，并成为在"小报"基础上衍生出的最具影响力的一个概念，迄今可见广泛使用。

何谓"小报化"，如何界定之？在很长一段时间里也成为新闻学者关注的热点，虽则并无统一定论，但综合各家所言来看，可以达成共识的是"小报化"指涉新闻内容和风格的变化态势，尤其是通俗化、娱乐化态势。有学者分析了英国报纸世纪之交十年间的"小报化"发展，认为"小报化"的报道特征可以概括为以软性和家庭故事为主体，辅以引人注目的标题和视觉效果以及报道的个人化视角。[①] 有学者在对德国报纸"小报化"状况研究中，提出了"小报化"的内容、形式和市场三重指标。1999年更有学者比较了英国、美国和德国纸媒中的"小报化"现象，提出"小报化"是一个新的，被记者、媒体批评者和学者经常提及的术语，用以形容大众媒体中当前的暧昧的趋势。[②] 尽管有诸多学者试图从多层面给予"小报化"一个更为中性的发展的解读，"小报化"一词在媒体和日常使用中依然承续了其母词的贬义。同时结合我们对不同时代背景不同典型事件的随机语义分析来看，"小报化"的贬义已近乎成为其固定标签。

究其原因，概念的起源，概念群中的近义词语密度和结构均有一定的相关性。同期出现了若干概念，但其中同样流传甚广且颇具社会影响力的莫过于"信息娱乐"（info-

---

① Rodrigo Uribe and Barrie Gunter, "Research Note: The Tabloidization of British Tabloids" *European Journal of Communication*, Vol 19, Issue 3, 2004, pp. 387–402.

② Frank Esser, "'Tabloidization' of News: A Comparative Analysis of Anglo – American and German Press Journalism" *European Journal of Communication*, Vol 14, Issue 3, 1999, pp. 291–324.

tainment）。"信息娱乐"这个词由"信息"（information）和"娱乐"（entertainment）两个词混合而成，意指一种信息和娱乐两种成分混合再生而成的新类型，同样蕴含了新闻和娱乐的融合之势。但在这一生造词中，新闻概念退隐于幕后，而涉及范围更广的信息一词占据了主体，以信息获取娱乐的意蕴鲜明但又回避了易引发纷争的新闻概念。同期亦有论者针对这一态势提出"新闻娱乐化"（entertainmentization of news）概念①，但并未得到广泛使用。"信息娱乐"概念的出现是对新闻和娱乐相互渗透交融进入新阶段的体察，尽管还有不少论者将"信息娱乐"视为一种负面现象和概念，担心"信息娱乐"现象背后是娱乐带来的对新闻的侵蚀。与此同时，政治传播学者则开始担心"信息娱乐化"对民主政治的影响。② 有学者以新闻作为娱乐为题以"全球信息娱乐空间"（global infotainment sphere）提法指涉随着新技术与新媒体而渐渐浮现的多种新闻实践彼此竞争的场域，并提出全球化"信息娱乐"的崛起，意指一种美国式的收视率驱动的电视新闻的全球化，着重于私人领域的软新闻，也即关注名人、犯罪、腐败和暴力，并将之呈现为某种"景观"，这种"景观"牺牲了那些关于政治、公民和公共事务的新闻。③ 这一担忧也成为此后数十年间的主流观点。但随着时间的推移，正向的观点也逐渐增多，2007 年有学者在研究中把这种娱乐化的形式称为"非常规的再现"（unconventional representations），认为可以使媒体内容更容易被理解。④ 亦有学者提出较之于有负面含义的"小报化"，用"通俗化"（popularization）来形容信息和娱乐的交融更妥帖，认为从市场角度来看，媒体采用通俗化策略，重新定位产品，扩大顾客层面，并不一定是坏事。⑤ 有研究从心理学角度论证娱乐有助于社会议题的公共参与⑥，也有研究者从更为细分的领域来探讨这一融合的价值，比如有研究者选取了 2005 年 11 月至 2006 年 3 月的 54 份欧洲的法语纸媒（日刊及周刊），分析其所刊载的 3875 篇名人新闻，分析媒体如

---

① Michael Wolf. *The Entertainment Economy：How Mega – Media Forces Are Transforming Our Lives*. Times Books，Random House，New York 1999，p19.

② Delli，Carpini M. & Williams，B. Let us infotain you：Politics in the new media environment. In：W. L. Bennett & R. M. Entman（eds）. *Mediated politics：communication in the future of democracy*. Cambridge：Cambridge University Press，2001，pp. 160 – 181.

③ Daya Kishan Thussu. *News as Entertainment：The Rise of Global Infotainment*，London：Sage，2008.

④ L Henderson，*Social issues in television fiction*，Edinburgh，UK：Edinburgh University Press，2007.

⑤ H Gans，Can popularization help the news media? In B. Zelizer（Ed.）. *The changingfaces of journalism：Tabloidization，technology and truthness*，New York，NY：Routledge，2009，pp. 17 – 28.

⑥ Anna Bartsch，"Emotional gratification in entertainment experience. Why viewers of movies and television series find it rewarding to experience emotions"，*Media Psychology*，Issue 15，2012，pp. 267 – 302.

何通过对名人生活的报道协调社会价值观以及不同媒体的名人新闻对价值观建构有何差异。①

正负观点交锋之下，"小报化"逐渐分担了同类倾向中的负面部分，而"信息娱乐"一词中道德判断的意蕴趋于弱化。"信息娱乐"的产物能不能被称之为新闻并不为人所关注，有学者在百科辞典中就直接将"信息娱乐"定义为模糊了信息类和娱乐类节目传统界限的一系列节目类型，称其为公共信息、政治传播和民主话语提供了一个复杂的混杂节目谱系。②

对于这一轮新闻与娱乐的融合及概念的演变，学者多从市场驱动新闻学视角加以解读，如曼纽斯在《市场驱动新闻学》中提出，受众被视为顾客，新闻则被当作产品，而报刊发行或电波信号接收的区域则被当作一个市场。③ 市场竞争加剧了对趣味性的追求，由此也在一定程度上解释了政治传播中的娱乐需求。政治家需要通过各种手段吸取民众的支持。上世纪 90 年代在西欧国家的调查发现，娱乐元素普遍存在于政治报道的内容和形式。同样，1998 年的几项调查显示，80% 的政客选择在信息娱乐类的节目中亮相。有论者即提出，商业电视中的信息娱乐现象将导致政治新闻边缘化是一个有问题的假设。④

电子媒介尤其是电视的发展推进了这一娱乐化的进程。电视诉之于感官的传播属性已然在形式上全线超越了小报的追求，声色皆备，而率先在美国出现的各类混杂模式（hybrid formats）新闻节目，比如娱乐资讯节目、新闻杂志节目、谈话节目等，更为加速了新闻的娱乐化倾向。20 世纪 70 年代末有论者即称在黄金时段节目中已经看到了"作为娱乐的新闻"和"作为新闻的娱乐"的发展，认为"娱乐"和"新闻"的界限将越来越模糊。⑤ 亦不乏论者将其表述为新闻的"软化"。⑥ 此类表述虽不乏夸张之处，但也在某种程度上映射了新闻与娱乐的混合态势。不仅美国，这种混杂新闻和娱乐元素

---

① Gorin，Valérie，Dubied，Annik. Desirable people：Identifying social values through celebrity news，*Media*，*Culture and Society*. Vol. 33，No. 4，2011，pp. 599 – 618.

② Wolfgang Donsbach（ed）. The International Encyclopedia of Communication. Blackwell Publishing，2008. Blackwell Reference Online. 24 March 2017. http：//www. blackwellreference. com/public/book. html？id = g9781405131995_9781405131995

③ J. H. McManus. *Market – driven journalism*：*Let the citizen beware*？Thousand Oaks，CA：Sage. 1994，pp. 12 – 20.

④ Kees Brants，"Who's Afraid of Infotainment？" *European Journal of Communication*. Vol 13，Issue 3，1998，pp. 315 – 335.

⑤ E Diamond，*Good news*，*bad news*，Massachusetts Cambridge：Mit Press. 1980，p. 97.

⑥ 〔美〕迈克尔·舒德森：《新闻社会学》，徐桂权译，华夏出版社，2010，第 112 页。

的电视节目在全球形成收视风潮，只是在如何混杂方面各国各有不同。同一时期，亚洲也出现了相同的新闻娱乐混合节目。1983 年，日本的各家电视台普遍增强了信息加新闻的报道，同时出现了一些信息色彩浓厚的娱乐节目。韩国亦有专门的信息娱乐节目，但在节目属性评估时，则将关于演艺/恋爱/食物/时尚/奇闻轶事等的部分归属于娱乐类，将关于生活资讯/伦理、常识（国家重要活动等）等部分归属于教养类（KBC）。即便如此规定，在实际运作中还是异议颇多，学界也看法各异。①

中国亦然，只是在时间段上比欧美各国以及日本、韩国有所延后。上世纪 90 年代后期，在晚报、周末版、都市报纷起，各级电视频道纷纷打起娱乐大旗等业界实践经历了一段积淀之后，中国大陆学界也集中出现了一批对新闻和娱乐关系问题探讨的研究文章。但在相关概念的引进、界定和使用的过程中，由于强烈的价值判断倾向，加之翻译造成的词语含义上的微妙差异，以及媒介环境和语言使用的惯例，在这一类别多概念的使用上没有出现并用的情况，如软硬新闻作为新闻分类的一种方式尚时见提及，而"信息娱乐"则甚少使用，最终不约而同汇聚成一个动态化的名词：娱乐化。"新闻娱乐化"通常涵盖了"小报化""信息娱乐"和"新闻软化"等语义，以此指称新闻和娱乐的混合之势。值得注意的是，"新闻娱乐化"描述的是一种半凝固状态，一种过渡性状态，将成型而未成型是这种状态的典型特征，其中蕴含的困惑、犹疑及有意无意间的良苦用心令人感慨。这一新闻和娱乐的交叠现象在中国也始终是以动态性的、模糊化的面目出现，在学界保持了一定的关注度。在知网以"新闻娱乐化"为关键词检索期刊内容可以发现，2004 年为一个关键节点，论文数量从 2003 年的将近 50 篇飞跃至 108 篇，并逐年递增，及至 2007 年之后稳定盘旋在 250 篇上下。就这些论文所涉及的内容而言，大体可以分为几类：一为对国外新闻娱乐化发展的介绍和解读，有现象分析，有对 SSCI 核心期刊中新闻娱乐化研究的梳理②；二为对中国软新闻、娱乐化现象的解析，如有学者从心理、市场与意识形态等层面分析中国新闻娱乐化现象③，自 2004 年以来正向解读的研究有所增长；三为业务层面的新闻实践探讨，与欧美近似，市场化因素亦作为讨论的重点出现。在 1996 年至 2016 年间，以新闻娱乐化为关键词检索的期刊论文中，引用率最高的一篇即为探讨市场经济与新闻娱乐化之间关系的问题。④

---

① 殷乐：《电视娱乐：传播形态及社会影响研究》，中国社会科学出版社，2011，第 318 页。

② 刘璟：《新闻娱乐化研究的轨迹与问题——SSCI 核心期刊新闻娱乐化研究述评》，《国际新闻界》2011 年第 10 期，第 65～71 页。

③ 吴飞、沈荟：《现代传媒、后现代生活与新闻娱乐化》，《浙江大学学报（人文社会科学版）》2002 年第 5 期，第 77～82 页。

④ 林晖：《市场经济与新闻娱乐化》，《新闻与传播研究》2001 年第 2 期，第 29～35 页。

数字媒介语境下的泛娱乐化：新闻游戏与
沉浸式新闻

进入数字媒介时代，技术的影响趋于显化，最直接的便是伴随社交媒体的发展，软性表达成为一种常态。与新媒介技术发展相携行，在新闻和娱乐之间的概念群也出现了多重变化：一是新概念频起频落，其缔造者和使用者呈现多元化。近年来，尤其是网络和人工智能技术趋于普及以来，因技术引发的新概念层出不穷，如新闻游戏、互动新闻、沉浸式新闻、虚拟真实新闻等等，各词使用范围频度不一。而概念的提出和使用者则是技术人员、普通民众与学者、专业新闻工作者俱有，并在多元群体的互动中致使这些概念得以深化。二是价值判断的中立化。这一中立化既体现在新概念的命名和使用中，也体现在对前述既有概念的使用中，由此也出现了一些旧概念在新媒体环境中的重生与复兴，如"八卦新闻"这一概念在社交媒体环境中的再度流行。[1] 对于概念的提出和使用者而言，更注重的是新技术带来的突破、重组和释放，而不再纠结于价值判断的正负之分。三是技术性因素鲜明，强调个体的参与、体验及感受。在这一系列概念中，我们均可以看到技术对新闻讲述方式的改变。如信息可视化推进了数据新闻的发展；增强现实（AR）、虚拟现实（VR）等技术不仅带来了新的新闻表现形式，更为新闻带来了新的体验维度；动画技术、游戏设计更直接将游戏这一娱乐精神的载体引入了新闻生产过程……林林总总，演变的基本宗旨即为强调个体的参与、体验及感受，以形式的变化倒逼内容的变化。

在某种程度上我们可以说，当前已经进入了技术驱动的新闻学语境。在这一语境中，以游戏、体验和个体化为特征的泛娱乐化成为这一领域概念群演变的整体态势，"新闻游戏"和"沉浸式新闻"即是其中比较有代表性的两个概念。

"新闻游戏"一词是乌拉圭游戏设计师弗拉斯卡（Gonzalo Frasca）2001 年在其网站 Newsgaming. com 首创的，在功用上着眼于将新闻游戏与政治卡通相类比。后来美国学者将其定义为基于真实、有新闻价值的事件的视频游戏，并称其本质为一种基于程序的修辞（procedural rhetoric），通过创建可以与用户进行互动的游戏模型来模拟新闻故事。[2] 这一概念也引发了一些学术探讨。有论者认为，"新闻游戏"并不是说服或者命

---

① 殷乐：《"八卦新闻"之流变及传播解析》，《新闻与传播研究》2011 年第 8 期，第 26 ~ 34 页。

② Ian Bogost et al, *Newsgames: Journalism at Play*, Cambridge, MA: The MIT Press, 2010, p. 13, p. 6.

令，只是为讨论提供了一个开放的空间，是塑造公共空间的工具。① 有论者认为，"新闻游戏"需要具备如下条件：创造对当下事件的回应，能够迅速被理解，能够指出问题并提供解决方案等。② 国内亦有学者认为，这一概念集中体现了当前新闻娱乐化、媒体交互化和游戏时效化的走向。③ 近年来 BBC、纽约时报等媒体公司都陆续推出了不同的"新闻游戏"。由是，"新闻游戏"这一概念在理论和实践交互锻造中逐渐成型。而"沉浸式新闻"则是从用户体验中提炼的。2010 年提出的这一概念，意指一种能让受众或用户获得新闻故事中描述的事件或场景的亲身体验（First – person experience）的新闻生产形式，在强调真实性的同时注重现场感（Sense of being on scene）。④ 2015 年以来，随着"虚拟现实"和 360 度视频等技术的发展，加速了国内外新闻媒体在"沉浸式新闻"这一领域的尝试，由此也在一定程度上推进了这一概念的发展。在此类新闻中，创作者的个人化视角与全景视角相结合，受众的角色从观望者转化为参与者，强调的是受众个体对事件和场景的第一手体验。与其相关联的概念还有"VR 新闻"等，其核心均在于以虚拟的方式再现事实，以游戏的方式让用户参与其中，自主决定体验的方向、角度和重点，以期最终实现虚拟交互叙事，实现在新的技术环境中重新诠释新闻，由此也将新闻和娱乐的关系提升到了一个新的层面。

细究起来，从力求建构秩序井然的信息结构的二分法，到模式混杂、空间模糊的娱乐化现象，再到泛娱乐化态势，弥散、驳杂的概念之间依然有着清晰的、相互勾连的脉络。

其一是新闻和受众、政治和娱乐的关系变迁。新闻和娱乐的关系背后实则隐含着新闻和受众、政治和娱乐的关系。软硬与否、娱乐与否的讨论背后，始终是空间和权力的讨论，是"被精英"的传播者与"被大众"的受众之间的博弈，是公共空间和私人空间之间的纠结。信息是一种权力，信息的流通意味着权力的稀释和弥散，在对信息和新闻、新闻和娱乐的刻意区分和强调中，实则蕴含了一个信息的控制意愿和能力。如"新闻"（News）的概念源于希求把日常随便传播的消息与有意识地收集和加工的最新情报

---

① M Sicart, "Newsgames: Theory and Design". International Conference on Entertainment Computing. Pittsburgh, PA. 2008.

② Mike Treanor, Michael Mateas, Newsgames: Procedural Rhetoric meets Political Cartoons, DiGRA Conference, 2009.

③ 黄鸣奋：《数字化语境中的新闻游戏》，《重庆邮电大学学报（社会科学版）》2014 年第 5 期，第 94 ~ 100 页。

④ Nonny de la Pena, "Immersive Journalism: Immersive Virtual Reality for the First – Person Experience of News" *Presence: Teleoperators and Virtual Environments*, Volume 19, Nnmber 4, 2010, pp. 291 – 301.

加以区别。① 何为新闻、如何取舍如何呈现取决于媒体控制者及内容生产者。在既往媒介环境中，只有部分生活、部分空间、部分主体可以进入新闻视野，而从当下弥散的媒介和信息环境来看，这一区分的意义正在某种程度上趋于消弭。

其二是娱乐因素在信息传播中的正当化、常态化。长期以来，在新闻和娱乐之间，在内容构成和功能价值上有个默认的价值判断，也即严肃要高于娱乐，硬要高于软，公共要高于私人，理性要高于情感。其中既有人的个体和社会心理因素，亦有传播权力结构的因素。就前者来看，人们对于能带来快感的事物和行为有一种下意识的自我贬抑，这是一种危机意识也是一种趋利避害行为，也是人类得以持续发展的潜在动力，通过对意义的追问来寻求一种超越个体的存在感。而快感是一种释放，承认快感意味着对个体价值的承认，而个体不会永生，面目模糊的代际人群则会永生，人们希图通过对即时满足的压抑来寻求可能的长远满足。就后者来看，在传统媒体时代，新闻编辑部作为一个精英和权力的符号出现，传播者和研究者是概念的界定者，由此也可以理解在这个新闻和娱乐的界限趋于模糊的过程中出现诸多对新闻、严肃新闻的捍卫和表述，其捍卫的并不全是信息的流通、资讯的传达和政治的民主，捍卫的还有对信息的选择权和判断权。

娱乐因素的渗透意味着对个体心理需求的认可，是信息均权的过程。在信息传播中，市场、技术都在一定程度上起到了通过娱乐赋权的功用，但较之于市场通过娱乐的赋权被广为诟病，在技术通过娱乐的赋权中，娱乐的正当性不再或较少被质疑，这一点在民众、业界和学界讨论中均可获得佐证。其中有娱乐化发展的多年积淀和渗透，亦有技术赋权的天然优势。与市场的原罪感相比，技术这一驱动力有其与生俱来的中性感。或是因为市场驱动有相对集中的直接获利方，而技术赋权则有普降甘霖之感。实则技术并不中立，新技术的开发和使用同样有政治经济权力之争，技术在新的生产关系中亦有成长为新的不平等权力的可能性，但技术一旦开发出来即能在相对平权的状态下被使用，仅此一点就使得其自然而然地穿上了中立的外衣。因此，尽管技术赋权之后，同样亦存在市场和资本的力量，但较之既往，还是极大地降低了进入门槛，相应也扩展了获利的群体抑或个体，由此也对技术驱动导致的娱乐化倾向获取了一定的正当性。在娱乐传播的正当性被建构的同时，新闻和娱乐之间的界线也就更趋模糊，从而开创了一片新领域。

其三是数字媒介凸显了个体在信息传播中的角色和作用。在与媒介的结构关系中，依据不同的媒介，普通个体的角色从隐藏于群体之中的读者、听众、观众、受众到具备

---

① 〔美〕埃德温·埃默里、迈克尔·埃默里：《美国新闻史》，展江译，中国人民大学出版社，2009，第8页。

个体性和主动性的用户乃至于自媒体，个体的信息权力在逐渐增长。个体凸显的峰值出现在对个体心理的体察和承认以及情感诉求的合理化，当窃窃私语被置于台面之上且私语者不再因此而产生羞耻感之时，恰是个体价值获得最大认可之际。与社交媒体发展相伴随的个人的凸显使得私人空间的公共化成为必然，当然其中也不可避免地出现了诸多伦理及法律议题。

概念形成的目的多在于对意义的解说和呈现。一个概念的登场与退隐可能有万千种原因，但主要的驱动力却只有那么几个。回溯新闻和娱乐之间概念群的形成和演变过程，人的心理需求、市场和技术及其与权力的博弈形成了这一领域内各种概念起落的主要驱动力，只不过各自作用力的大小有所不同。在有人指责传媒集团的出现导致煽情新闻时，斯蒂芬斯称煽情新闻的泛滥早于传媒巨头的出现，称"煽情新闻依然大行其道，最该怪罪的不是贪婪的媒体，而是人的天性"①。姑且不论人的天性是否该被怪罪，但人的天性在其中的作用却是不可忽视的。资本和意识形态都意图通过对人性的把握来掌控市场并进而扩展自身的空间和权力，而技术与人性则在漫长的纠结中形塑了相互促进和释放的关系。

总体而言，在当下媒介环境中，传播内容、传播介质和传播模式正处于前所未有的大变化之中，无论承认与否，新闻正逐渐回归其信息本意，是否会因为专业性的加强和特定类别的区分而产生新的分类和界定尚不可定论，但强调个体体验和情感满足的娱乐作为基调，正在成为一种长期的，具有渗透性、弥漫性和知觉性的背景式存在，这既是人性的光亮也是泛娱乐化的意蕴所在。未来伴随着新闻与娱乐的元素和功能的交互渗透趋于深化，可以预判这一领域的新概念还将不断涌现，并持续与社会空间与权力结构相辉映。

（原载《新闻与传播研究》2017 年第 6 期）

自选理由：

文章的力量在很大程度上来自内心的认可。这个议题是我喜欢的也是长期关注的，攒了很多材料但还是拖了很久才起笔。其后一改再改终得成稿——其中有王怡红老师的温婉督促，有唐绪军老师的直率建议。重看之下，自觉算是新闻和娱乐研究的一个小总结也是一个新开始，于是自选之。

---

① 〔美〕米切尔·斯蒂芬斯：《新闻的历史》，陈继静译，北京大学出版社，2014，第 79 页。

抵制电视节目低俗化的现实路径

时统宇*

理论的跨语境移植最忌讳简单化的机械照搬，实践中的反低俗化举措更要从中国国情出发，这是我们在系统梳理了反低俗化的西方思想资源和不同国家的政府行为之后，在为我国电视节目反低俗化"开药方"时的基本点和出发点。

我们认为：西方抵制电视节目低俗化的思想资源和不同国家的政府行为在遇到中国现状时，确有不少水土不服之处。这里最根本的原因是：市场经济的特性和西方发达国家的社会制度，决定了这些国家电视的产业属性和商业特征从来就没有受到怀疑。我们则不同，中国电视不仅要坚持意识形态的既定属性，而且还要为自己是文化产业中的一员而大声疾呼，上下求索，并要在实务操作中千方百计地壮大自己，这就决定了中国电视背负着比发达国家的电视要沉重得多的历史重负。因此，我们必须立足于中国国情，不断积累本土经验，注重反低俗化的实用性和可操作性。

一 必须坚持对电视节目的宏观调控、制度安排、顶层设计

抵制电视节目的低俗化绝不是单纯的市场行为，不能依赖节目市场的自发调节，而必须加强政府的监管，必须坚持对电视节目的宏观调控、制度安排、顶层设计。这些年来，以"限"为标志的政府监管引人注目，成效明显。人们俗称的"限娱令"、"限唱令"、"限晚令"、"限广令"、"限剧令"……无不掷地有声，立竿见影。这其中影响最大也最为深远的当属"限娱令"。

上星综合频道的出现有其特定的历史条件，但它们绝不是娱乐至上的产物。上星综

---

* 时统宇系中国社会科学院新闻与传播研究所研究员。

合频道沦为空中大舞台是中国电视过度娱乐化的危险信号。

因此，《关于进一步加强电视上星综合频道节目管理的意见》（以下简称《意见》）的发布和实施，向全社会表明：加强政府监管在市场经济条件下是必须的，没有让人放心的监管，就没有让人放心的市场。食品市场是这样，药品市场是这样，包括影视产品在内的文化产品市场也是这样。我们的上星综合频道需要综合管理，而政府主管部门的强有力监管只能加强不能削弱。政府监管的出发点和落脚点不是商家的利益，而是社会正义和公众利益。

"娱乐节目的界限不好划分，什么叫过度娱乐化说不清楚。"这是一种装糊涂的说法。《意见》明确提出："电视节目过度娱乐化问题并不是简单指节目类型，而是节目创作倾向问题。"《意见》中列举了形态雷同、过多过滥的婚恋交友类等七大类节目，明确了总量控制的目标。对如何衡量电视节目的过度娱乐化倾向提出了四大原则——功能原则、元素原则、效果原则、总量原则，并分别列举了职场招聘节目、矛盾调解节目做了举证。相信只要不是出于单纯收视利益的考虑，所谓"说不清楚"类的说法可以休矣。

"管理不能管得太细，太细了就管死了。"每次电视节目监管措施的出台都会招来这种说法。《意见》迎难而上，监管措施细致而具体：每个上星综合频道每日 6 点至 24 点新闻类节目不得少于 2 小时，18 点至 23 点 30 分必须有两档以上自办新闻类节目，每档新闻节目时间不得少于 30 分。而对过度娱乐化严重的七类节目的控制也是明确而具体。实际上，就像对三聚氰胺、膨化剂等对人体有害的成分的检测必须细化一样，作为对以文化人的电视产品的检测，能细的为什么不细？手头有一个现成的例子：美国联邦通讯委员会（FCC）近期决定：从 2012 年 12 月 13 日开始实施由参众两院通过的一项立法——电视节目中间播出的广告的音量应该和节目的平均音量保持一致，不得大幅提高广告的音量。够细的吧！

因此，我们十分赞同管理层的这样一种态度和立场：上星频道是综合频道，不是专业频道，更不是娱乐频道，不能办成空中大舞台。价值观是卫视频道的第一定位，社会责任是卫视频道的第一要务。恰恰在卫视这一安身立命的基本问题上，这些年来卫视频道价值模糊，底线下移的事件时有发生。有太多的事实证明，人们对卫视频道文化功能的困惑与慌乱的质疑和批评绝不是空穴来风。

不能否认，如果真的减少收视率高、广告收入好的电视剧和游戏娱乐类节目的播出量，电视台在短期内的经济效益肯定会受影响，但既然电视台是生产精神文化产品的专门化组织，既然电视台要担负起传承文明、人文教化的责任，既然反对低俗化要有切实的成效，那么，与惟利是图的商业行为有本质区别的电视传播就应舍利而取义。

所以，《意见》旗帜鲜明地表达出的加强监管的意向十分必要，非常及时。除此之外，建立行之有效的广电系统掌门人问责制和频道频率退出机制也应当提上日程。问责制的关键并不在于是否清楚"责"，而是敢不敢"问"，谁来"问"，怎么"问"，"问"的结果如何，等等。伤筋动骨式的砸饭碗，甚至是一票否决制的实施，这对于抵制过度娱乐化的成果和成效是一种决定性的检验。特别是，在出现了过度娱乐化的严重问题后，广播电视的频道和频率退出机制，就是一个更加复杂和敏感的问题。因为，如果说问责制是涉及个别人，那么频道和频率退出则关乎整体，涉及体制的伤筋动骨。只有扩张机制而缺乏退出机制是我国广电系统的先天不足之一。我们的结论是：必须把问责制和退出制刚性化、法定化，才能在制度安排的层面解决过度娱乐化的问题。

在顶层设计的"限"系列中，"限唱令"更细更具体，就是针对卫视选秀节目的。有限资源的重新配置引发几家欢乐几家愁，有点抱怨和无奈也属正常现象，更重要的是节目也有个反季节。我参加过央视《梦想星搭档》的看片会，这个节目也是被限唱而延后播出的，现在看来可能是因祸得福，为什么一定要去扎堆血拼呢？

到了"限晚令"，所谓的争议几乎绝迹，因为这已经和风清气正过"两节"相联系，就像高档烟酒不好卖，高档餐馆生意清淡，老百姓和舆论没有不叫好的。"节日荧屏回归理性"，"节俭办晚会 节味一样浓"，这样的新闻标题仅仅是应景文章。2012年中秋曾有9台晚会抢占荧屏，2013年只剩下央视和北京2场，而且做了大量瘦身和精简，据说北京卫视中秋晚会的经费只有过去的20%。一些综艺晚会"大户"纷纷退出"秋晚"舞台，"坐下来聊民俗"、《汉字英雄》、钱江潮的直播等扫去了以往晚会的豪华铺张，屏幕显得干净和安静。

在"三限"中，"限晚令"是最成功、最到位的，它与中共十八大后党中央的八项规定、反对四风、十一条禁令紧密相连，更与真正的民生紧密相连——老百姓看病贵、看病难，房价居高不下，而晚会的豪华场面，特别是明星的几十万甚至上百万的出场费，能让老百姓没意见、没看法吗？高档月饼少了，荧屏也清爽了，你听说老百姓不满意了吗？电视的豪华风整治了十多年，这次可谓举重若轻，一剑封喉。

加强监管是上星综合频道健康发展的重要保证，必须用主流价值观统领中国电视的评价标准，这就是我们的结论。

二 必须建立行之有效的电视掌门人
问责制和频道退出机制

追踪反低俗化的发展轨迹，人们的一个突出感受就是低俗之风的愈演愈烈和屡禁

不止。

仅以反低俗化重拳出击的 2007 年为例，这一年的 4 月上旬，广电总局召集各省级广电机构的掌门人汇聚南京，召开"2007 年全国广播电视抵制低俗之风工作会议"，广电总局的领导悉数到会。从会议的名称便可以看出，会议的主题旗帜鲜明——抵制低俗之风。会议更是发出了强烈的信号：收听收视率不是评价广播电视节目的第一标准，更不是唯一标准。不能靠低俗、庸俗的节目迎合少数人的低级趣味而使低俗之风蔓延。

一个月以后，"2007 年全国电视台台长论坛"在北京开幕。在为期两天的论坛期间，与会台长围绕"把握导向、形成合力"这一主题，就电视如何履行社会职责，更好地服务党和国家工作大局；如何在构建社会主义和谐社会过程中，唱响时代主旋律；如何完善机制，确保节目的高格调、高品位等方面展开专题研讨。与会台长们就中国电视媒体应承担的社会责任达成高度共识，共同签署了《2007 年全国电视台台长论坛（北京）宣言》。《宣言》郑重宣布：电视台作为党、政府、人民的喉舌和重要的宣传思想文化阵地，必须牢牢把握正确舆论导向，形成积极健康向上的主流舆论；认真贯彻落实"贴近实际、贴近生活、贴近群众"的重要原则，进一步增强电视舆论引导的吸引力、感染力；努力繁荣电视艺术，多出精品力作，不断满足人民群众的精神文化需求；坚守电视媒体的品格、品位，提高中国电视媒体的权威性和公信力；切实加强和改进电视媒体管理，促进电视事业产业协调发展；抓住北京 2008 年奥运会的有利契机，推动中华文化走向世界；加强电视队伍建设，坚决维护中国电视媒体的良好声誉和电视队伍的良好形象；全国电视台团结协作，形成整体合力，更好地履行社会责任，唱响科学发展、共建和谐的主旋律，为党的十七大胜利召开营造良好的舆论氛围。

让人感到迷惑和忧虑的恰恰是：就是在这样一种反低俗化蔚然成风的宏观大背景下，《第一次心动》和"纸馅包子"粉墨登场，使得低俗之风达到"登峰造极"的程度。这是为什么呢？我们注意到这样的看法：

"禁播令"之所以难禁低俗节目，我认为主要原因是对行政命令依赖过度，行政命令在实施过程中，又至少存在以下两个问题：

一是广电总局对广电媒体没有垂直管理权，却动用了"垂直打击"的整治手法，明显缺乏问责的效力支撑；二是行政处罚的力度太小，没有足够威慑力。

广电总局节目内容监管权威一次次遭到挑战，直接原因大致有二：

第一，广电总局孤军作战。按照职能分工，地方上的广电局最该对播出内容实施面对面的直接监督，可缘于地方广电局与广电播出机构某些特殊的利益关系，它们更像不拨不动的棋子，甚至拨了也常常不动，或者是不情愿地动一动。如是，面对数以千计的广电播出机构，不管广电总局如何发力，面对普遍的"擦边球"现象，是无论如何管不过来的。这无疑助长了少数人顶风违纪的侥幸心理。事实上，由于监管鞭长莫及，地、县两级广电播出机构的某些频道和节目的内容更加肆无忌惮、低俗不堪。

第二，广电总局查处此类涉性低俗节目，其最大权限只能停留于叫停节目播出，无权对放纵和放任此类节目的地方广电机构负责人追究领导责任，而地方当局出于多重上不了台面的考虑和忌讳，一般不会轻易动人头。这等于进一步放纵和放任了节目的"低俗"直至"淫秽不堪"。事实也正如此，尽管广电总局频出重手，可我们迄今没读到一条有哪家广电播出机构负责人因此受到党纪政纪处分的新闻。

有令不行、有禁不止，广电总局面临如此尴尬实则有着深层的原因。在现实语境下，"上有政策，下有对策"业已从潜规则变为显规则……①

于是，反低俗化必须建立行之有效的问责制便是顺理成章的事情。

从宏观背景看，"问责制"最先引入我国的政治生活中。而作为一项新的政治制度的确立，发轫于2003年的"非典"期间。2004年，温家宝总理在《政府工作报告》中也指出"有权必有责、用权受监督、侵权要赔偿"，这意味着对众多社会灾害事件的相关责任人的处理已纳入制度化的轨道。在实践中，近年来媒体问责制处罚最重、影响最大的事件当数北京电视台的假新闻"纸馅包子"。

2007年7月19日，有关新闻称：按照干部管理权限，北京市有关部门分别对北京电视台相关责任人作出处理：给予北京电视台台长通报批评，给予北京电视台总编辑行政警告处分，给予北京电视台主管副总编辑记过处分，要求三人分别作出深刻检查；给予北京电视台生活节目中心主持工作的副主任（无正职主任）、分管《透明度》栏目的副主任、《透明度》栏目制片人等三人撤职处分；解除《透明度》栏目有关编辑与北京电视台的劳务关系；鉴于北京电视台生活频道《透明度》栏目组临时人员訾北佳涉嫌违法，司法机关将依法处理。

7月23日，有关新闻称："中央宣传部、国家广电总局、新闻出版总署昨天就北京电视台播发虚假新闻发出通报。其中，给予北京电视台主管副总编记过处分，本人引咎辞职。"显然，问责制的力度明显加大。

8月12日，有关新闻称：《纸做的包子》假新闻事件一案在北京市二中院开庭审理。事件的主角訾北佳因犯损害商品声誉罪，一审被判有期徒刑1年，并处罚金

① 椿桦、鲁宁：《广电总局的"禁播令"》，《青年记者》2007年10月上，第30页。

1000 元。

由此可见，问责制的关键并不在于是否清楚"责"，而是敢不敢"问"，谁来"问"，怎么"问"，"问"的结果如何，等等。伤筋动骨式的砸饭碗，甚至是一票否决制的实施，这对于反低俗化的成果和成效是一种决定性的检验。

那么，在出现了低俗化的严重问题后，广播电视的频道和频率退出机制，就是一个更加复杂和敏感的问题。因为，如果说问责制是涉及个别人，那么频道和频率退出则关乎整体，涉及体制的伤筋动骨。显然，抵制低俗化的努力对于广电总局来说是坚持不懈的，而且力度确实越来越大。但具体到"设立整改、警告、停播三级处罚机制和定期提示机制"时，前两项都好办，但一涉及"停播"，所谓伤筋动骨就显现出来了。特别是涉及频道和频率的问题，至今，我们还未曾听到因为低俗化问题，而导致频道或频率取消的先例。

问题的关键在于：频道和频率的退出机制，涉及整个广播影视行业的制度安排，涉及"饭碗"。这里，我们以中国电视为例，依托历史发展的纵向线索，来分析广播影视低俗化问题的制度缘由。因为，如果说电视传播中的某一个时期、某一个节目品种表现出商业化、庸俗化、同质化、贵族化、游戏化、低俗化等倾向是个别现象的话，那么当电视传播在文化品位、精品标准、艺术质量上出现大面积堕落时，我们就有理由进行更深刻的制度追问。因为，"经是好的，只是有的和尚把好经念歪了"，但如果所有和尚都把经念歪了，那么人们就有理由对"经"本身产生怀疑，这是制度批评最现实的根据。也就是说，我们必须对中国电视的现有制度进行检讨。

由此可见，中国电视的商业化、庸俗化、同质化有着深刻的体制成因，忽视这一点就不可能说明为什么中国电视是现在这个样子而不是别的样子的。这里，我们很自然地联想到这样一个例子：英国新闻业老板路德·汤普逊曾嘲讽"广播电视许可证即印钞票的许可证"①。当中国设立电视台的批准文件成为一种紧缺资源时，当有的电视台（特别是有些县级有线电视台）没有"户口"（即没有被国家广播电影电视总局批准设立）而成为"黑台"时，那么，汤普逊曾嘲讽的"广播电视许可证即印钞票的许可证"就获得了惊人的本土相似。而这种中西方电视的殊途同归的根本原因就在于经济利益的驱动。由此，可以进一步说明我们研究电视批评的这样一个基本观点：电视传播的所有不尽如人意之处，都有着终极的经济原因，也有着深刻的体制原因。

只有扩张机制而缺乏退出机制是我国广电系统的先天不足之一。我们的结论是：必须把问责制和退出制刚性化、法定化，才能在制度安排的层面解决低俗化问题。

---

① 〔美〕德弗勒、〔英〕丹尼斯：《大众传播通论》，颜建军等译，华夏出版社，1989，第 174 页。

三　必须充分发挥包括新媒体在内的
舆论监督的作用

2007 年 8 月 15 日，国家广电总局向各省、自治区、直辖市广播影视局等相关机构发出"广电总局全国通报重庆电视台《第一次心动》严重违规行为"为题的通报，批评重庆卫视举办播出的《第一次心动》选拔活动严重违规行为，要求其停播整改。舆论普遍认为，这是广电总局对选秀节目的违规行为做出的最为严重的一次处罚。

这里，有一个现象引起了我们的注意：广电总局对《第一次心动》叫停的通知是 8 月 15 日发布的，而这档节目出现严重问题的发生时间是 8 月 10 日的现场直播，也就是说，从问题的发生到广电总局的紧急叫停中间相隔了 5 天时间。就许多观众（包括笔者这样的专业研究者）而言，他们并没有收看《第一次心动》，对于叫停或许感到有些突然。然而，我们惊喜地发现，一些主流报纸对于低俗得过了头的《第一次心动》，做出了难能可贵的迅速反应，发挥了舆论监督的作用。我们认为，这不仅是中国报纸"铁肩担道义，妙手著文章"的优良传统与时俱进的表现，而且表明同为大众传播载体的报纸，在广播电视反低俗化的行动中具有独特的舆论监督作用。请看 2007 年 8 月 12 日《新民晚报》首席记者俞亮鑫的报道《"毒舌"争风吃醋泪洒秀场——重庆卫视〈第一次心动〉选手评委竟齐演闹剧》：

> 重庆卫视直播的《第一次心动》男 15 进 10 的比赛直至昨晨零点 30 分结束，其间，出现了评委杨二车娜姆和柯以敏与参赛选手代闯为一枚戒指上演的选秀奇观，结果，选手代闯现场下跪、柯以敏失声痛哭、杨二暴怒……这一场面，令人震惊。
>
> 选手下跪求戒指
>
> 当前晚直播到"心动才艺"环节时，参赛选手代闯突然冲出表演区双膝下跪向柯以敏乞求礼物，并表示要把这个礼物送给一个最想送的人。柯以敏对他这突如其来的下跪显得有些不知所措。此时，另一位评委杨二在场面僵持了 2 分钟后，终于按捺不住地说："柯老师，你就把戒指卖给他吧。"柯以敏在刘晓庆、杨二以及男评委潘粤明的注目下，很无奈地把戒指送给了代闯。此时，杨二发表评论说："代闯，我要告诉你，作为一个男人，你不能随便下跪。"随后，当主持人发问，代闯要把这个戒指送给谁时，代闯竟说"要送给杨二车娜姆老师"，并当场单腿跪地，将戒指替杨二车娜姆戴上，全场哗然。

激怒杨二风波起

在节目直播进行到 IN/OUT 环节时，柯以敏问另一选手，质问代闯刚才的表现是不是导演组有意安排，该选手答："没有。"这时，柯以敏并不就此打住，还继续逼问……随后，杨二则为这位选手解围，她说："刚才柯老师一直刁难你，你想不想去扇她？"这时，柯以敏和杨二争执起来……

直到代闯进入 IN/OUT 环节时，柯以敏首先发问："代闯，现在我和杨二如果做你的女朋友，你会选谁？"这一问题使代闯显得十分尴尬，他王顾左右而言他，说："我选择刘晓庆。"柯以敏说："不包括刘老师，在我们之间选。"在柯的逼问下，代闯答道："我选择柯老师，她比较年轻。"柯以敏顺势抢过话头询问："杨老师跟我不同的地方在哪里？""杨老师很笨，柯老师很聪明。"代闯的这一回答激怒了杨二，她立即指责代闯不真诚，刚才把戒指送给了她，现在又选柯以敏为女朋友。杨二发怒道："你把这个戒指拿回去！我不要！"杨二退回戒指却使柯以敏自尊心受到了伤害，她开始哭泣，还现场发誓要退出"选秀"，说着便起身走人，但刘晓庆硬把她拉了回来。

选手仿效也恶搞

青年选手代闯在节目现场以送戒指"求婚"方式，对女评委进行调情"恶搞"，这本来就有点出格，但柯、杨两位评委不仅不就此打住，相反还争风吃醋，并逼问男选手选谁当他"女朋友"，激烈言语中甚至挑动男选手去扇女评委耳光，这实在过分。柯、杨本以"毒舌"点评见长，青年选手之所以出现如此另类行为，无非想投其所好，出奇制胜，没想到竟当众激怒杨二、惹哭柯以敏。对此，人们不禁要问，对于这一令人难堪的场面，评委本身该负什么责任呢？之前，柯、杨争当"毒舌"，互比出格；如今选手仿而效之，以其人之道还治其人之身。秀场怪象迭出，实为当下荧屏娱乐节目的一大悲哀。①

第二天，2007 年 8 月 13 日，《新民晚报》又发表了同一记者的述评《"毒舌"搬起石头砸自己的脚——谈部分选秀评委不良言行所产生的导向危害性》：

"你要赶快减肥，没有人愿意看到一只母猪在台上唱歌。""你这个鬼样子！干脆去娶杨丽娟得啦！""你要这个样子站我家门口，我拿扫把把你扫出去！""停，听你唱情歌我快要吐血了！""天堂里有天使，但你的声音让我觉得天堂里有魔

---

① 《新民晚报》2007 年 8 月 12 日，第 A - 5 版。

鬼。""你这是泼妇唱法！""你的出路是上网，走'芙蓉姐姐'的路线"……这些语录都出自人称"毒舌"的选秀评委之口，荧屏选秀，"毒舌"比比皆是。

没人同情　一片非议

以往，选手们面对"毒舌"评委的"恶语相加"，只能沉默以对。上周末终于有个年轻男选手，竟以"恶搞"方式把两个"毒舌"女评委当场气哭、激怒……但被选手"恶搞"气哭、激怒的柯以敏和杨二车娜姆非但没人同情，相反，引起一片非议。有人说，有"毒舌"评委就会有"恶搞"选手！这也是评委搬起石头砸自己的脚！

精心策划　制造"亮点"

实际上，上周五晚"心动"大赛让杨二和柯以敏同台火飚评，是主办方精心策划的。因为，这两个"毒舌"评委的口水仗曾打得热火朝天，柯以敏曾讥讽头顶红花的杨二像"媒婆"，杨二则反击柯以敏是用屁股思考。因此，让这两个人同台，当不少人在担心她俩会在现场吵闹，但这反而成了大赛的所谓"亮点"。果不其然，她俩首次同台就为一枚戒指而在荧屏上"争风吃醋"，甚至不惜自降评委身价，争当比自己年轻很多的男选手的"女朋友"。但昔日得意于自己"毒舌"点评的柯、杨两位这次失算了，她们怎么也想不到竟会被代闯这一男孩"恶搞"了一把，由此泪洒赛场，失态于荧屏之上。

越骂越红　危害荧屏

这一事件，暴露出泛娱乐化风潮对荧屏的危害。首先，电视台的收视大战使一些人称"毒舌"的评委大受欢迎，这也是近年来一些地方卫视选秀节目风头盖过央视的青歌赛、主持人大赛的原因，后者的艺术点评虽然公正，却远没有"毒舌"点评来得刺激，因为在选秀大赛中，取乐重于比赛。"毒舌"评委引出的话题既可供主办方炒作，也可让评委本人出名。杨二曾说："我是越骂越开心，我把那些话像排毒一样排出去，所以我不会乱长痘痘。"有人甚至说，没有杨二，"快男"会冷落很多；同样，没有柯以敏、黑楠，"超女"同样会寂寞。由此，评委越骂越红，大赛越骂越火，其根本原因就是荧屏收视大战所促成的。

"榜样力量"　负面效应

其次，"毒舌"点评给热衷于选秀的年轻人无疑带来了负面效应。一些评委们不甘寂寞，纷纷以对选手尖锐、刻薄的点评风格"搏出位"，而且越是出位、越是令选手难堪的评委就越受主办方欢迎。如今，选手也纷纷学了这一套，以"恶语"博取眼球，以"出格"赢得关注，这也是近年来为何总是"问题选手"更能走红的原因。代闯这次能够激怒、气哭柯、杨二人，由此可见评委本身榜样的力量对他

117

的影响。

以丑为美　扭曲心灵

荧屏上的"毒舌"之声和"恶搞"行为，毕竟有悖于所倡导的精神文明。有网友尖锐地批评"毒舌"评委的形象扭曲了青少年的价值观："评委们对失败者的蔑视和嘲弄，已经被社会合法化地接受了。这等于表示：人的尊严是没有价值的，努力的过程也是不值得尊重的！"而既然评委可以不尊重选手，选手为何要尊重评委呢？由此，"代闯事件"也就难以避免了。

给年轻人担任评委应该是为人师表、德高望重的专业老师，但一些选秀节目以丑为美，以"毒舌"和"恶搞"为收视亮点，不仅扭曲了评委的社会形象，扭曲了评委点评应该体现的主流价值观，更扭曲了年轻人的心灵。代闯荧屏"恶搞"就是生动一例，应引起社会关注。①

在主管部门的惊堂木响起之前，上述这样的新闻批评显得振聋发聩，甚至，我们可以判断媒体的成熟和理性程度。因为，中国媒体对广播电视低俗化问题的认识和反思有一个过程。这不由得让人想起 2005 年红透半边天的《超级女声》，当时的主流舆论颇有些"犹抱琵琶半遮面"的味道。请看新华社的相关报道：

超女在毁誉不一中破冰前行

26 日晚，2005 年《超级女声》在掌声和欢呼声中圆满谢幕。这个看似是一个歌手选拔赛的电视节目，却在短短时间内上升为今年的一大社会热门话题，其对大众生活无孔不入的渗透能力以及毁誉参半的外界评说，构成了中国电视史上一道独特的风景。

主办方在接受新华社记者独家采访时表示，明年还要办《超级女声》，而且《超级男声》也将登台亮相。《超级女声》正在以"变革"的姿态，成为引导国内娱乐电视发展的一个"风向标"。

《超级女声》是一档以音乐选秀为外壳的娱乐性节目，只要喜爱唱歌的女性，不分唱法、不计年龄、不论外形、不问地域，均可免费报名参加，连同节目中大众投票决定选手去留的淘汰方式，倡导一种"全民快乐"的娱乐方式。

2005 年《超级女声》，广州、长沙、郑州、成都、杭州五大唱区共吸引了 15

---

① 《新民晚报》2007 年 8 月 13 日，第 A－17 版。

万人参加。初步估计，在全国范围内收看前5场总决选的观众总量达到1.95亿人。其中总决选6进5的直播收视份额更高达19.45%，同时段排名全国所有卫星频道第一名。网络上的评论和跟帖更是不计其数。进入决赛以后，每场短信互动参与人数已经超过100万人。观众总投票数更高达400万。

作为电视新生力量的《超级女声》，自出现至今，誉者众，毁者也不少。"万人逃学报名""黑幕说""选手签约问题""低俗节目"等论调与"精神文明建设的'奇葩'"等阵阵叫好声齐齐亮相。随着比赛的不断进行，尤其进入总决赛阶段后，批评声音日渐衰弱。毁誉缠身的《超级女声》，从多方争论到今天的圆满收场，一路上可谓"如履薄冰"。

7月下旬，中国社会科学院新闻研究所研究员时统宇表示，《超级女声》是很恶俗的节目，只有降低这些节目的播出量，并在黄金时间增加新闻、社教类节目的播出量才能解决节目的低俗化问题。

面对指责，湖南省广播电视局局长、"电视湘军"的灵魂人物魏文彬在接受新华社记者采访时表示，《超级女声》主要面对广大年轻人，由于节目的零门槛，制作者从一开始就注意了节目的品位和格调。

魏文彬说，《超级女声》的超常火爆，说明了"贴近实际、贴近生活、贴近群众"的重要性。新闻媒体要为构建和谐社会做贡献，必须认真落实"三贴近"的要求。

《超级女声》明年怎么办？

随着中国电视与世界的接轨，目前还处在模仿阶段的中国电视在不久的将来必定会与其他国家的电视展开全面的竞争。包括《超级女声》在内的中国一大批优秀的电视娱乐节目，改革和创新是其迈向新起点的原动力。

对于《超级女声》的未来，魏文彬对记者说："和其他娱乐节目一样，未来的《超级女声》会不断改革，不断完善。而且在此基础上，明年还要办《超级男声》。"

魏文彬表示，今后《超级女声》会朝更健康、更大众化的方向发展，并明确定位为以年轻人为主的节目。首先是节目报名和录制等环节将安排在假期，不影响青少年的学习；再是严格规定16岁以上才能参赛；三是在过去内容的基础上进行调整，对选手的歌曲、台风、服装和主持人、评委等各方面进行改进，同时强化奋斗、励志、快乐等精神追求的节目内容，力争找到一种既健康又适合青少年特点的节目形式。

《超级女声》"超"在哪里？

湖南卫视的娱乐节目《超级女声》似乎火得不明不白，令许多文艺界人士不

服气。然而，为什么一个地方电视台的娱乐节目会如此火爆，一些自视正统的文艺节目却"有心栽花花不发"？这的确值得认真思考。

仔细研究《超级女声》的成功之处，无非是做到了真实、互动。《超级女声》之长，正是国内传统主流文艺之短。在中国，许多文化艺术产品的生成，往往将人民大众、普通观众排除在外。在文化界采访，记者常常听到创作者侃侃而谈，要"提升"观众水准，要"普及"经典、高雅艺术，却很少听闻让观众参与其中，和观众互动。难怪我们的许多演出、影视作品，往往耗费了巨大人力物力生产出来，却被观众所冷落。

笔者曾担任过多年的新华社优秀作品评选的社外评委，也曾写过《主流传媒的国家视点》等文章，对新华社的新闻稿件给予了高度评价，但这里引用的这篇稿子不足为训。"不求一时乱拍手，要让将来不摇头。"这里，要紧的仍然是社会责任和文化担当。

对于广电总局反低俗化的一系列措施，主流舆论给予了积极配合。我们举出一例即可说明问题——《光明日报》一篇题为《广电总局的新举措值得称道》的评论：

本月15日，国家广电总局下发通报，批评重庆卫视举办播出的《第一次心动》选拔节目存在严重违规行为，要求立即停播。通报指出，该节目"比赛环节设计丑陋粗糙，评委言行举止失态，节目设计缺乏艺术水准，内容格调低下，演唱节目庸俗媚俗"。近日，广电总局再次发出通知，进一步加强对群众参与的选拔类广播电视活动和节目的管理，切实抵制低俗之风。该通知对群众参与的选拔类广播电视活动的播出数量、场次、时段、时长做出明确规定，对节目内容和格调提出明确要求，对选手、主持人、评委、嘉宾的现场表现进行了规范引导，并要求各级广播影视行政部门和播出机构，进一步加强对选秀节目的管理，切实抵制低俗之风。此举产生了强烈的社会反响，被赞誉为一记直捣电视节目低俗之风的重拳，顺应了广大电视观众的意愿。广电总局的新举措值得称道。

近年来，国内电视台各种选秀节目风生水起，热闹非凡。应该说，有不少节目丰富了群众文化生活，但毋须讳言，也有相当一部分节目，为了吸引眼球，为了片面追逐经济效益，怪招歪招迭出。某些节目匆匆上马、粗制滥造，格调低下、趣味恶俗，某些选手素质良莠不齐，言行乖戾，时有出丑露怯之举，某些主持人奇装异服，大肆卖弄，自吹自擂，某些评委丧失基本的职业操守和评判准则，对选手或毁或誉，完全出自一己之好恶。某些节目还大肆炒作选手的所谓绯闻秘史，让人对赛事活动的公平及公正性大为质疑。选秀节目的过多过滥，既大量占据了电视的黄金时段，又助长了社会的浮躁心理，更为严重的是违反了社会的公序良俗，对未成年人的健康成长产生了不良影响，跨越了人们能够容忍的道德底线，社会影响恶劣。管理部门采取坚决措施予以制止，正是忠实履行自己的神圣职责。

选秀节目曾经受到不少观众的喜爱，缘于其形式新颖，内容丰富，生动活泼，参与性强。但是，有些节目为了能迅速实现吸引眼球的目标，置媒体的社会责任心、公信力和公益性于不顾，也违背了广大电视观众的意愿。如果仔细研读广电总局的管理细则，会发现矛头所指，严格限制在那些具有低俗倾向的节目上，并非对所有选秀节目一律"封杀"，而是通过引导，使这类节目能够回到正确的、恰当的位置上。这种做法，有利于坚持广播电视的正确舆论导向，有利于推动中国特色社会主义先进文化与和谐文化建设，有利于引导广大观众特别是未成年人树立正确的世界观、人生观、价值观，更有利于广播电视的进一步繁荣和发展，将更为丰富多彩的优秀节目提供给广大观众。国家广电总局的这一行动还启示我们，当某种不良现象、风气有渐趋蔓延之势的时候，当诸如劝诫、警示等方式不再能够产生明显效果的时候，就要加强行政管理，以期在最快的时间内起到扶正祛邪的作用。最后，我们对电视选秀和娱乐类节目寄予真诚的希望，期盼它们能够切实提高自身的质量，以大气、和谐、生动、向上的积极面貌，洗刷一度为人诟病的形象，让广大观众眼中的荧屏空间，健康清洁，生机勃勃。①

"这收视率，假得很，也黑得很。"这是《人民日报》2010 年 7 月 5 日的一篇消息《我是如何"配合"电视台的》，系《收视率造假追踪》系列报道的开篇。我们批评收视率，但像标题这么直白，这么犀利，这个还真没有。

这篇报道开宗明义："退休工人老孙，曾是国内调查专业机构索福瑞在某城市选定的一户'样本'家庭，因被一些电视台'收买'，提供了一些被'污染'的收视率数据，已被撤销其样本资格。本报记者经过艰难寻访，终于找到了这个家庭，也争取到了他们的积极配合。他们向本报独家披露了成为'样本'后的遭遇，以及被'收买'的经过。"文中有三个小标题：电视台鼻子真灵；骚扰电话没完没了；合作"行情"看涨了。我这里就不必详细列举了，上述导语中的"污染"、"收买"、"遭遇"等，已经足以说明"这收视率，假得很，也黑得很"的根据和理由。

以上可以看出，过去人们对收视率的质疑还停留在学术研究和操作层面，而这次不一样了，《人民日报》7 月 1 日发表《电视收视率发现造假行为》，首次揭露了收视率样

① 《光明日报》2007 年 8 月 23 日第 1 版。

本户正被个别地方卫视"收买"的事实，而后连续发表该报记者的调查，揭开"谁是样本"、"谁在造假"等关键性问题。这事闹大了，这事闹得好！实际上，坊间对收视率造假一直是个传说。这次，中国最大的报纸花大力气捅开了这个马蜂窝，大概没有人怀疑《人民日报》的影响和权威。

四 组建国有收视率调查公司是反低俗化的根本性制度安排

2008年春节前召开的中国广播电视协会第五届理事会第一次会议是广播电视系统一次规模很大的会议，中国广播电视的高层掌门人基本都到场，从国家广电总局到各省级广电系统的各路"诸侯"，熟悉的"一把手"面孔不少。我作为特约理事参加了这次会议。在分组讨论时，我所在的西南组的"诸侯"们对中国广播电视协会提出了这样的建设性建议：尽快着手组建国有的收视率调查公司，这里不仅有巨大的赢利空间，而且更重要的是对于扭转收视率崇拜带来的低俗之风有根本意义。"诸侯"们感叹：我们用于收视（听）率调查的钱都让外国人挣走了，而且，花了钱买来的数据未必是我们想要的。

显然，对目前流行的收（听）视率调查的质疑，已经在广电系统的高层会议上成为共识。

我们曾系统地批判过收视率导向，但这并不意味着我们全盘否定收视率的积极作用。客观地说，收视率指标的引入，对于长期忽略观众听众和社会需求的中国广播电视媒体来说，其积极意义是相当明显的。首先，收视率指标作为一个量化的客观指标，它在一定程度上反映了电视观众对电视节目的关注程度。可以说，中国电视开始确立"受众本位"，"收视率"指标的引入功不可没。其次，对于电视从业者而言，收视率的出现，使他们终于在长期的"节目好坏究竟谁说了算"的困惑和纷争中有了初步的共识。再次，就媒体经营的角度而言，收视率指标的出现，使得广告商在广告投放上有了一个客观的依据。最后，对于不同的电视机构来说，在同类节目进行观众群和广告招商的竞争中，收视率指标的引入使得相互之间有了一个确定的竞争依据。

我们反对和批判的是收视率导向、收视率歧视、收视率崇拜、收视率主义。我们的担忧是：把收视（听）率抬到了广播电视传播考虑一切问题的出发点和检验一切工作的根本标准的地步，把经济因素和商业逻辑视为调控电视节目内容与时段的首选，从而使"娱乐至死"的"二十世纪的教训"之一，变成中国的本土现实。

现行收视率调查的弊端首先在于调查样本的科学性和合理性。对此，我国的传播学者对国内主要调查机构央视—索福瑞公司的样本提出质疑，认为它们的城镇人口样本占绝对多数，而我国人口的实际是农村人口多达9亿，占全国总人口的75%左右，而城镇人口为3亿，只占总人口的25%，央视—索福瑞公司样本户的比例却颠倒了我国人口的基本关系。①

对于样本选择的问题，调查公司给出的理由一般是收视人群主体是城镇人口，农村人口的收视行为相对较弱，而且是不固定的。但是就收视率概念本身而言，它并没有区分所谓主流和非主流收视人群。实际上，就我国的收视率调查本身而言，它是有城市化倾向的，收视调查的所谓受众主体是指具有购买力的城市观众，即市民阶层，而农民、城市里的民工等弱势群体都被排除在收视率之外，因为他们并不具备购物的能力。这是典型的媒介歧视，而目前的收视率调查的结果则是强化这种歧视。所以，目前的收视率调查在事实上它已经自觉不自觉地把收视人群等同于消费人群，因为收视率调查的驱动力是经济的因素。按照实际的情况，我国农村由于其文化资源的有限性，电视实际上是农村人口精神文化生活中的最主要来源，特别是在大量的农闲时间，农村人口收看电视的时间以及人员的数量是相当高的，调查机构没有将其作为主要样本的原因，除了技术方面因素的制约，与农村人口在消费领域的非主流应该不无关系。现在的收视调查公司是以人口密度决定调查范围的，即使是有关"三农"的电视栏目的收视群体肯定很大，但由于农村人口居住分散，经常不在调查范围之内。"以北京为例，北京一共是18个区县，只有9个区县有300个调查点，远郊区县根本就没有调查点，反映到收视率上往往不占优势，因此很难引导企业合作和广告投放，这在一定程度上也误导了中国电视的商业市场。屏幕上出现的煽情、戏说节目的泛滥，就是误导的结果。"② 忽略广大的农村收视人群，一方面显然造成收视率调查的不准确性，此外这个事情本身也反映出媒体及媒介调查机构对非主流消费人群的一种"收视率歧视"。

重要的是，这种收视率歧视不仅针对"低端观众"，而且包括"高端观众"。有研究者提出："收视率的调查方法是按照我国人口结构设计的，假如中国高等文化的人群占8%，初、高中文化程度的观众占60%，那么，在某个城市抽样的300户中，24户是高等文化的，180户是中等以下文化程度的。高等文化水平的人都喜欢的节目，往往比不上中等及以下文化程度的人喜欢的节目收视率高。在西方经济发达国家，这种收视率的取样方法相对来说是符合主流意识形态和精英文化需求的，而照搬过来并不符合我们的国情，因为中国主流文化的人群少得多，我国至今还有1亿文盲。当广告商投放广告

---

① 张同道：《收视率与电视节目评估尺度》，《电影艺术》2000年第6期，第50页。
② 黄辉：《对农宣传需要政策扶持》，《中国广播电视学刊》2005年第6期，第36页。

首先考虑的是收视率时，电视台就不得不放下架子，唯收视率是图，而电视台对收视率的全面追求，常常都以放弃对文化理性的追求、对人文艺术的追求为代价。"① 由此可见，收视率歧视颇有些"抓大放小"的意味。有关这些，人们从"三农"电视节目的边缘化和《读书时间》等节目的坎坷命运中，便可获得直观的认识。

在列举了收视率调查的问题之后，我们还应指出收视率分析的问题。

收视率调查之后的首要环节是对收视率进行科学分析，经过十余年的发展历程，我国媒介调查机构在收视率分析上已经取得了很大进展，科学性逐渐增强。但是目前存在的一个问题是，在调查公司提供的大量原始数据与利用数据进行有效的传播决策之间，缺少中间环节。也就是说，在调查公司和电视节目编播制作机构之间，缺少对原始数据进行消化、分析组合以便有针对性地提供传播策划的机构，缺少既具有媒体知识背景又熟悉收视率分析策划的专业人士，大量的工作仍由一些非专业人士完成。而很多电视台的从业人员对收视率的内涵、测量方法、操作技术和规则缺乏了解，缺乏对收视率数据进行再分析的能力，只能被动地、表面化地接受调查机构给予他们的原始数据或简单结论。有的在尝试数据的深度分析时，还出现一些错误，比如对日记法与仪器法收视率数据之间的关系缺乏思考、对日记法的技术缺陷不了解导致节目评价后天失察、误判收视走势、将收视率平稳与观众群稳定画等号等问题。因此，这样一种看法几乎是公认的："收视率的调查技术和方法不够完善、规范，其结果的准确度和可靠度具有一定的不稳定性和脆弱性。"②

收视率分析中常见的错误是依据收视曲线判断收视走势。收视走势是对某一时期内收视率情况的一种总体、动态的描述和抽象，也是栏目（或节目）传播效果与动向的基本反映。由于分析和评价收视走势时，着眼于一个较长时间段而不是某一孤立时间点上的收视情况，一定程度上能够避免因简单枚举单个收视率数据所带来的对收视情况的片面理解，使收视反馈更具全面性、动态感，因而受到电视制播人员的高度关注。

在分析收视走势时，不少电视从业者往往以收视曲线为观察对象，希望从直观的"看"中求得对收视走势的评价。虽然在收视率变化比较简单的情况下，直观去看也能看出收视走势的大概，但是收视率的变化很多时候是复杂的，直观的看往往会出现误差。比如，当电视栏目的收视曲线在一个时间段出现了一两次波峰后，栏目的管理者往往会乐观地认为该栏目的收视走势看好，实际上按照科学的简单线性回归方法，可以得出该栏目的收视走势回归线是水平中略微下倾的。也就是说，该栏目的总体收视走势即

---

① 西方雨：《不能寄希望于一两次"大扫除"》，《中国广播影视》总第 372 期，第 93 页。
② 邵雯艳：《电视收视率是非谈》，《中国电视》2006 年第 1 期，第 31 页。

使不是略微向下，至多也是大体持平的，离走势看好还有相当的距离。①

还有一个就是用收视曲线去判定观众群是否稳定的常见错误。收视分析中，最常见的动态描述是收视曲线，它能够比较直观地反映收视率变化情况。所以同上文所说从收视曲线看收视走势的错误一样，收视曲线也常常被拿来考量观众群是否稳定，一些媒体从业者在看到收视曲线基本平稳时，便轻易得出"观众群稳定"这样的结论。

事实上，收视率平稳与观众群稳定是性质不同的两个概念：收视率平稳，是就数量而言，意味着某栏目（或节目）观众在数量上比较稳定；而观众群稳定不只是个量化概念，而且还是个质化概念，它涉及的是观众群内在质的构成变化情况。所以，收视曲线基本平稳说明不了收视率平稳。比如，某一栏目收视率平稳，可能是每次有大体相同数量的人流出和流进这个栏目，该栏目观众群在数值上保持动态平衡，但是观众群各种成分的构成比例却在不断变化，这个观众群显然并不稳定。

在社会学层面上，收视率导向表现为对收视率的误读，同时，技术装备的进步难以济收视率导向之穷。

在收视率导向的作用力下，相关机构对收视率使用的过程的种种人为因素已经令人难以忽视，这是因为从纯粹操作的意义上来说，这些因素似乎已经成为收视率导向的不可分割的一部分，甚至可以说，此类做法已经成为收视率在成为电视台的摇钱树和广告商的指南针的基本定位的补充。

在这些人为因素中，最突出的就是对收视率的有意歪曲，这虽然是与收视率导向所标榜的"客观"最相背离之处，但却离收视率导向最为起劲的那些鼓吹者的隐秘目的颇为相近。

英国学者阿伯克龙比对这一目的揭示得较为明确："电视机构了解观众的目的是为了让观众明白，是观众帮助电视机构强化了它们与观众的沟通能力。而要达到这一目的，电视机构只能象征性地编造出电视观众的情况，作为其争取到其他潜在观众的一种手段。"②

英国学者雷蒙德·威廉斯也写道："在广播中，无论是在直接的商业系统中，还是在受国家保护的系统中，都已经有了一种相似的功能上的转移。生产是按照这些系统通过某种兴趣所能传送到的人数来估量的。像在报纸中一样，'可行的'生产数字已经被一个专门的计算系统极大地夸大了。把最终的一丁点儿称为'大量'——成千上万的

---

① 刘燕南：《电视传播中收视率的分析应用》，载王兰柱主编《聚焦收视率》，北京广播学院出版社，2002，第325页。

② 〔英〕尼古拉斯·阿伯克龙比：《电视与社会》，张永嘉等译，南京大学出版社，2002，第157页。

人——被描述为是一群毫无意义的或失败的广播听众。适应可预计的和成套的大规模市场竞争条件的压力，已被文过饰非，似乎这是一个与实际民众的责任关系的问题。真正的主要压力要么是为了直接的广告费用，要么是为了政治市场和文化市场的主要份额，所有间接的系统最终都要依靠它们。尤其是在这里，赞助人，新的教父，出现了。"①

一言以蔽之，就是电视台既借收视率营造"观众中心"的虚假意识，以抚慰普通人渴望被媒体重视的脆弱心灵，又可以在与广告商讨价还价的时候提供商人能够看得懂或者确切地说能够直接汇兑为货币符号的数字，一举两得之间，收视率导向焉能不大行其道呢？

应当说，这种实践中客观存在的对收视率的歪曲使用尽管与收视率导向有着本质的联系，甚至可以说正是收视率导向才逼迫着电视工业生产的各级制作者和决策者们对收视率的滥用。而研究者们对收视率自身所存在的与生俱来的缺陷却暴露了收视率导向在实践意义上更深处的忧虑。

其中，收视率最难以回答的就是如何测量受众对某一电视节目的收视质量。几位美国学者告诉我们："很多研究表明，我们的媒体使用通常伴随许多其他活动。如人们会在电视/收音机开着时阅读、谈话、吃东西、玩游戏或者洗碗，但无论他们做什么，受众在使用媒体的大部分时间内并不太专心。这种情况使许多人认为以选择行为来定义媒体使用夸大了受众媒体使用的真实情况。另一种定义是将'使用'定义为人们专注于某个媒体，或者理解所收看/听的内容。然而有效地测量一个人的注意力或感知水平是极难做到的。"②

其实，电视受众的这种心不在焉恰恰是人、媒体和信息感知方式在视觉传播中的一种呈现，并非电视所独有，正如本雅明在电影那里所看到的："消遣性接受随着日益在所有艺术领域中得到推重而引人注目，而且它成了知觉已发生深刻变化的迹象。这种消遣性接受借助电影便获得了特有的实验工具。（楷体为原文所有——笔者注）电影在它的惊颤效果中迎合了这种接受方式。电影抑制了膜拜价值，这不仅是由于它使观众采取了一种鉴赏态度，而且还由于这种鉴赏态度在电影院中并不包括凝神专注。观众成了一位主考官，但这是一位心不在焉的主考官。"③

而电视观众的收视习惯也必然影响到收视率导向的社会功能，无论是文化方面的，

---

① 〔英〕雷蒙德·威廉斯：《现代主义的政治——反对新国教派》，阎佳译，商务印书馆，2002，第181页。

② 〔美〕詹姆斯 G. 韦伯斯特、帕特西亚 F. 法伦、劳伦斯 W. 里奇：《视听率分析——受众研究的理论与实践》，王兰柱等译，华夏出版社，2004，第123页。

③ 〔德〕瓦尔特·本雅明：《机械复制时代的艺术作品》，王才勇译，中国城市出版社，2002，第128页。

还是商业方面的，英国学者阿伯克龙比告诉我们："在对电视观众习惯和行为的讨论中，到目前为止，我们依靠的是一种独特的观众研究方法，其目的是根据像计量器之类的直接评估系统，或标准化的调查表和记日记的方法，提供能用数量表示的证据。这类方法在某些方面，在提供可靠和有效的数据时，效率尤为强大。不过，它们也有缺点。第一，它们不是把电视经历作为一个整体来触及的，而是触及单个的节目或特定的系列节目。值得商榷的是，一般说来，观众不观看电视节目。他们观看的是串播（着重号为原文所有——笔者注），晚上电视机被打开后，一家人坐到电视机前，或许不怎么专心地随意享受一下电视流动的感受而已。有些观众甚至可能快速转换频道，不特别注意任何一个节目。第二，现在大量的证据说明，观众以非常不同的方式，在不同的时间看电视。有时候，他们全神贯注地看；有时候，他们却不是那样。他们经常把电视开着，人却不在房间里。到目前为止，我所描述的观众研究方法，尚不能区分这些非常不同的分配注意力的方式。第三，也是最重要的，大部分关于电视观众的极其重要的问题与观众实际理解他们所观看的节目以及他们赋予这些节目的意义有关。首先，我们想了解：人们如何谈论电视，电视如何影响他们，以及他们如何解释他们所看的节目。即使人们接受了电视是一种浅参与的媒体这个观点，这些问题仍将适用。"[1]

而澳大利亚文化研究学者伊恩·昂则进一步指出在收视率话语的操弄下，电视受众这一概念的"虚妄性"："收视率话语的知识客体'电视受众'并非先在的实际受众的确切呈现。……在此意义上，就像被收视率话语所构建的那样，'电视受众'是一种虚幻的实体。当然，这并不是说，收视率无中生有地创造了受众。收视率是建立在有多少、谁在看以及看什么，这样的实际数据基础之上的。相反，因将具有将某一经验事实的确定领域进行定义的能力，收视率在精确性方面不可小视。但是，无论如何，那个经验事实的领域是虚幻的，收视率所使用的术语所覆盖的经验事实必然导致对受众的如下描述：对确定因素过分强调但压制了其他因素。"[2] 既然就其对象而言，收视率导向的社会学基础都并不十分稳固，遑论将其作为电视节目评价体系的统帅了。

正像恩格斯所指出的那样："社会一旦有技术上的需要，则这种需要就会比十所大学更能把科学推向前进。"[3] 对收视率在实践中的具体运用来说，技术创新似乎为收视率克服自身缺憾预备了更为先进的装备："美国尼尔森公司最近采用了一种新型设备'被动测数器'，这是一种类似摄像机一样的探测装置，与计算机连在一起，无须观众

①〔英〕尼古拉斯·阿伯克龙比：《电视与社会》，张勇嘉等译，南京大学出版社，2002，第184~185页。
② Ang, I. (1991) Desperately Seeking the Audience, London and New York: Routledge, p.60.
③《马克思恩格斯选集》第四卷，人民出版社，1972，第505页。

自己动手，它能判断房间里看电视的人有多少、谁在看、看了多长时间、谁在做别的事情、室内人员的进出走动情况、宠物以及家庭成员以外的人等。"①

美国学者丹尼尔·贝尔告诉我们，任何技术装备的进步都不单纯是"人体的延伸"那么简单："技术已经为合理性创造了一个新定义，一种新的思想方式，它强调功能关系和数量。它的行动标准是效率和最佳标准，即利用最便宜和最省力的资源。功能合理性的这种新定义，对新的教育方式产生了影响，现在，工程学和经济学中的定量技术，在这种教育方式中排除了推测、惯例和说理的那些老方式。"② 显然，现在这种技术的合理性已经以收视率导向的面目逐步延伸至电视节目评价的过程之中。

加拿大学者金·索查克对法国思想家波德里亚的解读对我们进一步认识收视率数据统计过程之中的种种"扰民"现象的出现是十分有帮助的，这种现象只是从不同的角度揭示收视率导向的大众市场营销手段的特征罢了："大众市场营销已经被更为高级的市场细分技术所取代了，这种技术对于消费市场进行确认并'定为目标'，以开发、生产并销售着体现了抽象愿望或者潜在渴望，特别是与大部分人相关的潜在渴望的产品。虽然波德里亚明确地指出，大众已经'受尽了调查之苦'，他还含蓄地假定社会学同这种趋势已有串通，但是与之相应的是，大众作为一种'沉默的大多数'或吸收一切的'黑洞'也只好全盘接受。"③

然而，问题还不止于推销术的生意经。英国学者费瑟斯通的提醒值得我们警惕："如果抛弃那些诸如'电视就是世界'、电视就是为实际的电视观赏实践提供一套又一套'游弋漂浮的花花绿绿节目'的观念（最贴切的例子就是二十四小时不停地播放的MTV 节目），那么我们会注意到，公共领域与私人领域之间的疆界已然无存。这在集体一起观看节目时尤为如此，观众绝不是被动的，而是积极地投入到事件、场面和仪式的宗教意义中，并且人们有时可能还盛装打扮，使观看本身也仪式化了。"④

前述"被动测数器"的安装，已经使体现在作为旁观者的电视观众身上的公私领域的融合已经从心理上进一步上升为样本观众对个人私域的出卖，这样的收视率收集已经沦落为对公民个人行为的赤裸裸地监视和对公民自由的露骨剥夺，奥威尔的名著《1984》中的"老大哥"借助技术手段对公民个人生活进行控制意象在这里已经成为活

---

① 张同道：《收视率与电视节目评估尺度》，载《电影艺术》2000 年第 6 期，第 50～51 页。

② 〔美〕丹尼尔·贝尔：《后工业社会的来临——对社会预测的一项探索》，高銛等译，新华出版社，1997，第 208 页。

③ 〔美〕道格拉斯·凯尔纳编《波德里亚：批判性的读本》，陈维振等译，江苏人民出版社，2005，第137 页。

④ 〔美〕迈克·费瑟斯通：《消费文化与后现代主义》，刘精明译，译林出版社，2000，第 183 页。

生生的现实。这种所谓研究，与其说是"科学"，倒不如说是"商业法西斯"。在收视率导向寻求数据精度和质量的无尽的技术努力中，美国学者丹尼斯·朗悲观地夸大包括电视在内的大众传播力量的论述开始变得不那么危言耸听了："印刷机、广播和电视发射机、扬声器和扩音设备的所有者和控制者对个别公民拥有巨大的说服优势。个别公民的答辩，只能是关掉电视或收音机，或者拒绝购买特定报纸。而在现代城市生活条件下，他无法避免完全成为暴露于控制无所不在的通信媒体的那些人的大量说服之下的一名'受制听众'。通信技术革命已经建立了新颖、复杂的说服工具，使用这些工具构成至关重要的权力资源。"①

我们认为，在这里引入法国思想家福柯关于"检查"的思想用以审视收视率导向所带来的对电视观众收视行为的干预是颇有裨益的，福柯写道："检查把层级监视的技术与规范化的技术结合起来。它是一种追求规范化的目光，一种能够导致定性、分类和惩罚的监视。它确立了个人的能见度，由此人们可以区分和判断个人。这就是为什么在规训的各种机制中检查被高度仪式化的原因。检查把权力的仪式、试验的形式、力量的部署、真理的确立都融为一体。在规训程序的核心，检查显示了被视为客体对象的人的被征服和被征服者的对象化。权利关系和认识关系的强行介入在检查中异常醒目。"②

这样，在收视率导向所营造的"受众中心"的幻象也只是权力运作的某种转换而已，只是规训的形式发生了某种嬗变而已，并不能就此认定借助收视率，电视受众就获得了对电视节目的决定权。福柯认为：

"由于检查是同时从仪式上和'科学'上对个人差异的确定，是用每个人的特点来确定这个人（与典礼不同，典礼是用具有各种标志的场面展示地位、门第、特权和职务），检查就清晰地标示了一种新的权力运行方式的出现。在这种方式中，每个人都获得自己的个性并以此作为自己的身份标志，他通过这种身份与表现他和使他成为'个案'的特征、计量、差距、'标志'联系起来。

"最后，检查处于使个人成为权力的后果与对象，知识的后果与对象的程序的中心位置。由于检查将层级监视与规范化裁决结合起来，就确保了重大的规训功能：分配和分类，最大限度地榨取力量与时间，连续的生成积累，最佳的能力组合，以及随之而来的对具有单元性、有机性、创生性和组合性的个性的制作。"③

可惜的是，这种对"先进"技术的使用，仍然难以帮助收视率克服其与生俱来的

---

① 〔美〕丹尼斯·朗：《权力论》，陆振纶等译，中国社会科学出版社，2001，第38页。
② 〔法〕米歇尔·福柯：《规训与惩罚》，刘北成等译，生活·读书·新知三联书店，1999，第208页。
③ 〔法〕米歇尔·福柯：《规训与惩罚》，刘北成等译，生活·读书·新知三联书店，1999，第216页。

洞察力匮乏的缺憾。在那些同意出卖个人生活空间的受调查对象付出售卖个人隐私的代价之后，其客观效果似乎难以如人所愿，正如伊恩·昂所说的："但是所有这些数据收集，所有这些更好的评估技术和流程的预备，可能自有其悖论。对观众的愈加精微的全景监控，就越难说清'收视行为'，也就越难为收视率话语廓清'电视受众'的流水线化的面目。"①

要了解受众对电视节目乃至传播媒介内容的接受情况，并做出确切的把握和分析，还需要把受众作为人来看待，就像马克思所指出的那样："我们开始要谈的前提并不是任意想出的，它们不是教条，而是一些只有在想象中才能加以抛开的现实的前提。这是一些现实的人，是他们的活动和他们的物质生活条件，包括他们得到的现实的和由他们自己的活动所创造出来的物质生活条件。因此，这些前提可以用纯粹经验的方法来确定。"②

可是，具体到传播领域"纯粹经验的方法"似乎并没有得到适当地运用，英国学者汤普森指出："除了分析接受活动和背景的空间、时间以及社会性质以外，重要的是应强调接受活动是复杂的社会行动，它涉及不同程度的技能与注意力，它伴随着不同程度的乐趣与兴趣，它和主要接收区进行的其他活动与互动复杂地交叉。传媒理论家与评论家们常常认为接收传媒信息是相当直接和不成问题的过程，这样设想使他们集中于分析传媒信息的内容，或许再补充一些关于受众观看水平与反应的统计数字。可是，似乎清楚的是，这种看法严重地低估了一些过程和方式的复杂性，借助这些过程，传媒信息实际上被处在特定背景中的个人所接收和占用，由于这些方式，这些接收活动与日常生活其他方面相交叉。"③

收视率导向所带来的对受众情况的统计，哪怕暂且将其所蕴涵的商业意识形态搁置一旁，也不能为人们增进对传媒与受众关系的认识，这是由于正是收视率导向所津津乐道的统计数字遮蔽了作为个体的电视受众。法国文化理论家米歇尔·德赛都认为："统计数字实质上不可能告诉我们这个理论上由体制性的框架控制的海洋中潜流的情况，事实上，这些框架在逐步地受到腐蚀和置换。其实，与其说它是一种液体在固体间隙中的流动，不如说是不同运动对地形要素的利用。统计研究满足于对诸如'词汇'单元、广告词、电视图像、工业产品、建筑空间等要素进行分类、计算和表格化，它们使用的范畴和分类学方法与工业和行政管理的生产所使用的是相一致的。因而，此类研究只能

① Ang, I. (1991) Desperately Seeking the Audience, London and New York：Routledge, pp. 92 – 93.
② 《马克思恩格斯选集》第一卷，人民出版社，1972，第24页。
③ 〔英〕约翰·B. 汤普森：《意识形态与现代文化》，高銛译，译林出版社，2005，第259页。

抓住消费者实践使用的材料——它显然是由生产强加给每个人的——而不能抓住这些实践的形式化方面，即它们私底下的巧妙'运动'，或者说'权宜之计'的活动本身。分类计算的优势在于它们的分解能力，但这种分解能力减少了再现战术轨迹的可能性，它们按照自己的标准从生产的整体中选取片段，再用之编写新的故事。"①

这种对统计数据的滥用本身具有深刻的理论风险，美国学者斯沃茨曾经指出："由形式化的模型、图表、统计表等提供的对社会世界的科学视野，不同于实际参与社会世界的行动者的视野。这些行动者不具备完备的信息，不能清楚地阐述他们的目标，也不能清楚地预见结果。这种理解社会世界的学术模式把实际的知识转化为有意识的、系统的、超时间的理论知识。不能把反思性视角用于实际知识与理论知识之间的认识论差异，就会导致社会科学家把理论的实践与实际的行动混淆，并犯布尔迪厄所说的'唯智主义'的谬误。因此，这些社会科学家就会通过把关于理论实践的认识论假设投射到日常的实践中而错误地再现实践的实际特征与倾向特征。"②

这一现象的产生与收视率导向所承担的终极目的密切相关："除了迅速抓住公众的好奇心并获得短期效益以外，没有谁会忠实地生产任何事物。例如，在开发黄金时间的电视节目过程中，制片商、广播网络官员、电视台决策人和广告商都在研究并挖空心思猜测观众愿看什么。"③ 如此看来，这个问题并不是借助了先进的技术装备和"科学"的统计学符咒就可以轻而易举地在同电视受众所进行的这场"猜心游戏"中获得胜利，因为收视率导向所面对的是"沉默的大多数"，在很大程度上，用数字去测量这个群体的态度简直是"不可能完成的任务"。法国学者古斯塔夫·勒庞早就告诫人们："今天，密切关注各种意见，已经成为报社和政府的第一要务。它们需要在没有任何中间环节的情况下知道一个事件、一项法案或一次演说造成的效果。这可不是件轻松的任务，因为没有任何事情比群众的想法更为多变，今天，也没有任何事情，能够像群众对他们昨天还赞扬的事情今天便给予痛骂的做法更为常见。"④ 这种情况倒成了中国先秦的法家代表人物韩非所谓"凡说之难，在知所说之心"的现代版诠释，而日见先进的技术装备也难以使收视率导向摆脱这一悖论。

① 〔法〕米歇尔·德赛都：《"权宜之计"：使用和战术》，转引自罗钢、王中忱主编《消费文化读本》，中国社会科学出版社，2003，第99页。
② 〔美〕戴维·斯沃茨：《文化与权力：布尔迪厄的社会学》，陶东风译，上海译文出版社，2006，第308页。
③ 〔美〕詹姆斯·罗尔：《媒介、传播、文化——一个全球性的途径》，董洪川译，商务印书馆，2005，第191页。
④ 〔法〕古斯塔夫·勒庞：《乌合之众：大众心理研究》，冯克利译，中央编译出版社，2004，第126页。

五　从国家文化安全的高度提升对
反低俗化重要性的认识

收视率导向的问题，除了技术层面的问题，更严重则在于：收视率导向关乎国家的文化安全；收视率导向导致电视节目过分商品化，实质上具有反文化的本质。

早在 2006 年，我在杭州广电集团讲课时，一位频道"道长"（总监）请我吃饭，席间，他和我讲了他的这样一个观点，让我颇受启发。他认为，目前中国广电系统使用的收视率的调查数据都是外资公司的，问题恰恰出在这里——毛主席早就预言，帝国主义预言家把"和平演变"的希望寄托在中国第三代、第四代身上[①]，这些国外公司就是通过收视率的调查数据告诉你中国老百姓喜欢看那些戏说的、搞笑的、选秀的、审丑的、低俗的，所以中国电视就要多生产这些节目，因为老百姓喜欢看呀！由此，达到和平演变的目的。

这一颇有些"片面的深刻"和"深刻的片面"的准"社科院"论点让我大吃一惊，也让我深感中国广电系统确有一批头脑清醒的思想者。我连忙问他是否有实证类的数据作为观点的佐证，因为这可不是闹着玩儿的，这可是关乎国家文化安全的大事，按照毛主席的说法它关系到"巩固无产阶级专政，防止资本主义复辟，建设社会主义"的百年大计，千年大计，万年大计。

电视节目低俗化颠覆社会主义核心价值观的负面作用不容低估，应当从国家文化安全的高度深刻认识反低俗化的重要性和迫切性。这里，西方的一些有识之士的真知灼见，可以给我们有益的启示。

"颠覆性传媒"是美国著名的社会学家和未来学家阿尔文·托夫勒使用的一个概念，他在《力量转移》一书中的第二十七章的标题就是"颠覆性的传播媒介"。托夫勒认为："在全世界各地，人们在利用新的传播媒介或使用老传媒的新方法来对国家的权力提出挑战——有时是推翻这种权力。"[②] 托夫勒在这里说的"新的传播媒介或使用老传媒的新方法"，在相当大的程度上指的就是电视，因为他详细地描述了电视在东欧巨变、马科斯倒台等重大社会变革和政权交替中所起的巨大作用。因此，将电视称为"颠

---

① 毛主席的原话是这样的：帝国主义的预言家们根据苏联发生的变化，也把"和平演变"的希望，寄托在中国党的第三代或者第四代身上。我们一定要使帝国主义的这种预言彻底破产。参见《毛主席语录》第 240 页。

② 〔美〕阿尔文·托夫勒：《力量转移》，刘炳章等译，新华出版社，1996，第 383 页。

覆性传媒"，正是托夫勒在研究分析了 20 世纪 80 年代以来世界上的一些重大政治事件后得出的结论。托夫勒关于电视传播促成了"武力和信息的结合"，使"一种通过传媒和符号进行的革命"成为可能的观点，以及电视造就了一些"媒介人物"，并使他们成为代表新的政治力量的权贵人物的观点等等，都很值得我们深思。

电视问世于 20 世纪 20 年代，但电视在社会政治生活中真正发挥作用则是 20 世纪中叶以后的事情。进入 20 世纪 80 年代以后，随着东欧剧变和苏联解体，电视在社会动荡和政权交替中的作用令人刮目相看。研究电视在冷战结束和政权更迭中表现出的"颠覆性传媒"的特点，分析电视传播在国际政治格局变化中的独特作用，这对于我们正确认识电视对社会发展的深刻影响，正确制定中国电视在 21 世纪的发展战略，始终坚持正确的舆论导向，保证我国的改革开放和社会主义现代化建设有一个良好的舆论环境和国际环境，都具有极大的助益。

曾经担任过几任美国总统的高级顾问和国家安全事务助理的布热津斯基，在充分注意到电视的吸引力和影响力的同时，对电视的批评可谓入木三分。他认为："西方的电视逐步地越来越成为感官的、性的和轰动性的。""电视在破坏代代继承的传统和价值观念方面起了特别大的作用。电视的娱乐节目——甚至新闻节目——都拼命渲染现实，使之产生脱离道德支柱的有新奇感的刺激，同时把物质或性欲的自我满足描绘成正当的，甚至是值得赞扬的行为。""电视对美国价值观念形成所起的特别消极的作用"，"迎合最低级的尽人皆知的本能。""大众媒介所传播的价值观念一再表明，它完全有理由可被称之为道德败坏和文化堕落。在这方面，电视尤其是罪魁祸首。"布氏将好莱坞影片和电视制作厂家视为"文化的颠覆者"，"一直不断地传播自我毁灭的社会伦理"。"结果是出现了一种被牟取暴利者所驱动的大众文化，他们正是利用了大众对庸俗、色情以至野蛮行为的渴求心理。伤风败俗和享乐主义在文化中占了这么大的优势，就必然对社会价值观念起涣散的作用，并损伤和破坏曾经被人们笃信的信念。"① 布热津斯基这种对电视的激愤之情，并没有影响到他曾作为美国政府的高级谋士的"预警"职责，在他看来，"丰饶中的纵欲无度"是西方国家面临的历史性危险，在西方社会里，物质享受上的纵欲无度越来越主宰和界定着个人生存的内容和目标。因而，对这个问题表示认真的和正当的关注是不无道理的。

布热津斯基对电视的批判的深刻和尖锐，无论在中国还是在外国都是十分少见的。一方面，他对电视影响的正面评价可以达到很高的程度："随着全世界观众越来越多地

---

① 〔美〕布热津斯基：《大失控与大混乱》，潘嘉玢等译，中国社会科学出版社，1995，第 80～82、124 页。

盯着电视机屏幕，不论是在强迫的宗教正统观念的时代，还是在极权主义灌输教育的最高潮，都无法与电视对观众所施加的文化和哲学上的影响相提并论。"另一方面，布氏在列举 20 个美国需要兴利除弊的基本难题时指出："通过视觉媒体大规模地传播道德败坏的世风——作为吸引观众的手段，以娱乐为幌子，事实上宣扬性和暴力以及实际上是传播瞬时的自我满足。""在一定程度上也可以从电视节目中推断出所倡导的价值观念：它们显然颂扬自我满足；视强暴和野蛮行为为正常现象；通过实例及对同龄人激起仿效的压力（向美国青少年和儿童播放的阴茎套广告，渲染了他们是'性主动'的潜在的顾客显而易见的负面推论是，不这么干的人是'性冷淡'）鼓励性乱行为；以及迎合最低级的尽人皆知的本能。其结果是对社会行为失去了控制。"①

相比较而言，如果说托夫勒提出电视是"颠覆性传媒"，以此来表明一个学者的"政治热情"，那么布热津斯基对电视的文化角色的评定，则更显示了一个政治家的"学术情结"。他们的视角和观点，对于我们从国家文化安全的角度深刻认识反低俗化的重要性和迫切性，无疑是富有启迪作用的。

中国电视的反低俗化问题，既有全球范围内的共性问题，又有中国特色的个性问题。中国电视事业与发达国家的电视事业在发展基础、文化背景、管理体制等方面都有极大的不同，中国的电视文化不可能与西方完全接轨。一定的文化是一定社会的政治和经济在观念形态上的反映。从计划经济向市场经济转轨的中国社会，也使电视文化面临一个全新的生态环境，社会主义市场经济体制建立初期的无序和混乱，必然极大地影响电视文化产品的生产和市场，诸如草台班子拼凑的电视剧，粗制滥造的一些晚会，只要出钱就能到转播现场亮相的各种节目，等等，这在电视事业和大众文化同样发达的国家是难以想象的。同时，与号称已进入了"后工业社会"的少数发达国家相比，中国是一个农业人口占很大比重，文盲半文盲人口占很大比重，贫困人口占很大比重，主要依靠手工业劳动的农业国。中国现阶段的生产力发展水平，注定了大众文化的发展水平还比较低，而且所反映的社会心态与西方那种精神空虚有截然的不同。这就好比饱食终日无所用心与还未完全解决温饱的两种生存状态的受众，在看电视时绝不是同一种感受。因此，西方许多学者对电视和大众文化的批评，并不完全符合中国国情。

这里，我们有必要从文化学和社会学的层面进一步剖析收视率。

应当承认，作为一个衡量电视节目受欢迎程度和市场占有程度的指标，我国电视界引入收视率来评价电视节目，可以说是电视走向观众、接近观众的一个重要标志，是颠

---

① 〔美〕布热津斯基：《大失控与大混乱》，潘嘉玢等译，中国社会科学出版社，1995，第 81～82、118页。

覆中国电视节目"我播你看"传统收视模式的一个重大转折，存在着某种历史进步的因素。然而，收视率的出现和发展只是媒体测量观众对节目内容的态度的一种技术进步和科学手段，而把收视率上升到导向的地位就开始走到进步的反面了。收视率导向之所以值得批判的原因并不在于收视率本身（这恰恰是受众表达意见的一种手段），全部的问题在于：收视率导向将收视率强调到了对节目的去留具有决定性影响的地步，使收视率从测量节目的手段变成了节目存在的目的。收视率因其天然的反文化的缺陷不能承担起这样的重任。德国思想家齐奥尔格·西美尔用"目的对于手段的殖民"来描述成熟文化的危机，也不妨用于概括收视率导向给中国电视文化所带来的危害："首先，生活的目的臣服于其手段，从而不可避免地使许多不过是手段的事物被人们认为是目的；其次，文化的客观产品独立发展，服从于纯粹的客观规则，二者都游离于主体文化之外，而且它们发展的速度已经将后者远远地甩在了后面。"①

收视率导向的本质是什么呢？就其最本质的意义而言，收视率是一种电视节目制作者用以向广告主介绍观众情况以便投放广告的商品，揭示了电视工业最本质的运作机制，是电视节目商品化最明显的表征。收视率导向背后所隐藏的是电视节目乃至这个文化的商品化。

而这种商品化的后果是广告对电视节目的入侵，收视率导向自然是其必经的桥梁。英国学者约翰·基恩告诉我们："在电视领域，广告业使节目的结构和内容商品化了。某些节目变得和广告界限不清，还有一些节目则沦为广告业的附庸。由于评价一个节目成功与否的标准是广告收入和观众数量，没有多少空间可以用来进行大胆的实验，也没有多少时间可以让离开常规的节目或表演人员去发现自己的观众。没有时间用于开发任何有深度的东西。为了给后面的广告腾出地盘，不得不压缩拍摄长度，缩短录音时间，进行浓缩剪辑，掏空戏剧性的叙述部分。"② 而当笔者作为普通观众收看电视节目的时候，也常常产生是"在电视剧中间插播广告"，还是"在广告中间插播电视剧"的疑问，尽管广电总局对插播电视广告三令五申，但是，却难在电视屏幕上产生明显而持久的效果，其根本原因即在于此。

我们认为，许多电视节目制作者对此也是心知肚明的，而他们之所以又乐此不疲的原因，就在于在收视率导向的支配下，任何创新都意味着丧失收视率的冒险。哪怕就是为了满足收视率导向客观上的"多少有点不同"的需要，人们也会从海外电视台或其

---

① 〔德〕齐奥尔格·西美尔：《时尚的哲学》，费勇等译，文化艺术出版社，2001，第173页。

② 约翰·基恩：《民主与传播媒介》，转引自中国社会科学杂志社编《民主的再思考》，中国社会科学出版社，2000，第279～280页。

他竞争对手那里将成型的被收视率所证明了的节目形态或要素加以模仿。在收视率导向下，要指望电视节目工作者们创造出具有"自主知识产权"的节目形态来，那无异于缘木求鱼。

归根结底，收视率只是连接电视节目生产与受众消费的一个途径而已，就其最本质的意义而言，收视率只能从属于电视节目的生产，从受众消费需要之中衍生只是收视率带给人们的错觉，就像任何商品生产者在进行消费者商品使用偏好调查时总是在潜意识中遮蔽其谋求利润最大化的终极目的。正如英国学者罗杰·西尔弗斯通所说的那样："我们无法消费没有生产出来的东西。消费刺激生产，没有破坏就没有创造。而且，正是在消费的刺激中我们忘记了生产。刺激性的广告很少表现生活必需品赖以生成的各种条件，仿佛对生产的识别将会不知何故地损毁需求的光泽或扑灭需求的火焰。"① 在这里，马克思对生产与消费的关系的论断仍然是极具解释力的："就一个主体来说，生产和消费表现为一个行为的两个要素。这里要强调的主要之点是：如果我们把生产和消费看作一个主体的或者许多单个个人的活动，它们无论如何表现为一个过程的两个要素，在这个过程中，生产是实际的起点，因而也是居于支配地位的要素。消费，作为必需，作为需要，本身就是生产活动的一个内在要素。但是生产活动是实现的起点，因而也是实现的居于支配地位的要素，是整个过程借以重新进行的行为。个人生产出一个对象，因消费它而再回到自己身上，然而，他是作为生产的个人，把自己再生产的个人。所以，消费表现为生产的要素。"② 收视率只是电视节目的生产环节在受众消费环节的延伸而已。阿多诺说："工业常常对它自己极力鼓励的东西进行表决。"③ 收视率恰恰暴露了电视的文化工业本质。

这样，顺着这个思路，我们也就不能把收视率导向的问题简单地理解为取悦受众这么简单，在这种对公众趣味的亦步亦趋之中，涌动着的是电视节目提供者塑造观众品位的暗流。在传播学研究者耳熟能详的议程设置理论已经历经变迁，由"新闻媒介不能告诉我们该怎样想，却可以告诉我们该想些什么"的旧观念被修改为："新闻不仅告诉我们该想些什么，而且告诉我们该怎么想。"

所以，我们不妨套用宋代文学家欧阳修的名句"醉翁之意不在酒，在乎山水之间"来形容收视率导向的本质，收视率导向之意不在受众，在乎广告利润。在收视率导向中

---

① 〔英〕罗杰·西尔弗斯通：《电视与日常生活》，陶庆梅译，江苏人民出版社，2004，第156页。
② 《马克思恩格斯选集》第2卷，人民出版社，1972，第97页。
③ 〔德〕马克斯·霍克海默、西奥多·阿多尔诺：《启蒙辩证法——哲学断片》，渠敬东等译，上海人民出版社，2006，第149页。

运行的是赤裸裸的"成本—收益"的经济逻辑，一旦这一逻辑遭受到了收视率的些许耽误，立刻就会敝屣般被弃。从收视率导向的被否定的反面，我们更能把握到个中脉搏。在客观上的结果而言，收视率导向以及其背后的文化体制最终必然带来"劣币驱逐良币"之后的平庸的同质化，受众在低水平重复的过程中进行着周而复始的文化上的"自我激赏"。

综上所述，我们认为，商业逻辑置入文化领域，收视率掌控传媒文化，在这个过程中，文化同商品等同，公民同消费者混一，消费能力代替文化品位，受众的文化选择遭到了极大的限制。与其说收视率是规范的民主，倒不如说是金钱的暴政或群氓的狂欢。

（原载《电视节目低俗化批判研究》，中国社会科学出版社，2017）

自选理由：

《抵制电视节目低俗化研究》是中国社会科学院 2012 年立项的重点研究课题，2015 年按时结项，2016 年被列为创新工程出版项目，2017 年由中国社会科学出版社出版，书名为《电视节目低俗化批判研究》，共计 46 万字。本文是该项目的部分节选。

本课题研究的主要目的和学术价值，从学理层面上说，对低俗问题的批评在电视批评理论中占有重要地位，这种批评将作为对电视的监督和校正长期存在下去。抵制电视低俗化是世界范围内主流社会所面对的共同问题，许多国家采取了富有成效的举措，值得我们有选择地加以借鉴。因此，如何在理论与实际结合的高度，紧密结合中国电视传播实际，以我们正在做的事情为中心，对电视低俗化问题进行深入研究，保证中国电视科学发展，从而用社会主义核心价值观统领中国电视的评价标准，为中国梦的实现提供强大的智力支持和文化动力。在研究方法上，本研究紧紧抓住电视传播"内容为王"的特点，坚持以深入扎实的内容分析方法作为研究的基本方法，并尽可能摆脱单纯的经验总结和材料堆砌的研究局限，突出研究的思辨特色。同时，大量采用比较分析的研究方法，通过中西方不同环境和语境的对比分析，兼收并蓄，为我所用。本课题的社会影响和效益是一个逐渐累积的过程。除了文本的影响以外，在中国电视的诸多高层场合阐述本研究的观点，批评电视节目的过度娱乐化和低俗化倾向，是这些年来本课题研究者的工作常态。我们在中国电视界还是有一定的话语权的。

在法条之间徘徊

——传播法识读随笔

宋小卫[*]

传播法[①]研究的治学之道，人见人殊，但有一项修为，大约是普适性的，绕不过去，这就是对传播法规范文件的识读。当然，还可胪列更多的"门道"，比如精研传媒涉法的典例，浏览这一领域的学理佳作，旁涉传播、政治、社会、文化等外围学科的史论文献，增加对传媒和法治的实务性体验，等等。但以下所谈，仅及前一，余者不论。

首先：少漏读，想得起

进入传播法的学门，总得和各种关涉传播的法律、法规、规章等规范文本打交道，这门功课上手不难，做得到位，却也不易。

首先，以常人的阅读体验衡量，法条律令非比诗歌词赋那样的悦读文本，它的公文化、严肃化和术语化的表达样式往往使人产生阅读疲劳，透支更多的注意力成本。就文字量而言，我国内地传播法制的文本规模不算庞大，但要全面了解，阅读的负担也不轻松。法律出版社 2008 年出版的《中华人民共和国传媒法典》，是国内目前辑录类项较全、文本量最多的传播法汇编，共计 90 万字。所以，修学者得有点耐性，舍得些时间，在择定的治学方向上最大限度地涉猎相关的传播法资源，与其耳鬓厮磨，熟知、勤记，

---

[*] 宋小卫系中国社会科学院新闻与传播研究所研究员。

[①] 本文所称"传播法"，泛指规范各类新闻与传播活动，保障新闻与传播活动主体合法权益的法律、法规和行政规章中的各种规定。在当代中国，新闻出版和广播电视行政管理部门于行政规章之外创制的某些下位行政规范，对特定的传播与媒介消费活动具有事实上的强制性和约束力，也可将其视为一类具有某种传播法效果的广义法源。

最终的修学成效标准，当以"在该调用相关法条、规范的时候想得到"为宜。有些传播法文论的瑕缺，无关论者的聪智，而在其法条的漏读，或者虽曾过目，但尚未熟络到"随时待命"的状态，不能自如地按需调用。

譬如，讨论国内狱中罪犯的媒介近用权问题，可以援用司法部发布的《监狱教育改造工作规定》（2003 年），其中第三十三条、第三十六条规定：

> 监狱应当办好图书室、阅览室、墙报、黑板报，组织开展经常性的读书、评报活动，应当建立电化教育系统、广播室，各分监区要配备电视，组织罪犯收听、收看新闻及其他有益于罪犯改造的广播、影视节目。

但仅止于此是不够的，还得看到司法部制定的另一个规章性文件《监狱服刑人员行为规范》（2004 年），其中第二十四条规定：

> 监狱服刑人员应阅读健康有益书刊，按规定收听、收看广播电视。

前一个文件旨在确认狱方的职责，后一个文件则强调服刑者的义务，两者各有侧重，如果只提前者而未言及后者，多少有偏疏之嫌。

又例如，我国从 1998 年起实施广播电视的"村村通"工程，对这一国家行为，本应有多维的解读面向，但一段时间内，似乎只强调其"对加强农村社会主义精神文明建设，普及科学文化知识，提高农民素质，确保党和政府的声音传入千家万户"的宣教价值，而忽略其改善国民媒介近用条件的权益保障价值。近些年，政府在推进文化体制改革的进程中已更多地关照到人民群众的文化权益，也开始有文论从这一角度讨论"村村通"，然而很少见论者引用我国宪法有关"国家发展为人民服务、为社会主义服务的新闻广播电视事业"[1] 的规定作为持论的重要理据，这一顶级法律渊源的被冷落，或许是论者"从未读过"，但更有可能的是"尚未想到"。

其次：在熟知的法条清单之外拾遗捡漏

除《著作权法》（1990 年）外，我国人大至今未制定《新闻法》《广播电视法》《出版法》《大众传播（媒介）法》等集中调整媒体活动、规制和保障传播行为的专门

---

[1]　见《中华人民共和国宪法》（1982 年）第二十二条第一款的规定。

法，学界所言之广义的传播法，实为散布于各处的法律条文和法规、行政规章的统称，就是将来制定了专门的传播法，也不可能把所有的传播法制规范悉列其中。从理论上说，各种法律、法规、行政规章乃至行政规范的规定，只要与调整、规制和保障传播活动、传播行为相关，皆可能具有传播法的属性。为便于学习，国内已出版多种传播法的规范文件汇编和速查手册，修学者尽可随时翻阅。不过，有些法条和规定，粗看"长得"不像传播法，也很少在传播法的常用规范清单中露脸，这就需要修学者在读法识法的过程中留心辨认，拾遗捡漏，尽可能扩展可资援用的传播法资源。

例如，论及公民的言论和出版自由，很多传播法理的文论所援用的法律渊源，在全国人大立法这一层面，只限于引述宪法中的有关条款，但很少有人调用《行政诉讼法》（1989 年）第十一条的规定。根据该法条第一款的规定，人民法院受理公民、法人或者其他组织认为行政机关侵犯其人身权、财产权而提起的诉讼。这就排除了对其他公民权利所施行的具体行政行为的可诉性。换言之，属于人身权、财产权以外的其他一些公民权利和自由，均不被纳入行政诉讼制度的司法保护范围，其中也包括公民的言论和出版自由，而这正是传播法学的永恒议题。但该法条第二款又补充规定：人民法院受理法律、法规规定可以提起诉讼的其他行政案件。这就意味着，当单行法律、法规对"能否提起有关公民言论和出版自由的行政诉讼"未作规定或未作明确规定时，人民法院一律不作为行政案件受理。而当单行法律、法规规定可以提起行政诉讼时，人民法院就可以将其视作特殊的"其他行政案件"受理，依法进行司法审查①。从传播法理的视角品读和鉴识该立法条款，其致用价值在于：第一，它为宪法确认的公民言论和出版自由在下位法层面的"虚置"提供了一项可供究问的行政立法例。第二，它同时又为以后有关公民言论和出版自由的行政立法预留了可能的空间。随着我国行政法治建设的深入发展，可以也应该在现行或将要制定的相关法律、法规中，特别是在关涉媒体和传播的单行法律、法规中追加有关保障公民言论、出版自由和其他传播权益的规定。这方面表现良好的一个行政立法例，是 2007 年制定的《政府信息公开条例》，该条例第三十三条第二款规定：公民、法人或者其他组织认为行政机关在政府信息公开工作中的具体行政行为侵犯其合法权益的，可以依法申请行政复议或者提起行政诉讼。经由这一诉权规定的"搭接"，实际上就拓展了《行政诉讼法》在保障公民知情权益方面的传播法效能②。近年来，某些地方公权部门擅权压制公民言论自由的事件时有所闻，但传播学府因之而发表的批评性表达中，《行政诉讼法》的上述条款似乎仍然未尽其用，这或许是因为该法

---

① 参阅马原主编《行政诉讼法条文精释》，人民法院出版社，2003，第 73~78 页。
② 此处以《政府信息公开条例》第三十三条的规定作为例说，系得魏永征教授的提示，谨致谢忱。

条藏身在另类于传播法的程序法之中，未入论者的法眼吧。

再次：辨文本之瑕瑜，鉴规定之得失

作为公民，人人都应该依法行事，既享有法定权利，也必须履行法定义务，公民和法律之间的关系，是一种遵守规范与提供规范的单向顺应型关系；而作为传播法的修学者，在识读法律文本的过程中，则既要谦冲拜读，又要超越其上，学会从一个平视的、观察的、分析的角度鉴识传播法文本的规范冲突、表述瑕瑜和理念完缺。

例如，本文前面援引的宪法规定内容，出自宪法第二十二条，该法条第一款规定：

> 国家发展为人民服务、为社会主义服务的文学艺术事业、新闻广播电视事业、出版发行事业、图书馆博物馆文化馆和其他文化事业，开展群众性的文化活动。

其中直接使用了"新闻"这一概念，这在世界各国的成文宪法中很少见，体现了中国传播法制立宪规范的文本特征。但细品该条款中"新闻"一词的使用，却不无商榷的余地。关于"新闻"，曾有传播学者感叹，现代汉语文字中"新闻"一词的意指过于泛杂，其含义计有 10 种之多：

> 第一，是指新闻体裁中最常见的一种：消息。第二，是指各种新闻报道的总和，包括各种各样报道形式、体裁。第三，指各种大众传媒（报纸、广播、电视、新闻电影、网络的新闻网站等等）的总称。第四，现代新闻行业的总称。第五，各种新闻业务及其延伸，包括采访、写作或制作、编播、实况转播、新闻传媒组织的社会活动等等。第六，指新闻传播学教育、研究。第七，等同于"宣传"，泛指各种与传媒相关的政治性宣传活动或宣传工作。第八，等同于"舆论"，实际上是指传媒的意见、观点，或者是领导传媒的党政机关的意见、观点。第九，指刚发生的事实。第十，特指通讯社或通讯社的新闻文稿。[1]

以这十种含义依次解释上述宪法条款中的"新闻"，似乎只有其中的第十种含义（通讯社）勉强切合于该条款的上下文理。但如此使用"新闻"概念，极为罕见，只在

---

① 陈力丹：《新闻理论十讲》，复旦大学出版社，2008，第 23～24 页。

中共中央 1981 年 1 月作出的《关于当前报刊新闻广播宣传方针的决定》中出现过①。像宪法这样郑重的规范性公共文本，其遣词用字皆当取其通用的含义，即以该字词在字典中的首义项或第二义项的解释为准，因此也不宜将宪法文本中的"新闻"释解为"通讯社"。另一种可以考虑的解释，是将上述的"新闻"理解为"报刊"，"新闻广播电视事业"亦即"报刊广播电视事业"。如此一来，"新闻"一词就有了第 11 种含义，指报纸或报刊（过去也曾将报纸称之为新闻纸），但这也是"新闻"概念的罕见别解，仍属于特例性的用法。总之，不论是哪种情况，宪法文本中"新闻"一词的使用，很难说是最佳方案，在文词的选搭和精准性方面是可以再行斟酌的。不妨设想一下：在新闻专业的博硕面试中，如果要求学子们对宪法第二十二条中的"新闻"概念作出解释，将是对作答者揣测力的严峻考验，想必会众说纷纭，莫衷一是。

对传播法文本的批评性解读，当然不止于法言法语的文字瑕疵层面，还可以下探至各种规定背后的理念研判。

例如，1996 年，八届全国人大常委会第二十一次会议以不多见的全票通过了《老年人权益保障法》，该法第三十八条规定：

> 广播、电影、电视、报刊等应当反映老年人的生活，开展维护老年人合法权益的宣传，为老年人服务。

在该法施行后，天津市人大和浙江省人大各自制定了本地的《实施〈老年人权益保障法〉办法》（以下简称《办法》）。

天津市的《办法》第十七条规定：

> 广播、电影、电视、报刊等新闻单位应当报道老年事业的成就，反映老年人的生活，进行维护老年人合法权益的法制宣传。

浙江省制定的《办法》第七条规定：

> 报刊、广播、电视等新闻媒体应当积极开展敬老、养老、助老宣传，并根据实

---

① 因为该文件中反复出现"报刊、新闻、广播、电视"的固定表述，在对该文件的学习讨论中，曾有人就其中"新闻"概念的使用提出疑义，向上面反映，得到的回复是，这里的"新闻"系指通讯社及其电讯稿。

际情况，开办适合老年人的节目或者栏目。

上述三个法条，均强调了传媒维护和增进老年人权益的社会责任，但细鉴其规定，则三者的规范创制水平，是有高下之分的。

前两个法条主要强调传媒要重视敬老、爱老、助老的舆论引导，做好老龄问题的宣传报道；浙江省的法条中则增加了"开办适合老年人的节目或者栏目"这项内容，这就超越了前两个法条对传媒单一性的宣教要求。它提示，传媒的"为老年人服务"，至少有两个方面的任务：作为社会宣传、舆论工具，广播、电影、电视、报刊等大众媒体要注意营造尊重、理解、关心和帮助老年人的舆论环境与社会氛围；作为精神文化资源的直接提供者，大众媒体则应努力满足老年人不断增长的精神文化需要，提高老年人的精神文化生活质量。

上述前两个法条的规范偏疏，或可溯之于立法者有关传媒作用和性质的认识偏差。国内传统的传播体制曾长期偏重于张扬媒体作为思想道德教育手段和国家意识形态宣传工具的属性，这当然是必要的，但另一方面，却多少忽视乃至排斥了媒体及其传播作为公民精神生活资源的服务属性，这种畸轻畸重的体制性倾斜，难免会对人们的媒介性质观、作用观产生潜移默化的影响。好在这种情况近年来已有很大的改变，官方文件和国家领导人讲话中已多次提到维护和保障人民群众听广播、看电视、读报纸等媒介近用权益。

又次：将识读延伸至传播法的邻接性文本

除熟悉国内的法源之外，传播法的修学者还可以开敞其识读的外向视野，将阅读范围延展至传播法的邻接性文本。

所谓传播法的邻接性文本，包括立法面向的邻接、适法面向的邻接和法外规范面向的邻接。

举凡以亲历者的身份记录、介绍传播法的立法背景、内情及其规范条旨的文献，以及立法草案说明、法案的征求意见稿等，都是传播法的立法性邻接文本。很多成文法条的设定，都有不能或不便在其文本中明言的因由和理据，通过立法性邻接文本的识读，可对传播法单项文件的废立和某些具体条款的隐曲有更深入、准确的认识，也可从中感受"最后确定的法案条款，通常为较优选择的方案，而不可能是最优方案"① 之遗憾，

---

① 徐盈雁：《从此可以"民告官"》，《检察日报》2009 年 8 月 20 日第 4 版。

并投以"理解之同情"。要说明的是，立法性的邻接文本不仅限于"立法之有"的邻接，也包括"立法之无"的邻接。对一个国家传播法治状况及其特征的全面研判，既得看其制定了哪些法，也要观其未制定哪些法，后一种性质的邻接文本，往往更稀缺，也更值得关注。例如，新中国成立至今，一直没有制定单项的《新闻法》，其因由，学界或有评说，但少见官方公开的详解。2008 年 7 月，新闻出版总署署长柳斌杰在做客人民网强国论坛与网友进行在线交流时，专门谈到了"中国为何没有《新闻法》"的问题，其谈话，即可视为有关新闻立法的邻接性文本，同样，上世纪 80 年代新闻法起草工作参与者所撰著的介绍文章和回忆录，也是这一方向上的立法性邻接文本，具有重要的参考价值。

适法面向的传播法邻接文本，主要指法院对涉媒讼案的裁判。法院审理案件的过程，是一个通过适用法律来释放、加工法条文本内在意义的过程，法官就是"法律意义的释放主体"①。我国现行法律、法规、规章和其他规范文件中的一些裁判规则和行政规范并非专为应对涉媒诉讼和传播权益保障而设定，其中那些可以适用于确认、维护各类传播活动主体权益的裁判规则与行政规范，往往要通过法院审理的具体个案逐一激活和锁定。从这一意义上体会，司法裁判就是一种"活"的、动态的传播法邻接载体，通过对这种邻接载体所呈现的裁判文本的识读，可以更加生动、细致地体察到传播法从文本到实用的变数与效能。

至于法外规范面向的传播法邻接文本，则特指公权部门制定的传播政策和传媒业的显性职业道德准则，它们虽不具有法的强制力和拘束力，但与传播法的法定规范相辅相成，对传播法制的文明建设具有重要的影响。对此类邻接文本的比照性解读，可以进一步延展传播法的修学视野，丰富传播法的学理想象，有些话题拘限在狭义的传播法论域可能一时深入不下去，但结合这一方向的邻接文本来讨论，或可走得更远、下潜得更深。

2009 年的新版《新闻记者证管理办法》出台后，即有论者撰文指出，该管理办法规定了保护新闻记者合法权益的内容，但只集中于记者的采访活动方面，而有关新闻记者的权利，我国官方文件有不同提法。2008 年新闻出版总署《关于进一步做好新闻采访活动保障工作的通知》称：

> 新闻机构对涉及国家利益、公共利益的事件依法享有知情权、采访权、发表权、批评权、监督权。

---

① 朱峰：《法律的困惑——读〈法律之门〉》，《博览群书》2006 年第 3 期，第 62～63 页。

该通知将上述这些权利确认为新闻机构法人权利。而属于政策宣示性质的《国家人权行动计划（2009 - 2010）》中则称：

> 依法保障新闻记者的采访权、批评权、评论权、发表权。[①]

这就通过对传播法及其邻接性文件的比照识读，发现了官方在新闻人权利认定上的差异，差异即问题，问题促研究，研究出文章。

再譬如，关于新闻真实的议题，不仅在新闻学基础理论、新闻道德规约中出现，在近年的媒体侵权讨论中也被屡屡言及，而且常将"新闻真实"与"法律真实"比照分析。有的论者提出，不能以法律真实的标准来苛求新闻真实，也有的论者主张，新闻真实应当向法律真实看齐，增强新闻报道的真实性。在这类讨论中，大都会提及《最高人民法院关于审理名誉权案件若干问题的解释》（1998 年）中的规定：

> 新闻单位对生产者、经营者、销售者的产品质量或者服务质量进行批评、评论，内容基本属实，没有侮辱内容的，不应当认定为侵害其名誉权；主要内容失实，损害其名誉的，应当认定为侵害名誉权。

但却极少有人同时引述与此法条相关的一个邻接文本《中国新闻工作者职业道德准则》（2009 年）中的相关规定：

> 刊播了失实报道要勇于承担责任，及时更正致歉，消除不良影响[②]。

其实，只要将上述两个规定放在一起比照，就不难看出，新闻界对新闻真实的行业问责标准，比法院对新闻真实的司法问责标准更严格。根据新闻职业道德准则的要求，媒体只要刊播了失实报道，不论其是否属于基本属实，均应勇于承担责任，及时更正致歉，消除不良影响；而根据最高法院的司法解释，则只有在报道内容基本不属实的情况下，媒体才可能承担包括赔礼道歉在内的法律责任。所以，提出新闻真实要向法律真实看齐，无异于大大降低了对新闻真实的行业要求。较为准确的说法应该是：司法对新闻

[①]　魏永征：《微型"新闻记者法"出台》，《青年记者》2010 年第 1 期，第 45 ~ 47 页。

[②]　此处的内容引自 2009 年 11 月 9 日新修订的《中国新闻工作者职业道德准则》，该准则的前一个版本中也有相似内容的表述："如有失实，应主动承担责任，及时更正并公开道歉。"

真实性的证明标准，要比新闻行业对真实性的证明标准更严格，因为前者所要求的"真实"，必须是能够提供证据证明的真实，法院裁判所遵行的"以事实为根据"，实际是以"有证据证明的事实为根据"。但新闻界对新闻失实的行业问责标准，则比司法的问责标准更严格。

此外，更高境界的传播法文件、文献识读，还可以也应该将眼光投向域外，接触和了解其他国家的传播立法成果和实践，取长补短，为我所用，这方面的窍奥，已超出了笔者的体验，只能恭候识者指点了。

（原载《国际新闻界》2010 年第 10 期）

自选理由：

该篇论文系统探讨和论述了传播法研究中有关解读、考辨和援用传播法规范文件的适切方法和存在的误区。较有新意地提出了传播法研究应当重视对传播法三种外围邻接文本（立法面向、适法面向和法外规范面向的邻接文本）的解读和沿用，深化了国内这一治学方向的讨论和认识。

对康卡斯特诉 FCC 案的思考

赵 康[*]

一 康卡斯特公司诉 FCC 案经过

美国康卡斯特电信公司是美国领先的有线电视、娱乐和通信提供商，也是美国最大的有线电视运营商，总部位于宾夕法尼亚州的费城。主要提供有线电视、VOD 及高清电视、宽频网络及 IP 电话等服务，在美国 41 个州拥有业务网点。

2007 年，美国康卡斯特公司（Comcast Corp）的互联网用户发现，P2P 软件 BT 下载不能正常运行，怀疑是网络服务提供商康卡斯特公司对其进行干扰。美联社（Associated Press）随即对康卡斯特用户进行了全国调查，美联社的调查发现康卡斯特公司确实对快速互联网用户的在线文件共享进行了限制。两个公益组织——自由报业（Free Press）与公共知识（Public Knowledge），以康卡斯特公司干扰用户的互联网接入为由，向美国联邦通信委员会（Federal Communications Commission，简称 FCC）进行投诉。

康卡斯特公司在发现用户进行大文件在线文件共享之后，在网络连接中植入了一个"复位信息包（reset packet）"。复位信息包可以阻断文件共享的链接。FCC 认为康卡斯特公司影响了链接的路径，而且其对路径的偏好取舍依据的是传输内容而不是传输终端。

因此，FCC 根据 1934 年《通信法案》（Communications Act）判定康卡斯特公司违反了联邦规定，并对康卡斯特公司下达指令，禁止康卡斯特公司干涉其用户的 P2P 使用。康卡斯特公司对 FCC 的裁决并不认可，将此案上诉到了华盛顿特区巡回上诉法庭（United States Court of Appeals for the District of Columbia）。法庭判决 FCC 的指令无效。

---

* 赵康系中国社会科学院新闻与传播研究所助理研究员。

二　法庭的判决

上诉法庭判决 FCC 的指令无效，所依据的只是对行政管辖权的界定。法庭的判定依据为：

第一，康卡斯特有权进行行政管辖权抗辩。在美国图书馆协会诉 FCC 案（American Library Ass'n V. FCC）中，法庭确立了 FCC 在有线通讯领域具有合理的辅助行政权。在哈特诉康卡斯特阿拉米达分公司案（Hart V. Comcast of Alameda, Inc.）中，康卡斯特公司只是承认其互联网服务使用了有线通讯（communication by wire）。法庭认为，康卡斯特在使用有线通讯方面的让步，并不能视作认可 FCC 以辅助行政权为理由对其业务进行管控。

第二，法庭认为，辅助管辖权的使用必须一案一议（case by case）。所以在 Brand X 案中法庭的判决，并不能免除法院对康卡斯特案的审查。在康卡斯特案中，法庭需要重新考察 FCC 是否正确使用了辅助管辖权。

FCC 对于辅助管辖权的申辩主要基于国会的政策声明，即《互联网政策声明》（Internet Policy Statement）。法庭认为，虽然政策声明有助于厘清辅助管辖权的行使范围，但是"仅仅是政策声明，并不能单独授予 FCC 行使辅助管辖权"。FCC 若想运用辅助管辖权，必须符合《通信法》中 Ⅱ、Ⅲ、Ⅵ 条款。FCC 的指令并没有相关条款依据，所以法庭判定 FCC 的指令无效。

三　论争的焦点：网络中立的原则

康卡斯特案，是 FCC 第一次运用网络中立原则对网络服务供货商进行制裁。FCC 认为，康卡斯特公司暗中对用户使用 BitTorrant 上传下载进行干扰，并不具备网络管理的抗辩理由。康卡斯特的行为违反了 FCC 制定的《互联网政策声明》（Internet Policy Statement），妨害了互联网公开性。

FCC 认为，互联网作为一个开放性平台，可以促进"创新、投资、工作机会、经济增长、竞争和言论表达"。为了保证互联网的自由公开，FCC 制定了三个标准。

第一，透明性。FCC 认为，制定网络管理规则的根本目的是促进互联网业内的竞争。而公开网络运营商的网络管理措施和商业服务条款，有助于促进竞争。首先，用户可以根据运营情况进行宽带选择，从而抑制互联网运营商的投机行为，保护了互联网的公开原则。其次，用户对互联网运营商的信任度会随之加强。有了用户的信任，投资也会随之而来，网络基础设施建设得以改进。再者，运营规则的透明化，可以为寻找方向的小运营商提供经营线索，借此可以培养网络产业中的后备力量，增强竞争性。另外，透明化的操作易于辨识，用户可以在第一时间发现问题之所出，并找到解决办法。FCC 也可方便搜集相关信息，做出准确评估。

不过 FCC 也在声明中指出，其所要求的公开并不涉及企业机密等敏感信息。FCC 要求互联网运营商公布的信息主要包括三个方面：

（1）网络操作

网络操作需要公示的有附件设施、安全举措，拥堵管理等，包括网络阻塞需要运营商介入的具体指标、发生拥堵的频率、流量限制及其影响。

（2）业务特征

网络运营商需要对其业务特征进行准确介绍，包括技术特性、预期和实际的传输速度，潜在的问题也需说明。如果有特殊服务的需要，这样的业务会不会影响网速，进而妨碍网络的公平接入。

（3）商业条款

需要公示的商业条款主要是价格公示，运营商应该公布宽带用户的月租、流量付费标准、终止业务的费用、增加业务的费用等。如果伤害到用户利益引起投诉如何进行赔偿，也需对外公布。

第二，不得屏蔽。

FCC 根据《互联网政策声明》的相关条款制定出了只针对固定宽带运营商的条款："提供固定宽带接入服务者，不得以网络管理的名义屏蔽合法内容、应用程序、网络服务以及无害的附件设备。"

第三，禁止差别对待。

为了防止差别对待，FCC 提出终端用户控制原则。虽然 FCC 并不排斥互联网运营商对用户的合理区别对待，但是用户的选择是判断运营商是否合理区别对待用户的标准。所有 FCC 认为，尽量将主导权转移到用户这一端有利于防止非合理差别对待。用户会根据数据流量、可靠性等标准去选择服务质量（quality – of – service）较好的运营商。

FCC 制定的标准得到了学界、政界、社会组织等的支持。支持者认为，康卡斯特公司的做法，属于网络运营商区别对待内容提供商。这将会影响用户的信息偏好，最终扰乱观念市场的自由流通。

而众多网络公司和经济学者对 FCC 的标准持反对态度。康卡斯特、AT&T 和 Verizon 等宽带服务提供商表示，他们已经为网络基础设施投入了数十亿美元，应当有权利对网

络浏览采取区别对待，为自己争取到投资回报。网络服务提供商还坚称，他们需要灵活管理系统，防止 BitTorrent 等应用占有过多带宽，拖慢其他人的网络速度。反对网络中立者认为，网络基础设施也是私有财产，网络运营商具有不可剥夺的私有财产权。强制执行网络中立的原则，是对运营商私产的干扰。

四　传媒经营的分析视角

对于传媒企业的竞争进行规制，需要考虑到传媒企业的两个属性——政治属性和经济属性。既要不妨碍传媒企业的盈利经营，也要保障皆有传媒企业实现的表达自由。

在网络融合的背景下，电信、互联网提供商等基础设施提供企业也是传媒经营的基础，直接影响着传媒企业的盈利与传播，也在传媒企业规制的范畴之内。本文试图从传媒经营的两个属性对网络服务供货商的竞争规制进行分析。

首先，网络服务提供商对不同的用户进行区别对待，符合媒介经营的经济属性。既然带宽是稀缺产品，对于稀缺产品的定价就应该遵循市场经济的原则，实行差额定价。以立法的形式强制网络服务供货商对于带宽使用统一定价，违背了市场经济运作的基本法则。这会阻碍网络服务供货商的经营积极性，迫使私人资本从网络服务供应领域退出。最后，只能由政府进行买单，用财政拨款进行宽带建设。这不仅会妨害资源分配的效率，最终也会损害消费者的利益。

差别定价策略是实际中应用较典型的定价策略之一，也称为弹性定价，是对企业生产的同一种产品根据市场的不同、顾客的不同而采用不同的价格。一般来说，只要对不同类型的顾客就同一种产品采用不同的价格，或经营多种产品的企业对具有密切联系的各种产品所定的价格差别同它们的生产成本的差别不成比例时，就可以说企业采用了歧视性定价。

另有反对者认为，禁止运营商差别收费是一种将 QOS① 价格设定为零的价格管制，这种管制只会把网络投资成本转嫁到消费者身上，让消费者多付费用来补贴内容提供商，导致了对消费者需求的抑制，进而使运营商和内容提供商双输。

QOS 交易所创造的网络差异化才是更有利于应用创新的环境，而创新者所面对的 QOS 费用问题可以通过资本市场以及风险投资机制解决。禁止 QOS 收费实质上是让消

---

① QOS，即 Quality Of Service，指数据流通过网络时表现出来的特性，是用来解决网络延迟和阻塞等问题的一种技术，它的目的是向用户业务提供服务质量保证。

费者补贴了所有创新参与者，这种模式缺乏效率①。

在康卡斯特公司诉 FCC 的案例中，华盛顿特区巡回上诉法庭判决，FCC 无权根据网络中立原则对康卡斯特公司进行管制。康卡斯特公司对使用流量较大的 BT 下载实施干扰，确实有欠妥当，但是对于使用带宽较多的用户进行额外收费是合理的。

其次，还应看到，对于网络内容的把关权是否能够掌握在网络服务供货商手里，有待讨论。网络服务供货商对于不同内容传输进行的区别对待，可能会妨碍付不起费用的小用户的表达权利。美国《通信法案》的基本精神就是保障表达权利。例如 1996《通信法案》中对平等拨号的规定：提供必要的业务和信息非歧视性接入，以使竞争经营者实施市话平等拨号。无论是保证偏远山区的通信权，还是防止电话公司一家独大阻碍其他公司介入竞争，都是为了防止公民借由通信的表达受阻。信息企业与通信企业有一定区别，所以法庭以康卡斯特案不符合通信条款为由拒绝 FCC 的判决。但是信息企业和通信企业都属于传媒企业的上游产业，是表达自由保障的第一层堡垒。如果信息企业对于用户使用的干预影响了用户的表达自由，则应该在具体判例中予以规制。

综合考虑网络服务供货商的盈利动机和网络用户的表达自由，本文认为，应该在保障最低带宽服务前提下，对额外的带宽要求按层级进行收费。这种规制策略，适合于既有市场性又有公共属性的企业生产行为。这与其他兼具公共性与经济性的商品有相似之处。比如住房，作为人的基本需求必须得到满足，否则无法履行相应的社会职能。所以，房地产市场，既要保障社会基本需求，又不能妨害房地产市场的盈利行为。这就要求，在保证基本的社会保障房建设的前提下，对额外的住房需求收取额外的费用。

五　结论

电信、传媒、互联网等信息传播渠道的融合，扩展了传媒企业的外延，电信、互联网基础设施相关的规范也纳入了传媒经营管理的范畴。传媒经营具有两种属性：经济属性和政治属性。经济属性体现在媒体的盈利功能，政治属性体现在表达自由。本文认为，以立法形式确立网络中立的硬性规则并不能优化盈利模式。不过，网络中立支持者所施加的舆论压力，为传媒企业履行公共性职能、保障表达自由提供了一道保障。所以，本文认为，网络中立原则更适合社会性规制，而不适合立法性规制。

从华盛顿特区巡回上诉法庭对康卡斯特公司诉 FCC 案的判决中可以看出，上诉法

---

① 《"网络中立"之争：电信业与互联网的利益角逐》，http://wireless.iresearch.cn/telecom/20110117/131731.shtml。

庭并没有针对康卡斯特公司是否应该屏蔽 P2P 进行判定，只是依照康卡斯特公司的抗辩对 FCC 的指令进行裁决。这说明，美国的司法机构对于网络中立原则立法，持一事一议（case by case）的审慎态度。本文认为，这种审慎态度有助于合理处理盈利与表达自由的关系。并不以立法的形式强行规定网络中立，保护了网络服务提供商的盈利动力。同时以判例的方式对网络服务提供商等新形态的传媒企业进行规制，防止公民表达自由受到破坏。

（原载《佳木斯教育学院学报》2013 年第 12 期）

自选理由：

康卡斯特诉 FCC 案涉及网络时代的表达自由和网络中立等原则，是我在美国访问期间重点考察的内容之一。学界对于康卡斯特诉 FCC 案的研究主要集中在法学和经济学两个领域，本文从传媒经营的视角做出了分析，并回应了网络中立是否作为立法依据的讨论。

也谈建国初期私营传媒消亡的原因

李斯颐[*]

从 1949 年到 1952 年底，我国新闻业初步完成了转型，形成了集中统一的宏观体系格局，为社会主义建设的全面展开做好了准备。在这一新体系建立的同时，私营传媒迅速消亡，其原因尚值得史学界进一步讨论。

一 问题的提出

目前专门研究建国初期私营传媒改造的文章不多，仅见的几篇都提到了当时私营传媒经营困难以及不适应新中国办报方式的问题，但有些看法值得商榷。

1988 年，孙旭培在一篇文章中提到了新中国成立初期私营报业在业务和经营方面的困难以及提前实行公私合营的情况，但侧重资料，对其原因着墨不多。[①] 此后，施喆的文章在谈到这类报纸经营困难的同时，进而指出私营传媒社会主义改造的提前完成"更深层次的原因在于，当时实行的一系列政策使私营报业面临的制度环境逐渐演变为政府管制的计划体制，报业赖以生存的经济来源逐步萎缩"[②]。这一看法触及了问题的核心，文章从建国初期严格的新闻内容管制和分工体制、邮发合一及广告市场萎缩等方面分析了"制度环境演变"给私营报业带来的影响，但落脚点还是放在了"经济来源"上。曾宪明认为私营报业消亡是历史的必然，但指出中共"对允许出版的私营报纸表现了极大的关怀和扶持，我党有希望私营报业健康生存的主观愿望"，而私营报业由于"自身难以克服的弱点"和"运作机制不适应新中国的管理体制"难以支撑，所以"私

---

[*] 李斯颐系中国社会科学院新闻与传播研究所研究员，本文发表时为副研究员。

① 孙旭培：《解放初期对旧新闻事业的接收和改造》，《新闻研究资料》总第 43 辑，中国社会科学出版社，1988。
② 施喆：《建国初期私营报业的社会主义改造》，《新闻大学》2002 年第 1 期。

营报业走公私合营之路，体现了其自觉自愿和与政府配合协作的积极态度"。① 这一看法从表面看似乎不无道理，因为当时的政策的确给了私营报纸很多扶助，但从更深层次究问，就会发现这个结论过于简单。

全国解放前，中国共产党所领导的报纸大部分都在偏僻的老区和革命根据地，这些报纸在经济上实行的是"供给制"，即办报所需要的资金和设备以及工作人员的基本生活费用都由党和政府统一供给。与这些报纸不同，在新的历史条件下，私营报纸面临着许多困难和新问题②，1949 年 12 月新闻总署召开全国报纸经理会议，主要任务就是解决全国公私营报纸的纸张与赔耗问题，要求私营报业也要实行企业化经营方针。私营传媒在所有制上和资本主义工商业属同一性质，但为什么没能像其他私营工商业那样，延续到 1956 年社会主义改造完成时期？在国家经济最困难的 1949 ~ 1950 年，据当时对 14 个较大城市的统计，1950 年 1 ~ 4 月有 2945 家工厂倒闭；在 16 个较大城市中，属于半停业状态的商店达到 9374 家。③ 1950 年中央实行统一财经后，情况开始好转，到 1952 年年底，全国工农业总产值比 1949 年增长了 7.5%，其中工业总产值增长 14.5%，工农业主要产品产量均已超过旧中国历史最高水平。④ 那么，为什么私营报纸渡过了最困难的阶段，却在国家经济状况逐渐好转的 1952 年底相继实行了公私合营改造呢？这不能简单地用经营不善来解释。

要看清这个问题，倘若做一点横向比较，就可得到一些具有参照价值的启示。

与报纸类型相近的私营出版业，经营也存在严重困难⑤，同样有难以适应新时代要求的问题，但在解放初期却经历了一个时间很长的数量增长过程。以旧中国出版业重镇上海为例，刚解放时有私营出版社 150 多家，1952 年底发展到 321 家，至 1954 年 3 月底最后 80 家私营出版社全面完成社会主义改造。⑥ 就全国而言，1954 年 8 月，中宣部批转了出版总署《关于整顿和改造私营出版业的报告》，指出对出版业的社会主义改造到 1955 年 6 月全面完成，比新闻业的社会主义改造晚了两年多，原因何在？同属思想文化领域的私营戏剧演出团体，完成改造的时间更是晚了很多，艺人集体所有制性质的

---

① 曾宪明：《解放初期大陆私营报业消亡过程的历史考察》，《新闻与传播研究》2002 年第 2 期。

② 宁启文：《1949 年 ~1956 年大陆报业企业化经营概述》，《新闻与传播研究》2001 年第 2 期。

③ 王相钦：《中国民族工商业发展史》，河北人民出版社，1997，第 739 页。

④ 中央财经领导小组办公室编《中国经济发展五十年大事记》，人民出版社，1998，第 51 ~ 52 页。

⑤ 笔者据《上海出版志》（上海社会科学院出版社，2001）第二章附录进行了综合统计，1952 年同 1951 年相比，商务印书馆的出书种数和用纸数分别下降 73.3% 和 44.9%，中华书局分别下降 46.2% 和 62.7%。

⑥ 笔者据《上海出版志》"总述"、"大事记"及第八篇第一章第一节"出版社的设立与管理"内容进行综合统计得出。

"共和班"一直延续到"文化大革命"前。① 新中国成立初期，这类演出团体也经历了经营极为困难的阶段，据上海市文化局调查，大的团体上座率跌至六成以下，小的剧团不到两成②，那么，这类私营团体为什么能够长期存在呢？此外，从同属大众传媒的电影业来看，当时的私营影业公司多数也是经营困难，但少数情况不错，公私合营之前共拍出 50 多部影片。如上海的昆仑、文华等公司拍摄了《武训传》《我这一辈子》《方珍珠》等一批被电影史学界啧啧称道的影片，对这类影业公司来说，不存在经营不善的问题。然而，私营影业公司 1952 年 2 月就完成了公私合营的社会主义改造，1953 年初又实现了全行业国有化，甚至早于私营新闻传媒。

从上述比较可以看出，改造的原因不能简单地用经营状况加以解释。要完整地、合理地解释建国初期私营新闻传媒存在和消亡的原因，就必须扩展至更大的历史范围，不仅从它自身来看待问题，而且应当从当时中央的指导思想和政策、从党报体系建立以后私营报业与之此消彼长的关系等方面分层考察。

二　私营传媒的生存状态未超出其他私营资本发展边界

私营传媒属于民族资本企业，在所有制性质上和其他私营工商业一样，同属私营资本。建国初期，党对私营资本采取的是"利用、限制、改造"的方针，即在过渡时期利用它有利于国计民生的一面，以后通过政策限制再逐步改变其所有制性质。和苏联经验相比，这是一项有中国特色的创举。私营传媒在一定时期内得到政府扶持继续存在、到一定阶段后走向消亡，从根本上来说和其他私营资本一样，都是这一政策范围内的正常现象。

首先，作为民族资本企业，私营传媒在一定时期内的继续存在，符合党对新中国建立初期的制度设想和政策设计，与社会经济形态的构成特征相匹配，也是国民经济恢复阶段的需要。毛泽东早在抗战时期发表的《新民主主义论》和《论联合政府》等著作中就已阐明，中国革命要分为新民主主义革命和社会主义革命两个步骤。1949 年 3 月，中共七届二中全会确定了全国胜利后党在政治、经济、外交方面的基本政策，指出了中国将由新民主主义社会转变为社会主义社会的发展方向。1949 年 9 月全国政协第一届全体会议通过的《共同纲领》，也提出建国以后要在相当一段时期内实行新民主主义政策

---

① 傅谨：《文化市场发展与剧团体制改革》，《文艺研究》1998 年第 4 期。
② 转引自姜进：《断裂与延续：1950 年代上海的文化改造》，《社会科学》2005 年第 6 期。

的纲领。新中国建立之初的新民主主义社会是走向社会主义的过渡阶段，这一社会形态中国民经济各种成分的关系正如毛泽东在《目前形势和我们的任务》一文中所指出的，国营经济将处于主导地位，农业经济逐步向集体方向发展，同时保留独立小工商业者经济和中小私人资本经济。①

对于为什么还要保留私营企业，毛泽东在《论人民民主专政》一文中有明确阐述，认为民族资产阶级在当时很重要，为了提高落后的经济，必须利用有利于国计民生的城乡资本主义因素。毛泽东指出："我们现在的方针是节制资本主义，而不是消灭资本主义。"② 对民族资本企业有利的一面，毛泽东是反复强调的，并且不赞成立即消灭资本主义。1950 年 6 月 3 日，他在党的七届三中全会报告中提出："有些人认为可以提早消灭资本主义实行社会主义，这种思想是错误的，是不适合我们国家的情况的。"③ 根据中央的精神，党和国家对民族资本企业在一定时期内采取了扶持发展的政策，当时各级政府对很多经营困难的私营工商企业，都在力所能及的范围内给予了帮助，不仅提供贷款、救助金和物资（包括冬衣冬被），有的甚至通过国营企业帮助私企分流人员，使之渡过难关。接受政府资助的也包括私营新闻传媒企业，私营传媒得到政府支持和扶助，这是新民主主义阶段的题中应有之义，也是国民经济恢复时期的需要。当然，在国民经济恢复阶段对私营资本利用的方法是节制而非消灭，所谓"节制"，就是政策上要有所限制，不能任其随意发展。对此，毛泽东在中共七届二中全会上已经讲得很清楚："中国资本主义的存在和发展，不是如同资本主义国家那样不受限制任其泛滥的。"④

其次，由于所有制性质，私营传媒的存在状态不可能超出私营工商业的发展边界，从根本上说，它们的最终命运是一致的。

国民经济恢复阶段，党和国家对民族资本企业采取了扶持发展的政策，但是根据中国革命分两步走的认识，新民主主义阶段结束以后，国家将进入社会主义建设阶段。按当时的认识，后一阶段将是单一的公有制形态，所以对私营资本的社会主义改造是历史的必然。问题在于，前一阶段在转化之前究竟能够延续多长时间。建国前后，中央对此的认识是：这将是一个很长的时期。毛泽东在 1948 年 9 月召开的中央政治局会议上指出："我国在经济上完成民族独立，还要一二十年时间。我们要努力发展国家经济，由发展新民主主义经济过渡到社会主义。"⑤ 也就是说这个过渡时期还比较长，要一二十

① 《毛泽东选集》第 4 卷，人民出版社，1991，第 1255 页。
② 《毛泽东选集》第 4 卷，人民出版社，1991，第 1479 页。
③ 《毛泽东文集》第 6 卷，人民出版社，1999，第 71 页。
④ 《毛泽东选集》第 4 卷，人民出版社，1991，第 1431 页。
⑤ 《毛泽东文集》第 5 卷，人民出版社，1996，第 146 页。

年时间。1950 年 6 月 23 日，他在全国政协一届二次会议闭幕词中谈到实行国有化和集体化的时间时再次指出，"这种时候还在很远的将来"①。

然而到 1952 年，这一认识开始改变。这一年，土地改革、抗美援朝、镇压反革命、"三反""五反"等一系列运动取得了胜利，国民经济形势大为好转，国营工商业和私营工商业的产值比例发生了根本性变化，国营经济的比重开始超越私营经济。随着国内外形势的变化，党和国家对民族资本的政策开始改变。1952 年 6 月 6 日，毛泽东在一份批语中明确提出："在打倒地主阶级和官僚资产阶级以后，中国内部的主要矛盾即是工人阶级与民族资产阶级的矛盾，故不应再将民族资产阶级称为中间阶级。"② 9 月 24 日，他在中共中央书记处会议上又提出："十年到十五年基本上完成社会主义，不是十年以后才过渡到社会主义。"③ 在 1953 年 6 月 15 日的中央政治局扩大会议上，毛泽东正式提出了党在过渡时期的总路线和总任务，即在 10～15 年或更长一些时间内基本完成"一化三改"。毛泽东对建国以后要在相当一段时期内发展新民主主义的认识在 1952 年就发生了改变，原来设想的要经过一二十年才开始的社会主义改造提前到 1953 年就揭开了序幕。改造的序幕揭开以后，实际上只用了三年，到 1956 年就实现了社会主义改造的目标。

在社会主义改造完成的背景下，私营传媒的消亡只是个时间问题了。"在社会主义国家，报纸是社会主义经济即在公有制基础上的计划经济通过新闻手段的反映"④，当公有制和计划体制建立以后，属于私有制范畴的私营传媒就失去了生存空间。国家发展路径是影响私营传媒命运最根本的因素，从公共管理学角度看，这是一个制度安排和制度变迁的刚性制约问题。

三　私营传媒的活动特征和意识形态属性使之提前完成改造

私营传媒完成改造是在国民经济恢复阶段，这是因为大众传媒和物质产品生产企业不同，提供的是精神产品，不同所有制的传媒具有不同的意识形态属性。私营传媒是具有意识形态属性的私营资本企业，而且具有同步参与现实的新闻传播特征，其改造提前

---

① 《毛泽东文集》第 6 卷，人民出版社，1999，第 80 页。
② 《毛泽东文集》第 6 卷，人民出版社，1999，第 231 页。
③ 逄先知、金冲及主编《毛泽东传》上，中央文献出版社，2003，第 236 页。
④ 《建国以来毛泽东文稿》第 6 册，中央文献出版社，1992，第 508～509 页。

完成与这一属性和特征密切相关。这里还涉及对党报理论和新闻传媒性质功能的认识问题。

中国共产党从建党开始就极为重视宣传和理论工作，党对报纸性质功能的认识主要来自列宁的办报思想和苏俄的办报经验。列宁和斯大林都非常重视报纸在阶级斗争中的作用，多次批判资产阶级出版自由这一口号的虚伪性。在阶级冲突激烈的环境下，报纸必然要表现出强烈的阶级性，中国近代以来有影响的报纸都是政论报刊而不是《申报》《新闻报》之类的商业报纸，就是一个证明。报纸是阶级斗争工具的说法，在中共党报史上最早见于 1930 年 8 月 15 日《红旗日报》创刊号发刊词："在现在阶级社会里，报纸是一种阶级斗争的工具。"①1933 年 12 月，张闻天在中共苏区中央局机关报《斗争》第 38 期发表的《关于我们的报纸》一文中，还专门对报纸作为"阶级斗争的有力武器"同宣传工作的关系进行了论述。②1933 年张友渔担任北平《世界日报》主笔时指出："社会本身既是阶级斗争的社会，因而成为社会的一现象的新闻，也不能不是阶级斗争的一表现，故所谓新闻，不外是阶级对立的人类社会中阶级斗争的武器。"③这一认识成为党报理论基本观点之一，解放后还被写进了教科书。

作为阶级斗争的工具，新闻传媒要代表本阶级的利益，而私营传媒不能代表无产阶级利益，反映的只是民族资产阶级或小资产阶级的意识形态，所以提前完成改造势不可免。这一点，明确反映在建国前后中共中央处理私营传媒的一系列政策规定中。1948 年 1 月 8 日《中共中央关于新解放城市中中外报刊通讯社处理办法的决定》（以下简称《决定》）④，集中体现了这些政策的精神，以后中央的几个补充指示以及具体规定，都没有超出这一《决定》。曾宪明在谈到该《决定》确定了保护人民言论出版自由和剥夺反人民言论出版自由的原则时说，文件"特别强调了'对于私营报纸、刊物与通讯社，一般地不能采取对私营工商业同样的政策'，不能'不分青红皂白，轻率地一律取消'"⑤。引者略去了文件原文中的原则概括，将文件后面的用语不完整地移到了前边，这种蒙太奇式的处理方式改变了文件原意，使人认为中央对私营工商业是"一律取消"，而不允许对私营传媒采取同样的对策，言下之意是私营传媒享有更为宽松的政策环境。

曾文如此引用资料有欠妥帖，也不符合史实。《决定》的总则部分完整清晰地阐述

① 《中国报刊广播文集》第 2 册，北京广播学院新闻系 1980 年编印，第 390 页。
② 中国社会科学院新闻所编《中国共产党新闻工作文件汇编》下，新华出版社，1980，第 180 页。
③ 《张友渔新闻学论文选》，新华出版社，1988，第 2 页。
④ 中国社会科学院新闻所编《中国共产党新闻工作文件汇编》上，新华出版社，1980，第 189 ~ 190 页。
⑤ 曾宪明：《解放初期大陆私营报业消亡过程的历史考察》，《新闻与传播研究》2002 年第 2 期。

了处理旧有传媒的原则，认为这类传媒"绝大部分是反动派所掌握的，少数是中间性的，只有极少数是进步的。在许多城市中则根本没有进步的和中间性的报纸刊物"。在这一基本判断之后，《决定》紧接着指出："报纸刊物与通讯社是一定的阶级、党派与社会团体进行阶级斗争的工具，不是生产事业，故对于私营报纸、刊物与通讯社，一般地不能采取对私营工商业同样的政策。除对极少数真正鼓励群众革命热情的进步报纸刊物，应扶助其复刊发行以外，对其他私营的报纸、刊物与通讯社，均不容采取鼓励政策。"① 这段话是文件的立足点，引用时不应略去，且文件后边提到"不分青红皂白"一语时讲的也是需要兼顾的原则之一，即"无限制地放任的政策和一律取消的政策"都不符合党的原则，不宜只引用一半。

党报理论发展史以及中央文件的相关规定都表明，私营传媒的意识形态属性使之必然要先于其他物质产品生产和流通企业进入并完成社会主义改造。

私营传媒由于意识形态归属的敏感性而提前完成改造，还可以在与思想文化领域相近行业的比较中反映出来。1952年底之前提前完成社会主义改造的除新闻业外还有私立高校和电影业。新闻业社会主义改造提前完成的原因如前所述，教育领域提前进入改造也不难理解，因为不尽早完成知识分子思想改造和院系调整，就无法适应当时国家建设的需求。电影业提前完成社会主义改造在今天看来不易理解，因为在今人看来，电影与现实有一定距离，和戏剧一样属娱乐性消费。对此，有必要做一点辨析。

建国初期对电影性质功能的认识受苏联影响很大。列宁时期，苏联就对电影格外重视，认为电影作为通俗易懂的影像艺术可以极大地影响每一个人，开展过大规模的电影建设运动。1930年，中国左翼作家开始译介苏联电影业情况，1932年6月15日，上海《时报》副刊《电影时报》发表了译文《电影在苏联》，首次介绍了列宁关于"在一切艺术中，对于我们最重要的是电影"的论述，介绍了苏维埃第十二次、第十三次代表大会有关"电影必须经党之手，使之成为社会主义的启蒙及煽动的有力的武器"的思想。② 新中国成立后，对电影性质的这一判断延续下来，并且认为电影在文艺诸门类中影响最大，所以给予格外的重视。的确，在解放初期文盲占多数的情况下，各类传媒中电影的影响名列前茅，尤其是在大城市。以上海为例，1949年电影观众约为0.19亿人次，以后逐年递增，1952年达0.46亿人次，1956年为0.59亿人次；③ 而全国电影观众

① 中国社会科学院新闻所编《中国共产党新闻工作文件汇编》上，新华出版社，1980，第189~190页。
② 上海电影志编纂委员会：《上海电影志》，上海社会科学院出版社，1999，第34页。
③ 据《上海电影志·大事记》（上海社会科学院出版社，1999）历年年底统计数汇总计算。

数量，1949 年不足 0.5 亿人次，1952 年为 5.6 亿人次，1956 年则达到了 13.3 亿人次。①相比之下，当时报纸的印数和收音机的保有量都不高。以印数最多的《人民日报》为例，1949 年底印数为 9 万份，1952 年为 48 万份，省和大区级党报印数通常在 10 万份上下。② 报纸和广播的影响主要是通过大量的读报组、收音站和有线广播站以及壁报、黑板报、阅报栏等替代性媒介扩散的，严格说来属于组织传播途径，而电影反倒更符合大众传播的"大众"之意。正是出于对电影的意识形态属性及其传播功能的认识，当时党和政府对电影管理的重视程度超过了新闻传媒。对新闻稿的预审只是在短暂的军管时期，而对电影的审查则长期存在，并且从故事梗概开始延伸到此后各个制作环节。建国以后的政治运动，最早也起始于电影界，以后才波及教育和文学理论领域。

通过横向比较不难看出，私营新闻传媒改造之所以提前完成，关键在于其意识形态属性和活动特征以及党和政府对此的认识。

四　活动空间日趋狭小使私营传媒的消亡成为历史必然

新中国成立初期，我国新闻业经历了从旧时代向新时代的转型，党的新闻业体系的建立和私营传媒经过改造而消亡，是这一转型得以实现的两个组成部分。私营传媒活动空间的状况还需要与新中国新闻业体系的建立以及相关的管理政策结合起来考察。

尽快建立起党的新闻业体系，是建国初期党在宣传和思想领域面临的首要任务，在国民经济恢复阶段这一目标快速而高效地实现了。以《人民日报》为主导，各级各类机关报、人民广播电台和国家通讯社构成了党的新闻业的核心部分。除了这种外部结构的变化，对党的新闻业体系来说，更重要的是信息传播集中管理制度的建立。从全国胜利前夕开始，中央先后颁发了一系列决定和指示，如《中共中央关于宣传工作中请示报告制度的决定》《中宣部关于克服新闻工作系统中无政府、无纪律现象，坚持请示报告制度的指示》等，明确规定，各地重大新闻发布须经当地党委审批，全国性的重大消息应事先请示中宣部或新华社总社，各党政机关及其工作人员的稿件，未经批准不得交非党传媒发表。1949 年 12 月，中央政务院颁布了《关于统一发布中央人民政府及其所属各机关重要新闻的暂行办法》，规定所有公告和公告性新闻均由新华通讯社统一发布。③

---

① 沈芸：《中国电影产业史》，中国电影出版社，2005，第 153、162 页。

② 方汉奇等：《中国新闻事业通史》第 3 卷，中国人民大学出版社，1999，第 3～17 页。

③ 《人民日报》1949 年 12 月 10 日第 1 版。

1950 年和 1951 年，政务院又相继公布了几项有关统一发布新闻的规定。1952 年 8 月，中央专门做出规定，国际时事报道和评论完全集中于中央，"统一由新华社和《人民日报》发表"，其他各报未经中央批准，"不得发表任何报道和评论"。① 这样，通过结构重建和信息传播集中管理制度的确立，一种自上而下的新闻宣传制度和结构从此建立，适应了建国初期国家发展的需求。

在党的新闻业体系建立的同时，党和政府对私营传媒的改造逐渐展开。

在步骤上，由扶持逐渐进入改造、平稳过渡，是符合对民族资本"利用、限制、改造"总方针的，和十月革命胜利后苏维埃政权"一刀切"的取缔政策差别很大②，这也是中国革命的一个创新。夏衍曾回忆，1949 年 5 月 14 日，在他即将前往上海负责接管旧传媒时，周恩来在中南海接见他时提醒道："民办报纸…… 是一个相当复杂、政策性很强的问题，我们初步的意见是北平、上海这样的地方，还可以保留几家民营报纸。"③总之，当时中央对旧传媒的改造还是相当谨慎的，这一点在 1952 年年底之前尤为明显。

在方法上，中央采取了区别对待的方针，对国民党党政军机关未及南逃的或有反动政治背景的传媒一律接管；对西方在华传媒停播广播，收回了外国通讯社自第二次鸦片战争以来向中国传媒直接发稿的权利，至于西方在华外报，如《字林西报》等是朝鲜战争爆发以后才关闭的。对于旧中国遗留的私营传媒的改造和管理是从结构和传播内容两方面入手，据 1950 年 2 月底统计，当时全国还有私营报纸 5 家，私营广播电台 34座。④ 对于结构的调整，首先通过重新登记剔除部分不符合要求的，然后对经过登记的私营传媒逐步改变其原有管理状态，如派遣党员进入工作、组建职工管委会或工会参与管理等，有的合并改组。此外还实行了"报纸分工"，一些解放前的全国性报纸或成为专业报，或成为地方报。除了这种整体结构调整，更为重要的是对私营传媒内容的管理。在信息来源方面，中央建立起信息集中发布管理制度后，重大消息和评论由新华社或党报统一公布，私营传媒只允许转载或转播。在报道范围方面，私营大报改组的专业报或地方报受到局限，影响力下降。在发表的言论方面，有关党和政府的法令政策等私营传媒只允许全文登载，不得进行解释、发表看法。在经营方面，国营、公营企业都不愿意在私营报纸上做广告，"邮发合一"制度实行以后，解放前民营报纸使用的五花八门的促销和发行手段没有了用武之地，广告和发行量都大幅度下降，而几乎单纯依赖商

---

① 新华社新闻研究部编《新华社文件资料选编》第 2 辑，第 248 页。
② 马龙闪：《苏联文化体制沿革史》，中国社会科学出版社，1996，第 13 ~ 16、42 ~ 45、80 页；余敏：《前苏联俄罗斯出版管理研究》，中国书籍出版社，2002，第 4 ~ 6 页。
③ 夏衍：《懒寻旧梦录》，生活·读书·新知三联书店，1985，第 58 页。
④ 方汉奇等：《中国新闻事业通史》第 3 卷，中国人民大学出版社，1999，第 35 页。

业广告为生的私营广播电台，在解放前就因格调不高颇受诟病，此时更受制约。1951年3月，作为上海私营广播电台主要收入来源的商业特别节目和销售广播时段都被取消，且必须像公共电台那样用20%的时间播出公益性教育节目，私营广播电台已无利可图。

私营传媒自动停刊或主动要求公私合营，经营困难的确是重要原因，但经营困难因何而来，仅仅强调私营传媒自身原因难以得出准确的结论。新中国建立初期，党和国家建立的新闻业体系是一个集中统一的结构，与政权组织形式契合。随着党的各级机关报逐渐承担起综合性报纸的功能，中央政府各部门报刊逐渐成为本系统指导工作的渠道，私营传媒已经没有多少立足之地。传播环境尤其是制度环境的变迁超出了私营传媒通过改善经营管理自我调整的能力，这才是私营传媒消亡的根本原因。

谈及私营传媒的生存空间，还涉及如何看待建国初期个别城市批准了几份新办私营报纸的问题。从目前资料看，当时新办的私营报纸有三家，即1949年7月在上海创办的两份文艺小报《大报》和《亦报》，分别于1952年2月和12月停刊；1950年3月在广州创办的经济信息类小报《广州标准行情》，1952年1月停刊。前两份报纸是根据上海当时分管宣传和文化工作的夏衍提议创办的，职员和作者解放前多数是海派旧式文人，发表了不少文化名人的作品，如周作人、张爱玲、张恨水、包天笑等。两报开办前，上海市新闻出版处对小报及其市场情况做了详细调查，认为"（旧式小报）大多数人必须排除，内容亦必须重新加以检讨"，两报创刊后还派有专人跟踪报告报纸动向。[①]《广州标准行情》的出版比较特殊，该报是中共香港工委财经委员会办的香港《经济导报》的子报，广东解放时，《经济导报》广州分社以私营名义登记注册了《广州标准行情》，主要是为了沟通香港与内地的经济信息和市场行情。是否允许新办私营报纸，在中央文件和指示中没有明确的禁止性规定。这三份报纸都不是综合性报纸，问世也有一定偶然性，但是在允许创办时都曾考虑到报纸的使用价值，都在1952年年底之前停刊，因此，它们的创办和中央"不容采取鼓励政策"的方针不矛盾。至于私营通讯社和广播，当时未见有新办的。

新中国成立初期，我国各个领域变革的核心是高度组织化的集中体制，这种体制具有一定的合理性。世界上不少"后发—外生型"国家和地区经过革命或政变之类动荡后，现代化起步阶段的高速发展都是靠集中资源和人力来实现经济的快速增长。所以有

---

① 杜英：《文化体制和文化生产方式的再建立——建国初期对上海小型报的接管和改造》，《中国现代文学研究丛刊》2007年第2期。

研究者认为，"这一战略在发展初期具有一定的合理性和适用性"①。建国初期我国实行的如果不是那样一种集中统一的体制，就不可能在如此短的时间里渡过难关，使国家走上现代化发展之路。新闻业作为上层建筑的组成部分向单一体制转型，与经济基础以及上层建筑领域其他制度设置是一致的，并且在新中国成立初期发挥了巨大作用。

（原载《当代中国史研究》2009 年第 3 期）

推荐理由：

　　李斯颐同志是本所从事新闻史研究的学者，向以严谨细致为人所称道。他的这篇论文讨论的是建国初期私营传媒消亡的原因，被认为是这一论题上执论最为公允的一篇文章。作者不同意有人所说的，建国初期私营传媒的消亡是因为私营传媒经营不善的结果。通过深入挖掘史料，该文从私营传媒自身经营、当时中央的指导思想和政策、党报体系建立后私营报业与之此消彼长的关系等方面进行了分层考察，条分缕析，得出的结论是：国家发展路径是影响私营传媒命运最根本的因素，从公共管理学角度看，这是一个制度安排和制度变迁的刚性制约问题。该文在知网上共被下载 506 次，被引 24 次。（编者）

---

① 张琢、马福云：《发展社会学》，中国社会科学出版社，2001，第 170 页。

传媒转型与社会变迁：2008 年以来港台媒体的历史发展与现状分析

孙　萍　赵云泽[*]

一　香港传媒格局新变动

1. 广播电台服务获发新牌照

长期以来，香港政府对香港电台发展实行较为严格的管制，1928 年香港售价广播电台成立（即现在的香港电台），是香港广播史上首家广播机构。1959 年，港政府向香港商业广播有限公司发放首张商营无线电视广播牌照，拉开商营电台营业模式序幕，1991 年，新城广播公司获得了政府发放的第二张无线电视广播牌照。至此，香港主要有三家电台：公营的香港电台、民营的香港商业电台、新城电台。2011 年，香港电台格局出现变动：香港数码广播电台和凤凰优越广播电台获发牌照，开始向公众提供数码声音广播服务。（见表 1 - 1）

表 1 - 1　2008 ~ 2013 年香港电台广播服务频道统计[①]

年份	香港电台	新城广播有限公司	商业广播有限公司	数码广播有限公司	凤凰优悦广播有线公司
2008	7	3	3	0	0
2009	7	3	3	0	0

---

[*]　孙萍系中国社会科学院新闻与传播研究所助理研究员，本文发表时为香港中文大学新闻与传播学院博士生；赵云泽系中国人民大学新闻学院副教授。

[①]　香港统计署：《香港统计年刊》（2008 - 2013 年），香港政府。

年份	香港电台	新城广播 有限公司	商业广播 有限公司	数码广播 有限公司	凤凰优悦 广播有线公司
2010	7	3	3	0	0
2011	7	3	3	0	0
2012	12	3	3	7	1
2013	12	4	3	7	2

2. 免费电视牌照事件

2009 年，就香港是否应开发免费电视市场问题，出现了公众强烈讨论，该年 12 月，以"香港电视网络"负责人王维基发动的"挖角攻势"为标志，香港免费电视牌照事件进入公众视野，并最终引发香港 12 万人大规模游行，成为特首梁振英上台以来最大规模的争议危机。

2010 年前，香港一直有两家电视台提供免费电视节目服务：无线电视和亚洲电视，它们同时为超过 5000 个住宅单位提供免费接收电视节目服务。由于免费电视服务在香港普及面大，社会影响广，所以规制较为严格，政府并未开放免费电视市场。至 2013 年，当地免费电视节目共有 15 个频道，包括 4 条模拟频道和 11 条数码频道。其中亚洲电视有限公司有 8 条频道，电视广播有限公司有 7 条频道①。

但是这种免费电视发展格局也存在香港免费电视市场被近乎垄断的问题：20 世纪 90 年代，无线电视所占市场份额为七成，现今已占据九成之多的香港市场②，这种一台独大、缺乏竞争的情况，造成了无线电台的不公平交易和市场竞争，饱受争议。同时，亚洲电视被指责节目质量低，收视率偏低，未能为香港市民提供高质优质的电视节目。因此，最近几年，民众要求香港政府开放免费电视市场的呼声日渐增强。

2009 年，香港广播事务管理局（广管局）举行"亚视及无线公听会"，会上，香港市民就多年来香港无线电视独霸市场、亚视节目质量欠佳等问题要求政府放宽免费电视牌照。该年冬天，香港电视网络（当时称"城市电讯"）、奇妙电视和香港电视娱乐三家电台向政府递交了免费电视牌照申请。但后来的行政会议只发放了两个新的免费电视牌照，奇妙电视和香港电视娱乐获准发牌，但是城市电讯主席王维基主持的香港电视网络未获准发牌。但是对于"如何发牌"和"为何不发牌"的问题，香港政府未能给民众一个直接、明确的原因声明，因而招致各方批评。2013 年 10 月，香港电影导演会、

---

① 香港统计署：《香港统计年刊》（2011 年），香港政府。
② 陶培康：《香港电视产业困局》，《沪港经济》2010 年第 4 期，第 54～55 页。

香港电影编剧家协会、香港专业电影摄影师学会、香港动作特技演员公会、香港电影灯光协会等 8 个协会发表联合声明，要求政府必须向公众交代发牌与不发牌的理据，以释公众疑虑。同时，在免费电视牌照发放过程中，各方意见态度不一，反映出了各方媒体立场和利益结构的博弈。无线电台起初表示欢迎开放无线电视市场，并对香港政府发牌计划表示支持，但是随着王维基向无线电台发动挖角，无线电台开始转变立场反对发牌；亚视从一开始即反对政府增加免费电视牌照，演艺界支持增加免费电视牌照，政党方面，民主党支持增发牌照。该事件从 2009 年冬至今，仍旧处在政府与民众的纠纷讨论之中。

3. 香港通讯管理事务局成立

2012 年 4 月，香港特区政府成立了通讯事务管理局，该管理局是之前的香港广管局和香港电讯管理局合并后的单一规制机构，合并后的目的在于方便各方协调，提高行政效率。成立后的通讯管理局较为重视公众利益，2012 年管理局颁发了重新修订后的《电视通用守则－节目标准》，对电台节目编排、言辞运用、隐私保护、公平公正以及保护儿童等问题进行了详细的阐释声明。长期以来，香港政府对于电台、电视台的牌照发放、制度约束、审批程序具有严格管控，但是随着商业电台市场、免费电视市场的开放，香港政府对广电规制正在逐年放松。但是，商业电台的激烈的竞争格局也使得电台可能会因为商业运作而损害公众利益，而且，由于香港政府长期采用非直接干预的政策，这种"事后惩罚"的规制也成为损害公众利益的隐患所在。

实现广播电视与电信在技术、市场层面相互渗透和融合是值得借鉴的媒体规制路径。1998 年，我国大陆将电信、光电的监管职能合并为信息产业部（工信部），但是对广播电视传播内容的规制仍保留在国家广播电影电视总局，相比之下，香港《广播条例》打破了广播与电讯、传输与内容的分隔，并与 2012 年将广管局和电讯管理局合并统一，这有效整合了管理机构，提高了办事效率。

4. 免费报纸发展迅速

2002 年 4 月，瑞典传媒旗下的 Metro International S. A. 创办了《都市日报》，成为香港第一份免费报纸，2005 年，中原地产组成《am730》报业团队，筹备加入免费报业市场，但在此之前，星岛新闻集团突然在 7 月推出了《头条日报》，发行量 40 万份，成为香港规模最大的免费报纸。2007 年，星岛集团将《英文虎报》变成免费报纸发放，成为第一份免费的英文报纸。2011 年 7 月，香港经济日报集团推出了《晴报》，并投入运营；9 月《苹果日报》所属的壹传媒创办了《爽报》，加入免费报业市场的竞争中。

至 2014 年初，香港共有 6 份免费报纸，分别由 5 家不同的传媒机构拥有。其中，《头条日报》与英文报 The Standard 属于星岛新闻集团，发行量分别为 80 万份及 22 万份，《都市日报》发行量为 30 万份，《am730》发行量约 38 万份，《晴报》发行量 50 万份，加上壹传媒的《爽报》，六份免费报纸发行量加起来超过了 200 万份，对收费报纸产生较大市场压力。

二　台湾新闻传播新发展

1. 老牌报纸 《中国时报》 易主

2008 年最受媒体关注的时间是《中国时报》易手，这份 1950 年创刊的老报，在历经半个世纪的风雨沧桑后最终决定卖盘。旺旺集团总裁蔡衍明于 2008 年 11 月斥资 204 亿台币购买了整个中时集团，除《中国时报》外，还包括旗下的《工商时报》、《时报周刊》、中天电视、中视等。蔡衍明进军媒体界后，积极开拓市场，进军香港电视业并成为香港电视业第三大股东。

2. 传统报业竞争激烈

受到 2008 年金融危机和互联网等新媒体兴起的影响，报业市场面临衰退局势，竞争激烈。2008 年，报纸广告量受到较大影响，汽车、化妆品、房地产等支柱广告收入行业均大幅削减广告投入，2008 年报业广告总收入下跌 6.6%。同年 6 月 18 日，《中国时报》宣布大幅裁员，一次性裁减 600 名员工，占到了总员工的一半之多。

近几年，台湾报业生态并无太大起色，销售量和阅读量都只是同比微增，甚至有些报纸出现负增长。截至 2011 年 12 月，台湾共有报纸 2210 家。其中，《苹果日报》连续五年位居民众最常阅读报纸第一名，位居其后的分别是《自由时报》《联合报》和《中国时报》[1]。壹传媒旗下的《苹果日报》在面对互联网的兴起和同行业报纸的激烈竞争时，积极拓展网络媒介，于 2009 年推出了"动新闻"栏目，主要是用动画的形式播放新闻，其中，有关性侵害、性骚扰，虐待儿童和家庭暴力的场景，"动新闻"将受害场景与过程通过动画进行再现，这受到了当地市民的强烈反对，台湾当局也针对"动新闻"违反《儿童及少年福利法》对其进行了惩罚，《苹果日报》对此向社会道歉，表示会加强自律机制保证。

3. 免费报纸特色对比鲜明

相较于香港，台湾的免费报纸起步较早，1995 年，《立报》副刊《破报》是第一份免费报纸，后来该报进军捷运报市场，并在台湾广泛流行，历经十多年的发展变迁，现在大部分捷运报已退出市场。截至 2014 年 2 月，台湾主要有三份免费报纸：《Upaper》

---

[1]　世新大学新闻传播学院：《二零一一媒体风云榜》。

《爽报》和《NOWnews 今日新闻报》。其中《爽报》创刊于 2006 年 10 月,它是壹传媒集团《苹果日报》旗下的免费报纸,主要报道经济、政治、文化和娱乐等新闻。《Upaper》创立于 2007 年 3 月,该报由联合报系与捷运公司合作,是目前唯一一份在捷运站发行的报纸①。其中字幕"U"代表"You",暗含《Upaper》希望办成捷运通勤族和广大读者的报纸。《NOWnews 今日新闻报》是中华联合集团旗下的免费报纸,该报创刊于 2013 年 4 月,是《东森新闻报》的前身,于各大捷运站发布,内容较为严肃。

由于捷运局有相关规定,在捷运内发行的报纸不得有色情、暴力、犯罪等负面新闻,因此,《Upaper》的办报风格较为严肃,其中 50% 的内容来自联合报系的精华,另外的 50% 由其独立采编的小组完成,其读者群较偏向于白领女性,多提供时政新闻、化妆、运动等话题;而《爽报》因为独立于捷运系统外自主发行,因此内容较《Upaper》差异较大,它的主要内容均来自《苹果日报》,传承并存有大量该报"腥膻色"的内容,以娱乐、社会、丑闻等主打,读者群偏向于男性。但是两份报纸的内容都主要以社会上的"软"新闻为主,偏向社会青年读者。由于《NOWnews 今日新闻报》刚刚发布,社会影响和办报特征有待进一步观察分析。

4. 互联网发展迅猛

互联网在台湾的发展相较大陆发展较早,它始于 1990 年台湾"教育部"出资建构的"台湾学术网络",该年 7 月份,"教育部"提出将主要的"国立大学"校内网络连接整合,建立覆盖整个台湾岛的教学研究网络。② 1991 年,"教育部"通过美国普林斯顿大学连接到国际互联网,1994 年,台湾开始建立大型互联网络,推进了台湾网络化的进程。

进入 21 世纪,台湾互联网发展迅速,截至 2010 年,台湾网络人口已经达到 1500 万,2011 年达到 1670 万,普及率达到 72%;移动互联网用户(包括 WAP、GPRS、PHS 以及 3G)达到了 2070 万,比 2010 年增加了 120 万。同时,各类互联网新媒体应运而生,加入互联网竞争的市场中。2008 年底出现的全球金融海啸给台湾新闻传播业发展带来了较大冲击,电视、报纸、杂志等媒体的广告量持续走低,但是互联网的广告量却出现了持续增长,增幅达到 17%。

互联网普及和飞速发展,在台湾掀起了社交媒体和社交网站的使用热潮。根据 2009 年《数字时代》的 100 大热门网站排行,社交网站占到了 25 家,同时,作为第一次入

① 赵振祥、张彦清:《台湾免费报纸的历史发展与现状思考》,《厦门大学学报(哲学社会科学版)》2010 年第 6 期。
② 参见潘林峰《台湾互联网的发展与前景》,《现代台湾研究》2000 年第 4 期,第 54 ~ 59 页。

榜的 Facebook，即名列第一，成为台湾最为流行的社交网站。"脸谱"的兴起带动了网页游戏诸如《开心农场》《餐厅城市》的兴起，使这些网络游戏也跻身前百名热门网站。

三　港台传媒发展格局分析

在新一轮的传媒格局洗牌中，港台媒体各自面临不同的发展特点，遇到了不同的挑战与困难。同时，港台媒体作为市场经济运作下资本力量与政治规制角逐的先锋，也展现出相似的格局形势和发展趋势。

首先，免费报纸的发展成为近几年港台地区发展的明显特色。免费报纸的经营模式、售卖方法以及办报理念均从一定程度上打破了民众对于传统报业的价值认同。免费报业发展迅猛，是否会最终取代收费报纸的地位？综合来看，免费报业的确给收费报纸带来了一定的冲击与挑战，但是两者的发展并不是非此即彼，而是既竞争又合作的依存关系。目前港台市场的大部分免费报纸都依附于媒体集团存在。免费报纸自身的特性决定了其不可能依存发行赚钱，因此，相较于收费报纸，免费报纸的经济成本要求更高，在人力资源方面限制更多。想要获得较为充分而又有价值的新闻，离不开媒体集团的"后盾"支持。一方面，大的传媒集团可以利用内部的资源共享来保证免费报纸拥有持久丰富的新闻资讯保障，另一方面，传媒集团也可以在资金运作方面给予免费报纸强大的后盾支持，保证其可以做大做强。相较于传统报纸"二次售卖"既卖报纸又卖广告的经营模式，免费报纸将"一次售卖"转变为免费售卖，并将售卖的成本向第二次售卖转移。

如香港星岛新闻集团下属的《星岛日报》和《头条日报》。鉴于免费报纸对成本要求极高，采编队伍有限的情况，收费报纸《星岛日报》成为《头条日报》强有力的"后备补给"，给予其更多新闻内容上的支持。对此，星岛新闻有限公司社长、行政总裁卢永雄表示，两者在市场定位上的不同最终表现为两份报纸不会出现激烈的争夺市场的情况。《星岛日报》的主要定位是香港中产阶级家庭，而《头条日报》主要针对生活节奏快、流动性强的年轻人群，二者在读者群上不太存在重叠①。如火如荼的免费报业的确对香港收费报纸造成了一定的压力，但二者在报业市场的竞争格局、发展趋势最终取决于报纸类型的市场定位和受众取向。

那么，免费报业在港台的市场空间有多大？长期以来，香港地区的报纸市场已呈现

---

① 周瑜、曾繁娟：《香港免费报纸为什么如此"火"？》，《中国记者》2011 年第 10 期，第 74 ~ 76 页。

出零和博弈的局面①，具体表现为：香港作为一个报业长期稳定发展的市场，读者资源已经充分挖掘，很难再出现新的读者群，因此，其中一份报纸读者的增加也就意味着博弈结构中另一份报纸读者的丧失。所以，在这样的竞争局势下，香港报纸大都保持着自己独具特色的栏目和办报方针，以求保住自身的读者群。一般来讲，很难看到报纸出现较大的内容或者办报方针上的变动。大部分的香港报纸都秉承自身的报纸立场，并且有着自己固定的读者群。根据香港地区的报纸调查，目前，《苹果日报》《东方日报》《太阳报》《新报》《成报》等收费报纸依旧是香港最受欢迎的报纸。而截至 2011 年 12 月，台湾已有报纸 2210 家。报纸阅读率方面，根据世新大学新闻传播学院的"二零一一媒体风云榜"，收费报纸《苹果日报》连续五年位居民众最常阅读报纸第一名，阅读率为 53.3%，位居其后的分别是《自由时报》《联合报》和《中国时报》等收费报纸。因此，目前免费报纸的强势发展，主要是依靠价格与后备媒介集团开辟市场，以期形成自己的读者群体。这使得报纸在报业市场呈现欣荣发展的同时，新型免费报纸发展势头迅猛，对收费报纸形成较大冲击。在 2005、2006 年免费报纸大举进攻市场之时，香港各家免费报纸纷纷推出降价、送礼等活动抢占读者群。但综合看来，此举措只能是一时之用，真正关乎免费报业发展的，是如何掌控好发行、成本和广告的关系，保证在日新月异的传媒市场中占据一席之地。

其次，面对信息科技的飞速发展和激烈的传媒竞争格局，港台纸媒在发展过程中也面临一系列问题。

首先是"公众领域"受到商业化媒体的不断"侵占"。以台湾为例，目前存在于台湾的公共媒体只有"中央通讯社"、公广集团（包括公共电视台、"中华电视台"、客家电视台、原民台）和"中央广播电台"被定为公共媒体，其余的诸多均为民营。传媒市场的激烈竞争使得私营媒体为了扩展市场吸引受众而迎合受众需求，这一方面表现为传播内容商业化的趋向，越来越多的媒体为了增加收视率或收听率不断制造"煽情"新闻，夸大新闻事实，使得媒体的公信力不断下降，2009 年壹传媒的"动新闻"即是一例。再者，新闻报道日趋肤浅，"新闻娱乐化"特征不断凸显。这与目前港台报纸生存境况恶化和处于艰难转型期有关。一方面，新闻采编队伍不断缩水，报道项目不断被减少开支，使新闻报道出现了"短、小、轻、薄"②的趋向，使得新闻生产肤浅化，难以形成对新闻事件的全面解读和深度分析。这一趋势在港台传媒集团形成之后体现更加明显，各大传媒集团为了提高竞争力，扩大自身的传媒市场，不断精简采编队伍，整合

---

① 林建杨、陈国权：《香港为什么容得下这么多报纸？》，《中国记者》2011 年第 10 期，第 67 ~ 69 页。

② 《港澳台新闻传播业概述》，参见《中国新闻年鉴》（2011 年），第 237 页。

人力资源，使得"统一化"、"重复化"取代了"精致化"、"专业化"。另一方面，为了吸引受众，新闻报道从全面、客观、公正、平衡的角度报道新闻转向了偏重娱乐化的新闻报道，"软新闻"开始见诸各大报刊，这不可避免地使港台地区的新闻报道质量出现下降，以前专供民众发表意见、监督社会、促进多元发展的纸媒公共空间不断被商业化的垄断媒介控制，严重影响到港台地区社会文化和公共利益的维护和发展。

再次，港台地区媒介集团化的趋势日趋明显。2010 年台湾传媒集团化相当明显：其中中国时报集团和苹果日报集团都是集报纸、电杂志等为一体的综合跨媒体集团；同时，还有联合报集团，拥有《联合报》《经济报》《联合晚报》以及包括欧洲等海外日报系统在内的诸多报纸；自由时报集团包括《自由时报》以及英文报纸 *Taipei Times*；电视媒介中东森电视集团、TVBS 集团以及八大电视集团等都是拥有较大影响力的台湾媒介集团。香港地区也有壹传媒、星岛新闻集团、经济日报集团等具有较大影响力的媒介集团。媒介集团的组合使得新闻制作生产依附于资本运营的机制之中，媒体很难做到不偏不倚和公正报道。同时，随着媒介集团化的增强，产权集中影响了媒介内容的多样化，且跨媒介集团对自身企业相关内容报道无论从篇幅还是质量方面都显著增加，而对其他媒体集团的报道则有所减少。同时，公共媒体遭到挤压，难以发挥作用，承担社会责任。

再者，以互联网为主的新媒体发展异军突起，前景看好。在台湾，近几年互联网发展迅猛，带动了部分新兴产业的发展。2009 年，台湾掀起了社交媒体和社交网站的热潮。根据 2009 年《数字时代》的 100 大热门网站排行，社交网站占到了 25 家，同时，作为第一次入榜的 Facebook，即名列第一，成为台湾最为流行的社交网站。"脸谱"的兴起带动了网页游戏诸如《开心农场》《餐厅城市》的兴起。在计算机信息类广告中，游戏软件广告的广告总额同比增长了 83%，共计 4 亿元台币。

近几年，香港新媒体发展也取得较大突破，香港年青一代对以移动互联网为终端的移动媒体需求量大且迫切，但这也对以报业为首的传统媒体构成了较大挑战。如何应对传媒变革，扭转不利局面成为目前港台报业亟待推进解决的问题。对此，各大报纸纷纷采取行动，加入互联网的竞争大潮中。例如，壹传媒的"动新闻"是典型的代表，在港台地区，它将新闻做成影片形式，加上配音和旁白，还原时事、国际、社会新闻，运作规范，较为成功；香港《文汇报》正在尝试走"扬长避短"的发展道路，具体的方针策略是："短腿加长，长腿加粗"[①]，具体表现为新闻信息的直接化表达，寻找特色化的切入角度，以及强化对内地关注的权威，增强评论优势等；同时，相较于新媒体传播速度快、信息量大等优势，《文汇报》于 2011 年 4 月推出 iPhone 版，同时与新浪微博、开心网等新媒体平台构建合作关系，促进新

---

① 林建杨，周瑜：《香港报业如何应对传媒生态变革下的多重冲击?》，《中国记者》2011 年第 10 期。

闻及时发布，增强报纸影响力。但是关于香港地区的新媒体发展状况，有学者表示应"慎做新媒体"①，在香港城市的高节奏决定了人们不可能有更多闲暇泡在网上，同时，报纸的高影响力在短时间内难以改变，因此新媒体的走向仍旧是有待观察。

最后，传媒格局的重新洗牌与港台地区的政治规制和党派分化密切相关。自 1988 年"解禁"后，台湾媒体在推进社会民主、多元化的道路上，起到了重要的推动和引导作用。由于台湾政党较多，政治观点多会出现碰撞和交锋，但是媒体在长期的新闻从业过程中，传承了包容兼蓄的立场，对不同的政见能够保持容忍态度，不会随意封杀或者忽略不同观点，这种媒介作风缓和了政治冲突，减少了两极对立，促进了社会包容互信。但是自 2008 年台湾国民党执政以来，台湾的媒体生态发生了较大变化，政治化倾向日趋明显。一方面，媒体立场鲜明，蓝绿阵营对比强烈，忽视国民党和民进党之外的其他团体；另一方面，台湾媒体的亲绿倾向不断增强。目前亲绿媒体主要有《自由时报》、民视、三立等，他们言辞较为激烈，鼓吹"台独"，批评大陆政治，亲蓝媒体主要有《联合报》、《中国时报》、中天电视台、TVBS 电视台、"中央通讯社"等，双方政治立场尖锐对立，时常引发媒体论战，使得处于少数的其他党派被边缘化。同时，传媒的生产经营与台湾各党派的利益集团之间关系日益密切，一方面，党派立场会影响到媒体的政治规制，从而改变传媒机构在市场重新洗牌中的地位和竞争角色，另一方面，"花钱买媒体"现象日趋严重，使得媒体公信力急剧下降。

而近几年香港政府对于媒体的管制则呈现逐年放宽的趋势。2009 年，政府出台了放宽免费电视市场规制，开始发放新的营业牌照，2011 年政府逐年放宽了香港的数码广播电台服务市场，2012 年，成立了香港通讯管理事务局，进一步合并媒介管理体制，提高行政效率。由此出现了香港电台、广播电台、免费报纸的市场化竞争，使得原本繁荣发展的香港传媒市场更加多元，竞争也更加激烈。

可以说，传媒运作格局与政治、经济、社会的发展并非简单的二元关系，而是有依附于特定的商业运作和政治规制下的复杂动因。港台传媒新一轮的竞争角逐一方面反映了商业市场运作背后的利益驱动和政治规制的影响，另一方面也体现了在此过程中民众与政府、媒体之间的博弈。新一轮的媒体博弈中，以互联网为主题的新媒体不可避免地会日渐崛起，而港台传统媒体也正在商业化运作的机制下转变经营模式和生产方式，以期取得社会效益和商业利益的共赢。

（原载《新闻春秋》2014 年第 2 期）

---

① 陈国权：《香港报业：慎做新媒体》，《中国记者》2011 年第 10 期，第 69～71 页。

自选理由：

以方汉奇、宁树藩先生为主导的一系列研究中国新闻史的专著，为我们俯瞰新闻发展与社会变迁提供了一个基点。而随着历史的不断发展，新闻和媒介变迁也要求我们不断在前人的基础上补充、拓展、延伸。撰写此文的目的即在此：有关港澳台新闻史的大部分论著停留在千禧之年初期，而此时正值信息技术和传媒改革的突变期，传媒产业在政治、经济的影响下呈现出新的格局和态势。这篇文章一来是为了继续以往新闻史的脉络，做一个时间上的延续研究；二来也是希望通过对香港和台湾传媒 2008 年以来的发展情况进行梳理，以期阐释社会发展与传媒变革，以及传媒内部的互动格局和逐力过程。

回头再看这篇文章，距离研究的时段又过去了十年。而这十年媒介一定又出现了新的变化和格局。这可能就是做新闻史研究的魅力所在，"后之视今，亦由今之视昔"。自己当初也仅仅是借助人在香港之便，搜集材料更容易，在导师的指导下写了这篇文章，很多地方需要批评指正。社会反响谈不上，只希望能以自己的微薄之力，为新闻史这个浩大工程添砖加瓦。在改革开放40周年的节点上，这也许显得更有意义。

全息多样全众的新型新闻生产模式

——以新华社客户端"现场新闻"为例

牛　天[*]

新闻直播正在从新闻生产形态、新闻呈现形式以及新闻生产流程等方面改变着新闻业。近年来，以互联网为基础的新媒体尤其是社交媒体冲击着传统的新闻信息传播模式和新闻生产模式，形成冲击与吸纳的一波波浪潮。在新的一轮媒体创新中，视频直播和短视频成为新的风口。新华社以此为契机，在新华社客户端开启"现场新闻"视频直播，把新闻现场实时、全方位、全息化地呈现给受众，链接传播者、文本、事件以及受众，形成一个相对完整的新闻生产链条，构建出一种新媒体环境下的新型新闻生产模式。

一　"云台"及"云导播"的全息理念
改变新闻生产形态

新华社客户端"现场新闻"的记者可以不受时间、地点的限制，利用手持视频直播设备——云台，进行全天候24小时直播，实现零时差的新闻发送。新闻的采集、加工、制作等所有的环节都可以在网络上完成，在实现快速传播的同时，也展示了"我在现场"的新闻内核。

2016年7月10日，湖南省华容县新华垸发生重大险情，新华社各路记者通过发布现场视频进行多线直播。从当天15：38开始，通过视频、文字和图片配合的方式对事件进行直播，从人员伤亡情况的汇报、渗漏险情的追踪、华容县防汛办下达的紧急转移指

*　牛天系中国社会科学院新闻与传播研究所助理研究员，本文发表时为中国人民大学新闻学院博士生。

令、武警部队组织救助的现场，再到后续的溃口情况调查以及重点受灾地区如华容实验小学的现场细节，都进行了直播和跟踪报道，一直持续到 7 月 12 日新华垸溃口成功合龙。直播过程中，用户可以在线向记者实时提问，了解相关情况。可以说，现场直播的方式放大了记者在报道中的作用，彰显了记者作为新闻生产核心力量的价值，调动了记者的能动性。作为专业的新闻生产者，记者能动性的发挥无疑是释放新闻生产力的重要一环。

新闻生产形态的革新是新闻生产模式变革的第一步，据介绍，未来新华社将引入"云导播台"，打破时空和地域的限制，实现多路音视频切换、字幕滚动、多路画中画场景及多种视频流输入。云导播台支持切换同一个场地不同角度的摄像机、手机直播画面以及在直播画面中嵌入点播画面、Logo、字幕等元素，还将在云导播台增加主持人作为初审环节。同时，还将通过视频特效、文字特效、弹幕功能等，增强节目内容的丰富性。

二 多样化的报道方式丰富了新闻呈现形式

"现场新闻"的呈现方式跳脱出了 Web1.0 和 Web2.0 时代的链接或者图文组合，以一种全新的直播方式将更清晰的事实呈现给受众。直播过程中，用户可以看到"直播中"的红色标识，事件暂告一段落之后，会出现"精彩回顾"的标识。这种报道的形式不只是多种媒介报道形式的组合堆砌，而是基于事件的核心事实，以最适宜的媒介手段拓展新闻报道的竞争力，呈现了在线生产的魅力，使新闻生产的时态更加凸显，更加适应移动互联网时代用户的阅读习惯。

从内容方面来分析，直播报道的选题主要集中在社会性较强、趣味性较强的内容上。从 3 月 17 日到 5 月 3 日的新华社客户端"现场新闻"的浏览量来看，用户关注度高的新闻主要集中在一些社会性的话题或者突发事件上，涉及时政的新闻关注度较低。从标题上来看，趣味性、独家性的新闻比如"直击大熊猫繁育现场：看它们是怎么求偶的"受关注度较高，"独家揭秘""密恐慎入""重磅"等字眼较易引起受众的关注。

新华社客户端"现场新闻"浏览量 TOP10
(2016 年 3 月 17 日至 5 月 3 日) 下载原表

日期	标题	浏览量	评论
2016/4/14	直击大熊猫繁育现场：看它们是怎么求偶的	1043378	24
2016/4/22	独家揭秘"中国第一高楼"上海中心	1009034	29

日期	标题	浏览量	评论
2016/4/17	发现最美铁路丨一场迟到的列车婚礼	996961	4
2016/4/21	燃烧吧，圣火！直播里约奥运会圣火采集仪式	916103	25
2016/4/10	四月天　花正艳　小新带你看中国洛阳牡丹文化节	914573	38
2016/4/13	15 天一斤贱卖　三亚 600 公斤珍稀濒危锤头鲨遭宰杀	912994	19
2016/4/13	两千里路云和月——带你体验无人驾驶汽车进京路	850641	120
2016/4/13	密恐慎入！20 万^2 垃圾"包围"乐昌峡	834537	37
2016/4/7	新华社国家高端智库论坛在京举行	834410	7
2016/4/26	重磅！中国经济信息社重组起航	783037	172

在呈现体裁上，新华社客户端"现场新闻"的直播报道偏向快讯和简讯，以图片和视频为主、文字为辅。美国学者 Paul Bradshaw 曾设计出新的钻石模型，将新闻报道分成快讯（Alert）、简讯（The Newsbreak）、报道（Newsbreak Content）、追踪（The Update）、持续报道（Subsequent Updates）五个步骤①，目前新华社客户端"现场新闻"能够第一时间对事件尤其是突发事件进行快讯直播，提供基本事实，然后发布简讯作为快讯的补充，通过快讯、简讯实现"快传播"后，再以报道、追踪提供"深解析"。

2016 年 10 月 18 日神舟十一号飞船升空的"现场直播"，新华社客户端"现场新闻"对执行任务新闻发布会、航天员出征仪式、飞船发射瞬间、神舟十一号飞船与天宫二号空间站交汇对接、宇航员在太空舱内活动的状况包括打开天宫二号空间实验室仓库等细节都进行了不间断的直播，并且在每个直播视频的下方运用文字和图片对于细节进行解说，形成了三位一体的全方位的直播模式。

此次直播，在界面上分为"现场直播"和"边看边聊"两个板块，并且引入了弹幕的功能。用户的互动本身也是内容的一种形式，比如有用户通过"边看边聊"板块直接向航天员提问："上天第一夜会失眠么？天上第一餐吃得怎么样？最好吃的菜是哪种？太空舱舒服吗？"弹幕和边看边聊是联通的，可以实现实时滚动，用户可以根据自己的喜好随时开启或者关闭弹幕聊天功能。新华社客户端"现场新闻"的内容呈现，把新闻从静态的产品变成了动态的实时滚动的产品，兼顾了互联网的速度和报道的深度。

---

① Paul Bradshaw：A model for the 21st century newsroom，http://onlinejournalismblog.com.

三 众筹式的参与扩大了新闻覆盖面

社交媒体环境下，新闻内容的生产者呈现多元化趋势，新闻内容不单单被专业新闻记者所垄断，受众已经成为公共信息生产的重要力量。

"现场新闻"优化了非专业用户作为内容提供者的功能。社交媒体环境下，用户成为新闻记者外的最重要的内容生产力量。"现场新闻"实现了全众的现场，新版的客户端既是展示平台，也是新闻信息的集纳终端，用户可以全方位参与，通过手机认证，发起文字、图片、视频、音频等多媒体现场直播，而"现场新闻"作为平台可以与这些内容链接，释放强大的连接力，在线扮演 UGC 筛选者、核实者、阐释者、聚合者的新角色，经过编辑部加工后形成新闻产品，最终用户可以通过转发分享链接到社交媒体上对内容进行二次扩散。

比如，8月4日 G20 杭州峰会倒计时一个月之际，新华社客户端"现场新闻"发起

了"G20 杭州峰会倒计时一个月"专题报道，滚动直播全球网友发来的贺电。每个直播小视频都是来自各国民众的内容，美国、日本、巴西、南非、津巴布韦、土耳其等国的民众，举着用自己国家语言书写的"你好，中国"并讲述自己对 G20 杭州峰会的期待。这些来自全球的视频本身就是新闻内容，专业记者做的只是审核发布的工作，使新闻生产有了最大化的覆盖面。

结　语

新华社客户端"现场新闻"是新媒体环境下融合新闻变革的一种尝试，从一定程度上反映了一种全息全面全众的新型新闻生产模式。目前，从直播形态上来看，新华社客户端"现场新闻"直播多为单一直播流信号或视频，在内容丰富度和操作便捷性上有待提升，并且直播本身就存在着一个弊端——在观看过程中，无法对内容的前情进行了解。所以，对于热点内容还需要进行快速的二次加工，形成新闻再推送，使得"现场新闻"常态化、机制化。从内容层面来看，对于内容的筛选和分类比较重要，应当建立基于场景的分类模板，推出标签化的分类新闻，进一步丰富"现场新闻"报道库，满足受众的不同观看需求，并且需要随时整合碎片化的信息，避免将"现场新闻"的新闻视频发成"朋友圈"式的小视频。

在技术驱动的媒体融合环境下，主流传统媒体应该根据受众需求的多样化，改变传统的新闻生产方式，在坚持内容为王的前提下，创新形式、创新体裁，适应分众化、差异化传播趋势，塑造全新的内容竞争力和用户影响力，形成全方位、多层次、多声部的传播新格局。

（原载《青年记者》2016 年第 34 期）

自选理由：

直播并非新生事物，很久以前广播、电视就有了直播报道实践，现在更是将直播常态化。但是，当直播遇上网络，还是掀起了大的波澜，直教一些人"以身相许"，就是广播、电视媒体，也不得不攀上网络直播的"亲"。传统媒体中，离网络直播最远的就是纸媒了。当然，能借网络直播最大限度地改变自己的也是纸媒，传统纸媒嫁接上网络直播的新翼，呈现给受众的完全是一番新气象。不变则痛，变则通。当前，传统媒体的转型发展到了重要的瓶颈突破期，也许通过新闻直播这"惊险的一跃"，部分媒体会找到自己的新天地。

　　此文是应《青年记者》的"直面新闻直播"的板块邀请而撰写。由于当时笔者在新华社实习，主要负责"新闻直播"的内容编辑，因此结合一线的实际情况撰写了此文。

历史视角下的美国金融危机与新闻报道

肖重斌[*]

美国金融危机对中国的发展，是一次危机，但更是一次难得的历史机遇。因为中国尚不完善的市场经济体制，对西方经济危机具有相当程度的"免疫力"。

为什么这么说？有史为证。1929 年西方世界经济大危机，1929 年到 1933 年西方损失 2500 亿美元，沉重打击了资本主义的自由市场经济；而苏联实行的是社会主义计划经济，却在 1928 年到 1932 年的第一个五年计划中获得突飞猛进的发展。欧美人才、技术、资金纷纷到苏联找出路，仅美国第一次就向苏联移民 10 万人，1932 年在苏联重工业部门就有各国专家 6800 多人。结果不到 5 年，1932 年苏联即从农业国转变为工业国，工业中的社会主义成分占了 99.3%；1937 年第二个五年计划完成时，苏联工业生产总值跃居欧洲第一、世界第二。

还有相反的例子。同样是苏联，在 1991 年解体之后，很长一段时间由于收入过低，高科技人才大量外流。据统计，仅仅 10 年内至少 50 万名科学家流失。这些科学家大多被美国、日本、英国、加拿大、法国和德国等国家的科研机构挖走。可惜，那时我国没有抓住时机花大价钱千方百计搜罗这些全球顶级的高科技人才。

以上例子从正反两方面说明：

• 中国的经济发展模式要根据国际局势的变化做相应的、及时的、重大的调整。应该利用社会主义制度和公有制经济的优势，通过做大项目，办大事情，迅速提高中国经济的核心竞争力，改变中国低级、粗放的经营模式，主体经济向高级、尖端、精细发展转型。美国因为金融危机，正在转向实体经济；中国应抓住美国经济调整的时机，也调整自己的经济战略。

• 积极吸引包括西方世界在内的全球高科技人才为我所用；在国外就业困难之际，

---

[*] 肖重斌系中国社会科学院新闻与传播研究所《中国新闻年鉴》编辑。

采取有力措施吸引华裔、华侨、出国留学人员回归报效祖国。中国应该利用外汇储备，大量购买国外先进技术吸引高科技人才。其实，这也是我们当年赚取外汇的初衷。有经济学者认为，"在相当长一段时间内，美国国债仍是中国外汇投资的主要方向，因为除了美国国债之外，巨额外汇储备目前还找不到一个更为安全稳妥的投资渠道"，这是不对的。外汇的根本作用是为国家的长远战略和国民服务。目前中国应该开发关系国计民生的大项目，通过提供发展空间和机会，用高待遇吸引西方包括整个世界的高科技人才。同时通过发展内需，把原有的劳动密集型经济向中西部或乡镇转移，以扩大内需和保证基本的就业，实现中国经济从高级到低级层次的"通吃"，全面提升中国综合国力，全方位地平衡发展中国社会和经济。

● 西方的经济危机给了中国经济一个喘息的机会。这就像第一次世界大战期间，中国民族工业因为西方战乱而短期内迅速发展一样。例如目前的金融危机对于欧美高端的软件外包市场会有比较大的打击，而中国软件外包本身在这一领域的份额不大，反而会有机会去争取更大的市场。

● 中国可以利用自己的"剩余资本"援助亚洲、非洲第三世界国家，瓦解西方阵营和不合理的后殖民经济体系，并借机大力开拓、扩大中国产品的海外市场。

为此，我们在舆论导向上，要注意以下几点：

● 不要盲目宣传给美国救市。一则中国经济实力不足以救美国；二则容易惹火烧身。目前关于美国金融危机的舆论宣传是存在不少问题的：

一是缺少中国本位的思考，而只知道简单根据西方的宣传口径大肆报道西方的危机，一味讲西方话语霸权所倡导的"全球化"，以及西方金融危机给中国带来的危害，甚至极力主张给西方救市，而不讲中国的机遇；要警惕和阻止西方经济间谍及其代言人在中国的非法活动，媒体不能给他们提供话语权的舞台，以免他们蛊惑人心，混淆视听。

二是不从历史唯物主义出发，缺少历史意识，很少结合历史做纵向的比较，从经验和教训的角度看问题；也很少做横向的比较，很少分析不同资源禀赋的国家和地区应该采取的不同对策。其实我们的很多报道，只要放在古今中外的坐标轴上去衡量，就可以很清楚地看出事情发展的原因、趋势和本质。历史上美国金融危机这样的事情发生不止一次了，在国家策略上，失败和成功的经验应该也不少了，如何应对？结合现实，具体问题具体分析，不难找到答案。

三是不从唯物辩证法出发辩证地看待事物，把"市场化"绝对化和固定化，形成了改革就是"市场化"的思维定势，不知道计划和市场是一个相反相成、相辅相成的统一体，相对于国家全面发展的目标来说，只不过是手段不同而已，应该根据"时"

和"势"的不同变换，采取不同的经济发展策略。

四是单向思维，一元思维。古人云"兼听则明，偏信则暗"，如果对于一件事情的认识、分析和报道，没有从正反两面去进行，就会出偏差。现在一些媒体过于迷信一些西方经济学教条的理论成见，或者过于注重一味追求部门利益的机关的意见，而不结合中国实际，从国家长远利益出发作出战略决策。其一是很多话语者表白的是出于本位主义和个人主义，是出于"私虑"、私利，而不是出于"公心"；其二是用国家和民族整体的长远的利益来对照，就可以看出某些建议包藏的祸心和"小"来。

• 不要盲目颂扬经济的市场化和全球化，而忘记中国社会主义制度的优越性。实际上，中国之所以能在美国金融海啸冲击下保持相对稳定，恰恰是"改革"不彻底的结果。如果中国经济真的完全市场化和全球化，中国经济受美国经济影响的程度将更加严重。中国的改革并不是一成不变的，它不是孤立的经济事件，要受国际经济和政治局势的影响，随着时间空间的不同，要根据实际情况做相应调整。中国应该重新评价和利用计划经济和社会主义公有制经济的一些优点，发挥中国的政治和制度优势大力发展经济。

• 慎言培育农村土地流转市场。农民的稳定和农业的发展是不能受到所谓"市场化"的危害的，这个口子不能轻易开。一旦农民丧失土地，而又没有收入来源，这样的城市化必然带来三个后果：一是粮食危机；二是大量流民的出现，社会的动乱；三是大量侵占农民土地的某些地方政府和房地产商人勾结牟利，危害农民、农业的根本利益。

• 重视中华民族传统美德的培养与宣传。提倡节约，反对浪费；提倡自力更生，艰苦奋斗，反对奢靡腐化，借贷消费和超前享受。

（原载《青年记者》2008 年第 23 期）

自选理由：

2008 年美国金融危机是影响世界经济和政治的一件大事，对中国的影响也十分重大，中国新闻媒体给予了高度关注。本文认为，中国新闻媒体在该主题报道的指导思想、价值取向、应对策略等方面存在一些问题，必须从历史和政治的高度去认识和组织报道，不能误导舆论和国家决策。后来中国经济的发展证明作者的论述是正确的、预测是准确的，所提出的报道方向也是合理的。

本文曾被复旦大学新闻学院童兵、夏德元编著的《2007－2008 年中国新闻学发展报告》提及，书中指出，有关金融危机的报道，事关重大，一些新闻学者已经发表了有见地的观点（肖重斌：《历史视角下的美国金融危机与新闻报道》，13/2008/12；李翔《"我们无法隔岸观火"——谈央视经济频道直面金融海啸的全方位报道》，7/2008/12）。本文还被相当多的学者引用作为论据。如，黄芙蓉的《浅析危机新闻报道中的怪现象——以金融危机题材为例》、王小亮的《我国户外用品出口贸易问题及对策分析》等。

传播学

论传播学的关系价值研究

——一个提升传播学科品质的可能途径

王怡红[*]

从认识论上看，传播学、心理学、社会学等，都是探讨人类行为的科学。对于认识"学科"的存在与价值而言，"条条大路通罗马"。"罗马"这个象征弥足珍贵。在有分工的社会形态里，一个学科的功能，如同通向罗马的条条道路，不过是部分的存在，研究者只是运用不同的知识结构，从不同的研究进路，使用不同的记数方式，向一个目标慢慢地聚集，最终，大家能相会于此。应该说，"学科"只是整体的其他部分，不会再扩大了。学科的分类、差异和学科之间的较量，不过是研究方法上的不同与实践而已。我们若看不到学科之间的这种联系，看不到所谓学科本身的局限性，那么"学科"不仅会成为分工社会的牺牲品，而且还会束缚住研究者的手脚。对于学科的存在，在反对和消解的同时，还需要转换思路，站在学科的这一边，毕竟人类思想某一分支的存在总是缘于关注到事物的某一方面，认识便由此发展而来。传播学有其存在的价值，也是因为研究者可以在这里聚焦，共同进行人类传播活动及其观念的研究。因此，不管我们喜不喜欢提到"学科"这个语词，都可以将对学科的批判转化为一个透视该领域研究问题的恰当视角，这也是本篇作者试图辩证地认识学科问题的一种尝试。

就"学科"自身而言，其实没有尊卑贵贱、高下低微的分别。这里概括的描述是，哲学并不比计量经济学更尊严，传播学也不一定比语言学更低下，但"学科地位"问题却是存在的，比如传播学、管理学、商学、计算机科学、法学、社会心理学等，就比传统的学科如历史、哲学和中国文学等在招收新生与毕业求职上要吃香很多。目前的传媒业、市场经济、商业化、网络化时代，赋予了这些学科以重要的社会地位。然而，在

---

* 王怡红系中国社会科学院新闻与传播研究所研究员。

这些学科或专业领域内工作的专家、学者和教师们，有时却不以为然。1992 年 11 月 1日，在经国家技术监督局批准并公布的《中华人民共和国国家标准学科分类与代码表》中，"新闻学"与"传播学"被并肩排列，"传播学"作为一个相对独立的学科，在国家所制定的学科体制标准中，被确定为一级学科。① 传播学的学科地位也由此被凸显出来。尽管这一学科身份得到了制度上的确认，但是传播学在传播学者的心目中，却是一个没有什么崇高地位的学科。

目前，在传播学者眼里，视传播学科地位低下者主要表现为：第一，传播学研究者不愿申明或承认自己的传播学科背景。一门学科若是没有知识境界，确是不可信托的，身在其中，也是无从谈论的；第二，传播学缺少一个学科所应有的凝聚力，学科内无大师可追寻；第三，传播学中文论著出版了一大堆，并非无文章可睹，可同行之间却很少有人愿意相互翻阅；第四，传播研究者不乐于使用"传播学"这三个字，并非出于对传播研究知识开放性以及跨学科视角有利于打破单一的学科框架，打通更多学科对传播问题研究的认可，而是出于对何为传播、何为传播学研究的问题有不甚分明的回避。总之，我们只有在不知道传播学的用处，只有对这门学科的质量产生怀疑，甚至产生了自卑心理的时候，才会让人在所谓学科地位面前抬不起头来，从而不敢大声地说出"传播学"这几个字。

1978 年，传播学被引入中国大陆，在 30 多年发展之后，当"传播"二字使用越来越广泛时，我们自己把对这个学科的思考视为什么，放在哪个层面上讨论，包括探寻学科特征建构的可能方式等，都是一些需要从理论层面研究和解决的问题。主要理由是，要想为传播学发展或传播研究找到一个恰当的途径，建构该学科应有的知识与尊严，我们就必须思考需要研究一些什么样的重要问题。

影响传播学科质量的问题

传播学科、传播研究领域、传播学术研究成果，确有"质量"的问题。人有质量，事物也有质量。"质量"这个语词的含义既能界说人的品格，也可用来指称事物的区别。"品"字是由众人之口组成，含义是要大家在一起说，给出各种说法与评价。在这

---

① 可查阅 1992 年 11 月 1 日国家技术监督局批准的《中华人民共和国国家标准学科分类与代码表》。南京大学段京肃教授提供了相关信息数据。段京肃一直提倡要纠正目前对传播学科在大陆得到确立时间的误用和误传。

里，"质量"代表众人对某一事物是否被重用的评断，对事物既要从质量上认识，也要从人的心里，获取存在的优劣标准。如果说有这样一个学科存在，那么质量代表着一个学科知识生产的品质。对知识采取生搬硬套、缺少科学规范、低水平重复、理论问题意识不强，缺乏突破性研究典范的研究等等，都是学科缺少质量的表现。① 大量没有质量的知识生产，不仅造成对人类生活毫无意义的废品堆积，对学科自身的存在也是一种极大的伤害。

传播学科质量问题有两层含义：一是指传播知识的进步要求不断建构与更新理论与概念体系的能力；二是指传播知识的应用程度，要满足人在实际生活中对传播概念及其理论的理解与使用。前者要求把研究者自身看作是创造知识的主体，而不仅仅是消化他人传播知识的主体；后者要求传播学知识能得到更有效的使用。也许，"学科质量"这个语词可能被认为缺少科学性，过于强调研究者的价值观对科学研究的介入，但学科质量还是会表现出对知识建构的人文关怀，这有助于提高我们认识真理的能力。如果说知识是人类对世界的认识和理解，那么有了对学科质量的把握，我们就知道什么样的传播现象更值得研究，什么样的方法更恰当，什么样的传播知识更值得追求。

一个没有标准、没有质量的学科，必然是一个不受待见、没有地位的学科，也是一个让人呆在里面，只能产生自卑感、丧失尊严感的学科，这种连带关系是显而易见的。由此推论，建立对传播学科质量的认识，是十分重要和必要的。根据国家的科学标准，中国规定一个学科所应具备的条件是：有理论体系和专门方法的形成、有科学家群体的出现、有研究机构和教学单位，以及有学术团体的建立并展开有效的活动、有专著和出版物的问世等。② 在此基本构成上，如果从科学研究的角度来判断影响传播学科质量的主要因素，应该有这样几个方面：（1）传播学的解题能力；（2）传播学科立本的焦点问题及其概念的建构与思考；（3）传播学理论研究的深度和广度；（4）传播学应用领域的范围、实践的有效性及影响力；（5）传播学研究群体的阵容、素质和能力；（6）传播学学科的教育及职业培训的状况等。本文限于篇幅，仅对前面四个因素进行综合和讨论。

从目前传播学的发展来看，有两种选择或研究定向占据了突出地位。一种选择是把传播学研究简约成媒介运用或传播效果等单一主题为导向的、以定量实证为主要方法的研究，另一种选择是全能视角地审视社会的传播过程和传播的人文价值、以定性思辨为

---

① 陈韬文：《中国传播研究发展的困局：为什么与怎么办？（三十而立：中国传播学未来之笔谈二）》，《新闻大学》2008 年第 1 期，第 1~7 页。

② 国家技术监督局：《中华人民共和国国家标准学科分类与代码表》，1992 年。

主要方法的研究。结合中国大陆的传播学研究，我认为，传播学研究缺少的是：介于两级摆动之间的焦点问题的提出和让一些焦点问题之间形成相互的竞争。

初步分析，有两种比较明显的不确定性因素可能导致传播学在中国失去学科质量。一个是对传播学科根源的不确定性，另一个是对传播学科专业性全能视角的怀疑。首先，传播学是一个吃百家饭长大的学科，这既是传播学的优势，造成传播学的研究视野无比开阔，同时也表现出其明显的弱势，即传播学容易变成供百家学术杂陈的一个容器。从 20 世纪 30 年代到 60 年代，传播学成为人类行为科学研究的一个最繁忙的交叉路口。① 大家到这里来只是路过，顺便停一停，看一眼，插一手，留下的东西竟然成就了一门学科，甚至还发展出几百套的传播理论，而真正属于传播学的理论只是八九十年代以来的少量研究。② 翻阅传播学发展史或学术简史，真正创立传播学的人，大都来自社会学、社会心理学、政治学、精神病理学、修辞学、符号学、人类学等学科背景，就连传播学奠基人威尔伯·施拉姆（W. Schramm）本人也是学文学的出身。③ 显而易见，传播学是在各学科的边缘地带滋生出来的一门新兴学科。按照这种情况，它作为跨学科研究的一个知识领域，应该具有一个开放的知识体系，既能分，也能合，即便想让自己禁锢在一个狭隘的学科领域里，恐怕也不大可能。然而，这种传播学学科根源的不确定性，不仅使得传播学者很难有一个学科意识，而且中国人向来喜欢正宗的东西，如果传播学没有自己的根，或者即便是找到了根，却发现这些根源长在了别人学科的基础上，那在心理上也是难以接受的。

其次，一门学科专业是否具有权威性，与该学科历史的开创人及其学术地位有关。在中国的人文社会科学领域，历史学科的地位最悠久，因为它符合中国人的思维习惯。④ 在西方人文社会科学领域，除了哲学，一定就是社会学最有地位了，甚至许多学

---

① Schramm, W. The science of human communication：New direction and new findings in communication research. New York：Basic Books, 1963, p. 11。

② 如不确定性降低理论、关系辩证法理论、传播隐私管理理论等。此外，研究者对七种传播学教材进行分析，发现有近 250 种不同的理论。参见 Craig, R. T. Communication theory as a field, Communication Theory, 1999.9 (2)，pp. 119 – 161，转引自石义彬《关于中国传播学教育的几个问题（三十而立：中国传播学未来之笔谈十二）》，《新闻大学》2008 年第 2 期，第 52 ~ 54 页。

③ 埃弗雷特·罗杰斯：《传播学史：一种传记式的方法》，殷晓蓉译，上海译文出版社，2008（原书 Rogers, E. M. A history of communication study：A biographical approach. New York：Free Press, 1994.）；阿芒·马特拉、米歇尔·马特拉：《传播学简史》，孙五三译，中国人民大学出版社，2008，第 6 页。（原书 Mattelart, A. , & Mattelart, M. Histoire des théories de la communication. [3e édition] . Paris：La Découverte. , 2004）

④ 翟学伟：《人情、面子与权力的再生产》，北京大学出版社，2005，第 60 页。

科，都是从社会学中衍生出来的。① 可以说，社会学的研究对象是社会现象，与社会需要解决的难题密切相关，而且社会学还涌现出许多受人尊敬的学科奠基人。② 然而，传播学科的开山宗师施拉姆在西方社会科学中是缺少名望地位的，甚至连传播学科内部也不愿意承认他的功绩与学术成就，他对传播学的贡献不在此文论列之中。③ 中国文化讲"山不在高，有仙则名，水不在深，有龙则灵"，一个缺少大师的学科，无疑会受到学者们自己的轻视。

另一个是对传播学科全能视角的怀疑。由于传播学学科来源多样化，学术视野比较宽阔，作为人类传播行为和传播现象的研究，可兼包众目。在传播学者眼里，天下无一物不是传播现象的显现，传播行为几乎可以包罗万象，传播无所不能。传播定义的长度经过从一个巴掌拍不响的孤掌难鸣，延伸到传播行为是有意图还是无意图的黑白之辨等，这些都让人见出传播学跨学科的广泛性，包括核心概念的丰富性与复杂性。当然，我们眼中的传播现象也随着这些不确定性而变得更加扑朔迷离，这些问题也导致了研究者对传播学研究对象和传播学专业性的模糊和不满。

如果一门学科及其专业性的视角什么都是，那它肯定什么都不是，什么也都看不清了。在传播学者眼里，所有现象都可以被视为传播现象，哪怕一块石头，如果有人踢它一脚，也是一种传播或交流。这种泛化问题在传播研究学术史上曾经作为一个焦点问题，进行过长时间的讨论和争辩，人们批评传播学是一个什么都往里装的"筐"。有人论断，传播学的泛化与其跨学科领域的研究是有区别的。纵观来自泛化和窄化的两个问题，前者就像行李箱，被塞满了奇奇怪怪的思想和意义④，后者则把传播学窄化为大众传播研究或媒介研究的单一视角，加上以非科学化的方式盲目使用传播的概念或语词，

① 翟学伟：《人情、面子与权力的再生产》，北京大学出版社，2005，第60页；费孝通：《乡土中国》，生活·读书·新知三联书店，1985，第90~91页。费孝通认为，孔德在《实证哲学》里首次提出社会学这个概念，并把社会学看作是研究社会现象的科学。这个概念，后来因为从不同的角度研究制度问题，又被继续分化。一是从社会科学中分出了不同的门类，比如政治学、经济学等，二是从社会学内部又发展出知识社会学、宗教社会学等。

② 如社会学家安东尼吉登斯认定的四个社会学经典奠基人。安东尼·吉登斯：《社会学》（第4版），赵旭东等译，北京大学出版社，2003，第5~15页。（原书 Giddens, A. [2001]. Sociology [4th ed.]. Cambridge：Polity Press.）

③ 施拉姆在中国的传播学界名声大振，影响深远，他是在20世纪80年代初把西方的传播学火种传送到中国来的。他的贡献已经载入中国传播学发展史。

④ 理查德德·韦斯特、林恩·H. 特纳：《传播理论导引：分析与应用》，刘海龙译，中国人民大学出版社，2007，第7页。（原书 West, R., & Turner, L. H. Introducing communication theory：Analysis and application [2nd ed.]. New York：Mc Graw - Hill, 2003.）

不仅蔑视学科本身成为传播研究者的病态表现，而且直接损害了传播研究的科学价值。这些可能是对焦点问题的认识不足或缺少焦点问题造成的。

除上述这两个原因之外，对影响传播学科质量的问题还缺少一个更为重要的认识视角，这就是，传播研究领域缺少形成焦点问题及学术讨论的氛围。我们接下来再谈。

传播学的解题能力与理论建构能力

具有科学观的传播学者愿意把传播研究看作是一门科学，即"传播科学"（communication science）[1]，也就是，传播学科质量需要建立在一种恰当的科学观念上面。让我们先凭着对科学研究目的性的认识，尝试建立一种科学观罢。科学研究有各种各样的目的，但是科学的主旨在于解决问题。[2] 传播学研究也可有各种目的，比如旨在揭示传播科技的功能与媒介使用的力量，阐明媒介效果、信息的形成与发展，批判权力在信息生产与传递过程中的运作，理解信息和意义是如何在互动或沟通过程中产生关系的影响等等。但是把这些放在一个更高的认识层面，可以概括为：传播科学研究的主要目的在于帮助解开或澄清社会及人的传播形态或沟通实践问题，特别是各种可能遇到的传播或沟通难题。如果面前没有这样的难题挑战，传播学研究也就失去了发展的动力和方向，其结果必然就是，由于缺乏对根本问题的关注，缺乏解难题的能力，学科的质量尊严也被自动放弃了。

传播学研究要找到根本问题，以解传播或沟通的难题，为自己设立值得夸耀的学术质量，并非刻意追求知识的高端化，而是强调科学研究要以实际问题为出发点，展开对难题或谜题的寻找和论证，加强基础研究，确立传播分析的基本概念，为提高人类交往生活的质量服务，为改善人类传播环境服务。回顾传播研究的发展，让传播学得以确立的是一种行为的直线传播模式。20 世纪 40 年代中后期，美国政治学家哈罗德·拉斯韦尔（Harold Dwight Lasswell）等人从对二战的宣传研究中，破译了描述人类传播过程的一个谜题。他们提出了五个 W 的直线传播模式。该模式由五个研究问题组成："谁在传

---

① Berge，C. R.，& Chaffee，S. H.（Eds.）. Handbook of communication science. Newbury Park，CA：Sage，1987.

② 拉瑞·劳丹：《进步及其问题》，刘新民译，华夏出版社，1999，第 13 页。（原书 Laudan，L. Progress and its problems：Toward a theory of scientific growth. Berkeley，CA：University of California Press，1977.）

播？说了什么？通过什么渠道？对谁说？取得了什么效果？"① 这个传播模式曾为 20 世纪 40 年代新兴的人类传播研究建立了科学研究的基本理论框架，曾经长时间地成为传播研究的重要课题和建构理论的视角。

若是从知识论的角度出发，传播学确立解题的科学观至少可以牵扯出三个相互关联的问题或方面。其一，关系到传播学在人文及社会科学领域如何立足的问题；其二，关系到传播学学科向哪个方向发展的问题；其三，关系到传播学怎样找到和确定自己独特的专业化研究视角的问题。找到这些问题，进行研究，尝试解决，是提高传播学科质量的主要路径。如果说确立难题与解题能力都是在建构传播学理论并使理论得到应用的过程中实现的，那么，我们又遵从什么样的逻辑，来设立自己理论建构的基点呢？

人们对理论的认识向来存在差异。是把理论当成是灰色的，不尚刻意追求和建树，还是相信理论来源于宗教，把理论说成是对宇宙的一种观念，古往今来，中西南北，众说纷纭。但是哈贝马斯（Jürgen Habermas）用了一句话，似乎解决了这些认识上的矛盾，他说：理论给生活打上自己的烙印，反映在已接受理论教育的人的行为之中。② 理论无论是关于个人的，还是社会的，是观照自我体验与观察的，还是探视他人的、间接的、二手的，其意义总是与人类生活的意义相关联的。既然生活是不会间断的，那么生活的意义就会由理论不断给出并且进行描述。从这一点上看，理论研究的价值是显而易见的，也是值得研究者恒久去追求的。

理论建构的能力是指：解题的结果可能会出现真正的理论，但是，已有的理论成果仍不过是科学研究过程的某一个临时停靠站。事实上，理论是在不断变化中形成的，而且需要不时地随着问题的改变而更新和发展，通过批判的思维，前一个理论会为后一个理论指引研究的方向。不这样做，理论自然会变老，甚至变成灰色的，简言之，理论就是不断地在研究范式的竞争中被显露出来的。

我们说理论是建构的，一种含义是指理论的建构可以从日常概念的分析入手，先找到核心概念，再探求概念的历史与演变，逐步扩展到其他相关概念，通过概念之间的联

---

① 有关对拉斯韦尔的深入研究可阅读：刘海龙：《一篇存在争议的传播学奠基文献》，《国际新闻界》2009 年第 2 期，第 9～14 页；高海波：《美国传播学的冷战宣言——重评拉斯韦尔的〈社会传播的结构与功能〉》，《国际新闻界》2009 年第 2 期，第 5～8 页；Wood, J. T. Interpersonal communication：Everyday encounters（6th ed.）. Boston, MA：Wadsworth, 2004. p. 17。

② 理论一词来源于宗教，是哈贝马斯的考证。他指出古希腊的城市把派遣到参加公众庆典活动的代表称为理论家，是用理论向圣灵敬献忠心。参见哈贝马斯《认识与旨趣》，载谢立中编《西方社会学经典读本》，北京大学出版社，2008，第 734 页。

系与分析，建立初步的理论假设和基本概念系统。目前，我们在概念的建构与分析方面十分欠缺，充其量只是把概念研究理解为给所用的概念下一个定义。我们需要厘清现有传播学及相关学科核心概念，更需要在传播研究领域，发现、提炼、创造新的理论概念。① 同时，也要研究核心概念之间的相互联系与基本概念的演变等。建构理论概念的另一个含义是指：由于在理论的探讨中，思想极有可能出现空白、缺陷、不足和自相矛盾的地方，因此研究者必须通过学术共同体之间的交流和讨论来克服、来解决。学术领域内部的公开交流和理性讨论的能力是构建新理论的重要保证。

目前，已有研究者切实指出了中国传播学研究理论建构的主要方向，比如发掘具有理论意义的研究问题，关注人的社会交往实践，给予行为、制度、象征等各个维度上的考察。② 从功能主义向建构主义转化；从社会决定论向社会互动论转化；从抽象的因果推论向具体的事实描述转化；从事例归纳向意义解释转化。③ 这是对传播学研究的方法取向上的认识转型与重新定位。我认为，若能走上这样一条转型的道路，必会对中国传播研究的学科质量与理论建构有所帮助。中国传播学的发展之所以困难重重，可能还有另外的原因，我认为主要是没有明确传播研究的焦点问题，我们在下面继续讨论这一个问题。④

"关系价值"：传播学研究的聚焦热地

由于传播并非简单的信号传递，因此说传播追求"信息价值"，乃是一个妄言。

---

① 有关概念与理论之间的关系可参见陈嘉映：《哲学科学常识》，东方出版社，2007；郭中实：《概念及概念阐释在未来中国传播学研究中的意义（三十而立：中国传播学未来之笔谈三）》，《新闻大学》2008年第1期，第8~11页；陈向明：《质的研究方法与社会科学研究》，教育科学出版社，2000，第9页。

② 潘忠党：《反思、思维的独立和研究真问题（三十而立：中国传播学未来之笔谈五）》，《新闻大学》2008年第2期，第30~33页。

③ 黄旦：《由功能主义向建构主义转化（三十而立：中国传播学未来之笔谈十）》，《新闻大学》2008年第2期，第39、46~48页。同时在《新闻大学》刊发的还有潘忠党的文章。我认为这一段话很重要，就抄录在此，供大家查阅方便："我们如何和从哪里开始建构理论，找到研究的真问题，理论研究应当避免什么。当然不是在反对理论，也不是反对理论在研究中的运用，更不是反对理论和取向的多元；我反对的是将理论——或者将某些以政治或文化资本之拥有而界定的权威所简约或扭曲的理论——当作教条，认定它具有不可置疑的科学性，将自己的研究降格为教条的脚注，将这些权威的论断或宣称当作不容置疑的真理或事实。提出、探讨并解答研究问题。这样的问题所产生的基础是我们生活其中的历史现实，所遵循的逻辑是我们独立批判的理论思考，所带有的价值取向是普适人文精神的呼唤，所期待的功效是思想的光亮，所包含的是作为学者对自己的角色、立场、预设等的自觉反思。"

④ 居延安：《关系管理学》，复旦大学出版社，2008，第51页；居延安：《公共关系学》（第4版），复旦大学出版社，2008，第162页。居延安认为，传播研究主要是信息、媒介和人这样三个支点。他还指出，communication这个概念在中国使用是有层次性的，这个语词可以理解为关系之间的交流、沟通、播出传开三个交往层面：交流信息、沟通意义和价值劝说。

"传播"（communication）这个概念经历了不同的价值转变，从个人的、单向的、独有的、功能的，向关系的、双向的、共有的、建构的发生了转变。如果简约地概括，传播的现代含义是信息传递、意义交流和价值劝说的综合。① 那么如此认识"传播"一词不仅为理解沟通、交流的传播理念的不同层面提供了基础，更重要的是，这些理解还带来了"传播"从"个人价值"向"关系价值"认识的转变。

在众多的传播理论中，最具关系价值取向的是马丁·布伯（Martin Buber）的对话论（Dialogical Approach）、米德（George H. Mead）和布鲁默（Herbert Blumer）的象征互动论（Symbolic Interactionism）、戈夫曼（Erving Goffman）的戏剧论（Dramaturgical approach）、罗洛夫（Michael E. Roloff）在《人际传播社会交换论》（Interpersonal Communication：The Social Exchange Approach）中总结的五种社会交换论、舒茨（William Schutz）的人际行为论（Theory of Interpersonal Behavior）、皮尔斯（W. Barnett Pearce）和克罗农（Vernon E. Cronen）的意义协调论（Coordinated Management of Meaning）及更近些的由巴克斯特（Leslie A. Baxter）和哥马里（Barbara M. Montgomery）的辩证关系论（Relational Dialectics）等。虽然这些理论认识的视角不一，但它们都为理解传播的关系价值奠定了理论基础，都把传播研究的热情献给了对关系价值的探寻。

关系价值的研究也让我们更深入地理解了人类传播的真义所在。关系价值在具体的社会环境中是不一样的，特别是在中国社会进行传播学研究，不关心关系价值在中国社会的意义和作用，就无法准确摸到传播研究的脉搏在哪里。媒介、人情、面子、权力、权威、财富、地位、幸福、尊重、技术、仁爱、情义、冲突、和谐，没有哪一点不是聚焦在人类关系交往之上的。

从传播学视角来看，对关系价值的聚焦，指的是对人与人、人与社会、人与事物之间传播关系的研究，其中包括了对其历史渊源、关系特征、性质规定和社会构成的研究。以关系价值及其传播为研究的核心，既可以体现在社会学构成关系研究的四个一般问题层面上，即关系的种类、关系的建立与维持、关系的作用和关系网②，同时，传播学的关系价值研究视角更强调信息交流、意义沟通和价值劝说的作用，亦即传播或交往的社会功能。

传播或交往是关系的实现。③ 这句话高度地概括了人类传播之于关系的意义，没有

---

① 居延安：《公共关系学》（第4版），复旦大学出版社，2008，第164页。这种从关系层面的理解更接近于我们想使用的传播定义。

② 乔健：《关系刍议》，载杨国枢编《中国人的心理》。江苏教育出版社，2006，第83页。

③ 居延安：《关系管理学》，复旦大学出版社，2008，第48页。居延安引用并一再强调经典作家关于"交往乃关系实现"的论断。交往作为关系实现的一个过程，他把这个过程分解成了"信息交流、意义沟通和价值劝说"三个分析维面。

这样的传播活动，社会是不存在的，世间的关系是难以想象的。马克思把社会看作是建立在交互活动的基础上。他认为，不管社会其形式如何，社会总是人们交互活动的产物。① 可以说，社会就是把个体联系在一起的，通过传播、沟通和交往，形成的一个相互关联的大系统，人类社会交往的终极目标是以沟通为目的，运用传播作为手段，减少冲突，走向和谐。因此，我以为，无论是研究社会和媒介，还是研究人的传播行为，必须将研究焦点聚集于关系价值的研究，非此不足以刨根究底、不足以把握各种问题的要害。现代传播学研究，如果眼睛中看到仅仅是五颜六色的传媒世界、媒介不尽的信息生产和传递，消费与争夺，反倒让媒介和信息也成为无本之木、无源之水——这木就是关系之木，这水就是关系之水。

在当代社会，把由交往实践所形成的关系作为媒介研究的核心价值，其时机已经成熟。无论是互联网、手机等新媒体，还是报纸广播电视被当作大众传播的有效方式；无论是媒介文化、经济研究、舆论研究，还是媒介素养研究，都有关系传播的核心价值贯穿其中。以美国的变化为例，"9·11"事件之后，美国政府一直在反思"为什么世界憎恨美国"，注重通过媒介重建关系的视角非常明显。前总统布什和新总统奥巴马都任命了两个来自重要媒体，对媒体运作极为熟悉的副国务卿，专门负责动员一切媒体和传播手段，来为美国公众外交与公共事务服务，以消除美国在国际地位上的"信任赤字"。② 所谓公众外交（public diplomacy）主要指一国政府对国外民众进行外交的形式。主要有两部分内容：一部分是传播信息，塑造美国的正面形象；另一部分是通过交流与交往，与国外民众建立长期的关系，为美国政策推行营造有利环境。公众外交的传播主要有三方面的工作内容：一是完成日常报道工作，包括对政府内外政策的说明；二是战略传播（strategic communication），通过媒体进行有象征意义的传播活动，推行政府的特定政策及主题；三是动员一切可传播的媒体，包括培训、设立奖学金、交换学者、召开学术会议、开放媒体等，同各国重要人物和公众建立长期关系。新上任的朱迪斯·麦克霍尔（Judith A. Mc Hale）在2009年6月11日发表讲话说，要把公众外交提升到国家安全需要的高度。她明确指出，公众外交要在"空中"和"地面"两个层面上工作：一是运用传播，传播不仅仅是发送讯息，还要通过沟通式的倾听、接触和对话的方式，通过媒体来解释美国的政策和行动。二是充分接触，通过地面上的人与人交流、沟通和

---

① 《马克思恩格斯选集》第4卷，人民出版社，1995，第532页。

② 2005年7月，前总统布什任命Karen Hughes，她本人就是学新闻出身，做过七年电视台记者。2009年5月，奥巴马提名的曾任美国电视"发现传播公司"（Discovery Communications）总裁和总经理的Judith A. Mc Hale宣誓就职，这两人都是媒体专家。她担任发现传播公司的总裁之后，该公司的年收入增长了十倍，现在每年年收入达30亿美元。这些说明她是一个传播实践经验十足的人。

组织传播交往活动，加强关系方面的建设。她认为：这样做不是一场宣传比赛，而是一场关系比赛。她还特别提到了中国在关系建设方面的努力。^① 当今，媒介研究无法回避关系建构的问题，无法脱离关系价值传播的问题。在人类关系比以往任何时候都面临危机的时刻，各种传媒有责任帮助人类达成互信与和解，而不是制造更多的对他人的无知、不宽容、误解和不信任。

无论从人类、国家层面，还是从个人层面，关系问题都已经成为传播研究，包括媒介研究的一个核心价值，关系研究已成大势。事实上，在传播学界或传播研究历史上，已经出现了要把传播研究放到探究人的本质和行为的高度。20 世纪 60 年代，生成了跨学科研论传播学的关系价值的研究群体"帕洛阿尔托学派"（Palo Alto School），树起了"传播的本质在于关系和交往过程"的旗帜。在中国传播研究领域也是如此，已经有了要把对社会结构和社会关系的研究放在更宏大的学术框架之中的想法。^② 然而，自从"传播"一词随着现代传播理论进入中国社会以来，我们对这个语词的理解和使用还没有分出层次来。有研究指出，我们需要知道在什么情况下使用"传播"，在什么情况下使用"沟通"、"交流"和"交往"等，对于这些，特别缺少来自概念和学理上的梳理。^③ 其实，无论传播，还是沟通、交往、交流等，都是对人类关系的管理。至少，我们现在不妨尝试一下，能否把"传播"、"沟通"和"交往"与"关系"紧紧连接起来，建立联系，以至融成一体？这种尝试有可能使传播研究更接近于在中国社会日常生活中所存在的真实含义，从而发现在中国社会关系传播的意义。我们甚至可以用"拉关系"一词（去其贬义）来触动传播学在中国社会研究的价值之所在。^④ 从缺少进行传播研究和分析传播的基本概念，到对关系传播领域的研究不足，就无法构成一个有效的，用于观察、解释与分析的知识体系。

我觉得，知识还是原生的好，思考问题的方式也是原生的好。要想找到可能存在那个传播学原生态知识的领域，不妨把"传播的关系规定"和"关系的传播过程"研究

① Mc Hale, J. A., Public diplomacy: A national security imperative. Address at the Center for a New American Security, Washington, DC. 2009.
② 陆晔：《新闻院系体制下中国传播学研究的局限和未来之可能（三十而立：中国传播学未来之笔谈十三）》，《新闻大学》2008 年第 2 期，第 55～56 页；吴飞：《传播研究的自主性反思》，《浙江大学学报（人文社会科学版）》2009 年第 2 期，第 121～128 页。
③ 郭中实：《概念及概念阐释在未来中国传播学研究中的意义（三十而立：中国传播学未来之笔谈三）》，《新闻大学》2008 年第 1 期，第 8～11 页。
④ 翟学伟：《人情、面子与权力的再生产》，北京大学出版社，2005，第 78 页。翟学伟从社会心理学视角对人际关系概念做了探讨和研究。从他的研究中可以看到西方使用的人际关系这个语词非常多地与 communication 的基本含义相同。

作为中国传播学研究的一个领域，一块聚焦热地，使之成为中国传播理论的首要产出之地。研究中国人的传播方式与行为，需要知道文化根源在什么地方。我们可以这样假设，中国的传播理论，中国人的传播思想是以关系为本位而建立和形成的。中国人信奉关系，无论是早期《诗经》中传诵的"在水一方"的关系，还是诸子经典里有关"仁爱"关系价值的论辩，关系在传统的中国概念体系中是具有核心地位的。除"仁爱"的关系概念讨论之外，属于中国传播概念体系的，也是最有解释力和最具核心层的还有"道"、"天"、"人"等。①

中国社会是一个关系价值取向的社会，人们对"关系"二字再熟悉不过了，对关系有什么用处也是再清楚不过的，这一点无可怀疑。中国人对传播或沟通的理解是生命的代代相传，生生而不穷，也是做人与处事，是与生存相关的重要的生活经验。在进行关系处理时，关系可以具体为"人缘"、"人情"、"人伦"的交往实践。② 此外，君臣、父子、夫妇、兄弟、朋友之交，乃是天下人共由的道路，这也是人人皆知的。③ 可以说，中国传统思想文化的核心本身就是对人与人关系的阐述。中国人的传播或交往动机和结果，也主要系之于关系价值一身。

由于社会现象主要产生于人的交流行为，产生于关系网络和人际互惠，关系价值是人类传播，交流、沟通、互动结果的体现④，因此不研究关系价值，无法进入中国社会的传播现象研究，无法进入中国人的传播行为研究。关系不光给我们个人带来幸福不幸福的感觉，个体快乐不快乐的经验，关系也让我们思考人类的整体生存环境，思考国家、社会和世界的命运等大问题。然而，关系传播可能是人类共同面对的难题，"关系比讯息的内容更为重要"⑤。维持关系和积极创造关系，已经成为我们这个时代，成为个人、社会和家庭生活等领域的中心问题。

台湾传播学者提出了一个令人关注的问题，即关系研究应该是华人传播研究现阶段最具理论发展潜力的研究主题。应该从华人文化概念出发，与西方理论与现象对话。关系研究可以从世界观和科学哲学层面着手，探讨关系概念在本土传播使用中的意义问

---

① 赵汀阳：《没有世界观的世界》，中国人民大学出版社，2005，第161~162页。赵汀阳的另一本书《论可能生活》对研究中国社会及中国人的传播行为非常具有启发性。

② 翟学伟：《人情、面子与权力的再生产》，北京大学出版社，2005，第16页。我以为此书可证明：翟学伟的本土研究是至今中国社会进行传播行为研究的一个典范。

③ 关绍箕：《中国传播理论》，台北正中书局，1994。

④ 阿芒·马特拉、米歇尔·马特拉：《传播学简史》，孙五三译，中国人民大学出版社，2008，第10页。（原书 Mattelart, A., & Mattelart, M. Histoire des théories de la communication. [3e édition]. Paris: La Découverte., 2004）

⑤ Griffin, E. A first look at communication theory (3rd ed.). New York: Mc Graw - Hill, 1997. p.25.

题，同时在社会科学研究中，建立对中国社会不同关系类型的科学认知。① 如果说我们需要为传播学在中国社会的未来发展找到焦点问题或一个大的方向，那么关系价值的研究可以作为传播学研究的一个存在方式，成为能用来分析与解释本土传播现象与行为的知识源泉。

传播学在中国的研究尚未形成能代表该学科特征或传播研究发展方向的焦点问题。我们可以借用齐尔格特·鲍曼（Zygmunt Bauman）的视角来予以观察。鲍曼认为：能确定不同学科之间差异的只有两种方式，一是要找到每个学科或研究分支所研究的最为典型的问题；二是找到各学科在研究过程中如何把自己的发现组织到一些重要而有用的概念中去或建构出理论等。②

30 年来，传播学的引进研究有点像结网捕鱼，我们不能只忙于结网，而忘记捕鱼，若能捕到大鱼，才真正符合"渔夫"的身份。从学科的意义上讲，学科的身份要求我们一方面要充分利用西方传播研究的论传播学的关系价值研究有用资源，另一方面要研究中国人的传播形态与行为表现，建立具有解释力的传播理论及其概念体系。一句话，传播理论只有与社会交往实践融为一体，才能真正展现自身的魅力，才能让呆在这个圈子里的人产生有尊严的感觉。

传播学"关系价值"研究的领域及其问题

也许有人以为，中国人对关系的工具化使用是无所不用其极的，因此对关系价值的传播学批判研究头等必要。然而，与其说这种研究视角要唤醒的是我们的批判意识，莫如说我们更乐于向人类提供对关系价值的理性选择。在一个多元价值的世界里，批判早已变得异常艰难，倒也不是因为过于艰难才要放弃批判的，而是因为批判必须从属于选择，必须以人对关系及其传播行为的选择为前提。对于关系价值的研究，我们需要客观的思考，科学的探求，需要采取批判性思维，才能顺利进入一个可能的研究框架里面去。

在日常生活中，人们理解传播的方式主要有两种：一种是在意识层面，对传播或沟通缺少敏感度。这种最为贴身的人类行为，形同白色的迷障，让人视而不见；另一种是

---

① 黄懿慧：《华人传播研究：由何处开始？》，华人传播研究工作坊，2007 年 12 月 15～16 日，台湾政治大学新闻馆。http://tw. myblog. yahoo. com/chinese_com99/article? mid = 14&prev = 15&next = 13&l = f&fid = 5。上网日期：2008 年 1 月 31 日。

② 齐尔格特·鲍曼：《通过社会学去思考》，社会科学文献出版社，2002，第 7～10 页。（原书 Bauman, Z. Thinking sociologically: An introduction for everyone. Cambridge, MA: Basil Blackwell, 1990.）

在器物层面，传播或沟通被作为手段和技巧，比如我们把信息视为时间和金钱，通过广告去大肆购物，运用交往策略去拉关系，甚至去坑害他人等。两种情况可能都与把传播理解为工具的使用有关，这种理解不断随着新媒体的诞生和使用而越发变本加厉起来，同时也构成了关系价值研究的理论环境。

对于关系价值研究，也可简单地分成两大类：一类表现为工具理性的沟通或交往行为所创造的关系价值，比如占据社会主流价值观的一夫一妻制等；另一类则由经验事实的沟通或交往行为所创造的关系价值，比如塑造社会群体的某种文化规范，以及关系交往者日常交往实践中的言行举止等。

工具理性更多地指向对关系的理性使用；经验事实则是指有经验来源的交往事实，大都是人可以通过亲身体验或直接经验的事实。[①] 经验事实也可以被看作是一种已知的现象，在人的亲身经历、体验和体会之后，经验事实成为交往行动的指南，包括人对日常关系认知的传播理论和观点等，比如城里人不喜欢乡下亲戚，这是经验事实，职场上的人必须学会与人合作是经验事实，中国新闻媒体要遵循与党中央保持步调一致，也是经验事实。

工具理性和经验事实二者之间既有区别，又有联系。区别主要表现在关系的形态与结果上。我们需要知道，"理性"的观念并非西方的一项专属，中国人的理性观念从先秦诸子那时就已经开始了。陈嘉映认为：诸子的思想整体地形成了对天地人事的理性态度，并为中国人提供了理性思考的原型。"诸子的导向使中国成为世界上最为理性的民族"[②]。对于中国人，千百年来，理性负有对社会关系的生成与选择之重任。

如果说工具理性把关系对象看作是达成交往目的的主要手段，对关系交往过多讲求实际效益的话，那么是否有利可图，仅此一点，就会成为人们对关系存在与发展方向的各种推测或批判，比如对自己没好处的事决不去做，利用关系交往的时机，帮助实现个人利益的追求等，成为这种传播行为发生的主要理由和动因。应该说，由工具理性的沟通所创造的关系大都是物化关系，表现为人与物，利益与计算，只关心个人处境的关系。当然，工具理性也有自己的生存优势，在受到他人的选择束缚的关系及其对象面前，可以发挥个人最大的创造性和自由。

与工具理性的关系不同，经验事实的沟通所创造的关系基本上是感应关系。感应关系是受到中国文化特别强调的一种关系形态。从被过分夸大的角度看，程子说过："天

---

① 陈嘉映：《哲学科学常识》，东方出版社，2007，第 121 页。
② 陈嘉映：《哲学科学常识》，东方出版社，2007，第 38 页。

地间只有一个感与应而已。""凡君臣上下，以至万物，皆有相感之道。"① 只有深刻知晓这样一个道理，才敢如此大话感应的意义。不能否认，这种感应说确实揭示了关系发生的现象及其本质。如果说关系是由传播建造的经验的事实，不如说关系更是相互感应的结果。同声相应，同气相求，这是指同类关系发生了沟通和交往；鸡犬相闻，老死不相往来，是指不同类的关系交往，其结果必然是无感无应的，没有感应，关系也就没有了，不存在了。对于中国人，感应的交往总是易于在有对应的关系中获得发生，如天地、男女、阴阳、刚柔、动静、阖辟等等。对应关系愈大愈广泛，其经验事实和感应也就愈强烈愈多样。人与人之间的感应越复杂，生成的关系也越复杂。西方社会所形成的平等关系则可以与之形成不同的研究参照体，这可以在未来详加论述。②

工具理性与经验事实相互联系的地方是：首先，两者都包括了讲求经验，甚至说，都在关系中使用着经验事实。比如我们在利伯维尔场上讨价还价，绝不是已经知道利益有多大，利益有没有，而是一种无法确定的，依照经验进行的沟通和揣摸或预设。其次，无论是工具理性的关系价值研究，还是经验问题的关系价值研究，都得服从于生活的要求。生活要求传播研究能为人提供多样的理论或观念的选择，使人类关系向好的方面发展。如果我们还不知道向哪里去寻找真正的研究问题，那么就回到日常生活中去，倾听生活要求我们去做什么和怎么想。

我们都知道中国人对关系的感知力与想象力是无与伦比的。拉关系在中国人生活中的重要地位和成功率之高，足以说明这个现象；我们也发现中国人对关系的复杂感念越来越趋于弱化了。由于功利心太强，人们对关系对象越来越缺少同情心，关系被简单化到只想对自己有好处，而不顾后果，关系只服务于权力、金钱和私心，虽说这种关系出现了，可人却无端地消失了，冲突关系最终难以避免地会发生。因此，通过传播研究视角，揭示关系价值的发生，揭示由沟通、交流或互动等传播行为建构各种关系的真相，为人对关系的理性选择提供方便，建构科学判断和解释的知识体系，就会成为传播研究的一种社会责任。可以说，传播学研究最终目的是为社会创造一种关系价值，因为几乎每个社会、每个人，在长久或短暂的一生中，都有希望通过传播或沟通，建立稳定、持久的交往关系的需要。

关系价值的传播学研究领域相当宽广。从媒介、信息、意义的交流到全球、国家、

---

① 王孝鱼点校：《二程集》，中华书局，1981，第152、154页。

② 此段认识主要来自与中国社会科学院社会学所司马云杰先生交谈时的一段思想记录。对感应的思想已记录在他正在撰写的著作《中国思想史论》一书之中。我认为，中国文化里的感应观念所揭示的沟通与交往关系类型与西方社会讲求平等关系的理念可以形成一种对照式的研究，这也是本文作者想要在今后继续研究的问题。

民族，社会和个人的关系及日常生活各个层面，从大众传媒、手机、互联网到一些被称为中国社会主体的中下层级，开始成为信息的拥有者和信息的制造者①，把传播或交流作为建立关系的媒介或工具，才是中国人在日常生活中所表现出来的最为普遍而基本的状态，更多的还有对传播与关系价值取向的选择。

人们对于传播、沟通和交流这个概念认识的进步程度，等同于他们有效、合理、人道地使用传播工具的程度。在这种意义下，缺少以人为中心的关系视角的研究，更易使人们在高度技术性的层面上，被技术牵着鼻子走，导致仅理解传播在社会中被使用的媒介性含义，从而忽略了传播作为人类情感交流与文化观念差异之间的对话和重建的重要意义。如果说"传播学特别关注传播过程中的平等、公正、自由、民主、均衡问题，它的基本价值也就是人类社会的终极价值"②，那么从关系价值的传播学研究做起，极有可能是一种恰当且必要的选择。

除此之外，对于关系的认识，人们虽然拥有丰富的经验事实，可是人们并不知道主宰关系的传播、沟通和交往过程究竟会有着怎样严重的结果，会对关系双方造成多大的伤害。从已知到未知，我们虽然有了众多的传播定义，但对于传播仍然处在越来越多的未知当中。我们与他人说话，对他人做事，却不知下一时刻会发生什么。我们每天说话都是在传播，这一点并不稀奇，可是我们对身处其中的关系结构与环境，可能引发的冲突和误解并不清楚。人们从关系的交往中发现了越来越多、越来越复杂的交往、交流、沟通和互动的意义。

有研究者还提出了华人关系取向研究可能建立理论的一些层面。这种观点认为，与关系价值研究相关的概念包括：关系宿命论、关系和谐性、关系相互依赖性、关系角色化、关系类别化等，要把这些层面作为观察人们关系行为的基础。③ 显然，这也是一种有"我"的研究思路，从有中国人自己的问题入手，进入有"我"之境，以我观物、以我观世的传播学研究。受哈贝马斯的观点启发，我们认为，在追求知识的过程中，这种有我的研究，即认知主体的主体性地位问题，是非常重要的。认知主体（研究主体）

---

① 邱林川：《信息"社会"：理论、现实、模式、反思》，《传播与社会学刊》2008 年第 5 期，第 71~99 页。

② 郭庆光：《多角度审视传播学》，http://news. xinhuanet. com/newmedia/2004 - 06/11/，上网日期：2010 年 3 月 19 日。

③ 黄懿慧：《华人传播研究：由何处开始?》，华人传播研究工作坊，2007 年 12 月 15~16 日，台湾政治大学新闻馆。http://tw. myblog. yahoo. com/chinese_com99/article? mid = 14&prev = 15&next = 13&l = f&fid = 5. 上网日期：2008 年 1 月 31 日。此外，我们目前对"传播"一词的认识和使用还没有分出层次来，我们在什么情况下使用"传播"，在什么情况下使用"沟通""交流"和"交往""媒介"等，缺少对这个概念的考察与来自学理上的梳理和审视。

不能失去对自身特征的认识，因为这些特征将影响知识产生的可能性和模式。①

结　语

30 年来，中国的传播学研究主要是在两种选择之间的徘徊：一种选择是把传播研究简约成媒介研究的一个主题，使之成为传播研究的一个焦点；另一种选择是把传播研究当成是全能视角的研究宝典，甚至是治理社会的万能良药，被用得宽泛而模糊。表面上看，我们的研究主题已经很多，很丰富，但稍加整理和归纳之后便会发现，许多研究无非是在这两种视点之间权衡距离。

面对复杂的人类传播行为，面对丰富的社会传播现象，我们远未达到理论研究取向多样化的程度。从今天的成果看来，我们对学术道路的选择、思考和设计不是太多了，而是太少了。增加一些能参与相互竞争的理论研究取向，拥有更多不属于已知事物的，超出单一理论视野的另外一些选择，比如增加一个注重关系价值研究的传播学视野，这些对于促进学科发展和研究进步都是十分必要的。

传播是与人和社会密切相关的事物。传播可大可小。说小了，传播，在每个人的眼前和手边，听、看、触摸都是人最常使用的交流器官，传播就流通在社会日常生活和人的说话办事的方式里；说大了，传播是一个使事物与事物，事物与人，人与人发生关联的社会交往系统，决定人类生活的质量高低，更是社会发展和人类文明进步的动因。②全球化、地球村、国家、民族、组织和个人，都交织在由传播所建造的关系之中。在人与事物面前，传播是说了算的，更是会产生后果的。传播的重要后果会造成不同性质的人类关系。

这个世界可能需要伦理的判断，也可能需要思想的批判，但若没有传播学对关系价值研究这样一个视角，伦理的判断和批判的存在就不算是恰当的。面对人类关系价值讨论的重要性，无论怎样强调传播的意义，强调研究视角的重要性都不算过分。有了各种关系，人和社会才需要有伦理；有了对关系传播伦理的选择，才会出现针对某种传播选择的批判。

由于对学科质量的理解可能存在差异，因此能引导中国传播学研究走上与现在不同

---

① 哈贝马斯：《认识与旨趣》，载谢立中编《西方社会学经典读本》，北京大学出版社，2008，第 733 ~ 747 页。

② 阿芒·马特拉、米歇尔·马特拉：《传播学简史》，孙五三译，中国人民大学出版社，2008，第 6 页。（原书 Mattelart, A., & Mattelart, M. Histoire des théories de la communication. [3e édition]. Paris：La Découverte., 2004）

的道路,从而获得彻底改变现状的东西,还是一些等待我们探寻的谜题。聚焦关系价值的传播学研究只是一个并未引起足够重视的方向,那学问到底能做多大、到底能燃起多少传播学者的研究热情,还需要不倦的求索和努力,这里只是抛砖引玉地提出了这个问题。

(原载《传播与社会学刊》(香港)2010 年总第 12 期)

自选理由:

我国传播学界有一个公认的观点:构成传播学的知识领域具有跨学科性。正因如此,传播学科始终抱有身份焦虑的问题,学科立场的摇摆不定与认识学科问题的局限性,都在很大程度上成为影响传播学科品质提升的障碍。如果说研究人类行为是所有人文社会学科的共同之处,那么不同学科间的差异则在于选择人类行为的不同方面进行研究。讯息与媒介一直是传播学研究领域最为典型的问题,如有学者认为传播研究的核心理论与问题是探讨人类如何创制、传递、组织与解读讯息与传播者之间如何进行讯息给予与互动等。然而,在传播与媒介的使用日益广泛而真实的经验世界里,谁与谁在一起使用媒介,人们使用媒介做什么等有关媒介研究的深度问题,却长期未被纳入传播研究的反思之中,也未受到提升传播学科品质的高度审视。本文作者认为:关系价值研究作为提升传播学科品质的一条可能途径,有助于深化传播研究与理论建构的新方向,使当前的传播研究变得更具有挑战性。我国传播学研究需要探讨在什么样的传播语境中,在什么情形的传播意义上,人的传播行为总是对人的交往关系的形成与变化产生重要的影响与后果。

开放与跨越：中国传播学跨学科研究 30 年历程与意义探寻

杨瑞明[*]

一 研究目的与学术意义

跨学科研究是传播学在人类的思想与知识领域中获得生成与发展的基本方式与方法，它反映了传播学的特质与属性。通过跨学科研究，传播学建构了关于人类传播的知识体系，为我们认识、理解和把握人类社会的传播行为与活动，提供了多元的视角与多样的途径。

自传播学"西学东渐"引入中国以来，尤其是改革开放 30 年来，中国的传播学研究与人文和社会科学各学科乃至与自然科学的碰撞、对话和交融，正呈现不断扩张与纵深的态势。回望中国传播学研究的历史踪迹，我们可以说，无论是作为一种方法论的广泛运用，还是作为一种理论思维的学术实践，跨学科研究及其成果呈现了中国传播学发展演进的状态，也是 30 年来学科衍变的表征。

总结和反思，是社会科学思想和理论获得发展的必经阶段，也是社会科学研究通向最终目标——从理论走向回应现实的必经途径。为此，本文试图通过对 30 年来中国传播学跨学科实践的全面考察和总结，揭示传播学跨学科思想的流变与学科的内在悖论，并深入探讨跨学科研究存在的问题和缺失，为中国传播学的创新与突破，寻找可能的路径和方向。

二 研究方法与文献来源

反思是社会科学的总体方法与思想途径，其最终目的是超越、创新和建设。为此，

＊ 杨瑞明系中国社会科学院新闻与传播研究所副研究员。

本文将建立在以反思为总体方法论的基础上，展开对近 30 年来中国传播学跨学科研究的总结与梳理。

20 世纪 60 年代以来，蓬勃兴起的跨学科研究已成为人类应对自然环境挑战与社会危机的重要举措，也是科学创新的关键因素。同时，随着跨学科研究与社会实践的深入，也出现了专门研究学科交叉现象、规律和方法的跨学科学。本文试图借鉴跨学科学的思想和理论，并运用社会科学方法论，依据相关学术资料，采用质化分析方法，勾勒和考察 1978～2008 年中国大陆传播学跨学科的发展进路，探讨传播学跨学科内在特性与悖论，并总体把握传播学跨学科研究的发展趋向。

本文依据的文献资料，主要来自检索和查阅以下资源：（1）我国新闻与传播学研究的 4 本核心期刊《新闻大学》《国际新闻界》《新闻与传播研究》《现代传播》刊载的 1978 年至 2008 年 12 月发表的有关学术论文；（2）北京国家图书馆馆藏的有关传播学跨学科研究文献；（3）通过有关图书网站（"当当网"与"卓越网"），对国内出版新闻传播类书籍相对较多的北京大学出版社、清华大学出版社、中国人民大学出版社、复旦大学出版社等 10 余家出版社，以及中国社科院文献中心、新闻与传播研究所资料室收藏的传播学跨学科研究著述。

以上资料来源虽然可能因遗漏个别重要的学术文献，不能囊括 30 年来中国传播学跨学科研究的全部学术成果。但通过研究分析，作者以为，就这些文献的来源、收藏机构和出版机构所代表的学术权威性和学术影响性而言，本文的研究已基本获得了充分、必要的学术资料和文本。

迄今为止，国内外学界对传播学的学科体系及其分支学科的界定与划分，尚未得到广泛的认同。本文比较赞同现今国内外一些学者把传播学的有关研究称之为某种"理论"或"研究领域"的主张。由此，本文按约定俗成，对某些跨学科领域冠以"××传播学"的称谓，并不意味着认为该领域已形成一门科学、系统的分支学科。

此外还需要说明的是：由于受文献搜集的地域和时间所限，本文的考察对象和范围主要是中国大陆传播学和相关学科的学术成果，并未包括香港、澳门和台湾地区的传播学研究在内。

三　术语与内涵

1. "学科"与"跨学科"的涵义

中文"学科"一词译自英文"discipline"一词，它来源于法语和拉丁语，是 13 世纪出现的中古英语单词，一般做名词用，有"门徒"、"研究领域"、"纪律"等多重涵义①。我国的辞书中对"学科"一词主要解释为：1）教学的科目，学校教学内容的基本单位；2）科学的分类，指一定科学领域或一门科学的分支，如自然科学中的物理学、生物学，社会科学中的史学、教育学等②。

今天，社会科学研究者们大多认可"学科即特定的研究领域"这一简明定义，认为"学科划定各知识分子群体的界限，区别不同的实践活动和特定领域的方法论，以及用来解释世界的不同参照框架。学科意味着拥有合理设置和可识别的边界，有明确的规则，以确定什么可以算做知识、问题及解决问题的方法"③。

一般而言，跨学科研究是指科学研究主体突破传统科学体系中的学科边界、跨越不同知识领域的科学探索与学术实践。④ 由于跨学科研究是科学发展与学科演变相互交织、相互作用的文化、历史过程，长期以来，在不同的文化背景下或不同学术语境中，中外学者对"跨学科"这一术语和跨学科研究的内涵界定，一直存在着理解的分歧或表述的差异。

在中文里，我们常见的涉及跨学科研究的基本概念或术语主要有"跨学科"、"多学科"、"交叉学科"或"边缘学科"、"横断学科"，还有的用"学科互涉"⑤ 等。其中"多学科"、"跨学科"或"交叉学科"、"学科互涉"这几个词语皆来源于对西文的翻译。

在我国学界有关理解"跨学科"内涵的讨论中，多有研究者把"跨学科"与"交叉学科"视为同义。他们在跨学科研究中以"交叉科学"一词代指"跨学科"，或者认为所谓交叉学科即指某学科群，即所谓新学科、新兴学科、边缘学科、横向学科、横断学科就是"交叉学科"。⑥ 同时，我国学者也多把"交叉学科"或"跨学科"的英文理解和翻译为 Interdiscipline 或 Interdisciplinarity。

长期以来，在西方学界，学者们对"Interdiscipline"与"Interdisciplinary"⑦ "Mul-

---

① 张之沧、谢阳举：《哲学与跨学科研究》，《西安交通大学学报（社会科学版）》2004 年第 9 期。

② 《中国百科大辞典》，华夏出版社，1990，第 461 页"学科"条目。

③ 刘霓：《跨学科研究的发展与实践》，《国外社会科学》2008 年第 1 期。

④ 刘仲林：《现代交叉科学》，浙江教育出版社，1998，第 69～72 页。

⑤ 〔美〕朱莉·汤普森·克莱恩：《跨越边界：知识 学科 学科互涉》，姜智芹译，南京大学出版社，2005。

⑥ 朱桂龙等：《刍议跨学科研究的界定》，《科学学研究》1998 年第 16 卷；汪丁丁等：《跨学科的范式》，《社会科学战线》2004 年第 6 期。

⑦ 国内外一些学者认为："Interdisciplinary"一词最早出现于 20 世纪 20 年代，当时美国社会科学研究理事会（The Social Research Council）提出它的主要职能是发展涉及两个或两个以上学科的综合合作研究。那时它共有 7 个学会，而"跨学科"是该理事会会议速记使用的词语。最早公开使书"Interdisciplinary"一词的是哥伦比亚大学著名心理学家吴伟士（R. S Woodworth）。1926 年，他在社会科学研究理事会上指出，理事会是几个学科的集合，要努力促进两个或两个以上学科进行的合作研究，除理事会外，其他组织都无法担负起组织开展跨学科协调或研究的责任。1937 年，《新韦氏大辞典》和《牛津英语辞典增补本》首次收入跨学科"Interdisciplinary"一词。参见克莱恩：《跨越边界——知识 学科 学科互涉》，南京大学出版社，2005，第 11 页；刘仲林：《当代跨学科学及进展》，《自然辩证法研究》1993 年第 9 期。

tidisciplinarity" 或 "Transdiscipline" 等英文词语涵义的解释，也表现为多样化和混杂，常被不加区别地当作同义词或近义词使用。在半个多世纪以来有关跨学科理论的探究和讨论中，英语的 Interdisciplinarity、Multidisciplinarity 和 Transdisciplinarity 这三个术语实际存在着语义和认知的差别。在一定程度上，今天西方学界对于它们的理解和使用已经大致区分开："Interdisciplinarity" 多译为 "交叉学科" 或 "跨学科"，意指在科学研究中享有共同的学科边际与空间，多限于 "两两之间" 的交叉性或互渗性的研究；Multidisciplinarity 一般译为 "多学科"，意味着众多学科共同参与特定研究项目中的合作。它的特点是各种学科仍然是相互独立、分工进行的，或综合运用不同学科的理论与研究方法，在一定程度上涉及概念、认识论和方法论的重新整合。而 "Transdisciplinarity" 译为 "跨学科" 或 "超学科"，指在整体范围内分享问题研究的空间，是超越学科界限、汇聚和融合不同学科知识的统一性研究。

至今我国学者大多把 "交叉学科" 和 "跨学科" 理解为同义并通用，也常把这两个术语同译为 "Interdisciplinarity" 或 "Transdisciplinarity"①。鉴于现今国际跨学科理论的推进，如果继续混同使用这两个术语，既不利于我们适应世界跨学科研究的发展趋势，走向跨学科的学术前沿，也不利于我们深入理解跨学科研究的整合程度，追寻其真正的意义和目标。

为此，从跨学科理论的视角，本文比较倾向和主张区别使用这两个术语，并认同前述西方学者对 "Interdisciplinarity" 与 "Transdisciplinarity" 的实质与内涵的区别性界定，亦即认同皮亚杰等学者以及 OECD 有关对多学科、交叉学科、跨学科（超学科）的不同层次的区分以及他们对跨学科研究方向的引导②。

进入 21 世纪，世界各国的跨学科研究依然方兴未艾，关于跨学科研究的理论和方法也在不断深化。虽然迄今中外学界对于 "跨学科" 这一概念和术语的内涵，仍然没有统一、标准的定义，但一个较为一致的观点是：在广义上，"跨学科" 这一术语的核心含义是指 "对于典型学科之间的问题的研究"③。或者说，在一般意义上，所谓的 "跨学科" 是指不同学科和不同知识领域之间的相互联系、相互渗透与相互整合；或是指跨越学科边界的科学研究与社会实践，并在此基础上所形成的交叉学科群体。④

---

① 或译为 "Interdiscipline"。

② 见张岂之、谢阳举：《哲学与跨学科研究》，《西安交通大学学报》2004 年第 9 期；刘霓：《跨学科研究的发展与实践》，《国外社会科学》2008 年第 1 期。

③ 金吾伦主编《跨学科研究引论》，中央编译出版社，1997，第 46 页。

④ 有关西方学者对跨学科概念的讨论与界定，另可参见刘仲林：《当代跨学科学及进展》，《自然辩证法研究》1993 年第 9 期；Allen F. Repko：《Interdisciplinary Research：Process and Theory》，2008，by Sage Publication，Inc. pp. 1 - 26。

我国一些研究者综合分析了对于跨学科的不同认识和众说纷纭的观点后，把"跨学科"的内涵概括为两个层面，即："跨学科"的一个层面是指"社会实践的跨学科"，即研究主体根据学科间的内在联系，运用不同学科相互渗透的手段，实现解决复杂的科学技术问题和社会问题的科学实践活动；另一个层面，"跨学科"这一术语泛指科学知识间的相互联系，意味着"科学理论的跨学科研究"①。在这个意义上，跨学科也指一种方法论，或表征一种学术探索的方式与状态。

本文的重心将偏向前面所述的跨学科研究的第二个层面，即主要探讨传播学在学术探索层面的跨学科问题。并且，鉴于我国传播学的跨学科研究主要处于"交叉学科"阶段，本文的"跨学科"一词暂且对译为英文的"Interdisciplinarity"。

2. 传播学研究对象与跨学科研究的界定

半个多世纪以来，随着传播与大众媒介成为社会科学领域重要的研究对象，以及传播教育的体制化发展，传播学的学科"身份地位"逐渐得到确立。但由于传播学是跨学科研究的产物，基于不同的研究取向和研究范式，不同的传播理论对于什么是传播有着不同的阐释，而且至今还没有一个得到统一认同的关于传播和传播学的定义。传播学的研究对象也就成为一个争论不休、莫衷一是的问题。

其实，传播学奠基者威尔伯·施拉姆早已把传播学的本质界定为研究一切社会交往活动或社会关系的基础。他不仅确认是不同领域的社会科学研究者们来到传播这片"绿洲"创立了传播学，也认为传播学将成为整合的社会科学的一部分，"在那个时候来到以前，传播会成为既有独立性，而又和其它学科相互依赖的部门"②。他甚至预想传播学的未来仍然是一个多学科汇聚、交流与对话的中心或"场所"③。美国传播学者史蒂芬·李特约翰（Steven Littlejohn）也为我们提出了一个关于传播学的简明扼要的定义，即传播学是一门社会科学，它包含了科学与人文的理论和思想，旨在理解人类如何创制、交换和解读信息。④

今天，虽然有关传播与传播学定义的论争还在继续，我们仍面对多元、多样的关于传播本质与传播研究对象的理解，但施拉姆和李特约翰关于传播学的定义，已为我们揭

---

① 朱桂龙等：《刍议跨学科研究的界定》，《科学学研究》1998 年第 16 卷；汪丁丁等：《跨学科的范式》，《社会科学战线》2004 年第 6 期。

② 〔美〕威尔伯·施拉姆：《传播学的一个独特见解：一个观点的回顾》，姜克安译，《国际新闻界》1985 年第 2 期。

③ 〔美〕威尔伯·施拉姆：《传播学的一个独特见解：一个观点的回顾》，姜克安译，《国际新闻界》1985 年第 2 期。

④ 史蒂芬·李特约翰：《人类传播理论》，史安斌译，清华大学出版社，2004，第 6、13 页。

示了传播学及其研究对象的基本特质：传播学源自人文社会科学及自然科学，是多学科汇聚、研究人类传播行为与社会传播现象的跨学科领域。

由此，针对我们所处的传播学研究阶段和已有的学术成果及研究范式，本文采用具有广义内涵的"跨学科"这一术语，包含前面所述的"多学科"、"交叉学科"、"跨学科（超学科）"三个不同层面。本文的研究对象——"传播学的跨学科研究"，是指通过不同知识领域之间相互渗透和相互交融的方式，对人类传播行为和传播活动及其意义进行的理解与阐释。或者说，是超越不同知识体系与学科界限，对人类的传播实践和传播过程及其意义进行综合、统一的研究，及其所形成的理论与思想体系。

四 传播学跨学科研究的领域和分类

科学分类（或知识分类）是人们依据一定的客观根据与主观原则，划分科学的各个分支学科，并确定学科的研究对象、内容和辖域的一种方式。科学分类可以使我们明确学科在科学中的位置和地位，揭示学科之间错综复杂的联系与内在关联，宏观把握科学的总体结构，预测科学的发展趋势。①

在现今多种多样的科学分类中，传统形成的英美体系和德国体系是当今世界上影响广泛的两种科学分类法。基于把"科学"理解为具有高度的逻辑严密性的实证知识体系，英美体系的分类法把所有的学科分为三大类：自然科学、社会科学和人文学科②；视"科学"为一切体系化的知识，深受黑格尔哲学思想影响的德国体系分类法，则把所有科学分为自然科学和精神科学两大类。③

在这里，本文比较认同英美体系的分类法，根据我国一些研究者对"人文学科"这一称谓的内涵界定和解释④，并参照国内一些学者构建的交叉科学结构体

---

① 李醒民：《论科学的分类》，《武汉理工大学学报（社会科学版）》2008年第4期。
② 英美派的分类法认为以人类的信仰、情感、道德和美感为研究对象的人文学科中，如宗教、哲学、艺术、音乐、戏剧、文学等学问包含很浓厚的主观性的成分，所以人文学只能是一门学科，不能称之为科学。德国派的分类法则认为，人们对事物进行系统的研究后形成了比较完整的知识体系，不管它是否体现出像自然科学那样的规律性，都应该属于科学的范畴。所以，人文学科也应当属于科学。
③ 显然，这里的精神科学或文化科学包括我们现在所说的社会科学和人文科学。
④ 在汉语中，"人文学科"与"人文科学"的词源意义则是有区别的，前者直接就是人类精神文化活动所形成的知识体系，后者则是关于人类生存意义和价值的体验与思考，是对人类精神文化现象的本质、内在联系、社会功能、发展规律等方面的认识成果的系统化、理论化。目前"人文科学"这一知识体系的发展，与一般公认的"科学"标准（可检验性、解释性、内在完备性、预见性）尚有较大差距。因此他们主张以"人文学科"这一术语代替"人文科学"称之才比较严谨，也比较切合目前该学科群的发展实际。

系①，把目前人类的主要知识领域分为五大类：自然科学、技术科学、人文科学、社会科学和横断科学②。根据中外传播学跨学科涉及的领域与范围，以及我们所界定的传播学跨学科研究包含的三个层面，本文把迄今国内出现的丰富多样的跨学科研究划分为以下五大类（领域）：

（1）传播学与人文学科的跨学科研究

（2）传播学与社会科学的跨学科研究

（3）传播学与科学技术领域的跨学科研究

（4）传播学与社会科学、自然科学和横断科学等综合的跨学科研究

（5）超学科的传播学跨学科研究

超学科是科学和知识创新方法论发展的最高阶段。在这一阶段，跨学科研究者致力于超越不同学科界限，通过学科群的互动、学科与整体之间的循环，完成整体、系统地寻找复杂问题的相互关联性。在这个意义上，目前我们可以把传播哲学、"超话语"的传播理论③和传播学跨学科学等，归类于超学科的跨学科研究。

五　中国传播学30年跨学科研究历程与面貌

（1）1978—1982：在启蒙中继往开来

20 世纪 70 年代末至 80 年代初，是中国社会步入改革开放，思想和文化获得解冻、复苏并活跃发展的时期。在对实现"四个现代化"的憧憬中，国家对"科学技术是生

---

① 金吾伦等把现有的科学系统分为自然科学、社会科学和思维科学三大门类，参见金吾伦主编《跨学科研究引论》，中央编译出版社，1997，第 60 页；姜振寰在《科学分类的历史沿革及当代交叉科学体系》一文中把交叉科学体系的主体结构分为哲学、自然科学、社会科学和横断科学四大类，见《科学学研究》1988 年第 6 卷第 3 期。

② 横断科学是指在跨学科研究基础上，以各种物质结构、层次、物质运动形式等的某些共同点为研究对象而形成的一组工具性、方法性较强的学科，它们从不同侧面揭示了客观世界的本质联系和运动规律，如控制论、信息论、系统论、耗散结构论、协同学等。参见金吾伦主编《跨学科研究引论》，中央编译出版社，1997，第 75 页。

③ 美国传播学者罗伯特·克里格（Robert Craig）提出：传播学要建构一个一致性学术领域或统一的理论体系，需要一种"超模式"（Met model）才能建立起各种理论学派之间的联系；或者说把不同的传播理论看作是讨论传播的不同话语形式。在这个意义上，若果把一致性的传播学理论看作一种"超话语"，就能理解这个领域内多学科、多视角的研究方法的价值所在。参见史蒂芬·李特约翰：《人类传播理论》，史安斌译，清华大学出版社，2004，第 14 ~ 15 页。

产力"的确认，引发了全社会对科学和知识的尊崇，也激发了自然科学和人文社会科学研究的蓬勃开展。

为追赶发达国家，在着力引介西方现当代科学技术前沿和新学科、新思潮的同时，在钱学森等著名科学家的积极倡导下，我国学界兴起了跨学科研究的热潮。在人文社会科学领域，一些重新探寻走向世界之路的中国学人的目光，投向了传播学这一当代西方社会科学跨学科研究的新兴领域。亦即由此，中国传播学踏上了跨学科的探索之旅。

这是一个启蒙与开创并举的阶段。通过引介西方传播学以及追溯其渊源与形成过程，早期的传播学研究者清晰地确定了传播学的跨学科特质。在勾画西方传播学面貌与学科特征时，无论是聚焦经验学派功能与效果的研究模式，还是分析批判学派结构与关系的学术范式，他们都揭示了跨学科研究对传播学的影响和作用，鲜明地昭示他们对传播学跨学科本性的理解与认同。

这个时期，为了使"系统了解"与"批判吸收"最终走向"自主创造"，在"十六字方针"① 这一思想方法的引导下，早期的传播学研究者们一面追寻西方传播学的思想源流以及多种视角的理论和方法，一面在致力于理论与现实相结合的实践中，确立了跨学科研究的基点和发展路径。

这也是一个中国新闻事业亟待阔步发展的时期。新的社会历史语境和西方传播学理论带来的震荡，使那些把"拿来"的西方传播学理论与新闻传播实践相结合的尝试，成为拓展新闻学视野或探索本土传播学理论的"合法"路径。于是，"背后有一种充满着积极意义的精神危机"② 的"自主创造"，主要呈现为传播学与新闻学的跨学科研究。所以，早期传播学引介者们对传播学的跨学科特性及其方法的总体认识与主张，以及已走近我们的施拉姆等西方学者的跨学科思想或多学科的框架与体系，似乎只是时隐时现在主张传播学与新闻学"融合交叉"的强大声势中。

今天，无论是从零散的翻译或评介性的文章中，或是在为教学编写的参考资料里，我们都可以发现：早期的传播学研究者们十分明确地把传播学界定为国外社会科学领域中新兴的一个跨学科的研究领域③。在 1981 年《新闻大学》创刊第 1 期中，我国传播

---

① 1982 年召开的"第一次全国传播学研讨会"提出了我国新闻与传播学者一致认同的对待西方传播学应采取的"基本态度"，即被概括为"系统了解、分析研究、批判吸收、自主创造"的"十六字方针"。

② 王怡红：《一个传播学本土研究范式的考量——以"16 字方针"为例》，《中国传媒报告》2007 年第 6 期。

③ 如：张隆栋：《美国大众传播学简述》，《国际新闻界》1981 年第 2～4 期；《传播学（简介）》一书中相关文章；张黎：《美国和西欧传播研究的现状》，王志兴：《欧洲批判学派与美国传统》等，《新闻学刊》1986 年第 4 期。

学的开拓者陈韵昭在介绍西方"传的研究"时即指出：西方学者"把传学作为一种行为科学来研究，并且综合运用社会学、政治学、心理学、经济学、人类学、语言学、哲学、数学、神经学对于传的研究成果，使它成为一门'科际整合'"①。

毋庸置疑，这里陈韵昭使用的"科际整合"一词，即是指跨学科整合的意思。因此，我们可以说她是中国传播学学术史上第一位明确指出传播学跨学科特性的学者。1985 年，陈韵昭又在发表于复旦大学学报的《大众传播学》一文中，再次强调社会学、心理学、语言学等与传播学的关联："正是这些相关学科为传播研究提供了理论准备，也正因为此，所以我认为在评价传播学与大众传播学时很需要这些相关科学领域的学者来一起切磋。"②

1982 年 4～5 月，第一个把西方传播学著述译为中文的华人学者、香港中文大学新闻与传播系主任余也鲁教授，应邀陪同西方传播学的重要创始人韦尔伯·施拉姆教授（Wilbur Schramm）访问中国大陆，这是一次对中国传播学研究产生深远影响的历史性访问。就在他们这次"破冰之旅"的学术演讲中，施拉姆不仅通过介绍来自社会科学不同领域的传播研究及四位奠基人，阐述传播学的起源与学科交叉，而且以传播学者的视角，最早把"跨学科"这一术语引进了中国新闻学和传播学界的视野。③

1983 年 9 月，由中国社科院新闻研究所世界新闻研究室组织国内学者编写的我国第一本以介绍西方传播学为主要内容的传播学著作《传播学（简介）》在北京出版。在这本中国传播学的"启蒙读本"中，早期的中国传播学研究者也把传播学定性为"多学科交叉融合的产物"或"综合性的多缘学科"④，特别突出的是在分析大众传播学的发展时，他们大多明确使用了"跨学科"这一术语。⑤

同时，早期传播学引介者们在探讨西方传播学研究的过程时，还着重评介了美国和

---

① 陈韵昭：《传学浅谈》，《新闻大学》1981 年第 1 期。

② 陈韵昭：《关于大众传播学》，《复旦学报》1985 年第 3 期。

③ 施拉姆在中国人民大学新闻系做了题为《美国"大众传播学"的四个奠基人》的演讲，重点介绍他称为"传学之父"的拉斯韦尔、莱文、拉扎斯费尔德和霍夫兰。他说道："这四个人不是传学研究这块沙漠中绿洲的匆匆过客，而是在这块绿洲上辛勤耕耘的园丁……这四人有一个共同特点，就是他们都是'跨学科'的研究者。"参见王泰玄报告记录，《国际新闻界》1982 年第 2 期。

④ 见周致的《西方传播学的产生及其与新闻学的关系》、范东生的《大众传播研究的发展过程》等文章。张黎：《传学概论简介》，中国社科院新闻研究所世界新闻研究室编《传播学（简介）》，人民日报出版社，1983。

⑤ 参见徐耀魁：《英国、法国、西德、意大利、日本及南斯拉夫的大众传播研究》，周致：《西方传播学的产生及其与新闻学的关系》，载中国社科院新闻研究所世界新闻研究室编《传播学（简介）》，人民日报出版社，1983，第 99、132 页。

西欧传播学研究中社会学和心理学等社会科学的渗透和影响。①。而钟梦白翻译的 2 篇英国学者罗伯特·A. 怀特的文章，概述了文化研究的发展与现状，指出传播学研究已经出现"由运用行为科学的方法转移到用文化科学和人文科学的方法"②。这是中国传播学者最早对文化研究学派的专门介绍，无疑为这一时期较多关注经验学派的中国传播学研究，打开了西方传播学的另一扇窗。

然而，由于最早关注到西方传播学的是新闻学研究与新闻教育领域的学者，这个时期对西方传播学的介绍，多裹挟在介绍西方新闻学或国外新闻事业史的教学和研究中。对于知识结构和思维方式尚未彻底转换的中国新闻学界来说，面对枝蔓丛生、歧见迭出的传播理论，在接触之初不免出现困惑迷茫，并对西方传播学的发展产生了误读③。其中一些学者甚至笼统地把传播学视为西方新闻学的一部分，或者从新闻理论的视角诠释西方的传播理论。

与此同时，拨乱反正后，中国的新闻实践和新闻改革亟需新闻理论的突破和创新，也迫切希望彻底改变以往长期把新闻媒介仅仅当作宣传工具或"阶级斗争工具"的政治化的新闻理论的弊端。于是，"新的形势要求学科的研究不能局限于'新闻'这个狭小的范围……传播学原理被广泛应用于新闻学科，视野大大拓宽，早已不限于'报纸的性质、任务、作用'之类的命题"④。因此，在一定意义上，这一时期出现的郑兴东、陈仁风的《传播方式的探讨》，刘国胜撰写的《控制原理在报刊通讯系统中的应用》等文，可以视为最早的传播学与新闻学⑤交叉的跨学科研究的开山之作。

1982 年 11 月，由中国社会科学院新闻研究所倡议，在北京召开了第一次有关西方传播学研究的座谈会。这次具有里程碑意义的会议，后来被称为"第一次全国传播学研讨会"。与会者经过讨论，一致认为传播学是一门属于社会科学的研究人类传播现象的独立学科。同时，在讨论西方传播学产生的社会条件和背景时，重点强调了传播学"也是科学

---

① 参见徐耀魁：《英国、法国、西德、意大利、日本及南斯拉夫的大众传播研究》，周致：《西方传播学的产生及其与新闻学的关系》，载中国社科院新闻研究所世界新闻研究室编《传播学（简介）》，人民日报出版社，1983，第 99、132 页。

② 钟梦白译：《大众传播与文化：向一个新模式过渡》，《国际新闻界》1988 年第 3 期。此前，还有其他传播学者也曾零散地介绍过欧洲的文化研究学派，如张黎称之为"社会－文化学派"。参见张黎：《美国和西欧传播研究的现状》，《新闻学刊》1986 年第 4 期。

③ 刘海龙：《传播学引进中的失踪者：从 1978 年—1989 年批判学派的引介看中国早期的传播学观念》，《新闻与传播研究》2007 年第 4 期。

④ 陈力丹：《我国新闻理论研究 10 年回顾》，《新闻大学》1991 年夏季号。

⑤ 本文在这里所说的新闻学是指与注重新闻采编等职业训练的新闻教育相关的传统新闻学，而非现今融合了传播学理论的现代新闻学。有关新闻学与传播学的关系的论述还可参考明安香《传播学学科发展前景的展望》一文。

技术的发展及自然科学和社会科学趋于一体化过程的产物。信息论、系统论、控制论等自然科学的一些原理和方法在社会科学中的运用，为传播学的产生和发展提供了条件"①。

1982 年，居延安参加了美国国际传播学会（ICA）第 32 届年会，随即向国内介绍 20 世纪 70、80 年代西方正在兴起的以控制论、信息论、系统论为基础的信息科学对传播学研究的影响②。这一时期，明安香、俞璟璐也分别撰文介绍西方学者运用方兴未艾的系统论、信息论和控制论进行传播研究。或许是要突出信息论等的作用和影响，明安香把西方传播理论统称为"信息传播学"③，俞璟璐等则强调"传播学之所以能在当代科学殿堂内占有一席，是和现代系统论的创立与发展对它的强有力的影响分不开的"④。

（2）1983—1997：在守望中跋涉与探索

20 世纪的 80 年代末和 90 年代初，中国大陆的传播学研究陷入了一个短暂的低谷。然而在这期间，传播学研究者们依然在迷雾中坚持学术的跋涉。

20 世纪 80 年代，致力于引介西方传播学的中国学者们，从经验学派与批判学派那里都发现了一种与中国百废待兴的现实密切相关的传播理论——发展传播研究。这一理论与中国社会现代化转型所面临的种种问题有许多契合点，并且与国家的国际政治立场几乎毫无冲突，可资借鉴。于是，关于传播与国家发展的理论，成为这个时期探讨西方传播学的一个突出的关切点。

1985 年初夏的传播学学科建设研讨会，把传播学的跨学科研究推进一个高涨的峰谷。我们甚至可以说，这是中国传播学跨学科研究的一次里程碑式的会议，表征着早期研究者们试图全方位开放与跨越传播学边界的追求与力行。以此为起点，跨学科研究在传播心理学、传播社会学⑤、组织传播、健康传播以及信息传播、科技传播、广告传播

---

① 史新：《新闻界座谈会西方传播学》，载《新闻战线》1983 年第 1 期。
② 见居延安：《记美国国际传播学会第 32 届年会》，《新闻大学》1982 年第 4 期；居延安：《谈谈信息革命》，《新闻大学》1984 年第 2 期。
③ 明安香：《漫话西方的信息传播学》，《读书》1984 年第 7 期。
④ 俞璟璐、俞景韦：《传播是一个开放的动态系统——传播系统理论初探》，《新闻大学》1985 年第 10 期。
⑤ 或称"媒介社会学"。按照潘忠党的定义，广义上的传播社会学是指对于传播过程的社会学分析，包括大众传播的体制和结构、大众传媒的社会功能、组织和运作过程、受众的社会构成和对于传媒的作用、传媒的社会影响的研究；在狭义上指传媒内容生产过程的社会学分析。潘忠党：《补偿网络：走入传播社会学视野的概念》，《现代传播》1997 年第 3 期。鉴于社会学在近几十年的演变、扩张和明显的跨学科趋势，黄成炬提出：在狭义上，传播社会学（媒介社会学）可以被理解为一门主要运用社会学原理和方法来研究大众传媒这一特定社会组织的性质与功能；在广义上，也可以理解为一门用社会理论和方法研究媒介与社会相互作用规律以及媒介内部组织运行的传播学的分支学科。参见黄成炬：《媒介社会学》，鲁曙明、洪浚浩主编《传播学》，中国人民大学出版社，2007，第 59 页注释。本文参照以上两种定义，把"传播社会学"界定为：运用社会理论和方法的视角，研究人类的传播行为与传播过程，以及媒介与社会相互作用的一个传播学的跨学科领域。

等领域收获了开创性成果。尤其是孙旭培等为"最终创造出集东西方文化精华之大成的传播学"① 而发起的对于"中国传统文化中传的探索",堪称中国传播学史上第一项聚焦性的、多学科协同合作的跨学科"工程"。

这一时期出现了一道引人注目的风景线:邵培仁急切、大胆地行走在跨学科研究的前沿,他怀抱"边引进、边吸收、边创新"的信念,力图"推动传播学向其他领域扩张,或与其他学科联姻以孕育新的学术生命"②。他主编的"当代传播学丛书"以宽阔的视野,或兼收并蓄或渗透移植,率先在经济传播、艺术传播、教育传播、政治传播等跨学科领域耕耘、开拓,为后来的跨学科研究奠立了基础。

而更为独特的现象是:朱光烈与《北京广播学院学报》(1994 年更名为《现代传播》)的学人等鹤立鸡群地把传播研究载入文化研究之船,以跨越边界的学术定位和开放性姿态,表达他们面对社会发展趋势、国际学术潮流的回应与超越。

1985 年 6 月,由复旦大学发起在上海召开了一次关于传播学学科建设的研讨会。在一定意义上,我们可以说这是中国传播学史上首次对跨学科问题展开学术对话的一次高端研讨会。③ 如果说"第一次全国传播学研讨会"关切的首要问题是对西方传播学应该采取的态度与策略;那么,这次会议则明显地把重点置于讨论传播学与其他人文社会科学关系。与会者一致认为"传播学是研究人类信息交流的内容、手段、效果的一门多科性的综合学科",并期待"传播学研究的进步,还有待于各相关学科的进步"、"其它各种社会人文学科可以研究社会传播现象,逐渐丰富、完善传播学的研究体系,传播学已有的一些成果也可丰富其它学科的内容"。④

在这次研讨会上,居延安提交了他为《中国大百科全书·新闻出版卷》撰写的"传播学"词条的初稿,他在词条中把传播学的方法论的基础归结为控制论、信息论、系统论和象征符号论,引起了与会学者热烈的讨论⑤。会议还产生了另一项具体的成

---

① 孙旭培主编《华夏传播论》,人民出版社,1997,"序言"。

② 袁军等:《放宽传播学的研究视野》,《传播学在中国》,北京广播学院出版社,1999,第 221 页。

③ 这次会议聚集了五十余位来自北京、上海等地新闻学界和相关机构,以及特别邀请的一些各门学科的专家学者。当时正在上海访学的美国学者 D. 库什曼教授与 S. 金教授也应邀参加了会议。时任复旦大学党委书记的林克向会议致辞时明确提出会议的宗旨是:"促进用跨学科的研究方法来研究社会传播现象,同时希望传播学理论的研究能够为解决现实生活中提出的种种问题服务……"参见武伟、建华:《多种视野一个主题——传播学学科研讨会侧记》,《新闻大学》1985 年秋季号。

④ 武伟、建华:《多种视野一个主题——传播学学科研讨会侧记》,《新闻大学》1985 年秋季号。

⑤ 陈力丹认为居延安是国内最早提到符号学与传播研究关系的学者(参见陈力丹:《符号学:通往巴别塔之路——读三本国人的符号学著作》,《新闻与传播研究》1996 年第 1 期),本文前面提到的钟梦白译的《大众传播与文化:向一个新模式过渡》中也提到了符号学,参见《国际新闻界》1988 年第 3 期。

果：讨论并组织成立了我国第一个传播学跨学科研究机构——"复旦大学文化与传播研究中心"，并吸收 30 名各学科专业人员作为中心的首批研究人员。这次会议后不久，该中心在上海举办了一次以"文化与传播"为主题的国际研讨会。

在传播学学科发展会议吹响了倡导跨学科研究的"号角"之后，我国最早的一批从多学科、多视角探索传播学的著述和译著初露头角。如：《新闻大学》继 1984 年刊出第一篇传播哲学论文《关于传播的哲学思想》后，1985 年秋又登载了上海社会学学者顾晓鸣《作为社会行动的"传播"》一文。通过把韦伯分析社会行动的理论移植于传播研究，顾晓鸣率先从社会学领域跨入传播研究，对西方传播理论提出了富有见地的质疑和应用性的理论建构①。

这个时期，我国学者还在心理学、社会学和跨文化研究交叉融合的领域，开拓出跨学科研究的第一片处女地。1986 年，由韩向前撰写的我国第一部传播心理学著作《传播心理学》出版；1988 年，由中国大陆学者戴元光、邵培仁、龚伟撰写的第一本传播学理论专著《传播学原理与应用》中特别指出"传播学是一门交叉学科"②，并阐述了传播学与社会学、心理学、政治学、历史学的关系。

在西方传播学的引介中，1988 年，颜建军、王怡红在 M. 德弗勒和 E. 丹尼斯《大众传播通论》的中文版"译者序"中特别说明："大众传播学是多学科的结合体，创新常常发生在其结合部。"这一年，高等教育出版社出版了第一本中文的教育传播著述——宣伟伯、余也鲁的《教育·传媒·现代化——教育传播的理论与实践》；1989 年，又有英国学者戴维·巴特龙的《媒介社会学》中文版和张国良翻译的竹内郁郎的《大众传播社会学》出版。

紧接着，邵培仁主编的我国第一本经济传播研究著述《经济传播学》"斗胆"问世。这一年，还有林瑞基的《组织传播学》出版；1991 年，邵培仁等又推出《政治传播学》，之后又相继推出《艺术传播学》《教育传播学》③ 等开先河的跨学科成果，不断"为新兴边缘学科的建构与发展呐喊助威或抛砖引玉"④。

这些争先恐后出版的跨学科论著，像幽谷的百合，散发着沁人的馨香。其中，沙莲香等原本为社会学专业撰写的《传播学——以人为主体的图像世界之谜》一书出版后，

① 顾晓鸣：《作为社会行动的"传播"》，《新闻大学》1985 年秋季号。
② 戴元光等：《传播学原理与应用》，兰州大学出版社，1988。
③ 随后还有：高蕴琦等编著《教育传播学》，上海教育出版社，1992；孙宜君：《文艺传播学》，济南出版社，1993。
④ 邵培仁主编《经济传播学》，江苏人民出版社，1990，后记。

成为许多大学新闻专业学生喜爱的参考书或被指定为必读书。此书是我国学者撰写的第一本结合了信息学、心理学、社会学和人类文化学等跨学科的传播学研究著述，为当时沉闷的传播学研究带来了一股清新的风。

1993 年，继 1986 年第二次全国传播学研讨会之后，中断 7 年之久的第三次全国传播学研讨会在厦门召开。这次会议被认为标志着中国传播学的研究进入了一个新的发展阶段。① 此后的六七年间，传播学的跨学科探索继续向新的领域伸展。

1994 年，余也鲁、徐佳士、郑学檬和孙旭培等面向海内外学界，发起了一项对中华文明传播的历史与实践展开研究的课题，旨在携手海内外华人学者，共同推进传播研究的"本土化"。招标伊始，发起者就表示出明确的跨学科姿态。② 经过同心协力的合作，凝聚了来自海内外新闻学、传播学、历史学、文学、经济学等学科研究者第一次携手合作的成果——《华夏传播论》，于 1997 年 10 月在北京出版面世。

1994 年还有南京大学的社会学者宋林飞出版了《社会传播学》一书；同年，邵培仁、陈建洲也推出了《传播社会学》；1998 年又有张咏华的《大众传播社会学》出版，黄旦在寻找学者对大众媒介社会位置的理解中，搭建了西方传播学与社会学交叉的跨学科框架③；潘忠党则发现了"以他山之石"之妙，运用西方传播社会学理论，诠释中国新闻传媒改革的现象与实质④。

在 1994 年主题为"传播与社会发展"的第四次全国传播学研讨会上，一些学者敏锐地发现："社会对学术的需求，早已从各自封闭和狭窄的领域转移到了以经济发展为中心，以及采用跨学科、大综合方法，以解决普遍关注的思想、社会关系、经济利益与国际接轨等种种新问题为急务的领域。"⑤ 同时，潘玉鹏在《新闻大学》中详细介绍了西方的组织传播学理论与发展⑥，并提出应适时引入和借鉴西方的组织传播理论，建立中国自己的管理学与传播学交叉的组织传播学。

① 《传播学的历史、现状与未来》，袁军等：《传播学在中国——传播学者访谈》，北京广播学院出版社，1999，第 2～3 页。
② 钟元：《为"传播研究中国化"开展协作——兼征稿启事》，《新闻与传播研究》1994 年第 1 期。
③ 黄旦：《媒介是谁：对大众媒介社会定位的探讨兼论大众传播研究》，《新闻与传播研究》1997 年第 2 期。
④ 参见潘忠党：《补偿网络 作为传播社会学研究的概念》，《国际新闻界》1997 年第 3 期；《新闻改革与新闻体制的改造——我国新闻改革实践的传播社会学之探讨》，《新闻与传播研究》1997 年第 3 期。
⑤ 季燕京：《经济传播学散论》，《传播与社会发展——第四次全国传播学研讨会论文集》，成都科技大学出版社，1995。
⑥ 潘玉鹏：《建立有中国特色的组织传播学》，《新闻大学》1994 年第 2 期。

　　这期间，"媒介经济地理"① 与 "健康传播" 也走进中国传播研究的视野②。1997 年黄鸣奋的《传播心理学》、刘京林的《大众传播心理学——从现代心理学视角看大众传播》也相继出版。特别是刘晓红等试图通过深入理解西方应用心理学研究传播现象的历史、理论和意义，探讨传播心理学作为一门传播学交叉学科的可能性与规范性。③

　　1992 年，日本东京大学新闻研究所改名为 "社会信息研究所"，给中国传播学界带来了震动。日本学界不断凸显的 "以多学科、跨学科学际性为其显著特征的日本大众传播研究"④，尤其是对于 "社会信息学" 的研究，其 "超越传统的学术领域框架，采用综合的、跨学科的研究方法"⑤ 使中国学者深受启发，纷纷呼吁中国的传播学研究同样应适时走向跨学科研究、"走向更广泛的领域，即走向多样化的、综合化的社会信息传播的新领域"⑥。

　　随之，1997 年，高洁、李琳主编的《信息传播学》，周庆山的《文献传播学》出版；1999 年，又有倪延年的《知识传播学》和明安香等的《大众传播与信息高速公路》⑦ 出版面世。

　　1996 年 8 月，来自中国和世界 6 个国家的 100 多名学者在 "中国与世界：面向 21 世纪的传播与文化" 的主题下聚集于北京未名湖畔。这是改革开放以来，专门围绕传播和文化问题展开的一次较大规模的中国与世界的国际学术对话⑧。会议研讨的内容涉及了传播与文化的最前沿课题，研究者们从政治学、法学、语言学、社会学、哲学甚至艺术、科技、公关等多种视角，共同理解和透视文化与传播的互激互动。这次会议所呈现的广泛议题与广阔的视野，促使传播与文化的研究以跨学科的态势 "占据传播研究的中

---

① 廖晓英评介了正在英、法、美等国出现的从人文地理学的视角研究大众传播的现象，以及这一学派中法国学者雅克·巴拉所著的《媒介经济地理》一书。参见廖晓英：《新闻媒介的地缘政治学和地缘战略——新闻学研究的一门新学科》，《新闻研究资料》1993 年第 1 期。

② 王怡红也在考察和分析西方健康传播研究的基础上，提出 "中国的社会现实适宜开展此类有益社会与人和谐发展的传播研究"。参见王怡红：《传播学中的一个边缘课题——健康传播》，《现代传播》1996 年第 6 期。

③ 刘晓红：《论传播心理学研究内容》，《新闻与传播研究》1995 年第 1 期；刘晓红：《试论心理学在传播学研究中的作用》，《新闻与传播研究》1996 年第 3 期。

④ 《从新闻学到社会信息学：日本新闻与传播教育的变迁》，《国际新闻界》1997 年第 4 期；《社会信息学综述》，《国际新闻界》1999 年第 1 期。

⑤ 刘林利、沈莉：《日本大众传播研究现状考察》，《新闻大学》2000 年夏季号。

⑥ 朱光烈：《我们将化为泡沫——信息高速将给传播业带来什么？》，《现代传播》1994 年第 1 期。

⑦ 宁新、闵大洪、杨瑞明：《大众传播与信息高速公路》，明安香主编，华夏出版社，1999。

⑧ 此前，相关的是 1986 年在上海召开过 "第一届国际传播学学术研讨会" ——作者注。

心位置"①。

在生物学与"后现代主义"的视野里，朱光烈看到"所有有生命力的事物的环境都必须是开放的，封闭是不可能有生命力的"②，怀抱如此信念，朱光烈先生与90年代的《北京广播学院学报》以开阔的胸襟，走过了一段轰轰烈烈的跨学科的"大文化研究之路"。③ 这是中国跨学科史上第一次由传播学界引发而汇聚多学科的、面向21世纪的跨学科的思想碰撞。从"知识就是力量吗？"到"信息洪水的冲击下我们如何生存？"、从"21世纪的文化之路"到"走近神圣"……传播研究者们以《现代传播》为论坛，与哲学、文学、社会学、经济学、政治学等人文社会科学乃至自然科学的学者，展开了一次前所未有的对人类命运与终极意义的跨学科对话。对此，许纪霖先生评价说："这种探索的方向在我看来无疑是有意义的，可能代表着21世纪人文学科的走向。"④

在传播学界之外的文学与文化研究领域，正在急切寻找适合90年代中国"后新时期"文化语境的学者，也被90年代重新崛起的与传播研究紧密关联的文化研究所吸引。我们看到，王岳川在焦虑中追问后现代媒介环境中，人与人的沟通何以可能；王宁也从"文化研究"的视角，观测转型期中国传媒与文化的发展途径⑤；王铭铭则通过反思社会人类学的思想变迁，在全球化时代的文化研究层面上，为社会人类学与传播学寻找相互接纳的空间。⑥ 他们是人文学科与传播学交叉研究的开拓者，也由此一直走在中国人文社会科学的跨学科研究前沿。

（3）1998—2008：在追问和反思中走向跨越与交融

开放与追赶交织、反思与力行并举，迈着匆匆步履的中国传播学研究，在收获与希望中迎来了21世纪的钟声。与此同时，在20世纪末人类历史的翻然转身中，中国的传播学研究也卷入了无处不在的"全球化"思潮。

这个时期，面对不可抗拒的"全球化"潮流与迅猛推进的信息传播高科技的冲击，中国的传播研究者们一面努力追寻"本土化"理想，一面坦然坚持以开放的姿态和宽广的襟怀，回应历史与现实的呼唤。

从20世纪末到21世纪初的近10年间，中国大陆译介西方传播学的"第二波"知

---

① 潇湘：《中国传播学与世界对话——面向21世纪的传播与文化国际学术研讨会》，《国际新闻界》1996年第10期。
② 袁军等：《开放姿态：离散－整合》，《传播学在中国》，北京广播学院出版社，1999，第207页。
③ 朱光烈：《十年寻路——一份纯属个人的汇报》，《现代传播》1997年第1期。
④ 朱光烈：《十年寻路——一份纯属个人的汇报》，《现代传播》1997年第1期。
⑤ 王宁：《文化研究语境下的传媒现象分析》，《现代传播》1997年第6期。
⑥ 王铭铭：《传媒时代与社会人类学》，《新闻与传播研究》1996年第4期。

识生产浪潮，映现出中国传播学界以更加纵深和开阔的视野，重新打量和认识 20 世纪末以来西方传播学所呈现的面貌，为自身的学科建构与研究视域的扩展，迈出了急促而坚实的脚步。多维度多元化的西方传播学知识的引入，重新塑造着中国传播学的心智结构，并构成了多元开放、丰富灵动的研究语境。

在文化与传播的张力牵引下，聚集在传播学领域的不同学科、不同视野、不同思想的相互唱和，彰显了这个时期人们对跨学科取向日益深刻的理性认识，昭示着这个时期中国传播学自我反思与自我开放的学术追求。通过追问与反思，研究者们揭示了西方传播学跨学科研究的主导性与伸展性，把跨学科置于推进中国传播研究的重心，并视之为走出学术困境的主要路径。

从 20 世纪 80 年代初开始到 90 年代中，零零散散在中国大陆出现的西方传播学著述或译介，可谓西方传播学理论进入中国的"第一波"知识生产浪潮①。但这股蜿蜒曲折的潮流，还远远没有勾画出完整清晰的西方传播研究的学科面貌。

在 21 世纪到来前夕，从 1999 年底起，由常昌富主编、旨在对人类传播研究提供"一种多理论、多学科综合的观点"的"传播与文化译丛"陆续面世，由此拉开了"第二波"译介西方传播学的序幕。② 这套译丛以开阔的视角和学科构架③，纳入了修辞学、人际关系学、组织传播学、公共关系学、跨文化传播学、电影电视文化等"更多呈现出跨学科和交叉特色"④ 的西方传播学研究成果。

2003 年，一些思想活跃、不满于传播学界"封闭与自得其乐氛围"的中青年学者，从 20 世纪 90 年代中就开始酝酿、构思的译丛"传播·文化·社会"陆续问世。丛书编译者们以鲜明的跨学科意识，阐明该丛书的出发点是："这一研究领域应全面开放，不必画地为牢"、"大众传播的研究是多学科交叉的领域，因此译丛应包括不同学科、不同取向的有影响的著作……应具有与其他学科对话的特点，应包括来自其他学科但其理

---

① 根据黄旦与丁未在《传播学科知识地图的绘制和建构——20 世纪 80 年代以来中国大陆传播学译著的回顾》（《现代传播》2005 年第 2 期）一文中的统计，从 1984 年严格意义上的大陆第一部公开出版的传播学译著——由新华出版社出版的施拉姆和波特的《传播学概论》到 1996 年，国内总共只出版了 20 本国外传播学译著。

② 黄旦、丁未：《传播学科知识地图的绘制和建构——20 世纪 80 年代以来中国大陆传播学译著的回顾》，《现代传播》2005 年第 2 期。

③ 参见〔美〕小约翰（（Littlejohn S. W）著《传播理论》，陈德民等译，中国社会科学出版社，1999，"中文版序言"第 1 页。

④ 黄旦、丁未：《传播学科知识地图的绘制和建构——20 世纪 80 年代以来中国大陆传播学译著的回顾》，《现代传播》2005 年第 2 期。

论影响更在传播研究领域的代表性著作"①。

此后，为适应"新闻与传播学的转向与扩展"②，2004～2008 年，新华出版社，清华大学、北京大学、复旦大学等的出版社联袂新闻传播学界，推出了多种系列，涉及传媒经济学、媒介社会学、传播法、健康传播、传播伦理等西方传播学分支领域的跨学科研究著述。凡此种种，越来越多的不同学术流派、不同研究取向的西方传播学著述被源源不断地引介进来。一幅纷繁多元的西方传播研究的"知识地图"，也越来越清晰地呈现在我们面前。

正如 S. 小约翰所言："当我们从一种理论、方法或哲学观点转向另一种理论、方法或哲学观点时，我们便处在一种思想的运动之中……变化的视角可以帮助我们更清楚、更全面地观察事物，用新的、不同的方法来理解事物。"③ 对于西方传播研究更全面、深入的理解和认识，激发了中国学者在努力尝试理论的建构，并促成他们在走向系统与整合的过程中，更加注重从多角度、多视野来重新整理和把握传播学自身发展的历史、内在逻辑和未来方向。

在总结改革开放后 20 年中国新闻传播史的学术成就时，王怡红蓦然发现：我们所引入与借鉴的西方传播学已经发生变化，早已超出传统的主流研究所关注的中心——大众媒介研究，提出了更为深刻和广泛的问题："很多方法、很多领域都是我们迫切需要而未曾触摸过的。"④ 由此她呼喊：惟有转向多元的视角与思路，中国传播研究才能走出"僵化与断裂"的困境。

确实，当我们走近传播学的发源地，西风漫卷，扑面而来的这门学科已面目全非，犹如无边的大海，深远而变幻莫测。第一次身临全美传播学会（NCA）年会，黄旦的印象和结论即是："传播学的研究是必须有其他学科为依傍的……同样，传播学如果在理论上、在学科上有新的突破并形成一个更高层次的大一统的体系（按施拉姆的理想，可以包容一切），也必然是有赖于各个学科在该方面研究的不断深入和发展。"⑤

第一次感受国际传播学会（ICA）的庞大与纷繁，陆晔与潇湘在"多种问题、多种声音、多元视角、多维框架"中一边触摸西方传播学的脉动，一边从"千百篇文章、

---

① 潘忠党："传播·文化·社会"丛书总序。
② 参见尹鸿：《新闻与传播系列教材　翻译版总序》，清华大学出版社。
③ 参见〔美〕小约翰（（Littlejohn S. W）著《传播理论》，陈德民等译，中国社会科学出版社，1999，"传播与文化译丛简介"第 1 页。
④ 王怡红：《僵化与断裂：对中国传播研究思路的反思》，《新闻与传播研究》1998 年第 4 期。
⑤ 黄旦：《领域·关系·学科：全美传播学会（NCA）第 84 次年会印象和启示》，《现代传播》1999 年第 1 期。

千百种观点"中梳理出一个结论："没有多学科知识的滋养，就没有传播学……传播研究无法不成为一个多学科的'公共论坛'，多学科的融合似乎永远是传播研究的'理论的元话语'。"

在受众研究领域，从多学科的视野出发解释和说明变化的"受众"和"传播"，也成为中国传播学者认同并采取的更加具有包容性的研究姿态和方法。他们认为："只有进行跨学科的研究，建立起多视角的分析，才可能把诸如社会学、社会心理学、经济学、政治学、政治经济学，以及语言学、符号学、解释学、接受美学、哲学、历史、自然科学等多学科、多领域的理论话语在'受众'概念中结合起来，从各种不同的角度关怀阅听人。"①

而从传播学自身生长的历史逻辑，还有一些学者发现："施拉姆不仅看到了传播研究的趋势必然是多学科的交汇，而且看到了社会科学必然从不同角度观照人类关于自身与媒介的关系。没有这个汇集，传播的知识就永远处于分散和朦胧的状态。"②同时，他们还深切地认识到："传播学的整体的进步，证明了多学科方法的融合是有效的。"③

我们发现，学术会议与学术论坛似乎一直是中国传播学展开跨学科实践的"有效进路"。无论是在全国性的研讨会还是国际性的学术论坛，通过交流、沟通与对话，传播研究者们对跨学科研究的认识与探索，总是在一步步提升。

1999 年，跨入新千年的前夕，在上海召开的"第六次全国传播学研讨会"力图为迈入新世纪的中国传播学研究确定未来的坐标轴，参与者们敏感地意识到 21 世纪的到来，意味着中国与世界将处于全球经济—文化一体化同一空间，只有吸纳西方传播学跨学科的多元化思维，才能开辟中国传播学在"新世纪健康发展的广阔前景"④。

2001 年 10 月，以创新和发展为主题的、新世纪中国传播学界的第一次盛会——"第七次全国传播学研讨会"在丹桂飘香的南京举行。此时，中国的传播学已走到面临与西方传播学一样曾经历的学科正当性与合法性的危机⑤。为此，会议聚焦于重新认识传播学的学科体系，探讨如何通过跨学科的路径，借鉴和吸取哲学、社会学、符号学等

---

① 臧海群、张国良：《受众研究的跨学科性质与方法——兼论建立跨学科的受众研究》，《现代传播》2005 年第 4 期。
② 臧海群、张国良：《受众研究的跨学科性质与方法——兼论建立跨学科的受众研究》，《现代传播》2005 年第 4 期。
③ 吴予敏：《传播学知识论三题》，《深圳大学学报》2001 年第 6 期。
④ 陆晔：《中国传播学世纪之交的探索与前瞻——第六次全国传播学研讨会综述》，《新闻大学》2000 年春季号。
⑤ 陶鹤山：《传播学的危机与重构》，《新闻与传播研究》2001 年第 4 期；张丹：《弹筝与吹笛俱见千古意——第七次全国传播学研讨会概述》，《新闻与传播研究》2001 年第 4 期。

相关学科的成果和方法，展开理论创新的探索与应用。

2004 年金秋，第八次全国传播学研讨会在北京举行。组织者又刻意将会议的主题命名为"传播学研究——融合与创新"，以倡导在全球化背景下对东西方传播理论的融会贯通，鼓励传播学与其他相关学科的兼收并蓄与交叉融合，继续推进新世纪中国传播学理论的本土化。①

由于敏感地意识到"传播与文明、传播与文化、传播与和谐的关系已经涉及中国建构和谐社会战略目标和社会发展的所有方面"②，2006 年冬，中国传播学会③举办了首次以文明传播为主题的"文明论坛"。论坛收到 100 多篇学术论文，吸引了近百名来自人文与社会科学界知名专家学者，共同就文明、文化与传播之间关系展开了一次前所未有的跨学科对话。这是继 1985 年上海会议④之后，我国社会科学史上又一次由传播学界牵头的跨学科研讨会。论坛的规模与研讨内容，特别是所涉及的跨学科论域及达到的思想深度，超越了 20 年前的会议。

2007 年夏，跨学科问题被列为"传播学研究在中国：反思与展望"高端研讨会的主要议题之一。⑤ 在这次研讨会上，主张创立传播学"中国学派"的学者们呼吁：中国传播学界应"突破单一学科的局限，反省成就与不足，与中国的社会问题紧密结合、创新研究，才能逐步建构成熟的传播思想体系，才能不断地在积累中形成中国学派的研究范式和学术特色"⑥。

2008 年 5 月，第十届中国传播学大会在深圳隆重召开。⑦ 此次会议在"从历史到未来：传播、对话、共享"的主题下，继续高扬跨学科的旗帜。大会特别强调跨学科是"传播学发展的必由之路"，号召正在寻找前行道路的传播研究者"阔步走向融合相关学科、开展对话交流的大道……"，显示了中国传播学者迫切期望通过倡导跨学科研究，将传播学研究推向一个新的历史起点。⑧

---

① 杨瑞明：《融合与创新：新世纪中国传播学研究的拓展——第八次全国传播学研讨会综述》，《国际新闻界》2005 年第 2 期。

② 《〈关于文明传播的基本认识〉介绍与观点摘要》，《新闻与传播研究》2007 年第 1 期；《文明》杂志 2006 "文明论坛特刊"第 6 页。

③ 此处"中国传播学会"的全称为"中国新闻文化促进会传播学分会"。

④ 即本文前面所提到的 1985 年 6 月由复旦大学发起在上海召开了关于传播学学科建设的研讨会。

⑤ 参见《2007 中国传播学高端学术研讨会征文通知》，www. cacr. org. cn。

⑥ 《2007 中国传播学高端学术研讨会在南昌召开》，《新闻与传播研究》2007 年第 4 期；另参见《文明》杂志特刊为此次论坛出版的中国社科院新闻与传播研究所等机构学者联合撰写的学术报告《传播学的反思与中国学派的传播哲学》。

⑦ 参见《第十届中国传播学大会征文通知》中有关会议更名的说明，www. cacr. org. cn。

⑧ 参见《从历史到未来：传播，对话，共享——第十届中国传播学大会征文通知》，www. cacr. org. cn。

六　30年中国传播学跨学科研究的反思与展望

1. 中国传播学跨学科研究存在的问题与缺失

回顾中国传播学 30 年跌宕起伏的发展历程，我们看到，跨学科范式已经逐渐占据中国传播研究的主导位置，并形成了一股强劲的学术潮流。同时，我们也发现，由于我们未能真正把握和运用跨学科的研究方法，以及未能完善学科体系的建构与知识生产的彻底更新，我国传播学的跨学科研究还存在许多问题和缺陷。主要表现在以下几个方面。

浮躁与浮浅：

尽管 30 年来中国传播学的跨学科研究取得了数量可观的研究成果，但其中真正具有跨学科意义、符合跨学科研究科学规范的学术成果十分有限。我们可以看到，在学术界的浮躁之风与功利性动机影响下，一些打着开创"边缘学科"旗号或进行所谓"填补空白"的跨学科研究，不过只是简单移植其他学科的理论思想，或者搬用其他学科的概念与范畴，进行学术词汇的更新与术语的拼凑。在传播学的跨学科研究中，不仅缺乏开创性或超越性的理论建构与严谨深入的研究，也缺乏独特的跨学科性的核心概念和框架。

主导性丧失与学科"身份"危机：

就目前现状来看，中国传播学的跨学科研究主体也比较单一，主要来自新闻与传播学界或少数新闻与传播业界的专业人士，他们的研究视角也大多局限于传播学，其他学科学者对传播研究的关注和介入则相对稀少。

在展开与其他相关人文社会科学的跨学科研究过程中，很多传播学研究者不具备相关学科的学术背景，不能很好掌握和理解所要借鉴移植的学科或学术领域。加之研究者的思维已被新闻学与传播学打下深深的烙印，因此，既不能发现跨学科研究的共同问题，也不能对现有理论与社会实践做出合理解释。从而使跨学科研究的主导性丧失或转移到其他相关学科。因为没有独特的知识和理论对其他学科产生渗透和影响，反而加深了传播学学科身份"合法性"的危机。

心智结构与研究模式：

在"本土化"思想的引导下，30 年来的中国传播学在跨学科研究领域已经开拓出一些具有"中国化"特质的跨学科领域，比如华夏传播研究、文明传播研究、乡村传播研究等。但总体来说，中国传播学的跨学科研究依然受西方传播学建立的学科体系与框架的影响和引导。突出表现为：处于对西方主要跨学科领域的介绍与翻译的阶段，大

量的跨学科领域的理论或概念主要引用西方传播学的跨学科成果。以致西方学者的译著或译文的思想占据了跨学科研究的核心位置，深刻影响了中国传播学者的心智结构。尤其在一些西方社会科学具有优势的传统学科，如在媒介社会学、媒介经济学、媒介心理学、传播人类学等领域，我们的跨学科研究对其核心理论与研究框架具有较强的依赖性。

在研究模式上，我们也较多采用美国学者克莱恩所说的工具性和方法借鉴的线性跨学科模式①，以及概念性的跨学科运作模式②。而较少学习西方跨学科研究中就共同的问题进行多学科汇聚、多学科参与的学科群攻关的综合性研究与运作方式，更极少展开超越学科界限、融合多元方法的超学科性研究。前者仅涉及工具和方法在学科之间的转移，而大多不直接产生综合的创新性知识成果；后者则是突破或瓦解原有理论与学科，进行挑战垄断的或开创性的跨学科探索。

因此，缺乏独创性与批判性，必然导致中国传播学在西方传播学跨学科研究后面亦步亦趋；而缺少合作性与综合性、缺乏团队精神和多学科的聚合力，也必然导致中国传播学难以把握和运作复杂、综合的大型跨学科研究。

开放性与参与性：

长期以来，西方传播学尤其是经验主义的跨学科研究，对社会实践与社会发展产生了较大的影响。尤其在现代传播技术所导致的媒介化社会语境下，西方的传播研究越来越多地介入了解决社会重大问题的影响或评估，对政治、经济、文化、意识形态等各个领域产生越来越大的作用。因此，西方传播学跨学科研究的空间在不断扩展和延伸，社会参与性也不断增强。

而囿于社会机制与学术机制，更囿于学术胸怀的封闭与狭隘，我们要么把自己禁锢在学科的"牢笼"，使我们的研究议题狭窄而单一；要么把自己定位为个体性的、专业性的"学术工匠"，只专注于营造"空中楼阁"，既远离了社会，也不能回应现实的呼唤，更不能参与社会问题的解决，完全与跨学科本意背道而驰。

跨学科文化与思想境界：

我们知道，第二次世界大战后，美苏冷战与竞争、经济规模与生产力提高、大学迅猛扩张与科学研究活动急剧扩大……诸种相辅相成的因素对强化的学科专业化造成了结构性压力，人们不得不寻找前人未曾涉足的新领域，以追求独创性，适应科学研究的挑战和解决社会问题的新时代的紧迫需求。于是，以"问题解决"为中心的跨学科研究

---

① 朱桂龙等：《刍议跨学科研究的界定》，《科学学研究》1998 年第 16 卷。
② 刘霓：《跨学科研究的发展与实践》，《国外社会科学》2008 年第 1 期。

模式，成为 20 世纪初一道充满吸引力的"学术风景"。

自此，人类的科学探索从分化的甚至相互对峙的"两种文化"①——即自然科学与人文科学两类研究范式为主的"分析的时代"，走向了"第三种文化"——跨学科范式的"综合的时代"②。

传播学的出现，即是这一时期社会科学跨学科潮流的产物。华勒斯坦等的古本根基金会重建社会科学委员会在他们的报告中也把传播学这个领域的出现看作是"朝着更具综合性的社会科学的方向汇合"③，有助于改变过度分化的知识困境，重建一种开放的社会科学。

由此我们可以发现，西方传播学一直生长在已经较为成熟的跨学科文化的土壤中，它的跨学科精神来自历史与文化的传承，以及对保守的专业分工主义和僵化的学科文化的质疑和批判。而且，他们的跨学科文化还走过了追求人格与思想平等、知识共享和差异共存、反对权威崇拜和建立多元文化观等的发展历程。

相比之下，在朝向现代化建设与社会转型的语境中，我们的传播学跨学科研究更多的是来自实用性与功利性的主导，缺乏思想境界的升华以及跨学科文化的塑造过程，也缺乏知识的开放与共享的学术精神，以及对差异性和对立性思想的尊重；更缺乏对跨学科性的基本特质，即严格性、开放性、宽容性④的深刻理解和认同。在这个意义上，我们急需进行跨学科文化的重建与弥补。

2. 跨学科研究的内在悖论

在 30 年激流勇进的开拓历程中，中国传播学的跨学科研究一直受到了质疑或对立的两种目光的审视，或者说是在推崇与反对的辩驳中跟跄前行。

在 20 世纪 90 年代，对于纷至沓来、有些杂乱无章的跨学科步履，传播学界就已经出现疑惑与异议。⑤ 有的研究者对忽然间冒出的一个又一个"边缘学科"或"交叉学

---

① 1959 年，英国著名小说家、科学家 C. P. 斯诺在剑桥大学发表了一篇题为《两种文化》的演说，他认为："整个西方社会的精神生活已经日益分裂成两个极端——学文的知识分子为一个极端，而科学家为另一个极端，其中以物理科学家最具代表性。这两种人相互缺乏了解，形成了一个鸿沟。"C. P. 斯诺把这种现象称之为"两种文化"的对峙。斯诺的这一演说后来即以《两种文化和科学革命》（C. P. Snow：*The Two Cultures and the Scientific Revolution*，New York，CambridgeUniversity Press，1959. 3. ）为题出版。此后，"两种文化"作为一个重要的概念和命题在西方学术界传开，并引起了广泛的争论。

② 华勒斯坦等：《开放的社会科学》，生活·读书·新知三联书店，1997，第 9 页；汪丁丁等：《跨学科的范式》，《社会科学战线》2004 年第 6 期。

③ 华勒斯坦等：《开放的社会科学》，生活·读书·新知三联书店，1997，第 50 页。

④ 张岂之、谢阳举：《哲学与跨学科研究》，《西安交通大学学报》2004 年第 9 期。

⑤ 徐耀魁：《我国传播学研究的得与失》，《新闻与传播研究》1998 年第 4 期。

科"心存疑问①，有的即使认可应该通过吸收其他学科的成果与方法，丰富和发展自己的学科，也主张要在研究者和学科体系本身，对所吸收的学科及其研究成果进行"消化"的前提下再进行跨学科尝试。有的甚至认为跨学科的结果，即领域与方法的不断扩张，必然会导致传播学"学科的统一性和学术前提的合法性受到不容忽视的内在质疑"。并且，与其他学科之间的"纠缠不清"，才导致传播学面临着学科的认同危机。②

而相反，另一派的观点却正视传播学的跨学科特性，毫不迟疑地认同并选择了跨学科的研究取向。③ 他们坚信跨学科是中国传播学研究走向创新与深化、获得"可持续"发展乃至走出困境、获得生机的"必由之路"④。为此，极力主张全方位跨越学科边界，向纵深扩展跨学科领域，追赶西方传播学的跨学科进程。

对于跨学科研究取向的质疑与反对，并非是传播学这一领域出现的独特现象，而是跨学科发展的内在悖论所导致的一个普遍性问题。这里，所谓跨学科研究的"悖论"是指：由于跨学科是指向冲破学科建制与学科文化的封闭与僵化，并最终实现超越所有学科界限的、综合、一体化的科学研究，目的在于形成"超学科"的，人文和社会科学、自然科学不断趋同的"大科学"体系。从这个意义上说，跨学科是全新的范式革命，其研究领域不应再归属某一学科，也不应有学科意义上的规范与制度。而另一方面，目前跨学科研究的结果又促成不断形成新的学科分支，并具有明确的研究对象与专门的研究内容，从而使跨学科研究重新回到学科文化的体系与建制中，接受学科的规范与制约。

作为社会学等社会科学衍生学科的传播学，其演进发展过程中也包含着一个内在的悖论。即一方面，作为一门在多学科基础上发育起来的传播学，试图包罗新闻学、人际沟通、跨文化交流等涉及一切人类社会传播行为的领域，并极力创立出聚合、抽象的核心理论；而另一方面，传播学也凸显了跨学科性与多元性的特征，其跨学科研究的空间跨度和所涉及的领域、论域，已远远超过了社会科学领域里的其他学科。

由此，采纳跨学科范式的传播学研究，一方面必然力图跨越学科边界，寻找与其他学科分享的思维空间，并由此出发，通过移植与交叉延伸到新的研究地带，或通过整合与综合，解决共同的问题与课题，形成全新、独立的一个研究领域；另一方面，又必然存在与母学科的界限不清晰，或出现对所借鉴、交叉的相关学科理论和思想的依赖、连

① 芮必峰：《关于当前新闻理论学科建设中的几个问题》，《现代传播》1996年第3期。
② 陶鹤山：《传播学的危机与重构》，《新闻与传播研究》2001年第4期。
③ 袁军等：《放宽传播学的研究视野》，《传播学在中国》，北京广播学院出版社，1999，第221页。
④ 《关于文明传播的基本认识》，载《首届文明论坛特刊》，文明杂志编辑出版，2006年12月；以及《从历史到未来：传播，对话，共享——第十届中国传播学大会征文通知》，www.cacr.org.cn。

带与倚重。

总之，正如美国著名学者克莱恩所指出的，跨学科是一个充满了相互矛盾与多元意义的过程。① 但我们并不能因此畏惧而舍弃这一前人已经为我们开辟的希望之路。尤其是当研究传播这一复杂社会现象的传播学，正面临着学科身份的"合法性"危机与亟需拓展生存空间之际，只有借助跨学科这一研究范式，才能使我们在学科的统一性与多元性，以及学科界限模糊与学科领域清晰的张力之间，寻找到创新与突破的可能与途径。

3. 跨学科研究面临的挑战与发展趋向展望

跨学科研究为传播学开辟了广阔的疆域与多样化的发展空间，它不仅使传播学具有丰富的内涵，而且使它的学术品质不断获得提升。

跨学科也为传播学的未来带来了巨大的挑战，尤其是如何既实现学术探索的开放与超越，又保持学术思想的积累与聚合，在聚散共生中形成自身的凝聚力和影响力，是传播学跨学科研究面临的主要难题。

正如著名传播学者拉特拉所指出的：21 世纪的传播学具有两种主要的发展趋向。多学科性是传播学的第一个发展方向，它使传播学处在一个十字路口，各个学科都和传播学分享着同样的研究对象和问题；传播学的第二个发展方向是跨文化性，它使传播学呈现多元文化的模式，并且丰富了传播学的内涵。

然而，多学科性与多文化性也将使传播学面临丧失自身特性，或者被其他学科蚕食的危险，这是 21 世纪对传播学的最大挑战。同时，传播学还面临着来自正在变革与创新的人文社会科学各个学科甚至自然科学的挑战。而我们不得不积极应对这些挑战，否则传播学必然陷入生存与发展的困境。②

今天，"以问题为取向的传播研究，不应该存在跨学科对话的障碍，特别是态度上的障碍"③ 似乎已经成为中国传播学者的共识。我们深信"传播学的学术禀性要求它成为新型的多学科知识交汇的平台之一。这些知识平台的搭建，确实有充分的根据，这就是人类对于现存社会各类问题的聚焦"④。

因此，我们可以猜想：尽管面临着思想与现实的不断挑战，在学科自身内在矛盾或对立冲突的张力推动下，未来的传播学将依然沿着多元性与跨学科的路径向纵深发展。

---

① 朱丽·克莱恩：《跨越边界：知识 学科 学科互涉》，姜智芹译，南京大学出版社，2005，第 13 页。
② 单波等：《马特拉访谈录》，《现代传播》2004 年第 3 期。
③ 葛岩：《问题：跨学科对话、合作的可能途径》，《新闻大学》2008 年第 2 期。
④ 吴予敏：《传播学知识论三题》，《深圳大学学报》2001 年第 6 期。

同时，学科的影响力仍然起着重要的作用。我们仍然会看到各个学科从各自领域出发，用各自的视角和方法解释人类社会的传播现象和传播行为。

无论如何，我们可以说，30 年来传播学建构的跨学科知识体系，正在成为我们对社会变迁与社会行为进行合理解释的一个重要层面，并且越来越深刻地影响着我们对现实和未来的判断与构想。与此同时，传播学与人文社会科学以及自然科学的相互交融和相互影响正不断加深，传播学的跨学科趋势必将日趋强盛。

总之，多元与开放，是我们在 21 世纪无法回避的历史潮流。它引领着我们，在这个充满差异的世界里，不断去追寻传播的影响及其意义。

（原载《中国传播学 30 年（1978 - 2008）》，中国大百科全书出版社，2010，本文为删节版）

自选理由：

2006 年冬，为筹备由我所、中国传播学会和《文明》杂志共同主办的首届"文明论坛"，由季燕京主笔，王怡红、张丹和我等传播学研究室的同仁，共同起草了一篇《关于文明传播的基本认识》的学术报告并在论坛发表。我们撰写这篇报告时，正值互联网等信息传播技术的应用风起云涌，传播学也进入一个活跃与勃兴的时期。但我们却深感由于理论范式的局限与学术视域的狭窄，传播学不仅在我国人文社会科学领域影响微弱，也不能有效地回应传播实践的需要、对社会现实问题做出恰当的阐释。于是，我们把跨学科视为超越与创新的必由之道，在报告中呼吁突破学科封闭的藩篱，开放并融入其他学科成果，创建跨学科的传播学理论与方法。由此，倡导多学科对话、助推跨学科研究，成为我们高扬的一面学术旗帜。2007 年，我所设立由王怡红研究员主持的重点课题《中国传播学 30 年》。我有幸参与了这项前所未有的以学术思想演进为主要脉络和框架的大型学术史研究，并承担了对中国传播学 30 年跨学科历程进行全面梳理和总结的任务。本文虽然尚未展开理论与方法的系统建构，但它对传播学跨学科特性的阐释和把握，尤其是揭示了跨学科对传播学的作用和意义，或许能够对我们当下直面传播学的"内卷化"顽疾，选择重新出发的路径，提供一个历史与反思的视角。

三十而立：中国传播学研究群体的发展历程和时代特征

张　丹*

中国传播学研究历经 30 年发展，风雨兼程，春华秋实，已成为跨学科的盛世"显学"。这既受惠于传播学的强大生命力，也得益于研究者的不懈追求。随着我国传播学研究与传播教育的不断发展，在传播学科内已经建设起一支专业研究队伍，积累了一定的研究经验、研究方法和研究成果，初步形成了中国传播学研究的学术研究群体。

研究群体对于一个学科的确定与发展至关重要。研究群体所代表的不仅是一个学科，还代表着该知识领域的研究品格与知识品格。本文所界定的研究对象是指，介入传播研究的，带有新闻与传播学科背景的，具有显著研究成果或代表性成果的专业研究者群体。由于他们学科背景较为相同，可受相近的利益、目标、关切感、相互影响等因素的作用，逐渐形成了一个以人类传播行为和社会传播现象为研究目标的研究集合体。

本文中的研究群体涉及三个层面的学者人选：第一，传播学核心层，指那些具备传播学教育与研究背景，在传播学领域辛勤耕耘和跋涉，对传播学引进中国并推进其在中国的研究具有突出贡献的传播学者；第二，新闻学中心层，即在新闻学领域从各自的视角和知识储备出发对传播学予以推动和贡献的新闻传播学者；第三，跨学科核心层，这些学者来自新闻与传播学的边缘领域，以跨学科的全新研究视角关注传播发展问题并有精辟论述。

本文以中国传播学学术研究群体为研究对象，关注中国传播学研究群体的学术贡献和现实面貌，对中国传播学研究群体的发展历程、时代特征以及所面临的问题进行初步探讨。

---

*　张丹系中国社会科学院新闻与传播研究所副研究员。

中国传播学学术研究群体的发展历程

对于中国传播学研究者而言，传播学是一门外来学科，是"舶来品"。虽然早在上世纪 50 年代中期就有中国学者开始关注当时在美国蓬勃兴起的大众传播学，并零星地介绍了一些传播学理论，但限于当时的政治环境，研究未能开展起来。

1978 年中国实行改革开放，为中国社会科学的发展带来思想的空前解放，社会与行为科学得到了恢复和发展，关于"实践是检验真理的唯一标准"大讨论以及"解放思想、实事求是"思想路线的确立为新闻传播学术恢复和发展提供了稳定的大环境。"传播学作为人文科学的重要内容，也随着对外改革开放的实行进入中国"①。一批致力于"传播"西方传播学的研究学者浮出沉寂，渐成规模，并逐渐发展成专业化研究群体。

进入 21 世纪以来，传播学研究群体的面貌有了大的改变。为了能更清楚地看到我国传播学研究群体的变化与发展，本文将这一发展历史划分为三个主要阶段。

一 引进与开拓：中国早期传播学研究者的贡献（1978—1986）

从 1978 年传播学正式引进中国算起，到 1986 年第二届中国传播学研讨会召开，这是中国传播学研究学术圈初步形成的阶段。早期的研究者主要是通过翻译介绍、引介评述等，展开对西方传播理论与概念的研究。

中国早期传播学研究者集中在北京和上海的主要高校和研究机构，以上海的复旦大学和北京的中国社会科学院新闻研究所及中国人民大学为主，形成南北呼应的两大学术阵地和几个较典型的传播学研究学术共同体。这一时期的代表人物主要有复旦大学新闻系的郑北渭、陈韵昭，中国人民大学新闻系的张隆栋、林珊，中国社会科学院新闻研究所的张黎、徐耀魁等资深学者，还有北京广播学院新闻研究所所长苑子熙教授、曾任新华社新闻研究所副所长的李启教授以及暨南大学吴文虎教授等，以及复旦大学与中国人民大学的居延安、祝建华、姜克安、黄煜、俞旭等较有影响的中青年学者，他们活跃于 20 世纪 70 年代末 80 年代初，其主要贡献是将西方的传播学概念引进中国，翻译介绍了大量的传播学相关著作，译介了许多传播学的理论和核心名词。他们历经传播学发展的初始阶段，在中国传播学发展的源头处留有浓墨重彩的一笔。可以说，他们是中国传播学的开拓者。

---

① 参见戴元光：《20 世纪中国新闻学与传播学·传播学卷》，复旦大学出版社，2001，第 89 页。

1957 年，复旦大学新闻系创办的《新闻学译丛》刊登了郑北渭教授的一篇译作《美国报纸的职能》，在文中他把"Mass Communication"译作"群众思想交通"（即大众传播），首次引进了传播的概念；1958 年，中国人民大学新闻系张隆栋教授在摘译威廉·爱琳的《大众传播研究》中的一篇文章时，将"Mass Communication"译为"公众通讯"。1960 年，在张隆栋老师的主持下，中国人民大学新闻系编印了 6 册《批判资产阶级新闻学资料》。这一时期对传播概念的引进，可以说是传播学研究的萌芽期。

1978 年 7 月，复旦大学新闻系内部编印的《外国新闻事业资料》第一期发表了郑北渭教授的两篇译文《公共传播学的研究》和《美国资产阶级新闻学：公众传播学》。这一年，成为传播学正式进入中国的初启元年。

这一时期的一大典型的时代特征是，传播学研究早期领军人物主要依托几大学术期刊作为学术阵地，把西方的主流大众传播理论介绍进中国。

1981 年复旦大学新闻系学刊《新闻大学》创刊，从第 1 期开始到第 8 期为止（第 5 期未刊），陈韵昭教授一共发表了 7 篇"传学讲座"，以通俗易懂的叙述方式向中国学界介绍传播学，系统地展示了大众传播学的宏观理论。这 7 篇文章分别涉及了传播的基本概念，传播的基本要素，传播的符号，媒介与媒介的历史，传播者与受众之间的关系，把关人与受众之间关系以及传播的效果等内容。①

1979 年，中国人民大学的林珊教授在《国际新闻界》第 1 期翻译了美国传播政治经济学奠基人赫伯特·席勒（Herbert I. Schiller）的《新闻工具与美帝国》一文②，揭开了大陆早期对传播学批判学派研究的历史。1979 年 5 月，张隆栋教授也在《国际新闻界》三期连载希伯特的《公众通讯的过程、制度和效果》。1982 年，张隆栋教授从《国际新闻界》第 2 期开始连续发表了一组详尽介绍和评析传播学的长文《美国大众传播学简述（上、中、下）》，这是中国学者首次较为系统地介绍西方大众传播学理论。这组文章内容丰富，材料详实，脉络清晰，可谓第一代传播学研究者的力作。

1980 年林珊在《国际新闻界》上摘译了罗斯玛利·赖特的文章《第三世界对西方报刊的挑战》，向国内学界介绍了世界新闻新秩序和文化帝国主义的概念。此后她在这个领域不断开拓，先后发表了《建立世界新闻新秩序的潮流不可阻挡》《前进中的第三世界新闻事业》等相关文章，反对美国对发展中国家的文化侵略。应当说，这些文章尽管研究得还不够深刻，但对中国的国际传播学研究有着重要的启发。1986 年，中国社

---

① 参见陈韵昭："传学讲座"，《新闻大学》1981 年总第 1~8 期。
② 祝建华、吕继红：《近年来国内有关西方传播学的研究概况》，《新闻大学》1983 年第 6 期，第 118 页；郑北渭、俞璟璐：《对西方传播理论的一些认识》，《新闻战线》1984 年第 5 期。

科院新闻所徐耀魁与袁路阳合作，在《中国广播战线》杂志1986年第1期至第12期开辟"传播学讲座专栏"，系统介绍传播学有关基础知识。

自80年代起，继老一辈领军人物笔耕不辍，一些中青年学者开始在传播学界崭露头角，传播学研究队伍不断扩充，中国人民大学、复旦大学和中国社会科学院培养的研究生和本科生群体逐渐涉足于传播学研究领域，成为传播学研究的重要力量，开始积极参与传播研究的创立与发展。其代表人物有姜克安、范东升、王志兴、王泰玄、袁路阳、孙旭培、刘力群、陈力丹、明安香、闵大洪、居延安、祝建华、黄煜等，他们在中国社科院新闻所的《新闻学会通讯》以及复旦的《新闻大学》等刊物上开始大量发表文章，翻译传播学著作，其视野较老一代学者更为开阔，理论也更为抽象。

1981年，复旦大学居延安完成了他的硕士论文——《美国传播理论研究》，对美国传播理论研究的几个方向及其代表人物进行系统阐述和分析；1986年他出版了《信息·沟通·传播》（上海人民出版社，1986）一书，对美国传播学最初流行的概念和理论作了通俗化解释和介绍，强调了传播学中最重要的两个本体概念：信息与传播。

1985年中国社科院新闻所袁路阳在《新闻学刊》① 第1期发表《传播事业与国家发展——国际传播学研究的一个新领域》，是较早介绍传播与国家发展研究的文章。

同年，复旦大学祝建华完成了他的硕士论文《受众调查方法论》，之后在《新闻大学》1985年第9、10期上发表了《实地调查：传播研究方法论之一》《内容分析：传播研究方法论之二》两篇文章。1986年，在《新闻大学》第12期发表了《控制实验：传播研究方法论之三》。这些文章较详细地介绍和研究了受众研究中主要使用的方法。

同年，俞璟璐在第9期《新闻大学》上发表了题为"欧美大众传播研究的传统、特点与发展趋势"一文。张黎、王志兴、郭庆光等人也先后发表了介绍欧洲批判学派的文章。

1982年11月23~25日，我国第一次传播学研讨会在北京举行，组织者是中国社会科学院新闻研究所世界新闻研究室。此次会议的研讨主题是：怎样认识和研究西方传播学。会议提出了"系统了解、分析研究、批判吸收和自主创造"的16字研究方针。"16字方针"作为一个本土研究规范的认同，形成了大陆最初传播研究的学术共同体②，首次有规模地聚集了大陆核心的传播学研究者队伍。来自复旦大学、中国人民大学、厦门大学、暨南大学、北京广播学院、新华社和《新闻战线》杂志社等17家新闻教学、研究和实践部门的参会代表有32人，他们怀揣探索人文科学的热忱，在会后把传播学的

---

① 中国社会科学院新闻与传播研究所主办的《新闻与传播研究》的前身。
② 王怡红：《从历史到现实："16字方针"的意义阐释》，《新闻与传播研究》2007年第4期。

新鲜理念弥散到各自的学术环境中。作为第一次全国传播学研讨会的论文集《传播学（简介）》于 1983 年面世。

第一次传播学会议的召开，带来了传播学研究的一个相对繁荣时期，据统计，在这一阶段不断见诸各种新闻学术刊物介绍、评介西方传播学的文章多达 400 篇。[①] 并陆续有一批质量上乘的译作问世。[②] 从 1981 年到 1988 年，国内出版了传播学的相关书籍 13 种，其中译著 8 种、编著 1 种、专著 4 种，主要涉及传播学的基础理论，传播学的研究方法等方面的内容。

1986 年底，戴元光、邵培仁、龚炜完成了《传播学原理与应用》一书的初稿，此书于 1988 年由兰州大学出版社出版。这是大陆第一部传播学专著，内容几乎涉及西方传播学全部理论问题，如西方传播学产生与确立、传播原理、传播结构与模式、传播者、受传者、信息、符号、传播技巧、媒介理论、效果理论和研究方法等，被学者们称为熔理论研究与应用研究、史料介绍与学术创新于一炉的优秀之作。此书的出版为传播学引进阶段画上最完美的符号。

回望中国传播学研究的早期学术研究群体，归纳出他们的几点共性特征：

（一）西方传播学的早期引进者更多的是新闻学者，特别是从事外国新闻事业和外国新闻史研究的学者，如中国社会科学院的张黎研究员和徐耀魁研究员等。张国良教授认为"中国的传播学从一开始就被限定在新闻学的范畴里，大家关心和研究的面很窄，而不像欧美那样，有修辞学、语言学、社会学、政治学、心理学等广阔而多元的学科背景和资源"；[③]

（二）早期研究学者张隆栋、郑北渭、李启、陈韵昭、余也鲁、范东生、居延安等，他们均有较好的外文（如英语）功底，其中有些人还有海外游学的经历，如郑北渭教授曾在美国衣阿华大学攻读传播学专业，直接接触了西方传播学；居延安也曾在纽约州立大学传播系访学；

（三）早期学者主要以传播学名词和观念的译介和理解为主，译介和斟酌了许多传

---

① 刘海贵：《传播学在中国大陆的历史沿革与走向》，《新闻大学》1991 年秋季号。

② 这一阶段较有代表性的译作有：〔美〕威尔伯·施拉姆：《报刊的四种理论》，中国人民大学新闻系译，新华出版社，1980；〔美〕沃尔特·李普曼：《舆论学》，林珊译，1984 年中国人民大学新闻系内部资料，华夏出版社，1989；〔美〕威尔伯·施拉姆、威廉·波特：《传播学概论》，陈亮、周立方、李启译，新华出版社，1984；〔美〕沃纳丁·赛弗林、小詹姆斯·坦卡特：《传播学的起源、研究与应用》，陈韵昭译，福建人民出版社，1985；〔英〕丹尼斯·麦奎尔、〔瑞典〕斯文·温德尔：《大众传播模式论》，祝建华、武伟译，上海译文出版社，1987；〔美〕施拉姆：《传播学概论：传媒·信息与人》，余也鲁译，中国展望出版社，1985。

③ 张国良：《中国传播学的兴起、发展与趋势》，《理论月刊》2005 年第 1 期。

播学的理论和核心名词，力争传达"原汁原味"的西方传播学。比如，对于"commu-nication"一词的汉语译法，就经历了"通讯"、"交流"等一系列的变化，直到后来确定为"传播"。但他们的学术探索往往停留在翻译介绍的层面，基本上未形成有自己特色的观点。这是他们研究的局限；

（四）早期研究学者多出自大学和研究所等科研机构，对传播学的引介多在学术界内进行交流，以翻译论文、开设讲座和选修课为主要形式，有一定局限性，没有形成广泛的影响，没有引起业界人士的关注。

在传播学进入中国的第一个时间标段，研究领域尚未形成规模性的系统、深入和独立的研究群体。但中国早期传播学研究者的可贵之处在于他们是富有理想和开放精神的人，是思想的守望者，孜孜不倦于对西方传播学基本概念和理论的引进和译介，为中国传播学研究提供了直接的思想及资料来源，薪火相传，功不可没。

二　学习与应用：中国第二代传播学研究群体（1986—1997）

自 1986 年起，至 90 年代中叶，是中国传播学研究者潜心向学，以西方传播理论为研究框架，并不断提出传播学本土化要求与建设的阶段。经过近十年对传播学的引进和消化，传播学在中国的研究能量得以聚集，这一阶段的传播研究活动主要集中在探索和认识西方传播研究的学术、思想与社会价值方面，在借鉴西方传播学理论体系和研究模式的同时，致力于研究中国的传播历史和现状。一批研究者着力于学习与研究西方的传播理论、概念、模式与方法，并借用魔弹论、信息论、系统论、把关人理论、议题设置理论、培养理论等，采用定量与定性的方法描述与分析中国社会大众媒介的功能、作用、影响，进行受众效果调查。

需要说明的是学科发展的外部环境成了传播学学科探索的助力器。1992 年邓小平南方谈话发表，中国的经济格局全面转向市场经济体制。这一决策的重大变化，给传播学的发展带来了极大驱动力。传播学在中国的研究进入一个较活跃阶段。

这一时期的中国传播学研究群体，是在两个初具规模的学术领域里发展起来的：一是大众传播成为主要的研究领域，一批学者建立了以大众传播研究为中心的传播学研究主导体系，此阶段的受众研究与传播效果研究比较突出；二是学界热衷于探讨传播学在中国发展的前景，主要提出了传播研究本土化的命题，并引起学术争鸣。学者逐渐重视传播学研究的中国化，从中国文化中发掘思想和素材，丰富和扩充现有的传播学。在借鉴西方传播学理论体系和研究模式的同时，致力于研究中国的传播历史和现状，形成思想比较独立的研究群体，并有一批学术含量较高的专著问世。在这两个主要研究领域，较有影响力的学者有邵培仁、戴元光、陈崇山、卜卫、柯惠新、张学洪、孙旭培、陈力丹、明安香、张国良、李彬、王怡红、黄旦等等。

（一）受众研究的勃兴及其研究群体

早在传播研究的初期，受众研究就因为其显著的实用性而倍受中国学者的青睐。这一阶段，以中国社会科学院新闻研究所陈崇山为代表的受众研究（北京新闻学会调查组组织的北京调查）代表了当时中国传播研究的最高水平。

首先，传播学的引进和介绍推动了新闻学的效果研究，也推动了对受众的研究。全国范围内关于媒体受众的传播学大型实证研究得到广泛开展。陈崇山研究员在《中国受众研究 20 年》一文中把中国受众研究划分为三个阶段，认为有三个学术成果值得重视：1. 1982 年的"北京调查"被视为我国受众调研的里程碑。这次调查首次采用了国际上通用的抽样调查方法对受众接触媒介的行为进行调查，推动了当时蓬勃发展的新闻改革，是思想解放的一大成果；2. 1986 年 10 月，由甘惜分教授任所长的中国人民大学舆论研究所成立，标志着我国的受众研究有了专门的组织，结束了零散无序的研究现状；3. 以 1990 年亚运会广播电视传播效果研究为受众调研的新起点，受众理论研究与实践从显性向隐性深入。尤其 1995 年后各类媒介调查公司大量涌现，受众调查进入市场，走向科学化、规范化。①

中国第一个传播实证研究是 1981 年复旦大学新闻系 77 级五个学生对"四人帮"审判结果这一重大新闻扩散的受众研究。虽然该研究的方法还有些粗糙，但这是第一宗真正以理论建构为目标的实证研究，是符合传播研究中的"新闻扩散"理论的经典范式。

1982 年中国社会科学院新闻研究所和北京新闻学会（1984 年更名为首都新闻学会）调查组共同发起北京地区读者、观众、听众调查，这是中华人民共和国成立后进行的第一次大规模受众调查。这项受众调查由中国社会科学院陈崇山研究员主持，从组织机构的权威性、规模、统计规范程度等方面都取得了突破性进展，被视为中国传播学实证研究的开端。调查结果发表后在国内外引起很大反响，被翻译成英文在美国发表。美国著名传播学者、斯坦福大学传播系教授艾文·罗杰斯对"北京调查"给予很高评价，认为"北京受众调查是按照马克思哲学标准理论框架设计的，但它遵循传播研究的方法及西方和第三世界学者的实验理论方法，着重于注意这些方法与马列主义及中国具体实践相结合。"②

中国人民大学舆论研究所于 1987 年进行的对中国政治精英的调查也引起了西方的

---

① 陈崇山：《中国受众研究 20 年之回顾》，《当代传播》2001 年第 3 期。

② 转引自袁军等：《艰难的起飞——访中国社科院新闻与传播研究所研究员陈崇山：我为什么选择受众研究》，见《传播学在中国——传播学者访谈》，北京广播学院出版社，1999，第 186 页。

关注。更为重要的是，受众研究为传播学在中国的应用和普及起到了很好的"典型示范"作用。① 其他几次较大的影响深远的标志性的受众调查活动还有：1986 年，《人民日报》委托中国社会科学院新闻研究所开展的全国读者抽样调查；1990 年 9 月，以亚运会广播电视传播效果研究为主体的受众调研活动，这是迄今做得最规范、统计水平最高的一次调查，获得中国广播电视学会受众研究一等奖；从 1991 年开始，连续三年由中国社会科学院新闻所陈崇山、宋小卫和孙五三分别主持，在全国各地进行了大规模的受众研究，在受众研究方法上打破了单一的定性分析研究，引入了量化研究，增加了量化方法，如抽样调查方法、内容分析方法、实验方法等。

1986 年 10 月，中国人民大学舆论研究所成立，这是我国第一家专门从事舆论研究和民意测验的学术机构。著名新闻学教授甘惜分出任第一任所长，喻国明教授参与了筹建和调研，并逐渐开始主持舆论所工作，进行了许多具有较高学术价值和广泛社会影响的舆论领域和新闻传播领域的调查研究项目，在民意测验与调查及传播理论方面做出了突出的贡献。喻国明教授还提出"传—受互动方格"模型，是中国传播学者首次提出的具有中国特色的传播模型。②

这一时期，一大批研究受众本位和传播实证效果的专著问世③。在传播研究方法上也有突出成果，主要代表人物是复旦大学祝建华，中国社科院新闻所卜卫、刘晓红等人。

1985 年，当时的复旦大学研究生祝建华在《新闻大学》上发表了 3 篇研究方法方面的文章，介绍传播研究的实地调查、内容分析和实验控制三种研究方法，这是国内传播学研究中早期阶段介绍传播研究方法的较系统的文章。中国社科院卜卫研究员自1996 年起在《国际新闻界》上连续发表《传播学方法论引言》《传播学思辨研究论》《论传播学定性研究方法》《论社会调查方法的逻辑及价值》《控制实验——一种常用的传播学研究方法》《试论内容分析方法》以及《方法论的选择：定性还是定量》等 7 篇关于方法论研究的论文④，体现了学界对研究方法和规范的认识更趋成熟。北京广播学

① 刘海龙：《从受众研究看"传播学本土化"话语》，见中华传媒网 2008 年 7 月 2 日。

② 部分参考中国社科院新闻与传播所"传播学 30 年大事记"课题组研究报告《传播学研究在中国的历史建构与实践》，第 23 页。

③ 1989 年 9 月，陈崇山、弭秀玲编著的《中国传播效果透视》一书出版；1991 年，赵水福的《中国社会心理的轨迹：亚运会宣传效果调查报告集》问世，其中在《中国社会心理的轨迹》一书中，共收录调查报告和研究论文 10 篇；1991 年，柯惠新、张帆的《亚运宣传效果调查》出版；1993 年，喻国明、刘夏阳的《中国民意调查》出版。这批专著是我国最早进行传播学实证调查研究并对传播效果进行探讨的著作。

④ 见《国际新闻界》1996 年第 4、5、6 期和 1997 年第 1、2、4、5 期。

院（今"中国传媒大学"）的柯惠新教授提倡把统计学方法应用到中国传播学研究中，为传播学的定量研究提供了科学严谨的方法论。

在这一阶段，中国大陆受众研究有代表性的研究成果是：陈崇山提出了"受众本位"的概念；柯惠新根据亚运宣传调查结果提出了"亚运宣传广播电视传播效果模型"；中国人民大学喻国明提出"传—受互动方格"模型；黄家汉、宋小卫、郭镇之等提出了传播学要重视和开展受众权益及视听者权益的研究问题。① 陈崇山、卜卫、孙五三、张学洪、王怡红、裘正义、柯惠新、方晓红等学者还就大众媒介与农村、现代化、儿童、女性等课题展开了一系列实证研究，方法较为规范，成果也相当显著。一个相对稳定的传播受众研究群体形成，且活跃至今。从 1980 年至 1988 年，在各类新闻刊物上发表的有关受众研究的论文共计有 226 篇。② 从 1983 年至 1998 年，《中国新闻年鉴》共统计到了 131 次受众调查。介绍受众研究方法的著作也愈加呈现专业特征，较著名的有戴元光的《大众传播学的定量研究方法》（2000 年）和柯惠新、祝建华、孙江华合作编著的《传播统计学》（2003 年）等。

（二）传播学与中国本土化研究

受众研究是中国传播学成果较丰富的研究领域，也是传播学本土化的重要切入点。以此为契端，大陆学者逐渐重视传播学研究的中国化，从中国文化中发掘思想和素材，来丰富和扩充现有的传播学。

1986 年，在第二次传播学研讨会上，已有学者提出建立有中国特色的传播学，"标志着我国传播学研究走上了一个新台阶，即在翻译、介绍和评论外国传播理论的基础上，有些研究人员开始将外国的传播理论运用到中国的传播实践，以解决中国传播实践中出现的问题，提出创建具有中国特色的新闻传播学的构想"③。1987 年新闻学博士颜建军提出他的对中国传播学发展的理解和总体设计是："以西方传播学的合理内核为框架，以中国传统的传播方式、习惯等等为内容，全面探索传播在中国文化背景下的规律。"④1993 年，"海峡两岸中国传统文化中传的探索座谈会"在厦门大学举行，海峡两岸和港澳的学者出席会议，共同探讨研究一个主题，即提出"传播学中国化"问题。如何结合中国的传播历史和传播现实开展传播学的研究、如何建立一个具有本土化色彩的传播理论体系或框架成为研究者的热门议题。

① 转引自王怡红：《传播学研究 30 年回顾与前瞻》文稿。
② 陈崇山：《中国大陆传媒受众调研的发展历程》，《新闻与传播研究》1998 年第 4 期。
③ 戴元光：《20 世纪中国新闻学与传播学·传播学卷》，复旦大学出版社，2001，第 109 页。
④ 颜建军：《关于建立中国沟通学的构想》，《新闻学刊》1987 年第 1 期（总第 10 期），第 50 页。

20 世纪 80 年代末 90 年代初是传播学开始中国本土化进程的一个重要时期，其表征之一是致力于中国传统文化中的传播理念和传播智慧的展现和弘扬。方汉奇、何庆良等就先秦诸子的哲学思想、近代思想进行了现代传播学的解读；陈力丹的《论孔子的传播思想——读吴予敏〈无形的网络——从传播学角度看中国传统文化〉》，借孔子经典阐释了传播理论，以中国文化为背景，对历史纵向的中国传播现象和传播思想进行研究，是中国传播思想的寻根之作。[①] 表征之二是致力于研究传播学本土化的理论范式。其中最有代表性，并在此后形成争论的两篇文章是王怡红的《对话：走出传播学本土化的空谷》和李彬的《反思：传播研究本土化的困惑》等[②]，二人均对草率进行本土化研究提出了质疑。

中国传播学研究本土化作为一个鲜明的学术问题，在当时包括了"传播学研究的中国化"和"传播学研究的中国特色"两种说法。学者孙旭培认为："我们致力于传播学研究中国化，当然也不能因此导致一个结论：我们可以创立一门完全不同于西方传播学的中国传播学。辩证法使我们懂得，要善于把事物作为一个过程来看待。传播研究中国化也是一个过程，就是通过大量挖掘中国文化（包括传统文化和现代文化）中间关于传播方面的财富，促进传播学的发展，最终创造出集东西文化精华之大成的传播学。"[③] 学者王怡红则提出：倡导本土化有利于在传播学地方性研究中建立主义和流派，借以扩大传播学的知识体系。[④] "建立有中国特色的传播学"的倡导者和研究者的理由主要有："面向中国社会，立足中国社会，在建立科学理论的同时，解决我们自己现实中的问题，或从传播学的角度提出解决问题的新思路。"[⑤] 还有学者认为："我们坚持以辩证唯物主义和历史唯物主义为指导，遵循系统了解、博采众长、以我为主、超越创新的原则，联系中国实际，适应中国国情，突出传播学研究的中国特色"，就是为了"能跻身于世界传播学研究之林，成为世界传播学研究中的一位强者"。因为，越是富有民族特色，越是容易被世界传播学界所认可。[⑥] 而关于"传播学本土化"的问题，陈力丹则低调以待："对于'传播学本土化'的口号要慎重，某学就是某学，一定要某国的什么学，其实很难成学。再则，也不宜将传播学本土化理解为庸俗的所谓的'理论联系实际'。"[⑦]

---

① 陈力丹：《论孔子的传播思想——读吴予敏〈无形的网络——从传播学角度看中国传统文化〉》，《新闻与传播研究》1995 年第 1 期。
② 见《现代传播》1995 年第 6 期。
③ 孙旭培：《〈华夏传播论〉招标启事》，《新闻与传播研究》1994 年第 1 期。
④ 孙旭培：《〈华夏传播论〉招标启事》，《新闻与传播研究》1994 年第 1 期。
⑤ 《传播·社会·发展——第四次全国传播研讨会论文集》，成都科技大学出版社，1996，第 27 页。
⑥ 裴人：《论中国的当代传播学研究》，《杭州师范学院学报》1996 年第 2 期。
⑦ 陈力丹：《关于传播学研究的几点意见》，《国际新闻界》2002 年第 2 期。

这场基于学理的学术争鸣掀起了传播学在中国研究的一个高潮，在 1993 年的第三次全国传播学研讨会上，传播学在中国的发展被评价为这样一种状态："我国正在从分析译介外国传播学理论的阶段，结合中国国情进行研究，向建立具有中国特色的传播学体系的阶段迈进。"①

学术的繁荣也带来研究群体的扩大。作为传播学研究的深度的成果，一批专著陆续问世。② 这些著作以中国文化为背景，以中国国情为坐标，整合了许多学科的知识，采用了科学合理的研究方法，联系实际，服务实践，展示了中国传播学者的开拓勇气和创新精神。③

1990 年，中国人民大学沙莲香教授主编的《传播学——以人为主的图像世界之谜》一书出版。该书着重探讨了文化和传播的关系，试图从文化研究的角度考察中国传统文化的传播特点，并提出了传播的内在机制问题。

1992 年，戴元光主编的《撞击下的浮躁与选择——当代中国西北人的文化价值观》一书由兰州大学出版社出版。该书既是一项发展传播研究，也是传播研究本土化的成果。戴元光采用定量方法研究中国的西北、西部地区媒体的发展、传播怎样引起人的价值观的变化。

1993 年 8 月，陈力丹出版《精神交往论——马克思恩格斯的传播观》一书，此书对马克思恩格斯的传播思想做了详尽而透辟的阐述，从传播学的角度把马克思恩格斯作为研究对象，被称为"马克思主义传播学的奠基之作"。作者从马克思恩格斯的大量著作中提取他们有关传播思想的精华，反驳了施拉姆认为马克思从未论述过"公共通讯"（mass communication）工具的错误论断。有文章评价说："此书为我们用唯物史观科学地把握传播及传播学提供了不可或缺的理论基础。"④

1997 年，邵培仁出版《传播学导论》。此书是其传播理论精华的集成，是其传播学研究的代表作。邵培仁教授在这本书中对建设中国特色传播学的目的、标准和途径进行了系统论述。认为传播学中国化的主张主要基于四个目的：1. 让传播学成为中国大众

---

① 邵培仁：《论中国的当代传播学研究》，《杭州师范学院学报（哲学社会科学版）》1996 年第 2 期。
② 主要代表作有戴元光等人的《传播学原理与应用》（1988）；范东升、张雅鱼的《传播学原理》（1989）；徐耀魁的《大众传播学》（1990），张学洪的《舆论传播学》（1992），邵培仁主编的《经济传播学》（1990）、《政治传播学》（1991）、《教育传播学》（1992）、《艺术传播学》（1992）和《传播社会学》（1994）；邵培仁、叶亚东的《新闻传播学》（1995）；张隆栋的《大众传播学总论》（1993），郭庆光的《传播学教程》（1999）以及李彬的《传播学引论》（1993）等。
③ 裴人：《论中国的当代传播学研究》，《杭州师范学院学报》1996 年第 2 期。
④ 李彬：《流水前波让后波：对我国大陆传播学研究的回顾与瞩望》，《大众传播学》，中央广播电视大学出版社，2000，前言。

的精神食粮；2. 让传播学成为适应中国需要的科学；3. 让传播学成为中国文化的有机部分；4. 让传播学的理论建树与世界文化接轨。①

1998 年，孙旭培主编的《华夏传播论》出版，这部书从传播学的视角对中国传统文化的各个层面重新进行审视和梳理，提炼了一系列植根于本土文化的传播规律，是传播学本土化的一次成功尝试。②

这一系列论著都是中国传播学者开始有意进行传播本土化的尝试，代表了中国学者的一种研究思维和取向，表明这一时期的传播学者已日渐成熟，进入学习、建设继而思考和提高的学术研究境界。

三　反思与前瞻：中国传播学新生代研究群体（1997—2008）

1997 年，新闻与传播学成为国家一级学科，这种学科地位的升格是传播学作为一门学问、一个学科正式被国家和社会所承认的重要标志，作为至关重要的学科发展背景，它对推动传播学在中国的建设具有划时代的意义，为传播学的腾飞创造了前所未有的条件和机遇。同时也标志着中国传播学研究在历经几代学者的努力后，学术水平获得极大提高和认同，研究视野不断得到拓展和深化，预示传播学学科建设在 21 世纪获得更大发展空间，进入学科建设与学术发展的多元化时期。

在这一时间标段，传播研究的学术群体表现出多样化的竞争态势，专业研究学术群体不断扩大，新生代研究者渐成主流。

（一）研究群体日趋成熟和规范，研究领域精细化、学科专业化

传播学根本的生命力还在于和其他学科的交融共生，也就是说未来发展的空间除继续关注大众传播外，更多地在于建立和发展自己的分支学科，细化和玄化是传播学未来的发展态势。进入 21 世纪，传播研究从二元对立到多种研究范式并存的变化大大扩展了研究者对事物的认识，使研究对象与研究观察开始由单一向多元化、多视角转变。

学术群体的理论自觉意识愈来愈强，明显表现在多元理论体系建构和方法论探讨、传播史与传播思想史、传播边缘学科与学科建设追问等方面。同时，还表现出对国家和社会实际问题的强烈关注。人际传播、网络新媒体传播、政治传播、组织传播、跨文化传播、国际传播、发展传播、传媒教育、健康传播、传播的文化研究、传播与文化多样性、文化霸权、对外传播以及媒介素质教育等传播学分支领域的研究相继展开并取得了

---

① 邵培仁：《传播学导论》，浙江大学出版社，1997，第 17 页。
② 李彬：《流水前波让后波：对我国大陆传播学研究的回顾与瞩望》，《大众传播学》，中央广播电视大学出版社，2000，前言。

一些成果。

传播史和传播思想史的研究者有殷晓蓉和李彬，殷晓蓉关注于传播学学派发展，李彬则在近年着力于欧洲批判流派和传播学者的引介。陈卫星主要以对欧洲传播学理论与研究的把握而受到关注，1998 年他发表在《国外社会科学》上的长文《西方当代传播学学术思想的回顾和展望》，被深受各界学人青睐的《新华文摘》所收录，成为该刊创办 20 年来刊登的第一篇传播学文章。他在 2004 年出版的专著《传播观念》，主要以结构主义传播学的观点考察了中国的传播现象。

而黄旦则详尽梳理了从美国芝加哥学派到李普曼直至大众传播的确立的传播过程，同时对施拉姆所确立的四大奠基人提出质疑，系统地研究了早期美国传播思想的流变等一系列西方传播史研究①；在受众与效果研究中，卜卫的受众研究集中于女性、儿童的接触行为和影响。② 与此同时，一批著名学者在传播学分支研究领域和传播边缘学科均有不俗表现，成为特色鲜明的学科带头人。

2003 年 10 月，王怡红出版《人与人的相遇——人际传播论》（人民出版社）一书，书中细致地描述了人际传播在现代社会中的诸种表现，集中探讨了人类传播中的对话思想，涉及了当代人际传播及其研究领域所面对的各个主要问题，是一部系统论述人际传播的原创性著作。她的学术论文《得一门而入：对话研究及其方法论指向》③ 初步而又比较完整地勾勒了传播学对话研究的基本理论框架。

邵培仁撰写出版国内第一部《媒介经营管理学》（1998 年）和《媒介战略管理》（2003 年），在媒介管理学研究领域开拓了新的空间。2001 年起他又开辟媒介理论研究新领域，在国内率先发表媒介生态学和媒介地理学等论文，如《论媒介生态的五大观念》《论传播生态规律与媒介生存策略》《电脑与网络：媒介地理学的颠覆者》《媒介地理学：行走和耕耘在媒介与地理之间》《论中国媒介的地理群集与能量积聚》以及《论媒介地理学的正当性、科学性和学术坚守》等，被认为"开了国内媒介生态研究的先河"。

传播科技的发展及网络传播时代的到来，改变了传媒的结构和格局，引起了学界的高度关注，网络和新媒体研究成为传播学发展新时期最为活跃和丰富的研究领域之一，呈现出理性和多元化态势，开始渗透和影响传播理论、媒介经济与管理等传播学研究的其他区块。美国的尼葛洛庞帝的《数字化生存》中文版于 1996 年问世。该书的译者胡

---

① 黄旦：《美国早期的思想及其流变——从芝加哥学派到大众传播的确立》，《新闻与传播研究》2005 年第 1 期。

② 叶蕾：《活跃与繁荣：中国传播学近 10 年的专业化进程》，《河北大学学报（哲学社科版）》2009 年第 1 期。

③ 论文发表于《新闻与传播研究》2005 年第 1 期。

泳、范海燕认为,尼葛洛庞帝不仅在预测未来,还试图找到更多途径来创造未来。该书是中国迈入网络信息时代影响最大的启蒙读物。中国社会科学院新闻与传播研究所闵大洪的专著《传播技术纵横》(1998 年)是国内第一本关于新媒体的专著,也是我国传播科技研究的重要成果。而明安香则颇有前瞻性地提出:"尽快建立信息传播基础结构,是我国缩短全面工业化阶段,尽可能与发达国家同步进入信息社会的最佳跳板。"①

一批学者关注新农村建设问题,促成中国乡村传播学的兴起。中国乡村传播研究群体从发展学、传播学、社会学、文化人类学、政治学的角度,对中国乡村传播的历史发展、现有状况及未来的发展趋势进行探索,开拓传播学在乡村的传播实证与理论研究,传播学在城乡一体化过程中的理念、路径和表现形态,力图为传播学在中国的本土化发展提供一种思路,为中国社会的城市化进程提供实践性和理论性的依据。② 研究者中有代表性的观点是,农村传播的核心概念是信息。信息的平衡与获取意味着社会的公平与公正的原则。③ 乡村传播研究的主要意义在于,农村信息传播系统的研究对中国社会现代性的构建具有重要意义。

我国跨文化传播研究兴起于 20 世纪 80、90 年代,随着传播全球化的趋势而日益凸显其重要性,主要引进与介绍者是深圳大学何道宽教授和北京大学关世杰教授等人。关世杰的《跨文化交流学——提高涉外能力的学问》一书于 1995 年由北京大学出版社出版。该书结合中国国情向中国读者介绍了跨文化交流学这一传播研究的前沿领域,主要论述了思维方式差异对跨文化交流的影响,是我国大陆出版的第一部由中国人撰写的跨文化传播学论著。④

近年来,跨文化研究也吸引了一批中青年学者的目光,中国科学院研究生院人文学院王异虹副教授运用跨文化传播的经验,通过"习性"、"资本"、"场域"等概念和资本相互之间转化的理论,建立了习性传播分析模式。这个模式的创立可以用于分析传受双方的传播目的、内容和可能的传受效果等。⑤ 姜飞研究了后殖民语境下跨文化传播的状况,重新定义了其研究对象⑥;单波力图开拓跨文化传播的理论思维空间,努力探讨

① 明安香:《信息、传播和信息社会——关于信息传播与经济发展若干问题的思考》,《国际新闻界》1997
年第 3 期。
② 中国乡村传播研究网,http://www.caucrcc.com/。
③ 见《中国乡村传播学》(2006 年)、《乡村传播与农村发展》(2007 年),中国农业大学出版社。
④ 何道宽:《比较文化研究的新局面——评国内首批跨文化交际学专著》,《深圳大学学报(人文社科版)》1998 年第 4 期。
⑤ 王异虹:《习性的传播》未刊稿。
⑥ 姜飞:《跨文化传播的后殖民语境》,《新闻与传播研究》2004 年第 1 期;《后殖民主义视野中的西方媒介》,《新闻与传播研究》2003 年第 1 期。

经济全球化背景下跨文化传播的历史现状与问题，充分理解社会各方面文化的特点，反思现实的文化冲突与文化帝国主义，探讨在相互沟通、理解和尊重基础上的世界多元文化发展道路。他尤其着力探讨中国媒体与西方媒体在文化形象互构上的表现，研究了在多元文化社会媒介如何呈现"他者"，如何认识文化的多样性以及如何实现跨文化传播战略等问题，从而使跨文化传播的学术话语更加丰富更加多元。①

这些学者凭借良好的理论素养和专业意识在世纪之交渐露锋芒，开始选择符合自己学术旨趣的研究方向，形成稳定成熟的学术共同体。他们的共同特征是：具有较扎实的理论基础和科学的研究方法，写作规范，具有学术研究的自觉意识，形成领域精细化、学科专业化的特点。

（二）新生代研究群体迅速崛起，反思与前瞻渐成主流话题

1997 年是传播学发展史上一个重要时间节点。在传播学学科地位得以确立之后，一批新生代学者开始规模性地进行学术反思。

1. 中国传播学科现状及学术发展方向

自 20 世纪 90 年代末和新世纪以来，我国传播学研究进入学科建设与学术发展的多元化时期，陈卫星在《中国现代化的传播学反思》（1999 年）一文中分别从传播思想与社会转型、社会结构的功能分化、社会转型中的传播互动、社会转型中的传播诉求、社会转型中的传播空间、传播是社会再生产等几个方面对中国传播学发展进行反思；胡翼青博士在其专著《传播学：学科危机与范式革命》（2004 年）中将传播学划分为经验主义、技术主义、批判主义三种研究范式。他认为，当代传播学作为一个学科的发展，至少存在三个方面的问题，即缺乏系统性、缺乏理论创新与应变性、该学科研究者本身缺乏危机感。他指出，经验主义和技术主义的人文主义转向，传统与批判两大学派的融合预示着传播学未来发展的出路，多元方法论将成为未来人本主义范式的研究路径。②

2. 经典理论的重温和批判精神的解构

世纪之交，面对中国传播学的历史困境，一批学者重新审视西方传播思想史和学派，讨论传播学的学派与范式，深入梳理传播理论的思想谱系。研究者越来越显现出追求科学与严谨的学术倾向，开始以冷静审视的目光重新打量传播学源头处，对原创性西方传播理论进行追本溯源。一批思想睿智学识渊博的青年学者逐渐掌握学科导向的发言权。

---

① 单波：《浅议跨文化新闻传播》，《湖北大学学报（哲学社会科学版）》2003 年第 2 期。
② 转引自王怡红：《中国传播学学科建设 30 年》文稿。

李彬、刘海龙等学者从不同角度讨论批判学派①；胡翼青博士在专著《再度发言——论社会学芝加哥学派传播思想》中试图重新发掘传播思想史上一个被忽略的学派——芝加哥学派。他认为美国芝加哥学派的理论与方法为传播研究建构了具有人本主义色彩的研究范式，可以使传播研究在传播与人性和社会生态的关系方面获得拓展。在近一个世纪后的今天，让芝加哥学派再度发言，不仅有利于反思传播思想史的偏差，更有利于重新审视传播的未来走向。②

同时，麦克卢汉、米德、帕克等经典传播学者成为新的研究热点，西方传播学分支符号学、文化学派、政治经济学派、法兰克福学派等等也纳入众多学者的研究视野，陈力丹、陈卫星、李彬教授以及青年学者刘海龙、石义彬、单波等在这些研究领域各有建树，均有精辟论述，在前人研究传播学欧洲批判学派的基础上，以批判的眼光进行学科反思，力求传播学研究在经验主义、人文传统两大系统，以及保守、批判两大倾向之间，得到一种学术的平衡，并对传播学在中国的发展前景予以展望。

3. 传播学的跨学科趋势

世纪之交的中国传播学，在经历了引进和起步阶段之后，日渐呈现出起飞的态势。表现在学术研究上，分支方向的多元化和研究内容的日益深化，使我国传播研究的基础格局发生变化。传播学本身是一个交融、边缘性的学科，需要多学科的人来共同建设。作为一门多级交叉学科，传播学不仅涉及新闻学、社会学、政治学、心理学，还涉及语言学、人类学、哲学及相关的技术学科，是在人文科学和自然科学的交合点上形成并发展起来的综合科学。

21世纪是"对话的世纪"，2008年4月，首届中国人际传播论坛在北京中国社会科学院召开，来自香港和内地的50多位研究者济济一堂，他们从传播学、社会学、哲学和文艺学的专业视角来审视和研究人际传播现象，可以说这次会议是从多学科多视角推动人际传播研究在中国进步与发展的重要历史开端和标志性事件。

自2006年起，针对国家提出"建立和谐社会"的发展目标，有一批学者提出具有中国特色的"文明传播"的概念，从哲学的高度把传播学研究融入中国的传播实践，更多地以中国五千年文明史和悠久文化传统作为背景和参照，以中国国情为坐标，认为"只有突破单一学科局限，反省成就与不足，与中国的社会问题紧密结合，创新研究，

---

① 见李彬：《批判学派在中国：以传播符号学为例》，《新闻大学》2007年第3期；刘海龙：《"传播学"引进中的"失踪者"：从1978年—1989年批判学派的引介看中国早期的传播学观念》，《国际新闻界》2007年第4期。

② 胡翼青：《再度发言——论社会学芝加哥学派传播思想》，中国大百科全书出版社，2007，前言。

才能逐步建构成熟的中国传播思想体系和传播研究中的人文精神，不断地在积累中形成中国学派的学术境界和研究特色"①。研究者们建议需要一个宏大的文明传播概念，需要一种对话式的学术互动与学术襟怀。在文明传播的主题下，这种跨学科的理论与方法的交互相融，这种关注本土经验与社会需求的问题意识，也许是中国传播学研究争得国际话语权的一个可能的突破点。②

如果以 1997 年作为新时期传播学研究的分水岭来考察新生代研究者，大致可归纳出这一研究群体的时代表征：

◆中青年学者成为研究的主力；他们知识体系完整，具有学者的自律意识和学术自觉的意识，且有较好的外语功底，其中不少人有海外留学背景抑或出国访问学者的经历，是拥有传播学和其他人文学科的高学历的专业人才。

◆科学与严谨、反思与前瞻成为新生代研究群体的学术主题；青年学人青出于蓝而胜于蓝，他们的知识结构较为合理，视野更为开阔，在研究方法上更加讲究规范，理论功底也相当深厚。"新一代大陆的传播研究力量正在成长，他们不像前辈传播学者般有太多的学术坎坷，心态上也更加积极、自信。"③ 在前人的研究成果基础上，新生代研究者更多展示了清醒的审视和从容的气度。

◆传播学学科本身的多元化也导致其分支研究的多元化以及研究学者的跨学科趋势，越来越多的非新闻传播学专业（如哲学、文艺学、社会学、国际政治、语言学、统计学等）的学者参与传播学研究。他们的加盟打破了传统意义上的传播学研究群体层面，拓宽了研究领域，拓深了专题研究，为传播学研究带来勃勃生机；这是新生派中国传播学研究群体的显著特征。

可以说，新生代研究者倡导自由、多元和健康的学术氛围，他们代表了中国传播学的未来愿景。

境外传播学者研究群体的崛起

在我们回顾中国传播学学术研究群体的发展历程时，有一个特殊群体不容忽视，在中国传播学研究 30 年的历程中，来自境外的中国传播学者形成稳定群体，对大陆传播

---

① 中国社科院文明传播课题组：《关于文明传播的基本认识》，《文明》杂志特刊 2006 年 12 月。
② 中国社科院文明传播课题组：《传播学的反思与中国学派的传播哲学》，2007 传播学高端学术研讨会主旨论文。
③ 金兼斌：《传播研究典范及其对我国当前传播研究的启示》，《新闻与传播研究》1999 年第 2 期。

研究具有巨大的推动力量。他们来自香港、台湾、新加坡及欧美等地，有海外留学履历和良好学术声誉。特别是最近几年，他们加大和内地同行的合作，实行学术回归。

在传播学引进中国大陆之初，港台学者余也鲁、朱立、李金铨、陈世敏等人就通过学术活动和论著促进大陆的传播学研究。80年代，台湾传播学者的传播学论著和译作成为大陆研究者最直接的启蒙读物，徐佳士、杨孝濚、张锦华、关绍箕、汪琪等台湾学者影响甚大。台湾传播学研究萌芽于20世纪60年代初，起飞于70年代，兴盛于80年代；香港作为多种文化的交汇点，其传播学研究具有得天独厚的优势。在香港，相对严谨与系统的传播学研究始于70年代中后期，80年代，随着更多在美国学有所成的本土学者回港，香港研究队伍和成果均得以强化。进入90年代，越来越多的本土、海外及大陆学者汇集于此，不同的学科背景和知识框架导致研究问题和研究视角的多元，使得香港传播学研究成为中西交融之地。

新一代留学海外的中国学者则给中国传播学研究带来新的面貌。多年来，曾经在中国大陆早期参与开创传播学研究的祝建华、赵月枝、潘忠党、黄煜、陈韬文、洪浚浩等人至今仍然是活跃在大陆传播研究中的重要力量。他们既熟悉美国主流社会理论和传播理论，同时又有对大陆社会生活的直接经验。他们把文献研究、比较历史分析、制度分析、田野调查、话语分析、民族志等多种研究方法带入大陆传播学研究之中，在大陆不断发表研究成果。他们在研究中既注重经验研究、注重超越工具理性和狭隘民族主义，又强调人文关怀和社会历史视角。

20世纪90年代以来，更多的境外华人传播学者如陈韬文、赵心树、马成龙、郭中实、何舟、洪浚浩、鲁曙明、冯建三等人经常受国内高等院校及科研机构的邀请，回大陆讲学，以重点传授传播研究方法及介绍传播研究新观念和理论视角等来推动大陆的传播学研究。[①] 如香港城市大学祝建华教授长期从事实证研究，先后在中国内地、美国和香港做了20多年的实证研究，成果颇丰。他先后在深圳大学、武汉大学、中国科技大学及中国人民大学开办"祝建华传播研究方法讲习班"，反响热烈。他创立的"权衡需求理论"在传播学界独树一帜，具有广泛影响。加拿大西门菲沙大学传播学院赵月枝教授自2006年10月起，除在复旦大学、武汉大学、北京大学和中国传媒大学开设系统讲座课程外，还在中国人民大学、浙江大学、清华大学、中国传媒大学、中国青年政治学院等院校做了多场学术报告，主要领域涉及批判研究理论与方法、传播政治经济学、实证研究与批判研究之间的学术关联与区别、传播制度与民主模式、北美传播体系的新自由主义转型等。而美国布法罗纽约州立大学洪浚浩教授在担任国际中华传播学会会长期

---

① 参考王怡红：《中国传播学学科建设30年》文稿。

间，更是尽力推进西方传播学界与中国大陆传播学界的学术交流活动，创造机会帮助大陆传播学者走上国际学术舞台。

中国传播学研究群体存在的
问题及发展愿景

纵览传播学在中国发展的 30 年历程，中国的传播学研究群体是当今社会科学领域里一个独特的不可忽视的群体。

自上一世纪 80 年代初开始，中国传播学研究已经形成了至少由三代人组成的研究队伍，但是中国传播学研究群体本身也有一些亟待改进的不足："在传播学引进和评介之初，参与传播研究的人大都是来自新闻学界的学者与新闻管理的政府部门的官员。"[①]

第一代学者过多受到长期以来的意识形态的约束，常常下意识地将传播学研究同传统的新闻学和宣传学混同，无法真正从科学研究的角度对待传播学，有时将传播研究混同于对宣传政策的诠释；第二代学者过分强调对实证研究方法的掌握，几乎穷尽全力于国外传播学成果的引进；第三代学者则更注重传播学的实用价值，试图将传播学作为安身立命的一种手段，忽视了传播学研究的基础性、长期性。

香港学者陈韬文曾撰文指出我国传播学研究存在的几大问题，如研究缺乏规范，低水平高度重复性研究盛行；研究生力军聪明有余而基本训练不足；理论问题意识不足，缺乏突破性研究典范，缺乏跨学科和全球的视野等等。[②] 这也是中国传播研究学术群体面临的问题。

具体表现在：

一　学术研究群体分散而缺少交流

研究者之间未能展开学术层面的广泛交流，形成必要的学术带头人。一些研究者缺乏实现自我转轨的学术修养，由于学科背景的单一、知识结构的单薄和方法训练的欠缺，他们的研究缺乏理论的原创性，没有研究的主流范式，也无法解决面临的问题，只能燕人学步，亦趋亦同。

二　尚未建立起健康而科学的学术环境

有些研究者在象牙塔里各自为营，缺少与人文其他学科融合沟通的主动性，也匮乏

---

① 王怡红：《从历史到现实："16 字方针"的意义阐释》，《新闻与传播研究》2007 年第 4 期，第 19 页。
② 陈韬文：《新闻大学》2008 年第 1 期，第 1~7 页。

参与社会现实问题的能力。因而，在信息传播圈外，他们的影响就显得十分有限，在中国人文学科发展中缺少主导话语权。一个不争的事实是：尽管如今传播学的论著大量问世，且大量涉猎和引用哲学、社会学、政治学等学科的理论成果，但中国传播学者的论著很少被其他相关学科的研究者所引用，且对社会的影响也不大。通过这一现象可折射出中国传播学研究者微弱的影响力。

三　缺乏学术公信力，缺乏学术传统的师承关系

中国传播学者的学术研究在某些方面缺乏公信力，不能形成以突破方法论为理念的研究团队，达不到学术规模效益。而学术群体人格的缺失，致使理论思考的框架仍然在自我循环和自我相囿之中。

进入 21 世纪，传播学的去学科化趋势日益明显。由于几乎所有人文与社会科学领域都蕴含有相关的传播思想、理论与方法，因此运用传播学的独特视角、思想和方法，研究人文社会科学领域中传播问题的成果也会变得越来越多，也会有越来越多的研究者在各自不同的学科背景下，利用传播研究的视角，从各自研究领域出发研究传播现象和传播问题。

当然，在工具理性、技术理性彰显的时代，人文学科和社会科学研究一直处于一种相对贫困之境，学术自主性不足，学术研究的空间也往往受到越来越多的其他力量的牵制。有学者不无忧患意识地指出：现在国内传播学研究在理论研究上是最贫弱的，最需要学术理论的拯救。[①]

因此，中国的传播学若要在未来获得更高层次的发展，人的因素即学术研究群体如何健康发展成为至关重要的任务。如何为海内外传播学者创造一个和谐交流、互动对话的平台；如何获得学科话语权；如何凝聚和整合中国传播学研究群体的学术力量，形成和规范研究群体的学术旨趣和集体品格，这将是中国传播学研究群体在今后几年所要面对的宏大课题。

（原载《中国传播学 30 年（1978～2008）》，中国大百科全书出版社，2010）

自选理由：

《中国传播学 30 年（1978—2008）》一书是我所重大课题"中国传播学研究 30 年"

---

① 陈力丹：《中国传播学研究的历史与现状》，《国际新闻界》2005 年第 5 期，第 20～23 页。

的最终研究成果。课题于 2007 年立项，在课题组负责人王怡红研究员的带领下，文稿"披阅三载，增删数次"始得面世。该书是国内首部中国传播学科与学术发展史研究的大型基础文献，作为一部百万字计的文献巨作，它凝聚了课题组成员的学术热忱和殷殷心血，可以说，这是一部有深度和广度，更有激情和温度的学术著作。它将编年史与学术思想史论研究紧密结合，在传播学引进中国 30 年这一特定的时间标段和学术语境下，系统而完整地凸显了中国传播学的发展脉络，把传播学发展 30 年的基本判断呈现给学界和业界。它展现出鲜明的学术情怀，既有史料参考价值，又有历史感和建设性。2015年该书荣获新闻所优秀科研成果一等奖，2016 年荣获中国社科院优秀科研成果三等奖。

本文作为该书的一部分，忠实再现本书的研究主旨，以中国传播学学术研究群体为研究对象，聚焦于一个正在发展中的学术共同体，梳理它的研究观念与学思历程，研究中国传播学学科发展与学术群体之间相互影响的历史原貌，力主推动我国传播学研究学术共同体的交流与进步，思考和展望未来学术圈的发展方向，可以说本文是该书的有机部分，因此特自荐该篇文章入选我所建所 40 周年论文集。

"认识世界"与"改造世界"

——探讨行动传播研究的概念、方法论与研究策略

卜　卫[*]

"认识世界"与"改造世界"的命题来自马克思的《关于费尔巴哈的提纲》（1845）中第 11 条："哲学家们只是用不同的方式解释世界，而问题在于改变世界。"传播学大多数研究以研究本身为核心任务。在多年的田野工作和试验研究的基础上，我们则尝试发展了研究与行动并举的或以行动为核心的研究，简称为行动传播研究。

2007 年，我们开始了一项新的研究项目"边缘群体与媒介赋权——中国流动人口研究"（以下简称为"移民、传播与赋权"）。[①] 边缘群体一般指在政治、经济、社会文化等方面资源相对匮乏的群体。在中国，边缘群体不是少数群体，如生活在联合国贫困线以下的绝对贫困人口有 1.5 亿，流动人口有 2.3 亿。边缘群体也是相对的概念，比如相对男性，妇女边缘；相对城市人口，农村人口边缘等。这一项目聚焦于边缘群体中的流动人口，其目的是探索传播在赋权边缘群体流动人口中的作用。

研究项目源于对 1999 年以来多国合作的国际互联网研究[②]的讨论与反思。我们认为，传播学研究特别是传播新技术研究容易以国际（主要是欧美国家）流行的"新技术"或"新媒体"等概念及其学术讨论为中心，使我们只看到有关新媒体普及的乐观

---

　[*]　卜卫系中国社会科学院新闻与传播研究所研究员。

　[①]　项目全称为"边缘群体与媒介赋权——中国流动人口研究"，简称为"流动人口、传播与赋权"。项目发起人为中国社会科学院新闻与传播研究所研究员卜卫和香港中文大学副教授邱林川。项目组由中国社会科学院新闻与传播研究所、香港中文大学新闻与传播学院以及其他大学的师生和流动工人约 20 人组成，共 20 多个分项目，项目周期为 2007 年至 2012 年，后延至 2013 年。

　[②]　国际互联网研究项目于 1999 年由美国加州大学洛杉矶分校传媒与政策研究中心发起，20 多个国家先后参与，每年通过全国性定量调查进行国际比较，以发现国际互联网发展的趋势。卜卫和邱林川当时是国际互联网研究项目的中国组成员。

数据，却遮蔽或偏离了中国社会转型中的本土的核心问题，忽略了研究不同群体如何使用媒体及其赋权的重要议题，对公众特别是边缘群体对媒体的认知及使用过程与推动社会变革的关系缺少实证的和系统的分析。在反思过程中，我们尝试与工人 NGO① 合作或与当地政府机构合作发展了诸多地方传播行动，力图通过对地方传播行动的研究发展关于行动的知识和理论，使研究结果能够有效地应用在社会实践中，在推动社会变革中发挥作用，即"改造世界"。

这篇论文在讨论行动传播研究的定义和性质的基础上，以实施六年的研究课题"移民、传播与赋权"为基础，探讨行动传播研究的方法论和能够促进社会改变的研究策略，以阐明行动传播研究的合理性和可能性及其面临的挑战。

一 探讨行动传播研究的概念

从传播学发展历史看，行动传播研究（笔者英文拟定为 action – oriented communication research）与国际传播研究领域中的传播行动主义（Communication Activism Research）非常近似。因此，我们从传播行动主义研究框架出发，进一步讨论行动传播研究的定义和特征。

在这里，本文首先解释三个相互联系的概念："行动主义""传播行动主义"和"传播行动主义研究"。

关于行动主义（activism）的研究已有很长时间的历史，超过 1000 个研究文献讨论了有关行动主义的理论和实践的议题，包括行动主义的艺术活动，行动主义的社会活动家和民间网络，行动主义的活动主题如流产、艾滋病、反对核武器、动物权利、环境保护、同性恋、种族、宗教、女权主义运动等。② 不同的英语词典对"activism"有大同小异的定义，如韦伯词典提供的定义为"一种强调直接行动以支持或反对某一争议性议题的学说或实践"③，牛津词典的定义则是"使用运动方式推动社会变革的政策或

---

① NGO 即非政府组织或民间公益组织。在中国，官方话语为"社会组织"。因为工人社会组织容易与工青妇等群团组织相混淆，本文采用了工人 NGO 指代民间自下而上成立的工人社会组织。

② Lawrence R. Frey and Kevin M. Carragee, Introduction: Communication Activism as Engaged Scholarship, Edited by Lawrence R. Frey and Kevin M. Carragee, *Communication Activism*, *volume two*, *Media and performance activism*, Cresskill, New Jersey: Hampton Press, Inc, 2007, p. 3.

③ 韦伯字典英文原文为："a doctrine or practice that emphasizes direct vigorous action especially in support of or opposition to one side of a controversial issue"，参见 http://www. merriam – webster. com/dictionary/activism，2012 年 8 月 24 日下载。

行动"① 等。在笔者看来，行动主义首先是一种行动，无论是社会行动还是个人行动，均会以各种各样的行动或运动形式呈现出来；其二，行动主义所涉及的社会变化包括广泛的议题，但大都是有争议的议题，如是否应该支持或反对研制核武器等；其三，行动主义的目标是要带来社会发展方面的某种变化，这种变化被行动主义者认为是正当的、公平的、积极的（对社会发展有益的）和值得争取或必须争取的变化；其四，行动主义者相信行动本身的意义和价值。

传播行动主义（communication activism）即采用各种传播手段，如大众媒介、新媒介、传统媒介，如墙报、民谣、街头剧，以及其他文化形式来推动社会变化的行动主义。传播手段的革新在行动主义中日益受到重视。行动主义 2.0（Activism 2.0）专指网上行动主义，被认为是"适合人们生活习惯的采用社交媒体进行"的行动主义。②

根据 Kevin M. Carragee 的观点，传播行动主义研究（communication activism research）是一种以社会正义（social justice）为主题的，试图回应社会、政治、经济和文化等重大问题的学术领域（scholarship）。③ 作为一个学术领域，其学术来源可以追溯到应用传播学（applied communication scholarship）。发端于 1968 年"新奥尔良研究与建设性的发展"会议的应用传播学，鼓励传播研究者回应社会重大问题。④ 换句话说，这一领域的研究期望在回答社会实际问题方面做出贡献，并在回答这些社会问题的过程中发展有关行动的知识。除了应用传播学，传播行动主义研究的学术来源还包括批判性修辞研究（critical rhetorical studies）、文化研究（cultural studies）、批判理论（critical theory）和参与式行动研究（participatory action research）等。⑤ 这一学术领域直接针对当前社会存在的不平等和不公正现象进行研究，与边缘群体一起工作，以通过研究和行动研究推动社会变化。

---

① 牛津字典英文原文为："the policy or action of using vigorous campaigning to bring about political or social change"，参见 http://oxforddictionaries.com/definition/english/activism，2012 年 8 月 24 日下载。

② Ivie, Kristin, "Millennial Activism: Is it Activism 2.0 or Slacktivism?" Social Citizens, Retrieved 18 December 2011, 转引自 http://en.wikipedia.org/wiki/Activism_2.0，2012 年 8 月 24 日下载。

③ Kevin M. Carragee, the Need for Communication Activism Research, paper presented to the International Colloquium on Communication, San Francisco, California, July 2012。参见 http://www.icc2012.net/docs/ICC2012-KevinCarragee.pdf，2012 年 8 月 25 日下载。

④ Lawrence R. Frey and Kevin M. Carragee, Introduction: Communication Activism as Engaged Scholarship, Edited by Lawrence R. Frey and Kevin M. Carragee, Communication Activism, volume two, Media and performance activism, Hampton Press, Inc, 2007, p. 5.

⑤ Kevin M. Carragee, the Need for Communication Activism Research, paper presented to the International Colloquium on Communication, San Francisco, California, July 2012。http://www.icc2012.net/docs/ICC2012 - KevinCarragee.pdf，2012 年 8 月 25 日下载。

Carragee 和 Frey 是传播行动主义研究领域的主要推动者，他们所提出的重要观点之一，是有关第一者视角研究（first‐person‐perspective studies）和第三者视角研究（third‐person‐perspective studies）的区分。第三者视角研究指研究者以文化研究或批判性修辞等分析框架去研究个人或组织的行动。相反，在第一者视角研究中，研究者不是站在第三者的立场上研究行动，而是与活动家一起工作并参与行动以取得改革目标。Carragee 强调，对传播行动主义研究来说，干预/行动本身是必要的但不是充分的条件，它一定要有研究者的参与，即研究者与边缘群体或民间组织一起参与行动/干预以推动社会公正。[①] 这样，传播行动主义研究似乎排除了第三者视角的研究。

根据 Kevin M. Carragee 的观点，传播行动主义研究至少具有如下特征[②]：

1. 研究主题关注"社会正义"（social justice）。传播行动主义研究者将研究聚焦于发展中的不平等/不公正现象，通过研究为在经济、政治、社会和文化上缺少资源的边缘群体进行抗争或倡导，以促进社会平等和公正。

2. 理论与实践（行动）相结合。行动传播研究者从实践出发，努力发现、确认和回应发展中的不平等现象，利用其理论知识和洞见在实地开展有效的干预行动，其干预行动又回过头用以检验和发展概念、假设和理论。这一过程构成一个从理论到实践、从实践到理论的循环，以促进生产有效的社会变化和生产关于行动的知识。

3. 与社会中边缘群体建立伙伴关系以共同从事行动。在传播行动主义研究中，传播行动主义研究者学习与在地的边缘群体以及联系边缘群体的民间社会组织或社会活动家（activists）一起工作，讨论不平等或不公正的问题并开展有效的干预行动。

与传播行动主义研究一样，这篇论文提出的行动传播研究首先也是一种学术领域，我们定义为"探讨利用传播手段发展行动以推动社会公正的学术领域"。与传播行动主义研究不同的地方在于，行动传播研究的领域是更为宽泛的以行动为核心的学术领域，它不仅包括（1）第一者视角的研究——研究者参与行动的研究，即以行动推动改变社会并从行动中发展改变社会的知识的研究，也包括（2）第三者视角的研究——即研究者对已有和正在进行的边缘群体传播行动的研究，还包括（3）研究者为促进社会中的某种不公正得到解决而进行的应用传播学研究，以及为倡导行动而做的研究，比如就流

---

① Kevin M. Carragee, the Need for Communication Activism Research, paper presented to the International Colloquium on Communication, San Francisco, California, July 2012。http://www.icc2012.net/docs/ICC2012‐KevinCarragee.pdf，2012 年 8 月 25 日下载。

② 本文根据如下文章进行了概括：Kevin M. Carragee, the Need for Communication Activism Research, paper presented to the International Colloquium on Communication, San Francisco, California, July 2012, http://www.icc2012.net/docs/ICC2012‐KevinCarragee.pdf，2012 年 8 月 25 日下载。

动人口子女上学问题进行调查，之后将调查结果撰写成政策建议书、公开信或内部报告等形式，提交给有关部门，并就此问题与相关部门/社会组织进行对话和社会倡导等，以促成社会改变。第三类研究首先使用第三者视角做研究，之后将其研究结果作为行动建议直接应用于边缘群体的传播实践，或作为政策建议，通过推动对政策法律的审查、修改或重新制定以促进社会改变。

与传播行动主义研究相同，行动传播研究的主要特征也包括：（1）关注"社会公正"；（2）理论与实践（行动）相结合；（3）与边缘群体发展合作伙伴关系。其不同点在于，行动传播研究还强调（4）"研究赋权"，即行动传播研究者将研究看作是一种"赋权"（empowerment）的过程或工具，致力于在研究过程中增加研究参与者[①]对传播以及传播权利的认知和增强进行传播的能力，并以此作为研究的重要成果之一。因此，在行动传播研究过程中，会包含诸多种类的教育、培训、交流行动，以唤起边缘群体对现存社会秩序的意识觉醒和批评，使研究成为让沉默者发声的工具，即研究本身将成为促进社会改变的催化剂。

总之，上述具有四个特征的研究，我们称之为行动传播研究。

六年来，定位于行动传播研究[②]，我们积累了诸多经验和教训。这篇论文将结合我们的课题研究实践，试图从两个层面上回答经常被质询的问题：第一，从理论层面，行动传播研究是客观的吗？如果研究者参与了行动或"研究对象"也参与了研究，如何理解和保持研究的客观性？第二，从实践层面，发展怎样的研究策略以达到促进社会变化的研究目标？我们对此有何总结和分析？在此基础上，讨论行动传播研究面临的挑战以及我们的回应。

二 关于行动传播研究的方法论

这一部分将从三个方面来回应行动传播研究是否客观的问题：（1）如何理解研究的客观性？（2）如何理解行动传播研究的客观性？（3）在行动传播研究过程中，我们

---

① 在非行动传播研究中，这些人被称为"研究对象"。

② 此课题包括20多个分项目。从课题的整体框架看，每个分项目均是为一定的行动服务的，因此，可以说"移民、传播与赋权"课题是行动传播研究。如果将一个分项目从总课题中独立出来，比如对建筑工地的工人媒体使用的研究，研究者本人并未采取任何行动也未研究工人的行动，则不属于行动传播研究。但这个研究在课题框架内，是为了发展工人媒体政策服务的，并且之后会有其他研究者利用此成果发展倡导行动，使之成为一种行动的准备。在这种情况下，置于课题框架内的这个研究，仍是行动传播研究的一部分。

如何在研究中追求客观性？

（一）关于研究的客观性

关于研究的客观性，笔者认同"批判现实主义"的主张。在传播学界对西方新闻客观性的分析中，罗伯特·哈克特和赵月枝曾阐述了批判现实主义的来源和体系，其核心观点我们概括如下：[①]

1. 与诠释主义不同，批判现实主义强调社会真实是存在着的，独立于观察者及其范畴和概念之外；社会真实是可接近的，可理解的，能够被有意义地描述和解释。

2. 与实证主义不同，批判现实主义承认对真实世界的描述只能通过社会建构的概念来进行，承认知识构成的社会性。这意味着批判现实主义坚持知识是主观和客观、概念和现实相互作用的结果。他们引述莫斯可的分析说明："现实主义把存在看作是由感觉观察和解释实践双向建构而成的。依此观点，现实是由我们看到的和我们如何解释我们所看到的的组成的。"[②]

简言之，批判现实主义承认存在着独立于观察者之外的客观事实。观察者所描述和分析的客观事实则是通过研究者建构完成的，影响建构的因素包括价值观、观察视角和知识背景等。在社会科学和人文科学中，几乎不存在没有研究者主观因素介入的客观性研究结果。

那么，我们进一步追问，什么是社会真实或客观事实？如果客观事实都是研究者建构的，那么在研究领域还有没有一个研究客观性的标准或是真理？在这一点上，我们同意半根基主义的观点（neorealism or quasi‐foundationalism）。知识论上的非根基主义指不存在理论或价值中立的观察和知识；半根基主义则在本体论假设上相信存在独立于人们声称之外的实体，比如云雾缭绕时人们可能看不清山顶，但并不意味着山顶不存在，因而半根基主义要求社会研究要有科学的态度和方法，指出："知识声称应具似真性（plausibility）或得到具有可信度的证据的支持。"[③]

"半根基主义只是强调共识的基础是独立于我们声称的事物而非声称本身的特性。这一点如何可能呢？菲力浦斯（Phillis）认为，虽然没有理论自由的观察，但从不同理

① 〔加〕罗伯特·哈克特、赵月枝：《维系民主？西方政治与新闻客观性》，沈荟、周雨译，清华大学出版社，2010，第91～93页。
② 〔加〕罗伯特·哈克特、赵月枝：《维系民主？西方政治与新闻客观性》，沈荟、周雨译，清华大学出版社，2010，第91～92页。
③ 曹群、魏雁滨：《质化研究的质量：一个半根基主义的观点》，《复旦社会学论坛》（第一辑），上海三联书店，2005，第178页。

论框架出发的观察有重叠的地方，即有些结果是所有观察都会得出的。这种情况往往发生在低层观察（low–level observation）中。比如，两个女孩子牵着手在街上走。在所谓的高层观察（high–level observation）中，来自某些西方社会的人可能作出她们是同性恋者的解释，而在其他一些地方，她们可能会被认为是好姐妹。但不管理论框架如何不同，在低层观察中，我们可以确认两个女孩子牵着手在街上走这样一个事实。因此，我们可以在低层观察中达成共识，并且这种共识的基础是独立于声称的事实。"① 在这里，半根基主义区分了两种事实，即低层观察的事实和高层观察的事实。相对来说，对来自低层观察的事实不同的观察者更可能取得共识，高层观察的事实则是观察者以各种理论或分析框架建构的结果。判断一个研究结果是否客观，"应该最终得到独立于我们声称的证据的支持"②。对研究者来说，追求研究的客观性就意味着要不断反省"建构"对研究结果的影响。

（二）关于行动传播研究的客观性

应该说，行动传播研究实际上对研究的客观性提出了更严峻的挑战。一旦研究显示出偏差，其行动或实践便立刻能反应出来。

根据前述对研究客观性的认识，我们认为，行动传播研究的客观性指研究要追求以下结果：了解研究对象（农民工群体）实际的真实的生活状况，确定符合项目目标并可有效实行的行动方案并实际实行。要达到这个目的，首先，研究者必须要深入农民工群体的实际生活中，在实地通过科学方法探求有关行动的条件和结果。仅仅依靠在办公室查找资料或套用国外经验，就不能了解真实情况，也就不能做到客观；但同时，研究者要持续不断地反省自己的价值观或观察视角对研究结果的影响，以做出符合实际的判断并在此基础上发展行动方案，以使行动有效。

在行动传播研究中，研究者不可避免地与社区 NGO/公众成为长期合作伙伴。这种伙伴关系的最大益处是促使研究者尽可能地接近和理解局内人③的社会实际生活。这一点应该说是一般社会科学研究的需要，但对行动传播研究特别重要，因为它直接影响了行动的结果和是否能达到促进改变的目标。一般而言，研究者作为一个外部群体，其生

---

① 曹群、魏雁滨：《质化研究的质量：一个半根基主义的观点》，《复旦社会学论坛》（第一辑），上海三联书店，2005，第179页。

② 曹群、魏雁滨：《质化研究的质量：一个半根基主义的观点》，《复旦社会学论坛》（第一辑），上海三联书店，2005，第178页。

③ 我们采用"局内人"指代所有行动研究的目标群体。相对研究者来说，基于社区的目标群体是局内人。在这个课题研究中，特指劳工 NGO 和流动劳工。

活经验、知识背景和观察视角可能与局内人完全不同，也可能对局内人及其行动存在着一种想当然的成见或误解，因此可能看不到影响行动的重要事实，或即使看到，对事实的理解也可能与局内人存在较大差异。特别是当局内人处于社会边缘的脆弱群体的时候，就更需要与他们生活经验完全不同的研究者谨慎地考察其生活情境、他们所遇到的社会问题以及如何认识和处理这些问题，即从局内人的视角来观察和解释其需要解决的问题，以认识行动的目标、条件和结果。但是，这不等于说局内人看到的事实就是最真实的或其对事实的理解就是最正确的，或他们的认识会直接成为行动的依据。研究者接近和理解局内人的社会生活，是为了发现事实，但所有事实的陈述都是建构的结果，即局内人会从自己的需求、利益和框架出发来强调某种事实的重要性以及提出改变的意图，研究者理解局内人生活的目的不是要将局内人的框架变成自己的框架，而是要在理解其分析框架的基础上，利用自己的相关知识和分析框架，与局内人一起讨论发展或建构在地行动的知识和策略。此外，当地若发生行动改变，在大多数情况下，不仅涉及局内人（在这里是研究的目标群体），也涉及所有利益相关者，比如流动人口聚居区的当地村民、房屋出租者、当地政府相关机构等。研究者和局内人同样需要考虑和讨论利益相关者所强调的事实及其分析框架，来确认行动的合理性和可能性。

（三）追求客观性的原则和方法

我们在研究中努力遵循以下原则：

第一，批判性地阅读基层调查数据。在事实层面，要检验：（1）事实数据是否确凿；（2）个人经验、视角、主观动机、价值观以及调查环境对建构事实有何影响；（3）事实的代表性如何。在意见和解释层面，要检验（1）被访者表达的意见/解释与其生活环境（包括团体环境）的关系是什么；（2）意见/解释的代表性如何。

第二，检验对立的解释。其目的不是要反驳对方，而是要寻找和分析支持对立解释的资料，并做出评述。如果对立解释不能得到有效支持，则增加了自己假设成立的可能性；如果对立解释能得到有效支持，要继续发现可替代的解释是什么。

第三，寻找反面案例或类别。这些案例和类别可能是个例外，但更有可能会促使我们质疑自己的分类和结论，自我反省，考虑研究者与研究参与者的关系对研究结果的影响，并主动对已被建构的事实尝试采用三角测定等。

第四，与研究参与者（NGO 或社会公众）及相关利益群体不断分享和讨论相关知识、行动经验/教训、研究阶段性结果、利益相关者的行动逻辑及理由等，以保持对知识生产的不断反省。

三　行动传播研究的基本策略

为达到改造世界的目的，我们在研究实践中发展了三种行动传播研究的基本策略：发掘具有重大现实意义的研究问题；在研究设计（过程）中包含赋权；采用参与式行动研究方法等。

（一）采用批判的视角发掘具有重大现实意义的研究问题

行动传播研究的目的是改造社会。但为了改造社会首先要认识社会，而认识社会要从改造社会的需求中提出研究问题。这就需要行动传播研究者去发现社会发展中存在的需要改变的"不公正"，而后就这些"不公正"发掘其背后的社会背景（结构或机制的原因），以从中提出自己的研究问题。

在制定研究计划初期（2003 年至 2006 年）和实施研究计划时（2007 年至 2011年），我们持续地讨论：中国社会转型中涌现出哪些有价值的（急迫的和重大的）与传播相关的研究问题。主要途径是在实地与劳工社会组织的成员一起讨论我们以往执行的传播与发展项目，这些项目的主题涉及农村妇女和青少年抗击艾滋病、在流动人口中预防人口拐卖，反对针对妇女和儿童的暴力，促进性别平等、健康传播、劳工文化等等。我们观察到，第一，从进城劳工的角度看，他们为摆脱贫困进入了陌生的城市，遇到了与他们生活环境有巨大差距的城市环境，这种差距"可以以一个中国人到了美国或其他国家来比喻"①。虽然大量农村务工者不是出国，是国内移民，但他们同国外移民一样，经历了"文化冲击"（culture shock）；第二，处于政治、经济和社会边缘的流动劳工因为进入一个陌生的环境以后遇到身份认同的困惑，难以找到文化认同，更加被边缘化；第三，应该看到，主流政策"融入城市"几乎是一个单方面的过程，即移民劳工需要学习认同城市文化或是一个被同化的过程，而不是一个双方相互认同的过程，这个过程不一定是增权的过程；第四，更重要的是，劳工社会组织开始建设自己的文化和传播系统。对各地工人文化的初步调研引发了我们强烈的研究兴趣，从 2007 年，我们通过 20多个课题和行动研究来探讨如下基本研究问题：

在中国社会转型期，在建构流动议题时，传播扮演了何种角色；在推动社会公正和变革中，传播如何能发挥更大的作用；流动劳工如何使用媒介（包括大众媒介、传统媒介和新媒介）发展劳工文化；这种文化的内容、性质和作用是什么；其发展的原因、过

---

① 根据孙恒对进城打工者文化适应的分析，2008 年 5 月 1 日访谈。

程、动力和社会影响因素是什么；劳工文化如何能挑战边缘化劳工文化的主流文化；劳工文化如何能帮助建立起工人阶级的文化主体性，最终推动社会公正和社会变革——我们认为这是传播学研究在面临中国社会转型时的重大议题之一。

在传播学界，媒介中心或技术中心的研究已经形成了主流。但行动传播研究要采用批判的视角，发展以人为中心的研究。因此，研究的焦点不是媒体或媒体发展，也不是媒体对受众或边缘群体的影响，而是边缘群体如何使用媒介技术以及这种使用对生活的影响或是对社会改变的影响。比如，不识字的年轻女性如何通过电视识字、手机是否能被流动女性用来扫盲和身份认同、QQ 如何能帮助年轻的艾滋病病毒携带者形成相互支持的网络、山歌如何帮助少数民族预防人口拐卖、女性杂志如何帮助打工妹获得预防艾滋病的知识、信息传播技术如何帮助贫困女性减贫等。在此课题中，我们不是要研究新技术或新媒体对流动工人的影响，而是根据他们的传播实践研究流动工人如何使用媒介改善自己的状况，进而影响媒体和社会。我们聚焦的问题是：什么是工人的适宜媒介技术，什么是当地的传播传统，什么是工人的技术创新以及这些适宜技术和创新带来了何种影响等。这样，以往从未被包括在媒介范围内的传播形式如工人民谣（音乐）、独立影像、网络工人视频、民众戏剧、农村传统戏曲、社区舞蹈、博客、网站、村报、小型杂志、工人 MP3 广播、黑板报、海报等，都进入了我们的研究视野。在工人的传播实践中，其所使用的媒介形式或分类并非固定的，例如工人乐队创作的民谣《想起那一年》等，音乐公司制作成专辑公开发行，建筑工地上可为工友们现场演出，制作成演出视频可在网络上流传，电视台邀请工人歌手演唱并在电视上播出，其歌词、演唱录音和彩铃也被放在工人网站上供大家下载……这些基于民众实践的跨媒介传播还包括"工人MV""工人MP3""苗语影像"和"打工春晚视频"或残障团体创造的"非视觉摄影"等。在网上流传的工人 MV《流动的心声》，由影像、摄影、音乐、歌曲创作以及视频软件和互联网技术综合而成，旨在表达流动儿童不再漂泊的渴望。

目前在传播学界，新媒介研究似乎更受到关注。在互联网早期普及中，数字鸿沟（Digital Divide）很快成为一个重要的研究主题，但是，很早以来就存在的印刷媒介鸿沟（如农村人大都不读报和杂志等）则很少有人关注。如 Benjamin 指出的，数字鸿沟与其他媒介鸿沟的联系被研究者忽略了，"今天的数字鸿沟其实就是昨天的学校计算机鸿沟，上一世纪50年代的电视鸿沟，30年代的收音机鸿沟，以及半个世纪以来的阅读鸿沟"[1]。为什么现在我们几乎没有阅读鸿沟的研究？这可能与研究者潜在的意识形态相关，即要研究更有价值的群体和更有价值的媒介，有价值的群体通常不会是农民或底

---

[1] Benjamin M. Compaine, The Digital Divide, Facing a Crisis or Creating a Myth?, 2001, p. 102.

层民众，不会是使用印刷媒介或传统媒介的群体，有价值的媒介也不会是传统媒介，而是更能带来"先进观念""先进技术""强国"和巨大市场以及对主流人群最具影响力的媒介。将"先进""强国"与市场捆绑在一起，建构了所谓的新媒体研究的价值取向以及互联网话语。互联网等新技术被理所当然地当作从外部输入的一种先进力量，人们必须或被迫跟上所谓的时代潮流。但一直以来，对"互联网必定推动所有人进步"的前提缺少反省，比如谁更会进步，谁因此会拥有更多的权力，为什么会进步，在什么条件下会进步，以及进步表现在什么方面，是增加了个人的权力还是增加了某些集团的控制，谁定义了"进步"。

"批判研究者与其他取向的研究者的区别不在研究技术上，而在于他们如何切入一个研究问题，他们所追问问题的类型以及他们进行研究的目的。"[1] 对行动传播研究者来说，处于社会不公正情境中的脆弱群体所遇到的问题及其解决问题的需求，就可能发展成为行动传播研究的研究问题，以促进社会改变。

（二）包含赋权的研究过程

行动传播研究本身被看作是一种促进改变的社会实践和增长边缘群体主体性的过程。因此，在研究过程中，赋权自然会被纳入其中。

什么是"赋权"？来自心理学、哲学、工业和动力学等学科的学者已经提供了多种定义和解释。联合国教科文组织曾将其定义为学习活动，即"在学习过程中个人或社区能够创造、拥有和分享知识、工具以及技术，以改变他们自己生活的社会环境"[2]。另一则定义则说明赋权是一个过程。在这个过程中，个人或组织可以获得权力、接近各种资源以控制他们自己的生活。为此，他们必须首先获得一定的能力以实现他们个人的抱负和行动目标。[3]

实际上，"赋权"的概念与边缘或脆弱的社会群体有密切联系。社会学上的赋权概念经常指向那些被主流社会边缘化的、被决策层排斥或被歧视的群体，如残障人士、少数族群或女性等。《美国社区心理学杂志》（The American Journal of Community Psychology）在1995年曾出版了一期"赋权"专刊，专门讨论了赋权理论及其应用。有学者总

---

① W. Lawrence Neuman, *Social Research Methods*: *Qualitative and Quantitative Approaches*, Pearson Education, Inc, 2006, p. 102.

② UNESCO. （n. d.）. Glossary. Retrieved November 30, 2005 from http://www. unesco. org/education/educprog/lwf/doc/portfolio/definitions. htm.

③ Robbins, S. P., Chatterjee, P., & Canda, E. R., *Contemporary Human Behavior Theory*, Boston: Allyn & Bacon, 1998, p. 91.

结说，"赋权"一般被定义为一个发生在地方社区的有意识的动态过程。在这个过程中，缺少有价值的资源以及未被社会平等对待的人们，可通过重建相互尊重、批判性反省、关怀和小组参与等手段重新获得接近和控制资源的权力（Cornell Empowerment Group，1989 in Perkins & Zimmerman，1995）。Perkins and Zimmerman 建议采用"赋权导向的干预"（empowerment – oriented interventions），以便在实践过程中以提高社区人民的能力来代替对风险因素的考量，以探讨影响社会问题的因素来代替责备受害者，以促进社区人民参与和合作发展知识和技能来代替"权威专家"自上而下的"指导"① 等。参考上述关于定义的讨论，我们发展了一个相对简化的定义，即"边缘群体重新获得（收回）自己应有的权力和主体性，并发展有效地行使权力的能力的过程"。

根据 Perkins 和 Zimmerman 的研究，赋权理论一定包括过程和结果，且无论过程或结果如何，其赋权都会表现在不同层面上。② 这些层面包括：个人层面，即个人在社区组织中的参与程度、个人控制资源的能力、自我认同、自信心和自我价值感以及对生活和环境的控制感等；组织层面，即在组织内部分享集体领导的程度、组织网络的发展及对政策的影响等；社区层面，即个人或组织能否采取集体行动以接近政府资源和社区资源（包括媒介资源）、与其他组织形成联盟以影响社区发展等；政治层面——工人 NGO 所发展的行动有力量改变社会结构或政策，以促进社会公平。

在赋权的框架中，行动传播研究的研究设计③包括四个相互联系的部分："图绘"研究（mapping）、行动研究、能力建设（capacity building）和传播交流。分述如下。

"图绘"研究的目的是了解和分析流动工人的媒介使用、信息交流和文化实践，以及影响他们媒介实践的相关政治、经济和社会影响因素。表面上看，"图绘"似乎与"赋权"无关，与其他研究并无不同。但实际上，"图绘"的重要内容都与"赋权"紧密相连：（1）"图绘"大众媒介如何建构有关流动的议题及建构的意识形态，其目的是揭示这种建构对流动人群是增权还是减权，抑或使边缘群体更加边缘化；（2）"图绘"不同流动人口群体（性别、族群、宗教等）的媒介使用及其文化实践，其目的是发掘他们久已存在的使用模型和其内在的传播系统/传统，通过在社区重构其传播传统，帮

---

① Perkins. Douglas D & Zimmerman. Marc A，Empowerment Theory，Research，and Application，*American Journal of Community Psychology*，vol. 23，no. 5，1995，p. 570.

② Perkins. Douglas D & Zimmerman. Marc A，Empowerment Theory，Research，and Application，*American Journal of Community Psychology*，vol. 23，no. 5. Oct 1995，p. 570.

③ 研究设计始于 2006 年至 2007 年。主要的研究设计者为卜卫、邱林川和美国学者 Kathleen Harford。其中，研究设计的框架和四个组成部分是由 Kathleen Harford 提议经讨论形成的。2009 年以后，其他研究者陆续参加了研究设计。

助建立和发展其主体性，这是赋权的基础也是赋权的过程；（3）"图绘"劳工社会组织如何进行参与式传播倡导，总结其经验教训，以发展基于在地实践和有利于社会改变的理论，使其成为社会公共知识的一个重要组成部分；（4）进行文化与传播政策研究，以发现"减权"的部分，通过增强边缘群体对话政策的能力，提出新的文化与传播政策，以实现增权。

行动研究通过参与或发起传播行动，来探讨发展劳工文化的条件、动力以及有效传播渠道，探讨建立工人阶级文化主体性的行动方法以及相应的理论。（详见研究策略3）

与其他研究不同，行动传播研究会包括"能力建设"。"能力建设"在这里被定义为"促进边缘群体文化传播的行动能力"和"参与社会能力"的过程。其活动的基本形式是举办传播倡导工作坊。与各类社会组织合作，我们在多个项目点实施了60多个工作坊，包括工人影像培训、工人读报兴趣小组、留守儿童或流动儿童记者媒介参与工作坊、"反对以劳动剥削为目的的人口拐卖"音乐创作工作坊等。我们也参与了工人团体举办的劳动文化论坛、新工人文化艺术节、"打工春晚"等重要活动。"能力建设"的重要性不仅在于提供一个平台交流经验和提高传播能力，更在于这同时也是一个集体建构知识和生产知识的过程。

通常一项研究到成果出版的阶段也就完成了，但行动传播研究还要包含关于研究成果的"传播交流"过程。经验表明，至少有四种途径可用来交流和推广研究理论与行动模式。

针对学术界，通过参加国际和国内研讨会并出版论著或论文增加传播与社会发展领域的知识，并促进其议题在学术界"可见"和讨论，以改变现有的传播学知识结构。

针对研究参与者，我们采用"论文工作坊"的形式，即将我们的研究结果以通俗易懂的形式向研究参与者进行宣读汇报并展开讨论。一方面可以重新检验研究理论和行动模式以及激发新的研究想法；另一方面，可以促进这些经过检验的理论和行动模式成为一种可接受的赋权方式，使其在推动社会变革中发挥作用。

针对政策制定者或大众媒介，我们在政策研究和促进双方对话的基础上，采用倡导或游说的方式，发展支持工人文化和媒介的政策和行动指南。

针对社会公众，我们通过大众媒介、工人团体的另类媒介以及其他渠道，传播其研究成果，以促进公共领域的文化讨论和建立工人文化的主体性。如2012年5月31日，我们联合十家公益机构联合举办了"关注困境儿童"的倡导发布会，就帮助困境儿童的"赋权"和"慈善"模式等公共议题进行了公开讨论。

以上四种途径中，第二种"论文工作坊"、第三种"政策倡导"和第四种"社会传播"，被我们看作是改造社会的重要组成部分。通过这三种途径，我们与工人群体或组织、与相关政府部门和社会公众建立了联系以便能够就劳工与传播议题进行对话和发展新的行动。社会学领域已经发展了"公共（或公众）社会学"，即"将社会学带入与公众的对话中"，追求社会学家和公众的"双向交流"和"相互教育"，使原本看来是"私人"的现象或学问变成"公共的"和"可见的"。"有机的公共社会学"（organic public sociology）的学者常常与劳工运动或其他权利团体等共同工作，这种共同工作（如讨论命名等）将会创造聆听和讨论社会问题的"公众"，同时，"我们可以将我们自己也建构为一个在政治场域中行动的公众"①。创造了公众同时也创造了行动的社会学家的公共社会学，由于提供了改造社会的动力和力量，包括理性、公共辩论、知识和行动方法，因此比一般的采纳某种建议或行动的"改造"更具有社会意义。传播学领域还未有"公共传播学"，尽管在历史上公众参与过讨论诸如"绿坝""实名制"等重要议题，但未能发展成学界与公众的"双向交流"和"相互教育"，这类似于 Buraway 指出的"传统公共社会学"，而非"有机的公共社会学"。由于文化、媒介等议题广泛地渗透于人们的社会生活中，我们认为，作为促进改造社会的一个组成部分，公共传播学的功能特别值得注意。正如布洛维所说："社会学家必须锻造他们自身与社会的联结，也就是说，去发展公共社会学。我们不能仅仅消极地去服务社会，而应当去保存及建构社会。"②

总的看来，促进个人层面的赋权大都靠"能力建设"，"图绘"研究、行动研究和公共的传播交流则更有益于社区层面和政治层面的赋权。

（三）采用互动参与的行动研究方法

行动研究起源于社会心理学等学科。心理学家 Kurt Lewin 在 1944 年提出了行动研究（Action Research）的概念，并于 1946 年发表了《行动研究与少数群体问题》的论文。他将行动研究看作是一种比较研究，即比较各种形式的社会行动的条件与结果，其目的是更好地促进社会改变。③ 行动研究在社会科学界被看作是一种"理性的社会管理"或"技术理性"，是一种以社会实验来回应主要社会问题的过程，并在其过程中通

---

① 〔美〕麦克·布洛维：《麦克·布洛维论文精选——公共社会学》，沈原等译，社会科学文献出版社，2007，第 10～14 页。

② 〔美〕麦克·布洛维：《麦克·布洛维论文精选——公共社会学》，沈原等译，社会科学文献出版社，2007，第 72 页。

③ Masters, J., 'The History of Action Research' in I. Hughes (ed) *Action Research Electronic Reader*, The University of Sydney, 1995, on‐line, http://www.behs.cchs.usyd.edu.au/arow/Reader/rmasters.htm, 2012 年 8 月 25 日。Action Research, http://en.wikipedia.org/wiki/Action_research, 2012 年 7 月 24 日。

过反思不断产生新的知识和有效的行动方法。行动研究过程通常被概括为一种循环过程：（1）问题陈述与界定（需求评估或需求研究）；（2）寻求和发展合作伙伴关系；（3）拟定计划和可能的行动策略；（4）采取行动；（5）对行动进行评估；（6）根据评估改善计划和行动策略；（7）继续采取行动……与非行动研究相比，行动研究最显著的特征是它的应用性。行动研究将集中力量通过解决实际问题以促进社会改变，并在此基础上发展有关行动的知识和理论。行动研究通常在教育、护理、企业组织等领域中实施。这类为促进社会改变做行动的研究，我们也称之为 Action – oriented research initiative。如果以行动为中心做研究，那么，这类研究大都需要研究对象不同程度的参与，因为改变最终是研究对象行动的结果。所以，行动研究的学者非常重视研究对象的参与。

参与研究则起源于不发达国家的社区发展实践。"参与研究的三个典型特征使之与一般研究区别开来：所有研究参与者共享研究计划的所有权；对社会问题进行基于社区的分析和具有社区行动的倾向"①，其背景是对资源和权力分配不平等现象的关注。② 在一般的研究中，被边缘化的群体通常作为研究对象。但在参与研究中，他们是研究的主体③。他们试图通过参与式研究，重审自己的知识和生活经验，并获得新知识、信息和技术以增进对现状的深入理解并确认自己所拥有知识的价值，建立自信和发展主体性，以有效地控制自己的生活和改变生活现状。在参与研究过程中，边缘群体为改变自身的处境提出研究问题，就研究问题实施社区调查，根据调查结果发展行动，对行动效果进行评估……其研究结果会直接导致社区问题的解决，即"通过建构和利用他们自己的知识使处于底层的人们获得权利"④。可以看出，这类研究虽然被冠名为"参与"，其实不是指边缘群体来参与他人主导的研究，而是直接作为行动研究者来进行研究。对这种边缘群体作为行动研究者的研究，一般概括为由当地人为当地人所做的研究。

参与式行动研究可看作是参与式研究与行动研究的集合。⑤ 但笔者认为，这种集合

---

① 〔美〕斯蒂芬·凯米斯、罗宾·麦克塔格特：《参与式行动研究》，〔美〕诺曼·K. 邓津等主编《定性研究：策略与艺术》，风笑天等译，重庆大学出版社，2007，第606页。
② 〔澳〕利亚姆帕特唐、艾子：《质性研究方法：健康及相关专业研究指南》，郑显兰等译，重庆大学出版社，2009，第152～153页。
③ 〔澳〕利亚姆帕特唐、艾子：《质性研究方法：健康及相关专业研究指南》，郑显兰等译，重庆大学出版社，2009，第151页。
④ 〔澳〕利亚姆帕特唐、艾子：《质性研究方法：健康及相关专业研究指南》，郑显兰等译，重庆大学出版社，2009，第150页。
⑤ 〔澳〕利亚姆帕特唐、艾子：《质性研究方法：健康及相关专业研究指南》，郑显兰等译，重庆大学出版社，2009，第152页。

不是也不可能是参与研究与行动研究的简单相加。根据以上定义，参与式研究的研究者来自边缘群体，而行动研究的研究者则是经过研究训练的有一定专业背景的学者。那么，参与式行动研究究竟是学者来做还是边缘群体自己来做？我们暂且放过这个问题，而尝试回答另一个问题，即为什么要有边缘群体作为行动研究者的研究？与其他非参与式研究相比，参与式研究具有何种优势？这种优势是否不可替代？从上述对参与式研究的概括可以看出，"参与式行动研究的优势在于不仅会产生对人们直接有用的知识和行动，还可通过建构边缘群体的知识和行动经验而使之赋权"①。我们的研究实践表明，非参与式研究，即并非由边缘群体直接做研究，也可达到用于行动的知识生产和赋权的目的，并且，还有可能结合学者的经验和理论，增加边缘群体关于行动的知识，扩展边缘群体行动的视野。实际上，在课题实施时，我们遇到了"参与研究"与"行动研究"不同的"集合"。如果研究是为了改变社会，"参与式研究"的要义在于：（1）研究问题是否是当地人提出和界定的，即当地人是否需要这个研究？（2）在研究中当地人的视角、观点、经验和地方知识是否受到重视和考虑？（3）在研究过程中，当地人是否能有效地介入并作为研究伙伴或咨询角色参与讨论？（4）研究结果是否能服务于当地人或社区改变？是否能够发现改变的途径和行动方法？因此，参与式行动研究的关键不在于谁来做研究，而在于是否能通过研究产生有效的行动和"赋权"边缘群体。经验表明，比较理想的方式是一种互动参与研究——研究者和工人 NGO/工人的相互参与，使学者与边缘群体能够分享其不同背景的知识和行动经验：边缘群体或 NGO 可提供在社区行动中已拥有大量的地方知识和经验，学者则可带来超越地方知识的理论和行动经验，双方可一起分析行动的可能性，提出并实施和评估新的行动。

四　结语

在长期田野工作和试验研究的基础上，这篇论文尝试建构一种新的学术领域——行动传播研究。在理论方面，行动传播研究的概念、方法论和研究策略是其最基础的部分，但仍有诸多重要的理论问题需要澄清，如行动传播研究的理论资源、行动传播研究的核心概念和中心问题等等。在实践方面，行动传播研究也面临着诸多挑战，比如，研究者如何学习与边缘群体一起工作。我们认为，通过研究达到改造社会的目的非常不易，研究人员为此要做出特别的努力。这些努力至少包括：

---

① 〔澳〕利亚姆帕特唐、艾子：《质性研究方法：健康及相关专业研究指南》，郑显兰等译，重庆大学出版社，2009，第150～152页。

第一，要在研究实践中不断学习平衡"行动者"与"学者"的角色。行动者角色要求研究人员扎根社区，深入实际生活，学习从当地人的视角观察问题和理解行动的意义，参与行动并在行动中发挥重要作用；"学者"的角色则要求研究人员超越当前的社区经验，尝试与其宏观和微观的历史发展、与外部世界的理论/知识资源、与外部世界类似或相反的经验建立起联系，以专业水准做出自己的分析，并将这种联系及其洞见提供给行动者。

第二，研究人员要有真诚奉献的精神，能与当地人合作，且有一定的行动能力和传播技能。在研究实践中，研究人员应与利益相关者形成团队，以促进集体知识生产。

第三，对研究有一定的反省能力，包括对方法论和研究方法有比较深入的认识，在研究实践中能灵活有效地使用特定的研究方法来解决研究问题。研究情境同时也是流动的，而参与式行动研究会增加情境的不确定性。如果没有一定的反省能力，就无法选择适合的研究方法和行动方法达到研究的目的，致使参与式行动研究在一些情况下变成单纯的"行动"，而缺少研究的"行动"可能是盲目的和缺少效果的行动。在行动传播研究中，对参与的深度和广度、行动的理论和方法的适切性、研究的严谨与客观，对研究者与研究参与者的权力关系等都需要不断保持着反省状态。

第四，要敏锐地处理有关研究伦理的议题。行动传播研究通常触及社会不公问题，可能有更多机会与边缘群体发生关系。研究要确保尊重和不伤害研究参与者，同时让研究参与者受惠其中。研究需要评估研究参与者的风险并在保障研究参与者安全的前提下讨论进行科学研究的可能性和局限性。

（原载《新闻与传播研究》2014 年第 12 期）

自选理由：

自 1989 年进所以来，我一直从事传播与社会发展研究，为此多年来在不同的田野工作，并与当地的社会组织密切合作。这些社会组织的工作大都涉及减贫、流动、工人权利、性别平等、人权、反对针对妇女儿童的暴力、预防人口拐卖、抗击艾滋病、公共健康、乡村发展、儿童与可持续性发展、流动留守青少年教育、社区媒介等重要的发展议题。随着研究的深入，这种研究基本上从自上而下的专家调研，演变成与当地合作伙伴的项目点建设试验，引发了大量的在地行动研究、参与式行动研究或赋权研究等，同时也通过参与式评估与合作伙伴共同建构经验和理论。不仅作为研究者，也作为行动者，我们还承担了培训者、顾问、志愿者、网站或另类媒体运营者等角色。2005 年，在对发展传播学反思和批判的基础上，逐渐形成了以关注社会公正、注重理论与行动相结合为特征的传播行动主义的学术领域。这篇论文是对长期以来一种"另类"研究方式的总结。结合中国在地的经验，特别是结合 2007 年以来的劳工传播研究经验，我尝试提出了与此相关的"行动传播学研究"的概念，探讨了行动传播学研究的特征、方法和能够促进社会改变的研究策略，并指出了在建构这一新的学术领域时面临的理论和实践方面的挑战。

如何走出中国国际传播的"十字路口"？

姜 飞[*]

"国际传播"（international communication）这个领域在中国已逐步树立起来。相关理论和概念 1982 年进入华语传播学界，以台湾学者汪琪先生发表《文化与传播》[①] 为代表；1988 年进入中国大陆，以中国外文局段连成先生出版《对外传播研究初探》[②] 为代表，综合来看，国际传播迄今已进入而立之年。

在国家政策实践层面，无论从理念还是政策，正实践着从早年的"外宣"向"国际传播"的转型。比较典型的表征包括：国际传播历经两次浪潮或者两个阶段，现在正处于第二个阶段。第一次浪潮是，中华人民共和国成立后，以中国外文局为主体，以早年翻译出版《毛泽东选集》为代表，借助传统媒体传播手段，在世界范围内输出意识形态的外宣活动。第二次浪潮是从 2000 年中国文化走出去战略提出后，2004 年中国媒体走出去，一直到 2008 年，"国际传播能力建设"正式以国家五年工程的名义起步规划，2012 年进入中国共产党的十八大文件。总体来说，中国的国际传播进入了建国以来的第二个阶段，以新媒体视野下的融媒体为手段，以六家中央媒体为第一方阵和多家媒体作为补充，以讲好中国故事为主题思想，在世界范围内推进中外文化交流的一个崭新的、充满希望的也任重道远的阶段。

"百尺竿头，更进一步"。现在正在进行的国际传播能力建设第二个五年规划（2014～2019），与中华民族伟大复兴的进程牢牢联系在一起，其时间节点也和建党 100 年和建国 100 年的伟大复兴建设目标同步，其意义不可谓不重大。如何在深刻理解国际传播历史、理论、实践的基础上，深刻认识我们的问题和不足，更加积极有为地推进中

---

* 姜飞时任中国社会科学院新闻与传播研究所研究员。

① 汪琪：《文化与传播》，台湾三民书局，1982。

② 段连城：《对外传播学初探》（汉英合编本），中国建设出版社，1988。

国国际传播能力建设，尽快走出十字路口的徘徊，为"两个一百年"贡献智慧和力量，构成当下国际传播领域亟须思考和实践的问题。

有关国际传播、跨文化传播的研究在中国的平台、格局建设逐步完善起来。2014年《国际传播蓝皮书》创办①，迄今已经出版了三本，总揽国际传播事业年度报告；2015年创办的《中国跨文化传播研究年刊》②，目前正在编辑第二本，从理论视角探索中国国际传播和跨文化传播理论。

如今，2016年，《国际传播》这样一本专业聚焦国际传播的期刊得以在中国国际广播电台创刊，是中国国际传播领域可载入史册的大事。历史地看，从1941年最早开办对日广播算起，中国国际广播电台算是中国从事国际传播的"老兵"了。如今，国际台领导高瞻远瞩，会聚国际传播学界智慧与人气，一步到位命名为《国际传播》③，综合政策、理论和传媒实践多方视角，打造中国国际传播研究崭新的平台，是一件极富远见和创见的大事。借此机会，就国际传播研究和实践如何深入进行下去，我谈谈一点心得，供同行批评。

一 回头看：中国为什么要将国际传播纳入国家发展重大战略规划？

应该说，对于国际传播的重大战略意义的理解，也就是中国、当下、为什么如此重视国际传播应该不难理解，也不应该有什么认识上的疑虑了。但是，所谓"磨刀不误砍柴工"，政策上的理解和践行是工作执行力的问题，而执行力的"力度"则取决于对于问题认识的深化和实践的自觉性程度；更何况中国的国际传播当下正处于一种重要的转型关头（或者可以用"十字路口"来概括），我们有必要从历史和国际比较的视角来认真定位一下中国从事国际传播的语境。

我尝试通过时间线的方式来呈现"国际传播"概念和实践是如何加速成为不仅中国，而且一段时期以来国际范围内的重大战略方针的。

图1的示意图看似复杂，其实是四个视角的联动效应展示：通过时间轴（箭头）展示随着传播技术的变迁，美国国际传播政策机构的兴替、国际传播理念的变化，以及中国外宣和国际传播理念与政策的变迁，以此表格来呈现这四者之间的联动效应与国际

---

① 胡正荣主编《国际传播蓝皮书》，社会科学文献出版社，2014。
② 姜飞主编《中国跨文化传播研究年刊》（同时出版中文、英文），中国社会科学出版社，2015。
③ 相对于中国外文局下属的《对外传播》（以前名称是《对外大传播》，于运全主编，外文出版社）。

比较。

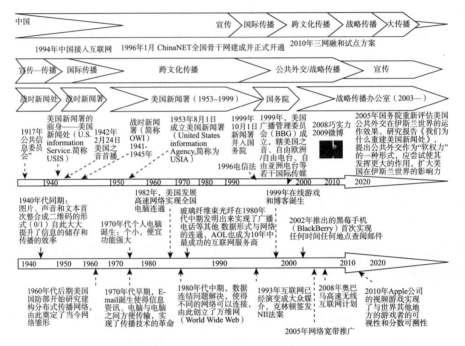

图1　中美两国国际传播领域基于技术、体制和理念的历史变迁示意图

两次世界大战中基于传播媒介的战争宣传经验促成了传播实践和理论走上历史前台，"冷战"中两大阵营开辟宣传战线进行相互之间的魅力攻势，促成并奠定了迄今为止的国际传播格局。这是一个基本的学术判断，也是理解国际传播的关键。

早在 1917 年，美国成立"公共信息委员会"（Committee on Public Information）①，负责第一次世界大战期间国际、国内信息的流通和管理，到 1940 年美国国务院成立了"美国新闻处"（USIS, U. S. Information Service）构成后来"美国新闻署"的前身。1942 年 2 月 24 日开播的美国之音（VOA）尚未形成其后来的国际传播定位，早期还是面向美国海外驻军和家属的传播。第二次世界大战期间，富兰克林·罗斯福总统认识到，"我们的安全依赖于我们与其他国家说话并赢得他们支持的能力"；"图书如同舰船，拥有最坚硬的装甲、最长的巡航半径和最猛烈的火力"。在他任内，美国政府先后成立了"新闻协调署"（Coordinator of Information）、"精确资料办公室"（Office of Facts and Figures）、美国之音（VOA）、"战时新闻署"（Office of War Information）、"战略事

---

① 辛兆义、董小川：《美国官方第一个对外文化扩张机构"公共信息委员会"》，《历史教学问题》2013 年第 1 期，第 67~72 页。

务局"（Office of Strategic Service）、"国际新闻和文化事务署"（Office of International Information and Cultural Affairs）等众多机构，还设立了专门负责对外文化传播事务的助理国务卿一职，全力开展服务于美国战争目标的对内、对外宣传事务①。

支撑这些机构的传播技术，也在两次世界大战期间发生很大的变迁。1920 年，无线电广播诞生，1936 年，"模拟信号"传播技术的诞生②催生了电视传播。1940 年代后期，图片、声音和文本首次整合成二维码的形式（0/1），由此大大提升了信息的储存和传播的效率。

此时，传统传媒（报纸、杂志、书籍等），以及当时被视为"新媒体"的广播和电视在两次世界大战中的宣传效果和说服功能逐步引起了重视。这些已经成为传播学常识的东西无庸赘述，我想强调的一点是，如今被奉为传播学经典文献的作者和传播学领域的奠基人，绝大多数都是在服务于军方的宣传效果提升和观测项目中，综合多元学科的思路，形成了早期的大众传播学（mass communication）理论和假设，带有很强的政治性。

毋庸置疑，20 世纪 70 年代之前所奠基的大众传播学理论和假设，是来自鲜活的战争和美国大选等实践前沿。但是，两次世界大战形成的传播学研究，在 50 年代进入大学课堂，却因为"冷战"的需要而发生巨大改变——"二战"结束后的美国，遽然成为一个超级大国，不仅要为自己在全球范围内建构一个良好形象而战，而且还要为分裂的意识形态之争，为整个"西方"阵营的宣传进行战斗。

于是，在 20 世纪 50 年代发生了政策和理念上的两大转型：1953 年美国正式成立了美国新闻署③，统管"美国之音"在国际范围内的传播，正式开启了"国际传播"的政策和实践；针对苏联和社会主义阵营进行意识形态宣传，开展"笔舌之战"、"电波之战"④；以爱德华·T. 霍尔（Edward T Hall）为代表的人类学家开始以美国国务院下属

① 吕祥：《美国国家战略传播体系与美国对外宣传》，《美国问题研究报告（2011）——美国的实力与地位评估》（即《美国蓝皮书》），社会科学文献出版社，2011。
② 闵大洪：《传播科技纵横》，警官教育出版社，1998，第 95 页："1936 年 11 月，英国正式开办电视广播，其图像在当时各国进行的实验中具有最高的清晰度。"
③ 1953 年 8 月 1 日成立美国新闻署（United States Information Agency，简称为 USIA）。
④ 《美国新闻与世界报道》（周刊）1985 年 10 月 7 日报道，介绍美苏之间进行的一场大规模的"笔战和舌战"：莫斯科每年为此耗资 30 亿~40 亿美元，美国每年也高达 30 亿美元。美国除了新闻署拥有 9300 名工作人员，年度经费 7.96 亿美元外，还有诸多致力于影响国际舆论的组织。"电波之战"指的是美苏利用空中短波进行的宣传战。当时，苏联用 81 种语言，美国用 45 种语言面向世界广播。据《美国新闻与世界报道》，除了这些公开的宣传，美国还有一些不可告人的行动计划，包括在外国出版物上"安插"文章，对有争议的重大事件施加影响以及诋毁对方的有计划的宣传攻势等。详参段连城：《对外传播学初探》（汉英合编本），中国建设出版社，1988，第 3~5 页。

机构"外事服务局"（FSI, Foreign Service Institute）为基地，积极培训美国外派使领馆、商务甚至军事人员，在这个过程中，以《无声的语言》①《超越文化》②为代表，开启了"国际传播"实践的跨文化传播理论奠基性研究。也必须在这里强调的是，正是这样一批跨文化传播研究的人群和文献，丰富和补充了单纯依赖国家力量、跨越国家和地区边界进行文化传播的"国际传播"的缺陷和不足，实现了 2001 年之前，美国人一直自信满满的、成功的国际传播——包含跨文化传播理论和精神支撑的国际传播，政府和民间两条腿走路的国际传播③。

这种自信就体现在，第一，"冷战"的胜利。1953 年成立的"美国新闻署"于 1999 年被撤销，过程很复杂，原因很简单：1991 年苏联解体，美国国内一种声音起来，认为执行国际宣传/传播任务的美国新闻署已经失去了存在的价值和意义，这样的声音一直持续到 1999 年。在这里多说一句，1989 年"苏东波"（苏联、东欧、波兰）事件，更是激化了这种争论。所以，从 1999 年以后，负责国际传播事务的机构"美国新闻署"并入国务院，工作交由一位助理副国务卿，级别从正部级变成了副部级。同年，美国广播管理委员会（BBG, Broadcasting Board of Governors）成立，辖美国之音、自由欧洲/自由电台、自由亚洲电台等若干国际传媒，以这样一个半官方机构执行国际传播职能。

第二，传播技术的进步。1970 年代美国出现了功能强大的个人电脑，1970 年代早期，E-mail 诞生使得信息资讯、电脑与电脑之间方便传输，实现了传播技术的革命；1980 年代中期，数据连结问题解决，使得不同的网络可以连接，由此创立了万维网（World Wide Web）。1982 年，美国开始发展高速网络，实现全国电脑连通，1993 年美国签署信息高速公路（NII）法案。当然，美国的自信还体现在，中国 1994 年方才接入国际互联网。

就在美国及其盟友信心满满，在国际舞台上解体苏联、扫荡社会主义阵营高歌猛进的时候，小布什（George Bush）政府上台，一改克林顿时期制定的接近中国，通过把中国纳入国际体系以制约和控制中国的政策，开始了更激进的措施，包括美国之音，也解散了俄语大多数雇员，而雇用 100 多名汉语雇员，形成对中国的国际传播优势局面（由传播视角来看，客观来说，如今奥巴马的重返亚洲战略不过是小布什政府"9·11"

---

① 爱德华 T. 霍尔（Edward T Hall）：《无声的语言》，何道宽译，北京大学出版社，2010。英文原版出版于 1959 年。

② 爱德华 T. 霍尔（Edward T Hall）：《超越文化》，何道宽译，北京大学出版社，2010。英文原版出版于 1976 年。

③ 姜飞：《加快从国际传播向跨文化传播的转型》，载白志刚主编《外国问题研究论丛》（第一辑），知识产权出版社，2013，第 197~204 页。

事件之前未竟事业的延续）。但是，让很多人没有想到的是，2001 年"9·11"事件的爆发，美国挥师中东，彻底打乱了美国的国际传播部署，以此为转折，开启（或者点燃）了包括俄罗斯和中国在世界范围内国际传播领域的重构和复活。

卡塔尔政府 1996 年成立半岛电视台，其国际传播的价值，一直到 2005 年"今日俄罗斯电视台"（RT）的成立才一并凸显出来。RT 独树一帜的传播形式和战略规划，可谓有备而来。这是一支青出于蓝而胜于蓝的传播队伍。我说的蓝，就是西方的传播方式。RT 这支青年人组成的队伍，快速地突破西方国际传播的壁垒，在美国等西方国家获得了很多受众和反响，迅速地将美国和西方之外的声音传播出去，与半岛电视台一起，成为美国和西方国家之外的传媒同行津津乐道的品牌。其价值就在于，二战以后板结的世界传媒秩序和国际传播格局，通过新兴传播方式和面孔的出现，发出了不同于美国与西方的声音①——虽然还仅仅是阿拉伯和俄罗斯的声音，但至少松动了这个板结的土壤，未来还期待更有国际视野、世界范儿的媒体，跟上这样的步伐，不仅仅是发声，不仅仅是发出自己的声音，还要发出平衡的声音，发出破除垄断、追求平等的世界传媒秩序的声音，发出第三世界，包括第二世界的声音。此等大任，谁能承担？（2016 年 2 月中国国家领导人视察三家央媒时提出打造国际传播旗舰媒体，或可让人有此期待？）

回到我们讨论的焦点。2001 年发生的"9·11"事件震惊了世界，也震醒了美国。美国精英发现，号称世界警察的美国在全球范围的拓展，收获的结果竟然是不惜牺牲自己宝贵生命的方式来撞击作为美国经济象征的世贸大楼并带来几千人的生命瞬间被剥夺！美国的政策，美国的国际形象肯定出了大问题。由此开始，美国的国际传播再次启航。

"9·11"事件过去不到 3 年，2003 年 1 月 21 日，小布什总统即推动成立"全球传播办公室"（Office of Global Communication），从机制上再次回复了国际传播或者外宣职能。2005 年，美国历史上首个《公共外交和战略传播国家五年规划》由新任的负责公共外交的副国务卿、长期担任小布什总统新闻和媒体顾问的凯伦·休斯（Karen Hughes）亲自倡导、起草并获得国会批准，由此开始，美国将以往的"国际传播"（international communication）用了"全球传播"（global communication）新术语且提升到了国家战略的层面。奥巴马当选美国总统之后，其政府于 2010 年 5 月公布的《国家安全

---

① 需要头脑清楚的是，俄罗斯的 RT 的确短时间取得了很好的国际传播效果。但是，从历史的视角来看，我们在向其学习的过程中，切勿忽略的一个事实是：俄罗斯继承的是苏联的体量和被解体的历史，从某种程度来说，RT 是一种为苏联解体和成为二流国家雪耻在传播领域的战略动作，甚至是一种反击，带有很强烈的火药味。而我们目前的国际传播形势来看，主体功能是"传播性"，需要增进的是理解和拓展国际发展的战略空间，尚未将"战斗性"注入。

战略报告》（National Security Strategy 2010，简称"NSS 2010"）在世界范围内引起广泛关注。然而，稍早于此，2010 年 3 月由奥巴马总统向美国参众两院提交的另一份报告，即《国家战略传播构架》（National Framework for Strategic Communications），却没有引起人们足够的注意，而且美国政府也没有声张其存在。在这份报告中，美国总统有史以来首次系统而清晰地阐述了美国的国家战略传播——即由国家主导的、直接服务于国家总体战略目标和军事战略目标的宣传体系——的性质、目标和实施体系。以《国家战略传播构架》为标志，美国政府主导的国家宣传体制进入了一个成熟的、更加具有联动运作能力的发展阶段①。2011 年美国出台 10 年规划，甚至是 30 年全球传播规划。随之，欧盟、英国、澳大利亚等都相继推出其战略传播规划。一时间，战略传播（strategic communication）和全球传播（Global communication）取代国际传播，成为热词，包括在中国，不仅学者，而且媒体和政府文件也频频出现战略传播的术语。

但是，还是回到上述的时间线，给我们以提醒，战略传播是国际传播的转型形式，是以往民间机构和个体为主体的跨文化传播（跨越文化的边界而非单纯的国家和地区边界）理念基础上的国际传播，向政府和利益集团（包括军方）为主体所主导的国际传播转变，实质上，是以战略传播之名，行战时宣传之实——或者换句话说，如果对于战略传播没有点明其宣传的实质和回归，任何研究都算得上是溢美之词和过度阐释。这个逻辑链条，从上图中宣传导向的变迁可以清楚看出。就在中国部分人还在为被污名化的"宣传"而懊恼、没有弄明白什么是战略传播的时候，美国将已经污名化的"宣传"借着"战略传播"再次还魂。

如此，摆在中国从事外宣的媒体和从事国际传播研究者面前的一个重大问题是，以柔和的、劝说式的、含羞草一样羞答答（稍微有反抗就倒卷回来，批评内部的力度远超过对外部批评的回击）的"向世界说明中国"策略，在美国政府和军方主导的咄咄逼人的军事宣传（战略传播）面前需要反思是否还行得通？以往借助大众媒体（广播、电视）等进行的大众传播，在无论是资本投资规模，还是受众人气方面都爆棚的自媒体面前，在传播效果不断式微下是否还可行？当我们还在重点投资想象意义上的"大众"（mass）和"平均人"（average people），或者收获平均意义上的传播效果的时候，美国与西方一些先进媒体已经开始将传播资源聚焦到关键受众（key audience），将国际传播努力做到受众个体的指尖（微博、微信），我们该怎么办？

由此，从上述的时间线的视角，我们是不是清楚地看到，国际传播格局中的"西强

---

① 吕祥：《美国国家战略传播体系与美国对外宣传》，《美国问题研究报告（2011）——美国的实力与地位评估》（即《美国蓝皮书》），社会科学文献出版社，2011。

我弱"局面的造成，从今天来看，不单单是我们在能力方面有不足，而且有可能是我们的判断出了问题，是我们针对国际传播的历史、技术、话语力量的博弈形势判断出了问题，这个方面我后面还要补充论述，此不赘。

正因为这样的大幕布，我们才可以理解中国国际传播从提出到积极实践历史的筚路蓝缕，包括孔子学院、媒体规划、文化中心的积极作用：2000 年中国政府提出的"中国文化走出去"战略，一直到 2004 年才有了清楚的道路。当年，"汉办"成立，开始在全球范围内建设孔子学院和孔子课堂，发挥了帮助世界"走进中国"的积极作用；当年，中国媒体走出去战略提出，将媒体作为中国文化在国际传播格局上破局的抓手，发挥了帮助世界"看清中国"的作用。经过四年的实践，2008 年开始提出国际传播能力建设第一个五年规划（2008～2013），历经五年布局，实现了 2012 年中央电视台在非洲分台的建设以及中央级媒体在全球分支站点的建设，国际台用 45 种语言在国际范围内传播等。无论是人才培养（2009 年开始在大学建设国际传播人才培训班），还是理论研究（从 2008 年开始，有关国际传播的课题进入国家社科基金以及教育部等部委的招标课题指南之中），都取得了重要的进展。从 2014 年开启的第二个国际传播五年规划，更是提出实现国际传播格局"破局"的目标。2016 年习近平视察三家央媒，并提出打造国际传播旗舰媒体。还有一个趋势，由文化部主导的，在全球范围内建设"中国文化中心"的努力正在通过文化年、文化节以及推动学术研讨等文化走出去的活动，发挥深度影响力，发挥着帮助世界"走进中国"的积极作用，在提升国际传播能力建设的序列中为自己赢得地位和尊重。当然，还有走出去的国企，甚至是遍布全球的中国游客，都融入中国国际传播的洪流，贡献各自的力量。

一路走来一路歌，这个势头和进度，再让我们抽点时间回头看看上面的时间线，国际范围内其他大国对于国际传播的重视，再结合当下中国"一带一路"的积极推进以及周边国家的严峻形势。我们已经可以清晰地看到和断言：国际传播，已经不仅仅是媒体机构、外宣单位的事，已经是一个和民族复兴大业紧密相关，与各行各业、社会各个阶层和个体息息相关的大事；已经是一个不仅仅眼前迫切，长远更是亟需的大的战略。如此，国际传播的实践和研究者同行，无论是具体的践行还是研究的视野，我们是不是愈加感受到了某种必需的紧迫、必要、动力和压力？

二 看当下：中国国际传播中面临的难点和问题

深度理解了中国重视国际传播的意义和价值后，就是要如何面对现实，尤其是问题，来如何落实和推进了。综合来看，国际传播中面临的难点和问题不少，正处于十字

路口，因篇幅所限，我仅谈如下几个方面供商榷。

第一，国际传播未来走向哪里的问题。

目前，我们面临的国际传播格局基本概括是"西强我弱"。那么，我们的目标是什么？初级阶段是打破西媒和话语权的垄断。然后呢？最终能够代表中国国际传播旨意的最终方向是什么？是不是从"西强我弱"逐步走向"西弱我强"，超越乃至战败/战胜他们？

方向的问题是理论的问题，是哲学的问题，是根本的问题，是决定道路和道路如何走的问题。

目前的基本判断，即中国国际传播形势定位"西强我弱"是没有问题的；但是，终极目标却绝非必然走向"西弱我强"；无论是从历史，还是从传播的宗旨，从世界发展的现实要求来看，以"战略平衡"或者"传播均势"概念为宗旨（方向），统筹长远的国际传播战略规划和当下的力量分配是务实的，也是科学的。

两次世界大战将美国推向了各个领域的前列，包括国际传播。但是，自 20 世纪 70 年代初爆发的、世界范围内对世界传媒旧秩序和国际传播格局的批判，恰是从美国的西方盟友阵营中发出的，包括芬兰、法国等一些国家的记者和研究人员，对美国为首的西方传媒秩序的垄断提出了质疑，并以联合国教科文组织为阵地，有针对性地推进弱势群体声音的提升①；从 80 年代末开始的关贸总协定（GATT，从 1995 年开始更名为世界贸易组织，WTO）的乌拉圭回合谈判，法国针对美国好莱坞电影和文化产品的倾销，提出在世界贸易中保护本国文化产品的议题，历经几个回合的斗争。美国以自由贸易为名（当年强大则强调自由贸易，如今呢？），坚决反对，最终仅仅达成妥协，以"文化例外"（Cultural exception）而非文化保护的名义进行妥协。其间还贯穿着加拿大如何调整本国的文化政策，尝试规避美国电视产品对加拿大的文化和产业影响；德国发起净化德语的行动，消解英语文化的影响等等②。

所谓"哪里有压迫，哪里就有反抗"，传播格局中，哪里有不平衡，哪里就有趋

---

① 关于构建国际传播新秩序，最早的讨论是 20 世纪 70 年代提出的"世界信息传播新秩序"（NWICO，New World Information and Communication Order）的概念，试图以之来反制由发达国家及其跨国媒介集团建构的全球传播秩序，建立一种民主、公平、均衡、平等的信息交流和文化传播体系。这样的理念贯穿着一些学者个人——包括芬兰传播学者诺顿斯登（Kaarle Nordenstreng）在内的一大批学者的努力，也贯穿着国际组织的努力——20 世纪 80 年代，联合国教科文组织曾发布《多种声音，一个世界》，并制订了"1985—1989 年建立 NWICO 的中期计划"。建立世界传播新秩序的斗争在一定范围内赢得支持，但由于一些国家的反对，NWICO 并没有成为现实。详参姜飞：《构建世界传媒新秩序的中国方向》，《中国记者》2011 年第 7 期；姜飞：《西方传媒与政府关系反思》，《人民论坛》2011 年第 22 期。

② 详参姜飞主编、张丹副主编《海外传媒在中国》，中国文联出版社，2005。

向、追求平衡的动力和行动。中国传媒在非洲的布局，正是寻找了世界传媒秩序和国际传播链条中最不平衡、反差最大的地区。因为那里本地人的新闻是被美西方媒体来报道的，换句话说，他们的文化和政治生活和面孔是被白人操控的美西方媒体所塑造的。非洲大陆，用法侬（Franz Fanon）的话来说，是"无声"的①。通过中国同行不懈的努力，目前稍微乐观来看，在非洲大陆的传媒秩序因为中国的到来，实现了传播的初级落地/破局，更多的黑人面孔开始出现在屏幕上，讲述着非洲人自己的故事。

但是，需要警醒的是，中国媒体下一步乘胜前进的时候，方向必须要明确：就算是局部来看，不管是非洲大陆，还是某个小国，传媒力量博弈的最终结局也非战败/打倒对方（美西方媒体），更不是要灭绝包括非洲的本地媒体。传播的格局不是消灭商业对手，垄断获得巨额利润，就算是商业垄断到一定程度，因为创新的钝化反倒被自己颠覆也是客观规律。

所以，针对正确的方向判断，恰切的做法是：即使非洲本地媒体，也要有限度扶持，建立起有效的缓冲和中间地带，真正为他们预留权力的空间，帮助他们讲述自己的故事。同时，那些美西方媒体，也是本地传媒生态确保健康和可持续发展的必要——试想，如果把那些美西方媒体彻底赶出一国、一地区，剩下的是不是就是中国、中资媒体和本地媒体面对面的较量？历史是不是又开启新的频道，演变成本地媒体颠覆中资媒体不平衡局面的长征？这个担忧虽然提出来有点早，但是越早看到国际传播的这个实质，越早规避问题，最主要的，也算是真正理解传播的实质和价值。

第二，国际传播战略的清晰化问题。

我几年前就提出一个思路供商榷：用类似经营货币信用的思想来管理国际信用的积累和传播。实践的清楚走向来自对于方向和道路的清楚把握。目前来看，对于传播的理解过于狭窄。换句话说，目前的国际传播规划过于依赖媒体，尤其是大众媒体，走大众传播的道路，这会导致我们自己的力量在国际传播的桥上狭路相逢，相互拥挤。

突破目前这种国际传播"拥滞"（拥堵、滞胀）局面的路子，还是要从思想和战略层面来思考。

所谓传播，指的是信息（information）或讯息（message）的流动；而所谓国际传播，就是在国际范围内信息/讯息的流动。就像是美元在全球流通，黄金作为储备货币在全球通行一样，它是一个被认可、被接受了的事实——美元，或者黄金，虽然物理形态不过是纸张和金属，却可以在危机和必要的时刻兑换人所亟需的任何物资，这种信任

---

① Fanon, F., *Black Skin*, *White Masks*, Translated by Charles Lam Markmann, New York: Grove Press, Inc. 1968.

来自此前有关美元和黄金的历史信用积累和建构。这些金融方面的知识我不多说也很清楚，让一位普通人把他的钱存入任何一家银行然后带着一张存折（纸张）走开的前提有很多，诸如政治的稳定、政府的信任、银行的稳定等等；但是最关键的是对于银行和金融系统的信任（credit）。同理，让一位受众舍得拿出自己宝贵的时间来浏览网页、报纸或者电视屏幕上的信息，并且按照其上广告或者新闻的内容去指导自己的思考和行为，这也是一个信用问题，是传播信用问题。

所以，当美西方在世界大多数国家不仅仅建立起迄今为止认可的货币和金融体系，美元在全球范围内大行其道的时候，我们也要有类似的眼光看到，二战以来，历经几十年的积累，美西方已经通过 CNN 和 BBC 等西方媒体的传播建构起来对于其机构和传播信息的可贵的"传播信用"（communication credit）。所以，他们传播的信息/讯息向话语权（hegemony）的转化就体现在，在一些信息相对封闭的国家和地区，人们宁愿冒着风险翻墙或者任何渠道去接近他们认为可信的信息源，进而，他们传播的信息和信息传播的方式在全球范围内就逐步演变成了传播信用货币和传播信用体系。于是，人们去看外国媒体的报道而不看本国的，出了事情时的选择偏好是尽量了解外电而内部报道次之，这样的情形就和本国货币和国际通行货币之间的比价类似——兼有国家实力和信息流通价值双重意义的支撑，才会出现国外货币驱逐国内货币（劣币）的现象，国外流通的媒体信息充斥国内信息市场，导致国内信息货币贬值，宁可通过非正常渠道（黑市）去了解外电信息（国外货币）而不相信本土媒体。

如此，当中国的媒体也出现在国际传播市场的时候，又如何说服本地民众拿出宝贵的时间来光顾中国媒体而非他们已经习惯的本地或者 BBC、CNN 呢？是不是类似货币发行一样，你得把你的信息传播信用建设起来，甚至还要表现出很强的抗跌能力，在关键时刻关键信息的报道中始终秉承客观、真实的立场而非漂移，进而确保信息信用的稳定建构，才可以从既往的信息市场上分得一杯羹，征服你的目标受众？[①]

从这个角度来看，中国的国际传播愈加显得任重道远。

第三，解放对"传播"的理解，用"泛在传播"或者"大传播"（Grand Communication）的理念重新规划中国国际传播。

美国社会学家库利（Cooley）在《社会组织》一书中对于"传播"的定义广为人知："传播是指人与人关系赖以成立和发展的机制——包括一切精神象征及其在空间中得到传递、在时间上得到保存的手段。它包括表情、态度、动作、声调、语言、文章、

① 姜飞：《像研究货币一样研究信息 像经营银行一样经营传媒》，2015 年 01 月 24 日 11：57，来源：正义网，http://legal.people.com.cn/n/2015/0124/c188502-26443409.html。

280

印刷品、铁路、电报、电话、以及人类征服空间和时间的其他任何最新效果。"① 简单来说，使任何信息在社会系统中进行扩散、交流、交换都可以被看成是传播。

比如，在中国古代，交通有交相通达之意，比如陶渊明《桃花源记》中的"阡陌交通，鸡犬相闻"；又如康有为在《大同书》中的论述："大同之世，全地皆为自治，全地一切大政皆人民公议，电话四达，处处交通。"古代中国交通不仅仅承担着运输物资的功能，同时作为信息传递的重要通道。比如驿站作为古代供传递官府文书和军事情报的人或来往官员途中食宿、换马的场所，是古代信息传递、交互通达的标志。

随着世界交通的发展，世界发生了翻天覆地的变化，各个大陆的物品得以交换，各国人员的流通，与之而来的是宗教信仰、文化习俗、生活习惯的交汇。进入现代工业社会后，物质产品的分工交换已经成为其基础，而交通更是商品交换的先决条件。我曾经在 2012、2013 年的研究生课堂上提出，进而在 2014 年 2 月份在莫桑比克的一次国际会议上进行了深入论述，认为，使得任何信息在社会系统中进行扩散、交流、交换都是"传播"（communication）的应有之义。我们现在谈传播，必须兼顾交通（transportation）、通讯（telecommunication）与大众传播（mass communication）三个维度；而且，在多元媒介（medium）日新月异并联网并入传播体系的前提下，包括手机等随身媒介在内也需要纳入传播实践、观察和管理的视野②。

那么，解放了对于"传播"理解的禁锢，眼光不再局限于媒体尤其是大众媒体，在当今自媒体盛行的情形下，无论是任何意义上的交通、电讯、媒介都同时承载着信息传播的使命和责任，无论是记者、游客、工人、外资企业，甚至是道路、手机等中国商品都在践行着国际传播的时候，我们或可理解传播或者"大传播"概念的实质③，或可以作为当前国际传播规划进入关键的五年的时候，实现规模和效果破局的关键布局出发点。

---

① 库利：《社会组织》，英文原文 1909 年出版，见展江、何道宽主编，中国传媒大学出版社，2013，第 45 页。

② 姜飞于 2014 年 2 月 16~22 日，在莫桑比克（马普托）社会学研究所主办的"中国媒体在非洲的声音"国际学术研讨会上做报告，题为《中国在非洲的传播规划（China Communication Program in Africa）》，首次就英语语境下的 communication 对应于汉语存在"交通"、"电讯"与"大众传播"三种理解视角。详细阐释另见姜飞、闫然：《中国高铁：公共外交时代的新名片》，赵启正主编《公共外交蓝皮书》），社会科学文献出版社，2015。

③ "大传播"的概念新的阐发最早是 2015 年 7 月 17 日，由中国日报网、广东省湛江市人民政府共同承办的第十五届中国网络媒体论坛上，姜飞发表题为《"一带一路"战略难点在于"大传播"理念下的传播基础结构建设》的主旨演讲，首次对大传播的概念进行阐释。更详尽的阐释后发表于《中国社会科学报》2016 年 6 月 24 日第 993 期，《跨文化大传播视角下的"一带一路"建设》。社科网：2016 年 06 月 24 日。http://cass.cssn.cn/xueshuchengguo/wenzhexuebulishixuebu/201606/t20160624_3083592.html。

比如，从大传播的理念来看，实际上，中国的国际传播至少有三支主力部队。中国在全球推广的以高铁建设的交通基础设施建设；以华为、中兴等硬件和腾讯的软件（比如微信 App）为代表的电讯基础设施建设；以央视、国际广播电台、新华社等为代表的国际大众传播信息基础结构设施建设。

中国历史上"田忌赛马"的道理大家都懂，以此视角来看看中国国际大传播的规划会很有意思。从大传播的观念来看，我们这些年努力把国际传播强化，但思维局限在媒体视角和领域，从结果来看，取得了很多效果，但总体结果还是不满意；但如果从大传播的视角来看，国际传播的道路很宽、目标是很远的。中国的交通基础设施建设是中国的强项（优"马"），在国际范围内开始略胜一筹；在电讯基础设施领域（中"马"）实现了在全球范围内的逐步制衡局面，算是扳平了；在基于大众媒体的大众传播领域，从国际媒体历史和经验值来看，虽然委屈，但还是得承认，我们还在初级阶段，但就算是这样的"儿马"，从 2004 年以来的努力，已经在非洲取得了传播破局的良好开端，也逐步成长为充满潜力的黑马。从这个意义上说，如何把三支主流的媒介各自基本角色发挥好的同时，承担起国家形象、信息流动和国际传播信用中国声音重构的角色，可算是集中优势资源实现国际传播破局乃至"于我向好局面"① 的一步大棋。

三 再思量：将国际传播诞生的历史更加看深
一些，未来的方向就能看得更远

同样一种行为——运用各种力量、渠道，将特定主体的价值观进行广泛传播，以获取最大限度的国际文化认同和最大限度的支持，或者，至少最大限度地为主体利益的维护或者延伸止损，即所谓的"国际传播"。古已有国际经贸、文化交流或交往，近代以来借助媒体和媒介以"宣传"的形式存在。如今，无论是国际传播、跨文化传播、对外宣传、国际新闻、战略传播等等，都不过是宣传的变体。对于这个问题的认识，如果还天真地以为那不过是信息的传播，是市场的自然行为，是人心（舆情）的客观呈现云云，那么，在国际信息流动的市场上，你将始终摸不着头脑并被动应对。认真观察一些看似无比客观和科学地痛批"宣传"的著述会惊讶地发现，大多拿来批评宣传的文献作者却可能是"宣传"的始作俑者。

---

① 姜飞：《新阶段推动中国国际传播能力建设的理性思考》，《南京社会科学》2015 年第 6 期，第 109～116 页。（《新华文摘》2015 年第 17 期全文转载，人大复印资料 2015 年第 11 期全文转载，《中国社会科学文摘》2015 年第 11 期部分转载）

事实上，早在 1891 年，英国就有人开始规划如何确保帝国"日不落"并如何将新兴国家美国纳入其主导的全球格局，以"英联邦"（commonwealth）这样一个人造的概念进行统摄的宣传研究和计划。有些学者认为，美西方文化和意识形态的主宰基本上是市场力量的结果，而不是阴谋的结果。但另一些学者的研究结果却不赞成这一观点。美国历史学家卡洛尔·奎格利（Carroll Quigley）在其历史著作《盎格鲁——美利坚权势集团》中，揭示了一个对 20 世纪的世界历史有着巨大影响而又鲜为人知的秘密组织，这个组织成立的目的正是"通过宣传来统治世界"。奎格利认为，早在 1891 年塞西尔·罗兹（（Cecil John Rhodes，曾是世界上最富有的人之一，是他所在时代的比尔·盖茨）、威廉·史泰德（William Schibsted，当时英国最有名的记者）、雷吉那·布莱特（Regina Bright，维多利亚女王的密友和心腹），三个核心人物就组织了一个秘密会社。这个会社没有标志，没有仪式，但在英帝国的各个自治领不定期举行秘密会议。这个秘密会社的目标，就是要统治世界："将英帝国的统治扩张至全世界；完善英国向外殖民的体系；由英国国民对所有可资生存的地方进行殖民；将美利坚重新纳入英帝国；在帝国议会实行殖民代表制度；将分散的帝国成员统一起来，从而奠定永无战争，符合人类福祉的世界。"①

成立于 1947 年的裴伦山学会是以瑞士的一个高山命名的会员组织，目前已经拥有500 名会员。这些会员包括主要发达国家的高官乃至元首，诺贝尔奖获得者（已有六位）、记者和学者。该学会虽然自己宣称不从事宣传，但其性质正是一个从影响精英知识分子开始，进而影响政府政策的有着浓厚自由主义意识形态的智慧团，只不过它的这种宣传极为隐秘罢了。关键是我们要真的理解裴伦山学会成立的初衷。按照该学会 1947年成立时的章程，是因为在第二次世界大战之后，西方文明的核心价值处境危险。其原因之一是一种否定绝对道德标准的史观（指马克思主义和当时苏联的社会主义及其计划经济）的出现，二是对私有财产和竞争性市场的信念的衰落。所以，必须通过思想辩论和对西方文明中合理价值的肯定，去迎击这种意识形态运动。

更多的例子就不多说了。其实是想客观呈现一个观点：从今天来看，所谓众声喧哗的"战略传播"（甚至蔡英文上台后也密集地以此名目举办培训和会议）——集中资源向有影响力的人（所谓关键受众，舆论领袖 opinion leader）施加影响，不过是 100 多年前的翻版，同时，当我们知晓美国外交委员会是英国罗兹社在美国的分支②、约瑟

---

① 本文有关罗兹社和裴伦山研究会的资料请参考张巨岩《权力的声音：美国的媒体和战争》，生活·读书·新知三联书店，2004。

② 美国最重要的智库的"对外关系委员会"在 1919 年成立之初，即成为"罗兹社"旗下的"英国皇家国际事务研究所"的美国分支。1941 年 2 月，"对外关系委员会"正式成为美国国务院的一部分。详参张巨岩：《权力的声音：美国的媒体和战争》，生活·读书·新知三联书店，2004。

夫·奈（Joseph S. Nye）与塞缪尔·亨廷顿（Samuel P. Huntington）都是"罗兹会社"成员的时候，我们几乎无语。

再多说一句，也是将上文历史回顾的视野拓宽之后，再加厚一些：20世纪40~60年代同时进行的还有其他一些事情：冷战的开始；马歇尔计划在欧洲的实施；基于军方背景的研究群体所生产的传播学理论在向世界传播，夏威夷大学的东西方中心传播研究所，就是由具有美国军方背景、号称传播学奠基人的施拉姆建构起来的，那些曾经留学、访问那里的诸多中国传播学者甚至媒体人，我们都能看到，除了经济上通过马歇尔计划扶持欧洲并建构美国统一的世界大市场的努力，如果没有另外一条战线——美国传媒和外交、商业同行历经爱德华·霍尔（Edward Hall）等一些机构的跨文化培训，进行成功的国际传播，传播美国的国家形象，这个马歇尔计划也不会太顺利。

此时，我们将19世纪末期的"罗兹会社"、20世纪40~60年代在"马歇尔"经济扶持计划之下美国文化产品在欧洲的成功推广、同时期冷战针对苏联和中国等社会主义国家的传播学的国际传播包括新闻理念（比如，一个生活在教科书中、被塑造为理想的"新闻自由"观念在全球的传播和掀起的波澜）的重塑、20世纪60年代在美国纷纷设立的基金会如何通过学术访问和留学生影响美国想要影响的国家和国民，这些信息并置起来看会惊讶地发现，实际上，这就是美国与西方国际传播的四条战线，美国的国际传播从20世纪诞生至今，都是在严密组织之下的战略传播。

我们就生活在这四条国际传播战线的"荫庇"之下。而且，这些名为"传播"、"战略传播"、"国际传播"的宣传研究用心之深，更是让人无语而惊心。反观我们在国际传播领域，有谁还能夸口？或者，张开的口能否合上？我们学习了一些搏击的传播技战术，貌似也能比划比划了，但是，现在问题是，从根本问题上，包括历史观和价值观的市场上，这个深刻影响技战术选择的根本、最终问题上如果我们步步后退，又有什么资格抱怨人家步步紧逼？最后，寄语中国的国际传播学界和实践者，究竟我们承受了多少压力，还有多少压力是你根本没有看到和感受到的？休言"知音少，弦断有谁听？"也不必哀叹。我们所能做的，恰是该愈加深刻理解"国际传播"的分量，无论是从政策、机制、投入、人员培训，都需要坐下来好好研究一下、规划一下。前路漫漫，仍需上下而求索。

（原载《国际传播》2016年第1期）

自选理由:

  本文的选题切中时代需要，全面回顾了二战以来主要发达国家国际传播战略的发展历程，在勾勒全球传播格局基本图谱的基础上，提出中国国际传播规划自 2008 年以来十年间的成就与得失，提出目前处于一个政策、思想和实践的十字路口，并就如何突破困境提出了化解方向与思路。文章发表后获得较好的反响，多次被引用和提及。

"非洲中心性"（Afrocentricity）：
概念缘起及其意涵演化

非洲中心性（Afrocentricity）是跨文化传播研究中的重要概念，美国学者摩勒菲·克梯·阿澈梯（Molefi Kete Asante）① 首先在 1980 年出版的《非洲中心性：社会变革的理论》（Afrocentricity：The theory of social change）一书中对其进行定义并且系统论述，以其标示了一种范式更新的治学主张，即：应当纠正跨文化传播研究领域中存在的欧美中心主义立场，要想理解非洲人的思想和行为，就需要以非洲文化作为知识建构的基础。② 这一概念的提出及其术语化，意味着一种旨在扭转跨文化传播研究路径的努力沛然成形，也为非欧美地区传播学界的"传播理论本土化"等重大关切提供了思想样板和方法论的启迪。

一 跨文化传播学科视野下"非洲中心性"
概念的提出

温迪·利兹－赫尔维茨（Wendy Leeds－Hurwitz）进行跨文化传播研究的思想史写

---

* 季芳芳系中国社会科学院新闻与传播研究所副研究员，本文发表时为助理研究员。

① 该位美国学者姓名的中译名，转引自陈国明、三池贤孝：《亚洲传播研究的蓬勃发展与未来：中国视角与日本视角》（上），J. Z. 爱门森译，《淮海工学院学报》2008 年第 2 期，第 97 ~ 102 页。

② 以 J. Z. 爱门森将 asiacentricity 译作"亚洲中心性"为基础，本文将 afrocentricity 译作"非洲中心性"，而将 afrocentrism 译作"非洲中心主义"。见自陈国明、三池贤孝：《亚洲传播研究的蓬勃发展与未来：中国视角与日本视角》（上），J. Z. 爱门森译，《淮海工学院学报》2008 年第 2 期，第 97 ~ 102 页。

作时认为，一些跨文化传播研究者在从事专业知识生产时，其研究前提、研究方法以及问题意识与国民性研究（national character）、文化和人格研究（culture and personality）以及远方文化研究（culture at a distance）等人类学研究息息相关。[①] 但是，今天的跨文化传播学者可能对此浑然不觉，他们没有质疑其从事学科的研究前提是怎么来的，也没有思考这些前提对今天的跨文化传播而言是否还合适：文化是否被同质化理解？除了认知与心理层面的探讨，文化是否还有其他面向的层面可供研究？在母文化之外生活的成员是否足以作为该文化的典型代表？[②] 温迪·利兹－赫尔维茨认为，"了解我们自己的历史帮助我们思考是否有一些假设应该被修改，是否这些假设仍然有效。如果当代的研究人员继续以我们的前辈的方式进行工作，至少这也应该是他们深思熟虑选择以后的结果"[③]。从跨文化传播学科发展的历史来看，类似学科反思在上世纪 70 年代末开始已经被一些跨文化传播研究学者所实践。

一般而言，跨文化传播研究者把由爱德华·霍尔（Edward T. Hall）所撰写的《无声的语言》（The Silent Language）当作是该学科知识积累的发端。[④] 上世纪 70 年代，跨文化传播在学科建制方面完成了几项重要工作，包括：跨文化传播研究领域教科书、读本以及手册的出版[⑤]；《国际与跨文化传播年鉴》（Interna-

---

① Leeds – Hurwitz, Wendy, "Writing the Intellectual History of Intercultural Communication," in Thomas K. Nakayama & Rona Tamiko Halualani eds., *The Handbook of Critical Intercultural Communication*, Chichester: Wiley – Blackwell, 2010, pp. 21 – 34.

② Leeds – Hurwitz, Wendy, "Writing the Intellectual History of Intercultural Communication," in Thomas K. Nakayama & Rona Tamiko Halualani eds., *The Handbook of Critical Intercultural Communication*, Chichester: Wiley – Blackwell, 2010, pp. 21 – 34.

③ 〔美〕温迪·利兹－赫尔维茨：《跨文化传播学的文化人类学根源：探寻过去以理解现在》，季芳芳译，《跨文化传播年刊》，中国社会科学出版社，2016，第 65 页。

④ Rogers, Everett M., William B. Hart & Yoshitaka & Miike, "Edward T. Hall The History of Intercultural Communication: The United States and Japan," *Keio Communication Review*, vol. 24, 2002, pp. 3 – 26.

⑤ Condon, John C. & Fathi S. Yousef, *Introduction to Intercultural Communication*, Indianapolis, IN: Bobbs – Merrill, 1975; Samovar, L. & Porter, R. E. eds., *Intercultural communication: A reader*, Belmont, CA: Wadsworth, 1972. 康顿与约瑟夫（Condon & Yousef）合著的于 1975 年出版的《跨文化传播导论》（*Introduction to Intercultural Communication*）整合了跨文化传播研究关于文化情境和行为模式的研究，为之后的研究者所继承和发展，而萨摩瓦（Samovar）等人编著的读本每隔几年便会发行新的版本，而且会收入专门为此书撰写的新论文，这本读本在 2013 年已经发行到第 13 版。

tional and Intercultural Annual）的发行；学会的成立①；博士生的培养②。而经过几十年的学科积累，在上世纪 80 年代，跨文化传播推出了一系列重要的理论，包括古迪昆斯特的"焦虑与不确定性管理理论"（anxiety uncertainty management theory）、汀－图梅（S. Ting - Toomey）的"面子协商理论"（face negotiation theory）等。

但是部分跨文化传播学者对已有的理论发展表示不满。这些学者认为已有的自诩为实证主义的跨文化研究是维护现实的，缺点是缺少伦理关怀。一些学者认为，跨文化传播这个研究领域，其学科形成之初就怀抱帝国主义称雄战后世界秩序的野心并且以白人男性为中心，这是一套不利于非西方国家建立主体性的知识体系。

从上世纪 70 年代末开始，一些学者从第三世界主体性出发，研究他者的建构和主体性话语的构建。在跨文化传播研究领域，最先对已有研究范式提起批评的先行者是阿澈梯等人。阿澈梯在专著和期刊中多次发表关于非洲中心性（Afrocentricity）的观点，着重对这一领域的欧美中心主义立场进行批判，并对已有的跨文化传播研究方式进行反思③，提出要以"非洲中心"为范式，积极探索建立新的有关非洲传播理论的可能。

二 "非洲中心性"概念的意涵

从词源学上来讲，非洲中心性 afrocentricity，由非洲（africa）和中心（center）组

---

① 1970 年，以斯塔拉姆（Sitaram）为首的学者们向 ICA 提议成立跨文化和国际传播分会（the Intercultural and International Communication Division of ICA）。斯塔拉姆为此还向董事会提交了论文，论文题为《跨文化传播：是什么和为什么》（Intercultural Communication: the what and why of it）。在 1971 年，SCA 选择普罗斯那（Michael Prosser）作为其跨文化传播与国际传播委员会的创始主席。1975 年，SCA 的国际传播和跨文化传播分会在该委员会基础上组建而成。见 Varis, Tapio, "Foreword", in K. S. Sitaram, Michael H. Prosser eds. , *Civic Discourse: Multiculturalism, Cultural Diversity, and Global Communication*, Stamford, Connecticut: Ablex Publishing Corporation, 1998, pp. xi - xv。学会的成立不仅仅进一步确立了该研究领域在传播学学科建制内的地位，也推动着该领域的知识生产。
② 70 年代，美国的传播系开始授予跨文化传播的博士学位。罗杰斯（Rogers）指出，早在 60 年代，就有学者在匹兹堡大学、密西根州立大学等学校开设跨文化传播（Intercultural Communication, IC）课程。印第安纳大学或许是第一个授予 IC 领域博士学位的大学，被授予者是威廉姆·J. 斯塔罗斯塔（William Starosta）。在 1975 年，威廉姆·霍韦尔（William Howell）开始在明尼苏达大学指导博士学生，而这些学生后来成为 IC 研究领域的翘楚。见 Rogers, Everett M. & William B Hart, "The Histories of Intercultural, International, and Development Communication," in William B. Gudykunst & Bella Mody eds. , *Handbook of International and Intercultural Communication*, London: Sage, 2001, pp. 1 - 19.
③ Asante, M. K. , *Afrocentricity: The theory of social change*, Buffalo, NY: Amulefi Publishing Company, 1980; Asante, M. K. , "The ideological significance of Afrocentricity in intercultural communication", *Journal of Black Studies*, Vol. 14, No. 1, 1983, 3 - 19; Asante, M. K. The Afrocentric Idea, Philadelphia: Temple University Press, 1987; Asante, M. K. , *An Afrocentric Manifesto: Toward an African Renaissance*, Cambridge, UK: Polity Press, 2007.

合而成。该概念不仅意味着方法、理论，也意味着行动。阿撒梯多次在著述中对此概念进行阐释，在过去几十年的研究中，其内涵在不断演化。

阿撒梯在《非洲中心宣言》（*An Afrocentric Manifesto*）中指出，非洲中心性是一种智识范式，这种范式将非洲主体性置于非洲的历史和文化情境之中，而该历史和文化是跨越大洲、跨越世代的。这意味着，对非洲文化和行为进行分析时，不管是文学或经济，还是政治或文化层面，定位（location）都处于核心位置。在这方面，它是对事实的批判视角的结晶。① 这段话从认识论层面对非洲中心性进行了界定，主体性（agency）和定位（location）是关键概念。

早在上世纪 80 年代，阿撒梯在《非洲中心性：社会变革的理论》（*Afrocentricity：The theory of social change*）一书中就对非洲中心性概念进行了专门论述和定义：

> 非洲中心性是一种思维方式和行动，它将非洲利益和价值观置于中心地位。就理论而言，它在分析任何非洲现象时，将非洲人民置于中心。因此，任何人都可以在一个给定的现象中定位非洲人。在行动和行为方面，非洲中心主义认为，最大程度上符合非洲意识和利益的行为是道德行为的核心。②

以上这段话从方法、行动和理论三个层面界定了非洲中心性，而理论措辞中，"定位"（location）一词占据中心位置，这一词也帮助我们理解他所持有的非洲中心主义立场。在书中，阿撒梯又指出，"黑色"（blackness）本身可以成为一种修辞。"黑色"意味着反对一切形式的压迫：种族歧视（racism），阶级歧视（classism），恐同症（homophobia），父权制（patriarchy），儿童虐待（child abuse），恋童癖（pedophilia）以及白人种族统治（white racial domination）。需要指出的是，阿撒梯有关非洲中心性的元理论并非从真空中产生，而是受到诸如莫拉纳·卡伦加（Maulana Karenga）、谢克·安塔·迪奥普（Cheikh Anta Diop）等非洲文化研究者的启发。③

阿撒梯多次强调非洲中心性概念所采用的研究方法和路径，以及对研究资料的使

---

① Asante, M. K. *An Afrocentric Manifesto*: *Toward an African Renaissance*, Cambridge: Polity Press, pp. 2 – 3.

② Asante, M., *Afrocentricity*: *The theory of social change*, Buffalo, NY: Amulefi Publishing Company, 1980, p. 4.

③ 阿撒梯指出，非洲中心性理论受到莫拉纳·卡伦加（Maulana Karenga）的"共同"哲学（kawaida）、谢克·安塔·迪奥普（Cheika Anta Diop）《文明的非洲起源》（*The African Origan of Civilization*）、弗朗兹·法农（Frantz Fanon）《全世界受苦的人》（*the Wretched of the Earth*）和艾美·塞泽尔（Aimé Césaire）《回到我的祖国》（*Return to my Native Country*）等影响。见 Molefi Kete Asante, "Afrocentricity Toward a Critical Bibliography of a Concept", in Molefi Kete Asante eds., *Contemporary Critical Thought in Africology and Africana Studies*, London, Lexington Books, 2015, pp. 31 – 63.

用。他指出：

> 非洲中心性是这样的一个理论概念，该概念坚持将非洲人作为主体（subject），
> 而不是将其作为对象观察非洲现象。以非洲人为中心进行思考，可以为观察社会、
> 文化、经济事实提供一种新的视角。因此，以何种方式处理数据，而不是数据本
> 身，才是重要的。①

主体（subject）和处理数据的路径（orientation to data）等词汇构成了这段关于方法
的表述的核心。三贤池孝在 2008 年的一篇文章里，对阿澈梯的总体取向进行了界定。
他认为，阿澈梯的非洲中心性主要有六个维度：（1）非洲人作为主体；（2）非洲和非
洲人的集体和人文利益居于中心地位；（3）非洲本土价值观和理念居于中心地位；
（4）根植于非洲的历史经验；（5）对数据的非洲语境导向；（6）对错位（dislocation）
进行非洲式的矫正与批判。②

非洲中心性概念和社会科学研究的"欧洲中心主义"立场关系密切，与此同时也
启发了亚洲中心性（asiacentricity）等概念的提出。

三　演化与挑战

在 1987 年出版的《何为非洲中心性》（*the Afrocentric Idea*）一书中，阿澈梯指出，
如果将欧洲中心主义置于情境内进行理解，非洲中心性并不会质疑其有效性和价值。非
洲中心性反对的是将欧洲中心主义作为"适格""达标"的普适标准，以其审视非西方
社会，进而将非西方社会打上各种原始、落后的标签和烙印。欧洲中心性（eurocentric-
ty）和欧洲中心主义（eurocentrism）有所分野。阿澈梯曾就跨文化传播理论中的欧洲中
心性评论道，"欧洲中心性（eurocentricity）是文化的一种正常表达，但如果将特殊性的
文化普遍化，并且否定和贬低其他文化、政治、经济观点，则是不正常的"。③

---

① Asante, M. K., "Foreword", in J. D. Hamlet ed., *Afrocentric Visions: Studies in Culture and Communication*,
Sage, Thousand Oaks, CA, pp. vii – ix, 1998, p. vii.

② Yoshitaka Miike, "Culture as Text and Culture as Theory: Asiacentricity and Its Raison D'êtrein Intercultural
Communication Research", in Thomas K. Nakayama & Rona Tamiko Halualani eds., *The Handbook of Critical
Intercultural Communication*, Chichester: Wiley – Blackwell, 2010, pp. 190 – 216.

③ Asante, M. K., "Afrocentricity and the Eurocentric hegemony of knowledge: Contradictions of place", in J.
Young and J. E. Braziel eds., *Race and Foundations of Knowledge: Cultural Amnesia in the Academy*, Urbana,
IL: University of Illinois Press, 2006, pp. 145 – 153.

　　欧洲中心主义存在不同的概念化路径，三池贤孝曾归纳出欧洲中心主义的三个支柱，分别是理论上的欧洲中心主义、方法上的欧洲中心主义以及比较欧洲中心主义。其中，理论上的欧洲中心主义通常表现为采用建立在西方智识传统上的理论框架，对非西方文化和传播现象进行观察和描述、分析和解释，评价和批评①，方法上的欧洲中心主义则包括假定欧洲中心主义方法论具有"普适性"等系列主张②，而比较欧洲中心主义则是指研究者有意无意将欧美的文化价值观和传播方式视作是"常态"的并且"自然"的，并将非西方文化与之进行对比③。阿澈梯本人并不认为非洲中心性是非洲版的欧洲中心主义，但可以肯定的是，非洲中心性所尽力施为的正是对欧洲中心主义的纠偏。

　　非洲中心性的提出在跨文化传播的研究谱系中占据重要地位。对于跨文化传播研究而言，非洲中心性这个概念具有方法论层面的意义：它将"文化和历史"置于分析的中心以及起点。

　　哈鲁拉尼（Halualani）等人回顾和批判了跨文化传播研究传统中的几个关键节点。④ 他们肯定了阿澈梯对跨文化传播研究的反思，主张要在历史情境中分析文化群体，提倡在研究文化时结合自反性、历史背景以及社会政治关系进行分析，而不是将文化作为一个固定变量去研究跨文化传播现象。

　　阿澈梯在1980年的作品中也指出历史独特性（historical specificity）以及情境定位（contextual grounding）在跨文化传播研究中的重要性⑤。"将文化作为文本还是将文化作为理论"也是阿澈梯多次在著述中提出的问题。他不赞同将非西方文化作为理论分析和解构的"文本"，而认为应将其作为理论的来源。⑥

---

①　Miike, Yoshitaka, "Culture as Text and Culture as Theory：Asiacentricity and Its Raison D'êtrein Intercultural Communication Research", in Thomas K. Nakayama & Rona Tamiko Halualani eds., *The Handbook of Critical Intercultural Communication*, Chichester：Wiley – Blackwell, 2010, p. 192.

②　Miike, Yoshitaka, "Culture as Text and Culture as Theory：Asiacentricity and Its Raison D'êtrein Intercultural Communication Research", in Thomas K. Nakayama & Rona Tamiko Halualani eds., *The Handbook of Critical Intercultural Communication*, Chichester：Wiley – Blackwell, 2010, p. 194.

③　Miike, Yoshitaka, "Culture as Text and Culture as Theory：Asiacentricity and Its Raison D'êtrein Intercultural Communication Research", in Thomas K. Nakayama & Rona Tamiko Halualani eds., *The Handbook of Critical Intercultural Communication*, Chichester：Wiley – Blackwell, 2010, p. 195.

④　Halualani, R. T., Mendoza, S. L., and Drzewiecka, J. A., "Critical junctures in intercultural communication studies：A review", *The Review of Communication Journal*, Vo. 9, No. 1, 2009, pp. 17 – 35.

⑤　Asante, M. K., "Intercultural communication：An inquiry into research direction," *Communication Yearbook*, 4, 1980, pp. 401 – 410.

⑥　Asante, M. K., Yoshitaka Miike, & Jing Yin, "Issues and Challenges in Intercultural Communication Scholarship", in Asante, Molefi Kete, Yoshitaka Miike&Jing Yin eds., *The Global Intercultural Communication Reader*, New York：Routledge, 2008, p. 3.

　　受到阿澈梯的启发，三池贤孝提出了"亚洲中心"（asiacentric）的亚洲传播研究，目的在于从亚洲理论视角出发研究亚洲传播。① 为了将亚洲人置于研究对象及其传播世界中的行动者的角色上，三池贤孝认为，亚洲传播研究必须将亚洲文化视为理论源泉，在描述、解析和理解亚洲传播的前提与行为时将之置于探索的中心。②

　　亚洲中心性强调亚洲文化应被看作亚洲知识重构的理论，而不作为非亚洲中心知识解构的文本。③ 三池贤孝指出，来自不同文化背景的人们在不同的语言、宗教哲学和历史语境中从事交流活动。他们日常生活中的思想感情不是通过抽象的共性原则，而是通过具体的行为细节表达的。因此，如果我们想理解他们的文化定位和有关交流的观念，我们应该考虑到，他们用特定的语言说话，受到特定的宗教哲学观念的影响，以及在特定的历史经验中生存。④ 换言之，表层的传播方式反映了深层的世界观，而不同的文化养育了不同的世界观。⑤

　　将文化置于中心地位不仅是非洲中心性或者亚洲中心性，也是其他非西方文化学术传统的前提。而以非西方文化作为理论来源并对非西方国家的传播行为进行思考的

① Miike, Y., "Beyond Eurocentrism in the intercultural field: Searching for an Asiacentric paradigm", in W. J. Starosta and G. - M. Chen eds., *Ferment in the Intercultural Field: Axiology/Value/Praxis*, Thousand Oaks, CA: Sage, 2003, pp. 243 - 276; Miike, Y., "Rethinking humanity, culture, and communication: Asiacentric critiques and contributions", *Human Communication: A Journal of the Pacific and Asian Communication Association*, Vol. 7, No. 1, 2004, pp. 67 - 82.; Miike, Y., "Non - Western theory in Western research? An Asiacentric agenda for Asian communication studies", *Review of Communication*, Vol. 6, No 1/2, 2006, pp. 4 - 31.; Miike, Y. "An Asiacentric reflection on Eurocentric bias in communication theory". *Communication Monographs*, Vol. 74, No. 2, 2007, pp. 272 - 278; Miike, Y., "Toward an alternative metatheory of human communication: An Asiacentric vision", in M. K. Asante, Y. Miike & J. Yin eds., *The Global Intercultural Communication Reader*, New York : Routledge, 2008, pp. 57 - 72; Miike, Y., "Harmony without uniformity: An Asiacentric worldview and its communicative implications", in L. A. Samovar, R. E. Porter, & E. R. McDaniel eds., *Intercultural Communication: A Reader*, 12th edn, Boston, MA, : Wadsworth, Cengage Learning, 2009, pp. 36 - 48.
② 陈国明、三池贤孝：《亚洲传播研究的蓬勃发展与未来：中国视角与日本视角》（上），J. Z. 爱门森译，《淮海工学院学报》2008 年第 6 期，第 97～102 页。
③ Miike, Yoshitaka, "Culture as Text and Culture as Theory: Asiacentricity and Its Raison D'êtrein Intercultural Communication Research", in Thomas K. Nakayama & Rona Tamiko Halualani eds., *The Handbook of Critical Intercultural Communication*, Chichester: Wiley - Blackwell, 2010, p. 198.
④ Miike, Yoshitaka, "Culture as Text and Culture as Theory: Asiacentricity and Its Raison D'êtrein Intercultural Communication Research", in Thomas K. Nakayama & Rona Tamiko Halualani eds., *The Handbook of Critical Intercultural Communication*, Chichester: Wiley - Blackwell, 2010, p. 199.
⑤ 陈国明、三池贤孝：《亚洲传播研究的蓬勃发展与未来：中国视角与日本视角》（上），J. Z. 爱门森译，《淮海工学院学报》2008 年第 6 期，第 97～102 页。

理论研究也持续展开，其中阿澈梯和三池贤孝等在 2008 年出版的《全球跨文化传播读本》（*The Global Intercultural Communication Reader*）是比较具有代表性的著作。读本不仅提供了西方视角，也带入了跨文化传播研究中的非洲和亚洲视角。编者认为，这个读本旨在解决跨文化传播领域未曾解决的三个问题，分别是：（1）欧洲中心的智识帝国主义；（2）文化与传播研究中对本土视角的忽视；（3）跨文化情境的传播平等和相互性。①

该尝试在研究范式层面不可避免地面临挑战。非洲中心性也受到各种批评，包括：认为非洲中心性是"黑色版本"的欧洲中心主义；认为非洲中心性将"非洲"本质化理解，忽略非洲的多样性；认为非洲中心性拒绝混杂（hybridity）并且忽视非洲的动态性等。在 2007 出版《非洲中心宣言》（*An Afrocentric Manifesto：Toward an African Renaissance*）导论中，阿澈梯反驳了有关"非洲中心性是非洲版的欧洲中心主义"的论述，指出即便没有欧洲中心主义，非洲人也需要有自身的主体性。

对于非西方背景的传播学者而言，非洲中心性和亚洲中心性等概念的提出，意味着从方法、理论以及行动层面启动了对传统理论研究路径的全面反思，也意味着对自身文化传统的再审视。同样，上述概念的提出与非西方传播学界关切的"传播理论的本土化"命题也密切相关。理论的本土化，不仅是针对学者们把非洲或者其他地区作为"材料"，利用欧美理论进行研究的现象进行批评，其最显要的关心是如何进行原创理论的生产。"非洲中心性"这一术语所指称的概念以及由这一概念所牵引的研究范式，虽然面临诸多批评，但它无疑标示了发展本土理论的一种有价值的治学尝试和理念更新。

（原载《新闻与传播研究》2017 年第 6 期）

自选理由：

我 2013 年博士毕业后进入新闻所工作。当时，我给自己设定的一个工作目标是通过梳理跨文化传播领域的关键概念，来夯实学科的理论基础。在这个工作方向之下，我已经在《中国社会科学报》发表一篇探讨"文化"概念的文章。就"非洲中心性"这个概念而言，由于与其密切相关的概念"亚洲中心性"已经引起国内学者一定的关注，

---

① Asante, M. K., Yoshitaka Miike, & Jing Yin, "Issues and Challenges in Intercultural Communication Scholarship", in Asante, Molefi Kete, Yoshitaka Miike & Jing Yin eds., *The Global Intercultural Communication Reader*, New York：Routledge, 2008, p. 2.

我认为很有必要对"非洲中心性"进行专门梳理。我认为通过对这个概念的探讨，可以展示这个学科不同范式的研究路径，以及相应范式已经取得的工作成果。这篇文章于2017年6月发表，被当年《对外传播》杂志中有关对外传播领域进展的一篇学科综述所引用，引起了一定的关注。

影像战争：美国的故事与世界的抵抗

——关于好莱坞全球扩张的国际贸易争端与公共舆论争议

张满丽[*]

2013 年 6 月，"跨大西洋贸易与投资伙伴协定谈判"（TTIP）开启前夕，法国文化部长奥雷利·菲利佩蒂（Aurelie Filippetti）女士在法国《世界报》上发表题为《法国——直面自由市场坚持"文化例外"的先锋》的文章，就国际贸易协议中文化产业问题表明法国立场："欧盟和美国期望达成的贸易与投资协定是一项充满希望的计划，有助于扩大双方的经济交流、促进增长和加强跨大西洋伙伴关系。法国支持这项行动，但必须在尊重'文化例外'的前提下进行。法国要求将文化和视听产业排除在贸易协定之外。"并宣称："'文化例外'是法国深深怀有的政治信念和思想原则信念。我们认为，文化产品非一般商品，文化产品因其特殊价值不能屈从于市场。一个国家具备在世界上展现自身特色的能力是十分重要的，我们不能在盲目的市场法则中抛弃文化、迷失自己。"[①] 由于法国的坚持，6 月 14 日，经过 12 个小时的激烈讨论，欧盟 27 个成员国的商务部长最终达成一致，宣布把视听产业排除出此次欧美自贸谈判的范围。6 月 17 日，欧美自贸协定谈判得以正式启动。

1993 年关贸总协定乌拉圭回合谈判中的"文化例外"之争，将世人的目光聚焦于好莱坞的全球扩张与各国的文化抵制政策。20 年后，法国不惜动用政治否决权为欧美自贸谈判设置的"文化例外"底线，使美国娱乐文化全球支配性地位对世界文化多样

---

[*] 张满丽系中国社会科学院新闻与传播研究所编审，本文发表时为副编审。

① 〔法〕菲利佩蒂：《法国——直面自由市场坚持"文化例外"的先锋》，《世界报》2013 年 6 月 14 日。转引自《法国誓将"文化例外"进行到底抵抗欧美自贸协定》，2013 年 6 月 20 日，人民网，http://culture. people. com. cn/n/2013/0620/c172318 – 21905960. html。

性的影响又一次成为国际舆论的焦点。

20 世纪 90 年代初，美国政治学家、卡特时期的国家安全事务助理布热津斯基（Z. Brzezinski），在回答美国地理政治学家米歇尔·富歇（Michel Foucher）关于"军事力量、经济成功、文化影响和意识形态，哪一个将是 90 年代决定谁是世界强国的突出要素"时认为，"随着苏联威胁的消失，军事要素将肯定会丢掉其重要性。因此，经济成功和文化影响将会越来越重要"。而对于经济成功与文化影响孰轻孰重，布热津斯基毫不犹豫地倾向于文化影响，他说："我认为我们今天冒的风险是太天真地相信美国、日本和德国的富裕模式和市场自由……不管怎么说，美国强大的基础在很大程度上是它对传播的世界市场的支配。世界上流通的 80% 的文字和影像来源于美国。"① 布热津斯基对传播支配权对国家实力影响如此高的估价，在今天这个信息全球流动的时代并不过分，"其原因不仅在于意识形态和文化劝服等'软实力'在美国统领世界的过程中起着重要的作用，而且在于现在的文化和传播产业本身就是全球经济的重要组成部分"②。

以好莱坞为代表的美国娱乐产业不仅在全球文化市场占有支配地位，而且是美国仅次于航空业与军工业的第二大出口产业，近百年来，美国娱乐业的迅猛发展很大程度上是依靠其海外市场的不断扩张来实现的。这种扩张也得到了美国政府的全力支持，美国政府在国际贸易领域秉持最绝对的自由主义立场，就是为了在全球范围内帮助美国文化产品自由流通扫清障碍，使其在国际竞争中处于优势地位的行业始终领先于别国。而无论是出于维护民族文化产业的考虑，还是保持民族文化独立与完整性的考虑，深受好莱坞文化冲击的国家，对于美国大众文化对全球想象力的侵蚀都不会坐视不理，与美国的冲突也在所难免。

一　非官方软实力：好莱坞的全球扩张与制胜之道

哈佛大学教授小约瑟夫·奈（Joseph S. Nye Jr.）认为："实力是指对他人施加影响以达己愿的能力，而软实力则是通过吸引或收买而非强迫的手段来实现自身目的的能力。"③ 据此他归结道："从好莱坞到哈佛再到盖茨基都是源自公民社会的、非官方的

---

① 〔法〕阿芒·马特拉：《世界传播与文化霸权》，陈卫星译，中央编译出版社，2001，第 151～152 页。

② 赵月枝：《中国与跨国资本：文化视野中的考量》，《新闻与传播评论》（2005 年卷），武汉出版社，2006。

③ 小约瑟夫·奈：《前言》，〔美〕奈森·嘉戴尔斯、迈克·麦德沃：《全球媒体时代的软实力之争：伊拉克战争之后的美国形象》，中信出版社，2010，第 IX 页。

软实力缔造者。"①

在电影业的世界市场上，好莱坞是后起之秀。电影起源于欧洲，欧洲在电影业的早期曾经辉煌一时。在 20 世纪的第一个 10 年期间，英国电影在世界电影市场占据着主导性地位，世界 30% 的电影由伦敦生产，到 1910 年，英国电影已占有美国电影市场 15% 的份额。② 同一时期，法国的百代公司亦曾占据世界电影业的龙头地位，创建于 1907 年的法国百代公司在一战前的发行网遍布德国、意大利、西班牙、瑞士、荷兰、葡萄牙、瑞典、土耳其、美国和巴西等十多个国家。③ 然而，欧洲电影业在第一次世界大战中遭受重创，英法在欧洲的电影霸权崩溃，不仅丢掉了重要的出口市场，甚至不能控制自己国内的市场，欧洲电影业无可挽回地衰落了。而由独立制片人在 1909～1913 年建立起来的好莱坞则借机开启了其国际化之路，并迅速在美国与欧洲取得了霸权，至 1930 年，美国电影工业出口比欧洲多四倍，大部分产品出自五大公司——派拉蒙、雷电华、二十世纪福克斯、华纳、雷柯。④ 到 80 年代末，好莱坞更是开启了其快速扩张的征程。耶鲁全球化研究中心的报告显示，1986～2000 年，美国娱乐业出口总值从 16.8 亿美元增长到 88.5 亿美元，涨幅达 426%。⑤ 2005 年，好莱坞电影的国际票房收入占其总收入的 40%，到 2008 年，这一比例已超过 60%，其国内票房为 96 亿美元，国外票房则高达 170 亿美元⑥，这一年美国电影的出口量是其进口电影的 10 倍⑦。

好莱坞的全球扩张在为美利坚合众国带来巨大商业利益的同时，也使美国的价值观行销全球，使美国成为信息与文化产品的最大输出国，得以在世界树立起一种"辐射全球的参照和价值"⑧。好莱坞影像向全世界展示其技术的先进与经济的成功，美式"美好生活"理念也随之传遍全球。

---

① 小约瑟夫·奈：《前言》，〔美〕奈森·嘉戴尔斯、迈克·麦德沃：《全球媒体时代的软实力之争：伊拉克战争之后的美国形象》，中信出版社，2010，第 XII 页。

② R. R. Bowerk, Analysis of the Annnual Number of British Films in American Film Institute, *catalogue of Motion Pitures Released in the United States 1890 - 1910*. New York and London. 1995. p. 35.

③ 〔法〕阿芒·马特拉：《世界传播与文化霸权》，陈卫星译，中央编译出版社，2001，第 20 页。

④ 〔法〕阿芒·马特拉：《世界传播与文化霸权》，陈卫星译，中央编译出版社，2001，第 62 页。

⑤ 〔美〕奈森·嘉戴尔斯、迈克·麦德沃：《全球媒体时代的软实力之争：伊拉克战争之后的美国形象》，中信出版社，2010，第 13 页。

⑥ 〔美〕奈森·嘉戴尔斯、迈克·麦德沃：《全球媒体时代的软实力之争：伊拉克战争之后的美国形象》，中信出版社，2010，第 12 页。

⑦ 〔美〕奈森·嘉戴尔斯、迈克·麦德沃：《全球媒体时代的软实力之争：伊拉克战争之后的美国形象》，中信出版社，2010，第 5 页

⑧ 雅克·里戈：《对外文化关系》，*La Documentation frangaise*，1979 年。转引自〔法〕阿芒·马特拉：《世界传播与文化霸权》，陈卫星译，中央编译出版社，2001，第 189 页。

对于以好莱坞影像为代表的美国娱乐文化的全球支配地位所具有的力量，从布热津斯基到约瑟夫·奈，美国政治家与学者给予了高度重视。美国《新见识季刊》总编辑、享有盛名的外交事务专栏作家奈森·嘉戴尔斯（Nathan Gardels）与好莱坞顶级制作人、美国前总统克林顿与现任总统奥巴马的公共关系顾问迈克·麦德沃（Mike Medavoy）共同撰写的《全球媒体时代的软实力之争：伊拉克战争之后的美国形象》一书，致力于"系统地研究好莱坞对全球公众舆论以及美国大众想象力的影响"①。两位作者对以好莱坞为首的美国娱乐文化的全球影响力有充分的自信，他们申明："本书一直在强调，由于美国大众文化的渗透力及其讲故事的有力影响，在国内外思想倾向的形成方面起着非同小可的作用，所以他们所作的努力也许与国务院公关人员或者政治领袖不相上下。"②他们认为"在过去的一百年，好莱坞娱乐业，不管是有着浓厚社会和政治背景的电影，还是纯粹的娱乐电影，都潜移默化地深刻影响了美国人对没有亲身体验的外部世界的看法，就像这些电影将美国展示给外部世界一样。总而言之，比起历史书籍或者新闻媒体，好莱坞在推动美国与世界相互了解方面发挥了更大的作用"③。由此他们乐观地预言："尽管面临激烈的挑战，今日全球信息经济的核心仍然是美国的媒体集团，其中包括好莱坞的娱乐业。如果说文化是未来一段时间内世界事务的先驱，那么，就像硅谷、五角大楼或者美国国务院一样，好莱坞的角色必将熠熠生辉。"④

对于好莱坞的商业成功，欧洲人认为主要是得益于其庞大的国内市场与高效的商业运营机制。按照法国人贝尔纳·古奈（Bernard Gournay）的分析，好莱坞电影在全球市场上的优势基于两点原因。首先是价格，美国国内市场本身足够大，本土电影院的票房收入基本可以补偿电影（包括所有"高概念电影"，high concept movie，法国人用 super-production，中国一般称之为"大片"）制作的巨额花费，所以制作商能够以大大低于竞争价格的售价在海外出售其产品；另外，好莱坞拥有包含电影整个制作过程在内的高效的运作体系，以及密集高效的全球分销网络。美国没有像其他国家那样受到两次世界大战的影响，好莱坞各大公司从 20 世纪二三十年代开始，就探索并逐步地建立起一些高效的商业机制，从前期市场研究、流行主题的研判、迎合大众口味和期望值的电影脚本

① 〔美〕奈森·嘉戴尔斯、迈克·麦德沃：《全球媒体时代的软实力之争：伊拉克战争之后的美国形象》，中信出版社，2010，第 152 页。
② 〔美〕奈森·嘉戴尔斯、迈克·麦德沃：《全球媒体时代的软实力之争：伊拉克战争之后的美国形象》，中信出版社，2010，第 129 页。
③ 〔美〕奈森·嘉戴尔斯、迈克·麦德沃：《全球媒体时代的软实力之争：伊拉克战争之后的美国形象》，中信出版社，2010，第 34 页。
④ 〔美〕奈森·嘉戴尔斯、迈克·麦德沃：《全球媒体时代的软实力之争：伊拉克战争之后的美国形象》，中信出版社，2010，第 2 页。

的选择和确定、明星制的演员选择与培养机制到借助最先进的技术完成严格意义上的拍摄、为了最大限度地让观众满意而做的剪辑、海内外的宣传推广活动以及对电影院和电视台经营者的公关，等等，包括电影产销所有环节的运作流程已经程式化。这种高效的程式化运作模式使他们取得了巨大的商业成功，这些成功又让他们吸引并集中越来越多的资金来完善运作流程，从而游刃有余地面对电影生产的固有风险，并进一步拓展其院线和分销网络，特别是海外市场。①

对此，嘉戴尔斯与麦德沃则认为，除了其高效的运营机制，好莱坞的制胜之道主要还是得益于关于"美好生活"的动人故事与成功的形象生产与商业化推广。如他们所言："好莱坞在过去一个世纪中实力彰显的原因不言自明，早在电影胶片和电视发明之前，柏拉图就懂得那些会讲故事之人必将抓住统治权。"② 而且形象是人们形成感知的基础，人们为故事所打动，往往不是因为其所蕴涵思想的吸引力，而是其中的形象在多大程度上使人感同身受。人们通过某种行之有效的意象或比喻来理解世界，他们对"美好生活"的憧憬大体上也是由某种行之有效的意向所决定的，而"人类有史以来最大的形象放映机当然非好莱坞莫属"③。所以，"在全球争取民心向背的角逐中"，美国"因为它支配着形象、偶像和信息的流动"而占据上风。④

二 "文化例外"之争：国际贸易
领域的影像战争

对于好莱坞故事和影像的力量，美国人自信满满。而对于那些希望保持其自身文化独立的国家来说，却是忧心忡忡。在那些信息与文化产品输入国，影院里播放的好莱坞大片讲述着美国故事，主要依赖别国提供的电视影像展示着他人的生活方式，便捷地使用着远在美国的数据库里经过整理和加工的信息，曝露在这种外来信息主导的文化环境中的国民与在这种环境下成长的孩子，对其本国民族文化的认同与记忆将会是怎样一种状态？大量的文化输入所导致的文化异化似乎是不可避免的，文化弱势国家民族文化的

① 〔法〕贝尔纳·古奈：《反思文化例外论》，社会科学文献出版社，2010，第76~77页。
② 〔美〕奈森·嘉戴尔斯、迈克·麦德沃：《全球媒体时代的软实力之争：伊拉克战争之后的美国形象》，中信出版社，2010，第2页。
③ 〔美〕奈森·嘉戴尔斯、迈克·麦德沃：《全球媒体时代的软实力之争：伊拉克战争之后的美国形象》，中信出版社，2010，第4页。
④ 〔美〕奈森·嘉戴尔斯、迈克·麦德沃：《全球媒体时代的软实力之争：伊拉克战争之后的美国形象》，中信出版社，2010，第6页。

独立性与完整性受到严重威胁。对此，遭遇文化倾销的国家不无忧虑，印度分析家查卡瓦提·拉杰瓦（C. Raghavan）在谈到信息流量不均衡对南北关系的冲击时甚至认为这是"第三世界真正的重新殖民化"①。其实，不独发展中国家对进口信息与文化产品所产生的长期影响充满忧虑，法国、加拿大等西方强国对文化侵蚀的危险也深感不安。法国总统密特朗（F. Mitterrand）在1982年6月于凡尔赛举行的七国首脑会议上发表题为《技术、就业与增长》的演讲，在演讲中他表达了对信息集中于几个大国的文化工业中所产生的对"记忆"与"思想和决定的自由"的威胁，及"统一文化和语言"的风险所感到的不安，他提议制定一个《世界传播宪章》来"担保南方国家掌握他们的传播工具和信息手段"，"保卫国家主权以及受到新技术威胁的文化完整性"②。

面对超级强大的好莱坞，几乎所有国家的电影业都显示出某种程度的"残缺症"。对此，国家如果不进行必要的干预，其"国产电影要么会消失（比如在最发达的国家），要么就不能诞生（在其他国家）"③。包括欧洲一些经济较发达的国家在内的许多国家，因为人口规模较小致使国内视听市场过于狭窄，单靠影片发行收入不足以支撑电影制作所需的高额费用，在技术与制作营销上也无法与好莱坞相抗衡。为了能使本国电影业不致为好莱坞飓风所摧毁，要有自己的电影来讲述自己的故事、展示自己的生活、塑造自己的形象，表达自己的价值与理念，各国对自己的民族电影业不同程度地施与保护和扶持，主要措施归结起来不外乎对进口电影实行配额限制与对本国电影业进行公共财政补贴。早在两次世界大战之间，面对汹涌的好莱坞浪潮，欧洲国家就不同程度地实施了文化抵御政策。德国于1916年最先对外国电影的进口加以控制④，1926年，法国开始对美国电影实行配额政策⑤，英国政府也曾长时间（1927~1985）实行银幕配额制（screen quota system），规定电影院必须向公众放映一定数量的国产影片。⑥ 防御之外，对本国电影业的扶持也是由来已久。英国政府于1933年创立英国电影学院，其责任是"鼓励电影艺术的发展，促进电影艺术的使用以使现代生活习俗的记忆永久保存，以及鼓励对各种不同观点的研究和分析"⑦。1949年英国政府成立国家电影筹资公司，它是

① 拉杰瓦：《重新殖民化：第三世界的未来和国际关贸总协定谈判》，L' Harmattan, Paris, 1991。转引自〔法〕阿芒·马特拉：《世界传播与文化霸权》，陈卫星译，中央编译出版社，2001，第197页。
② 密特朗：《技术、就业与增长》，*La Documentation frangaise*，1982年。转引自〔法〕阿芒·马特拉：《世界传播与文化霸权》，陈卫星译，中央编译出版社，2001，第221~222页。
③ 〔法〕贝尔纳·古奈：《反思文化例外论》，社会科学文献出版社，2010，第55页。
④ 〔法〕阿芒·马特拉：《世界传播与文化霸权》，陈卫星译，中央编译出版社，2001，第20页。
⑤ 〔法〕阿芒·马特拉：《世界传播与文化霸权》，陈卫星译，中央编译出版社，2001，第289页。
⑥ 〔法〕贝尔纳·古奈：《反思文化例外论》，社会科学文献出版社，2010，第13页。
⑦ 〔法〕贝尔纳·古奈：《反思文化例外论》，社会科学文献出版社，2010，第12页。

一种半官方的组织，为电影制作提供贷款，1950 年又创立英国电影生产基金会，该基金会对电影票房收入征收附加税用以资助国产电影，1992 年英国政府通过相关的减税政策支持英国电影产业发展，1995 年允许彩票资金用于资助电影制作。深受共和主义传统影响的法国政府，对承载法国文化与价值的本国电影更为重视。1948 年法国议会通过了电影资助法案，规定对电影票房收入加征 11% 的特别税，税收所得用来建立一个国家基金，专门资助法国的电影人，以支持法国电影制作。1949 年"法国电影对外传播协会"成立，同时在外交部还设有专门的电影事务办公室，在国家电影中心设有专门的影片输出资助金，资助制片人或出口商，鼓励将法国电影输往世界各地。1958 年成立的文化事务部下设的国家电影中心，开始实施对法国电影的择优资助政策，通过由独立人士组成的委员会对高质量电影的制片人给予国家资助，国产电影如果被称为"预付票房款委员会"的专家小组选中，就可以得到一笔无息贷款，只有当票房收入有能力偿还时，才需要偿还这笔贷款。1989 年"朗格计划"（Plan Lang）对国产电影制作提供高额补贴，旨在捍卫并传播法语文化和增强文化多样性。到 80 年代，欧盟开始以公共政策的方式支持建立欧洲共同市场，支持欧洲影像业。1988 年欧洲理事会发起"欧洲影像（EURIMAGES）计划"，成立文化事务委员会和文化顾问委员会，开展了欧洲影视年活动，并设立了妇女影视形象奖、青年撰稿人基金和广告奖等，通过鼓励欧洲范围内的影视合作，促进欧洲的电影产业发展。为欧洲电影与视听产业的生产提供广泛的财政支持，从而帮助该产业迎接文化与技术方面的挑战。[1]

欧洲是好莱坞最重要的海外市场，美国政府在两次世界大战后都曾不遗余力地通过"公共外交方面的官方努力"帮助好莱坞开拓海外市场。一战后，美国政府利用马歇尔计划的影响力迫使欧洲与亚洲向好莱坞电影开放市场，20 世纪 20 年代好莱坞票房收入中即有 35% 是来自海外市场的，1925 年法国电影市场 70% 的份额为好莱坞电影所拥有。二战后，为帮助好莱坞重获战后欧洲市场，美国政府于 1948 年实施了"信息媒介保障计划"，这一计划承诺政府将以美元形式返还好莱坞制片公司在欧洲市场所赚取的不可兑换货币。对于美国政府而言，正如美国国务院在 1948 年的备忘录中表明的"作为美国亲善大使的美国电影向全世界所有国家诠释美国的生活方式，其价值从政治、文化和商业的角度而言都无法估量"[2]。同时，包括好莱坞在内的美国娱乐业，作为美国重要的出口产业对美国经济的贡献于美国政府也是意义非凡的。而欧盟与欧洲国家对本土电

---

① 〔法〕贝尔纳·古奈：《反思文化例外论》，社会科学文献出版社，2010，第 12~21 页。
② 〔美〕奈森·嘉戴尔斯，迈克·麦德沃：《全球媒体时代的软实力之争：伊拉克战争之后的美国形象》，中信出版社，2010，第 42~43 页。

影的扶持无疑为好莱坞的海外拓展设置了障碍，更为严重的是，这种政策的国际示范效应会给好莱坞带来更大的威胁，美国政府自然不能坐视不理。于是，1993 年，在关税和贸易总协定（GATT）乌拉圭回合谈判（1986～1994）的最后阶段，美国政府以贸易自由主义为旗帜，在国际多边贸易谈判中发起了对文化保护政策的攻击，遭到以法国为首的欧盟和加拿大等国的抵制，引发了"文化例外"之争。

1947 年签署的《关税和贸易总协定》（General Agreement on Tariffs and Trade, GATT）是一个政府间缔结的有关关税和贸易规则的多边国际协定，旨在通过实质性削减关税和其他贸易壁垒，消除国际贸易中的歧视性待遇，以实现世界资源的充分利用以及扩大商品的生产与交换，提高生活水平、保证充分就业。针对当时的国际贸易环境，其重点是消除对非本国公司的歧视性政策，保证所有公司都能在市场开放、自由的环境下公平竞争，协定主要规定了三项原则：（1）市场准入：取消当年非常盛行的限制外国产品进口的政策，即配额，使各国商品可以自由进入各成员国市场；（2）国民待遇：要求各成员国给予外国公司和本国公司同样的待遇，为此应尽快停止一切直接或间接损害本国和外国公司公平竞争的政策和行为。成员国应承诺废除对本国公司且只对本国公司提供的各种资助，包括补贴、低息贷款、借贷担保等等，大幅降低并最终取消对进口商品征收的关税。（3）最惠国待遇：在对外贸易上，各国必须停止一切对某一个或某一些国家有利，却有损于其他国家的行为。不过 1947 年签署的《关税和贸易总协定》只涉及货物贸易，不包括服务贸易。协议各缔约方还确立了各成员国通过定期协商解决贸易问题的谈判机制。在 1986 年开始于乌拉圭埃斯特角城的关贸总协定最后一轮谈判中，服务贸易被纳入谈判议程。

1993 年初，美国代表团在日本等一些国家的支持下提出了一个明确要求："电影和所有的音像制品将来也应该属于百分之百的自由贸易产品"，适用自由贸易原则。① 各国政府和欧盟应在最后达成的协议中承诺无条件结束对这些商品实施的歧视性措施，不论这些产品出自国有公司还是私人公司。这一要求立刻遭到法加及欧盟的坚决反对，欧盟与法加等国认为文化产品是承载意义与价值的特殊产品，不同于一般商品，因而不适用规范一般货物贸易的自由贸易原则，并据此明确提出"文化例外"主张。

其实，早在北美自由贸易谈判中，加拿大就成功践行了"文化例外"的原则。在谈判中加方坚持协定不涉及他们之前为支持文化产业而采取的措施，如政府在电影和碟片的生产，书籍杂志的出版和广播电视光纤转播等领域所实行的一系列扶持政策。美国方面强烈反对，但最终还是做出了部分让步，1988 年签署的《北美自由贸易协定》明

---

① 〔法〕贝尔纳·古奈：《反思文化例外论》，社会科学文献出版社，2010，第 32 页。

确标示："本条约不涉及文化产业。"① 而 1993 年的这场"文化例外"之争，持文化保护立场的国家至少在表面上没有达成将文化产品与服务置于自由贸易协定之外的目标，1994 年最终的协议在摩洛哥的马拉喀什签署时，文化产品与服务还是被包含在国际多边贸易协议框架之中。但这并不表明自由主义者获得了全面的胜利，协议达成的妥协是，在有争议的领域，各成员国可以暂不执行有关的强制义务。当然这需要通过谈判，在《服务贸易总协定》（GATS）框架内的服务贸易承诺减让表中，对有争议领域的承诺进行具体的限制，甚或不作有关市场开放的强制性义务承诺，同时，还可以在 GATS关于第 2 条豁免的附件，即"最惠国待遇豁免清单"中列明需要豁免的为支持文化产业所采取的具体措施。

在乌拉圭回合谈判中，欧盟与加拿大等国就充分利用了这些条款，为本国文化保护政策的持续实施争取到最大空间。欧盟除对文化服务业（主要指以文艺表演为主的文化娱乐服务和图书馆、档案馆、博物馆等文化场馆服务）做出有限开放的承诺以外，对于视听服务部门（包括电影与广播电视）没有在承诺减让表中作任何开放承诺，还将音像制品生产与分销，电影、电视节目制作与分销等一系列单边管理与优惠措施列入最惠国待遇豁免清单中。

2001 年正式加入世界贸易组织时，中国政府经过艰难谈判也为自己在文化领域，尤其是视听产业领域保持政策自主权争取到了较大的空间。在《服务贸易具体承诺减让表》中，有关视听服务，中国在水平承诺中国民待遇方面，对于给予视听服务、空运服务和医疗服务部门中的国内服务提供者的所有现有补贴不作承诺。对于视听产品，中国承诺自加入时起，在不损害中国审查音像制品内容的权利的情况下，允许外国服务提供者与中国合资伙伴设立合作企业，从事除电影外的音像制品的分销；在不损害与中国关于电影管理的法规的一致性的情况下，自加入时起，中国将允许以分账形式进口电影用于影院放映，此类进口的数量应为每年 20 部。对于电影院服务，在市场准入方面，以商业存在方式提供服务的，自加入时起，将允许外国服务提供者建设和/或改造电影院，外资不得超过 49%。此外没有其他承诺。②

或出于现实的政治经济考量，或对于历史文化传统的承继，无论基于何种原因，各国或多或少都保留了对本国文化产业的保护立场。截止到 2005 年，世界贸易组织 146个成员中，在文化产品和服务领域作出开放承诺的只有 21 个，其中，承诺完全开放其

---

① 〔法〕贝尔纳·古奈：《反思文化例外论》，社会科学文献出版社，2010，第 33 页。

② 世界贸易组织：《中华人民共和国加入议定书——附件 9：中华人民共和国服务贸易具体承诺减让表第 2 条最惠国豁免清单》，2001。

文化市场的只有美国与中非，其余成员在文化领域的开放承诺都是有限制的。① 由此可见，在文化贸易领域极力推行完全自由化的战斗中，美国遭遇的几乎是全世界的抵抗。

三　文化独立：非哲学反思术语

持文化保护立场的国家和文化自由贸易的信奉者虽然在乌拉圭回合服务贸易谈判中达成了妥协，但围绕"文化例外"的公共辩论和外交斡旋远远没有结束，各国维护其文化独立与文化政策自主权的努力也从未停歇。2001 年，法国总统希拉克在联合国教科文组织第 31 届大会的开幕式上进一步提出"文化多样性"原则，主张"应对文化全球化，就是要提倡文化多样性。这种多样性是建立在确信每个民族可以在世界上有自己独特的声音，每个民族能够以它自身的美丽和真理充实人类的财富"②。也是在这次大会上，《世界文化多样性宣言》得到一致通过。在法国与加拿大的推动下，2005 年 10月 20 日，联合国教科文组织第 33 届大会以压倒性多数，148 票赞成、2 票（美国和以色列）反对通过了《保护文化内容和艺术表现形式多样性国际公约》③，将文化多样性原则提高到国际社会应该遵守的共同原则的高度，为保护世界文化多样性提供了国际法基础。2013 年欧美自贸谈判开启之时，法国仍然持坚定的"文化例外"立场，不惜动用政治否决权，坚持将视听等文化产业从一切自由贸易谈判中排除作为谈判开启的先决条件。

"文化例外"在国际层面引发的公共辩论中，文化贸易自由主义的支持者，以自由主义经济理论为圭臬，把单一全球市场的出现以及全球竞争规则赞美为人类进步的标志，极力主张去国家化，反对一切形式的国家干预。认为在全球联系空前紧密的时代，国家干预应让位于市场力量，使产品与生产要素在国际范围内不受阻滞地自由流动，充分发挥各国各地区的比较优势，形成高效合理的国际分工，以最低的成本生产最好的产品，为全世界的消费者提供最好最廉价的产品与服务。主张文化产品与服务应当与一般商品与服务一样，在统一的全球市场上充分竞争，优者胜出，才最能体现公平与效率原则。同时从自由主义哲学立场出发，强调自由选择——是建立在自由制度基础上的社会中公民的基本权利。在消费主义意识形态与新自由主义全球化的混合语境中，消费者已

① 李嘉珊：《文化贸易在自由竞争与多样性保护下的发展博弈》，《国际贸易》2008 年第 12 期。
② 朱伟明：《法国政府对本国文化的保护和传播》，凤凰网，2010 年 4 月 7 日，http://news.ifeng.com/opinion/topic/yingwensuoxie/201004/0407_9933_1597905.shtml。
③ 〔美〕奈森·嘉戴尔斯、迈克·麦德沃：《全球媒体时代的软实力之争：伊拉克战争之后的美国形象》，中信出版社，2010，第 66 页。

取代公民，所以自主的消费者自由选择娱乐方式与内容的权利应得到充分尊重。而文化保护政策通过国家干预破坏了公平竞争的市场环境，只能带来市场扭曲与低效。文化产品进口配额制和对本国文化产业的择优资助机制，其实质是一种专制主义的审查行为，是将政府与精英的品位强加于大众，以岛国文化心态阻碍文化信息的自由流通，从而导致了狭隘和倒退的民族主义。

国家文化保护政策的支持者则认为电影是生活的镜像反映，电影和电视是当代生活中新型的表达和交流形式，而且也是大众最有机会接触到的文化图景，大众能从本国人创作和演绎的作品中，看到本国的历史、现状、生活方式、休闲娱乐、问题和困难，同时也能看到本国的未来。包括电影在内的文化产业在维护文化和语言、捍卫传统和习惯、保护民族特性等等方面具有重要的意义，关乎国家文化独立与世界文化多样性的未来。法国总统弗朗索瓦·密特朗1995年1月在欧洲议会的发言指出，"文化特例就是认为精神作品不是普通产品，就是坚信它关系到我们各民族的文化特性和各民族的文化发展权；就是要保护多元化和自由，为的是让每个国家不把代理手段让给别的国家，也就是使每个国家认识到自我存在的手段"①。加拿大文化与遗产部部长西丽亚·科普斯（Shelia Copps）在1998年6月渥太华20国文化部长会议上也强调：在信息就是力量的世界，不能仅仅将文化看成一种娱乐。每个社会的孩子们都应该有机会听到自己祖先的故事，并在未来的现代文化中留下自己的印迹。②

而在当今世界文化市场上，美国影视产业堪称世界之最，美国公司生产的影片放映时间占全球的50%以上，电影票房占全球的三分之二以上。好莱坞电影占据了世界电影市场份额的92.3%，且其现有50%以上的收入来自海外市场。在欧洲播放的电影中，美国电影占70%以上。美国电视节目在世界125个主要市场播出，美国控制了世界75%的电视节目和60%的广播节目的生产与制作，每年向国外发行的电视节目总量多达30万小时。许多发展中国家播出的电视节目中美国的节目高达60%~80%，这些国家成了美国电视的转播站和美国文化的宣传站。而美国自己的电视节目中，外国节目仅占1%~2%。③在这种极度不平衡的现实条件下，单纯依靠市场机制无法解决社会公平问题，仅靠市场配置资源，会使资源趋向优势集中，引发强者愈强、弱者愈弱的马太效应；而且资本趋利的动机会倾向于可使利润最大化的垄断，先进入某一市场的行动者会

---

① 〔法〕贝尔纳·古奈：《反思文化例外论》，社会科学文献出版社，2010，第53页。
② 〔美〕奈森·嘉戴尔斯、迈克·麦德沃：《全球媒体时代的软实力之争：伊拉克战争之后的美国形象》，中信出版社，2010，第65页。
③ 郑雄伟：《2011年全球文化产业发展报告》，新浪财经，2012年2月6日，http://finance.sina.com.cn/hy/20120206/092711319156.shtml。

凭借自己的先在优势，不断改进技术、扩大市场，为获得规模效应而不断兼并，取得垄断地位，使得后进入者缺乏竞争能力，导致不平衡加剧。好莱坞凭借其先发优势已经在世界范围获取了垄断地位，而美国在数字技术方面一直占据着领先地位，美国的影视业，特别是好莱坞大片几乎把每一项对影视产业可能产生影响的科技成果同步运用于电影、电视之中，数字技术运用于影视制作使好莱坞如虎添翼，而数字鸿沟更拉大了其他国家与美国已有的差距。在这样实力悬殊的市场上自由竞争，各国各地区的文化产业很可能会被好莱坞八大公司这样的来自控制国际市场的跨国娱乐集团所生产的电影、电视和音乐节目所淹没。在这种差距下奢谈自由，无异于阿芒·马特拉（A. Mattelart）所说的"狐狸在鸡窝里的自由"①。

而当好莱坞电影在自由的全球市场上成为最终的胜利者，全世界消费者面对的就只有好莱坞产品，所谓的自由选择的权利实质上只能是好莱坞菜单内的选择自由，除此别无选择。对此，墨西哥剧作家、电影导演萨比娜·贝尔曼（Sabina Berman）认为："没有电影的国家就像没有镜子的房子，住在里面的人无法看到自己，无法重新塑造自己。更糟糕的是，如果一个房子里的镜子照出来的都是别人的形象，这些形象只会让那些住在房子里的人感到不适与陌生。"② 而埃及剧作家兼电视制片人艾哈迈德·海巴（Ahmed Abu Haiba）也不无忧虑地感叹："如果失去了文化，我在自己的国家就是个陌生人。"③

对于自由主义者所谓狭隘民族主义、阻碍文化自由交流的指责，加拿大文化与遗产部部长西丽亚·科普斯引用圣雄甘地的话回应道："我不希望我家四周都是围墙，而且门窗紧闭。我希望所有文化之风都尽可能自由地在我的房子周围吹拂，但是我不愿被任何文化吹倒在地。"④ 强调文化领域的国家干预，并不是要排斥外来文化，而是要保持自身文化的独立性，不致使自己的文化因外来文化的侵袭而丧失民族性。

此外，继承了法兰克福学派对文化工业的批判，"文化例外"立场的支持者还担心，文化产业仅仅受控于"娱乐行业"的规则，以盈利为唯一目标的跨国娱乐集团出于风险管控的需求，只对满足大众，尤其是主要的影视消费群体——年轻人的"一般"口味的

① 〔法〕阿芒·马特拉：《世界传播与文化霸权》，陈卫星译，中央编译出版社，2001，第256页。

② 萨比纳·贝尔曼：《全球化的委婉语》，转引自联合国教科文组织编《世界文化报告——文化的多样性、冲突与多元共存》，关世杰等译，北京大学出版社，2002，第94页。

③ 〔美〕奈森·嘉戴尔斯、迈克·麦德沃：《全球媒体时代的软实力之争：伊拉克战争之后的美国形象》，中信出版社，2010，第114页。

④ 〔美〕奈森·嘉戴尔斯、迈克·麦德沃：《全球媒体时代的软实力之争：伊拉克战争之后的美国形象》，中信出版社，2010，第66页。

"标准"产品感兴趣，由此导致的娱乐标准化和同质化会威胁到世界文化多样性。联合国教科文组织前总干事松蒲晃一郎就表达了这样的忧虑，他说：我们可能生活在许多人都在享受着格外丰富多样的文化产品的时代，但是没有不断地从有形和无形的文化多样性的资源中进行创新，这些文化产品的生产（不论其产量多么多）事实上都是文化贫困。文化多样性的丧失不仅仅对文化本身，而且对整个人类发展都会带来严重后果。①

同时，比自由主义历史更悠久的共和主义思想传统在欧洲大陆有着深远的影响，共和主义崇尚理性的自主和自治的积极自由，认为只有自由国家才能保障公民个人自由的实现，而维系自由制度必须仰赖公民美德与政治参与，强调公民教育的重要性，认为公民美德必须经由教育、日常习俗和文化实践的培养与熏陶而获得。共和主义强调共同的善，注重公民美德与公民教育，与好莱坞为娱乐大众而充斥性与暴力的感官文化无法相容。密特朗总统任期内的法国文化部长杰克·朗（Jack Lang）就指责大众文化"没有根基、没有灵魂、没有色彩也没有品位"②。在贝尔纳·古奈看来，法国和加拿大等国在文化贸易领域坚持保护主义立场，还涉及"艺术和文化民主化"政策。这些国家坚持它们已经采取的政策支持艺术和文化生活，其目的在于保护和丰富民族性，支持当代作品的生产和发展，让尽可能多的人参与高质量的休闲活动，推动艺术大众化，传授艺术知识，发展国际文化交流。③

面对美国娱乐文化对全球想象力的侵蚀，"从新加坡到渥太华，从墨西哥城到首尔的各国文化部长、艺术家、电影制作人以及政治家们都在担心自己的文化传统会被那些同质化、充斥着演艺巨星和特技效果的商业大片所淹没"④。正如雅克·里戈（Jacques Rigaud）所言："文化独立不是哲学反思的术语，而是一种真实的现实。"⑤

四 结语：数字民主化——不确定的希望

对于美国大众文化在全球的支配性影响，国家文化保护政策支持者的担忧主要集中

① 松蒲晃一郎：《序言》，联合国教科文组织编《世界文化报告——文化的多样性、冲突与多元共存》，关世杰等译，北京大学出版社，2002，第1页。
② 〔美〕奈森·嘉戴尔斯、迈克·麦德沃：《全球媒体时代的软实力之争：伊拉克战争之后的美国形象》，中信出版社，2010，第63页。
③ 〔法〕贝尔纳·古奈：《反思文化例外论》，社会科学文献出版社，2010，第43页。
④ 〔美〕奈森·嘉戴尔斯、迈克·麦德沃：《全球媒体时代的软实力之争：伊拉克战争之后的美国形象》，中信出版社，2010，第61页。
⑤ 雅克·里戈：《对外文化关系》，*La Documentation frangaise*，1979年。转引自〔法〕阿芒·马特拉：《世界传播与文化霸权》，陈卫星译，中央编译出版社，2001，第189页。

在三个方面：第一，在不平等基础上的自由竞争只会导致强者愈强、弱者愈弱的马太效应，尤其是在以美国为首的文化输出国的几个跨国公司已取得全球垄断地位，并且其控制力仍在加强的情况下，文化弱势国家在国际文化市场竞争的失败会导致其本国文化产业的衰退甚或消亡。第二，文化多样性是人类共同的遗产，文化工业化所遵循的娱乐标准化操作模式将导致文化同质化和文化贫瘠，会使深受文化倾销之害的文化弱势国家丧失其文化个性，民族文化受到威胁，从而威胁到人类文化多样性。曾任葡萄牙文化部长的曼努埃尔·马里亚·卡里略（Manuel Maria Carrilho）就明确指出，"市场的逻辑不足以保证文化的多样性"①。第三，以好莱坞八大公司为首的跨国娱乐集团在全球范围内操控艺术文化产业并使之变成了"娱乐行业"，艺术文化产业仅仅受控于"娱乐行业"规则，在任何努力都是为了市场占有率的现代娱乐价值观支配下，好莱坞影片中充斥着性与暴力的放纵文化则会使低俗文化盛行，从而淹没严肃文化及传统文化，降低公民素养。

对于跨国娱乐公司权力与消费主义意识形态对文化的侵蚀，娱乐至上导致好莱坞影片中性与暴力泛滥所遭致的反感，以及文化偏见造成的对他者误读与污名化而引发的敌意，美国国内批评与反思的声音也一直不断。20世纪50年代起，美国知识阶层中，无论左翼、右翼还是中翼都有对于大众文化的批判，90年代关于文化衰微的论调更是喧嚣一时。② 在此背景下出现的文化环境运动（Cultural Environment Movement）也得到美国各界积极响应与广泛参与。媒介学者乔治·格伯纳（George Gerbner）为运动的领导者，他在文化环境宣言里列举了美国的文化粗鲁与社会堕落，指责强悍的大公司、大企业控制了美国的娱乐业，尤其控制了电子媒体。它们成了"我们私人生活里的'文化部'"。文化环境为人们构造社会环境，提供万物如何运行、如何构成的故事，主导这些故事内容的是过度消费。他追求媒体改革，希望在不诉诸审查的情况下，"呼吁好莱坞"确立一种"伦理规范"以恢复"我们文化的健康"。在宣言上签名的有前总统吉米·卡特和杰拉德·福特，文化保守主义者、《好莱坞对阵美国》的作者迈克尔·梅德维德，宗教领袖和各种发起运动的组织和个人，几乎包含了美国政治图谱上的各色人物。③

尽管文化环境运动的政治诉求被英国文化学者吉姆·麦奎根（Jim McGuigan）评价为"无与伦比的哈贝马斯式理想主义"，要求好莱坞自己清扫节目就像唐·吉诃德战风

① 〔法〕贝尔纳·古奈：《反思文化例外论》，社会科学文献出版社，2010，第54页。
② 〔英〕吉姆·麦奎根：《重新思考文化政策》，何道宽译，中国人民大学出版社，2010，第153~157页。
③ 〔英〕吉姆·麦奎根：《重新思考文化政策》，何道宽译，中国人民大学出版社，2010，第75~78页。

车，"似乎不太切合实际"。① 但是对于好莱坞的痼疾，到目前为止似乎没有更好的解决办法。美国精英嘉戴尔斯与麦德沃在《全球媒体时代的软实力之争：伊拉克战争之后的美国形象》一书中，同样既坚持自由主义的非国家干预原则，又倡导共和主义的公民教育责任，他们为此开出的药方是好莱坞的自律与包容。对于好莱坞影片的低俗问题，他们推崇好莱坞创始人哈利·华纳（Harry Warner）的伦理观，认为电影既要娱乐，也要教育。同时提议在好莱坞圈内掀起有关形象生产责任问题的讨论，这个创意与上世纪美国新闻界提倡的报刊的社会责任理论有相当程度的类似。而解决文化冲突，则需要好莱坞的制作人具有更加包容的精神，以理解他人的文化谦逊态度，在讲述自己故事的同时，也讲述他人的故事，将全球文化内容吸纳进好莱坞的熔炉。② 暂且不论好莱坞熔炉锻造出来的文化混合体能否代表明天的全球文化，单是面对责任与利润的天平，好莱坞的私人投资者和银行家会倾向于哪一头呢？

对于现在看起来还不可战胜的好莱坞，人们往往寄希望于数字技术带来的信息民主化进程。数字生产与传播革命所提供的技术可能，使所有文化甚至个人都有能力在全球公共市场参与竞争。但是在人人都能发声的数字网络时代，谁的故事能够超越一片喧哗而最终为人所倾听？在这个新的竞技场上，技术、资本、国家究竟哪一个是故事胜出的关键因素呢？

（原载《新闻与传播研究》2014 年第 6 期）

自选理由：

好莱坞全球扩张对各国电影产业的冲击每每引发争议，而在其扩张过程中美国政府的角色和作用却常常隐而不彰。2013 年欧美自由贸易协定谈判开启之前，法国重新祭起"文化例外"的大旗，使得 20 年前关贸总协定乌拉圭回合谈判中颇具争议的问题——信息与文化产品究竟应当作为一般商品而无条件纳入自由贸易范围，还是因其文化特殊性而不适用自由贸易原则——再一次浮出水面，美国政府为推广本国文化产品而进行的外交斡旋也再一次为世人瞩目。本文分析围绕"文化例外"论所发生的公共辩论中各方的观点及其意识形态背景，探讨大众文化全球支配性地位对民族国家文化独立与世界文化多样性的可能影响，以及民族国家采取文化抵制政策立场的政治经济及社会

---

① 〔英〕吉姆·麦奎根：《重新思考文化政策》，何道宽译，中国人民大学出版社，2010，第 77～78 页。
② 〔美〕奈森·嘉戴尔斯、迈克·麦德沃：《全球媒体时代的软实力之争：伊拉克战争之后的美国形象》，中信出版社，2010，第 129～140 页。

文化原因。论文尝试在广阔的社会历史语境中，梳理分析信息与文化产品跨国流动及其对民族国家文化传统的影响的历史，探讨民族国家为保护和培育自己的文化传统所做的努力及其效果，对于今天正遭受与跨国公司同时进入的消费主义文化冲击的中国，或有镜鉴之用。

中国电影的全球化想象与
自由流动身份建构

张建珍　吴海清[*]

2013 年的电影《中国合伙人》中有几个镜头令人印象深刻，一个是成东青、孟晓骏、王阳三人年轻时申请去美国万头攒动的情景，一个是孟晓骏申请成功后别离时的豪言壮语，一个是成东青创办的出国英语培训学校中学员们的亢奋，再有一个就是成东青们成功后在美国的自得。这些镜头让人们不得不思考中国电影全球化想象的三个问题：第一，全球化的流动真的是一种自由的流动吗？还是只是资本的自由流动呢？《中国合伙人》提供包括人力资本在内的全球资本可以自由流动而人员缺乏相应的自由流动的影像。在成东青、孟晓骏等人不具有资本或者其自身没有被转化为资本之前，他们是无法全球流动的，或者流动了也只是边缘化或者被迫中止，或者似乎与跨国化的存在有点关系而最后还是被抛弃。只有成东青们成为具有全球资本力量的人，甚至被华尔街纳入其全球资本系统之中的人，他们才可以自由流动。第二，全球化秩序是一种正义的秩序还是一种缺乏公正的秩序？或者说全球化秩序到底是谁的秩序？尽管《中国合伙人》不是一部专门探索全球化秩序的电影，但从影片中可以清楚地看到它所肯定的全球秩序只是资本所有者的秩序，而不是开放的、人们可以自由而平等商议的秩序，更不是一种培养公共善的正义秩序。尤其是影片最后的美国谈判，谈判双方没有以规则、共同善、正义等价值与秩序为基础来展开，而是单纯的利益诱惑。为孟晓骏曾经所在的实验室命名也只让人看到结果，并在此基础上产生某种民族自豪感和扬眉吐气的感受，其背后也只是简单的资本权力逻辑，而忽视了这种命名本身作为一种荣誉所需要的美德支持和正当程序支撑。从某种意义上说，《中国合伙人》的叙事裂缝透露出的政治无意识可以概括

---

* 张建珍系中国社会科学院新闻与传播研究所副研究员，吴海清系北京舞蹈学院教授。

为资本至上。第三，全球化是一种同质性的过程还是多元与差异的维护和对话过程？《中国合伙人》中的全球化过程虽然可以看到不同个体奋斗的差异，但这种差异只是方法和路径的差异，而不是实质的多元化，英语、资本、美国、成功就是目标。影片主人公一再提到的中国本质上是民族主义面具之下的去民族化。当他们豪情万丈地走在美国街头时，他们身上既没有民族记忆，更没有任何民族符号。这时的成东青们的身份，既不是中国的，也不是美国的，而是全球资本的。准确地说，他们的身份建构及其认同已经在某种程度上转移到全球资本手中。①

如果人们仔细考察近年来的中国电影，不难发现《中国合伙人》所表现出来的全球化想象及其问题并非个案，而是近年来中国电影文化的常见现象，如《澳门风云》、《十二生肖》、《泰囧》、《当北京遇见西雅图》、《富春山居图》、《分手合约》、《致我们终将逝去的青春》、《被偷走的那五年》、《小时代》系列、《春娇与志明》、《桃姐》、《非诚勿扰》、《杜拉拉升职记》、《窃听风云3》、《夜·上海》、《神话》、《功夫之王》、《非常幸运》、《警察故事》、《私人定制》、《同桌的你》、《后会无期》、《香气》等，都已经将全球化作为电影叙事中的重要因素，成为建构人物生存世界、生活故事和自我认同的力量，也成为重塑当下中国形象的关键，尽管一些影片没有直接表现全球资本建构人们身份认同和全球秩序的形象。

一　空间奇观与中国电影全球化想象霸权

全球化是时间被压缩到空间中的过程，一方面全球化通过资本、人员、商品、信息等方面流动，而渗透到全球所有空间之中，包括现代性阶段存在于文明之外的自然空间，并将世界组织到资本和商品的全球化整合之中；另一方面全球化又将现代性叙事中的现代与传统、进步与落后等以时间为主的世界想象转化为差异与奇观，保留差异作为可以全球开发、可以全球流动或被全球流动者自有消费的奇观。这也被中国电影文化所广泛采纳。

首先，我们看到近年来中国电影开始了全球化现象。作为典型的商业大片，《十二生肖》《富春山居图》《神话》《功夫之王》等影片将功夫这一为世界电影消费者所熟知的元素运用到电影之中的同时，也将中国功夫运用到全球景观之中，还通过好莱坞近些年来风靡全球的夺宝叙事将中国传统文化元素的价值放在全球化模式中加以彰显，从而

---

① Boris Kagarlitsky. *The Twilight of Globalization Property*, *State and Capitalism*. Translated by Renfrey Clarke. Pluto Press. 2000. p. 1.

突出了中国与全球化的联结。《十二生肖》表现了杰克偷盗圆明园被掠夺的四座生肖铜像，在文物学家关教授女儿 Coco 的爱情和爱国心的影响下，最终将这些生肖铜像归还中国。影片涉及了来自世界多个国家的文物贩子和收藏家，杰克等人的活动足迹也遍及亚洲、欧洲的诸多地区，文物、资本、人员、景观的全球流动等构成了这部影片最重要的现象。电影《富春山居图》则以台北故宫博物院与浙江杭州分别收藏的半幅并即将在台北故宫博物院合璧展览的元代画家黄公望所画《富春山居图》被窃为题材，讲述了警官肖锦汉等人夺回画作的故事。故事在迪拜、台北、东京、北京、杭州等地展开，涉及来自中国、日本、英国等国家的各种偷窃宝物和夺回宝物人物之间的冲突。《神话》以秦朝的宝石力量牵连起中国、印度、朝鲜半岛的几千年故事，印度的景观、歌舞和神秘宗教，中国的历史、爱情和寻宝活动，来自朝鲜半岛美丽的女性和跨越两千多年的爱情，糅合在一起，打造了一个具有东方奇观特点的寻宝故事。《功夫之王》则以中国功夫和护道传统，结合好莱坞电影的正义情怀、独立自主精神和个人英雄主义，完成了一个正义战胜恶魔的故事，中国、美国等空间被整合到这部电影之中。

这些影片运用了全球化电影商业美学元素，如盗宝与护宝、科学恶魔、人物跨国活动、善与恶的冲突、人类毁灭与拯救、反社会人物被感化而成为维护正义的英雄、美丽女性作为爱情与牺牲者、全球尤其是东方奇观、功夫等，从而构建了一个以全球消费者为对象的电影文本，尽管这些影片并未达到其全球票房的梦想。虽然这些影片是颇为典型的中国电影好莱坞化的文本，非常充分地体现了好莱坞电影文化、电影结构方式以及由此创造的全球电影消费者的心理与情感结构影响民族电影的深度，但我们这里无意分析这些电影是如何运用这些全球商业电影元素来建构其影像叙事，而将分析的重点放在影片如何建构全球化想象的。作为以华语为主要语言、以华人为主要人物的电影，这些影片可以说是中国电影直接展开全球化想象的重要文本。虽然港台电影早已经开始了华语电影的全球化想象和区域想象，甚至具有某种更加开阔的全球化视野、更丰富的全球化经验和更复杂的全球化身份体验，如王家卫、蔡明亮、吴宇森等人的电影，或者香港的移民题材电影与缉毒题材电影早已经将以香港为中心的中国大陆和台湾、日本、韩国、东南亚、澳洲、欧美等囊括到电影的想象之中，更重要的是香港电影长期在吸收全球电影文化的同时，既参与到全球共同体想象之中，也深刻地表现了全球化带来的人们身份认同的变化等[1]，但《十二生肖》《富春山居图》等电影因为产生的语境、想象的主体、想象的对象等方面的不同，而呈现中国电影全球化想象的不同特点。

---

① Gina Marchett and Tan See Kam. Hong Kong Cinema and Global Change. *in Hong Kong Film*, *Hollywood and the New Global Cinema*：*No film is an island.* Edited by Gina Marchetti and Tan See Kam. Routledge. 2007.

其次，我们不难看到中国电影的全球化想象尽管不是强调民族身份，但这种民族身份想象依然延续着东方主义奇观化中国，并将之内化为自我认同的问题，只是这种奇观化中国的现象已经被放在全球语境之中，且时常采取在全球化之中奇观化他者的方式来确认自我。这些电影依然延续了此前中国电影的某些空间想象和空间文化传统，如中国/西方、传统/现代、发展/发达、抗争/霸权、边缘/中心等。如《十二生肖》《富春山居图》固然采取了全球夺宝/护宝的故事，但基本还是以西方发达国家包括日本为掠夺者，而以中国为被掠夺者，而且影片中一再强调中国概念，这同好莱坞一些夺宝/护宝电影以印第安人或者其他未发达族群的宝物为对象时的叙事比较一致，而同好莱坞以西方国家的宝物为争夺对象的电影叙事则有很大不同，后者很少强调某种国家或者民族观念。由此，《富春山居图》《十二生肖》等电影同《黄飞鸿》《霍元甲》等电影民族抗争叙事具有了一脉相承的共同性，而只不过将被动的抗争转化为主动的维护、将抗争的场所由中国国内转化为全球空间。《神话》穿越题材中涉及印度和中国，有意思的是这两个国家基本上是以东方主义的奇观而呈现在电影中，如宗教、自然、风俗和浪漫的爱情等的奇观化，而来自朝鲜半岛的人则被女性化。这既延续了中国传统和现代香港电影中的某种中国中心论，也承袭了好莱坞电影和西方文化中的奇观化东方及其霸权建构的传统。① 《功夫之王》中的传统中国和现代美国、护法精神和建立宇宙秩序分别为两个具有中国功夫与文化意识的中国人和一个年轻的美国青年所担当，让人看到了好莱坞叙事规范以及好莱坞世界电影市场所转化出的文化霸权之强大。

尽管这些影片的叙事中还延续着上述中国/西方等方面的痕迹，但这些影片确实有很突出全球化与奇观化他者相结合的特点。这些影片的人物已经是可以自由地在全球空间中流动的人物了。《十二生肖》与《富春山居图》中的人物自由地在全球各地出没于各种主流场所中，如迪拜塔、高档酒店与写字楼、购物中心、酒会等，而毫无陌生感。这既不同于《推手》《刮痧》《不见不散》《唐山大兄》等影片中中国人在西方世界的边缘化的情形，也不同于《阿飞正传》等影片中的华人在全球化中的陌生感和过客感。《神话》中的杰克虽然活动空间主要为印度和中国，而且其背景还是以传统景观化社会为主，但人物以具有现代主体性的身份观赏、经历这些景观，表现出非常充分的自由流动特点，而《功夫之王》中的人物则经历了一个非常典型的从传统到现代、从边缘到中心、从区域到全球的转化过程，并成为人类秩序的维护者。这些人物也都处在全球性网络之中，对全球性网络有着自觉的认识和主动的选择，且在全球网络中没有突出的身

---

① 爱德华·W.萨义德：《文化帝国主义》，李琨译，生活·读书·新知三联书店，2003，"前言"，第1~18页。

份归属。《富春山居图》中除警察之外的其他人更加认同全球性网络而非某种身份归属，《十二生肖》中的杰更是如此，《神话》和《功夫之王》中的人物或者作为时空的穿越者或者作为人类秘密的维护者，其身份认同与个人或者某种抽象的精神更加密切，而同地域、传统等文化归属感则有距离。

而且，这些影片都有关于全球秩序的建构意识。《十二生肖》中海外华人爱国意识的表述、《富春山居图》中文物归属的对话、《神话》中宝石归于国家的意识、《功夫之王》中维护人类正义秩序的护法精神等，都涉及全球化正当秩序的问题。值得注意的是，这些影片中的各种宝物固然有中国背景，但它们在全球化世界中已经具有了人类共同价值或者说体现了文明的重要价值，具有了为全世界所共同认可和追求的价值，这在某种程度上不单纯将中国文明推到全球化的前景，更是赋予了中国文明某种全球共享、具有整合全球力量的价值。这非常类似于好莱坞电影中将美国精神作为全球正义秩序建构者和维护者的想象。比较好莱坞电影，我们可以看到，中国文化和美国精神一样都具有美好、担当、浪漫等特点，都有地方文化精神与人类共同体主流价值相一致的想象，都会强调本土精神在创造或者维护人类正当秩序中的作用，都在创造着拯救或者维护全球秩序的英雄，影片中都会强调国家精神或者文化身份归属，等等。由此可以看到，这些影片已经在创造某种全球中国化的想象。当然，好莱坞电影所表现的美国精神和中国电影也存在着个人偏好与集体偏好的区别。①

此外，这些电影全球化景观已不再仅仅以所谓东方奇观的展示为主，而是非常重视以全球主流消费中心为核心了，甚至在《富春山居图》中，阿拉伯沙漠中的牵骆驼人就退到微不足道的位置了。《富春山居图》与《十二生肖》的全球景观作为当代消费社会的主流景观自不待言，而影片中的华人在这些景观社会中从容自如甚至作为焦点人物，自然象征着中国已经有自信心在全球消费主义景观世界中占据主流地位并奇观化东方他者了。我们可以通过比较《神话》与《功夫之王》，来看看中国奇观化东方他者的现象。《神话》是一部关于中国与印度、朝鲜半岛想象的电影。在《神话》中依然有着东方奇观，但这个东方奇观的观赏者是中国人，有着东方式爱情遭遇，但这个爱情中的核心人物是一个中国人。换句话说，这个中国人就像当初的西方人自我想象一样，在东方世界中遭遇冒险、美丽的风景与风俗、财富和魅力女性的爱情。于是，我们不得不问这部电影是否在复制着西方的东方主义，也不得不问这种以奇观化东方为特点的思维方式所想象的全球秩序具有正当性基础吗？《功夫之王》是关于中国与美国、人类想象的电影。影片中的中国是非常边缘化的，美国青年是在一个类似唐人街的混乱而昏暗的小

---

① 拉里·A. 萨瓦尔、理查德·E. 波特：《跨文化传播》，闽惠泉等译，中国人民大学出版社，2010。

店中寻找中国功夫，有一个华人老者向年轻人讲述功夫和传说故事，两个几乎不知年代的中国功夫高手护持着人类正义的秘密，这两个人最后要将宝物和秘密传给年轻的美国人，最后拯救人类的中心人物是这个年轻人。如果不考虑市场因素，我们可以问一个问题，这样将人类正义拯救和维护的责任让渡到一个年轻的美国人身上为什么会发生？这种让渡背后的意识形态是什么？

我们无意讨论上述问题，而是想回到中国电影的全球化想象独特性：在全球语境中将比中国欠发达或者更小的国家作为奇观，而在遭遇美国等发达国家时又被奇观的现象。从电影文化角度来看，这种现象的出现是香港电影进入内地、大陆电影市场快速扩大、中国在合拍电影中话语权增强等方面的结果，但更深层次的原因则是中国进入全球市场，成为全球资本与商品整合之地，中国崛起而强调全球化时代的话语权等方面的结果。但是，如果中国电影继续走在这种奇观和被奇观的路上，希望中国电影能为全球提供具有正当秩序的文化想象就是令人怀疑的，中国电影或许会成为西方电影长期存在的东方主义的一个翻版。

二 中国电影全球化现象：资本
权力与身份建构

在商业大片之外，中国电影日渐成熟的其他类型片中全球化想象更加深入，不少影片中的人物身份认同直接关系到全球化。如《非诚勿扰》《杜拉拉升职记》《北京遇见西雅图》《泰囧》《非常完美》《非常幸运》《小时代》《致我们终将逝去的青春》《中国合伙人》《同桌的你》《分手大师》《后会无期》等电影所体现出来的全球化语境中建构自我身份想象和私人生活空间的现象。

《非诚勿扰》虽然还延续着冯小刚电影市民化和幽默风格，但电影不仅将活动空间扩大到海外，将日本景观纳入中国电影想象之中，作为中国电影文化消费对象，而不同于《不见不散》的美国环境几乎游离在人物之外并难以作为景观被消费的情形。更重要的是影片中人物具有了全球资本支持下的自由流动的特点。两部《非诚勿扰》中的人物都具有相当的资本，支持人物在全球化的休闲娱乐、购物、度假和旅游等场所如鱼得水般地生活，而人物自我认同既不在冯小刚此前市民电影的生活空间，也不在明确民族身份界限之内，而是在作为全球化权力的资本以及各种体现资本身份与地位的消费世界。《杜拉拉升职记》中，人物无论爱情还是自我认同都是同资本密切相关的。人物矛盾冲突的核心是如何说服与吸引国际资本，人物日常生活是由各种全球信息、全球品牌、全球化工作与生活场所、跨国人物交往、国际会议等所构成，人物的爱情则以双方参与国际资本游戏的成败、在国际知名的度假地等所构成，而影片的一个核心话题就是国际资本如何构建了全球商业、人们日常生活和个体自我身份等。

《北京遇见西雅图》在北京、西雅图和纽约三地展开人物故事。尽管影片非常重视表现情感的价值，甚至最后女主人公文佳佳突破了金钱的束缚而走向了独立和真情，但人们不难看到这部影片中另外一个更强大的力量，即资本的力量。文佳佳在美国租房待产期间，以金钱力量而自负、大量购买名牌甚至以钱压人，但其他的人并没有以道德或者真情等来面对文佳佳的资本强势，而是以一个关于更大资本的含蓄形象和奇观化的同性恋故事来建构租住房子中人们之间的秩序和平等关系。郝志以中国知名医生的身份为了女儿的未来来到美国，从事普通的接送客人工作，本以为凭借独立劳动、爱和尊严就可以获得平等与尊重，但结果是离婚、个人的不开心以及整个电影中近乎沉默的边缘性。换句话说，尽管影片似乎极力在批判资本与人性、爱、幸福和本真自我之间的不一致，但却有暗度陈仓式的赋予资本与权力、幸福、尊严、秩序、平等和个性之间的直接联系，甚至成为建构这些的主导力量，而只有资本才能真正在全球化中叱咤风云。

《小时代》人物基本上还是活动在上海，但上海作为全球资本中心以及人物在这种全球资本秩序中建构自我身份的表达更加明显。影片的核心冲突是资本与情感在自我建构中的作用。影片中的人物不仅活动在具有典型的全球化特点的景观之中，而且人物的生活方式、谈论的话题、交往群体、衣着装饰、生存空间以及自我意识等，都是关系到全球资本，影片最后则以纯情爱情神话与资本魅力的结缘而结束。从某种意义上说，《小时代》中的人物只是资本流动的节点。《小时代》令人印象深刻的有两点。第一，影片将单纯而不带任何功利的，并在一定程度上也不受任何非情感力量影响的爱情作为重要故事情节，而演绎这一爱情的则是纯情、执着、对社会充满憧憬而毫无经验、不断制造麻烦、最后获得成功的林潇。另一方面则是因为财富而遭遇到感情不顺利的顾里，甚至在资本诱惑和强力下而失去爱情。因而，表面看起来，影片在对比中似乎在表现浪漫的爱情童话对资本的超越。但这份爱情不仅只是停留在私人生活中，对其他人几乎没有产生任何影响，而且在林潇的生活和整个电影叙事中都只有边缘的地位。事实上林潇更多的精力和时间是在获得公司、宫洺、时尚圈等的认可。更重要的是宫洺作为一个富有魅力的资本符号，一直具有神秘、高高在上、审视林潇的能力和正当权力，而林潇在整个影片中几乎没有因为能力、爱情童话和尊严等而获得与宫洺之间的平等，而是一直对宫洺充满混杂着各种感情的暧昧。由此，林潇自我认同中资本认可和爱情童话之间的关系就不同于影片表面的叙事，恰恰是资本认可才是更加有力的，并为人物所追求的，因此电影才会安排以宫洺对林潇的承认为结局。第二，在社会秩序的建构中，全球资本更是决定性的力量，而资本秩序才是根本正当的秩序。影片中林潇第一次面试时，在她前面的面试者的恐惧、崩溃、被骗、晕倒等几乎没有引起她的同情，而只引发了她的担忧，影片也没有任何语言表现出对资本操纵人的批判，而是通过影视者的反应表现资本才是真正的、优秀的、正当的秩序建构者。影片中伴随林潇从学校到公司最后到全球性时尚大赛，建构秩序的主导力量几乎都是资本，在学校时是顾里才是主导林潇等四个同学的基本力量，在公司和时尚大赛中自然是以宫洺为代表的国际资本的力量。而且这种资本建构秩序的力量甚至还同魅力、友情、人性、时尚、真情、自我表现甚至正义等联系在一起。在最后的国际时尚比赛情节中，影片动用了所有的力量来创造一个获得全球认可的机会，而一直以完美无瑕形象存在于电影中的南湘成为站在这个舞台上的表现者和寻求认可者，极富意味地体现了资本无所不在的能力，而由此也就可以看到资本才能给每个人创造完全自我实现、给爱情与友情以最充分表现、给差异以最大空间的正义秩序。况且，林潇虽然只是全球资本流动中的白领，但其对宫洺、对公司、对品牌、对国际时尚比赛等的认可、喜爱与天然适应，根本没有任何对全球资本的反思精神，更遑论关于全球社会中资本与求职者或者说劳动者之间正义关系的思考与行动。① 其他两部《小时代》则将这些资本与商品因素对身份的建构性力量变本加厉地表现出来。

《致我们终将逝去的青春》是一部具有怀旧意味的影片，校园中培养的友情、对爱情的寻找与坚守贯穿整个影片，甚至表现了因为嫁给富商而沉沦到没有诗意、琐碎和恶俗中的室友，以此来批判资本，但校园生活也无法避开全球化力量的渗透，陈孝正选择留学而放弃爱情开始了影片在全球化之中的人物命运叙述，人物在市场中的成就成为其身份和自我意识的重要内容，而人物因此也成为具有全球化身份特征的存在。

《中国合伙人》影片极其典型地表现了当下中国电影在资本全球化中的复杂身份想象。一方面，中国长期处在全球主流资本力量之外造成了某种封闭的、过度政治化的社会，以致人们在这样的社会中缺乏自我选择的空间，最后只能通过体制外的生存方式而实现自我。在这样的情况下，人们认可全球化力量的解放性功能，千方百计地融入全球化进程之中，借助全球化力量来改变自己置身于其中的社会关系，形成自我身份。影片中的人物最终成为全球资本英雄和中国社会主流。而由于多种原因，这种全球化力量基本只是资本的力量。

《同桌的你》和《后会无期》中我们依然看到全球化力量的存在。如同众多中国电影要将美国作为全球化世界自由身份参照系，《同桌的你》也以一个在美国生活的、在全球化主流社会挫败者的叙述，来表述将全球化自由身份作为目标而导致情感生活的失

---

① Noel Castree, Neil M. Coe, Kevin Ward and Michael Samers. *Spaces of Work*: *Global Capitalism and the Geographies of Labour*. SAGE Publications，2004。.

败,从而标志着其自由主体身份的无法确立。但如同《致我们终将逝去的青春》一样,电影采取了美国—男性/中国—女性的结构,从而令人怀疑地推测电影已经预设了自由流动的全球主体的核心是资本。《后会无期》的主人公的流动虽然受到诸多限制,并遭遇很多挫败,但其自我叙述却是以全球自由流动为核心,最关键的失败则是发生在国境线附近,自然意味深长。电影最后安排了文化和旅游全球市场的神话,虽意在与前面的故事在对比中构成关于世界偶然性的叙述,但从整个影片以全球性旅游开发开始和结尾,就表明其不得不将这个世界和人们的身份放到全球资本之中。

三 中国全球化想象与身份认同
关系构建之批判

那么,中国电影的全球化身份想象具有怎样的特点呢?或许近日上映的电影《香气》可以为我们的分析提供一个有意思的文本。尽管这部电影无论在艺术还是市场上都不算成功,但它却直接将中国电影全球化想象的特点体现出来。影片叙述了一个在全球各地旅游摄影的韩国女孩,主动放弃了温柔而只承诺为女朋友创造一个家的韩国男孩,这个男孩最终选择了具有很强个性、策划能力、为爱所伤的中国女孩,这个中国女孩在爱的召唤下离开了只拥有全球资本符号的前男朋友:跨国的纯洁之爱和资本之力共同角逐中国女性,资本则因其粗俗而一败涂地。于是,我们看到全球化时代身份想象已经进入中国电影的日常生活世界之中,也在某种程度上将爱情与资本作为全球流动的共同资源,并以人物在这两种资源中选择来表现全球化身份建构中的冲突和统一。由此,我们可以总结近期中国电影全球化想象的几个特点。

首先,全球化建构者直接以资本的面目出现。比较法国电影《墙壁之间》、美国电影《珍爱》等以自由、宽容、多元甚至爱等为构建多元文化和全球化的伦理力量,以对话、批判等为反思主流文化和不同种族之间共存关系的方式,《中国合伙人》《小时代》《北京遇见西雅图》等则直接以资本作为建构全球化秩序最重要的力量。无论是成东青自我奋斗而成功的资本神话,还是宫洺令女性迷恋的资本魅力,抑或是文佳佳等凭借资本力量而全球流动,人们都不难在他们身上看到中国电影关于全球化想象的资本中心论。资本在中国电影中与魅力、自由、成功、智慧、决断、力量甚至幸福等联系在一起,是令人景仰的社会力量。中国电影这种关于资本全球化力量的无批判想象,在世界电影版图中也是令人惊讶的。即使是在重视新自由主义的好莱坞电影中,我们都还可以看到《华尔街》等影片对资本的批判,即使香港电影中我们也依然可以看到《盗听风云》中对资本贪婪的批判,尽管这些商业片的资本批判并非从社会公正揭示资本内在地

造成社会公正问题，而只是从商业伦理角度指控某些资本牟利手段缺乏合法性。

其次，中国电影全球秩序想象几乎就是一个同质化、无差异、不关乎正义的秩序。《中国合伙人》中狂热的英语培训和美国热，《小时代》中的资本与性别之间暧昧的游戏，《致我们终将逝去的青春》中身份与成功的资本基础，《杜拉拉升职记》中国际投资的神话与权力，《非诚勿扰》中的全球化景观，人们在这些电影中既看不到民族、文化、地理等方面的差异，或者仅仅将差异转化成全球消费的奇观，而不具有历史的、生活世界的意义，更看不到这些影片关于民族、性别、阶级、种族等在全球化进程中形成的新的关系的反思与批判。令人更加不安的是，一方面，这些影片直接将全球社会中诸多重要存在和问题排除在影像表现之外，以致人们在这些影片中几乎看不到社会底层，看不到边缘群体，看不到普通市民，而只剩下资本所有者以及与资本所有者调情的中产阶级。而从性别的角度来说，这些电影几乎都将资本与男性、消费与女性等同起来，而女性大多以某种或景仰或追求实利而无情或追求纯情的或单纯的身体性等呆板形象存在于电影中，无关乎女性的不平等及其对正义秩序的建构性作用。① 这点最为集中地表现在《中国合伙人》与《致我们终将逝去的青春》《杜拉拉升职记》等电影之中。《中国合伙人》中女性都因为经济或者出国等原因离开了成东青们，而《小时代》这部表面上为女性唱赞歌的电影从一开始就将女性处理成身体、情感、消费、荷尔蒙的存在，而无关乎智慧和正义。《杜拉拉升职记》中的女性似乎获得了独立，但有意思的是这部电影表面上性别之争背后却藏着一个资本力比多，是后者在决定女性的选择和女性之间的竞争，有意思的是影片最后的两性之间的妥协和解、两个女性之间的胜负之争。于是乎，中国电影的全球化想象自然不用从阶级更不用从性别角度考虑正义秩序，而只要表现资本的自由与权威就可以了，当然这些影片更乐意赋予资本的权威以情感或者性别的魅力。而《中国合伙人》更是以非反思性方式处理一段跨种族的恋情，以满足游走在边缘/中心位置的中国男人的悲情神话的需要。《非诚勿扰》在轻描淡写中涉及了2008年的全球金融危机，讽刺了全球投机神话，但影片既无意于追问金融危机背后资本的贪婪和资本自由流动秩序的正当性问题，更无意于任何批判性思考，从而哪怕在最小程度上关注全球正当秩序建构。第三，这些影片中人物的身份认同自然随之发生根本的变化。影片中，资本神话、全球自由流动、消费主义等成为建构人物身份的重要力量，从而塑造了个体在全球中自由流动的乌托邦。② 《杜拉拉升职记》与《小时代》中人物可

---

① Anne Fausto‐Sterling, *Sexing the Body: Gender Politics and the Construction of Sexuality*, Basic Books, 2000.
② David Harvey. *Cosmopolitanism and the Geographies of Freedom*. Collumbia Univesity. Press, 2009.

谓是直接体现了由信用卡、全球品牌、休闲度假等所构建的人物身份①，而民族、在地等身份建构力量在这些人物身上只能发挥很小的作用甚至就是缺席。《小时代》采取了第一人称自我叙述的方式，且叙述者虽然是以涉世未深且独立的语气叙述自己的环境、爱好、经历、心理、意志和情感等，但人物也因此更清楚地表现出了其对资本、品牌等的欣赏与认可。

比较贾樟柯的《世界》，我们可以看到资本与身份认同的关系。《世界》中的人们都是在资本全球化中的边缘。他们被全球化带出自己的故乡，被抛到自己不熟悉、完全没有任何自主性的资本的全球化进程之中，地下室、死亡、被观看、沉默、被抛弃、无家可归、失败等是他们在这个世界上的处境和命运。而这种命运已经在当下中国电影的全球化想象中几乎失踪了。

综上所述，中国电影在近些年出现了较多的全球化想象，这些想象颇为典型地体现了中国拥抱全球化过程中的资本偏好，也象征了中国社会全球化反思中关于公正、关于全球正当秩序思考的不足。如果不考虑港台电影曾经作出的全球化批判和正当秩序反思，当前中国电影全球化想象中女性、阶级甚至民族视角的全球化反思都存在严重缺席，都在热情拥抱资本与权力。就这点而言，中国电影当下的全球化想象比较《不见不散》等无疑更少批判精神。

四　结语

中国电影通过全球化与市民生活世界之间关系的想象，表现了中国电影想象全球力量建构全球社会秩序、生活世界和人们身份认同的力量与方式，在一定程度上体现了中国社会进入全球化过程时的生活世界、社会关系、心理结构、价值观念等方面的变化，但应该看到中国电影全球化想象还存在着诸多问题，其中对资本权力热情的拥抱、缺乏全球化批判的多元视角、无力认真反思全球化正当秩序等，都是需要严肃面对的问题。

（原载《电影艺术》2015 年第 1 期）

自选理由：

写作本文是为了系统研究我国电影从单纯的民族—国家想象走向全球化想象过程中

---

① James Annesley. *Fictions of Globalization*. Continuum, 2006, p. 3.

所形成的特点、存在的问题以及其文化意义等，以探索中国电影如何更好地走向全球电影市场和为世界提供独特的全球想象，构建中国电影文化软实力。

写作动机源于以下四个方面：

第一，我国电影在漫长的百年历史之中，除香港电影和少数台湾电影之外，大多数都是在民族—国家范围内展开自己的想象，很少提供关于海外国家和全球的想象。这影响了我国电影的全球传播。

第二，作为一个具有世界性经济和政治地位的文化悠久的大国，我国电影需要为世界提供具有独特性和吸引力的全球想象，需要传播中国人关于全球命运的思考和想象。

第三，好莱坞电影的全球化想象既是美国文化软实力的体现，也对全球电影和文化产生巨大的影响，中国电影的全球影响力，既需要总结好莱坞电影全球化想象的特点，也需要面对它的文化竞争力。

第四，我国电影在新世纪以来开始展开全球想象，但学术界很少总结这方面的特点、问题，也没有研究我国电影全球化想象的资源和传统等。

本文在一定程度上回应了上述问题，总结了我国电影全球化想象的特点和问题，以及解决问题的某些方法。本文被人大复印资料全文转载。

量化 VS 质化是非七辨

孙五三　刘晓红[*]

关于质化和量化研究方法，存在着一些认识上的误区。这些误区，既有方法论层面的，如质化方法不科学不客观、量化方法科学客观；也有技术层面的，如质化深刻、量化简单，量化结果可以推论总体、质化研究没有代表性等。除了方法论和技术层面，还可以见到从价值观上对量化质化方法的区分，如量化多服务于维持现存秩序，质化则研究边缘群体。以上各种说法的特征，是将量化方法和质化方法分别与不同的方法论、不同的推理逻辑、不同的操作技术强行绑在一起。

量化、质化方法的这些误区是在研究方法的发展演变过程中出现的。这些看法都曾经被讨论过，不过当前某些研究群体仍持有相类观点。本文将通过一些研究案例说明，这种绑定关系是缺乏逻辑和实证基础的，不利于发现和解决问题并推动科学进步。

以下我们将大致按照方法论层面、技术层面和价值观层面的顺序，展开我们的讨论。

量化－客观 vs 质化－主观

量化和质化，哪一种方法采集的数据是客观的？仅从方法的层面看，量化方法可能更多地考察对象的共有属性，质化方法可能更多地考察对象的独特性。当"共有的属性""重要到足以忽略其本身的独特性"[①]，或者那些独特性不是当下研究要考虑的因素时，研究者可能选择量化的方法，反之，则选择质化方法。

---

[*] 孙五三系中国社会科学院新闻与传播研究所研究员，本文发表时为副研究员；刘晓红系中国社会科学院新闻与传播研究所研究员，本文发表时为副研究员。

[①] Smith, Joel. "A Methodology of Twety First Century Sociology." *Social Forces*, 1991, 70（1）: pp. 1 - 17. 转引自〔美〕艾尔·巴比：《社会研究方法》（第 8 版），邱泽奇译，华夏出版社，2000，第 50 页。

不过，当涉及客观、主观、真实这些概念时，还存在研究者的科学哲学立场问题。例如在传统实证主义立场下，无论量化质化方法，都把所见所闻与现实建立对应关系——耳听（被访者的话）眼见（研究者的观察）均为实；而在"激进"建构主义立场下，无论量化质化方法，都不可能得到所谓的"真实"。不同的科学哲学决定了对研究者的理论预设和数据采集结果的评估原则。这也解释了为什么对量化和质化方法采集的数据还存在相反的说法，即质化更真实，量化不能反映真实。

持不同方法论的民族志方法研究者在使用数据方面的差异，比较典型地表明方法论对数据评估的影响。实证主义传统下的民族志"描写的重点"是"一群人的实际经历"，这种描写被认为"等于现实中的事实，研究者深入田野获得的第一手资料是无可质疑的真实，由分析这样的事实所得出的结论、观点亦可成为理论性的真理"。而后现代反思人类学（reflective anthropology）则认为，"民族志作品是文化的创造而非文化的反映和再现"，因此要"将民族志描写的重点从一群人的实际经历转向对他们所讲述的关于他们自己和他人的故事的解释。通过人们所讲述的故事，民族志工作者可以理解人们如何看待自己和更普遍的社会"。① 同样是民族志研究，在不同的科学哲学立场下，面对相同的数据有不同关注重点。前者关注受访者的故事，将受访者故事等同于现实，从中得出分析结果，后者不以故事为真，而接受受访者对故事的解释，通过分析"解释"，得到对社会的认识。

本文作者持"半根基主义"立场。半根基主义认为②，"存在独立于我们的声称的现象"，但是"我们总是通过一个特定的视角来看实体"，因此研究产生的知识声称无法独立于理论框架。不过，可靠的研究结果"应该最终得到独立于我们声称的证据的支持"。③ 在这个层面上，量化质化方法没有区别。无论量化质化方法，"客观"和"真实"与否取决于研究者所作出的任何描述或结论是否有证据支持，而这个证据必须是知识共同体在低层观察中有共识的。④

---

① 郭于华：《从社会学的想象力到民族志的洞察力》，"质性研究论坛：教学与实践"研讨会论文，时间：2011年7月4日，地点：北京师范大学。

② 这是本文作者采取的立场，因此也是作者在教学和教材写作中采取的立场。关于"半根基主义"，本文作者受益于曹群和魏雁滨《质化研究的质量：一个半根基主义的观点》一文。曹群、魏雁滨：《质化研究的质量：一个半根基主义的观点》，载《复旦社会学论坛》（第一辑），上海三联书店，2005。

③ 曹群、魏雁滨：《质化研究的质量：一个半根基主义的观点》，载《复旦社会学论坛》（第一辑），上海三联书店，2005，第178页。

④ 曹群、魏雁滨：《质化研究的质量：一个半根基主义的观点》，载《复旦社会学论坛》（第一辑），上海三联书店，2005。

量化-浅显/简单 vs 质化-深刻/复杂

深刻，指穿透表面的、显见的现象达到更实质的内容。[①] 复杂，指研究所涉及的因素多，且因素间关系丰富，尤其是当因素间关系涉及多个层面和多种抽象程度时。一项研究是深刻/复杂，还是浅显/简单，主要取决于研究者提出问题和解决问题的能力，与所采用的方法无关。就提出问题而言，"社会学的想象力"尤为重要。郭于华曾经指出，面对转型中的中国社会，在社会学这个领域，社会学想象力首先指"在微观事实与宏观结构之间进行穿梭的贯通能力"，其二指"穿透历史与现实的洞察能力"，其三指"对一种文明及其转型的独特逻辑和微妙运作进行解析的能力"。[②] 而解决问题则要求操作与驾驭多种结构与不同抽象程度的因素之间关系的能力。

下面是一个被《传播研究的里程碑》作者 Shearon A. Lowery & Melvin L. De Fleur 评为"永远是社会科学史上最复杂的调查研究之一"的量化研究案例。[③] 美国学者拉扎斯菲尔德、贝尔森和高德 3 人对 1940 年的美国总统大选进行了研究，研究目的为选民如何以及为何作出投票决定。4 年以后把对这次选举的研究结集成书，名为《人民的选择——选民如何在总统大选时作出决定》（The People's Choice）。这项研究采用问卷调查方法。研究者采用了一个 600 人的固定样本，从 5 月开始到 11 月的投票日之间，共进行了 7 次调查，以便完整研究一个选民在一段较长时间内如何开始对选举产生兴趣、开始注意到媒体上的政治宣传、受到哪些影响、达成决定、改变决定，直至最后实际投票。为了确定重复调查是否会影响被访者态度，还使用了 3 个控制组，这 3 个控制组分别在 3 个重要时点（共和党代表大会后、民主党代表大会后和投票前）进行一次性调查，用以比较这些未被重复调查的被访者的态度与被重复调查的被访者态度是否有差异。这项研究，在了解选民及影响他们行为和看法的因素方面，以及传播媒介的宣传在改变抉择上所扮演的角色方面得出很多重要发现，并提出了两级传播假设，激发了许多后续研究。后来的学者评价该研究时称："在大众传播史上很少有研究能产生如此深远

[①] profound, Penetrating beyond what is superficial or obvious：a profound insight. American Heritage Dictionary, http://www.answers.com/topic/profound，浏览日期：2011 年 7 月 17 日。

[②] 郭于华：《从社会学的想象力到民族志的洞察力》，"质性研究论坛：教学与实践"研讨会论文，时间：2011 年 7 月 4 日，地点：北京师范大学。

[③] 参考：Shearon A. Lowery & Melvin L. De Fleur：《传播研究的里程碑》，王嵩音译，远流出版公司，1993。希伦·A. 洛厄里、梅尔文·L. 德弗勒：《大众传播效果研究的里程碑（第三版）》，刘海龙等译，中国人民大学出版社，2011。

的影响。"①

采用量化方法完成的社会科学领域研究成果中，有不少"深刻"、"复杂"的例子；而采用质化方法的研究成果，也不难找到浅显、简单的例子。这里就不列举了。

需要说明的是，深刻/复杂还是浅显/简单，并不是研究的质量标准。一个看起来浅显/简单的研究，可以是一项高质量的研究；而一个看起来深刻/复杂的研究，并不必然是高质量的研究。

量化－演绎 vs 质化－归纳

量化研究常常采用提出问题、提出假设、设计研究方法、收集数据、检验假设的演绎路径；而质化研究采用归纳法的较多，采用提出并检验假设的演绎法的相对较少。因此，量化研究采用演绎法、质化研究采用归纳法便成为某些人的定见。其实，质化研究不乏采用演绎法的案例，归纳法也常见于量化研究。

例如杨宜音的《"自己人"：一项有关中国人关系分类的个案研究》是一项质化研究②，研究者在 5 个村 106 户进行了入户访谈，与两户家庭分别共同生活了 15 天和 70 天；又分别对 3 个城市的 5 位居民进行了深度访谈，并访谈了与他们有关的人员。搜集的资料包括农村人的婚礼礼账、分家单、居住分布图、家谱、土地地契与承包合同、家庭经济账目、借款记录、通信；城市人的电话通讯簿、日记、通信等。研究者还请其中 3 人对自己的全部个人关系进行了分类。但是在此之前，研究者首先分析讨论了对中国人的关系进行分类的各种理论，在此基础上提出了关于中国人关系的分类框架假设，然后再用上述质化方法采集数据，验证假设。

量化研究中的聚类采用归纳逻辑进行分析。只不过这种归纳不是靠人去判断，而是利用计算机统计软件。较之传统的归纳分析，量化研究使用的计算机聚类，其优势是可以同时处理多个变量和大量数据，从而对群体——分类的对象，作更加精准的分类定位。

CNNIC 在 2009 年 1 月调查中的网民分群就采用了这一方法。具体做法是，调查网民的 18 种网络应用行为，采用其中的 11 种作为分群变量。分群的标准为，如果某一群

---

① 参考：Shearon A. Lowery & Melvin L. De Fleur：《传播研究的里程碑》，王嵩音译，远流出版公司，1993。希伦·A. 洛厄里、梅尔文·L. 德弗勒：《大众传播效果研究的里程碑（第三版）》，刘海龙等译，中国人民大学出版社，2011。

② 杨宜音：《"自己人"：一项有关中国人关系分类的个案研究》，《中国社会心理学评论》（第一辑），社会科学文献出版社，2005，原文刊载于杨国枢主编《本土心理学研究》2001 年第 13 期。

体在某一类网络应用上的表现强度大于总体平均水平，就表明该群体在这一应用上具有较为明显的特征。然后，根据某一群体所有强度大于平均水平的应用项目的特征，为该群体命名。将网民分为 7 大群后，再根据各群的网络使用时间和使用数量，将各群体细分为重度、中度、轻度用户。这两步分群，都是通过归纳完成的。

近年来发展很快的数据挖掘技术也采用归纳性推论。这一技术"是为了发现事先未知的规则和联系而对大量数据进行选择、探索和建模"①。归纳性推论是这个过程主要的分析方法。

实际上，单纯的归纳或演绎逻辑，对于科学发现来说，都存在着不可克服的困难，但这不属于本文讨论的范围。

量化－测量 vs 质化－观察

在研究实践中，不可能清晰地界定某研究为纯粹的量化或质化研究。量化研究可能需要在观察基础上建立测量指标，而质化研究也可能需要通过测量对观察作进一步的说明或阐释。

到现场接触测量对象，通过观察和访谈了解哪些行为与态度能够作为所要测量的概念的操作性定义，以保证操作性定义的建构效度，这是量化研究的重要步骤。例如一项考察北京建筑业农民工媒介使用的研究②，研究者在设计问卷前，除先访谈了部分农民工外，还在被访者所居住的宿舍区进行了观察，主要包括工人在工地附近距离多远的地方能接触到何种媒体。观察发现，农民工接触媒介的途径包括工地附近商店中的电视、报刊售卖亭、网吧、废品收购站（回收的旧书报杂志）等。这些对实际生活的观察为研究者的问卷设计提供了最符合被调查者生活实际的基础。

质化研究在观察和访谈等手段之外，也经常用到测量。

阎云翔的一项人类学研究③需要了解家庭在作决策时，"是丈夫还是妻子在家里作主"，他采用小组访谈方法，请参加访谈的人对全村 308 个家庭，在 1 到 100 分范围内打分。研究者家庭决策的操作性定义是"丈夫和妻子谁在家里作主"，但是在执行中被村民本地化为"妻子在家里是否说了算"。在讨论中，"人们不断争辩妻子说了算的标准是什么"，经过讨论形成了一套"大家都同意"的测量标准。最后得到的结果是：在

---

① 〔意〕Paolo Giudiei：《实用数据挖掘》，袁方、王煜、王丽娟等译，电子工业出版社，2004，第 2 页。

② 夏耘海：《北京建筑业农民工的媒介使用》，中国青年政治学院硕士学位论文，2010。

③ 阎云翔：《私人生活的变革：一个中国村庄里的爱情、家庭与亲密关系 1949－1999》，上海书店出版社，2006。

308 个核心家庭中，妻子作主的 109 户（35%），丈夫作主的 57 户（19%），余下的 46% 为共同作主。

杨宜音在一项有关中国人关系分类的研究中对"自己人"这个概念也进行了测量[1]。在观察和测量前，研究者已完成了"自己人"这个语词的概念化，田野研究的目的，在于检验和修正这个概念及相关理论。在田野研究前，并不明确将用何种工具来测量这个概念及相关的理论。研究者根据某一家庭近年来一项最大仪式的礼账，确定该家庭的人际交往范围，然后把这些关系人的名单分别写在纸条上，请该家庭的男、女主人按心理距离分类，再对这些类别命名并进行解释。最后，研究者用被访者认可的记录名单排列的顺序与类别，形成关系分类表，将该家庭近 200 位关系人，按与该家庭的关系，从"亲密、信任、义务"到"疏远、少信任、少义务"分为五个类别 12 个级别，每一级都包括两类人，从而形成了两个维度：亲缘关系和交往关系，并得到下面的心理距离列表：

类别	亲缘关系维度	交往关系维度
一、自家人	家人	密友
二、近亲与至交	近亲	至交
三、近交与远亲	族亲	频繁交往关系
四、交往略多的人	远亲	交往略多关系
五、交往较少的人	更加远的远亲	一般或较少交往关系

上面这两项研究都是典型的质化研究，但都使用了测量。测量的定义是"根据一定的法则用数字对事物加以确定"[2]。无论质化、量化研究，如果需要解决"根据一定的法则用数字对事物加以确定"的任务，就会用到测量。只不过测量的工具和结果不一定是数字，也可能是符号，例如杨宜音例中的测量工具和结果。从这个意义上说，测量的定义，可以改为"根据一定的法则用数字或符号对事物加以确定"。

量化研究结果－可以推总体 vs 质化研究结果－没有代表性

与这个小标题类似的表述还有：质化研究样本量小、普适性不够、结果不精确等。

---

① 杨宜音：《"自己人"：一项有关中国人关系分类的个案研究》，《中国社会心理学评论》（第一辑），社会科学文献出版社，2005。原文刊载于杨国枢主编《本土心理学研究》2001 年第 13 期。

② 郑日昌：《心理测量》，湖南教育出版社，1988，第 17 页。

这一类表述包含两个前提假设，一是样本到总体仅有一种概化类型，即，将有代表性的样本得出的结果，推论或概化至样本所取自的总体，即外部统计概化（External Statistical Generalization）。二是不能推总体的研究，等于不能概化，不能概化，也就没有价值。

概化不止外部统计概化一种类型。有学者总结了至少有 4 种概化类型，包括：案例到案例的迁移概化（Case - to - Case Transfer）、分析概化（Analytical Generalization）、外部统计概化（External Statistical Generalization）和内部统计概化（Internal Statistical Generalization）。①

质化研究一般采用分析概化或案例到案例的迁移概化。卢晖临和李雪在《如何走出个案——从个案研究到扩展个案研究》一文中，总结了个案研究概化的 4 种具体做法，其中有超越个案的概括，即类型学研究范式；个案中的概括——多用于人类学；以及分析性概括和扩展个案方法。② 下面是两个个案研究的例子。

周荣德关于中国社会的阶层与流动的研究③，以云南昆阳县为研究个案，通过其于 1943 ~ 1946 年搜集的该县 47 个士绅家庭的生活史，回答了关于中国社会阶层体系的一般情况，中国士绅的社会功能、社会特征和社会流动等研究问题及假设，检验了社会阶层与流动的理论架构，属于 "从理论出发到个案，再回到理论，是建立在已有理论基础上的理论修正、检验或创新"④ 的分析性概括方法。

孙五三以中国北部地区一个乡镇电视台为个案，考察了这个电视台在建设过程中归属权变化的复杂过程。研究者访谈了这个电视台建设过程中的数十位知情人，包括上级相关主管部门的行政和技术负责人、电视台的出资人、历任台长和工作人员。这些访谈内容，揭示了该电视台建设过程中各种利益主体复杂的博弈过程。通过对动态的微观过程的观察，研究者发现了中国电视系统中，地方政府如何通过各种方式，应对中央政府的正式制度，最终形成与中央政府的规则不相符的地方性非正式电视制度的过程，并预测这种地方性制度的普遍性将迫使中央政府进行制度修正。

这一个案研究试图通过发现影响电视制度变迁的各种相关因素，获得对个案研究结果的分析性概化。在外部统计概化过程中，推论的范围取决于样本所取自的总体。在这

---

① Anthony J. Onwuegbuzie & Nancy L. Leech, Sampling Designs in Qualitative Research: Making the Sampling Process More Public, The Qualitative Report Volume 12 Number 2 June 2007, pp238 - 254, from http://www. nova. edu/ssss/QR/QR12 - 2/onwuegbuzie1. pdf.

② 卢晖临、李雪:《如何走出个案——从个案研究到扩展个案研究》,《中国社会科学》2007 年第 1 期, 第 118 ~ 130 页。

③ 周荣德:《中国社会的阶层与流动——一个社区中士绅身份的研究》, 学林出版社, 2000。

④ 卢晖临、李雪:《如何走出个案——从个案研究到扩展个案研究》,《中国社会科学》2007 年第 1 期, 第 124 页。

项研究中，虽然具体的研究对象是一个乡镇电视台，但该研究通过个案讨论了涉及地方电视制度的各关键要素，包括条块管理、中央政府权力的集中与分散、地方利益和上级政府利益、经济利益和政治制度、广电技术的发展与利益的重新分配等多种因素及相互关系，这些相关因素及其相互关系在中国地方电视制度中具有普遍性，因此该研究结果具有分析性概化价值。

如果后来的研究者想要把这项研究结果用来解释其他类似电视台的情况，就形成了从案例到案例的迁移概化，即从一个案例中得到的研究发现，推论到另一案例中，这种推论的效度，取决于从中得出研究结果的案例的情境与要推论至的新案例的情境的异同。

分析性概括或曰理论概括与统计概括的区分，意味着个案研究遵循自己的特性和逻辑来解决从微观到宏观的问题。[1]

另外需要说明的是，质化研究的样本量虽然一般较小，但也不是随意确定的。有学者对质化研究抽样的样本量进行了专门研究，这里不详细介绍，有兴趣者可以参看 Onwuegbuzie, A. J., & Leech, N. L. 的 *The role of sampling in qualitative research*[2] 和 *Sampling Designe in Qualitative Research：Making the Sampling Process More Public*[3]，以及 Onwuegbuzie, A. J., & Collins, K. M. T. 的 *A typology of mixed methods sampling designs in social science research*[4] 等。

在量化研究方面，外部统计概化也不是唯一的概化方法。

例如量化方法中的实验方法，由于在大多数情况下采用目的抽样而不是概率抽样，无法进行外部统计概化。根据薛狄戌、库克、坎伯尔等人的研究，采用实验方法的科学家们在实践中采用表面相似、排除不相干的性质、作区辨、插代与外推及因果解释等五个"以科学实务为基础的因果扩论"（a grounded theory）的原则将研究结果概化。[5]

① 卢晖临、李雪：《如何走出个案——从个案研究到扩展个案研究》，《中国社会科学》2007 年第 1 期，第 124 页。
② Onwuegbuzie, A. J., & Leech, N. L., The role of sampling in qualitative research. *Academic Exchange Quarterly*, 2005.9, pp. 280 – 284.
③ Onwuegbuzie, A. J. & Nancy L. Leech, Sampling Designs in Qualitative Research：Making the Sampling Process More Public, *The Qualitative Report*, 2007, Volume 12 Number 2.
④ Onwuegbuzie, A. J. & Collins, K. M. T., A typology of mixed methods sampling designs in social science research. *The Qualitative Report*, 12 (2), 281 – 316. Retrieved August 31, 2007, from http://www. nova. edu/ssss/QR/QR12 – 2/onwuegbuzie2. pdf.
⑤ 薛狄戌（W. R. Shadish）、库克（T. D. Cook）、坎伯尔（D. T. Campbell）：《实验与类实验设计——因果扩论》，杨孟丽译，台北心理出版社股份有限公司，2007。

某些量化研究并不进行外部概化，甚至不追求概化，而只是作为一般了解某种情况是否存在的手段。大部分挂在网站上的网上问卷调查，不企图也不可能推论到某个总体。例如，2011 年 5 月 2 日拉登被击毙消息公布后，凤凰网于 5 月 2 日至 3 日进行了一项网上调查——"你如何看待美军击毙本·拉登?"，给出了 4 个备选答案，共有 480212 人参与了投票，得到了以下调查结果：①

1. 高兴，恐怖主义头子终于被打死了，87709 票（18.3%）
2. 伤心，"反美斗士"倒下了，287619 票（59.9%）
3. 感慨，十年磨一剑，美国终于报仇了，58606 票（12.2%）
4. 围观，他的死活与我何关，46157 票（9.6%）

从这个问卷调查结果，我们既不能得出全中国有 59.9% 人为拉登的死伤心，也不能得出全中国有 59.9% 的网民（或凤凰网网民）为拉登的死伤心，即我们不能对这个调查结果作任何概化；但我们可以了解到，凤凰网所限定的 4 种态度，都有不同数量的网民回应。

针对不同的研究目的和不同的概化目标，有不同的研究方法和概化类型，以某一种概化类型的价值标准去评估各种研究方法的价值是不适当的。

量化－概率抽样 vs 质化－非概率抽样

抽样方法并不依量化或质化研究而定。质化研究确实主要采用非概率抽样，但并非没有例外；量化研究使用概率抽样较多，但也使用非概率抽样。

质化研究的目的，一般不针对某个总体作出量化的推论，因此，概率抽样与质化研究目的不符，但也有研究者采用概率抽样，以减少选择样本时研究者人为因素的影响。

例如 Carrese, J. A., Mullaney, J. L., & Faden, R. R. 的一项关于老年患者如何考虑并着手处理他们未来疾病和生命终点的研究②，主要测量方法是半结构深访。访谈对象，即样本的产生采用了目的和随机抽样方法。

这个项目中的目标对象是患有老年慢性病、具有高死亡率的老年人，因此首先通过目的抽样，确定样本产生自一个持续进行了 20 年的老年人关怀项目。这个项目中约有 180 位老年人，居住在一个大的社区中。研究者从这 180 位老年人中随机抽取了 20 位，

---

① http://survey. news. ifeng. com/result. php? surveyId = 11902.

② Carrese, J. A., Mullaney, J. L., & Faden, R. R., Planning for death but not serious future illness: Qualitative study of household elderly patients. *British Medical Journal*, 2002, 325 (7356), pp. 125 – 130. http://www. bmj. com/content/325/7356/125. 1. full. pdf.

以减少人为选择时可能的偏见的影响。

量化研究也经常采用非概率抽样。

量化方法中的实验研究主要采用目的抽样和方便抽样方法，而很少采用概率抽样方法。因为在实验中采用概率抽样，既不现实，也不必要①。研究者经常把所在大学的学生、所在社区的居民作为实验被试。例如，重要的心理学理论——责任扩散理论，最初的研究就是采用大学学生作为被试，在校园的房间中进行的。②

被认为是量化研究类型的问卷调查方法，既使用概率抽样，也使用非概率抽样。最典型的非概率抽样，主要用在目前非常流行的在线调查中，据 2010 年的统计，全球的在线调查概率样本比例都很低，绝大部分是非概率抽样。③ 另外，当只需要大略了解和描述一群人的特点或态度，不需要准确推论总体的情况下，会采用方便抽样方法，例如找熟人或招募自愿参加者。④ 例如，2004 年一项"促进农村校外青少年健康教育的传播战略研究"⑤，要了解辍学生与在校生的媒介占有和使用情况的差别，辍学生数据是从小组访谈中获得，在校生数据是通过课堂上全班调查获得，两个样本都没有对当地学生总体做概率抽样，但在一定程度上，仍能帮助人们了解两者的差别。

在内容分析中，概率和非概率抽样均会用到，例如一项中国少数民族的媒介再现研究，首先通过目的抽样，确定 2006 年《北京青年报》的少数民族新闻作为"中国大众媒介"的样本，再对 2006 年《北京青年报》做结构周抽样。⑥ 在选取报纸时进行目的抽样，能够更准确地契合研究者所关注的媒介特征。而在报纸内采用概率抽样，能更好地避免研究者主观性的影响。

在研究实践中，概率或非概率抽样并不简单对应于量化质化方法，采用何种抽样方

---

① 薛狄戌（W. R. Shadish）、库克（T. D. Cook）、坎伯尔（D. T. Campbell）：《实验与类实验设计——因果扩论》，杨孟丽译，台北心理出版社股份有限公司，2007，第 22 页。

② 〔美〕Roger R. Hock：《改变心理学的 40 项研究》，白学军等译，杨冶良、郭秀艳审校，中国轻工业出版社，2004，第 405 ~ 416 页；Darley, J. M. , & Latané, B. Bystander intervention in emergencies: Diffusion of responsibility. *Journal of Personality and Social Psychology*, (1968) 8, 377 – 383. Copyright? 1968 by the American Psychological Association. 浏览日期：2011 – 3 – 21，http://www. wadsworth. com/psychology_d/templates/student_resources/0155060678_rathus/ps/ps19. html。

③ 刘晓红、孙五三：《在线调查方法综述》，载刘志明主编《网络时代的民意与调研》，今日出版社，2010。

④ 弗洛伊德·J. 福勒：《调查研究方法》，孙振东、龙藜、陈荟译，重庆大学出版社，2004。

⑤ 卜卫、刘晓红：《促进农村校外青少年健康教育的传播战略研究》，中国/联合国儿童基金会健康教育合作项目，2004。

⑥ 覃诗翔：《中国少数民族的"他者"再现——对 2006 年〈北京青年报〉少数民族新闻的内容分析》，*Communication & Society*，14，2010。

法是由研究目的和概化意图决定的。

量化－"维持现存秩序"vs 质化－
"研究边缘群体"

二战前后及二战期间，美国出现了一批关于宣传、说服、舆论、民意测验、媒介内容、受众分析和短期效果的研究。研究者接受政府或企业的资助，致力于测量宣传效果以及提高传播效果的研究。这些研究被以后出现的一些研究范式称为"行政型研究"，并批评为"维持现存秩序"。如吉特林曾评价此类研究取向："行政型的媒介效果研究考察的是特殊利益集团的问题，或者提出的是能为特殊利益集团服务的问题。"① 由于这类研究通常采用实证研究方法，而实证研究又常被等同于量化研究，因此，量化研究就与"维护现存秩序"建立了联系。

尔后出现的一些研究范式较多关注亚文化、性别、种族以及劳工阶级等对象。这些对象被认为是边缘群体，而其主要研究方法为质化方法，质化方法因此被一些研究者视为此类研究的唯一方法。

实际上，研究方法本身并不先天地与某些研究主题存在必然联系。在研究实践中，量化方法广泛应用于各种主题，边缘群体研究也经常使用量化方法。下面介绍一些中国学者研究边缘群体采用的方法。

一、王曙光及课题组于 2001 年在四川雅安地区实施了"个体三轮车从业人员艾滋病同伴教育"课题②，目的是"在三轮车从业人群中发展一种能够反映该人群性健康需求的'健康性行为的行业同伴网络人际交流与互动教育模式'，大幅度降低目标人群 STI/HIV 易感的高风险性行为，并通过同伴网络'安全性文化'建设促进其持续发展"③。研究采用了量化的时间序列实验设计（interrupted time series design）。实验持续数年。目标人群来自四川雅安 3 个不同社区，通过分层随机抽样产生实验参与者。实验分为直接干预组、间接干预组和对照组，进行了前测、干预、立即后测和延时后测。

二、中国社会科学院新闻与传播研究所媒介传播与青少年发展研究中心，受联合国妇女发展基金和联合国艾滋病规划署委托，于 2008 年 10 月至 2010 年 1 月就"社会性

---

① 潘忠党：《媒介效果实证研究的话语——对一个研究领域的理解与误解之反思》，载简宁斯·布莱恩特、道尔夫·兹尔曼编《媒介效果理论与研究前沿》（第 2 版），石义彬、彭彪译，华夏出版社，2009，导读，第 15 页。

② 这项研究由澳大利亚国家健康与医学研究会（NHMRC）资助。

③ 王曙光：《艾滋病的社会学发现——亚文化易感与适宜干预策略》，四川科学技术出版社，2005，第 158 页。

别与艾滋病政策"进行了专题研究，研究采用了访谈和问卷调查两种方法进行，其中量化的问卷调查对象来自 13 个省、市、自治区 26 个调查地点的 850 名感染者。①

另外，中国社会科学院新闻与传播研究所研究生张祺、覃诗翔和聂宽冕，在她们的毕业论文中，分别研究了中国法制类报纸中强奸报道的意识形态问题，中国媒体中少数民族再现和春晚 27 年中农民及农民工形象的再现，这几项研究均以量化的内容分析方法为主要研究手段。②

从事批判研究的学者也并非完全排斥量化研究，只是强调量化研究不是唯一的研究方法。有研究者写道，"批判研究认为……重要的理论表述不一定非要通过数据来验证"，芬兰学者诺顿斯登（Kaarle Nordenstreng）论道："现实的某些方面确实可以用实证的方法来测量而后进行量化阐述，但这一事实并不能说明这些方法必然是我们理解现实最基本的方面。"③

需要指出的是，所谓"行政类型的媒介效果研究"，虽然被另一学术范式批评为"维持现存秩序"，但是该类研究对传播学发展的重大贡献是不可否认的。潘忠党对媒介效果研究给予了高度的评价：

"总的来说，我认为，媒介效果研究作为一种以逻辑实证主义为基调的话语，是以现代社会科学的语言和逻辑而建构的关于媒介的社会角色和影响之全景的话语。……这一话语有明确的价值取向，即民主生活的基本原则；有极强的应用和批判倾向，即运用理论，以发现、建构并分析现实问题，实证地确认现行社会中有悖民主原则的现象，以价值观和实证观察相结合，对现实提出批判。这一话语也有高抽象层面的宏大理论，即反映社会结构及其变化动态的结构功能主义。在社会思想发展了 50 多年后的今天，这一话语在高抽象层面相当开放，完全可以而且正在吸纳新的社会和认知心理学理论，尤其是关于社会变迁的理论，只是，如何在媒介效果研究中更加有效地吸纳并充实新的理论，是研究者们需要探讨的课题。"④

---

① 卜卫、刘晓红：《社会性别与艾滋病政策研究报告》，提交联合国妇女发展基金会报告，2010。
② 张祺：《法制类报纸中强奸报道的意识形态内涵》，中国社会科学院研究生院硕士学位论文，2006；覃诗翔：《中国少数民族的"他者"再现——对〈北京青年报〉2006 年少数民族报道的内容分析》，中国社会科学院研究生院硕士学位论文，2007；聂宽冕：《关于春晚 27 年农民及农民工形象再现的研究》，中国社会科学院研究生院硕士学位论文，2010。
③ 赵月枝、邢国欣：《第十九章 传播政治经济学》，载曾曙明、洪浚浩主编《传播学》，中国人民大学出版社，2007，第 515 页。
④ 潘忠党：《媒介效果实证研究的话语——对一个研究领域的理解与误解之反思》（导读），载简宁斯·布莱恩特、道尔夫·兹尔曼编《媒介效果理论与研究前沿》（第 2 版），石义彬、彭彪译，华夏出版社，2006，第 19 页。

结　论

量化和质化研究既有差异，也有一些共同特征，如两者的操作对象都是可观察的现实，两者都为建立或检验理论提供经验证据。最重要的是，两者都致力于系统性地，也就是根据一定的规则或程序收集资料，而系统性收集资料的目的，在于避免个人观察易于出现的错误，例如过度概括、选择性观察等。事实上，某些研究问题既可以采用量化方法，也可以采用质化方法，采用不同方法可以从不同角度对问题进行观察和解释。例如，陆晔、潘忠党[1]和潘忠党、陈韬文[2]的两项研究都是考察中国社会转型过程中，新闻专业主义在中国新闻从业者中的形成和发展情况。两项研究分别采用了质化研究方法和量化研究方法。陆晔和潘忠党的研究——《成名的想象：中国社会转型过程中新闻从业者的专业主义话语建构》，采用质化研究方法，具体包括：在中国大陆 3 个中心城市的一些主要新闻单位进行田野考察，观察内部运作；在每一家被选中的媒体中，对一些中、上层的管理者和普通新闻从业人士进行深入访谈；搜集很多公开出版（包括在网上发表）的新闻从业者自述，以及专业刊物上的理论和业务探讨。通过这三个方面的实证资料，考察具体的语境和行为情境的新闻改革实践者的言与行，这种话语实践在动态中相对稳定的关系，以及探讨改革的宏观变化中的微观机制。其目的是探讨新闻从业者在社会转型期如何通过话语和新闻实践，建构和表述他们的专业理念，进而讨论新闻改革过程中理念与实践的勾连。潘忠党和陈韬文的《从媒体范例评价看中国大陆新闻改革中的范式转变》研究，其关注点也是"专业主义范式被中国新闻从业者逐步接受"的问题。该研究用问卷调查结果补充了前项质化研究中所缺失的"中国新闻从业者是否有共享的新闻理念，而这些理念是否具有范式的结构特征"等问题。

对同一个问题采用不同方法进行的研究，大大丰富了对该研究主题的认识。

同一项研究综合使用量化和质化方法，可能改善研究结果的效度。万小广《王石捐款事件报导的媒介框架分析》研究，研究问题之一是辨识王石捐款事件的媒介报道中存在的媒介框架类型，以及不同框架如何呈现和诠释这一事件。研究者提出了量化质化结合的框架辨识方法："在量化方面，采取'假设－验证式'的辨识方法，即在阅读大量

---

[1]　陆晔、潘忠党：《成名的想象：中国社会转型过程中新闻从业者的专业主义话语建构》，台湾《新闻学研究》2002 年总第 71 期，第 17～59 页。

[2]　潘忠党、陈韬文：《从媒体范例评价看中国大陆新闻改革中的范式转变》，台湾《新闻学研究》2004 年总第 78 期，第 1～43 页。

文本的基础上，归纳总结出若干媒介框架，并对它们进行可操作化的描述性定义。根据此定义，将所有文本分别归入不同门类，然后用两个定量指针（消息来源和关键词频次）来验证这些框架是否成立；在定性方面，对文本中的'视觉图像'、'流行语'两个方面进行直观逻辑合理性验证。将两种方法有机结合，共同作为系统性的媒介框架分析的组成部分。"① 这种复合式的框架辨识方法弥补了主要采用量化的内容分析方法建构框架的不足，即缺少对文本"显意手法"的定性分析，而显意手法是媒介框架的重要特征。

量化抑或质化方法，都不是天然地与某种科学哲学、推理逻辑、抽样及测量技术，以及某种价值观有固定的联系。无论哪一种方法，都应该为解决问题而使用。解决特定的问题需要特定的方法。研究者在选择研究方法时，不仅要了解自己课题的需要，也要对各种方法有所了解。当然，研究者提出和解决问题的能力，也部分地取决于该研究者掌握/了解哪些方法。

针对特定的研究问题，恰当有效地利用各种研究方法，不管它是量化的或质化的，是科学研究合乎逻辑的做法。

（原载《新闻与传播研究》2012 年第 4 期）

自选理由：

关于质化和量化研究方法，存在着一些认识上的误区。这些误区，既有方法论层面的，如质化方法不科学不客观、量化方法科学客观；也有技术层面的，如质化深刻、量化简单，量化结果可以推论总体、质化研究没有代表性等；除了方法论和技术层面，还可以见到从价值观上对量化质化方法的区分，如量化多服务于维持现存秩序，质化则研究边缘群体。

这项研究指出这些说法的特征，是将量化方法和质化方法分别与不同的方法论、不同的推理逻辑、不同的操作技术强行绑在一起。这项研究通过一些研究案例说明，这些绑定关系是缺乏逻辑和实证基础的，不利于发现和解决问题，不利于推动科学进步。

这项研究所做的分析及结论，有利于打破这种对质化量化研究方法间关系的不合逻辑的限定，有利于解放被这些限定固化的研究思路，最终有利于形成以问题为导向的研究方法运用的思维习惯。

---

① 万小广：《王石捐款事件报导的媒介框架分析》，《传播与社会学刊》2010 年（总）第 12 期，第 85～86 页。

媒介素养范式与青少年政治社会化

曾　昕[*]

一　媒介素养的发展变迁及其特征

Media Education/ Media Literacy 在我国被理解为媒介教育/媒介素养，美、加等国一直把两者统一而论（统称 Media Literacy）[①]。媒介素养的概念于上世纪三十年代在欧洲最先提出，迄今为止，历经了从免疫、甄别、批判到赋权的四次"范式转移"。[②]

免疫范式从精英视角出发，遵从保护模式，尽可能防止媒体对青少年的负面影响。这种范式源自媒介教育之初英国传统观点[③]，认为大众媒介对青少年弊大于利，对社会精英文化的发展起到负面作用，而"批评意识的训练"能提升青少年对大众媒介的辨别力[④]。与此同时，同为保护主义范式，美国媒介教育则更大程度上立足于道德视角，把媒介作为消极传播导致不良行为的诱因，认为媒介在暴力传播和刺激消费中给予受众大量负面影响，因此媒介教育的首要任务是提高受众的免疫力。[⑤]

甄别范式源自上世纪 60 年代，强调受众对媒介内容辨别、选择和分析的能力，也称分析范式。[⑥] 相比免疫范式，甄别范式认为，媒介内容良莠不齐，传播的效果关键在于受众如何对媒介加以使用，因此媒介教育对受众选择和利用媒介能力的引导位居其

---

[*]　曾昕系中国社会科学院新闻与传播研究所助理研究员，本文发表时为伯恩茅斯大学博士生。

① 参见张艳秋：《国外媒介教育发展探析》，《国际新闻界》2005 年第 2 期。

② 陆晔：《媒介素养的全球视野与中国语境》，《今传媒》2008 年第 2 期。

③ Justin Lewis & Sut Jhally. The Struggle Over Media Literacy. *Journal of Communication*, (1998) Winter, pp. 109 – 120.

④ 杨击：《传播·文化·社会——英国大众传播理论透视》，复旦大学出版社，2006，第15~16 页。

⑤ David Buckingham. Media Education in the UK: Moving Beyond Protectionism. *Journal of Communication*, (1998) Winter, pp. 33 – 43.

⑥ 易畅：《微博：提升媒介素养的新机遇》，《传媒》2011 年第 12 期。

首。甄别范式延续 Raymond Williams 视大众媒介及大众文化为创造文化共同体，而并非负面产品的历史主义文化观①，在这种视角下，比起免疫能力，受众更需要的是辨别媒介产品质量优劣的能力，以及据自身的需要进行选择的能力。

批判范式源于 80 年代，强调大众媒介的假性意识（false consciousness）制造功能，让受众潜意识中接受外部强加的价值观念；而媒体往往传播了占统治地位的文化②，所以受众的意识形态容易在不知不觉中被影响同化。因此，媒介素养应注重培养批判能力，破译大众媒介所建构的真实，揭示"媒介真实"与现实的差异，自主获取知识，使媒介为自己所用。

参与范式的主要内容是参与式的社区行动，即转化对媒介的批判性思考，通过"赋权"（empower）促成积极、健康的媒介社区，而非仅仅批判媒介的负面影响。③ 自 20 世纪后期，媒介教育呈现多元化趋势，其方法也发生了诸多转变。不同国家、不同社会团体开始寻求并包容多元观点。在此期间，针对媒介教育不同阶段的研究成果，学者开始系统探讨各范式的特征，诸如，儿童和青少年是否应该采取保护主义范式，媒介教育是否应该带有政治意识形态等等。④ 受众的立场也由此改变，媒介教育开始注重受众的传播能力和创造能力。⑤ 与此同时，在媒介教育的宏观意义上，研究者开始关注媒介与公民性的关系及教育中对公民权利的强调，"大众媒介是社会知识主要的创造者和协调者，媒介反映现实的方式、使用的技术手段、媒介产品中包含的意识形态等应是所有公民或未来公民有权了解的内容"⑥。更多学者关注并呼吁媒介教育中公民性的培养，强调青少年受众应在使用媒介的过程中自由负责地表达个人意见；上述这些观点基于对当代社会公民权利的肯定，是社会民主政治的基础。在现代社会中，"机构的民主化，以及通向真正参与式民主的漫长道路，非常依赖于大多数公民通过媒介介入的能力"⑦。因此，媒介素养无论在认知层面还是实践层面，都必然成为现代民主社会公民素养和公

① 雷蒙·威廉斯：《文化与社会》，北京大学出版社，1991。
② Masterman, L. Foreword: The Media Education Revolution. In A. Hart（Ed.）. *Teaching The Media*: *International Perspectives*. NJ: Lawrence（1998）.
③ 陈世敏：《媒介素养的基本概念》，载毛富荣等：《媒介素养概论》，台湾五南图书出版股份有限公司，2005。
④ Renee Hobbs. The seven great debates in the media literacy movement. *Journal of Communication*,（1998）48（1）pp. 16 – 32.
⑤ 易畅：《微博：提升媒介素养的新机遇》，《传媒》2011 年第 12 期。
⑥ 张艳秋：《国外媒介教育发展探析》，《国际新闻界》2005 年第 2 期。
⑦ Masterman, L. Foreword: The Media Education Revolution. In A. Hart（Ed.）. *Teaching The Media*: *International Perspectives*. NJ: Lawrence（1998）.

民教育的一部分。

二　大众媒介与青少年政治社会化

在个体社会化的视角中，政治社会化普遍指人们学习政治并形成个人政治立场及其政治人格的过程。上世纪 50 年代，美国对于政治社会化的议题开启了系统性的研究。"1958 年，戴维·伊斯顿首次发表了政治社会化研究的有关论文，赫伯特·海曼于次年发表的《政治社会化：政治行为之心理研究》一书是第一次从心理角度系统研究政治社会化的过程"[①]。伴随这本奠基著作的问世，此领域内研究的逐步深入，"'政治社会化'的含义趋向于两个基本层面：一是政治社会化是人们通过学习而接受和掌握所处社会的政治文化的方式和过程；二是政治社会化是政治文化传播、维持、代际传递和变迁的方式和过程"[②]。从个体的角度而论，政治社会化把社会政治系统的政治文化和规范模式内化，使个体适应政治社会要求。这种观点认识到个人在政治社会化中的主动性，但没有重视政治在传播过程中媒介的暗示甚至强制作用。

随着媒介产品逐渐丰富，大众传播在日常生活中的角色进一步受到重视，从 20 世纪 70 年代起，研究者开始注重大众媒介在政治社会化中的作用。Chaffee 的研究表明，大众媒介是受众参与政治生活的重要途径，在获取信息及政治观点方面，已远远超越受众家人和朋友对其的影响[③]。早期的社会化研究针对传统媒体；尤其注重电视媒体在儿童和青少年日常生活中举足轻重的地位[④]。伴随媒体深入受众的日常生活，媒介中的政治信息比以前产生了更强大的影响，一些研究开始关注媒介使用在政治社会化中的效用。尤其新媒体普及之后，大量研究开始探索媒介使用方式、时间、内容偏好等方面对政治社会化不同层面（诸如政治知识、政治态度、政治情感、政治价值观念、政治参与行为等的影响和效能）的影响。同时，一些个人因素，比如家庭、年龄、性别、教育等变量也成为考察关注的层面。由于新媒体互动平台的发展，除了政治认知层面，大众新闻媒体同时在政治参与层面也体现出巨大的影响和发展潜力。如今，新闻媒介已成为向大众传递外界信息，进而参与政治生活的途径。[⑤]

---

① 刘成波、罗芳芳、叶婷：《再议社会政治化的含义和功能》，《湖北经济学院学报》2010 年第 2 期。

② 冯强：《媒介政治社会化效果研究的起源与路径》，《东南传播》2010 年第 3 期。

③ Chaffee, S. H., Ward, S., & Tipton, L. Mass Communication and Political Socialization. *Journalism Quarterly*, (1970) 47, pp. 647 –659.

④ Schramm, Lyle, Parker E. B. *Televisions in the Lives of Our Children*. Stanford University Press (1961) .

⑤ 冯强：《媒介政治社会化效果研究的起源与路径》，《东南传播》2010 年第 3 期。

近期，许多研究集中于对儿童及青少年政治社会化的考察，因为其群体的社会性及政治性都尚处形成期，有很大的可塑空间，媒介引导和培养教育对于其政治社会化的影响甚为突出。由于媒体是儿童和青少年了解社会的主要渠道，媒介产品（尤其是新闻）传授给儿童和青少年基本政治知识以及了解社会现实的角度；因此，儿童和青少年的政治价值观念、兴趣、态度、参与行为等等都与使用大众媒介的方式以及偏好存在相当程度的关联；媒介接触对其政治社会化的影响广泛，涉及认知、态度和行为多个层面。[①]

三　媒介素养与青少年的政治社会化

1. 新媒体和青少年政治社会化

青少年是未来的公民（citizens to be），也是不久的将来重要的新闻受众、媒介使用群体和政治参与群体。青少年介于童年和青年之间，其认知特征仍有直观、感性、形象化的特点，又逐步趋于理性，是在一种相对动态的过程中形成自己的价值观念。而当前的媒介教育研究和已经普及的媒介教育实践恰恰集中在青少年阶段的教育，媒介作为桥梁链接了儿童时期的学习型社会化和青年时期的实践型社会化。因此，媒介教育给青少年公民的政治社会化进程带来了更多的可塑性和可能性。

新媒体突破了主流媒体的信息控制权，在青少年日常接触的媒介中，各类社会和媒体机构信息传播的一致性已经不复存在，控制形态下的政治社会化已成为历史。"青少年可以有所选择逐步形成了对公民身份的认同，并开始积极建构，政治社会化范式由此向多维互动和自主参与迅速转型。"[②] 新媒体时代，多方信息的涌入，个性的崇尚、民主意识的启蒙以及对个体表达的需求已经普及，加之当代青少年对政治现实具有一定的批判能力，一味地进行信息垄断和单方的政治教化也很容易造成负面效果，使青少年产生抵触情绪。"政治社会化不能以太过于直接的方式，并且目的也不能太过于直接，否则会适得其反。"[③] 因此，提供多元信息，促进主流媒体和公民的交流，保障其参与政治讨论的权利，鼓励青少年公民在媒体中积极参与表达，根据他们的需要来调整和优化媒介教育和公民教育，使公民、媒介和教育三者之间形成良性互动，才是现代社会中促进青少年政治社会化的有效方式。

---

① 冯强：《媒介政治社会化效果研究的起源与路径》，《东南传播》2010 年第 3 期。

② 卢家银：《社交媒体与青少年的政治社会化：以微博自荐参选事件为例》，《中国青年研究》2012 年第 8 期。

③ 鲁恂·W. 派伊：《政治发展面面观》，任晓、王元译，天津人民出版社，2009。

积极有效的政治社会化，有赖于个体与社会双方的积极互动。传统社会环境和媒体结构下，青少年的政治教育主要体现为政治教化。在传统媒介环境中，政治文化谋求划一，公民表达的方式和渠道有所限制，特别是青少年公民，很难有自己的声音，难免对政治参与保持被动态度。新媒体普及后，青少年个体在媒体中扮演了重要角色，诸如，张同学在汶川地震中通过网络发帖告知救援队适于空降的地点①，青少年公民在微博中自我推荐参选基层人大代表等等。在各媒介平台参与社会事件讨论的过程中，青少年逐渐认识到自己作为公民的政治参与能力和影响力，这将潜移默化地促进其对公民权利义务的认知以及公民身份的认同。

原先，青少年在一定程度上对政治缺乏敏感性和积极性，但由于社交媒体使用便利，成本低，以轻松、娱乐的方式互动，让政治触手可及，深入日常生活，激发了青少年的兴趣和热情，使广大青少年政治参与的主动性和积极性大大提升，同时提高了自己的媒介素养，进一步获得了表达的能力和参与的权利，形成信息在公民和媒介之间的良性循环。加之在这种参与过程中，社交媒体中的组群，很大程度上是由拥有共同的兴趣或观点相近的个体聚合而成，这种共性和交集使青少年的日常社会交往圈和虚拟空间中群体的兴趣圈交流紧密地结合，彼此之间易于理解交流，使其表达和聚合更自然，也更加自由。② 可以说，新媒体为青少年的日常交流和政治参与提供了交集和更多的可能性，对被动型公民逐渐向积极的参与型公民转变有着促进意义。

诚然，新媒体一方面促进了政治信息的传播、政治观念的内化和政治文化的维续，同时也对传统的政治社会化模式以及社会主导的政治文化造成了冲击。传统政治社会化虽然表面上能有效地将政治文化传授给年轻一代，维护社会的稳定，但从维护政治体系的长久稳固来说，这种政治社会化可能造成青少年丧失批判能力，对主流政治文化过于适从，抑或过于反感，影响既定的社会秩序。"冲突学派指出，不成功的政治社会化造成了太多过分的社会适应或从众行为，使个体失去个性和批判精神，对于社会不合理现象听之任之，结果不利于社会的变革，甚至阻碍社会的发展。"③ 由此，社交媒体所带来的挑战实际上是完善青少年政治社会化方式的推动力，可以说是一个契机。

2. 媒介素养范式与青少年政治社会化

结合青少年政治社会化进程特征，在培养公民性方面，虽然新媒体很大程度上有积

---

① 李文明、吕福玉：《从汶川地震网络传播论青少年新媒介素养》，http://news.163.com/08/1217/13/4TCCO2QR000131UN.html。

② 卢家银：《社交媒体与青少年的政治社会化：以微博自荐参选事件为例》，《中国青年研究》2012年第8期。

③ 卢家银：《社交媒体与青少年的政治社会化：以微博自荐参选事件为例》，《中国青年研究》2012年第8期。

极意义，但青少年毕竟处于成长期，面对鱼龙混杂的媒介环境，在自主应用媒体的过程中，是否能正确看待新媒体的弊端，还有待讨论。Buckingham 针对媒体暴力、青少年公民消费权利，深入探讨了儿童和青少年的处理方式。根据研究论证，他认为儿童和青少年比成年人预设中更加成熟，有一定的分辨能力。Buckingham 主张儿童的媒体权利应分为保护、供应、参与和教育。① 相比以往媒介教育研究注重保护和供应的论述，Buckingham 的进步性主要体现在儿童和青少年公民的参与权，认为他们要能表达自我的主张；另外，青少年之所以被新闻和政治所疏离，主要原因之一是成年人认为他们不具备理解和参与政治的能力。但参与权的行使需要训练，而媒介教育恰恰是帮助他们培养这种参与的能力。

媒介素养教育使青少年在大众媒体与自身社会化的关系中不再被动化、消极化，而是能积极主动地应对，有利于他们融入社会，协助他们在社会化的正常进程中抵制不良媒介环境或媒介信息，形成对媒介的自我免疫能力。同时，媒介素养教育对青少年社会化有一定的范例作用；再次，媒介素养教育对青少年完善个性，实现社会化起推动作用。也就是说，积极的媒介素养教育本身不是一个接收的过程，而是一种学习方法；是帮助青少年利用媒介，并在利用媒介过程中自我再次提高媒介素养的一种正向驱动。

在中国，虽然近年来媒介教育方面的研究日益得到重视且有诸多研究成果，但相比欧美国家，我国的媒介教育起步较晚，没有经历过从抵制到审美、甄别、互动的过程；可以说，欧美数十年的媒介教育理念、不同范式的研究成果几乎是同时涌入中国。从某种意义上说，我国的媒介教育并不是一个自然化的发展过程，而是在起步较晚的状况下，相对集中和浓缩型地接受和延展西方的成果。

同时，我国青少年的媒介素养水平参差不齐；无论在媒介知识，还是媒介使用，甚至包括对于自身媒介素养的自信心方面，都有相当大的差异。尽管这种差异给媒介教育的普及和融入常规教学的实践带来了一定困难；从另一方面而言，在这样的背景之下，先前媒介教育不同阶段的理念同时涌现在学术研究前沿未尝不是一件好事。在媒介素养及其社会化程度不均衡的背景下，也许保护主义、信息识别、媒介参与等诸多理念和范式之下的媒介教育互相穿插是最适合当前青少年社会化需要的模式。

如前文所论述，青少年的社会政治化过程有各种复杂的社会影响条件和人文因素制约；因此媒介教育是否能正向作用于青少年的社会政治化过程，并非媒介教育单方的因素。参照前文所述的青少年心理特点和社会化中所遇到的实际困难，和西方青少年存在很大的差别。而相比西方国家，我国在媒介更新以及媒介教育研究上都相对有些滞后；

---

① David Buckingham. The Media Literacy of Children and Young People. www. Ofcom. org. uk.（2004）p. 19.

因此，西方的前沿理论尽管某种程度上代表业界的尖端理念，不一定适用于我国青少年的实际情况。尽管到目前为止，在包括西藏事件、汶川地震等危机报道中，青少年网民在没有接受学校正式媒介教育的情况下，作为受众表现出了积极公民（active citizen）的特质并且在网络媒体上发挥了良好的作用，但负面表现（诸如汶川地震后取缔三天娱乐活动所导致的非理性发言等），同样显示出青少年网民缺失公民责任感和媒介素养的一面。换言之，尽管媒介教育已经步入了参与式社区行动的模式，我国青少年是否可以超越媒介素养的基础教育，尚有待讨论。

在"媒介即隐喻"的理论基础上，媒介对受众的影响早已不止局限在所传播的内容，而是媒体本身及其相关的一切传播理念和形式。"所谓媒介即讯息只不过是说：任何媒介即人的延伸对个人和社会的任何影响，都是由于新的尺度产生的；我们的任何一种延伸或曰任何一种新的技术都要在我们的事务中引进一种新的尺度"，也就是说，任何媒介或技术的"讯息"，其实就是"由它引入的人间事务的尺度变化、速度变化和模式变化"。① 由此而言，在新媒体环境之下，曾经被定义为"不恰当"的内容（诸如过多的娱乐信息，甚至包括暴力色情等非理性、亚健康的内容，或非标准化的媒介产品）已经成为媒介环境难以避免的组成成分；也以此自然而然成为宏观角度媒介"隐喻"的一部分。实际上，新媒体繁荣以及其多元性、开放性、互动性等新特征，意味着它一定程度的民众化、草根化取向。因此，如果保护主义在当今的媒介教育中得以实施，必然导致这个宏观的"隐喻"遭到一定程度的抵制甚至破坏。也就是说，假设媒介教育能达到预设效果，那么新媒体时代的保护主义措施会直接影响青少年受众对于现今媒介环境完整性的认识。换言之，保护主义之下的青少年受众并没有真正享受到"全方位"的媒体认知权利，他们的"媒介素养"和相应而生的社会化也是不到位的。如前文所论述，保护主义旗帜下的媒介素养其实涉及受众研究中的另一个问题，及受众的权益问题。而当今的媒介大环境下，尽管保护主义可以避免青少年局限于"主流文化"，却带来了更大意义上的局限性；也是另一种层面的侵犯受众权益。

因此，在我国的特殊媒介环境和教育环境下，由于青少年受众参差不齐的媒介素养，不同时期的媒介教育理念和措施有可能都在不同方面适合中国目前的环境，因此，传统媒介素养和新的媒介范式并不是彼此替换的作用，而是应该汲取各阶段适用的成果，以融合的方式综合发展媒介教育。只有把媒介教育放置在真实、全面的媒介环境中，才能保障青少年体现出他们自身的实际媒介素养水平和对媒介教育的真实需求。

---

① Postman. *Amusing Ourselves to Death: Public Discourse in the Age of Show Business.* New York: Penguin（1986）.

结 论

　　媒介素养是新媒体时代构建和谐、民主的现代社会的需要，也是使当代青少年具备良好的媒介素质，顺利实现社会化的重要途径。媒介变迁改变了青少年认识社会和参与公共议题的方式，推动青少年由被动公民向参与型公民转变，给青少年的政治社会化带来了新的机遇和挑战。随着青少年认知和参与方式的转变，媒介素养教育应与时俱进，顺应媒介形式，满足青少年对信息多样化以及参与互动的需要。然而面对鱼龙混杂的媒介环境和参差的青少年媒介素养水平，媒介教育仍要注重基础，不能激进、跳跃式发展，一味采取最前沿的理论成果；而应该吸取不同模式中的有益成分，既能帮助青少年抵制不良倾向的影响，又能鼓励他们接触多元信息，培养批判能力和参与意识，使媒介素养在其政治社会化进程中起到积极作用。

（原载《现代传播》2013 年第 10 期）

自选理由：

　　在我国，随着社会结构的高速转型与变迁，青少年社会化问题也日益突出。与此相伴的是，越来越严重的青少年社会适应问题、价值观与行为偏差问题。社会学长期关注传统的社会化对青少年的影响，是在家庭、同辈群体、学校、传统大众媒介中进行的社会化。而当代网络使受者在特征方面出现了一些新的情况，网络化所构筑的"第二现实世界"，使青年社会化传统意义上的"与客观现实世界的互动"变为"与虚拟社会情景的对话"。从而，青少年的社会化范式也出现了新的变迁，即在传统真实社会化的基础上出现了媒介层面的社会化。青少年无论在政治、媒介还是社会的影响中，始终被认为处于被动地位，而虚拟平台的参与性与"网生代"特征的结合使得政治议题在青少年社会化过程中呈现更多的双向性与主体性；行为方式社会化与角色规范社会化脱节。

　　本文写作时间为博士论文收尾期间，与博士课题研究相关，论述了博士论文中未能充分展开的"媒介参与与青少年社会化"这一部分内容。成文时文中数据和观点较为前沿，发表于《现代传播》2013 年第 10 期，并被《中国媒介素养研究年度报告》（中国广播电视出版社，2015）收录转载；部分观点曾在 2015 年 IAMCR 年会上交流。

中国传播学问卷调查研究的现状与发展

刘晓红　朱巧燕[*]

一　导言及文献分析

西方传播学的系统的实证方法[①]，随着传播学的传入也一起进入了中国新闻传播学界，到现在已有 30 多年的历史。对这种方法的膜拜、批判、运用、学习、质疑一直存在。

（一）对实证研究方法在中国传播学界应用状况的相关评价

1970 年代末期到 1980 年代初期国外传播学引入中国大陆[②]，传播学所携带的系统性的实证研究方法，对中国传播学界来说，也是全新的事物。经过 30 多年发展，实证研究在中国传播研究中已占有一定比例[③]，如陈韬文所说，"实证研究逐步普及，对资料及研究逻辑较为重视"，"实证意识比任何时候都要强"。[④]

对于实证研究的普及情况，有两种不同的看法。一种认为，实证研究非常流行，具

---

[*] 刘晓红系中国社会科学院新闻与传播研究所研究员，论文发表时为副研究员；朱巧燕系温州医科大学人文与管理学院讲师，论文发表时为中国社会科学院研究生院博士生。

[①] 本文中的"实证研究"实际是指经验研究或"实征研究"（empirical research），在社会科学中，两者都是通过收集一手资料由实地经验来验证或检验理论。但依据的科学哲学基础不同，实征研究是对实证研究（positive research）方法的修正，它所得到的通则并不一定是真理，可能被否证。参考：http//www. xxc. idv. tw/oddmuse/wiki. pl/Empirical_research。为避免过多解释，本文仍使用"实证研究"这一词组。

[②] 王怡红、杨瑞明：《历程与趋势：改革开放以来的中国传播学》，中国社会科学院《社会政法学部集刊》第 2 卷《改革开放，繁荣发展》，社会科学文献出版社，2009。

[③] 具体数据可参考苏钥机：《中华传播研究的现况：谁做甚么和引用谁》，《传播与社会学刊》2013 年第 23 期，第 31~80 页。

[④] 陈韬文：《中国传播研究的发展困局：为什么与怎么办》，《新闻大学》2008 年第 1 期，第 2 页。

有主流地位。但也有完全相反的观点，认为绝大多数学者采用的依然是批判研究范式。① 但无论对普及程度怎么看，对实证研究的质量，一般持比较负面的评价。大致有这样几种看法：缺乏理论意识，技术精致但缺乏理论意识，缺乏研究规范、技术不精致。

1. 缺乏理论意识。在1995年的一篇文章中，潘忠党评价当时的实证性的研究是，"大多处于现象的描述上，少有通过实证研究抽象的理论……"② 刘海龙2008年的文章指出，国内对西方传播学的做法是只接受了工具、不关心理论。③ 胡翼青2010年的文章认为，在当时的传播研究领域，"多数实证研究成果不但缺乏学术品位和理论创新，而且实际上对于实践和问题也没有什么太大的指导作用"④。

2. 技术精致但缺乏理论意识。李金铨的评价比较典型："现在篇篇文章在技术上精致得无懈可击，却缺乏知识上的兴奋，有时我称之为'毫无用处的精致研究'（elaborate study of nothing）。"⑤ 刘枫也有类似的看法，认为一些研究者"只知再三精炼方法"，对理论意义却不加闻问。⑥

3. 缺乏研究规范、技术不精致。也有一些学者认为方法不够严谨，研究不够规范。例如陈韬文在《中国传播研究的发展困局：为什么与怎么办》一文中提到，"中国新闻传播研究缺乏规范差不多是国内外学者的共识"⑦。陈怀林和张丹的研究发现，内地的传播学论文在学术规范方面存在诸多误区。⑧

以上这些观点，主要得自评价者个人对这个领域的直接或间接观察，尚缺乏实证的观察和分析。对中国大陆及港台传播学刊物的内容分析已有一些⑨，这些分析，一般是针对所有类型的论文，而不是专门针对实证研究的论文；涉及方法的部分一般只统计各

---

① 蔡骐：《传播研究范式与中国传播学的发展》，《国际新闻界》2005年第4期，第48～51页。
② 潘忠党、何海明：《关于实证研究方法社会性、主观性的对话》，《现代传播（北京广播学院学报）》1995年第5期，第14～17页。
③ 刘海龙：《从受众研究看"传播学本土化"话语》，《国际新闻界》2008年第7期，第5～10页。
④ 胡翼青：《传播实证研究：从中层理论到货币哲学》，《新闻与传播研究》2010年第3期，第9～16页。
⑤ 李金铨：《传播研究的典范与认同》，《书城》2014年第2期，第63页。
⑥ 刘枫：《传播研究中的"中心理论贫乏现象"分析》，《新闻界》2010年第2期，第5页。
⑦ 陈韬文：《中国传播研究的发展困局：为什么与怎么办》，《新闻大学》2008年第1期，第2页。
⑧ 陈怀林、张丹：《试析内地和海外传播学论文学术规范的差异及其成因（1995～2006）》，"大众传播、文化与科学发展观"学术研讨会论文，苏州，2007年11月16～17日。
⑨ 根据苏钥机：《中华传播研究的现况：谁做甚么和引用谁》，《传播与社会学刊》2013年第23期，第31～80页。

种具体方法的比例（除前述的陈怀林和张丹的研究①），不再做进一步分析。

（二）研究问题及价值

鉴于以上情况，本研究拟通过内容分析方法，实证地观察中国传播学实证研究状况。拟以采用问卷调查方法的论文作为研究对象，有以下几个理由：首先，同为实证研究，量化方法比质化方法程序化程度高，无论问卷调查、实验或内容分析，都各自有一整套规范化的做法，因此比较容易为技术的"精致"情况设置操作化指标。第二，问卷调查中的一些关键做法，例如结论要有证据的支持，要有明确的研究问题和/或正确的提出假设的方法，关键概念要操作化，正确地使用抽样技术等，只要是实证研究，无论量化质化，都应该是必需的特征，只是表现形式不同，因此对问卷调查论文的研究结论，也可以在一定程度上适用于各种实证方法的研究。第三，在传播学实证研究论文中，问卷调查方法采用比例较高。② 第四，问卷调查是最容易被与实证方法联系到一起的方法。③ 第五，问卷调查方法是最"古老"的收集数据的方法，如李金铨所说，拉扎斯菲尔德的《人们的选择》是"开传播研究量化实证研究的先河"④，因此应该是一个成熟的技术，所谓技术精与不精，问卷调查应该是最有说服力的。第六，在线调查巨大的成本优势和操作上的便利，使得在线调查变得非常流行。由于在线调查难以做到随机抽样，以致一些机构拒绝用非概率抽样的在线调查方法完成报告⑤，通过本次研究，可以观察在学术领域是如何处理这个问题的。

本文具体研究以下几个问题：

1. 问卷调查论文的基本信息现状及 30 年来的变化

2. 技术的精致程度的现状及 30 年来的变化

---

① 陈怀林、张丹：《试析内地和海外传播学论文学术规范的差异及其成因（1995～2006）》，"大众传播、文化与科学发展观"学术研讨会论文，苏州，2007 年 11 月 16～17 日。

② 根据苏钥机等对 2006～2011 年大陆四种刊物（与本研究的刊物相同）研究方法的统计表 7 提供的数据计算，在 1025 篇样本论文中，实证论文比例为 43%，实证论文含有量化研究的比例为 36%，含有量化研究的论文中问卷调查的比例为 37.5%，是各种量化方法中比例最高的；在实证论文中问卷调查的比例是 13%。

③ 陈韬文语，来源，苏钥机编《"学术出版与传播研究"圆桌会议讨论》，《传播与社会学刊》2013 年第 23 期，第 7～30 页。

④ 李金铨：《传播研究的典范与认同》，《书城》2014 年第 2 期，第 58 页。

⑤ "The New York Times Polling Standards," http://www.nytimes.com/ref/us/politics/10_polling_standards.html, Published：September 10, 2008, 2012 年 12 月 22 日. "polling standards," http://www.nytimes.com/packages/pdf/politics/pollingstandards.pdf, 2010 年 11 月 7 日。刘晓红、孙五三：《在线调查方法综述》，刘志明主编《网络时代的民意与调研》，今日出版社，2010，第 178～255 页。

3. 理论关怀的现状及 30 年来的变化

4. 研究的规范程度的现状及 30 年来的变化

5. 理论关怀与技术精致程度的关系

本研究的价值在于，通过回答上述问题，实证地描述问卷调查方法的研究（在一定程度上代表中国传播学实证研究）的现状和发展历程，给评价提供实证的依据；更重要的是，因为权威学术期刊代表了某领域的学术水平，代表了被认可的学术规范，引领学术发展的方向，为后起者群体提供了样板和对作者学术水准的认定[①]，本研究对 4 种本领域权威学术期刊的问卷调查方法论文的实证分析应该有利于推动学科发展，同时也为编辑和读者提供一个评价问卷调查方法论文的指标体系的参考。

二　研究设计

拟采用内容分析方法回答上面 5 个研究问题。

（一）问卷调查论文的基本信息

包括论文发表年份、作者地区、研究问题的类别、数据收集方法、抽样方法和统计的复杂程度等。作者地区和研究问题的类别的研究结果不在此论文中展示。

1. 数据收集方法。根据作者前期观察，拟记录以下 4 种最常用方式：面访、电话访、在线访和邮寄。

2. 抽样方法。首先分为概率、非概率和普查三类。对非概率抽样，非在线需要记录：方便、目的、雪球和配额；在线需要记录：河流、非概率样本库、其他；概率抽样不记录具体做法。

另外手工记录个别论文中抽样方法名实不符的情况，例如实为目的抽样写成分层抽样，实为方便抽样写成配额抽样等。

3. 样本量。直接记录论文中提供的数字。

4. 统计的复杂程度。分为基本统计（频数、交互、相关等）和多元统计（多元线性回归、因子分析、聚类分析、判别分析、路径分析等）。并作为观察技术精致程度的一个指标。

另外手工记录了个别论文统计术语理解错误问题，例如将置信度误认为显著性

---

① 陈怀林、张丹：《试析内地和海外传播学论文学术规范的差异及其成因（1995~2006）》，"大众传播、文化与科学发展观"学术研讨会论文，苏州，2007 年 11 月 16~17 日。

水平。

5. 回归分析中效果量的计算。在前期研究中作者观察到，回归分析是常用的多元统计方法之一。赵心树和张小佳在《传播学定量研究的新议题》一文中，专题讨论了传媒效果量（effect size，ES）问题，指出媒介效果研究普遍轻视甚至忽略效果量。[①] 另据卢谢峰、唐源鸿、曾凡梅的论文[②]，美国心理学会（American Psychology Association，APA）的统计推断专责小组曾呼吁研究者"无一例外地将 ES 估计值作为主要的结果呈现"[③]，第五、六版 APA 写作手册也提到有必要测量 ES。[④] 为实证地观察这种情况，本研究对多元统计的论文，首先测量是否包括多元回归，如果包括，是否计算了效果量。

（二）社科实证研究的原则和规范

本研究考察的具体对象是问卷调查方法做的研究论文。规则和规范体现在三个层面，一是社会科学实证研究基本原则层面，二是社会科学实证研究规范层面，三是问卷调查方法层面。与问卷调查方法层面相关的设计和研究结果没有包含在本论文中。

1. 社会科学实证研究基本原则。实证研究的最基本的规则是逻辑和证据，即研究的结论必须具有"直观逻辑合理性"和"直观充分的经验事实"的支持。[⑤] 对逻辑合理性本研究不做实证观察。本研究通过观察论文的结论、讨论和政策建议部分，确定是否出现超出研究结果所能支持的结论或政策建议。

2. 社会科学实证研究规范。参考陈韬文[⑥]、陈怀林和张丹[⑦]的研究，本研究将实证研究规范确定为 6 个基本要素：导言（问题的提出）、文献综述/回顾、研究设计、方法说明、报告结果、结论与讨论。本研究只判断这几个要素在论文中是否出现，不判断质量。判断是否出现是根据有无相关内容，而不一定是用标题标出的一节。

---

① 赵心树、张小佳：《传播学定量研究的新议题》，洪俊浩主编《传播学新趋势》，清华大学出版社，2014，第 953 ~ 978 页。

② 卢谢峰、唐源鸿、曾凡梅：《效应量：估计、报告和解释》，《心理学探新》2011 年第 31 卷第 3 期，第 260 ~ 264 页。

③ Wilkinson L.，"Statistical methods in psychology journals：Guidelines and explanations," *American Psychologist*，vol. 54，no. 8，1999，pp. 594 – 604.

④ *American Psychological Association*，*Publication Manual of the American Psychological Association*，6nd ed，Washington，DC，2010.

⑤ 卜卫、周海宏、刘晓红：《社科成果价值评估》，社会科学文献出版社，1999，第 73 页。

⑥ 陈韬文：《中国传播研究的发展困局：为什么与怎么办》，《新闻大学》2008 年第 1 期，第 1 ~ 7 页。

⑦ 陈怀林、张丹：《试析内地和海外传播学论文学术规范的差异及其成因（1995 ~ 2006）》，"大众传播、文化与科学发展观"学术研讨会论文，苏州，2007 年 11 月 16 ~ 17 日。

（三）理论关怀

如前所述，学术界对实证研究的评价重点之一是缺乏理论关怀和知识兴奋。如何操作性地测量出一篇论文的理论关怀和知识兴奋，具有相当的挑战性。本研究在参考其他学者研究的基础上，设计了3个指标来操作化地判断理论关怀。知识兴奋的相关研究不在本论文中展示。对理论关怀概念的操作化基本思路，是找到最低限度标准和有可能相对客观操作的指标。最低限度标准的意思是，在这些指标上达到某个标准，只是具备了理论关怀的最低限度条件。

陈韬文对理论的解说是："从科学的观点视之，自然事物的变化，莫不受到因果规律的约制，而理论就是这些因果关系的说明。简单地说，社会理论是对两个变量或者两个以上变量的关系的界定，是对社会现象的解说。"① 在问卷调查方法的论文中，很多研究题目是考察一个/组现象对另一个/组现象的影响的，从形式来看，这就是一种探索理论的做法。但仅凭研究问题中包含两个变量的关系，不足以确定这是一种理论关怀。本研究拟以研究是否在理论导向下进行、是否有明确的研究问题或/和正确的假设方法，和对核心概念是否有操作化过程这3个变量来操作化理论关怀。

1. 理论导向。即研究是否在某一理论指引下进行。本研究设置了理论导向变量及4个备选项：

（1）完全理论导向。研究/问卷设计是在某一理论指引下进行，假设是根据某一理论或创造的理论提出。事后根据数据结果对假设有讨论和回应。产生新理论或与已有理论的对话。

（2）部分理论导向（做得没有1那么到位）。

（3）没有理论导向。从零开始讨论变量关系，没有任何理论准备；或事后根据数据随意"发明"理论。

（4）纯描述，不涉及理论。

理论导向变量取值为1或2，是理论关怀的必要条件。

2. 研究问题和假设。本研究参考陈怀林的设计思路②，设置了研究问题和假设变量

---

① 陈韬文：《论华人社会传播研究中全球化与本土化的张力处理》，香港《中国传媒报告》（*China Media Reports*）2002年第2期，第70~73页。

② 陈怀林：《媒体框架分析法的变化趋向》，洪俊浩主编《传播学新趋势》，清华大学出版社，2014，第940页。

及 4 个选项：（1）没有研究问题，只有研究领域，或需要从字里行间去推测研究问题；（2）有研究问题无假设；（3）有研究问题和错误地提出假设方法；（4）有研究问题和正确的假设方法。

根据经验观察，"错误地提出假设的方法"有以下几种情况：（1）假设并不是提出了新的（有待证实的）理论，而是把别人已有的结论稍加变动（或没有变动）就变成了自己的假设；（2）由于对概念的操作化程度不够或没有进行操作化而无法用研究证实/伪的假设；（3）所提出的假设没有任何论证过程。

有研究问题或正确的假设方法，是理论关怀的必要条件。

3. 关键概念到问卷题目的操作化过程。概念的操作化，是理论可以被证伪的基本保证。在问卷调查中，只有将概念操作化为具体的问卷题目，才可能提出可检验的假设。因此有核心概念的操作化过程，是理论关怀的必要条件。

拟根据上面三个变量的不同取值及关系，确定理论关怀的四个不同程度：完全理论关怀、部分理论关怀、没有理论关怀和理论关怀无关。篇幅所限，变量关系表不展示。

理论的内容。共设置了 6 个选项，即本土化 - 水平 3、本土化 - 水平 2、本土化 - 水平 1、过时的外国理论、本地理论、传统华人理论。

其中 3 个本土化水平选项直接使用了陈韬文在《论华人社会传播研究中全球化与本土化的张力处理》一文中提出的对传播学理论本土化 3 个水平的划分。[①]

（1）本土化 - 水平 3，对应于陈文中的第三种，即建基于本土社会的原创理论。

（2）本土化 - 水平 2，对应于陈文中的第二种，即因本土社会的特殊性而对外来理论作出补充、修订或否定。

（3）本土化 - 水平 1，对应于陈文中的第一种，即简单的移植，把外来的理论直接应用在本土社会。

（4）过时的外国理论，指不加任何分析评判，直接使用学术界已有共识的过时的外国理论作为研究的理论导向，比较典型的例子是早期的现代化理论。

（5）本地理论，参考了刘海龙《从受众研究看"传播学本土化"话语》一文，刘海龙在文中提出了受众研究的三种取向：党报的群众路线、社会主义民主政治、媒体市场化服务[②]，本研究以这个思路为例将这种理论设定为本地理论。

（6）传统华人理论，参考了翁秀琪在《台湾传播领域学术研究素描：以 1984 ~

①　陈韬文：《论华人社会传播研究中全球化与本土化的张力处理》，香港《中国传媒报告》（China Media Reports）2002 年第 2 期，第 70 ~ 73 页。

②　刘海龙：《从受众研究看"传播学本土化"话语》，《国际新闻界》2008 年第 7 期，第 5 ~ 10 页。

2009 年"国科会"专题研究计划为例》研究中提出的划分理论内容的标准①，翁秀琪以"老子学说、人情关系与面子理论"等作为传统华人理论的例子，本研究将这类理论作为一个选项。

理论的内容不是理论关怀的必要条件，但应该是这种关怀是否可能促进理论发展的一个观察点。

（四）技术精致程度

技术的狭义外延，在问卷调查方法中，最低限度应该包括统计/抽样方法的使用，扩大一点应该是问卷调查方法相关规范，广义外延应该包括实证/经验研究相关的规范。

学者们提到的"精致""精炼""精细"的程度，例如李金铨所说的"精致研究"（elaborate study）②，难以在论文中直接操作性判断，但技术使用的底线应该是正确地理解和使用，这一点通过观察论文可以明确地确定。

抽样和统计是问卷调查中必然要用到的方法，本研究拟将是否正确使用了抽样技术和统计的复杂度分别作为技术精致程度的两个操作性指标。

1. 抽样方法的使用的正确性。作者根据多年经验，观察到在问卷调查方法的抽样中存在着几个比较典型的问题，包括用未经任何处理的非概率样本做推论统计、在细分后样本量非常小的情况下做推论而不考虑误差的增大、推论的范围和/或人口特征超出样本取自的总体。本研究针对这 3 个问题分别设置了 3 个变量来测量，另外还观察了作者如果出现了上述情况，是否对这种做法有分析讨论。

非概率样本的推论统计是比较复杂的问题，共设置了 6 个选项：

（1）方便抽样或未提及针对总体特征的配额抽样，做了推论统计。

（2）配额抽样，或方便抽样与总体人口特征数据做了比较，或通过加权作了事后配额处理，做了推论统计。

（3）设计良好的配额抽样或对非概率抽样有反省有分析，做了推论统计。

（4）普查但做了统计检验。

（5）未做统计检验直接推论。

（6）非概率样本未推论。

---

① 翁秀琪：《台湾传播领域学术研究素描：以 1984～2009 年"国科会"专题研究计划为例》，《中华传播学刊》2011 年第 20 期，第 117～142 页。转引自翁秀琪：《学术期刊与学术生产、学术表现的关联初探：以台湾传播学门学术期刊为例》，《传播与社会学刊》2013 年第 23 期，第 113～142 页。
② 李金铨：《传播研究的典范与认同》，《书城》2014 年第 2 期，第 63 页。

上述 6 个选项中，只有第 6 个选项是符合统计理论的情况；选项 1、2、4、5 都是错误做法，下面重点说明第 3 种情况。

在线调查流行以来，非概率抽样的情况大量出现，如何正确使用非概率样本成为一个问题，针对这个问题，舆论和市场研究行业协会、市场调查和研究机构、学术刊物等均进行了/发表了大量相关研究。概括来说有以下几点[1]，一是概率样本推论总体的理论基础是概率论，非概率样本不具有这样的理论基础；二是非概率样本经过良好设计在代表总体时可以近似达到概率样本的效果。根据 AAPOR 2013 年发布的关于非概率抽样的报告，在提高非概率样本库推论精度和效能上主要采用的方法是样本匹配方法（sample matching）[2]，样本匹配方法不同于传统的配额抽样。

在本研究中，采用样本匹配方法的抽样命名为"设计良好的配额抽样"，可以近似等于概率抽样中的分层抽样。[3] 另外，采用传统配额抽样或方便抽样后的加权处理并做了以下两项工作之一的，也属于"设计良好的配额抽样"。包括：（1）做了人口特征配额处理，同时分析了可能的影响因素，了解这些因素的影响靠人口特征配额无法解决；（2）针对可能的影响因素作了配额，而不只是对人口特征配额。

2. 抽样方法的使用的正确性变量及取值。将上述四个变量和抽样方法变量合并成 1 个变量，称为抽样方法使用的正确性，有 7 个取值：概率正常、非概率正常、未提及抽样方法、普查正常、概率错用、非概率错用和普查错用。其中前四项都不需要解释，后面三项取值的标准是：

概率错用："样本细分后样本量非常小，但仍作更大范围推论"或"超过样本所取自总体的推论"或"样本量没披露"或"无抽样框，同时无如何选择应答者的解释，也无抽样方案说明"。

非概率错用："方便抽样或未提及针对总体特征的配额抽样做推论统计"或"配额抽样或方便抽样事后与总体比较或通过加权配额的样本做推论统计"或"未做统计检验直接推论"或"样本细分后样本量非常小，但仍作更大范围推论"或"超过样本所取自总体的推论"或"样本量没披露"或"无抽样框，同时无如何选择应答者的解释，

---

① 详细内容请参考刘晓红：《在线调查样本库分析及舆情调查室样本库建设方针》，刘志明主编《中国舆情指数报告 2013》，社会科学文献出版社，2013；刘晓红、孙五三：《在线调查方法综述》，刘志明主编《网络时代的民意与调研》，今日出版社，2010，第 178 ~ 255 页。

② Reg Baker, J. Michael Brick, Nancy A. Bates, et al. Report of the AAPOR task Force on Non probability Sampling, http://www.aapor.org/AM/Template.cfm? Section = Reports1&Template =/CM/ ContentDisplay. cfm& ContentID =6055，2013 年 9 月 1 日。

③ 直接采用柯惠新老师 2014 年 10 月 20 日给本论文作者的邮件中的提法命名。

同时无抽样方案说明"。

普查错用：普查但做了统计检验。

3. 技术精致程度变量及取值。拟将前面的抽样方法使用的正确性变量的 7 个取值合并为 2 个值，即正确使用（概率正常、非概率正常、普查正常）和错误使用（未提及抽样方法、概率错用、非概率错用和普查错用），与统计的复杂程度的两个值（基本统计和多元统计）组合为 4 个取值：

（1）基本统计 + 正确使用抽样方法

（2）基本统计 + 错误使用抽样方法

（3）多元统计 + 正确使用抽样方法

（4）多元统计 + 错误使用抽样方法

（五）理论关怀与规范性和技术的关系

1. 理论关怀与实证研究规范。一般而言，规范性是高质量研究的一个必要条件，但具备了哪几个部分仅从外观来看是规范的，实际的质量可能有很大差别，详见陈怀林和张丹的研究。[1] 本研究仅观察了形式上是否存在这些部分，可以称为"形式规范"，可以通过这些部分的存在与否与理论关怀的关系，来观察两者是否基本同步发展，以及是否有正相关关系。

2. 理论关怀与技术精致程度。如导言中提到的，技术精致程度与理论关怀的关系，是学者们评判实证研究的一个焦点。从逻辑上看，两者不应存在必然的联系，因此逻辑合理的情况是，存在着理论关怀强弱与技术精致程度高低的各种可能组合。但也存在这样的可能性，即随时间推移，理论关怀水平和技术精致水平可能都会提高，进而形成一种正相关关系。

我们将通过技术精致与理论关怀的交互分析，观察这几个变量间关系的实际情况。

三 研究方法

研究方法为内容分析。分析对象为《新闻与传播研究》（前身是 1979 年 8 月创刊、1993 年 9 月停刊的《新闻研究资料》）、《国际新闻界》、《新闻大学》和《现代传播》

---

[1] 陈怀林、张丹：《试析内地和海外传播学论文学术规范的差异及其成因（1995～2006）》，"大众传播、文化与科学发展观"学术研讨会论文，苏州，2007 年 11 月 16～17 日。

（前身是 1979 年 9 月创刊的《北京广播学院学报》，1994 年更改为现名）这 4 种刊物中从 1979 年到 2013 年全部采用问卷调查方法的论文。[①] 一般认为传播学进入中国从 1978 年开始[②]，这 4 种刊物创刊时间分别为 1979 年、1961 年、1981 年和 1979 年，选择 1979 年作为本研究开始年是最合适的。

论文的操作性定义。论文指正式的研究文章，更正、会议简讯、教授活动、出版、考卷、非研究性的名人轶事、领导致辞等都不属本研究所指的论文。

问卷调查论文的操作性定义。以问卷调查方法为唯一或主要方法完成的研究论文。包括作者本人设计完成和委托其他机构完成，也包括采用他人完成的数据所做研究。不包括介绍其他人做的问卷调查结果、在文中引用某问卷调查数据、只作为简单测量工具例如实验中的前后测和翻译的论文。

问卷调查论文收集过程。本研究两作者利用知网或纸质版，分别将 4 个刊物 1979 ~ 2013 年的全部文章浏览一遍。首先记录符合操作性定义的论文数量，而不依赖浏览器给出的计数；同时挑出符合操作性定义的问卷调查论文作为分析对象，而不采用关键词检索的方法。

编码员一致性检验。两作者共同对 40 篇论文编码，每刊物 10 篇，按各年度篇数的比例选择样本。仅针对其中主观性最强的并且是形成本研究关键概念的 4 个变量编码，同意率和信度系数计算结果见表 1。

表 1　编码员间同意率和信度系数

变量	同意率	信度系数[①]
问题的类别	0.85	0.901
理论导向	0.68	0.753
研究问题和假设	0.78	0.837
关键概念到问卷题目是否有操作化过程	0.90	0.931

注：①采用 Perrault, W. D. , & Leigh, L. E. （1989）文中的信度系数 Ir，当 = Pa≥1/k 时，Ir = ｛（Pa − 1/k）（k/（k − 1）｝1/2，当 Pa < 1/k 时，Ir = 0。Perrault, W. D. , & Leigh, L. E. , "Reliability of nominal data based on qualitative judgments," Journal of Marketing Research, vol. 26, no. 2, 1989, pp. 135 – 148.

---

① 《新闻大学》1987 年、1988 年第 2、3 期，1990 年、1991 年在以下资源中均没有：国图（纸版和电子版）、社科院图书馆（纸版和电子版）、1987 年读秀有题目但无法下载论文、知网、http://www.nssd.org/、淘宝。

② 王怡红、胡翼青主编《中国传播学 30 年》，中国大百科全书出版社，2010，前言第 1 页。

四　研究发现

（一）问卷调查论文的基本信息

1. 问卷调查论文篇数和比例

问卷调查论文的篇数、比例和最早出现的年份见表 2。

表 2　4 个刊物问卷调查论文的篇数比例及最早出现的年份

	新闻与传播研究	国际新闻界	现代传播	新闻大学	合计
2013 年篇数	5	9	22	5	41
2013 年比例	4.6%	4.7%	4.2%	4.0%	
1982~2013 年篇数	59	50	124	62	295
1982~2013 年比例	2.6%	1.2%	1.1%	1.8%	
第一次出现的年份	1990	1993	1982	1983	

2. 数据收集方法

数据收集方法见表 3。比例最大的是面访。电话调查在 1999 年、2003 年和 2006 年各出现过一次，从 2008 年开始每年出现；面访则是从 1982 年以来持续出现。在线调查最早出现在 2002 年①，之后从 2003~2006 年 4 年间没有出现在线调查的论文，从 2007年开始每年都有，比例平均为 14.4%。

表 3　数据收集方法

		面访	电话	在线	无法确定	邮寄	合计
2013 年	篇数	19	5	12	5	0	41
	百分比	46.3%	12.2%	29.3%	12.2%	0.0%	100.0%
1982~2013 年	篇数	177	26	36	53	3	295
	百分比	60.0%	8.8%	12.2%	18.0%	1.0%	100.0%

3. 抽样方法

详见表 4。一个明显的特征是，2013 年非概率抽样比例最大，且超过一半。1982~

---

① 郭可：《中国英语媒体传播效果研究》，《国际新闻界》2002 年第 4 期，第 40~45 页。

1999 年非概率抽样的比例平均为 14%，2000 ~ 2013 年比例平均为 36%。

表 4　抽样方法

		概率	非概率	未提及	普查	合计
2013 年	篇数	12	23	6	0	41
	百分比	29.3%	56.1%	14.6%	0.0%	100.0%
1982 ~ 2013 年	篇数	133	111	43	8	295
	百分比	45.1%	37.6%	14.6%	2.7%	100.0%

　　不同的数据收集方法，出于成本、方便程度等原因，对应的抽样方法不同。2013 年 41 篇问卷调查论文中，5 篇电话调查方法均为概率抽样，12 篇在线调查方法均为非概率抽样，19 篇面访中既有概率也有非概率抽样方法。

　　4. 样本量

　　2013 年的 41 篇论文中 40 篇提及了样本量，平均值、最小值、最大值分别为 829、48、416。样本量随时间有一定的增加。在线调查并未因其成本低难度小而有更大的样本量。

　　5. 统计的复杂程度和效果量计算

　　表 5 显示了所采用统计方法的复杂程度，以基本统计为主。多元统计比例随时间变化增加：1982 ~ 1999 年平均为 19%，2000 ~ 2013 年平均为 31%。

表 5　统计方法的复杂程度

		1982 ~ 2013 年	2013 年
基本统计	篇数	183	22
	百分比	62%	54%
多元统计	篇数	112	19
	百分比	38%	46%
合计	篇数	295	41
	百分比	100%	100%

　　在下面的表 6 中，列出了在采用多元统计方法的论文中使用了多元回归的篇数及比例，以及在使用了多元回归的论文中，计算了效果量的篇数和比例。

表6　多元回归方法使用情况及计算效果量情况

	多元统计篇数（在总篇数中的比例）	采用了多元回归方法的篇数（在多元统计篇数中的比例）	计算了效果量的篇数（在采用了多元回归方法的篇数中的比例）	总篇数
2013 年	19（46.3%）	15（78.9%）	0	41
1982~2013 年	112（38%）	94（83.9%）	9（9.6%）	295

从表中可以看出，在采用多元统计的论文中，绝大部分使用了多元回归方法，在使用了多元回归方法的论文中，很少做了效果量的计算。在阅读论文的过程中可以观察到，作者通常通过回归方程中各自变量回归系数的显著性来确定影响的有无；通过比较各自变量的标准回归系数的大小，确定对因变量影响程度的顺序；通过观察 R 及 R^2，确定回归模型的解释力。

（二）社会科学实证研究的原则和规范

1. 社会科学实证研究基本原则

在有政策建议的论文中，超出所研究问题的层面和范围及相应研究结果的政策建议的论文所占比例，2013 年为 32%，1982~1999 年平均为 8.6%，2000~2013 年平均为 19.0%。

论文中的结论不是完全依据调查结果得出的比例——没有调查的比例＋调查了但在结论中扩大了指标外延的比例，2013 年为 22%，1982~1999 年平均为 9.2%，2000~2013 年平均为 18.3%。

结论完全根据问卷调查结果得出的比例，2007 年以来稳定在 80% 附近。

2. 社会科学实证研究规范

表 7 显示了论文中实证研究 6 个核心组成部分的统计结果。

表7　实证研究核心组成部分出现比例

单位：%

	导言	文献综述	研究设计	方法说明	报告结果	结论与讨论
2013 年（n=41）	100	78	76	85	98	100
1982~2013 年（n=295）	97	56	70	82	98	94

2013 年平均 5.4 项。年平均项目数随时间呈上升趋势，1982~1999 年平均 4.2 项，2000~2013 年平均 4.8 项，2010 年以来保持在平均 5 项以上。

需要说明的是，对论文各组成部分，本研究只观察了有无，但没有像陈怀林和张丹那样观察质量，在我们的编码过程中可以发现，实际上差别非常大。

（三）理论关怀

1. 理论关怀

如前所述，理论关怀由 3 个指标构成：理论导向、研究问题及假设方法和核心概念的操作化。

（1）理论导向。2013 年的 41 篇论文中，完全和部分理论导向的论文为 22 篇，比例 53.6%。这一比例随时间增加。

（2）研究问题和假设。表 8 显示了论文中研究问题和假设出现的方式。从表中可见，无论 2013 年还是 1982~2013 年合计，正确做法（有研究问题无假设 + 有研究问题和正确的假设方法）的比例超过错误的做法（没有研究问题，只有研究领域 + 有研究问题和错误的假设方法）。

表 8　研究问题和假设出现的方式

		没有研究问题，只有研究领域	有研究问题无假设	有研究问题和错误的假设方法	有研究问题和正确的假设方法	合计
2013 年	篇数	11	14	6	10	41
	百分比	26.8%	34.1%	14.6%	24.4%	100.0%
1982~2013 年	篇数	72	137	28	58	295
	百分比	24.4%	46.4%	9.5%	19.7%	100.0%

近五年间，"没有研究问题，只有研究领域"出现的比例在 20%~30%，"有研究问题和错误的假设方法"出现的比例在 7%~17%。

（3）研究问题中的核心或关键概念是否有到问卷题目的操作化过程。

从表 9 中可见，无论 2013 年或 1982~2013 年，"没有"的比例超过"有"和"有一部分"比例的合计。"有"和"有一部分"比例的合计随时间增加，1982~1999 年平均为 15.6%，2000~2013 年平均为 21.9%。

表 9　核心概念操作化情况

		有	有一部分	没有	不适用	无法判断	合计
2013 年	篇数	13	2	17	6	3	41
	百分比	31.7%	4.9%	41.5%	14.6%	7.3%	100.0%

		有	有一部分	没有	不适用	无法判断	合计
1982～2013年	篇数	67	22	126	71	9	295
	百分比	22.7%	7.5%	42.7%	24.1%	3.1%	100.0%

（4）理论关怀（见表10）。

表10　理论关怀

		完全理论关怀	部分理论关怀	没有理论关怀	理论关怀无关	合计
2013年	篇数	9	8	13	11	41
	百分比	22.0%	19.5%	31.7%	26.8%	100.0%
1982～2013年	篇数	56	55	108	76	295
	百分比	19.0%	18.6%	36.6%	25.8%	100.0%

完全理论关怀和部分理论关怀比例合计随时间增加，1982～1999年比例为22.7%，2000～2013年比例为35.0%，2009年以来比例持续增加。

2. 理论的内容

在6个可选项中，"本地理论"和"传统华人理论"都没有出现；其余的4个选项中，无论2013年还是1982～2013年的总和，本土化水平1（即简单的移植，把外来理论直接应用在本土社会）的比例都是最高的[1]，详见表11。

表11　2013年及1982－2013年理论内容的分布

		没有理论导向或不涉及理论	本土化－水平3	本土化－水平2	本土化－水平1	过时的外国理论	合计
2013年	篇数	18	1	4	17	1	41
	百分比	43.9%	2.4%	9.8%	41.5%	2.4%	100.0%
1982～2013年	篇数	148	12	38	91	6	295
	百分比	50.2%	4.1%	12.9%	30.8%	2.0%	100.0%

---

[1]　陈韬文：《论华人社会传播研究中全球化与本土化的张力处理》，《中国传媒报告》（*China Media Reports*）2002年第2期，第70～73页。

（四）技术的精致程度

1. 抽样方法使用的正确性

表 12 给出了抽样方法使用的正确性变量的 7 个取值及合并为 2 个取值的统计结果。从表 12 可见，无论 2013 年或 1982～2013 年，不正确使用的比例都超过正确使用比例，在不正确使用的 4 种情况中，非概率错用的比例最高。不正确使用比例随时间增加，其中非概率错用的贡献最大。正确使用比例随时间下降。

本研究还统计了非概率样本或普查做推论统计的 6 种情况、样本细分后作推论的情况、推论范围超过总体的情况、如果采用了非概率抽样是否有讨论，及基本统计知识错误的情况，具体结果不在本论文中列出。

表 12　抽样方法使用的正确性

		1 概率正常	2 非概率正常	3 未提及抽样方法	4 普查正常	5 概率错用	6 非概率错用	7 普查错用	正确使用（1、2、4 合计）	不正确使用（3、5、6、7 合计）	合计
2013 年	篇数	8	1	6	0	4	22		9	32	41
	百分比	19.5%	2.4%	14.6%	0.0%	9.8%	53.7%		21.9%	78.1%	100%
1982～2013 年	篇数	90	14	43	5	43	97	3	109	186	295
	百分比	30.5%	4.7%	14.6%	1.7%	14.6%	32.9%	1.0%	36.9%	63.1%	100%

2. 技术精致指标

表 13 显示了技术精致情况，无论 2013 年还是 1982～2013 年，基本统计 + 错误使用抽样方法的比例都是最高的，在四成以上。

表 13　技术精致

		基本统计 + 正确使用抽样方法	基本统计 + 错误使用抽样方法	多元统计 + 正确使用抽样方法	多元统计 + 错误使用抽样方法
1982～2013 年	篇数	56	127	53	59
	百分比	19.0%	43.1%	18.0%	20.0%
2013 年	篇数	2	20	7	12
	百分比	4.9%	48.8%	17.1%	29.3%

表 14 显示了多元统计和基本统计在抽样方法使用的正确性上的比较。从数据看，多元统计正确使用抽样方法的比例要高于基本统计。

如果把是否计算效果量也作为正确使用技术的标准，而不仅是抽样方法的使用，则多元统计中正确使用技术的比例会大幅降低。前面计算了多元统计中使用多元回归方法的论文中计算了效果量的只有 9 篇，在这 9 篇中有 7 篇是正确使用抽样方法的。

表 14　统计的复杂度与抽样方法使用的正确性

		基本统计	多元统计
正确使用	篇数	56	53
	百分比	30.6%	47.3%
错误使用	篇数	127	59
	百分比	69.4%	52.7%
合计	篇数	183	112
	百分比	100.0%	100.0%

（五）理论关怀与规范性和技术精致程度的关系

1. 理论关怀与实证研究规范

在反映实证研究规范性的 6 个组成部分中，由于文献分析部分是构成理论关怀概念各变量的几个变量之一，因此在这部分统计中，研究规范不包含文献分析。

表 15 显示了规范性 5 项指标合计在理论关怀各取值上的比例。从数据可见，理论关怀程度高的论文，其规范性也较强。

表 15　规范性五项指标合计在理论关怀各取值上的比例

完全理论关怀	部分理论关怀	没有理论关怀	理论关怀无关
4.96%	4.75%	4.24%	4.01%

分析显示，理论关怀和规范性从 2002 年以后随时间变化趋势基本一致。

2. 技术精致与理论关怀

（1）统计的复杂度、抽样方法使用的正确性与理论关怀

表 16 显示了统计的复杂度、抽样方法使用的正确性与理论关怀的关系。从数据可见，多元统计中理论关怀的比例高于基本统计，正确使用抽样方法中理论关怀的比例要高于错误使用。

在统计的复杂度和理论关怀各取值构成的 8 种组合中，无论 2013 年或 1982～2013 年，没有理论关怀＋基本统计的比例都是最高的，分别为 22.0% 和 28.5%。在抽样使用的正确性和理论关怀各取值构成的 8 种组合中，无论 2013 年或 1982～2013 年，比例最高的组合都是没有理论关怀＋误用抽样，分别为 29.3% 和 27.1%。

（2）技术精致与理论关怀

表 17 显示了理论关怀与技术精致的关系。首先可见存在各种情况，即在技术精致的 4 种情况下，理论关怀的 4 种情况都发生了。但同时也可以直观地看到，在多元统计＋正确使用抽样方法的情况下，理论关怀的比例明显高于其他 3 种情况，排在第二位的是多元统计＋错误使用抽样方法。

表 16　统计的复杂度、抽样方法使用的正确性与理论关怀

理论关怀		统计的复杂程度		抽样方法使用对错		合计
		基本统计	多元统计	正确使用	错误使用	
完全理论关怀	篇数	7	49	35	21	56
	百分比	3.8%	43.8%	32.1%	11.3%	19.0%
部分理论关怀	篇数	24	31	20	35	55
	百分比	13.1%	27.7%	18.3%	18.8%	18.6%
没有理论关怀	篇数	84	24	28	80	108
	百分比	45.9%	21.4%	25.7%	43.0%	36.6%
理论关怀无关	篇数	68	8	26	50	76
	百分比	37.2%	7.1%	23.9%	26.9%	25.8%
合计	篇数	183	112	109	186	295
	百分比	100.0%	100.0%	100.0%	100.0%	100.0%

表 17　技术精致与理论关怀

技术精致 理论关怀		基本统计＋正确使用抽样方法	基本统计＋错误使用抽样方法	多元统计＋正确使用抽样方法	多元统计＋错误使用抽样方法	合计
完全理论关怀	篇数	3	4	32	17	56
	百分比	5.4%	3.1%	60.4%	28.8%	19.0%
部分理论关怀	篇数	8	16	12	19	55
	百分比	14.3%	12.6%	22.6%	32.2%	18.6%

续表

技术精致 理论关怀		基本统计 + 正确 使用抽样方法	基本统计 + 错误 使用抽样方法	多元统计 + 正确 使用抽样方法	多元统计 + 错误 使用抽样方法	合计
没有理论 关怀	篇数	24	60	4	20	108
	百分比	42.9%	47.2%	7.5%	33.9%	36.6%
理论关怀 无关	篇数	21	47	5	3	76
	百分比	37.5%	37.0%	9.4%	5.1%	25.8%
合计	篇数	56	127	53	59	295
	百分比	100.0%	100.0%	100.0%	100.0%	100.0%

五　结论和讨论

本研究对 1978 年传播学进入中国新闻传播学界以来，对《新闻与传播研究》《国际新闻界》《现代传播》和《新闻大学》这 4 种刊物中采用问卷调查方法完成的全部论文做了内容分析。下面是本研究得到的比较重要的结论及相关讨论。

（一）问卷论文数量和比例增加

从 30 多年的发展趋势看，无论篇数和比例都有显著增加，2013 年 4 刊问卷调查论文篇数在 5 到 22 之间，占全部论文的比例在 4.0% 到 4.7% 之间。但无论篇数的绝对数或占全部论文的比例，都不能直接用来作为实证研究在传播学领域的地位的论据，数量的多少及变化受到学术场域内外多种力量的制约。① 但无论这种研究方法在传播学界是什么地位，努力的方向都是：如果要使用这种方法，就要用对用好。

（二）形式规范增强、实证精神欠缺

从论文的 6 个基本组成部分看，规范性的程度随时间有所增强。但从社会科学实证研究的基本原则看，2013 年还有约三成的论文存在主要观察结论不依据研究结果得出的情况，包括结论脱离调查结果或随意引申调查结果，而且这种情况没有随时间推进而明显好转。

以上情况表明，实证方法的形基本有了，但实证精神这种思维方式的魂——"用事

---

① 李红涛：《中国传播期刊知识生产的依附性：意识形态、机构利益与社会关系的制约》，《传播与社会学刊》2013 年第 23 期，第 81～112 页。

实说话"的实证精神尚未扎根。传播学不是中国学术传统中既有的学科，中国传播学界缺乏实证研究的传统①，如果传入中国的传播学对中国学术传统构成某种挑战的话，采用实证研究思路去作传播研究可能是一项严重挑战，因为这不是学习新知识的问题，而是要改变观念。从本研究的结果看，改变观念的任务还远没有完成。

（三）理论关怀比例增加，理论创新欠缺

理论关怀和知识兴奋，是学者们评论的焦点之一，如前所述，本研究采用了最低限度指标的测量方法，即满足最低限度指标要求，只是具备了理论创新和知识创新的条件，而不是做出了创新本身。如前面统计结果所展示的，具有理论关怀论文的比例随时间有上升，但理论的内容则主要集中在本土化水平1，表明创新程度较低。

（四）技术精致水平没有提高

本研究用抽样方法使用的正确性和统计方法的复杂度作为技术精致的操作性定义。从统计结果看，可以得到两方面的结论。

1. 如一些学者所感觉的，所使用的统计技术比以往复杂了，表现在多元统计比例的增加。

2. 不能得出一些学者认为的技术已经达到精致程度的结论。一是表现在，占多元统计论文绝大部分的多元回归方法，都是仅依赖显著性得出结论，只有不到10篇论文做了效果量的计算；二是表现在问卷调查中重要的技术——抽样方法的使用上，错误做法的比例超过了正确做法的比例，并且错误做法的比例还随时间增加了。

本研究认为，这种情况表明，在这个领域对抽样理论和具体方法的使用前提还缺乏了解和普遍共识，原因是对抽样方法仅使用不探讨，而统计软件的普及使得针对任何一组数据都可以方便地得出看起来很像样的统计结果而不需要对概率理论及方法的使用前提有任何了解。② 又由于在新的调查方式（如电话、手机、在线）出现时缺乏即时跟进的研究讨论，对抽样方法的错误使用自然延续到了新的调查方式中。

---

① 潘忠党：《媒介效果实证研究的话语——对一个研究领域的理解与误解之反思》，简宁斯·布莱恩特、道尔夫·兹尔曼编《媒介效果理论与研究前沿》，石义彬、彭彪译，华夏出版社，2006；黄成炬：《媒介社会学》，鲁曙明、洪俊浩主编《传播学》，中国人民大学出版社，2007，第 55 ~ 83 页；李金铨：《传播研究的典范与认同》，《书城》2014 年第 2 期，第 51 ~ 63 页；李金铨、黄煜：《中国传媒研究、学术风格及其他》，台湾《新闻学研究》2004 年第 81 期，第 163 ~ 194 页。
② 虽然不用统计软件也同样可以在不了解概率理论和使用前提的条件下进行统计计算，但方便的程度与使用软件不可比。

对比美国的情况可以得到某些启示。美国民意测验最早记载是 1824 年，早期的民调被称为"游戏"和"趣味性阶段"，到 1930 年代开始进入"科学化阶段"。[①] 近 60 多年来，绝大部分民调研究者依靠概率抽样作为民调的科学方法[②]，直到在线调查开始广泛使用[③]，研究者又开始重新面对非概率抽样问题，一个表现是，在 CNN 的 QUICK VOTE 及这类的调查结果中都有一个类似这样的说明："这不是一个科学的民意调查。"

由于利用非概率在线样本库做问卷调查情况的大量出现，2008 年，AAPOR 执行委员会成立了在线非概率样本库的专项研究组，实证地评估了在线非概率样本库用于数据收集的情况，并为 AAPOR 成员提供了相应的建议。[④] 2011 年，AAPOR 执行委员会又成立了非概率抽样专项研究组，探讨在什么条件下非概率样本可能具有科学价值。[⑤] 这些研究首先再次确立了使用样本推论总体建立在概率理论基础上，在没有坚实的理论基础前提下收集数据做统计推论是不合适的。同时分析了在实践中广泛存在于各行各业的各种非概率抽样方法的优势和问题，并提供了如何使非概率样本可用的解决方案。其实不只是 AAPOR，还有一些组织也进行了类似研究。[⑥] 欧洲民意与市场调查协会（ESOMAR）于 2005 年发布了名为"帮助用户了解在线样本特征的 25 个问题"的文件，这 25 个问题是代表用户对在线样本提供者提出的。一方面，通过这些问题，用户可以了解某公司所提供的在线样本是否符合他们的要求，另一方面，这些问题实际上为这个行

---

① 喻国明：《解构民意——一个舆论学者的实证研究》，华夏出版社，2001，第 11 页。

② Reg Baker, J. Michael Brick, Nancy A. Bates, et al., Report of the AAPOR task Force on Non-probability Sampling, http://www. aapor. org/AM/Template. cfm? Section = Reports1&Template =/CM/ ContentDisplay. cfm&ContentID = 6055, 2013 年 9 月 1 日。

③ 据 Inside Research 的一项报告估计，2009 年美国约 85% 的传统方法（面访或电话访）被在线调查替代。（注：Inside Research 试译为"业内研究"，http://www. insideresearch. com/whatitis. htm，是一个提供市场研究报告的网站，报告的主要内容是，针对行业研究最关心的议题，以及这些议题对买方和卖方的意义，把大量可靠的已出版的资料做成简洁的摘要。这些摘要提供了行业内人士对最新市场研究趋势和新闻的看法）

④ Baker, Reg, et al., "Research synthesis AAPOR report on online panels," Public Opinion Quarterly, vol. 74, no. 4, 2010, pp. 711 – 781.

⑤ 报告全文见：Reg Baker, J. Michael Brick, Nancy A. Bates, et al., Report of the AAPOR task Force on Non-probability Sampling, http://www. aapor. org/AM/Template. cfm? Section = Reports1&Template =/CM/ ContentDisplay. cfm&ContentID = 6055, 2013 年 9 月 1 日。

⑥ 例如：美国调查研究机构理事会（Council of American Survey Research Organizations, CASRO）、欧洲民意与市场调查协会（European Society for Opinion and Marketing Research, ESOMAR）；市场调查和研究机构，例如 Knowledge Networks（KN）、Survey Sampling International（SSI）；以及学术刊物如 Social Science Computer Review；新闻传播学术研究领域也有少量相关研究，如 Communication Research、台湾《新闻学研究》等。

业制定了一套统一的专业术语和技术判断标准，作为了解在线样本特征的系统性指标。[1] 随着在线调查实践的发展，该文件在 2008 年和 2012 年做了修订，分别更新为 26 个和 28 个问题。

这种始终保持与实践同步的研究，使得无论学术研究或市场、项目评估等研究领域，一方面没有由于在线调查方法的极强优势而使非概率抽样方法出现无序使用，另一方面也科学有效地利用了各种新出现的调查技术，推动了学术和社会发展。

以上简介了这些机构针对由新出现的在线调查导致的非概率抽样调查的相关研究。但如我们的统计结果表明的，对抽样方法的错用，在在线调查出现前就一直存在，而且概率抽样也存在一定比例的错用。

针对本研究发现的问题及原因分析，本研究提出如下建议：

1. 在统计教学中应把概率理论及各种具体统计方法的应用前提条件作为必要内容；应在教学中即时反映这一领域的最新研究状况，以减少无论概率、非概率抽样和普查的错误使用，科学有效地利用更便捷的抽样调查方法。

2. 在概率抽样难度大，甚至几乎不具备可操作性的情况下（例如绝大部分在线调查），如果用非概率样本估计总体，至少应通过事前配额或/和事后加权，使得样本特征尽可能与它所取自的总体的人口特征以及其他重要相关特征一致；如果能做到，则可以把这个非概率样本当作分层抽样的概率样本使用；[2] 如果不能做到，应该只做描述统计，不做推论统计。

目前的情况——我们的研究发现是，用方便样本事后与总体对照后推论总体的论文有 8 篇，用配额样本推论总体的有 6 篇，这些论文均未正确地使用配额和/或加权的方法，篇幅所限不列举具体情况。

除做好配额外，还可以参考 AAPOR 对于如何提高非概率样本库推论精度和效能的方法，例如前述的样本匹配方法（sample matching）。[3]

（五）较强理论关怀的论文，其形式规范也较强

形式规范即前述的论文的六个基本组成部分。统计发现，理论关怀较强的论文，所含的组成部分也更多。两者随时间的变化特征近十几年来基本同步。虽然本文没有分析这些组成部分的质量如何，但它们在数量上与理论关怀的相关，在一定程度上为陈怀林

---

①　www. esomar. org，浏览日期：2012 年 12 月 10 日。

②　根据柯惠新老师 2014 年 10 月 20 日给本论文作者的邮件。

③　根据柯惠新老师 2014 年 10 月 20 日给本论文作者的邮件。

和张丹在《试析内地和海外传播学论文学术规范的差异及其成因（1995～2006）》一文中的说法"规范的论文不一定是高质量的，但不规范的论文几乎总是低质量的"提供了证据。①

理论关怀与技术精致的结论一：理论关怀与技术精致的各种组合均存在

理论关怀的四个取值与技术精致的四个取值分别组合成的 16 种条件下，频数均不为零，即在各种不同技术精致水平的情况下，存在各种不同水平的理论关怀。这个结果正如我们在设计部分提到的，两者本来并不存在逻辑上的必然联系。

理论关怀与技术精致的结论二：理论关怀与技术精致存在正相关

采用多元统计比采用基本统计的理论关怀比例高；正确使用抽样方法比错误使用抽样方法的理论关怀比例高；理论关怀的最高比例出现在多元统计和正确使用抽样方法的组合条件下。从这个角度看，理论关怀和技术精致存在着正相关关系。但也正如我们前面提到的，这种关系可能是两者同步发展的反映。

理论关怀与技术精致的结论三：既不技术精致也无理论关怀的论文比例最大

从所有论文的总比例看，无论 2013 年或 1982～2013 年：

在统计的复杂度和理论关怀的 8 种组合中，最高百分比为没有理论关怀＋基本统计；

在抽样使用的正确性和理论关怀的 8 种组合中，最高百分比为没有理论关怀＋误用抽样；

即，既不技术精致也无理论关怀的论文比例最大。

虽然，在统计的复杂度与理论关怀的关系中，"不良组合"（没有理论关怀/理论关怀无关＋基本统计）的比例 2013 年比 1982～2013 年降低了，但抽样方法使用的正确性与理论关怀的关系中，"不良组合"（没有理论关怀/理论关怀无关＋误用抽样）的比例 2013 年比 1982～2013 年增加了。这种情况再次说明，抽样方法的错误使用，是技术上存在的主要问题。

（原载《新闻与传播研究》2015 年第 11 期）

自选理由：

传播学及实证方法在 1970 年代末进入中国新闻学界，从介绍基本研究方法开始，

---

① 陈怀林、张丹：《试析内地和海外传播学论文学术规范的差异及其成因（1995～2006）》，"大众传播、文化与科学发展观"学术研讨会论文，苏州，2007 年 11 月 16～17 日。

到现在实证方法的论文稳定地占有一定比例。实证研究在新闻传播领域处在什么地位，其研究质量和水平如何，存在各种不同的、有些甚至是相反的看法。但对实证研究的质量，一般都持比较负面的评价，如技术精致但缺乏理论意识；缺乏研究规范等。这些观点，主要来自评价者个人的观察，尚缺乏系统的实证的观察和分析。这项研究以问卷调查方法为观察点，采用内容分析方法，对 1979 年至 2013 年间的《新闻与传播研究》《国际新闻界》《现代传播》和《新闻大学》用问卷调查方法完成的全部论文进行了考察，研究结果展示了这个领域理论创新水平、理论关怀情况、研究的规范程度、统计技术运用等方面的现状，并提出现阶段以问卷调查为代表的实证研究，具备了实证方法的形，但尚缺实证精神的魂；以及对统计工具便利性使用但忽略使用的理论前提等观点。这一研究结果，有利于这个领域的实证研究更健康地发展；同时，观察时所采用的分析框架，可以为后来的使用者如何运用这一方法提供参考。

对汉语"广告"一词意义流变的考察

王凤翔[*]

"人事有代谢,往来成古今。"(孟浩然《与诸子登岘山》)本文第一次比较全面、系统与科学地论述与阐释了汉语"广告"一词意义在中国历史长河里的发展流变。汉语"广告"一词意义的历史生成与发展流变,深刻地反映了马克思所强调的"生产力和交往形式之间的矛盾"[①]。同时,语言发展具有自身规律与民族文化特性。在中国独特的农耕社会、礼法文化与祭祀制度里,以及佛教中土传播、晚清七十年大变局、民国创立、新中国的成立、改革开放、互联网时代来临等重大事件,都是中国千年未有之大历史,推动了中国社会转型与文化嬗变,深刻影响了汉语"广告"一词词义的变化与发展,从而"广告"一词具有与时偕行、无穷生新的文化特色。这正如傅兰雅(John Fryer)所概括的:"中国语言文字与他国略同,俱为随时逐渐生新,非一旦而忽然俱有。故前时能生新者,则后日亦可生新者,以至无穷。"[②]

一 对广、告两字本义与语义关联的探讨

屈原《天问》:"遂古之初,谁传道之? 上下未形,何由考之?"谢灵运《三月三日侍宴西池诗》:"详观记牒,洪荒莫传。"中国历史悠久,文字词语研究由此形成了重在溯本追源的文化精神,形成了重视考据训诂的学术传统。每个汉字都是立体而非扁平化的,其结构及其演变中的一笔一划都蕴涵丰富的文化色彩,独特的汉字文化系统促进了中华文明的古今传承。史学泰斗陈寅恪强调:"依照今日训诂学之标准,凡解释一字即

---

[*] 王凤翔系中国社会科学院新闻与传播研究所副研究员。

① 《马克思恩格斯全集》第 3 卷,人民出版社,1960,第 83 页。

② 傅兰雅:《江南制造总局翻译西书事略》(1880 年),参见张静庐辑注《中国近代出版史料初编》,中华书局,1957。

是作一部文化史。"① 汉语广告一词由广与告两字组成，探讨广告一词意义，须从广、告两字本源研究开始。考证训诂广、告两字，有利于明晰广、告两字，以及广、告两字与广告一词之关系的发展起源、意义逻辑、社会变迁与文化价值。

（一）"廣（guǎng）"和"广（yǎn）"两字的历时性发展，折射出中国农业社会村邑的空间格局、传播格局与伦理格局

在古代汉语发展史上，"廣"和"广（yǎn）"是两个字，意义各不相同。作为现代汉语的"廣"字简化为"广"②，读音均为 guǎng，"广"成为现代通用字。东汉许慎《说文》（《说文解字》的简称）释"廣"为"殿之大屋也"，是形声字，形旁为"广（yǎn）"，声旁为"黄"，意为四周无壁、空间宽阔的大房子。"广（yǎn）"是象形字，"因广为屋也。从厂，象对刺高屋之形"，清代段玉裁《说文解字注》（下文简称：段注）释"厂"为"山石之厓岩，因之为屋，是曰广"。"广（yǎn）"意为依山崖脉势建造的房屋。由此可见，"廣"和"广（yǎn）"两字呈现出中国农业社会村邑的生活态势与空间格局。

住在"广"和"廣"中的老百姓，一般都是"丘民"。地高为丘，小山为丘，《说文》："丘，土之高也。非人所为也。从北，从一。一，地也。人居在丘南，故从北。"《尚书·禹贡》："桑土即蚕，是降丘宅土。"我们的先人依山河地势、丘陵平原建筑宜居之室，由此形成了具有中国文化特色的民居村落、都邑生活与农耕文化，折射出中国农业社会村、邑的空间格局与传播格局。随着生产力发展，在交通比较方便与发达的城镇出现，有的发展为都邑。在城镇都邑，出现了大量以"广（yǎn）"为形旁的廣、庑、库、店、庞、廛、庙、府、庭等建筑，作为人们的生活空间、商用住地与公共场所，"丘"意逐渐转化为生活居住区域空间的城镇。

国都与城邑的建制规模非常严格。周武王灭商后，形成"封建亲戚，以蕃屏周"的礼法制度（《左传·僖公二十四年》），构建了天子、诸侯、士大夫、丘民之间的统治秩序。在当时，僭越都邑建制是质疑合法性、人神共愤的事情，必遭天谴严惩。《郑伯克段于鄢》载，郑庄公即位，其母武姜为庄公弟弟共叔段"请制"。而该"请制"僭越都邑规定的礼法制度，遭到大夫祭仲的极力反对。祭仲的理由是："都城过百雉，国之害也。先王之制：大都不过参国之一，中五之一，小九之一。"（《春秋·隐公元年》）选择国都之地时，亦必遵礼制。"以土圭之法测土深，正日景（影），以求地中。……

---

① 沈兼士：《沈兼士学术论文集》，中华书局，1986，第 202 页。
② 王力、岑麒祥等：《古汉语常用词典》，商务印书馆，2011，第 113 页。

日至之景（影）尺有五寸，谓之地中：天地之所合也，四时之所交也，风雨之所会也，阴阳之所和也。然则百物阜安，乃建王国焉，制其畿方千里而封树之。"（《周礼·大宗伯》）"地中"即为中土。在中土建国家，所建之都、所立之国就是"中国"，也是后世以"中土"指代中国的由来。《周礼·天官》："惟王建国，辨方正位，体国经野，设官分职，以为民极。"郑玄注："体犹分也，经谓为之里数。郑司农云：'营国方九里，国中九经九纬，左祖右社，面朝后市，野则九夫为井，四井为邑之属是也。'"《周礼·地官》："四井为邑，四邑为丘。"位居"地中"的国都是统治中心，形成国家祭祀文化与传播习俗，统治与管理城邑与乡村。国都中规模宏大高耸的宫殿，为天子诸侯的居住、办公场地，"天子曰明堂、辟雍，诸侯曰泮宫"（《史记·封禅书》），属于祭祀专用，都是地位无比崇高、权势巨大的象征。这些宫殿一般人不能居住与出入。而城邑是市井"丘民"的栖息地，并形成丰富多彩的都邑生活。

"民惟邦本，本固邦宁"（《尚书·五子之歌》）。住"广（yǎn）"的农耕民、住"店"的市井民、住"廣"的士民等，都是"丘民"。"宗庙丘墟，市朝霜露"（《隋书·杨素传》），是改朝换代、市场凋敝、民生悲惨的历史悲剧，是任何在位的统治者不愿意看到的。因此，古代有识仁士指出："民为贵，社稷次之，君为轻。是故得乎丘民而为天子"（《孟子·尽心下》）、"民吾同胞，物吾与也"（张载《西铭》）。

（二）"告"字本义是祭祀仪式，是国家祭祀制度与社会意识形态，构建了中国特色的礼法制度与民族文化

"告"为会意字，上下结构，本义为献"牛"祭祀，"口"说祝辞，是国家祭祀仪式。《说文》："告，牛触人，角著横木。所以告人也。从口从牛。《易》曰：'僮牛之告。'"许慎以《易》为例，强调"僮牛"（童牛）是"告"（名词），旨在说明"告"义本意是祈求吉祥的祭祀仪式（祰）。"不告于讻，在泮献功"（《诗·鲁颂》）。甲骨文"告"字意为祭祀仪式，叶玉森《殷墟书契前编集释》："卜辞之告为祭名。"《尚书孔传》释"告"为祭祀中"口"说的"祝辞"（《尚书·金縢》）。

祭祀作为一种礼，根源于本。荀子认为，礼有三本，"天地者，生之本也；先祖者，类之本也；君师者，治之本也。无天地恶生？无先祖恶出？无君师恶治？三者偏亡，则无安人。故礼，上事天，下事地，尊先祖而隆君师，是礼之三本也"（《荀子·礼论》）。庙堂隆重的国家祭祀制度与"处江湖之远"的"天地君亲师"神龛牌位及其礼祭仪式，成为中国社会普适性与传承性的意识形态，构建了传播影响深远的中国宗法社会、礼法制度和民族文化。

只有在国都，才有尊宗庙的祭祀仪式，即"告"。"都"是国都，是中国古代帝王

与诸侯的政治中心与军事要塞。《左传·庄公二十八年》:"凡邑有宗庙先君之主曰都,无曰邑。"孔颖达疏:"小邑有宗庙,则虽小曰都,无乃为邑,为尊宗庙,故小邑与大都同名。"《说文》:"都,有先君之旧宗庙曰都。"《尚书·金縢》:"为坛于南方北面,周公立焉,植璧秉珪,乃告大王、王季、文王。""告"作为国家祭祀仪式,事关社稷安危与"丘民"福祉。在国都祭告天地、祖宗等礼仪大事,是国家与社会极为隆重的政治仪式、宗教行为、社交活动与传播议程。

"告"作为国家祭祀制度与社会意识形态,构建中国特色的礼法传播制度与社会宗法关系。古代君主、诸侯庙号是中国祭祀文化中的"尊宗庙",彰显国家正统、宗法制度与礼法尊严。"(舜)归,至于祖弥庙,用特牛礼"(《史记·五帝本纪》)。司马迁批评秦襄公违背礼制,导致礼崩乐坏、周室式微:"秦襄公始封为诸侯,作西畤用事上帝,僭端见矣。""位在藩臣而胪于郊祀,君子惧焉。"(《史记·六国年表》)女皇武则天圣历元年(698 年)在立侄子还是立儿子为太子的问题上很犹豫,狄仁杰谏道:"且姑侄之与母子孰亲?陛下立子,则千秋万岁后,配食太庙,承继无穷;立侄,则未闻侄为天子而祔姑于庙者也。"(《资治通鉴》卷二百六)国家祭祀因此在国家政治生活、社会生活中享有崇高地位。"凡治人之道,莫急于礼;礼有五经,莫重于祭。"(《礼记·祭统》)"国之大事,在祀与戎。"(《左传·成公十三年》)"桀有乱德,鼎迁于殷,载祀六百。"(《史记·楚世家》)"班教化,禁淫祀"(《汉书》卷十二)。凡国家征伐、班师、拜祖、迁庙、巡狩、请罪等,必有祭祀大礼以告天地、祖宗与神灵,旨在通过祭祀与传播公之于众,彰显国家神器的正当性与合法性。"愿陛下托臣以讨贼兴复之效,不效,则治臣之罪,以告先帝之灵。"(诸葛亮《出师表》)"入于太庙,还矢先王,而告以成功。"(欧阳修《新五代史·伶官传序》)

特色祭祀礼制构建国家基本政治制度。据史学家钱穆考证,宰相最初意义是为天子诸侯贵族祭祀时为主宰杀牲牛的重要大臣。"为什么又叫宰相呢?在封建时代,贵族家庭最重要事在宰杀牲牛。当时替天子诸侯乃至一切贵族公卿管家的都叫宰。""在内管家称宰,在外做副官称相。"① 鼎,"三足两耳,和五味之宝器也"(《说文》),又是置于宗庙作铭记功勋的礼器,象征国家政权,被称为立国重器。"九鼎"被夏商周三代奉为传国之宝,其代表的九州成为中国的代名词。"禹收九牧之金,铸九鼎。皆尝亨鬺上帝鬼神。遭圣则兴,鼎迁于夏商。周德衰,宋之社亡,鼎乃沦没,伏而不见",裴骃《史记集解》解释"亨鬺"引徐广曰:"尝以烹牲牢而祭祀"(《史记·封禅书》),"方且言其主鼎新文物,教被华夷"(陆游《入蜀记》)。因此,后世对宰相有"鼎臣""鼎

---

① 钱穆:《中国历代政治得失》,生活·读书·新知三联书店,2001,第 5~6 页。

台""鼎辅"等称呼。"古者不传子而传贤，其视天子之位，去留犹夫宰相也。其后天子传子，宰相不传子。天子之子不皆贤，尚赖宰相传贤足相补救，则天子亦不失传贤之意。"（黄宗羲《明夷待访录·置相》）在电视剧《康熙王朝》第45集中，吊念清廷宰辅陈廷敬逝世时，就有"辅弼鼎臣"牌额镜头。"行伊、霍之事"中的伊尹最初职业是继承父业为庖厨。殷人尊神，伊尹为殷天子祭祀时宰杀牲牛，后成为殷商时期著名执政大臣、顾命大臣。伊尹是中国史载的第一个"原汁原味"的原生态宰相，奠基了宰相"治大国如烹小鲜"的文化精神。"三宰"是军队、三军的代名词。"听臣之术，足使三宰之众为一死贼，莫当其前，莫随其后，而能独出独入焉。独出独入者，王霸之兵也。"（尉缭子《制谈》）秦始皇统一六国，创皇帝制度，推行三公九卿制，宰相成为国家的政府首脑，"上佐天子，理阴阳，顺四时，下遂万物之宜，外镇抚四夷诸侯，内亲附百姓，使卿大夫各得任其职"（《史记·陈丞相世家》）。同时，"化家为国"，推行郡县制，地方行政首长被称为"守宰"。"秦有天下，裂都会而为之郡邑，废侯卫而为之守宰，据天下之雄图，都六合之上游，摄制四海，运于掌握之内，此其所以为得也。""唐兴，制州邑，立守宰，此其所以为宜也。""今国家尽制郡邑，连置守宰，其不可变者也固矣。善制兵，谨择守，则理平矣。"（柳宗元《封建论》）"县令"为"未改京朝官宰县也"（赵升《朝野类要》）。由此可见，宰相、军队、守宰等词蕴藏了中华祭祀文化的集体无意识。然而，"政由葛氏，祭则寡人"（《蜀书》卷三十三），一方面国家祭祀礼法彰显君权神授的合法性正义性，另一方面显示皇权与相权存在严重冲突。宰相制度虽被明太祖朱元璋废除，但对中国历史及其政治制度影响深远。

仪式化的国家祭祀制度，有利于构建与传播国家正义、美德典型、社会良俗与报国情怀，有利于形成积极进取的士人精神与合符礼仪的社会生活。对于祭祀，"君子以为文，而百姓以为神"（《荀子·天论》），"鬼神非其族类，不歆其祀"（《左传·僖公三十二年》），由此构建了一种特有的礼仪传播范式与民族文化传统。"特牛之祠，其于皇后，所以扶助德美"（《资治通鉴》卷三十），向汉元帝上书"明犯强汉者，虽远必诛"的陈汤，"席卷、喋血万里之外，荐功祖庙，告类上帝，介胄之士靡不慕义"（《资治通鉴》卷三十），成为后世典范。中国独特的礼制渊源与历史发展，生成了"居庙堂之高则忧其民，处江湖之远则忧其君"（范仲淹《岳阳楼记》）、"心生而言立，言立而文明"（刘勰《文心雕龙·原道》）的士人品德与人文精神，构建了"天命纵不可再来，犹贤死庙而恸哭"（颜之推《观我生赋》）、"立万象于胸怀，传千祀于毫翰"（姚最《续画品》）的国家理念与民族文化。

（三）在社会背景、意识形态与语法传播的语境下，考量许慎"告"字本义的传播内涵、议程发展与文化价值，《说文》释"告"之说的千年学术公案可以尘埃落定

许慎释"告"之说产生歧义，后世学者无法准确理解，对该说法颇有微词，乃至认为许慎之说自相矛盾。段注则明确质疑道："放牛之角寓人之口为会意。牛口为文，未见告义；且字形中为木，则告义未显。""愚谓此许因'童牛之告'，而曲为之说，非字意。"为此，近世语言文字学家从"告"字的甲骨文、金文、篆书等重新探究其本义，丰富了"告"字的文化内涵。

许慎对"告"字解释，以及"告"字自身意义的发展与延伸，具有自身语言的逻辑性与文化属性。笔者认为，从以下两方面考察"告"字，可以解决许慎"告"字解说的千年"公案"。一方面，牛"角著横木"是为了什么？许慎为什么要论及"牛触人"？另一方面，许慎以"僮牛之告"为例，是为了强调什么？"所以告人也"如何理解？把两方面联系起来，就会展示概念的一般化和社会发展密切相关的议题。因此，只有把许慎释"告"之说放在时代与社会背景、意识形态与语法传播的语境下来考量，在文化历史传播上对"告"进行逻辑性勾连，才能把握其较准确的传播内涵、议程发展与文化流变。

牛是农业社会里天子一类级别的人物进行祭祀的主祭动物。这是由生产力与生活关系决定的。祭品有遵循礼法等级制度的牛、羊、猪等动物。《诗经·周颂》："我将我享，维羊维牛，维天其右之。"《国语·楚语》："国君有牛享，大夫有羊馈，士有豚犬之奠。"《礼记·曲礼下》："凡祭……天子以牺牛，诸侯以肥牛，大夫以索牛。"牛，作为农耕社会不可或缺的大型哺乳动物，《易·大畜》："刚健笃实辉光，日新其德，刚上而尚贤。能止健，大正也。不家食吉，养贤也。利涉大川，应乎天也。"《说文》："牛，大牲也。"清吴善述《说文广义校订》："《易》曰：'用大牲，吉。'谓用牛也。"《汉书·五行志》："牛，大畜，祭天尊物也。"因此，牛被构建为主流意识形态的传播象征符号，是祭祀等级最高、极为吉祥的祭祀之物，是具有天子地位的君王才有资格配享的祭品。

耕牛作为生产工具，不用于祭祀。《史记·律书》："牛者，耕植种万物也。"《说文》："物，万物也。牛为大物，天地之数起于牵牛，故从牛。"张舜徽《说文解字约注》："数犹事也，民以食为重，牛资农耕，事之大者，故引牛而耕，乃天地间万事万物根本。"民以食为天，牛对农耕社会来说，无疑是最重要的一种生产力。柳宗元《牛赋》认为耕牛"利满天下"，价值"物无逾者"。孔子评论仲弓时说："犁牛之子骍且

375

角。虽欲勿用，山川其舍诸？"（《论语·雍也》）孔子引用"犁牛之子"，客观上强调了农耕文明的礼法祭制：祭祀之牛必须单独饲养，不能以耕牛代替；即使耕牛产下的小牛犊毛色鲜红无杂，角也长得整齐端正，仍不可用为祭牛。

对祭牛的选定是政治制度与礼教传播中的一项极为重要的议程设置。天子诸侯选择祭牛极为虔诚与谨慎，而且其选择程序相当复杂。选用祭祀之牛的最基本要求是："牛完全"（牲）、"牛纯色"（牷）。一般在祭祀前三个月，天子诸侯亲自巡视，挑选一定数量①的身体完具和毛色纯正的祭牲。《礼记·祭仪》："古者天子诸侯……及岁时，斋戒沐浴而躬朝之。牺牲祭牲，必于是取之，敬之至也。君召牛，纳而视之；择其毛而卜之；吉，然后养之。"选择祭牲时，天子诸侯先以极诚极敬之心以沐浴斋戒，把候选之牛集中起来仔细观察。然后将所选牛之毛卜筮吉凶，卜为吉祥如意的牛，才可用来祭祀。《周礼·天官》："庖人掌共六畜。"郑玄注："六畜，六牲也；始养之曰畜，将用之曰牲。"圈养的祭牛从"畜"到"牲"，实现其价值转换与身份转化。《礼记·曲礼下》："凡祭……天子以牺牛。"献祭之牛由"牲"升华到"牺"，实现了祭祀的政治价值与传播使命。

祭牛角大小与其祭祀影响、传播价值密切相关。"天子社稷皆大牢……祭天地之牛，角茧栗；宗庙之牛，角握；宾客之牛，角尺。"（《礼记·王制》）"郊禘不过茧栗，烝尝不过握把。"（《国语·楚语下》）其中，牛角大小（"茧栗""握""尺"）代表祭牛的三个等级。牛角如"茧栗"之小的"童牛"，祭值最大，原因在于"初生牛犊"的纯洁性。《史记·孝武本纪》："天地牲角茧栗。今陛下亲祀后土，后土宜于泽中圜丘为五坛，坛一黄犊太牢具。"《汉书·礼乐志》："牲茧栗，粢盛香。"颜师古释《汉书》"茧栗"为"言角之小，如茧及栗之形也"。这种刚长角的小牛是"童牛"，亦"僮牛之告"的"僮牛"。《易》"大畜"卦"六四：童牛之告"中的"童"引作"僮"；刘熙《释名》"释长幼"："牛羊之无角者曰童。"② 因此，该"童牛"是刚长出如"茧栗"小角的祭牛。

童牛"角著横木"成保护动物，除以示祭祀神圣外，还是政府发布的一项重大新闻。该"横木"是保护祭祀牛犊的特殊专用标志，旨在防止童"牛触人"，以保护牛犊

---

① 据张秉权统计，卜辞所反映的商代祭祀用牛至少有十八种不同的数目：（1）一牛/牢，（2）二牛/牢，（3）三牛/牢，（4）四牛/牢，（5）五牛/牢，（6）六牛/牢，（7）七牛，（8）/又牛，（9）九牛/牢，（10）十牛/牢，（11）十五牛/牢，（12）二十牛/牢，（13）三十牛/牢，（14）四十牛，（15）五十牛/牢，（16）百牛，（17）三百牛/牢，（18）千牛。张秉权：《祭祀卜辞中的牺牲》，转引自宋镇豪主编《甲骨文献集成》（第30册），四川大学出版社，2001，第352页。

② 屈万里：《读易三种》，台北联经出版事业公司，1983，第174页。

之角完好无缺。初生牛犊，是纯洁之物。而小牛嫩角，一碰触人与物，牛角会损坏。牛角损坏，就与耕牛一样，不能作为"牲"（意为完整无残缺无畸形的牛，古人称之为"牛完全"），绝不能用于祭祀。否则，后果非常严重，祸及子孙。"逆天地者罪及五世""谋鬼神者罪及二世""而杀人为下"（《孔子家语·五刑解第三十》），"诬神者殃及三世"（《汉书·郊祀志》）。祭牛在祭祀卜辞中写为"牢"，意味着祭牛须经单独的特殊圈养。牛在"牢"中专门化圈养三个月，目的是"防禽兽触啮"（段注）。《诗经·小雅·瓠叶》郑笺："牛羊豕为牲，系养者曰牢。"《礼记·王制》："天子社稷皆大牢，诸侯社稷皆少牢。"《大戴礼·曾子天圆》："诸侯之祭牲：牛，曰太牢；大夫之祭牲：羊，曰少牢。"国家设有专职养牛的"牛人"与喂牛专用的"牛田"。《礼记·祭仪》："古者天子诸侯，必有养兽之官。"《周礼·地官》："牛人掌养国之公牛，以代国之政令。"《周礼·载师》："牛田牧田。""郑司农云：'牛田者，以养公家之牛。'"因此，祭祀选用之牛，尤其是童牛神圣无比，宝贵万分；"以代国之政令"的牛人与祭祀之牛承载社稷使命，责任重大！至隋、宋，国家仍设"牛羊署""牛羊司"，专管国家祭祀事务。有台湾学者指出，《说文》释"告"为"'牛触人，角著横木。所以告人也。'按：童牛角微，不能伤人，犹驻横木，慎之至也"[1]。该说虽没有明确保护祭牛之角完好无缺，是一项极为严格的政治生活与特别严肃的国家使命，但客观上说明了"牛人"为如何保护牛犊角是何等谨小慎微，可谓慎之又慎，是"慎之至也"！

把"所以告人也"之"告"字，释为其引申义"告诉"，完全不符许慎释"告"本意。许慎认为，"告"意为"诰"。这符合《说文》语意、传播语境与文化背景。诰、告为古今字。《广韵》："告上曰告，发下曰诰。"从宋朝开始，"诰"只限于皇帝任命高级官吏或封爵时使用[2]，"告"字由此获得自身形体结构、自在独特意义与自我传播价值。一方面，祭祀是国之大事，所以"诰"人具有"诞告万方"（《尚书·汤诰》）的宣传功能与传播价值。另一方面，对祭祀之牛要谨慎对待，避免其角触人而损害其角，亦须"诰"人。《尔雅·释言》："诰，谨也。即祭告一转之义也。"段注："以言告人，古用此字，今则用告字。"苏安恒在长安二年（702年）上书皇帝武则天："陛下虽居正统，实因唐氏旧基。当今太子追回，年德俱盛，陛下贪其宝位而忘母子深恩，将何圣颜以见唐家宗庙，将何诰命以谒大帝坟陵？"（《资治通鉴》卷二百七）他认为武则天虽然在世为帝，而她去世后必然要"诰命""唐家宗庙"，恳望她在生之时尊重李唐政权的合法性。如果以"告诉"解释《说文》"告"字本意，就会歧义自现，莫衷一是。这也

① 屈万里：《读易三种》，台北联经出版事业公司，1983，第174页。
② 王力、岑麒祥等：《古汉语常用词典》，商务印书馆，2011，第120页。

许是后世对许慎"告"字解释争论再三的原因所在。由此可见，"告"字的形体构建与传播内涵，形象高大上，符合主流意识形态传播，事关存亡之道与民生福祉，是向全社会公开、广而告之与传之于世的国家大事。"告"事作为当时国家政治与社会生活最重大的国家行为与传播事件，相当于我们现代社会的特大新闻与超级广告。

（四）在国与家的发展过程中，广与告在中国城乡空间结构上逐步实现礼制文化的意义统合

"广（yǎn）"一般在"野"。段注认为距国都百里谓之郊；"邑外谓之郊，郊外谓之野，野外谓之林"。"广（yǎn）"处江湖之远，是自然的、淳朴的、未开发的，其生活情态与"庙堂"政治是相对的。但是，"广（yǎn）"中"丘民"及其家族具有崇高的家国情结，是宗法制度的执行者与拥护者。在"广（yǎn）"中家祭父祖先人、建庐守制、沐浴斋戒（古字"齐"同"斋"）等，成为传统习俗。"齐，必有明衣，布。齐必变食，居必迁坐。""虽疏食菜羹，瓜祭，必齐如也。"（《论语·乡党》）"是故生则得其情，死则尽其常。效焉而天神假，庙焉而人鬼飨。"（韩愈《原道》）"王师北定中原日，家祭无忘告乃翁"（陆游《示儿》）的诗句脍炙人口，就是"家事国事天下事"不可分割的典型。家祭等风俗蕴含了"广（yǎn）"与"告"在礼制文化与家国情怀上的统合性。这种意识形态融入日常生活之中，成为老百姓代代相传的生活方式、社会心理与文化习俗。

"廣"本义为四周无壁的大殿，其规模称得上"庙堂"之制。朱骏声《说文通训定声》："堂无四壁者。秦谓之殿，所谓堂皇也，覆以大屋曰廣。"在祭祀的特定环境里，"廣"的空间结构具有文化隐喻的传播特征。"廣"为"殿之大屋"，徐灏注笺："因厂为屋，犹言傍岩架屋。此上古初有宫室之为也。"《易·系辞》："廣大配天地。"疏曰："大以配天，廣以配地。"《汉书·郊祀志》："天地合祭，先祖配天，先妣配地。"段注释"廣"引《汉书·胡建传》注："其所通者宏远矣。"即"廣"的宏大空间便于传播，与神灵、上天相传通。《左传·宣公十二年》："武有七德，我有一焉，何以示子孙？其为先君宫，告成事而已。"段注"廉"字："天子之堂九尺，诸侯七尺，大夫五尺，士三尺。"大都小邑隆重的祭祀仪式（"告"）在礼制严格的"廣"中举行，以示气氛严肃，仪式庄重。"政由葛氏，祭则寡人"（《蜀书》卷三十三），礼法祭祀彰显君权神授的政治合法性。"民亦劳止，汔可小康，惠此中国，以绥四方"（《诗经·大雅》），"已生民而立教，乃司牧以分疆，内诸夏而外夷、狄"（颜之推《观我生赋》），是国家祭祀的终极诉求。"廣"中之"告"的仪式之礼，旨在教化"使民如承大祭""在邦无怨，在家无怨"（《论语·颜渊》），实现"本固邦宁"。"居庙堂之高"的政治行为与主

流意识形态,通过"廣"与"告"在礼法制度里实现文化上的高度契合与语义上的关联构建。

二 对佛教文化中"广告"的传播意义分析

(一)汉语"广告"一词的最先出典及其意义与影响

对汉语"广告"一词的最先使用,据笔者所查阅文献显示,是唐朝和尚道宣(596～667)《续高僧传》(又名《唐高僧传》)卷二九的"论"之中。

> 又有厌隔人世,生送森林,广告四部,望存九请,既失情投,黾俛从事,道速赞善,傧从相催。……虽符极教,而心含不净,多存世染。①

一个词最先在哪本典籍成词固然重要,但是最重要的是,该词所有的独具内涵、传播价值与文化影响。南朝时南方佛教传播兴盛,梁代慧皎著有《高僧传》。隋唐之际,高僧道宣《续高僧传》应运而生。无论"广告"一词是否最先出现于《续高僧传》一书,由于该书"广告"在佛教传播进程中所独具的意义内涵与传播价值,其话语内涵、文化影响与历史作用不容否定。

王国维《论新学语之输入》认为:"新思想之输入,即新言语输入之意味也。"② 佛教作为一种外来文化,自西汉末年传入中国③,至东晋十六国时始趋繁荣,至南北朝时期产生诸多佛教宗派,至隋唐时达到鼎盛。佛教经典译著与高僧大量涌现,带来了语言与文化的深刻巨变。道宣把"广"与"告"组合为动词"广告",通过"度"赋予了佛教内涵,成为具有独特传播价值的佛教用语。"广"是指"广度",即佛家的"普度",是广施法力,普度众生的意思。

> 遍行乞求,广度人民。所谓摩怒呵利比丘尼是。④
> 身不可坏,如金刚山;能断爱枝,犹如利刀;广度生死,犹如船师;以智济

---

① (唐)道宣:《续高僧传》第29卷,上海古籍出版社,1991,第360页。
② 王国维:《王国维文集》第3卷,中国文史出版社,1997,第41页。
③ 参见《三国志》卷三十《魏书·东夷传》裴松之注引《魏略·西戎记》。
④ 《大正新修大藏经第》(02册),No.0125《增壹阿含经》。

人，犹如舟船；光明清凉，如月盛满；开众生华，如日初出；能与众生。①

上大菩提心。是人当得证菩提时。广度众生无有穷尽。绍三宝种使不断绝。②

"告度"一词意为"剃度出家"。佛教佛法典规要求，信徒"服其道者，则剃落须发，释累辞家，结师资，遵律度，相与和居，治心修净，行乞以自给"（《魏书·释老志》）。政府主管部门"命僧道录司造周知册。颁行天下寺观。凡遇僧道到处。即与对册。其父母籍。告度月日。如册不同即为伪僧"③。剃度讲究仪式化，在梵声磬鼓、烟雾缭绕的庄严神圣环境下，构建潜移默化语境，达到劝化宣教、润物无声的传播效果。"告"义在传播中引申为佛家"劝度"，意为劝化，为宣教感化的意思。

于时菩萨，劝度众生自除须发，念白净王当起恨意："谁剃子首？"从使者闻，自剃之耳。王乃默然，是为菩萨善权方便。④

我欲诣彼劝度人民。佛复听往，为说教戒，复不从用而被唾辱。摩诃迦叶及尊弟子，合五百人以次遍往。不能度之咸见轻毁。⑤

次劝度脱众生普告大众。若僧若俗，从今身至佛身。誓欲度脱一切众生，普令入佛知见。黑闇岸下为作明灯，生死海中为船筏。力虽未及，常运此心；念念相续，不令间断。能持此心否？若持此心，则永不退失阿耨多罗三藐三菩提。⑥

佛教信徒以香火虔诚拜谒佛祖而追求自身因果轮回，不以"牲牢"祭祀宗庙为神圣之事，无父子君臣之礼，不事嫁娶婚配，这是中国千年以来未有之事。北魏太武帝拓跋焘灭佛的一个主要理由是，佛教来自域外，"夸诞大言，不本人情""政教不行，礼义大坏"，因此"荡除胡神，灭其踪迹"（《魏书·释老志》）。北周武帝宇文邕以佛教为"夷狄之法"而灭佛，以儒为宗，"禁诸淫祀，礼典所不载者，尽除之"，希冀洗白"五胡"血统，彰显政治合法性。韩愈认为儒家礼教文化是正宗的国家主流意识形态，而佛本夷狄之教，有违儒家道统。他在《原道》篇中认为："周道衰，孔子没，火于秦，黄老于汉，佛于晋、魏、梁、隋之间，其言道德仁义者不入于杨，则入于墨，不入于老，

---

① 《大正新修大藏经第》（03 册），No. 0157《悲华经》。
② 《大正新修大藏经第》（03 册），No. 0159《大乘本生心地观经》。
③ 《大正新修大藏经第》（49 册），No. 2038《释鉴稽古略续集》。
④ 《大正新修大藏经第》（12 册），No. 0345《慧上菩萨问大善权经》。
⑤ 《大正新修大藏经第》（04 册），No. 0206《旧杂譬喻经》。
⑥ 《卍新纂续藏经第》（58 册），No. 1010《劝发菩提心文》。

则归于佛。"在《上佛骨表》强调:"佛不足事""夫佛骨者,夷狄之一法耳,自后汉时传入中国,上古未尝有也。""夫佛本夷狄之人,与中国言语不通,衣服殊制;口不言先王之法言,身不服先王之法服;不知君臣之义,父子之情。"因此韩愈主张将佛骨弃之水火,让其灰飞烟灭,"断天下之疑,绝后代之惑"。

然而,统治阶级大多情况下对礼佛是趋之若鹜、顶礼膜拜,或顺其自然发展。佛家寺院由此巍然如皇家宫殿,"诸相整然,朝钟暮鼓,缁流庆赞,灯灯相续于无穷"(萨都剌《龙门记》)。南朝梁武帝萧衍原本"服道儒门"(《梁书·梁武帝本纪》卷一),后又崇道教。天监三年(504 年),他却"舍道归佛",并令王公、贵族与百官"舍邪入真",皈依佛教(《广弘明集》卷四)。"南朝梁氏父子,志尚浮华,惟好释氏,老子之教,致使国破家亡,足为鉴戒。"(《旧唐书·太宗纪》)萧衍在位四十八年,"前后三度舍身施佛,宗庙之祭不用牲牢"(韩愈《上佛骨表》)。中国强调自身礼制祭祀文化的正统性,与外族文化泾渭分明。"史佚之志有之,曰:非我族类,其心必异。"(《左传·成公四年》)华夏文明先进发达,少数民族纷纷"宾王化"(《晋书·苻坚载记下》),民族融合华夏化,形成四夷宾服的历史文化。齐鲁"任、宿、须句、颛臾,风姓也,实司太皞与有济之祀,以服事诸夏"(《左传·僖公二十一年》)。而梁武帝不崇祭祀、不认祖宗的离经叛道之行,与中国传统伦理道德发生严重抵牾。"弗躬弗亲,庶民弗信"(《诗经·小雅》)。梁武帝的所作所为,在当时是旷古未闻之事,对社会思想冲击甚大,对后世影响极为深远。

"广(yǎn)""廣"在佛教文化传播中合一,被佛教精神所物化,成为物化的自然。我国佛院建筑布局分为依山式与平川式,一般采用中轴线的世俗建筑院落格局。佛像"假于顽然之石,饰金施彩,以惊世骇俗为哉"(萨都剌《龙门记》)。"路穷台殿辟,佛事焕且俨。剖竹走泉源,开廊架崖广。"(韩愈:《陪杜侍御游湘西两寺独宿有题一首,因献杨常侍》)"开廊架崖广"中的"广"是指佛家崖"广(yǎn)"。依地势建于山崖之处的佛庙建筑与佛像石窟,远避世俗社会,自成一体。如果没有"广(yǎn)"的庇护,石佛经长期的日晒雨淋,"金碧装饰悉剥落,鲜有完者","所刻皆佛语,字剥落不可读,未暇详其所始"。(萨都剌《龙门记》)狄仁杰在久视元年(700 年)劝谏皇帝武则天不要造大佛像,认为"尊容既广,不可露居,覆以百层,尚忧未遍,自馀廊宇,不得全无",是"劳人,以存虚饰"(《资治通鉴》卷二百七)。北魏、北周的灭佛运动,客观上造就了中国政教分离的历史大势,对佛教传播产生深刻影响。从此,佛教进一步自觉归于"广(yǎn)"中修炼与传播,造就了大批高僧。佛教寺院为"廣",亦具"廣大配天地"的隐喻传播价值。大雄宝殿、大佛殿等之"大",庄严雄伟,精美壮丽,与周围山水融为一体,营造传播的审美情景与特有的信仰环境。"南朝四百八十寺,多

少楼台烟雨中"（杜牧《江南春》）。在统治阶级的支持下，中国形成两千多年的建寺之风。"天下名山僧占多"的俗语，"唐寺宋塔"的民间流传，可见佛教传播非同一般。自佛教传入中土，依山势而建的佛教传播场所，成为中国名山大川一道不朽的风景。

（二）"广告"一词中的"广"与"告"两字，表现了自度度人的佛教传播理念与佛教中土传播的本土化意识

"广告"一词中的"广"与"告"两字，都与传播佛教精神的术语"度"紧密相连，表现了自度度人的佛教传播理念，是一种独特的精神交往形式与传播形式。"度"的梵文原典为"v mac"，意为"使自由、解脱"①。丁福保《佛学大辞典》把佛教中的"度"界定为："渡也，生死譬海，自渡生死海又渡人，谓之度。"《坛经》里六祖惠能认为："众生无边誓愿度，不是惠能度，善知识，心中众生，各于自身自性自度……各各自度……如是度者，是名真度。"佛家有《度人经》《度人上经大法》《度人上品妙经》等经典传之于世。在"度"的佛家语境下，"广告"与"度"的佛教意旨与传播血脉相连相通。对于"广度"，《维摩诘经》强调"目净修广""心净如度"，认为："目净修广如青莲，心净如度诸禅定。……三转法轮于大千，其轮本来常清静。天人得道此为证，三宝于是现世间。"佛、法、僧"三宝"等"现世间"是"广度""世界"的结果。"世界"一词来源于佛教，与"世间"是同义词。"世"与"界"、"间"是指时间与空间。名僧法云的佛教辞书《翻译名义集》（卷三）第二十七《世界》："间之与界名异义同。"《楞严经》（卷四）："何为众生世界？世为迁流，界为方位。"过去、未来、现在为世，东、西、南、北、上、下等为界。唐大觉《四分律钞批》卷二："世即聚落之间"，人生于俗世，必然"依世而养身"。如何免除"世间"烦恼，如何实现在"世界"的轮回，就是"三途灭罪根，轮转登上清"、"炼胎息以推运，任历劫以转轮"（梁朝沈约《〈内典〉序》）。要达到以上目的，必须"目净修广""心净如度"，必须"宜加忏谢，广立善功"（玄奘《大唐西域记·缚喝国》）。"忏"为梵语 ks! ama（忏摩）的略译，"忏谢"与"忏悔"同为音译加意译的合璧词。② 也就是说，在一个"观色相为聚尘"③的"世界"里，只有通过"广度"，才能避免"三途"（火途、血途、刀途）等历劫轮回，普度众生获得解脱与自由。因此，佛家只有通过"广告四部"，才能达到刘禹锡《毗卢遮那佛华藏世界图赞》所说的"清净不染花中莲，捧持世界百亿千"的

① 朱庆之：《汉译佛典语文中的原典影响初探》，《中国语文》1993 年第 5 期。
② 周作明、夏先忠：《从六朝上清经看佛教对道教用语的影响》，《宗教学研究》2008 年第 3 期。
③ （唐）道宣：《续高僧传》第 29 卷，上海古籍出版社，1991，第 360 页。

境界。

　　"佛教倚重的是为下层阶级生产符箓和佛像"①，道场（梵文原典为 Bodhimanda，音译为菩提曼拏罗）口头传统利于佛教传播与佛法弘扬。之所以"劝度"，原因在众生不解"世界"真相、不信因果，或迷惑五欲（梵文原典为 panca kamah）、贪著六尘（梵文原典为 sad visayah），必须通过行菩萨道（梵文原典为 bodhisattvacarya）进行劝度感化，广行济度众生。"广告四部，望存九请"是佛法道场传播的仪式过程。"四部"是指佛家的"四部众"，是指法会上听佛说法的四种大众，即发起众、当机众、应响众、结缘众②，现实生活中听佛法的"四部"主要是指僧、尼、善男与信女等。在中国，梁武帝始设"四部无遮大会"，又为"四部众"说经。"无遮"意为佛教徒上下贵贱平等。梁武帝大通元年九月"癸巳，舆驾幸同泰寺，设四部无遮大会，因舍身，公卿以下，以钱一亿万奉赎。冬十月己酉，舆驾还宫，大赦，改元"。大通三年"冬十月己酉，行幸同泰寺，高祖升法座，为四部众说《大般若涅盘经》义，迄于乙卯"。"十一月乙未，行幸同泰寺，高祖升法座，为四部众说《摩诃般若波罗蜜经》义，讫于十二月辛丑。"（《梁书》第三卷）梁武帝为四部说经，就是佛家道场所说的"度"。《续高僧传》："慈亲口授《观音经》，累月而度。"（卷十三）"初一夜时，须臾便度，自谓闻之如经月顷。"（卷十一）"度"的意思是读完，在一定时间内通过口头传播完成精神上的空间再构建。读完一部经书，需要较长时间，是一个自我净化与传道宣教的过程，也是一个"广告"的过程。因此，读完经书后，就达到了佛家所说的一种解脱。③ 由于"中国的官僚行政体制与空间的要求相联系。复杂的汉字用毛笔书写。这种文字支撑的官僚行政体制，有其局限性，不大可能把口头传统和书面系统联系，反而利于佛教的传播"④。

　　道宣《续高僧传》强调"箴规庸度，开导精灵"（卷二十九）。为便于在中土传播佛教，把佛教传播本土化，传播者自觉或不自觉地利用中国传统文化概念解释佛教，弘扬佛法，便于信众接受与崇拜。"佛者曰：'孔子，我师之弟子也。'"（韩愈《原道》）学着道家打着孔子的幌子，寻求佛家传播话语本土转化的正当性与合法性。"箴"作为一种文体，是规戒性的韵文，便于口语诵读与口头传播，意为劝解，是劝度。"庸"为中庸之道。实现"庸度"，要通过借用众所周知的儒家学说解说与开导，通过"度"契入普度众生的佛家思想，达到"昭扬经典"（卷二十九）的目的，即通过当时普适性的

① 〔加〕哈罗德·伊尼斯：《帝国与传播》，中国人民大学出版社，2003，第144页。
② 任继愈主编《宗教大词典》，上海辞书出版社，1998，第765页。
③ 李明龙：《〈续高僧传〉词汇研究》，中国社会科学出版社，2014，第103～104页。
④ 〔加〕哈罗德·伊尼斯：《帝国与传播》，中国人民大学出版社，2003，第144页。

儒家话语功利性地、有效地传播佛家经典、佛家学说与佛教精神。"广告四部"的目的就是实现佛家宣扬的"度"而"望存九请"。"九请"是指"九清"(天庭)。前蜀杜光庭《白可球明真斋赞老君词》:"伏冀倾光三境,廻驾九清。""望存"与"廻驾"意义大体一致,亦与佛教传播语"廻施"意义类同。"廻施"是僧人把信徒所施与自己的福物转施于别人①,而"望存"与"廻驾"就是让天庭感知"广告"者的自度度人的传播价值,让传播者进入极乐世界。同时,"广告"一词在佛教影响下而产生,同时在佛教本土化过程中融合儒道文化。"天人得道此为证,三宝于是现世间"中的"天人"观与儒、道的天人观有契合之处。白居易《送毛仙翁》诗:"所憩九清外,所游五岳颠。""九清"犹九天,亦是道教传播话语。哈罗德·伊尼斯(Harold Innis)强调,"中华帝国倚重的是精神统一,而不是在建立在政治军事的统一"。他甚至认为,佛教"有一个开化和人性化的因素,促进了中华帝国的成长"。②

"广告"一词中蕴含"自度度人"的佛家理念,旨在通过信仰传播引导与构建向善的社会。"广告"一词具有释僧崖追求的"誓入地狱""代若众生"(《续高僧传》卷二九)的佛家精神,亦如《法华经》所说的"大慈大悲,常无懈怠,恒求善事,利益一切"。正如太虚大师《即人成佛的真现实论》所说:"佛教之主潮,必在密切人间生活,而导善男信女向上增上,即人成佛之人生佛教。"③由此可见,"就现代人而言,能否进入天堂或极乐世界并不是信仰的核心,通过信仰这种或那种宗教从事一种高尚的生活,使社会充满和谐与友爱、善良与正义,这才是信仰的根本"④。"宗教通过提供世界观,塑造人们的基本信仰和情感,使一些社会成员的价值观得到整合。"⑤"广告"一词充分体现了佛家"惟道居尊,惟德生物"(《续高僧传》卷二九)的道德理想、不朽精神与传播信仰。

(三)探析"厶"字与"仏"(佛)字、日语"広告"之"広"(广)字的意义关联,以及"告"字与汉译"释迦牟尼"之"牟"字的文化构建

现代汉语"广告"一词来自日语"広告"一词。李文权1913年《论广告与买药之关系》认为:"广告者,日本名词。今吾国人舍告白二字,沿用广告之新名词,几成定

---

① 李明龙:《〈续高僧传〉词汇研究》,中国社会科学出版社,2014,第124页。
② 〔加〕哈罗德·伊尼斯:《帝国与传播》,中国人民大学出版社,2003,第144页。
③ (清末民国)太虚:《太虚大师全书》第25卷,宗教文化出版社,2005,第379页。
④ 高长江:《宗教的阐释》,中国社会科学出版社,2002,第101页。
⑤ 戴康生、彭耀:《宗教社会学》,中国社会科学出版社,2007,第135页。

名，著者亦由而效之。"① 事实上，日语"広告"一词与中国佛教传播在文化上具有密切相关性，日语"広""仏"中"厶"在汉语字形结构发展上形成意义关联与文化同构。因此日语"広告"一词成为汉语广告及其新意使用，是文化的一种回流现象。

《康熙字典》释"仏"字是："古文佛字。宋张子贤言，京口甘露寺铁镬有文，梁天监造仏殿前。"镬是一种用于烹饪的铁质大锅，古代常用之作祭祀之器。《周礼·大宗伯》："凡祀大神、享大鬼、祭大示，帅执事而卜日，宿眂涤濯，莅玉鬯，省牲镬，奉玉齍，诏大号，治其大礼，诏相王之大礼。"梁武帝天监（502～519）年间，京口（今江苏镇江）甘露寺在佛殿之前铸造铁镬。这说明古文"仏"字是佛教传播的产物，最迟出现在梁武帝天监年间，在南朝应该颇有传播市场。同时，在梁朝就可能开始使用中国祭祀礼法操办佛事，佛祖享受了类似中国祭祀的帝王大礼，也说明佛教在中土开始本土化传播。灭佛运动与反对佛教虽然不能抑制佛教在中国迅速流传，而佛教在最高统治者眼里只是统治的一种工具理性，或者是统治者与平民百姓回避现实的"象牙塔"，同时"不能最终压倒这里的政治官僚体制，于是才传到日本"②。日本遣唐使促进了佛教文化渡海东传，"仏"字可能也是这个时期传到日本的。由此可见，日文"仏"字与中国古文"仏"字同源同宗，同形同构。从文字结构及其发展历史来看，"仏""弘"两字声旁（厶）相同。"仏"字的字形结构彰显了"人能弘道"（《论语·卫灵公》）的文化精神。《说文》释"弘"字："厶，古文厷字。"厷字是古文"肱"。段注"弘"字："经传多叚此篆为宏大字。宏者，屋深，故《尔雅》曰：'宏，大也。'""弘"是"宏"的假借字，"宏"字段注："大而宏者，其声在外大而中宏也。……宏者深广其中，撗其外。"又，《中华字海》释"広"："同'廣'。"日语"仏""広"等同于汉字"佛""廣"，而"厶"字与"弘""宏"存在声旁联系与语义关联。"仏""弘""宏"三字都与大房子有关，都是大的意思，与广字传播本意相同。因此，"仏""広"在宗教文化上存有意义勾联与传播构建。

"告""牟"两字展示了中国古代千年以来佛教传入中土而引起的文化巨变。Shakya Muni 汉译为"释迦牟尼"，是汉语意译达到传播最高境界的一个文化典型。《说文》："释，解也。从采，取其分别物也。睪声。"本意为消除、解脱，后引申为佛家语。"释"为佛门，亦指佛教中出家修行的男子。出家人"皆剃落须发，释累辞家，相与和居，治心修净，行乞以自资，而防心摄行"。（《隋书·经籍志四》）"尼"为梵语"比丘尼"（Bhikkhuni）简称，指佛教中出家修行的女子。"迦"为古印度地域之名。"牟"为圣人。

---

① 李文权：《论广告与买药之关系》，《中国实业杂志》第四年第二期（1913 年）论说栏。
② 〔加〕哈罗德·伊尼斯：《帝国与传播》，中国人民大学出版社，2003，第 144 页。

"道为圣悟""所谓佛者，本号释迦文者，译言能仁，谓道充德备，堪济万物也。"（《魏书·释老志》）

"释迦乃西方圣人……苦身修行，以证佛果。其言曰'无人我相'，曰'色即是空'，曰'薄寂灭为乐'""知佛称仁王，以慈悲为心，利益众生"。（萨都剌《龙门记》）

古代受自然环境影响，希望有"圣人"能够为其解纾生活困境。"古圣人之在天地间也，为众生之先，观阴阳之开阖以名命物；知存亡之门户，筹策万类之终始，达人心之理，见变化之朕焉，而守司其门户。故圣人之在天下也，自古及今，其道一也。"（《鬼谷子·捭阖》）路温舒认为"祸乱之作，将以开圣人也。……深察祸变之故，乃皇天之所以开至圣也"。（《汉书·路温舒传》）韩愈认为"古之时，人之害多矣。有圣人者立，然后教之以相生相养之道。为之君，为之师。驱其虫蛇禽兽，而处之中土。……如古之无圣人，人之类灭久矣"。（《原道》）强调儒家正统，反对佛道，但是客观上阐释了所谓"圣人"的历史作用与传播价值。"释迦牟尼"汉译名称使佛祖之名展示了佛教文化传播的博大精深。"牟"字在汉语里并无圣人之义。《说文》："牟，牛鸣也。""牟"字之"厶"表示牛叫时所发出的声气形状。也许，当时译者会意到，牛发出的声音和佛家寺院钟声有类似性，牛的特性与寺院佛家精神类似。关于这点，柳宗元《牛赋》有总结："牛之为物，魁形巨首，垂耳抱角，毛革疏厚，牟然而鸣，黄钟满簴……当道长鸣，闻者惊辟，善识门户，终身不惕。"为什么"牛鸣"之"牟"具有"能仁""道充德备，堪济万物"的圣人之义呢？笔者认为，"释迦牟尼"之汉译及其佛教传播与中国农业社会生产力发展密切相关，与"告"字字形结构及其所蕴涵的中国礼仪祭祀密切相关。"告""牟"字形均有"牛"形。与"口"相形近通用的义符有"厶"部等①，"牟"与"告"在上下结构上进行了交换，以彰显佛教作为外来文化与本土文化

① 韩耀隆：《中国文字义符通用释例》，台北文史哲出版社，1987，第41～48页。书法作品"厶""口"通用数见不鲜，如《出师表》"恢弘志士之气"句中"弘"字"厶"写成"口"等情形。《喻世明言》第十一卷"赵伯升茶肆遇仁宗"载有阅卷官与应试士子"厶""口"通用惯例的故事：当时仁宗皇帝早期升殿，考试官阅卷已毕，齐到朝中。仁宗皇帝问："卿所取榜首，年例三名，今不知何处人氏？"试官便将三名文卷，呈上御前。仁宗亲自观览。看了第一卷，龙颜微笑，对试官道："此卷作得极好！可惜中间有一字差错。"试官俯伏在地，拜问圣上："未审何字差写？"仁宗笑曰："乃是个'唯'字。原来'口'傍，如何却写'厶'傍？"试官再拜叩首，奏曰："此字皆可通用。"……仁宗见此人出语如同注水，暗喜称奇，只可惜一字差写。上曰："卿卷内有一字差错。"赵旭惊惶俯伏，叩首拜问："未审何字差写？"仁宗云："乃是个'唯'字。本是个'口'傍，卿如何却写作'厶'傍？"赵旭叩头回奏道："此字皆可通用。"

的区别，从此"牟"在中国祭祀文化中获得了新的含义。"牟"作为佛教圣人，必居于大雄宝殿等大房子之中；与广在传播上形成紧密的文化联系。日语"仏""広"在日语中与"厶"是否有必然联系，有待考证与探讨，但是与汉语中的"牟"及其"厶"确实形成文化意义与话语传播的新构建。

三 "告白"是近代广告（advertising）的中国化表达

（一）近代广告（advertising）的概念

中国近代史资料丛刊《辛亥革命·滇军政府讨满洲檄》："西人称吾国曰黄金世界。"但是，自鸦片战争以来，晚清七十年所遭遇的现实，如李鸿章 1874 年《筹议海防折》所言，中国遇到"数千年来未有之强敌"，时局"实为数千年来未有之大变局"；亦如梁启超《论学术之势力左右世界》强调："前人以为黄金世界在于昔时，而末世日以堕落。"《中英天津条约》第 51 条规定："嗣后各式公文，无论京外，内叙大英国官民，自不得提书'夷'字。"从此，"洋"取代"夷"，进入中国社会的方方面面。华尊夷卑、德华兽戎的天朝心理由此沉沦与反思，转向西方学习"船坚炮利"与富国强兵。社会转型肇蒙于斯，洋务运动发展于时，亦是近代广告兴盛之际。

近代广告（advertising）的概念是什么？近代广告与以往广告有何不同？对此，马克思以广告在世界霸主英国的发展态势为例进行了经典论述。他认为，在工业社会的语境下，广告（Anzeigen）是给报刊媒体"付了钱的"（bezahlt）、"充满活力的、洋溢着产业精神的、常常是妙趣横生的"（in das lebensfriche, industriewogende und oft schöngeistig pikente Reich der Anzeigen hinübersetze）传播交往形式。[1] 以资本利益为导向、以产业发展为基础的"产业精神"，是近代历史上资本主义广告发展与成熟的标志性要素。广告的"产业精神"是指广告内在的经济驱动力，是追求利益与发展的企业、资本与媒体所具有的"发财的坚强意志"与"经济上的进取精神"。[2] 以英国为首进行的西方资产阶级工业革命推动了世界历史的近代化与文明化，马克思所说的德语词广告 Anzeigen 具有付费性、充满活力、产业精神与妙趣横生等四方面的传播内涵，是对当时全球最发达

---

[1] Karl Marx, *Der leitende Artikel in Nr. 179 "Kölnischen Zeitung"*, Karx Engels Verke (1), Dietz Verlag Berlin, 1978, p86.

[2] 王凤翔：《略论马克思、恩格斯的广告批评思想》，《新闻与传播研究》2015 年第 6 期。

的英国广告业发展的总结与概括，也是英文词广告（advertising）的概念。

（二）具有中国话语特色的"告白"是近代化广告（advertising）

那么，晚晴七十年有没有近代化广告（advertising）呢？答案是肯定的。那就是具有中国话语特色与思想底蕴的"告白"，具有近代化传播价值。"告白"，即马克思所说的 advertising，成为中国近代化广告的代名词，是近代广告的中国化话语表达。由此可见，advertising 出现在民国时代的学界说法，是站不住脚的。①

"告白"是晚清新闻报刊市场竞争的产物。在近代中国新闻报业发展初期，报刊广告以"告贴""招贴""布告""报贴""船头货价纸"等不同的话语形式出现。《察世俗每月统记传》以"告贴"、《遐迩贯珍》以"招贴"或"报贴"刊登广告信息，《东西洋考每月统记传》以"市价篇"发布商业广告和物价行情等市场信息，香港、上海等地区的"船头货价纸"是广告专版。②"船头货价纸""报贴"指出了报刊的媒体属性及其商业传播性质，"告贴""招贴""布告"是户外广告的传播，有布之以传四方的传统文化内涵。上海是远东与中国的经济中心，是中国对外开放与学习西方的前沿。19 世纪 60 年代至 20 世纪初，近代报刊在《上海新报》《申报》等报刊的广告主要由"告白"一词代替。《上海新报》（the Chinese Shipping List and Advertiser），直译为《中国船头纸与广告主》，其定位是关于船情与市场信息的报纸，"贵乎信息流通"③。正如戈公振所说："日报之发生，与商业极有关系。其唯一之需要，即船期与市情之报告是也，外货之推销，以广告为唯一办法，不胫而走，实报纸传播之力也。"④《申报》是上海最有影响力与商业化的新闻媒体。为加强市场竞争，"告白"成为两大报刊媒体的主要内容之一，取代其他代称广告的词语，成为中国近代广告的代名词，两报成为具有现代报刊意义的新闻纸。

报刊与企业通过"告白"实现双赢，获得影响市场的传播力、影响力与公信力，"告白"因此具有"产业精神"与资本价值，advertisement 向 advertising 转变。鸦片战争后，近代中国大量涌现的企业公司与洋行是西学东渐的内容之一，是企业参与中国市场竞争的组织形式。洋务运动（Self - Strengthening Movement）及其商业环境是中国近代广告的产业支撑，展现了企业、媒体、资本与市场所具有的"发财的坚强意志"与

---

① 参见祝帅：《"Advertising"为何是"广告"——现代"广告"概念在中国的诞生》（《新闻与传播研究》2009 年第 5 期）等文章。该文认为，中国晚清七十年的广告本义是 advertisement，民国时期广告本义才为 advertising，是广告的现代概念。

② 参见刘家林：《中国近代早期报刊广告源流考》，《新闻大学》1999 年夏季刊。

③《上海新报》第 1 册，1862 年 6 月 24 日，第 1 页。

④ 戈公振：《中国报学史》，上海古籍出版社，2003，第 138 页。

"经济上的进取精神",推动了中国实体工业的发展,中国进入"同光中兴"的历史阶段,近代广告在企业"产业精神"的刺激下获得极大发展。"公司者,以雄厚资本,办伟大事业,所谓实地经营之机关也。欧美各国,对于商业之竞争,一如国际之战争,是故由多数之绝大公司,其商业必占优胜;反是则必劣败。"① 中国沿海地区"渐开公司、股票之风",19 世纪 70 年代国人开始创办公司制企业的实践,"告白"与"招商"、"集股"上市等词一时成为工商界的时髦术语。1883 年 4 月,在上海上市交易的股票达129 种,招商集股成为一种时尚。② 如《申报》所述:"现在沪上股份风气大开,每一新公司出,千百人争购之,以得股为幸,不暇计其事之兴衰隆替也。"③《字林沪报》报道其股票热的盛况是:"(公司)一经察准招商集股,无不争先恐后,数十万巨款,一旦可齐。"④ 梁启超曾总结报刊"一馆之设,非万金不可,销报非三千不能支持","且自来日报无不亏本者,专恃告白为之弥缝"。⑤《申报》等报刊纷纷开辟专栏,或为各股份公司作广告,或刊载股份企业招股章程与股票行市,获取广告利益。善于招商集股的经元善(1840~1903)将招股章程在报刊广而告之:"凡所招股本户名银钱,及收款存放何庄,每月清单登报广告。"⑥《申报》商务广告、社会广告、文化教育广告与交通广告等四大类广告欣欣向荣。在甲午战争前,"《申报》每日的版面早已突破了 8 版,内容最多时达到 14 版,广告也相应增多,约占到 7~8 版"⑦。李文权 1912 年《告白学》⑧一文认为:"今日之世界,一告白之世界。""世事无事不竞争,告白亦然。""告白竞争,宜其实业之进步速也。"具有市场导向意识的媒体与广告是西方新经济学输入的产

---

① 周学熙:《呈大总统徐筹备整理棉业拟具计划四条文》。参见周叔媜:《周止庵(学熙)先生别传》,台湾文海出版社,1996。
② 参见潘建华:《洋务运动(1860~1894)企业融资思想研究》,复旦大学博士学位论文,2005。
③ 张国辉:《洋务运动与中国近代企业》,中国社会科学出版社,1979,第 171 页。
④《张文襄公全集》卷 44,《卢汉铁路商办难成另筹办法折》。
⑤ 方汉奇:《中国新闻事业简史》,中国人民大学出版社,1995,第 100 页。
⑥ 潘建华:《洋务运动(1860~1894)企业融资思想研究》,复旦大学博士学位论文,2005,第 126 页。据笔者查阅经元善《居易初集》卷 1(中国社会科学院社会科学杂志社图书馆藏),其《中国创兴纺织原始记》(1899 年 11 月)原文表述为"凡所招股本户名银钱,及收款存放何庄,每月清单布告大众"。由此可见,该博士论文引述的"登报广告"实为原文"布告大众"。经元善曾为上海织布局总办,郑观应高度赞赏经元善:"每年总办将帐目及生意情形刊成清册,登诸日报,俾众咸知。"(夏东元:《郑观应集(下)》,上海人民出版社,1982,第 641 页)
⑦ 陈昱霖:《〈申报〉广告视野中的晚清上海社会》,苏州大学硕士学位论文,2005,第 9 页。
⑧《中国实业杂志》第三年第 1 期(1912 年)附录。《中国实业杂志》于 1910 年在日本创刊,前身是《南洋群岛商业研究会杂志》,于 1912 年改为此名,改季刊为月刊。李文权为社长、主编,由东京中国实业杂志社编辑,北京、上海商务印书馆发行,1917 年移至天津出版,具体停刊时间不详。《中国实业杂志》以"实业救国"为基本宗旨,分图画、论说、译著、专件、传记、调查、名人伟论、附录等栏。

业意识及其传播载体，"告白"是对西方工业革命的复制与发展。

李文权《告白学》一文把"告白"定义为："告白者，以心中所欲白之事项，而告之于众，使远近之人皆知其心中欲白者为何事，以达此布告之目的。"李文权虽没有把"产业精神"定义到"告白"的概念里，但是他认为"况一千七百七十六年阿达姆式之著富国论，其中所言颇符合告白学之原理原则，是即告白学之滥觞"①。而亚当·斯密《国富论》认为"把资本用来支持产业的人，既以谋取利润为唯一目的，他自然总会努力使他用其资本所支持的产业的生产物能具有最大价值"②，并把其作为常识加以发挥与传播。由此可见《告白学》把广告的"产业精神"这个核心内容嵌入"告白"的内涵之中。戈公振认为，"日报之发生……因新经济学说之输入，足以促华商之觉悟，使具国际间之知识，而渐启其从事企业之思想"③。《告白学》明确指出"告白"一词，"英语谓之为 Advertising，日本谓之广告"。源自拉丁文"Advertere"，原意是通过叫卖引起人们注意与关注。这一说法得到中国学界与业界的广泛认可与采纳，至今仍被流传。这是中国广告学研究者最早对"告白"与英文广告词（advertising）概念一致的论述。

（三）中国"告白"（advertising）的民族特性、文化特点与社会心理特征

中国"告白"（advertising）与西方广告（advertising）有何不同呢？西方广告"以其产业精神与传播文明，和媒体、资本、技术、市场等社会资源与发展要素"，具有"共同构建国内统一市场与全球市场的政治价值"。④ 晚清七十年，中国逐步沦为半殖民地半封建的国家，作为殖民产物的"告白"复制与学习西方广告，同样具有付费性、充满活力、产业精神与妙趣横生的共同传播特征。"告白"与西方广告相比较而言，四个要素除向报刊媒体付费相同外，活力、产业精神与妙趣横生具有其西方文化独特内涵与殖民主义意识形态。马克思认为广告"活力"是广告内容对企业与消费受众所产生的吸引力与认同感，是对企业与消费受众的个体身份认同与社会认可的构建，具有西方个人主义哲学色彩⑤，妙趣横生也与个人主义哲学与西方传统文化一致。但是，中国洋务运动及其媒体与广告的"产业精神"与"活力"不同于西方广告，两者均具有浓厚的集体主义精神与"家国"传统文化的意识形态。洋务运动通过公司制度学习西方的

① 《中国实业杂志》第三年第1期（1912年）附录。
② 〔英〕亚当·斯密：《国民财富的性质和原因的研究》下卷，郭大力、王亚南译，商务印书馆，1974，第27页。
③ 戈公振：《中国报学史》，上海古籍出版社，2003，第138页。
④ 王凤翔：《略论马克思、恩格斯的广告批评思想》，《新闻与传播研究》2015年第6期。
⑤ 王凤翔：《略论马克思、恩格斯的广告批评思想》，《新闻与传播研究》2015年第6期。

企业发展模式，旨在"师夷长技以制夷""富国强兵""以促华商之觉悟，使具国际间之知识，而渐启其从事企业之思想"，实质上使中国从"以农立国"走向"振兴商务""以工立国"，客观上是西方工业文明对中国千年传统的农业文明与生产方式的颠覆。

从古至今，具有广告一词意义的词语在汉语里很多，有的超过了"告白"的使用时间、传播历史、使用频率与认可度，甚至比"告白"更为贴切，更具传播的普适性与文化性。从《申报》等报纸使用的广告代名词来看，有"告白""布告""告布""告示""公告""启""声明""谕""白"等十种之多，均具有"布告"之义，广而告之的意思。高伯时《广告浅说》认为："不论何种布告，凡是要深切地感化人的，统叫做广告。"① 古代"帖"在宋代人际交往、节日文化与官场礼仪中是一种时尚与主流的交往传播方式，宋元明清社会上帖文化蔚然成风，宋元话本、拟话本与明清小说展示其已成为一种社会生活交往方式。其中，"招帖"（招子）是中国最常用、最普及的墙外广告与户外广告，而"告白"普及率远不如"招帖"。李开先《词谑》载有成化年间大学士尹直被"帖"忽悠的故事。"尹太学士直舆中望见书铺标帖有《崔氏春秋》，笑曰：'吾止知《吕氏春秋》，乃崔氏亦有《春秋》乎？'亟买一册，至家读之，始知为崔氏莺莺事。"阮大铖《燕子笺·误认》："寻姐姐不见时，作速写下招子，沿途粘贴。"广泛传播的布告比"告白"更有普及性，贯彻中国历史，其使用非常普遍与频繁。《汉书》《后汉书》中有数十道皇帝的诏令，就以"布告天下，使咸知朕意"的形式出现。② 明末清初的李渔发明了一种时髦的制笺售书法，其笺跋强调："是集中所载新式，时人效而行之，惟笺帖之体裁，则令奚奴自制自售，以代笔耕，不许他人翻样，已经传札布告，诚之于初矣。"③ 《遐迩贯珍》有中国最早的广告专栏《布告编》。经元善在《申报》常登"布告"，"凡所招股本户名银钱，及收款存放何庄，每月清单布告大众"。幌子、招牌使用率也比"告白"多。据统计，明代仇英《南都繁会图卷》画面上的"幌子、招牌约有 190 种之多"，"这幅图画，就广告而言，堪称是明代大都会广告的一次大展览"。④ 从报业视角来看，"报贴"比"告白"更为通俗贴切，更具媒体属性。清代吴敬梓《儒林外史》第十三回："那日打从街上走过，见一个新书店里贴着一张整红纸的报贴，上写到：本坊敦请处州马纯上先生精选三科乡会墨程。"从中国传统文化发展情况来看，从易于传播常识与接受心理来思虑，"招帖""布告""报贴"等词作为报纸广

---

① 高伯时：《广告浅说》，上海中华书局，1930，第 2 页。
② 黄春平：《从出土简牍看汉帝国中央的信息发布》，《新闻与传播研究》2006 年第 4 期。
③ 缪咏禾：《明代出版史稿》，江苏人民出版社，2000，第 410 页。
④ 王春瑜：《明清史散论》，东方出版中心，1996，第 136 页。

告的代名词,比"告白"更有普适性、更加大众化的传播价值。但是,在1865~1900年间,《申报》等报刊媒体主要以"告白"作为商业信息发布的常用语与近代广告的代名词,隐喻了时代沉重感与历史沧桑感。

"告白"一词原为动词,"告"与"白"两字意义相同,意为告知、报告、汇报。南朝萧梁时期大士傅弘《致武帝书》:"今闻皇帝崇法,欲伸论义,未遂襟怀,故遣弟子傅暀驰书告白。""告白"在传播过程中由表示行为动作到表示行为动作的对象,在沿海江浙经济发达地区成为文人化的广告话语,具有广而告之的意思。明崇祯刻本曹士珩《道元一气》一书在南京官僚的支持下出版,前有作者撰写的"告白"。该"告白"是一则关于该书亮点推销与版权维护的广告。"是书也,独畅祖真秘旨,合阐性命微言",强调"倘有无知利徒,影射翻刻,誓必闻之当道,借彼公案,了我因缘云"。① "告白"还具有布告、通告、户外广告之意。明末浙江绍兴人祁彪佳《甲乙日历》(下)中有例证:"二十九日,招章静如、竟可师议傅家墺平粜之事;乃托蒋安然书平粜及发赡村之告白与小票。"② "白"作为一种话语交往方式,在方言里被建构为夸耀、吹嘘、欺骗之义,如南方方言"策白"、东北方言"儿白"、两广"白话"(粤语俗称)等。李文权《告白学》在"告白之性质"中强调"告白"是"代货物以自白之法",认为广告是代替货物进行话语表白或自我夸耀的途径③。《申报》历任总主笔蒋芷湘、钱昕伯、何桂笙、黄协埙等均为江浙文人,他们根据自己地域的文人话语,把近代广告意译为"告白"并加推广使用。由于江浙地区是中国经济最发达地区之一,《申报》报业在市场的影响力与在社会上的传播力,沿海交通发达亦便于传播与扩散,"告白"一词逐渐被广泛接受、认可与流行,成为广告的代名词。

笔者认为,从深层文化考究,江浙文人对"告白"颇具用心的使用与传播,抑或是清末的一种时代苦闷与精神抑郁的集体无意识。《说文》:"白,西方色也。阴用事,物色白。"白是表示西方方位的一个词,而近代广告来自西方世界。按照中国"五行学说",白属金,和实业发展与广告"产业精神"一脉相承,"告白"传播亦可能隐含了朝代交替的文化理念。借用"告白"一词作为广告代名词,能够比较含蓄而又准确表达广告是一个来自西方世界的词语产物,是工业社会的特有名词。同时,《说文》"白"字,意为吊丧葬事,相关物品均贴白纸或带白色,以祈灵魂安详归去。"'御'常用'血',所'血'或为羊,或为猪,其色为白,其数常为三或其倍数九,这当为殷礼的

① 田毅:《中国古代广告概述》,海潮摄影艺术出版社,1991,第81页。
② 钟明立:《"广告"小考》,《语文月刊》2011年第6期。
③ 武齐:《中国广告学术史(1815~1949)》,知识产权出版社,2014,第106页。

规定。"① 因此,"白"与"告"本意形成逻辑关联与意义联通。满洲(满族)、蒙古族均崇尚白色,"告白"亦契合满洲统治阶级的文化心理。西人基于办报赚钱理念,需要广告传播本土化,因此不会也无法对"告白"言外之意或文人解构之隐作过多考究。"广告不仅为工商界推销出品之一种手段,实负有宣传文化与教育群众之使命也"②。"白"字所蕴涵的文化内涵、集体无意识及其民俗学意义,也许意味着"告白"带有一种较浓的政治贬抑色彩与隐晦的文人心境。由此可见,作为传播话语的"告白",反映了当时文人潜意识上对西方侵略的无奈心绪与文化上的心理对抗,抑或带有"王师北定中原日,家祭无忘告乃翁"的社会意识与民族情绪。

四 "广告"一词自宋代至今的意义 发展与现代构建

(一)宋至明的广告一词具有广而告之的意义,本质上是人际关系之间的口头传播

自宋代开始,至于明、清,"广告"一词之义脱离佛家传播理念,在世俗社会的现实生活与人际交往中,意为广泛地告知、广而告之,是人际关系之间的一种口头传播。一是附会与祭祀神异传说的人际传播。南宋石公孺撰写《临海县灵康庙碑》记叙了东汉赵炳死后显灵为民消灾的"广告"故事:"先是,郡大饥,有诣闽广告其贾客曰:'吾赵氏,台之富人也。台贵籴,倘运而往。'"③ 二是对医药方子的人际传播。人命关天,有传播价值。叶梦得《避暑录话》:宋徽宗"政和间……召医未至,连进几剂遂能直,医至则愈矣,更不复用大豆、柴胡汤。不可不广告人,二方皆在《千金》第三卷"④。三是对个人隐私的人际传播。明代沈德符《万历野获编》"对食"(笔者注:宫

---

① 王宇信:《西周甲骨探论》,中国社会科学出版社,1985,第47页。
② 戈公振:《中国报学史》,中国新闻出版社,1985,第108页。
③ 徐三见、马曙明:《临海宗教志》,宗教文化出版社,2001,第233页。全汉升《南宋稻米的生产与运销》以为"闽广"为地名。考察石公孺《临海县灵康庙碑》全文,其意为灵康庙所祭祀之赵炳,遍告闽地客商贩卖米至台州米有大利。此处的"广"字未必为地名。《后汉书·方术列传七十二下·徐登传》附赵炳传:"又尝临水求度,船人不和之,炳乃张盖坐其中,长啸呼风,乱流而济,于是百姓神服,从者如归。章安令恶其惑众,收杀之。人为立祠室于永康,至今蚊蚋不能入也。"
④ 叶梦得:《避暑录话》(《四库全书》子部,杂家类,杂说之属,《避暑录话》卷上),又见南宋张杲《医说》(《四库全书》子部,医家类,医说,《医说》卷九)、元末明初陶宗仪《说郛》(《四库全书》子部,杂家类,杂纂之属,《说郛》卷二十上)。

女同性恋或太监宫女私下成为配偶）条："余因微叩其故，彼亦娓娓道之，但屡嘱余勿广告人而已。"① 四是对仪式化成人礼的人际传播，具有传播价值。清代吴廷华《仪礼章句》释"主人戒宾"："戒，告也，告之使预致其敬；宾，戚友僚友之属。将冠子，故合众宾来观礼者广告之。注所谓有吉事则乐与贤者欢成之也，此与宿时详略盖互见也。注止言僚友此特广之。"② 其意为：主人家宴请宾客是广泛告知他家孩子已行成年冠礼，明确其社会责任，希望宾客口口相传，广而告之。甋世勋 1928 年《广告 ABC》："照我们中文解释，广字是广大普通的意思，告是告诉，广告就是告诉大众，让大众知道的意思。"由此可见，中国古代"广告"一词作为一种人际传播，虽没有近现代广告的内涵，而字面上已具有了"广而告之"的传播内涵。这也是后世能够接受广告一词成为现代"广告"并走向现代社会的一种文化共识基础。

（二）具有现代意义的广告是晚清七十年巨变的产物，是报刊媒体市场发展的必然要求

中国在晚晴七十年逐步沦为半殖民地半封建社会，中华民国创立而封建专制社会寿终正寝，报刊及媒体广告欣欣向荣，都是中国两千多年未有之大事。"中国古代无所谓新闻中之广告"③，近代报刊涌现，广告一词遂为人接受。薛雨孙《新闻纸与广告之关系》："一纸风行，不胫而走。故报纸所到之区，即广告势力所及之地。且茶坊酒肆，每藉报纸为谈料。消息所播，谁不洞知。永印脑筋，未易磨灭。非若他项广告之流行不远，传单之随手散佚也。是故新闻愈发达，广告之作用亦愈宏。"④ 1901 ~ 1905 年是广告、告白两词并用期，1906 ~ 1915 年是广告一词使用的主导期。⑤ 尤其是民国建立后，"告白"一词的使用，已经基本消失。李文权《告白学》指出："英语谓之为 Advertising，日本谓之广告。"1930 年苏上达《广告学纲要》强调："'广告'二字乃由英语之 advertising 译出；此英语源于拉丁语之 advertere，乃通知或披露之意。"⑥ 来自日语"広告"转译的广告一词，是中国沦为半殖民地的文化产物，也是中国知识分子与实业界救亡图存、发展实业的一种理想化传播方式。

在中国首次使用广告一词作为商业信息发布的标题的报刊媒体，是日据台湾时期的

---

① （明）沈德符：《万历野获编》卷六，北京燕山出版社，1998，第 30 页。

② 《四库全书》经部，礼类，仪礼之属，《礼仪章句》卷一。

③ 《太平洋广告部广告》，《中国实业杂志》第三年第 3 期（1912 年）。

④ 朱英：《近代中国商人与社会》，湖北教育出版社，2002，第 153 页。

⑤ 文春英：《近代中国、日本、朝鲜"广告"源流考》，《现代传播》2011 年第 12 期。

⑥ 苏上达：《广告学纲要》，上海商务印书馆，1930，第 1 页。

报刊媒体。1896 年 6 月创立的《台湾新报》(《台湾日日新报》前身)、1898 年 5 月创办的《台湾日日新报》,均辟有"广告栏"。两份报纸的汉语广告一词是借用日语广告一词,也是日本占据台湾进行文化殖民化的手段。梁启超在日本创办的《清议报》第十三期(1899 年 4 月)登有日语《记事扩张卜广告募集》标题与"广告料"(广告费)等话语,这是中国人在自办报刊上"告白"栏第一次使用"广告"一词。日本早期报纸广告多用"告白"一词,1867 年 2 月日本《万国新闻纸》(英国人创办)第 2 期首次使用日文"広告"一词,10 多年后在日本各大报刊成为通用名词;而中国大陆地区报刊第一次使用汉语广告一词作为标题的是:1901 年 8 月《申报》10166 号第四版的"鄂垣厚生福土庄广告"①,比日本晚三十四年,比中国台湾地区晚了五年。1900 年 3 月 5日、20 日,《台湾日日新报》刊《定本岛人广告费格外折减》《劝广告说》等文章,对台湾地区的广告普及化有重要作用。台湾虽为日据,而海峡两岸文化往来依旧,台湾对广告一词的使用与传播,对大陆地区产生传播与影响。我们从近代名人章太炎避难台湾就可窥知一斑。中国甲午海战大败,章太炎深受刺激,参加强学会,编撰《时务报》《实学报》《译书公会报》等,积极支持维新变法。"百日维新"失败后,章太炎逃到台湾避难。1899 年夏天,由台湾抵达日本。②他在日本和梁启超保持密切来往,而梁氏从该年 12 月与 1903 年,两次游历西泰,才逐步对广告传播有清醒认识,我们可从其《二十世纪之巨灵托辣斯》一文中窥知其广告思想的端倪。章太炎在台湾避难时重操报刊编撰旧业,在《台湾日日新报》汉文版任职,作为一个报人自然会对台湾广告领悟深刻。从章氏职业生涯、报人精神与人格魅力来看,他对在日本办报的中国人、上海江浙报刊发展及其广告经营产生一定影响。汉语广告一词作为日本文化殖民的产物与日本、台湾报纸经营理念,跑到日本寻求救亡图存的知识分子必然耳濡目染,对地处经济发达、信息流通快的沿海地区自然产生思想波及,推动《申报》等报纸对广告一词的积极使用与广泛传播,使其成为媒体与大众使用与接受的一个时髦新词。

(三)在官方与民间认同下,汉语广告一词在报刊经营中获得自在意义与传播价值

1906 年《商务官报》第二期《美国商用输出入通法》:"多设广告之法,使店与货物之各得闻于外国也。"认为对外销售多使用"广告"。这是最早出现"广告"一词的官方报纸。1907 年清廷发行《政治官报》,其《政治官报章程》"广告第九":"如官办

---

① 文春英:《近代中国、日本、朝鲜"广告"源流考》,《现代传播》2011 年第 12 期。
② 汤志钧:《章太炎年谱长编》卷二,中华书局,2013,第 23 页。

银行、钱局、工艺陈列各所、铁路矿务各公司及经农工商部注册各实业，均准送报代登广告，酌照东西各国官报广告办理。"说明官方及其官方报纸认同广告一词及其传播的价值，支持媒体广告发展与商业繁荣。文学作品对广告一词的使用有利于广告一词的大众传播与普及化。1907 年碧荷馆主人《黄金世界》第十回："机会为何？则亚洲公司所登《东方时报》之广告是也。"1911 年云间天赘生《商界现形记》第十六回："于是天公先生集资十万元，创办一所小说社，这小说社的名字就叫……这个协理只怕在新闻广告上见过了。"1900 年 3 月《台湾日日新报》发表《劝广告说》一文，将广告定义为："广告即告白也。"这是近代中国最早对汉语广告一词所下的定义，实现了近代现代广告发展史的一种时代跨越与话语转型。

在大陆地区，当时对广告的定义主要有四种。第一种把广告看作是新闻或报刊文体。郑观应《盛世危言》（1894 年）认为广告是一种报刊文体，谭嗣同 1897 年认为"告白"是报章的"编幅行馀"①，对告白文体价值评价不高。第二种是把广告当做商业新闻。1913 年译著《实用新闻学》："告白即商业新闻耳，其目的在报告社会以某事。"② 第三种定义是商品信息的广泛告知，这是现代传播意义的广告。1912 年，凡民（李叔同笔名）《广告丛谈》③ 强调广告是"经济之机纽"，认为广告概念有"广义与狭义两种"，即商业广告与社会广告。"狭义之广告凡商品卖出，及银行社会之决算、报告等，有广告于公众之目的者，皆属于此类。即吾人普通所谓之广告是也。至广义之广告，其界限殆难确定。凡社会上之现象，殆皆备广告之要素。如妙龄女子，雅善修饰，游行于市衢，直可确认为广告。"1912 年史量才接办《申报》，第二年聘请张竹平当经理，加强广告经营管理，开辟中缝广告，广告版面位置越发明显，广告版面量约占十之六七，对报刊广告经营发展深远。1914 年出台的《筹办巴拿马赛会出品协会事务所广告法》规范行业内广告经营，是近代中国的最早广告法规，从法律上肯定广告现象及其传播价值。第四种是从艺术设计视角下定义，认为广告具有商业性与审美性的特点，具有艺术设计的专业要求。甘永龙 1918 年《广告须知》一书把广告定义为："广告者，以一种可发卖货物之名目、性质及用途，布告大众使咸得稔知之美术也。"

1915 年出版的字典《词源》对广告一词的定义是："以其事布告于众也。如招贴及报纸所等告白之类。"该定义使用"布告"一词表达广告具有广而告之的内涵，比李文

① 谭嗣同：《报刊总宇宙之文说》，参见蔡尚思、方行：《谭嗣同全集》（下），中华书局，1981。
② 〔美〕休曼：《实用新闻学》，史青译，上海学广会，民国 2 年（1913），第 133 页。
③ 该文发表于 1912 年 4 月 1 日至 5 月 4 日的《太平洋报》第二版。《太平洋报》1912 年 4 月 1 日在上海创刊，同年 10 月 18 日停刊。宋教仁、姚雨平主办。

权定义"告白"精炼与通俗易懂，是中国传统文化语境下的一种话语表达。"单从广告（advertising）这一字'making known by public notice'（以公告方法使众周知），可知广告的作用，是意思表示的扩大与普遍化。"① 《词源》以国人熟悉的招贴与告白为例解释，使广告一词便于接受与广泛流传。在民国时代（1912～1949），广告学界与业界认可《词源》对广告一词的权威定义，积极推动了广告的普及化与商业传播。

（三）新中国初期、改革开放时期与网络社会时期广告一词概念的变化

新中国成立后，既继承广告的商业传播与美术形式的要求，同时强调广告的社会主义意识形态，坚持社会主义广告全心全意为人民服务的宗旨。1959 年 9 月 7 日，《人民日报》（第三版）短评《提高广告的思想性和艺术性》认为，商业广告在不同的社会制度下具有不同的内涵与性质。资本主义商业广告是为资本家发财服务的，社会主义商业广告是社会主义文化领域内的一种美术形式，我们必须利用资本主义广告之长发展社会主义广告。在新的历史时期，社会主义广告是与资本主义广告相对应的广告学范畴，从意识形态视角强调了广告内涵与功能所具有的阶级特性。"在文革这个特殊的年代里，由于商品制度从根本上被否定了，广告作为商品生产和商品交换的宣传工具，也被彻底否定。"② 中国改革开放之初的历史时期，对"姓资""姓社"的争论一直是当时的意识形态思潮与合法性问题。丁允朋等人关于"社会主义广告"的观点，重复与强化了《提高广告的思想性和艺术性》一文的旗帜立场，再次评价与重新认识商业广告的地位和作用。③ 方振兴 1983 年撰文认为，中国广告发展必须走向商业广告，以符合市场发展的需要。他提出了与传统广告相对立的"现代广告"理念，以现代广告"开创社会主义广告的新局面"，认为现代广告是总体市场销售战略的一部分。④ 上世纪 80 年代中后期，在社会主义商品经济时期，业界与学界就"新闻广告"与"广告新闻"进行了实践与讨论，逐步严格区分了新闻与广告的概念与关系。在新的历史语境下，学界与业界重新共同勾勒与构建了新时期现代广告合法性传播的奠基石——社会主义广告⑤，破解了三十多年来广告受意识形态影响的话语发展瓶颈，为现代广告内涵的转变与发展奠定了话语转型基础。

邓小平 1992 年南方谈话，社会主义市场经济地位确立。"明示的广告主""使用付

---

① 徐咏平：《报业经营概论》，台北复兴书局，1981，第 353 页。
② 陈培爱：《中外广告史》，中国物价出版社，2002，第 83 页。
③ 王凤翔：《论中国社会转型初期（1978～1991）的"社会主义广告"》，《现代传播》2015 年第 6 期。
④ 方振兴：《传统广告面临着挑战》，《中国广告》1983 年第 2 期。
⑤ 王凤翔：《论中国社会转型初期（1978～1991）的"社会主义广告"》，《现代传播》2015 年第 6 期。

费形式""非人际传播的提示"（Non - personal Presentation）等三个要素①成为广告定义的主流内容，契合社会主义市场经济与全球化社会的发展趋势。1995 年《广告法》对广告的定义是："本法所称广告，是指商品经营者或者服务提供者承担费用，通过一定媒介和形式直接或者间接地介绍自己所推销商品或者所提供的服务的商业广告。"该概念强调了广告的三个要素，其内涵与其他市场传播路径完全不同。第一是强调了"商品经营者或者服务提供者"这个核心话语要素，即广告主，是必须明示的。"明示广告主"强调社会责任，不再以意识形态话语展示出来，而是商品与服务大众。第二是强调广告商品或服务的付费性。不购买版面或时段的传播是宣传，不具有商品特性与商业价值。第三是强调"非人际的提示"，是通过"一定媒介和形式"进行传播信息。随着互联网的迅猛发展，网络广告涌现，广告定义随之改变。2014 年国务院法制办《广告法修订草案公开征求意见稿》："商业广告，是指商品经营者或者服务提供者通过一定媒介或者形式推销商品或者服务的信息。"2015 年新《广告法》第二条第一款："商品经营者或者服务提供者通过一定媒介和形式直接或者间接地介绍自己所推销的商品或者服务。"与 1995 年《广告法》相比，新《广告法》有两点主要变化：一是不再强调商业广告的"付费"特征；二是将"广告"界定为推销商品或者服务的"信息"。

（原载《新闻与传播研究》2016 年第 4 期）

自选理由：

耗时三载，始成斯文，有甘坐冷板凳、做真学问的学术精神。征引各种文献达 180 种，涉及古今中外，包括古代经史子集、佛家经典、马恩巨著、海内外新闻传播学论著、报纸杂志等文献，涉及中文、英文、德文、日文、梵文原典等资料。

在中国文化转型、政治转型、社会转型的大历史大格局背景下，本文第一次全面、系统与科学地论述了汉语"广告"一词的意义在中国千年历史长河里的发展流变，见微知著。对中国独特的农耕社会、礼法文化与祭祀制度里的"广""告"两字及其文化关联的研究，对具有佛家经典深度、佛学精神高度与佛教传播广度的广告"度"化探讨，对晚清七十年的"告白"发展及近现代广告话语构建与流变分析，深刻折射了中国几千年来的历史变迁、社会转型与文化嬗变。

---

① 参见〔日〕清水公一：《广告理论与战略》，胡晓云、朱磊、张姬译，北京大学出版社，2005，第 3～6 页。

乡村文化传播的内生性视角："文化下乡" 的困境与出路

沙 垚[*]

一　屡遭冷遇的"送文化下乡"工程

十四届六中全会以来，"图书下乡"是一项基本的文化惠农政策，"对建设社会主义新农村意义重大"，可以增长农民的科学文化水平，"唤醒农民脱贫致富的梦想"，这样的文章在媒体和网络上并不少见，可是现实中却是"免费的都没人看"。《人民日报》报道某县机关给村图书室捐了近千本图书，"可村民们对大多数书不感兴趣，没人借阅，村里只好把它们挪到仓库，积满灰尘"[①]。

再如农村电影放映工程，由企业经营、市场运作、政府买单，希望借此让农民受惠，全国上下每年花费巨大款项，媒体唱出赞歌"点亮农民夜生活""老人笑颜开""丰富群众精神食粮"等等，但是实践中，正如搜狐新闻报道的湖北省监利县电影下乡"没人看也得放"，一个甄子丹的警匪片，只有 7 个观众，开场五分钟之后，只剩下两个人还在坚持。[②] 这样的报道并不是个案，如山东省五莲县、石家庄等地，乡村电影放映均遭到"冷遇"。

再如家电下乡，尤其是手机下乡，笔者在榆林市开展一项小村庙会文化与权力的研究时意外发现，手机对于小村大多数男子，除了打电话，就是看黄片，并依托镇上的网吧形成相对完善的地下产业链。

＊　沙垚系中国社会科学院新闻与传播研究所副研究员，本文发表时为助理研究员。

① 杨汉祥，《今日谈：把什么送下乡》，《人民日报》2015 年 8 月 22 日，第 1 版。

② 罗翰：《没人看也得放，电影下乡"遇冷"》，搜狐新闻，http://roll.sohu.com/20140619/n401037783.shtml，发表时间：2014 年 6 月 19 日，访问时间：2016 年 2 月 27 日。

学者们开始反思，为什么一个个有着美好初衷的惠民的公共文化服务工程，在实践中农民"不买账"，或者是走向初衷的对立面？对电影下乡的反思有，夏天有蚊虫、天气热，冬天冷；农村人口外流，农村只剩下老人小孩；电影内容缺乏吸引力等。① 图书下乡，不少是"过期的农业技术资料、艰涩的理论读物"，家电下乡存在"低劣的家用电器"，有人称这样的"送下乡"，是城里人的"库存转移"甚至"废品转移"。因此，如果把"送下乡"仅仅当作任务来完成，只管"送"下去，而不考虑农村实际需要，就难免出现这种尴尬。表面上送温暖来了，实际上群众得不到什么实惠，反而会有更大失落。② 除就事论事之外，也有学者指出深刻的农村文化困境，忽略了农民的文化主体性；③ 何慧丽认为，"一厢情愿"和"心血来潮"的新农村文化建设，期望在短时间之内实现"大规模运作"，忽略了村庄的"可持续生存的内部逻辑"。④

二　乡村文化传播的理论困境

这一"内部逻辑"，也即是杨念群所说的"民间社会运作的真正逻辑和民众思考的真实感受"，他认为应当避免"从外部赋予其支配性意义"的普世性知识原则。⑤ 黄万盛持同样的观点，他认为"扎根日常生活的本土的心理、价值、文化结构"才是支撑一个民族的文化资源，是来自人民的文化实践内部，而不是将外来的普世价值作为"全能的精神图腾"，否则将会呈现出"阉割的焦虑"。⑥ 麦克卢汉在《帝国与传播》一书的序言中也提道："深入到隐藏的历史情景中去，从内部去探察文化，了解其运行机制，而不是站在外面对文化进行描述和叙述。"⑦ 那样只会导致"地基不牢"和"凌空虚蹈"。⑧

在此视角下反观近十多年来的乡村文化与传播研究，虽然发展迅速，并取得了丰硕的成果。但其理论与视野却存在着内在缺陷与实践困境。

---

① 汪秀芬：《乡村公益电影为何"遇冷"》，三农中国，http://www.snzg.cn/article/2008/1027/article_12109.html，发表时间 2008 年 10 月 27 日，访问时间 2016 年 2 月 27 日。
② 杨汉祥，《今日谈：把什么送下乡》，《人民日报》2015 年 8 月 22 日，第 1 版。
③ 吕新雨、赵月枝：《中国的现代性、大众传媒与公共性的重构》，载"传播与中国·复旦论坛"：1949 - 2009：共和国的媒介、媒介中的共和国论文集》，上海，2009，第 293 页。
④ 何慧丽：《乡村生态自治与新农村建设》，《文史博览（理论）》2013 年第 4 期，第 1 页。
⑤ 杨念群：《"理论旅行"状态下的中国史研究——一种学术问题史的解读与梳理》，载杨念群、黄兴涛、毛丹主编《新史学：多学科对话的图景》，中国人民大学出版社，2003，第 122～123 页。
⑥ 黄万盛：《革命不是原罪》，广西师范大学出版社，2007，第 40 页。
⑦ 〔加〕麦克卢汉：《序言》，载〔加〕哈罗德·伊尼斯：《帝国与传播》，何道宽译，中国人民大学出版社，2003，第 2 页。
⑧ 何慧丽：《回归中国，回归农民》，《读书》2005 年第 5 期，第 160 页。

第一，乡村是作为"他者的想象"出现在研究者视野中的。乡村文化，如皮影、老腔等"墙内开花墙外香"，一方面在农村没落，无人欣赏，另一方面却在都市、国际舞台上一票难求。正是因为这种"原真性"与全球化、都市化、现代化形成的强烈的"文化反差"，从而刺激人们的猎奇与消费的欲望。① 张旭东将这种现象批评为"颠倒的认识论"，认为乡村研究者将中国乡村看作"西方的他者"，不再是"自己看自己"的实践活动，而是从"遥远的他者"的视角反过来看距离自己很近的世界。②

第二，乡村作为"被拯救"和"被教化"的对象。自19世纪以来，知识分子就认为"这种小农传统阻碍了现代化理想的实现……阻碍了现代正史的叙事"③。中国的近现代传播事业是通过"告别乡土中国的文化传统的方式来推进的"④。1980年代以来，当传播学者来到乡村，便是抱着"发展是硬道理"的思维逻辑来探索如何推动乡村文化的现代化进程，即最初的发展传播学，主张经济上通过传播技术、提供信息推动农村发展，文化上推广城市的消费和娱乐方式。"送文化下乡"亦是在这一语境之下生成的。但胡翼青等指出，发展传播学有着"强烈的美国主流意识形态"和冷战的思维方式，"充满着美国学者关于世界的想象的后殖民理论……怎么就会自然而然地成为中国传播学本土化的起点呢？"⑤

如何突破发展传播学和被异化的乡村文化研究，成为乡村文化传播研究的重要命题。基于在关中地区长时段的民族志考察，笔者提出乡村文化传播的内生性视角，即从文化主体的实践、文化与社会的互动以及文化传统内部生长出来的文化属性。

三 乡村文化的内生性

1. 文化主体的实践

马克思曾说，"社会生活在本质上是实践的"⑥。实践是马克思主义哲学的核心概念和基本观念，强调人的主体性，人类的实践创造着历史。哲学的任务是关注作为主体的

---

① 刘晓春：《谁的原生态？为何本真性——非物质文化遗产语境下的原生态现象分析》，《学术研究》2008年第2期，第157页。

② 张旭东：《从"问题中国"到"理解中国"：作为西方他者的中国乡村研究及其创作型转化》，《社会科学》2009年第2期，第53页。

③ 王铭铭：《灵验的"遗产"——围绕一个村神及其仪式的考察》，载郭于华主编《仪式与社会变迁》，社会科学文献出版社，2000，第13~14页。

④ 王维佳：《现代中国空间政治变迁中的知识分子与文化传播》，《天涯》2011年第5期，第181页。

⑤ 胡翼青、柴菊：《发展传播学批判：传播学本土化的再思考》，《当代传播》2013年第1期，第12页。

⑥ 《马克思恩格斯选集》第1卷，人民出版社，1972，第18页。

人的实践活动，而不再是对终极、永恒世界本源的无休止的追寻，更不是用"客观的""普世的"规律、价值和本体论指导人类实践。毛泽东在实践论的基础上，结合中国革命的具体情况，提出了"从群众中来，到群众中去"的群众路线。所谓"从群众中来"，便是说共产党的意识形态、路线、方针、政策以及文化活动都要从作为主体的群众的日常或历史的生产生活实践中产生，否则便是脱离群众，违背了人民性。

"两条腿走路"形象地概括了1949年以来农村文艺实践的特征，"一方面组织专业文化艺术团体的力量，上山下乡为农村服务；另一方面结合农村实际情况，有领导有计划地组织和开展农村群众业余文化活动……不仅可以鼓舞农民的生产积极性，促进农业生产，而且可以巩固和进一步提高农村的群众文化事业"①。换言之，第一，文艺工作者从农民的生产生活实践中提取元素，进行创作，再"到群众中去"，演给农民看；第二，农民自己开展文化活动，农民唱戏农民听。

1963年《文化部党组关于组织农村文化工作队的请示报告》提出，"适当参加一些生产劳动，锻炼自己，密切同劳动人民的关系，深入了解群众生活，随时和群众一道制作一些适合当时当地需要的短小形式的作品，并为自己今后的创作积累素材"②。在此号召下，大批的文艺工作者在演出过程中坚持与农民同吃同住同劳动，帮助群众收割、打场、锄草、送粪，以至担水、扫地等，密切了和群众的关系。许多山区剧团更是艰苦奋斗，每人一条扁担，跋山涉水，送戏上门，坚持"自担行李自挑担，自搭舞台自收场"的工作作风，勤勤恳恳地为群众服务。③ 而农民，则跟剧团的剧作、导演、美术、音乐、演员等讲述农村的风俗习惯、新人新事，带领剧团参观公社，农村的先进模范跟剧团做报告，讲贫下中农"三史"（村史、家史、合作化史）。④ 编剧们根据当地的故事，现编成短小的宣传节目，演给农民看，农民反应强烈。⑤

群众自己表达自己的生产、生活、历史、风俗、习惯、情感、价值等等，然后演员、编剧们根据他们的表达，或加工，或创作，形成演出的文本。他们所表演的戏曲文本以及他们的传播实践所蕴含的内在的功能、意义，是从每一个农民的日常实践中提取、加工和再生产，进而表达出来。将这样的作品演给农民看，获得农民的认同与

---

① 《关于加强农村文化工作的意见》，西安市档案馆，全宗号89，永久，案卷号190。
② 《文化部党组关于组织农村文化工作队的请示报告》，陕西省档案馆，全宗号232，目录号1，永久，案卷号396。
③ 《关于我省第一批农村文化工作队的工作报告》，陕西省档案馆，全宗号232，目录号1，永久，案卷号396。
④ 《西安市1963年艺术工作总结》，西安市档案馆，全宗号89，长期，案卷号261。
⑤ 《高歌副局长在西安市1963年文化行政工作会议上的总结发言》，西安市档案馆，全宗号89，永久，案卷号177。

想象。

同时，农民艺人以群众文化活动的名义，与生产队体制下的工分制相结合，根据自己的生产生活实践的情况，编成剧目，直接讲述自己的故事，农民唱戏农民听。皮影艺人刘兴文回忆：

> （19）73年之后到（19）75年，农村排戏，排的戏都是配合政策的，比如有配合渭河大坝的《全家上坝》。我们都很高兴，不管新戏老戏，我们拿了剧本自己设计唱腔、有时候作曲、动作，我们有劳动付出，最后跟观众见面，很有成就感。①

时至今日，笔者在陕北调研二人台期间，发现农民唱戏农民听的传统得到很好的传承。2010年腊月初八，在一场婚礼上，农民艺人喜娃即兴创作：

> 骡子送金马送银，汽车送下聚宝盆
> 一人讲话接口气，我给你们两家送双喜
> 吉庆话洒在你们当门前，荣华富贵万万年
> 有钱难买吉庆话，这家人家钞票用麻包往回拿
> 我们现在看见，站在摄像机前面的漂亮姑娘
> 有文化有水平的好姑娘
> 良辰吉日的新娘
> 穿上21世纪的高级嫁妆好像个花娘娘
> 明年这个时候，新娘抱个娃娃来到他妈妈的门上是娃他娘
> 这家人家老子英雄儿好汉
> 你们娃娃长大了能吃国家饭
> 考出大学掌大权，做上高官赚大钱

钞票、美貌、文化是其关键词，除吉利话之外，还直击了社会现实，能生孩子的新娘才是好新娘，生娃是为了上大学，上大学是为了掌大权，当上高官是为了赚大钱。这里面的思维逻辑充满批判意味，这种批判来自对日常生产生活的高度提炼，以解构、嘲讽、幽默和娱乐的方式来表达。同时又吐露出农民的心声，给农民的日常不满和愤懑提供了宣泄的途径，缓和了社会矛盾。农民用自己的笑声、热情表达出对这段即时文本的

---

① 访谈：农民艺人刘兴文，2013年8月22日。

认可。

2. 文化与社会的互动

从空间上讲，来自主体实践的文化形态必须置于一定的社会结构中，与之有机地互动，才能受到人民的欢迎，并发挥一定的社会功能。相反，来自主体所在的社会结构外部，"自上而下"地以"送"或"反哺"的方式将一定的文化形态"赐予"文化主体，则可能带来格格不入或适得其反的社会效果。

历时地分析1949年以来新的文化形态，即"新媒介"进入农村的过程，无一不与当时农村的社会结构有机镶嵌。

在1956年一份介绍长安县东祝村农村俱乐部的档案中，记载了五点经验：一是，几个年轻人把一间破屋子改造成了图书室，有4个识字青年当上了图书管理员，农民可以去那里借书，据统计（1955年下半年）平均每天有30多个农民在里面阅览书籍，每月借出图书110多册。二是读报组，原来是开会了顺便读一读报纸，现在有专门的读报员，每周集中读报一次。三是"屋顶广播"，原来村里只有一个人偶尔念一念《陕西农民报》时事摘要，农民反映广播员识字有限，碰到生字结结巴巴，听不明白，但现在有四个人专门负责，每周二、四、六晚上轮流播讲国内外大事和村里的生产情况。四是黑板报，有4个青年组成编辑小组专门负责，讲村里生产生活的趣闻，还有漫画，每周出一期。五是帮助恢复了自乐班①，选出组长，半个月活动一次，排练了《挖界石》《五谷丰登》等四个短剧以及快板《学习苏联》等，在元旦和春节演出。②

图书室、报纸、广播、黑板报，在1950年代对于农民来说，都是"新媒体"，总结这五点经验发现，无论是哪一种"新媒体"进入农村，都是以人为核心，每一项文化形式，都落实到具体的人，报纸有读报小组、广播有广播员、黑板报有黑板报小组、电影幻灯有放映员，这些人大多数是村里识字的村民，他们担负起文化的职责。首先，他们将地方性知识与新知识结合起来，以生活经验为出发点来解释新知识；其次，是他们人生价值的一种实现方式，他们来自社区、服务社区，为村民读报、教村民识字是光荣；再次，也是农民提高识字率，完成爱国主义教育，增加主人翁意识和对新生国家认同感的一种建构方式。外来的文化形态不是作为高高在上的"改造者"与"教化者"的角色进入农村的，而是"通过一个具体和真实的人，将党和政府的群众文化工作与农

---

① 农村自乐班是群众自发组成的农村戏曲或音乐的娱乐组织。由于缺演员、乐师或设备，无法正式登台演出，但两三位戏曲或民间音乐的爱好者聚在一起，吹拉弹唱，具备一定的文艺表演能力，自乐的同时也乐民，老百姓一般把这样的表演性组织叫做自乐班。

② 《长安县东祝村农村俱乐部是怎样办起来的》，陕西省档案馆，全宗号232，目录号1，永久，案卷号8。

村的文化现实联系在一起"①，共同建构新的文化意义。

至 1970 年代末，电视进入农村，对乡村生活、社会面貌进行了重构。② 除了内容上带来对外界世界的直接认知，更重要的是电视所开启的私人娱乐模式带来了农村文化结构和农民文化习惯深层次、长时段的重大变化，导致农民"日常与娱乐"二元时空结构改变了。电视出现后，农民每天晚上在自己家里就可以享受娱乐。换言之，电视将娱乐注入日常生活的维度，冲淡了"过事"的娱乐功能，因为关中农民已经不需要再通过"过事"③ 中的集体性的娱乐项目——如影戏来满足心理娱乐需求。集体性的活动更多地承担起仪式性的功能，起到社会整合、促进人际交往，提高社区凝聚力等作用；而娱乐的功能则让位于日常的、免费的家庭电视。

因此，一种文化形态或媒介形态只有深深嵌入社会结构和变迁之中，才可能在农村社会生根发芽。那么在今天，手机、互联网是以什么样的方式进入农村的？赵月枝提问"手机之后，要什么？"批判了发展主义与技术决定论，认为应当避免让手机、互联网成为农村青年相约自杀的工具。④ 手机、互联网如何与当代农村社会进行文化和结构层面的互动？是否有可能通过人的文化实践，搭建一种参与的可能性，从而打破西方中心主义和城市中心主义的信息单向流动，使农民回到农村文化的主体地位？这是摆在文化与传播学者面前的新课题。

3. 农村文化传统

从时间上讲，当代的文化实践如何对接传统，亦是文化内生性的一个重要方面。每一个文化的今天，都不是凭空生成的，都一定有着其内在的时间序列上的规律。

1949 年以来，以外来的马克思主义作为官方意识形态的社会主义文艺路线，如何处理与农村历史文化传统的关系，是当时农村文化实践中的主要矛盾。中国共产党结合延安以来的革命与文化实践的传统，找到了一条清晰的路径，即巧妙地将农村的历史文化、风俗习惯、价值观念、情感结构和世道人心等转化为"人民性"。"一代又一代的前辈演员，不知花了多少血汗，经历了多少次失败和成功，才从生活中提炼出富有我们

---

① 沙垚：《重构中国传播学——传播政治经济学者赵月枝教授专访》，《新闻记者》2015 年第 1 期，第 10 页。

② 〔美〕柯克·约翰逊：《电视与乡村社会变迁》，展明辉、张金玺译，中国人民大学出版社，2005，第 186 页。

③ 关中农村将婚丧嫁娶、庙会、祈雨等迎宾吃饭、民间仪式活动称为"过事"。

④ 沙垚：《重构中国传播学——传播政治经济学者赵月枝教授专访》，《新闻记者》2015 年第 1 期，第 7 页。

民族特色的表演程式和创造方法。"① 因此,"来自民间、出自人民之手,为人民群众所创造,具有丰富的内容、一定的甚至强烈的人民性和现实主义精神……我们共产党人从来都认为:凡是劳动人民所创造的并且为广大群众所喜爱的,都是宝贵的,我们都要重视它、爱护它、发掘它,接受下来加以改进和提高"②。

如此官方话语对历史文化传统的态度,推动了民间的传统实践。除去 1967 年至 1975 年间受到"文化大革命"的影响,传统戏在民间从未间断过。华县皮影艺人郭树俊就给笔者讲过,1960 年代他们以毛主席文艺宣传队的名义去陕北演出,宣传党的政策,但如果当地村民要求他们演还愿戏、祈福戏,他们照样会演《天官赐福》等,当问及原因,他只会"嘿嘿"一笑,说"群众爱好么"。③ 王铭铭指出,"民间社会以正统模式为借口或保护伞"来推动传统的延续。④,张乐天对此表述得更为直接:"革命的意识形态是一件时髦的外衣,农民穿着它上演了一出出传统的剧目。"⑤ 但也恰恰是这一"保护伞"或"外衣",保证了一定时期内文化的连贯性和稳定性。

1980 年代以来,革命的意识形态逐渐远去,但是农村的文化传统早已打下了深深的社会主义文艺的烙印,社会主义文艺已经内化成农村文化传统的一部分。2004 年,有一家文化公司来华县给潘京乐和吕崇德录戏,发行皮影戏"专辑"。吕崇德自由选择了剧目,他挑了《赠钗》《借水》《过门贤》和《迎亲》四折,其中《过门贤》和《迎亲》便是现代戏。潘京乐一生会演 200 多本戏,笔者问他最喜欢哪一本,他说:"演好了,都喜欢,《沙家浜》《血泪仇》《穷人恨》都好,有教育意义……这个演戏跟人有关系,现代戏,按农村那个搞呢,不按那个你现代戏不行,弄不下。"⑥ 在潘京乐和吕崇德的观念中,传统戏和现代戏已经融为一体,如张炼红所说,对于今天的"新意识形态"来说,人民公社时期的"人民性",难道不是已经成为一种新的"民间性"吗?⑦ 而潘京乐所说的"农村那个搞",或许可以理解为一种乡村文化传播的内生性。

换言之,社会主义的传统已经与农村的历史文化传统裹挟在一起,难分难解,或者说,社会主义已经融入农村文化传统之中,成为其文化来源之元素,并一起建构了当代

① 大会研究处:《学习民族戏曲遗产,提高表演艺术水平》,《陕西省第一届戏剧观摩演出大会的纪念刊》,存于陕西省图书馆,1956 年,第 264 页。
② 赵伯平:《在西安戏剧改革座谈会上的讲话》,《陕西省第一届戏剧观摩演出大会的纪念刊》,存于陕西省图书馆,1956 年,第 252 页。
③ 访谈:农民艺人郭树俊,2008 年 11 月 21 日。
④ 王铭铭:《逝去的繁荣:一座老城的历史人类学考察》,浙江人民出版社,1999,第 179 页。
⑤ 张乐天:《告别理想:人民公社制度研究》,上海人民出版社,2005,第 147 页。
⑥ 访谈:农民艺人潘京乐,2008 年 2 月 8 日。
⑦ 张炼红:《历炼精魂:新中国戏曲改造考论》,上海人民出版社,2013,第 11 页。

农村文化传播的内生性。

那么，如何理解社会主义传统与当下农村文化实践的关系，汪晖认为其中"工人和农民的视角极为关键"①。事实上，正如毛泽东半个世纪前所预言的那样，现在农村的舞台，抑或是电视、电影的荧屏上，已经不再是帝王将相、才子佳人或者治国巨匠、精英大腕们的"一统天下"，工人和农民占据了"半壁江山"，如吕崇德所选择的《过门贤》《迎亲》，秦腔大戏《西京故事》，抑或是 2015 年热播的《老农民》《平凡的世界》……

四 重新发现群众文化活动：内生性的视角

回到"送文化下乡"，从内生性的视角出发，至少有必要对其中的两个字进行反思，"送"本身包含着施动者的优越性，农民处于被动与施舍的地位；"下"则具有一种自上而下的、城市中心主义的视角。因此，告别"送文化下乡"，从农民的生活世界（或者说农民的生产生活与文化实践）之中，从文化与社会的互动中，从文化传统中提炼出农村文化的内生性，这种实践论的态度号召我们重新回到农民的历史传统与生活世界，进而发现，农民并不是没有探索自己文化的前途，而是我们没有倾听。我们总是从充斥着精英话语的现代媒体上获取被歪曲的农民话语，把他们当做"亟待拯救"的对象。他们"细腻的实践"被淹没了，以至于我们认为他们没有实践。

笔者在调研中发现，广大农村地区其实有着热闹的群众文化活动，比如广场舞与乡村春晚，前者是日常的，后者是庆典的。两者都是群众自发的、基于自身生产生活与娱乐的文化活动，其中蕴藏着"内生性能量"。如何从"送文化下乡"的思维方式转变到发现、参与和辅导群众文化活动，是当前农村文化工作的方向。将农村文化活动的主导权还给农民，是社会主义的文化自信，也是人民史观的具体表现。这恰恰也是文化主管部门、文化产业和知识分子"有机化"的过程。可从如下两个方面展开。

第一，发现潜在的群众文化活动，并解决他们在传播与实践过程中遇到的实际困难。除了常见的皮影、老腔、社火、庙会等传统民俗活动，以及广场舞、农民春晚等大众文艺活动，农村其他丰富的群众文化活动资源尚有待发现，不仅在活动形态上，更在意识形态与世道人心。

比如近年来春节期间，在陕西户县地区的迎城隍活动中，有村民困惑地表达，不知道为什么迎城隍，只知道几百年来，祖祖辈辈都在迎。户县的城隍是纪信，曾舍身救刘邦。因此，迎城隍是为了推崇"忠"这一价值观念。但如今，中国是社会主义国家，

---

① 汪晖等：《社会主义实践的现代性》，《开放时代》2012 年第 11 期，第 20 页。

封建时代的"忠"显然已经不能总摄村民的精神世界与日常生活。如何借助历史悠久且声势浩大、深入民心的传统民俗活动之"瓶",注入"社会主义核心价值观"之酒,使之完好结合,一统天下人心,便是今天乡村文化传播的学者需要考虑的问题。

在具体活动过程中,常见的困难有:组织不力、缺乏认可和缺少资金,基层文化工作者便可以在这三个方面予以帮助。但帮助不是"送下"去的,而是调动农民的文化主体性和主观能动性。比如,有些地区的广场舞活动,常常因唱片、服装、音响设备等需要资金而被迫"夭折",文化部门便可支持村民代表与村里的企业家协商赞助事宜,通过亲缘地缘等关系,达到动员与整合农村资源的目的。还可鼓励县一级文化主管部门以一定的方式支持农村群众文化活动,其目的主要是让农民群众获得一种精神上的认可和主人翁意识。

第二,引导群众文化活动与社会结构有机镶嵌,自觉探索解决基层文化危机的方式。自 1980 年代以来,随着生产方式的变更,农民的文化活动日趋原子化,在现代社会越来越多地显示出无力感,也呈现出种种危机,一些地区,带有西方原教旨主义倾向的宗教在农村建立教堂,拉拢教徒,逐步将基层文化礼堂边缘化,其中不乏"全能神"等邪教组织;同时,一些含有淫秽、封建思想的表演在农村地区传播,如丧礼上的脱衣舞等,极大地污染了农民的精神世界。

同时,我们也发现,广场舞在当今之中国,已经从城市走向农村以及城乡结合地区,因其发展之快、规模之广、动员力之强,成为令人关注的新的文化景观;在端午、中秋、春节等传统的节日,农民工或者聚集在都市举行自娱自乐的晚会,或者返乡组织村庄、乡镇的文艺晚会,代替传统的唱大戏等活动。虽然农村文化活动的具体形态在不断发生变化,但其内在的群众文化属性,以及依托公共空间、共同社区生活、人情人心人性的表达不会变化。

对这些当前最为大众喜闻乐见的群众文化活动加以引导,使之与社会结构相互动,是当前社会主义农村文化政策的制定者、基层文化工作者和乡村文化传播的学者应当考虑的问题。比如,广场舞作为村民的日常选择,能否看成是留守的农村妇女以一种集体主义的方式对抗农村社会结构转型的有益尝试,或者说是具有主体性的农民面对农村文化和价值困境的一种自觉探索的方式?回到社会主义实践,农村的妇女不再沉溺于个人主义的文化消费,不再是"沙发里的土豆",如赵月枝认为"农村广场舞可以看成是获得社会主义现代主体性的一代女性带动年轻一代的日常文化生活实践"①。

___

① 沙垚:《重构中国传播学——传播政治经济学者赵月枝教授专访》,《新闻记者》2015 年第 1 期,第 13 页。

如何从农民自己出发,如何从农村社会内部激活农村的文化资源与活力,并使之有益于社会主义价值观以及农民情感价值、世道人心的传播与弘扬,传播学研究理应给以高度关注和支持。唯有如此,才能发掘出"潜在于生活世界的实践性能量……达致人心所向的政治复苏、文化创造和价值重建","开显出中国之道,真正体现吾土吾民的历练与担当"。①

(原载《现代传播》2016 年第 6 期)

自选理由:

本文深入乡村文化传播的历史实践,从中概括出"乡村文化的内生性视角",并以此为框架,来分析当代"文化下乡"的困境,为农村文化传播探索新的可能性的路径,即重新发现群众文化活动,提出中观层面的政策建议。实现历史与当下、理论与实践的双重互动。此为本文的创新之处。总体来看,本文立足中国本土实践,并与马克思主义视角相结合,用来考察乡村传播中出现的问题,探索其出路,表现出一定的文化自觉与理论自觉。

---

① 张炼红:《历炼精魂:新中国戏曲改造考论》,上海人民出版社,2013,第 350 页。

新媒体

党的十八大以来网络媒体监管
思路与体系的变化

贾金玺[*]

党的十八大以来，党和政府对于互联网的媒体属性有了更为深刻的认识，随之在网络媒体管理的顶层设计上作出了重大改革，在管理方法体系上也做了适时的调整和完善，有效地保障和促进了网络媒体的平稳快速发展。总结十八大以来的这些变化，有助于我们更好地认识、管理和利用网络媒体。

一 网络媒体监管理念的变化

在中国网络媒体从无到有、从小到大、从弱到强的变化过程中，我党对互联网的认识也经历了由浅到深、从片面到系统的发展过程。监管理念也随着认识的加深而不断地进行调整完善。

2012 年 11 月，胡锦涛在党的十八大报告中就明确指出："加强和改进网络内容建设，唱响网上主旋律。加强网络社会管理，推进网络依法规范有序运行。"[①] 相比较 2002 年党的十六大报告中的"互联网站"和 2007 年党的十七大报告中的"网络文化"表述，党的十八大报告中的"网络社会"提法充分反映出党中央对于互联网根本属性——社会化媒体的深刻而精准的认识。[②] 随着这个认识的改变，党中央对于网络媒体的监管逐渐纳入网络社会治理的大范畴中来。2016 年 10 月 9 日，习近平在中央政治局

---

[*] 贾金玺系中国社会科学院新闻与传播研究所助理研究员。

[①] 胡锦涛：《坚定不移沿着中国特色社会主义道路前进　为全面建成小康社会而奋斗——在中国共产党第十八次全国代表大会上的报告》，人民出版社，2012，第 33 页。

[②] 贾金玺：《党对互联网论述变迁的背后》，《网络传播》2014 年第 6 期，第 13 页。

就实施网络强国战略进行的第三十六次集体学习时指出："随着互联网特别是移动互联网发展，社会治理模式正在从单向管理转向双向互动，从线下转向线上线下融合，从单纯的政府监管向更加注重社会协同治理转变。"① 这是将治理理念运用到网络社会治理的明确表述，也是对我党破除传统的政府监管思路、加强社会协同新思路的精辟概括。

事实上，党的十八大以来，网络媒体的监管思维重心也有了新的强化和延伸。

首先，强调顺应网络媒体发展规律，加强网上舆论阵地建设。2014 年 2 月 27 日，习近平在中央网络安全和信息化领导小组第一次会议上指出："做好网上舆论工作是一项长期任务，要创新改进网上宣传，运用网络传播规律，弘扬主旋律，激发正能量，大力培育和践行社会主义核心价值观，把握好网上舆论引导的时、度、效，使网络空间清朗起来。"② 在 2016 年 2 月 19 日召开的党的新闻舆论工作座谈会上，习近平总书记再次指出："管好用好互联网，是新形势下掌控新闻舆论阵地的关键。"③ 现如今，互联网已成为我国几亿民众获取信息的主要渠道，也是民声民意最为集中的载体，更是我国与西方反华势力进行意识形态斗争的主战场。在这个形势下，怎么强调网络舆论阵地引导和监管都不为过。

其次，强调网络社会治理，全面净化网络空间。习近平总书记曾多次指出，我国已是网络大国，要做网络强国，要加强网络社会治理，使网络空间全面清朗起来。他还强调："要教育引导广大网民遵守互联网秩序，增强辨别是非、抵御网络谣言的能力，共同营造风清气正的网络环境。"④

再次，强调善用新媒体，争夺国际话语权。网络媒体在塑造国家形象、提升国家软实力方面有着极强的促进作用。习近平总书记多次指出，"发挥好新兴媒体作用，增强对外话语的创造力、感召力、公信力，讲好中国故事，传播好中国声音，阐释好中国特色"⑤，"主动借助新媒体传播优势，加强国际传播能力建设，增强国际话语权，集中讲

———————————

① 《习近平在中共中央政治局第三十六次集体学习时强调　加快推进网络信息技术自主创新　朝着建设网络强国目标不懈努力》，《人民日报》2016 年 10 月 10 日，第 1 版。

② 《习近平：把我国从网络大国建设成为网络强国》，http://news. xinhuanet. com/politics/2014 - 02/27/c_119538788. htm，2014 年 2 月 27 日。

③ 中共中央文献研究室：《习近平总书记重要讲话文章选编》，中央文献出版社、党建读物出版社，2016，第 422 页。

④ 中共中央文献研究室：《习近平总书记重要讲话文章选编》，中央文献出版社、党建读物出版社，2016，第 429 页。

⑤ 《习近平：建设社会主义文化强国　着力提高国家文化软实力》，http://news. xinhuanet. com/politics/2013 - 12/31/c_118788013. htm，2013 年 12 月 31 日。

好中国故事"①。

最后，强调互联网思维，推动传统媒体和新兴媒体融合发展，壮大主流思想舆论阵地。2014 年 8 月，习近平总书记在中央全面深化改革领导小组第四次会议上指出："推动传统媒体和新兴媒体融合发展，要遵循新闻传播规律和新兴媒体发展规律，强化互联网思维，坚持传统媒体和新兴媒体优势互补、一体发展，坚持先进技术为支撑、内容建设为根本，推动传统媒体和新兴媒体在内容、渠道、平台、经营、管理等方面的深度融合。"② 推进传统媒体与新兴媒体的融合，顺应了当前互联网尤其是移动互联网火爆发展的趋势，不但是一项引导媒体产业发展壮大的战略部署，更是一项构建舆论引导新格局、巩固壮大主流思想舆论阵地的战略部署。

网络媒体监管理念的系列变化，直接指导着网络媒体监管实践的适时调整与应变。

二 网络媒体管理体制的变革

网络媒体的飞速发展，各种新兴媒体技术的出现与应用，使得现行管理体制的弊端日益凸显，主要表现在多头管理、职能交叉、权责不一、效率不高等方面，且网络媒体管理和产业管理远跟不上形势发展变化。2013 年 11 月，习近平总书记在关于《中共中央关于全面深化改革若干重大问题的决定》的说明中，也以罕见的篇幅直面我国互联网管理中存在的上述问题。在此背景下，党中央锐意改革，加强顶层设计，对网络媒体的管理领导体制进行了大幅改革。

1. 增设中央网络安全和信息化领导小组

该小组成立于 2014 年 2 月 27 日，由习近平总书记亲自任组长，成为中国互联网管理的最高领导机构，其核心职能和任务是："发挥集中统一领导作用，统筹协调各个领域的网络安全和信息化重大问题，制定实施国家网络安全和信息化发展战略、宏观规划和重大政策，不断增强安全保障能力。"③

2. 重组国家互联网信息办公室 （国家网信办）

2014 年 8 月，重组后的国家网信办被国务院授权全面负责互联网信息内容管理工作，并负责监督管理执法。在此之前，国家网信办并无互联网内容的监督管理执法权。

① 《习近平在党的新闻舆论工作座谈会上强调　坚持正确方向创新方法手段　提高新闻舆论传播力引导力》，《人民日报》2016 年 2 月 20 日，第 1 版。
② 《习近平：推动媒体融合发展要遵循新闻传播规律》，http://media.people.com.cn/n/2014/0818/c120837-25489622.html，2014 年 8 月 18 日。
③ 习近平：《习近平谈治国理政》，外文出版社，2014，第 199 页。

另值得注意的是，中央网络安全和信息化领导小组的办公室也设在国家网信办，这也更加凸显出国家网信办在具体监管网络媒体事务上扮演着更为重要的角色。

可以说，中央网络安全和信息化领导小组的成立和国家网信办的重组，从战略上解决了中国过去互联网管理体制存在的政出多门、职能交叉、权责不一、协调不畅等弊端①，也由此开启了一个对网络媒体进行统一规划和系统管理的新时代。

三 网络媒体管理手段的丰富多元

党的十八大以来，网络媒体监管部门善于调动社会多方力量，综合运用立法、行政、自律、国际合作等多种手段，强化监管的针对性和有效性。

1. 不断完善网络法规政策体系

坚持依法治网是我党监管网络媒体的根本之道。2014 年 2 月 27 日，习近平在中央网络安全和信息化领导小组第一次会议上指出："要抓紧制定立法规划，完善互联网信息内容管理、关键信息基础设施保护等法律法规，依法治理网络空间，维护公民合法权益。"② 随后几年中，有关网络媒体监管的法规政策体系建设步入快车道，一大批关系国计民生的法规政策相继出台。

首先，加大既有法律法规的修订力度，在相关司法解释中增加与网络信息活动有密切关系的内容。例如，2013 年 1 月，国务院新修订的《信息网络传播权保护条例》，对网络传播权利保护、权利限制以及网络服务提供者责任免除等作了详细规定；2015 年 8 月 29 日，新修订的《中华人民共和国刑法修正案（九）》对非法入侵计算机系统、网络服务渎职、拒不履行信息网络安全管理义务等若干信息网络犯罪行为作出了更为明确的补充规定；2016 年 12 月 20 日，最高人民法院、最高人民检察院、公安部联合发布《关于办理电信网络诈骗等刑事案件适用法律若干问题的意见》，进一步明确打击电信网络诈骗的法律标准，统一执法尺度等。通过这些既有法律法规内容的不断完善，弥补网络时代的法治监管需要。

其次，针对网络媒体管理的一些"真空"领域，加快制定并出台相关法律法规、政策意见，尤其是针对那些新兴网络媒体和移动互联网媒体。过去五年来，《中华人民共和国网络安全法》是人大常委会通过的与网络媒体相关的最重要的一部法律。该法于

---

① 熊光清：《十八大以来党对网络社会治理的探索》，《理论与改革》2017 年第 2 期，第 11 页。

② 《习近平：把我国从网络大国建设成为网络强国》，http://news.xinhuanet.com/politics/2014 – 02/27/c_119538788.htm，2014 年 2 月 27 日。

2016 年 11 月通过，并于 2017 年 6 月 1 日起正式实施。该法对网络运行安全和网络信息安全领域的问题做出了明确规范，成为中国网络生态治理的基础性法律。此外，作为网络媒体监管的核心主导部门——国家网信办，也密集出台了一系列部门规章和规范性文件。2014 年 8 月 7 日，为推动即时通信公众信息服务的健康发展，颁布《即时通信工具公众信息服务发展管理暂行规定》；2015 年 2 月 4 日，为加强对互联网用户账号名称的管理，颁布了《互联网用户账号名称管理规定》；2016 年 6 月 25 日，为规范互联网信息搜索服务，促进互联网信息搜索行业健康有序发展，颁布了《互联网信息搜索服务管理规定》；2016 年 6 月 28 日，为加强对移动互联网应用程序（App）信息服务的管理，颁布《移动互联网应用程序信息服务管理规定》；2016 年 11 月 4 日，为加强对互联网直播服务的管理，颁布了《互联网直播服务管理规定》；2017 年 5 月 22 日，为促进互联网新闻信息服务健康有序发展，提高互联网新闻信息服务许可管理规范化、科学化水平，颁布《互联网新闻信息服务许可管理实施细则》。这些规定的出台，对于填补法规监管空白，完善行政管理法规依据具有重要的意义。

最后，在国家战略、政策意见层面，出台了一系列有关网络媒体管理和发展的指导意见。2014 年 2 月 7 日，习近平在中央网络安全和信息化领导小组第一次会议上提出建设网络强国的目标，且强调"建设网络强国的战略部署要与'两个一百年'奋斗目标同步推进，向着网络基础设施基本普及、自主创新能力显著增强、信息经济全面发展、网络安全保障有力的目标不断前进"①。随后，党和政府相继公布了传统媒体和新兴媒体融合发展战略、"互联网＋"行动计划、大数据战略等与网络媒体相关的战略规划和发展指导意见，共同搭建起一个全面管理和引导网络媒体发展的核心战略框架。

2. 灵活运用多种行政手段

行政手段的最大优势在于可以依据当前发现的问题及时做出调整，避免消极影响的进一步扩大，且在手段方法上具有多样性。十八大以来，行政管理部门更加灵活运用多种手段和方法，加强对网络媒体的监管力度，且更注重正面支持和反面整治两方面的齐头并进。

一方面，加强对国家重点新闻网站等主流媒体群体的扶持力度，鼓励他们提升内容水平和舆论引导能力，全面扩散主流舆论的影响力，使其在网络空间占据主导地位。2015 年 11 月 6 日，国家网信办向央广网等首批符合资质的 14 家新闻网站共 594 名采编

---

① 《习近平：把我国从网络大国建设成为网络强国》，http://news.xinhuanet.com/politics/2014－02/27/c_119538788.htm，2014 年 2 月 27 日。

人员正式发放了网络记者证。① 2016 年 5 月，国家网信办批准人民网、新华网等 6 家中央重点新闻网站开设 157 个地方频道。② 这两项举措的推出，不但是对以中央重点新闻网站为代表的网络媒体在服务党和国家工作大局、传播社会主义核心价值观、开展网上宣传、建设良好舆论环境方面发挥重要作用的肯定，而且对其未来应承担更多更大信息传播和舆论引导责任提出了更高的要求。

另一方面，加大对各种类型的网络不端行为的打击力度，营造更加清朗的网络环境。自 2013 年以来，我国政府每年都开展扫黄打非的"净网行动"；2014 年以来还连续开展"护苗行动"，全面清理有害少年儿童身心健康的淫秽色情、暴力、恐怖、残酷、迷信等信息；开展"秋风行动"，对非法报刊、非法网络报刊、非法报刊机构和假记者等突出问题进行严厉打击。这一系列专项行动的实施，对于净化网络环境、净化媒体环境，发挥了重要的作用。例如，在过去一年的"净网 2016"行动中，从 2016 年 4 月至 11 月底，全国各地共清理处置淫秽色情等网络有害信息 327 万余条，查处、关闭违法违规网站 2500 余家；共查办网络"扫黄打非"案件 862 起，全国"扫黄打非"办公室挂牌督办重点案件 66 起，有力打击了违法犯罪行为，切实净化了网络文化环境。③ 除全国范围内的专项活动之外，各地方网络媒体行政部门还依据自身情况灵活开展各种整治活动，充分发挥其行政监管职能。尤值一提的是"约谈"工作机制的规范和运用。2015 年 4 月 28 日，国家网信办发布《互联网新闻信息服务单位约谈工作规定》，对约谈的行政主体、行政相对人、实施条件、方式、程序等作了明确规定，使得"约谈"这一行政行为更加程序化、规范化。在该规定的指导下，各地方网信办灵活运用约谈手段及时对网络媒体乱象进行"拨乱反正"。例如：北京网信办在 2017 年 7 月针对自媒体平台八大乱象依法约谈搜狐、网易、凤凰、腾讯、百度、今日头条、一点资讯等网站的相关负责人，责令网站立即进行专项清理整治；郑州网信办在 2017 年 6 月 22 日针对"郑州 365 淘房""云房内参""中原楼市"三个公号发布虚假消息展开约谈调查；上海网信办在 2017 年 3 月 7 日约谈 2345 导航网站，责令其整改违规栏目，等等。可以说，针对不同的互联网乱象，灵活运用"约谈"方式进行监督管理，已成为各地方网信办依法行政的主要手段。

---

① 《首批新闻网站记者证发放　网媒记者持证上岗》，http://news. sina. com. cn/m/wl/2015 – 11 – 06/doc – ifxkniur2926514. shtml，2015 年 11 月 6 日。

② 《国家网信办批准 157 个中央新闻网站地方频道》，http://www. cac. gov. cn/2016 – 05/06/c _ 1118819965. htm，2016 年 5 月 6 日。

③ 《"净网 2016"专项行动取得明显成效》，http://www. shdf. gov. cn/shdf/contents/767/310742. html，2016 年 12 月 15 日。

3. 广泛寻求国际合作

不同于传统媒体具有天然的国家界限，网络媒体、网络生态天然具有国际性和跨域性，对其治理也应强调全球范围内的协同合作。党的十八大以来，我国政府积极行动，加强了互联网治理的国际合作，提升了参与全球互联网治理的能力与作用。

一方面，党和国家的领导人在多个对外场合表明网络治理的国际合作立场，呼吁国际各方能够在相互尊重的基础上加强互联网共享共治合作。2014 年 7 月 16 日，习近平在巴西国会做《弘扬传统友好共谱合作新篇》的演讲中强调，"国际社会要本着相互尊重和相互信任的原则，通过积极有效的国际合作，共同构建和平、安全、开放、合作的网络空间，建立多边、民主、透明的国际互联网治理体系"①。这是我国领导人首次在国际场合提及网络治理的国际合作观点。2015 年 9 月 25 日，习近平在美国会见第八届中美互联网论坛代表时的讲话中再次提出，"中国倡导和平安全开放合作的网络空间"。

另一方面，我国党和政府也尤为重视搭建和提供互联网治理的国际合作平台。从 2014 年起，中国政府每年举办一届世界互联网大会，为世界各国搭建起一个全球互联网共享共治的平台，共同推动互联网健康发展。这是中国举办规格最高的国际互联网盛会，习近平总书记三次均发表了重要讲话，阐释网络治理国际合作的中国主张和立场。习近平在首届互联网大会中指出："互联网发展对国家主权、安全、发展利益提出了新的挑战，迫切需要国际社会认真应对、谋求共治、实现共赢。"② 在第二届世界互联网大会上，他又提出了全球互联网发展治理的"四项原则"、"五点主张"，强调"推动互联网全球治理体系变革，共同构建和平、安全、开放、合作的网络空间，建立多边、民主、透明的全球互联网治理体系"。③ 在第三届世界互联网大会开幕式上，他通过视频讲话指出："（各国）必须深化网络空间国际合作，携手构建网络空间命运共同体。"④ 中国政府这些互联网治理国际合作的主张和举措，得到了国际社会的积极响应，也为加强网络媒体监管的国际合作发挥了积极作用。

4. 全面倡导自律与全社会监督

自律约束被认为是监管网络媒体的有效方式之一。相比他律，自律往往更为直接、更有效率。党的十八大以来，党和政府在网络媒体的监管上更加注重自律的倡导与应用。

---

① 马述强：《习近平在巴西国会发表重要演讲》，《光明日报》2014 年 7 月 18 日，第 2 版。
② 《习近平向首届世界互联网大会致贺词》，《光明日报》2014 年 11 月 20 日，第 1 版。
③ 《习近平在第二届世界互联网大会开幕式上的讲话》，《人民日报》2015 年 12 月 17 日，第 1 版。
④ 《习近平在第三届世界互联网大会开幕式上的视频讲话》，《人民日报》2016 年 11 月 17 日，第 1 版。

政府层面，提出有关自律的主张和要求。如，国家网信办在 2016 年 8 月 17 日召开专题座谈会，就网站履行网上信息管理主体责任提出了八项要求。八项要求的核心要义就在于通过完善新闻信息内容发布、跟帖评论管理、用户注册管理等一系列制度的建设，提升网络媒体自律水平。

行业组织和具体机构企业层面，通过行业公约、联合宣言、制度建设、技术建设等多种手段完善自律体系，确保行业或机构个体的行为能处在合规合法合情合理的范围内，不伤害社会利益。近年来，中国互联网协会、中国互联网信息中心、中国互联网发展基金会等行业组织，在优化行业自律环境、倡导网络文明、培养良好风尚方面都做出了重要贡献。以人民网、新华网等为代表的中央新闻网站群体，充分坚守主流媒体本分，在自我约束自我规制方面引领其他网络媒体。

网民层面，在积极倡导自我约束的同时，为网民提供举报互联网违法和不良信息的途径。网络媒体的治理需要发挥网民的积极作用。从 2014 年 5 月起，中国互联网违法和不良信息举报中心划归国家网信办，其核心职能就在于搭建公众参与网络治理的平台，充分发挥社会公众的监督作用，维护互联网信息传播秩序。诸多网络媒体也建立起了各自的不良信息举报制度，接受广大网民的监督。

此外，各级政府或社会组织还开展了一系列的专题活动，倡导文明上网、理性表达等。如，2015 年 6 月，国家网信办指导推出"网络中国节"主题活动，该活动以传统节日为主线，通过一系列具有亲和力的网络文化产品，吸引网友广泛参与，引导网民文明上网、理性表达。2016 年 5 月，中国网公益中国频道、中国品牌频道联合公益中国爱心联盟等相关单位支持发起"全国文明上网行动计划"，倡议网信企业积极净化网络空间，倡导广大网民文明上网。这些活动都产生了不错的效果。

结　语

清朗的网络空间，并非是一朝一夕就能建成的，需要党和政府以及社会各界的精诚合作与共同努力，才有望逐渐实现。党的十八大以来的理论认识和监管实践为今后的努力方向与工作方法提供了强大的支撑和指引。在即将召开的十九大上，我党势必会对网络媒体管制、网络空间治理提出一些新看法、给出一些新判断，而这些新看法和新判断也将成为今后工作的重要理论支撑。

（原载《中国出版》2017 年第 17 期）

自选理由：

党的十八大以来的五年，是网络媒体飞速发展、变化巨大的五年，也是党和政府在监管思路与体系上调整完善颇为显著的五年。系统梳理党和政府这五年来在网络媒体监管方面获取的新认识、新成绩，有助于我们深刻把握网络媒体发展、监管以及研究的脉络。

"互联网 + 媒体"

——融合时代的传媒发展路径

黄楚新[*]

2015 年 6 月 4 日，上海文广集团（SMG）与阿里巴巴集团联合在沪宣布，阿里巴巴将投资 12 亿元人民币参股 SMG 旗下的第一财经传媒有限公司（下称"第一财经"），双方将充分发挥各自在传媒与大数据领域的资源优势，共同将第一财经打造成具有全球影响力的新型数字化财经媒体与信息服务集团[①]。一家世界著名的互联网公司与知名的财经媒体合作究竟会通过怎样的方式对现有资讯市场格局造成冲击？阿里巴巴的回答是，做"互联网 + 媒体"。这意味着，传统媒体在互联网的平台上将构建更多的生态以及更多的应用场景。

基于互联网时代的商业模式都需要海量的用户为基础。传统媒体向互联网转型时，普遍存在初期用户积累速度慢等问题。"互联网 + 媒体"，将互联网的海量用户导给传统媒体是第一步，更大的想象空间是"大数据 + 媒体"。"整个商业领域都因为大数据而重新洗牌。"[②] 大数据是未来商业社会的基础设施，也是驱动商业变革的重要力量。

第一财经谋求转型发展，搭上阿里巴巴，获得其海量用户，这是"互联网 + 媒体"实验的第一步，未来将会如何更深度地融合？

互联网 + 媒体，将是媒体融合时代传媒的一个重要发展路径吗？

---

[*] 黄楚新系中国社会科学院新闻与传播研究所研究员，本文发表时为副研究员。

[①] 侯继勇：《马云携手黎瑞刚：互联网 + 媒体》，《21 世纪经济报道》2015 年 6 月 5 日。

[②] 〔英〕维克托·迈尔 - 舍恩伯格、肯尼思·库克耶：《大数据时代——生活、工作与思维的大变革》，盛杨燕、周涛译，浙江人民出版社，2014，第 22 页。

一　"互联网＋"——传媒产业升级的重要契机

"互联网＋"计划是互联网与传统产业的结合，互联网成为驱动中国经济转型升级的内在引擎。"事实上，互联网本身正是许多传统经济资源支撑的结果。"[①]　对传统媒体来说，"互联网＋"计划是推动媒体进行新一轮转型的外在动力和重要途径。

2015年3月5日，李克强总理在十二届全国人大三次会议上的政府工作报告中提出制定"互联网＋"计划，强调"推动移动互联网、云计算、大数据、物联网等与现代制造业结合，促进电子商务、工业互联网和互联网金融健康发展，引导互联网企业拓展国际市场"[②]。自此，"互联网＋"作为一项国家战略，为国家未来各领域的发展指明了方向。

（一）"互联网＋"将推动产业的整体升级

"互联网＋"代表着一种新的经济形态，它指的是依托互联网信息技术实现互联网与传统产业的联合，以优化生产要素、更新业务体系、重构商业模式等途径来完成经济转型和升级。"事实上，'升级'（upgrate）这个词本身就带有数字化味道"[③]。"互联网＋"计划的目的在于充分发挥互联网的优势，将互联网与传统产业深入融合，以产业升级提升经济生产力，最后实现社会财富的增加。

"互联网＋"计划的应用范围为互联网与其他传统产业，是针对不同产业间发展的一项计划；应用手段则是通过互联网与传统产业进行联合和深入融合的方式进行。"互联网＋"作为一个整体概念，其深层意义是通过传统产业的互联网化完成产业升级。互联网通过将开放、平等、互动等网络特性在传统产业的运用，通过大数据的分析与整合，试图厘清供求关系，通过改造传统产业的生产方式、产业结构等内容，来增强经济发展动力，提升效益，从而促进国民经济健康有序发展。

"互联网＋"是互联网与传统产业的结合，其最大的特征是依托互联网把原本孤立的各传统产业相连，通过大数据完成行业间的信息交换。以云计算、物联网、移动通信网络为代表的新信息技术为改变信息的闭塞与孤立提供可能。"数字网络是全球性的，

---

① 〔美〕保罗·莱文森：《软利器——信息革命的自然历史与未来》，何道宽译，复旦大学出版社，2011，第168页。

② 中国新闻网：《李克强：制定"互联网＋"计划，促电子商务健康发展》，2015年3月5日，http://www.chinanews.com/gn/2015/03-05/7103116.shtml。

③ 〔美〕尼古拉·尼葛洛庞帝：《数字化生存》，胡泳、范海燕译，海南出版社，1997，第57页。

而且其自我重新配置的能力是无限的"①。事实上，目前在交通、金融、物流、零售业、医疗等行业，互联网已经展开了与传统产业的联合，并取得了一些成果。"互联网＋"作为外推力，有利于互联网与传统产业的深度结合。

"互联网＋"将带动传统产业互联网化。通过互联网化，传统产业调整产业模式，形成以产品为基础，以市场为导向，为用户提供精准服务的商业模式。互联网的商业模式是基于流量展开的，互联网带来的是眼球经济，注意力转变为流量，流量再变"现"。因此，如何吸引用户关注、了解用户需求便是互联网商业模式改革的关键点。基于新的商业模式，传统产业通过调整资本运作和生产方式，从单纯注重产品生产的固有思维中解放，在关注产品的基础上加入用户需求元素，形成具有互联网思维的新型企业模式。

（二）"互联网＋"对传统媒体发展的深层意义

互联网的兴起使传统媒体的受众转移，受众阅读习惯和信息获取方式发生变化。随之传统媒体的广告、收视率、发行量等均受到严重影响，甚至有不少传统媒体如报纸出现了停刊现象。新传播技术使传统媒体业发展陷入困境，但是，"求存法则表明，当新的媒介形式出现时，老的媒介形式不是自行消失，而是想方设法适应过来并且继续在其媒介领域内不断演进"②。于是传统媒体纷纷与新媒体融合，以期通过转型度过传统媒体业的"寒冬"。

正如麦克卢汉所言："任何媒介（即人的任何延伸）对个人和社会的任何影响都是由于新的尺度产生的；我们的任何一种延伸（或曰任何一种新的技术），都要在我们的事务中引进一种新的尺度。"③ 传统媒体在互联网和移动互联网领域的探索可谓"百花齐放"：媒体微博、微信公众号、新闻客户端、媒体 App……尽管传统媒体试图通过在不同的新媒体平台上开拓渠道的方式提升自身微传播影响力，但是效果却不那么尽如人意。如今，传统媒体与新兴媒体的融合发展已经进入一个瓶颈期，即传统媒体进行的新媒体平台尝试已较为丰富，但是新旧媒体距深度融合尚有距离。传统媒体如何与新媒体深度融合，不仅仅是通过入驻或者开通账号的形式进行转型，而是切实找到新旧媒体真正实现共享新闻资源，协同发展的模式。

"新媒体技术不仅仅从根本上改变了我们的交流方式和交流对象的方方面面，也改

---

① 〔美〕曼纽尔·卡斯特：《网络社会——跨文化的视角》，周凯译，社会科学文献出版社，2009，第24页。

② 〔美〕罗杰·菲德勒：《媒介形态变化：认识新媒介》，明安香译，华夏出版社，2000，第218页。

③ 〔加〕马歇尔·麦克卢汉：《理解媒介——论人的延伸》，何道宽译，译林出版社，2011，第18页。

变了我们的生活的所有其他方面"①。互联网对于传统媒体业的影响来自基于互联网的数据化产生的用户权利的改变。互联网进入传统媒体业，传统单向信息传播方式被打破，受众不再被动接受信息，而是变身为用户，不仅可以主动参与到信息传播过程中，还可以利用新媒体平台进行信息生产。在新型传播模式中，用户的地位和作用尤其重要。互联网将传统媒体"一呼百应"式的舆论引导力进行了解构，灌输式的信息传播效果不再灵验。在新传播技术的发展背景下，"文字与图像以光速穿梭，其繁殖之快令人类难以驾驭，按德勒兹和瓜塔里的术语说，它们不是按树形方式（arborally）繁殖，如在中心化的工厂那样，而是按根型方式（rhizomically）在任何一个非中心化地点繁殖"②。伴随着新技术、新应用的出现与发展，"以微博、微信、社交网站为代表的一种新媒体作用下的新的传播方式——微传播正不断兴起"③。

柴静《穹顶之下》纪录片引起的病毒式传播便是对新传播方式效果的有力证明。一部脱离传统媒体，完全依靠门户网站、微博、微信等新媒体作为传播渠道的纪录片，在短时间内带动环保问题再次成为社会焦点。以体现用户个人意志，以分享为主的社会化媒体的盛行是具有个人化特征的新型传播方式的体现。基于新媒体传播的《穹顶之下》成为现象级视频，意味着信息传播模式的转变以及传统媒体权利的部分转移和分散。

传统媒体转型面临的最大阻力来自传统观念的束缚。对于传统媒体人来说传统产业模式带来的利益难以割舍。媒体业原本是信息生产行业，因此，对信息的垄断可以说是媒体生存的关键。新传播技术对信息垄断造成破坏，受众转移造成利益丢失。多数媒体人对于互联网的看法仅仅是希望通过互联网挽回利益损失。事实上，"互联网＋"带来的是生产关系的重构、是新的经营与盈利模式。"互联网＋"计划是传统媒体转型的必要途径，通过互联网可以激发用户的信息需求，提升传统媒体业业务水平，促进传统媒体业整体业态升级。

二 用"互联网＋媒体"的思维提升用户和产品的主导地位

（一）在互动与分享中建立社交关系

社会性媒体的发展使处于被动地位的普通用户地位提升，用户能力大大增加。"这

---

① 〔美〕约翰·帕夫利克：《新媒体技术——文化和商业前景》，周勇等译，清华大学出版社，2005，第1页。
② 〔美〕马克·波斯特：《第二媒介时代》，范静哗译，南京大学出版社，2000，第30页。
③ 唐绪军、黄楚新、刘瑞生：《微传播：正在兴起的主流传播》，《新闻与写作》2014年第9期，第5页。

种能力包括分享的能力、与他人互相合作的能力、采取集体行动的能力，所有这些能力都来自传统机构和组织的框架之外。"① 许多成功的媒体便会通过增加社交元素，置入SNS 的基因，实现产品的开放与包容，以互动和分享机制，增加用户黏性。例如，澎湃新闻的"追问"功能便是其在社交性方面开创的先河。点击澎湃新闻 App，用户可以进入一个名为"热追问"的页面，在这里既可以浏览精彩的新闻热门追问与回答、为其点赞，也可以自主进行问题回答、发表意见，更可以通过"邀请回答"按钮向微信好友、微博好友、人人好友发出回答问题的邀请。社交化是新媒体产品区别于传统媒体的核心特征，是新媒体产品活力的源泉，在新媒体产品的研发中是不可或缺的基因。

互动机制则主要体现在用户对新闻作品的反馈及与他人的讨论上。用户通过消费一定的时间对文章形成了自己的看法，社交元素的建立使用户可以通过评论或跟帖的形式进行互动。有的新媒体网站已经建立起"评论回复提醒机制"，即只要有其他用户对你的留言进行了回复，便会通过邮件或者社交账号的信息弹跳进行提醒。具备社交因子的新媒体产品支持随时随地进行阅读、分享、发布、评论、追踪功能。新媒体产品这些社交元素的设立，符合移动互联时代"开放、平等、共享、便携、及时"的基本需求，有助于提升用户对于应用的关注度和黏性，使用户对产品形成依赖。

（二）在满足与引领中明确用户需求

与传统媒体进行信息传播的目的不同，新媒体产品的核心理念不在于信息告知，而在于用户需求的满足。"我们在建立一个不断生长的智能叶片堆，而且可以在任何时候根据当时的需要来组织这些叶片。有些发现其定义的组织方式将会是草根式的；有些则会是官方的。有些只适用于部分人群；有些则能产生大的群体；而另一些会颠覆现有的群体。有些会很搞笑；有些则很悲壮。然而，决定这些叶片定义的只能是用户本人。"② 一个好的新媒体产品必定是能够满足用户需求的产品，而一个优秀的新媒体产品必定能够满足用户需求，同时更能引领用户需求。新媒体产品研发的关键在于找到用户需求，并通过摸索研发成本与用户需求，找到二者的平衡点，以在一定的成本范围内实现用户需求的最大化。

雅虎有一款名为 News Digest 的产品淋漓尽致地体现了满足用户需求的设计理念。此款应用每天仅早上 8 点及下午 6 点各推送一则新闻通知，同时媒体仅提供经团队筛选的少量重要新闻作为推选内容。产品的推送内容和推送时间均是通过数据分析得出的最

---

① 〔美〕克莱·舍基：《未来是湿的》，胡泳、沈满琳译，中国人民大学出版社，2009，第 13 页。
② 〔美〕戴维·温伯格：《新数字秩序的革命》，张岩译，中信出版社，2008，第 237 页。

为精妙的选择。在信息爆炸的时代，有限的内容推送保障了用户的信息需求，不至于让用户浪费时间阅读垃圾信息。适当的推送时间配合了上班族的上下班时间，使人们等车、等电梯的碎片化时间得到利用。产品首页底端配有阅读进度图表，可以显示用户的新闻阅读数量和未阅读的新闻，为用户的零散阅读起到了书签作用，以便用户查阅自己的阅读进展。基于上班族时间特点和信息需求设计的 News Digest 无疑保障了上班族这一用户群体的新闻需求。

满足用户需求就是产品可以为用户解决某一方面或某些方面的难题。做产品需要时刻剖析用户需求，并不断满足需求，以获取和留住用户，实现产品价值。进行用户需求捕捉，是产品研发的起点和难点。获取用户需求需要对用户进行大数据分析，根据用户行为、市场数据、消费习惯等，进行数据库分析。新技术的发展使原先基于受众调查、收视率、发行量等途径了解受众的方式得到改变。新技术通过用户登录时间、在线时长、跳转记录、搜索内容等指标完成关于人群、兴趣、行为习惯的分析，构建用户画像。从而针对用户的使用习惯，有效地进行媒体研发。

（三）在感知与品味中体现用户体验

用户体验是新媒体的使用者对新媒体产品使用感受的总和，好的产品会给用户带来愉悦感。对于用户体验的追求是每个新媒体研发团队应该考虑的一个重点。面向对视觉审美要求、使用体验要求越来越高的用户和琳琅满目、层出不穷的新媒体产品，一个产品若想在市场上占据一定的份额，必定要有新颖、杰出而与众不同的用户体验，才能让用户对产品"念念不忘"，再次使用。相比流动性用户，具有较高产品忠诚度的用户对产品长期发展更具价值。拥有杰出而独特用户体验的产品显然在保证产品的忠诚粉丝数上具有优势。

在具备了基本的用户体验基础上，一款产品如果要脱颖而出，还需要具有与众不同之处。产品的独特之处是产品能吸引用户、确保用户黏性的关键。优秀的新媒体产品需要做到内外兼修，具备完整而又独特的用户体验。在心理层面，要满足用户的心理预期并超出用户心理预期，在满足用户需求的同时，超出用户对于产品的预想，使用户得到拥有惊喜感。

著名媒体应用《iWeekly 周末画报》便是一款用户体验极佳的中文生活方式媒体产品。通过美观独特的设计和实用的内容信息受到了苹果用户的追捧，形成了产品独一无二的气质，并得到了广告商的认可。它通过刊载全球新闻故事，具有全球视野，分享世界观点；具有知名作者独家撰写的精彩专栏；坚持一贯极简的产品设计，具有流行时尚的产品风格，翻看产品的"画报"板块犹如海量时尚大片……产品给用户带来了极致

的使用体验，同时做到了对用户生活方式的引导。

（四）在更新与改进中优化产品品质

新传播技术的发展给新媒体产品加上了十足的马力，"快"成为新媒体产品的一项显著的优势。新传播技术下，信息的高速裂变式传播使新闻首发成为媒体争先抢夺的对象。因此，在新媒体研发过程中，"快"是研发者必须考量的一项重要因素。如今的媒体行业，快能抢到先机，抓住更多机遇。例如，作为专注时政与思想的新闻产品澎湃新闻来说，其研发中侧重于推送某类新闻作品，产品的核心功能的设计有重点，以此保证了其在时政领域新闻的更新速度。澎湃新闻有关贪污腐败案件的报道具有强大的影响力，其中不乏澎湃新闻为报道的首发者的原因。

产品的随时改进更新是保证其生命力的一项重要手段。产品研发并不是一劳永逸的事，新传播技术的高速发展使新媒体产品也必须紧跟技术的发展步伐，改进迭代是产品研发中不可缺少的一环。在技术上，与传统媒体相比，新媒体改进的方式变得不再复杂，往往通过升级、完善补丁等方式便可以完成产品的一次优化。便捷的改进方法推进产品优化，使产品保持活力与生机。在内容和形式上，产品研发者一方面要通过追踪市场上的最新优质产品，进行经验学习；另一方面要对自身产品缺陷进行总结。结合二者，对产品进行优化。

优秀的新媒体产品是跟得上新媒体时代节奏的产品，定期的产品改进与升级，是时代背景下产品自身发展的必要条件。优秀的新媒体产品总是离不开产品的及时改进与更新。比如界面新闻的苹果应用程序，自2014年11月18日推出以来，它在12月2日修复了下拉刷新功能、分享功能，使其更加流畅，在12月13日，增加了手机号注册功能。针对每一个小问题的及时修复，表明了这个新媒体产品不断求新、追求完美的态度，可以有效提升用户对这家媒体的信赖。

"技术能使各种工具不断变化以更好地满足消费者的喜好。"① 新媒体产品需要通过增添社交因素、满足用户需求、提升用户体验、进行更新与改进来得到用户的青睐，实现自我价值。同时，在新媒体产品研发中还需要体现和贯彻媒体本身的品牌理念。品牌影响力和公信力是媒体的立足之本。新媒体产品是传媒集团产品体系的有机组成部分，是媒体的延伸。因此，新媒体产品要维护媒体的品牌形象，传递正确的价值观。

---

① Deirdre Breakenridge：*Pr 2. 0*：*New Media*，*New Tools*，*New Audiences*，New Jersey：Person Education，Inc. 2008，p274.

三　在"互联网＋媒体"的融合中拓展电子商务

2015年5月7日，国务院印发了《关于大力发展电子商务加快培育经济新动力的意见》，部署进一步促进电子商务创新发展。[①] 对传统媒体而言，进行电商化发展便是在大环境下对"互联网＋"的一次实践延伸。传统媒体电商化是互联网、移动互联网与传统媒体业结合的产物。同时"互联网＋"计划核心在于产业升级，传统媒体电商化的本质便是其商业模式的升级。媒体电商化就是如何利用媒体的受众资源、渠道资源、品牌影响力和公信力等优势获得商业利润，使媒体优势资源"变现"的过程。

（一）传统媒体电商化的实践与优势

媒体电商化发展需要基于媒体优势展开，包括媒体的读者资源、传播力和影响力以及相对完善的发行渠道等。媒体需要将优势运用到电商化发展中，通过系统规划和总体布局，来实现平台盈利。

1. 内容为王：内容即产品，受众即客户

传统媒体积累多年的受众资源是其进军电商市场的基石。电子商务的运营核心是互联网流量，可以相当于线下购物的人流量。流量可以说是衡量电子商务运营情况的一项重要指标。在互联网领域，电子消费行为产生的前提是网民对相关网页的浏览，因而流量产生。而如何使网民登录与点击页面便成为各家电商平台绞尽脑汁的问题。在这方面，受众资源显然是传统媒体电商化的一项优势。基于受众对传统媒体长期以来的新闻信息内容的阅读、追随和订阅的习惯，传统媒体进行电商化探索，一种选择便是将媒体受众直接转化为消费者，将媒体内容作为产品出售。

偏向于产品导向的时尚类杂志在将读者转化为客户，将传播内容直接作为商品售卖的电商化模式中尝试较早。总部位于美国纽约的出版业巨头康泰纳仕集团，近几年通过多次电商投资的形式进军电商。旗下的多本时尚类杂志已通过开通购物网站的形式实现了电商化发展。比如2014年8月，旗下的时尚刊物 *Lucky* 的编辑业务便与不久前收购的时尚电商网站 BeachMint 合并，并于今年1月推出了全新时尚电商网 luckyshops.com。新推出的网站将新闻内容与商品售卖相结合，网站的浏览者可以边阅读新闻边购买商品。其集团旗下的 Style.com 将转型为电子商务网站。转型后的 Style.com 网站原本备受

---

① 新华网：《国务院关于大力发展电子商务加快培育经济新动力的意见》，http://www.gov.cn/zhengce/content/2015－05/07/content_9707.htm。

媒体和时尚爱好者推崇的 T 台秀新闻更新及设计师评论等内容将不再提供，Style. com 将完全改变为一个网上商店。Style. com 认为该商业计划有很大的潜力，因为他们杂志和网站的用户已有来自全球 3 亿多人。可见，康泰纳仕集团进行的电商尝试离不开庞大的读者和受众基础。

2. 品牌为王：影响力与公信力赢得信赖

影响力和公信力是传统媒体安身立命的根本，传统媒体作为大众传媒累积的品牌资产使受众对其产生信任和依赖。"基于顾客的品牌资产就是品牌知识对于顾客对品牌营销的反应所产生的影响。"① 传统媒体的品牌效应作用在电子商务上，便会使消费者对传统媒体打造的电商平台持有认可态度，认为平台上的商品信息具有较高的可信度。对于电子商务来说，这种品牌效应带来的信任无疑是可贵和重要的，也是其他电商平台花费大量的成本试图通过广告等形式获得的效果。基于信任，消费者才会优先选择和放心购买。

品牌效应是传统媒体进军电商的一大优势。因农产品获取消费者信任的成本较高，而传统媒体电商的特殊属性能给消费者带来较强的信任，因此，农产品领域是传统媒体进行电商化发展的一个有利领域。传统媒体也纷纷选择以农产品销售为切入口进行电商化发展。

3. 渠道为王：推广成本节约与产品供应链掌控

基于丰富且多元的传播渠道，媒体进行电商化发展的另一优势便是相对低廉的推广成本。媒体本身具有传播功能，因此利用媒体渠道资源对自家电商平台进行宣传使得推广成本格外节约。

渠道给媒体电商化发展带来的另一个好处是使媒体掌控产品的供应链成为可能。这得益于媒体长年以来通过广告或公关业务合作等与商品生产者建立起的合作关系。通过利用媒体资源，媒体可以与产品的生产商直接签订协议，完成直供直销。产品供应链是电子商务的核心之一，掌握了产品供应链除可以保证商品的质量之外，在价格上也能给消费者以实惠。当然，完善的物流系统是电子商务有效进行的另一个重要前提。在这方面，媒体的传统发行系统为物流活动的开展打下了基础。例如温州日报报业集团旗下"温都猫"电商平台，便依托报业集团的物流团队进行产品配送。其电商网站针对果蔬生鲜采取的温度专配配送方式，力求完成"上午11点前下单，预计当天配送到家"，保证了产品的新鲜。网站通过与供应商直接签订合同，让利给消费者，尤其在本地商品项

---

① 〔美〕凯文·莱恩·凯勒：《战略品牌管理》，李乃和、吴瑾等译，中国人民大学出版社，2006，第56页。

目上具有价格优势。

（二）传统媒体电商化的路径选择

"虽然组织可以实现很多功能，但其首要功能就是利用优势，并使弱点变得无足轻重。"[1] 尽管媒体在电商化发展上存在诸多优势，但是也同时存在着一些因素困扰着媒体进驻电子商务。例如，媒体虽拥有庞大的受众资源，但是受众往往并不能全部转化为客户，如何最大限度地利用受众资源是一个值得媒体思考的问题。对于媒体来说，其长久积累的影响力和公信力如何有效利用，在进行电子商务的同时不使媒体品牌造成损耗；如何摆脱市场经验不足的影响，提高对市场环境的认知，以精准的市场定位进行产品销售等都是媒体电商化必须要考虑的问题。

1. 兼具媒体与电商思维

媒体做电商，其强大的媒体生产力是增强消费者购买力的一大因素。电子商务成功的关键最终是靠内容的差异化决定的。所谓的差异化不在于货品本身，而在于你如何表达这个货品。

因"褚橙"一炮而红的本来生活网主要由一群媒体人创办经营，因此其网站文化中体现着传统媒体思维的影响。例如，"褚橙"的营销选题便离不开媒体的新闻选题策划的习惯影响。而因为媒体人带有新闻理想和社会情怀，因此本来生活网基于对中国人食品安全问题的关注，通过制定一系列明确的采购原则，严格甄选产品产地，保障其提供的蔬菜、水果、海鲜、水产、米面等生鲜果蔬食材食品安全。

在保持媒体思维的同时，媒体电商化还需要建立电商思维，即熟悉互联网和电子商务领域的规则，做内行人不做门外汉。目前，媒体进行电商化发展可以简单分为平台式和导购式两种生存模式。一方面，平台式的发展模式即为或通过建立自己的电子商务平台或通过与其他平台合作的形式搭建电商平台。媒体电商通过招商为产品提供平台或者亲自采购的形式进行商务发展。另一方面，媒体单纯具有导购功能，通过将受众导入其他购物平台的方式获取收益。电商业务需要一系列专业而完善的制度保障，例如成本核算、电子支付、物流系统等环节均至关重要。因此，媒体的电商业务需要具备电商思维才能持续发展获益。

2. 慎重选择电子商务产品品类

产品品类选择是媒体电商化前期需要考虑的一个重要议题。"任何定位项目的第一

---

① 〔奥〕弗雷德蒙德·马利克：《管理成就生活》，李亚等译，机械工业出版社，2014，第82页。

位都是先了解预期客户的想法。"① 一般而言，媒体通过消费者精准定位，集中火力进行垂直电商服务可以取得良好的效果。以传统媒体起家的 YOHO! 有货购物网站目标客户群为追逐时尚潮流的年轻男女，因此依托于《YOHO! 潮流志》等集团下的时尚杂志其网站的服饰商品具有年轻、时尚、潮流的特点。同时，因杂志的采编团队长期从事时尚领域的工作，对时尚潮流领域的内容具有较为精准和独到的见解，因此记者和编辑充当"买手"进行流行商品的甄选在潮流引导方面也具有较为明显的影响力，受到目标群体的青睐。YOHO! 有货购物网站获得盈利，其在产品品类选择上的一条经验是，其合作商有大量的设计师潮流品牌，品牌服饰具有品牌价值等特殊性因此市场比价的可能较低，这也为网站获得利润增加了筹码。

对于本身具有产品导向的时尚媒体而言，其产品品类范围是在时尚领域，进行产品选择相对轻松和自然。而对于其他进行新闻内容生产的媒体而言，进行产品选择需要格外慎重。一方面，选择与媒体传播内容相关的产品依托媒体影响力在产品销售上具有优势，但是电商与媒体主要的新闻生产业务关系太过紧密，如果稍有偏差，便会使受众对新闻内容产生怀疑，怀疑媒体的新闻内容是广告，是为产品售卖服务，从而对媒体的公信力造成损害。另一方面，媒体电商化产品与所传播内容保持一定的距离，即产品品类与媒体新闻业务分离，保持独立性。例如，《华尔街日报》的电商平台 The Shops 便选择进军奢侈品行业。《华尔街日报》始终强调 The Shops 不仅完全独立于其新闻部门的运作，而且其选择的商品和《华尔街日报》的内容也几乎毫不相干。②

总之，新媒体时代，互联网产业与传媒产业将加速融合。传统媒体拥抱互联网，媒体边界将不断得到拓展。顺应互联网传播移动化、社交化、视频化趋势，传统媒体积极运用大数据、云计算等新技术，引领媒体融合发展。"互联网＋媒体"将成为未来媒体融合发展的一大趋势。

（原载《新闻与传播研究》2015 年第 9 期）

自选理由：

2015 年 3 月 5 日，李克强总理在政府工作报告中提出制定"互联网＋"计划，自此，"互联网＋"成为一项国家战略。"互联网＋"是依托互联网信息技术实现互联网

---

① 〔美〕艾·里斯、杰克·特劳特：《定位》，王恩冕、于少蔚译，中国财政经济出版社，2002，第 197页。
② 郑爽：《传统媒体"变现"读者资源，试水电商》，《第一财经日报》2013 年 11 月 29 日。

与传统产业的联合，以优化生产要素、更新业务体系、重构商业模式等途径来完成经济转型和升级。传媒产业作为传统产业的一种业态，也应通过"互联网＋"计划进行新一轮的传统媒体转型。媒体融合政策的出台为传统媒体转型提供了转型动力和政策引导。传统媒体在互联网的影响下已经经历了一轮转型，一些媒体已经逐渐端正对互联网的认识，意识到互联网不仅仅是平台和工具，而且是一种能够促进传媒新业态出现的力量。本文重点探讨了利用"互联网＋媒体"的思维研发新媒体产品，通过注入社交因素，提升用户体验，持续产品更新等手段创新升级。本文提出的观点对于正处于转型升级融合中的中国媒体有一定的参考价值。文章发表至今，在知网被下载5532次，被引用50次。

新媒体时代微传播指数体系的构建

刘志明[*]

　　在传统媒体时代，电视收视率、报纸发行量、广告覆盖率以及媒体接触度等是测量传播效果的重要评价指标和依据。而新媒体时代的突出特征是传播形态的多样化与媒体的"碎片化"，从而使媒体传播效果的测量变得越来越困难。这也成为新媒体时代有效开展传播和对媒体实施有效管理的主要阻碍因素。在新媒体和传统媒体逐步融合的大背景下，如何构建客观、科学及有效的传播力评价指数体系，不仅对于打造媒体健康发展的环境有着重要的现实意义，也是推进新媒体传播理论建设必不可少的组成部分。

一　构建微传播指数体系的背景与意义

（一）背景

　　新媒体国家传播指数计划是由中国社会科学院舆情调查实验室与新媒体研究中心于2015年共同发起的，并得到人民网舆情监测室、腾讯指数及中国舆情调查与研究联盟成员机构的支持。

　　中国社会科学院舆情调查实验室与新媒体研究中心的母体——中国社会科学院新闻与传播研究所是中国传媒调查和新媒体研究的开创者与引领者。1982年，由中国社会科学院新闻研究所与北京新闻学会等发起的北京市居民媒体接触情况调查，是国内首次实施的最大规模的受众调查。这次调查共调查12周岁以上居民2423人。调查问卷包括54个问题，前24题主要对北京受众接触报纸、广播、电视的习惯、渠道、兴趣及对新闻报道的评价作综合考查；后30个问题是对《人民日报》《工人日报》《中国青年报》

---

　　* 刘志明系中国社会科学院新闻与传播研究所研究员，本文发表时为副研究员。

的专题调查。先后有 20 多家国内外的报刊、电台、通讯社对该项调查结果进行报道，引起了各方的广泛关注。此后，传媒调查和舆论调查开始在国内由点到面逐步普及。

2003 年，中国社会科学院新闻与传播研究所传媒调查中心成立，开始构建全国性传媒舆论调查网络，实施从媒体调查到社会舆论调查在内的各种连续性研究，并积累了相当数量的调研数据。以此为基础，在 2013 年成立了中国社会科学院舆情调查实验室以及由 20 多家国内舆情机构参与的中国舆情调查与研究联盟。其目的，一是研究新媒体时代舆情调查与监测的技术、方法，比较其各自的特点、优势、不足，并逐渐总结出一套适合于中国国情，同时又与国际接轨的调研体系，为中国舆情调研整体水平的提升服务；二是合作开展定期舆情调查，构建统一的舆情大数据库，探索中国舆情发展变化的规律；三是开展舆情理论研究和国际比较研究，为构建新媒体舆论管理学奠定基础。

中国社会科学院新闻与传播研究所同时也是国内最早开展互联网和新媒体研究的机构之一。由新闻所编辑出版的新媒体蓝皮书——《中国新媒体发展报告》是国内新媒体研究年度重要研究成果的汇集。2015 年成立的中国社会科学院新媒体研究中心，重点研究领域包括：新媒体的传播规律、传播特征；新媒体政策法规措施研究；新媒体版权保护；新媒体用户行为特征；新媒体产业发展影响；新媒体与社会各方面的互动等。而构建新媒体舆情国家传播指数则是各项研究工作的核心与基础。

（二）意义

1. 媒体融合发展的需要

中国社会科学院舆情调查实验室持续多年的调查显示，从 2014 年开始，以互联网、智能手机为代表的新媒体在影响范围上，已开始全面超越电视、报纸等传统媒体，微博、微信、手机新闻客户端等为代表的新媒体，成为人们获取或传播信息的首要渠道。我们正在从大众传播时代向微传播时代迈进。

这对传统媒体的发展构成了严峻挑战。2014 年，中央深化改革领导小组发布了《关于推动传统媒体和新兴媒体融合发展的指导意见》，开启了媒体融合的新进程。这一进程无疑将持续很长时期，值得我们跟踪研究。而新媒体舆情指数体系的构建，对于找准媒体融合发展的难点与痛点，有针对性地从理论层面加以分析总结，探寻规律，指导媒体的融合发展有着非常重要的意义。

2. 新媒体理论研究的需要

随着新媒体的发展以及政治社会及传播环境的变化，传统传播学的一些传播模式和原理、假说，诸如"把关人理论"、"议程设置理论"、"沉默的螺旋理论"、"意见领袖"、"多级传播"、"使用与满足"等，在当今中国复杂的政治社会与传播环境中，正

面临着新的考验，有待进一步验证、修正和扬弃。

与此同时，建设性新闻学（Constructive Journalism）成为近来新闻实践和学术界探讨的一个新的发展领域，即传统媒体如何利用社交媒体新功能，通过新闻报道致力于社会问题的解决而不仅仅是揭露。这些，都需要新媒体实证研究的数据和指标体系的支持。

3. 舆情管理的需要

研究民意，特别是网络民意，对于政府准确及时把握民意，制定科学的决策，建立健全科学有效的社会预警机制有着重要的意义。健全的社会预警体系是现代社会成熟的一个标志，建立社会预警机制的主要目的是通过对可能出现的危机事件的预测来防范社会危机。一般来说，社会冲突孕育着社会危机。大多数的社会冲突事件并不是没有前兆的，而是经过了较长时间的积累和酝酿，有其苗头可寻。因此，对社会冲突事件预警的关键就在于通过完善社会预警机制，在冲突事态扩大之前予以妥善解决，真正起到预防的作用，做到防患于未然，将冲突事件可能导致的危害降到最低，对国家舆论议程设置、舆论传播状况、相关行业或企业的新媒体传播效果开展综合性评估。而舆情评价指数的构建，对准确预测舆情发展变化趋势，提升舆情管理和危机管理能力有着直接帮助。

4. 国际传播的需要

中国作为大国崛起已是不争的事实，但国际舆论声音众多，错综复杂。中国的国家形象在相当一部分地区出现不同程度恶化的趋势。当前，国家形象等软实力在国际交往、国家间竞争中的作用越来越突出，也直接影响着中国的外交与对外经济交往和人员交流。迄今为止，国家相关部门在提升国家形象方面做了大量的工作，但效果并不显著，原因之一是对国际传播特别是基于新媒体的传播，缺乏基本的数据评价体系，难以对传播效果做持续有效的改善。因此，开展中国国家形象的传播效果研究，建立国家对外舆情传播的指标体系，对进一步提升中国的国家软实力有着极为重要的意义。

（三）问题与挑战

新媒体传播力评价指数体系的构建，面临两大问题和挑战，一是方法，二是数据。从评价方法来看，无论是传统媒体时代还是新媒体时代，沿用的都是"流量思维"，即把阅读量、收视率、点击量作为传播力的主要评价依据。其结果，是造成了传统媒体的"收视率至上"和新媒体的"爆款产品"、"10 万＋"的迷思。

在新媒体全面普及的今天，传统意义上的"大众"已经不复存在，而是碎片化成不同的社群和圈层。不同属性、不同社群的人群有着不同的价值观念。同样的内容，在不同的接触点、不同的媒体上所产生的效果有着天壤之别。此外，媒体接触只能是一个基本变量，接触之后还存在更多评价变量，这些都有待于通过新的指标体系加以测量。

在数据上，主要存在两个问题，一是缺乏真实可靠的数据支撑，二是数据造假。包括收视率、阅读量、点击量造假问题非常严重，使得很多传播力数据结果缺乏基本的公信力。因而，能否建立全面的数据采集系统是构建新媒体传播力评价指数体系的前提和关键。

二 传统媒体影响力评价体系

（一）媒体影响力研究

媒体影响力研究主要采用受众调查的方式，从媒体拥有、受众构成、新闻信息源、媒体信任度等几个方面对包括报纸、广播、电视、杂志等传统媒体的影响力进行综合评价。

其中，受众分析的指标包括稳定受众和非稳定受众。稳定受众是指同媒介建立了稳定关系的受众，一般指在一周内有三天及三天以上接触媒介的人，称为稳定受众，否则为非稳定受众。稳定受众能够定时、定向接收媒介所传播的信息。

媒体接触时间是指每次接触媒介的时间，一般按一个单位时间内接触时间的总和或平均接触媒介的时间计算，如一周看电视的总小时数，或一周日均看电视时间。

从中国社会科学院新闻与传播研究所历年的调查数据看，截至20世纪90年代中期，城市居民获取新闻的途径依次是报纸、广播、电视和听人说；而从20世纪90年代后期开始，电视开始上升为第一影响力媒体，无论是稳定受众比例还是媒体接触时间，电视都是呈现逐年上升趋势。但从2003年后，随着互联网的普及，受众对电视的接触时间开始逐年下滑。自2010年起，互联网新媒体超越电视成为第一影响力媒体。

表1 媒体影响力评价指标构成

一级指标	二级指标	三级指标
媒体影响力	媒体拥有	报纸订阅比率、电视机、收音机拥有率
	受众构成	受众属性、稳定受众和非稳定受众、媒体接触时间
	新闻信息源	获取信息的途径
	媒体信任度	信赖度、喜爱率

（二）报纸影响力研究

报纸影响力的评价指标由报纸发行量、读者接触率、报纸公信力和报纸经营状况4个方面构成。其中，报纸发行量又分为订阅发行量、零售发行量、宣称发行量（印刷数量）等。

在我国，由于没有专门的报刊发行量核查机构，大多数报社用的是宣称发行量。由于缺乏这一最基础数据的支撑，往往对报纸影响力的评价难以形成统一的标准。

读者的接触率，包括读者人口覆盖率、接触报纸频度是衡量报纸影响力的另一个核心指标。报纸在其发行区域内，人口覆盖率越高，该报读者与报纸实际接触时间越长，说明读者对该媒体的忠诚度越高，也说明该媒体的影响力越大。

报纸经营状况包括报社经营收入和收入增长率，通常来说，报纸的经营收入和影响力成正比，而且，收入增长越快，表明报纸的影响力越大。

报纸公信力是报纸影响力指数的核心与关键因素，具体包括知名度、美誉度和权威性等。其中，权威性主要测量的是读者的信任程度。

表 2　报纸影响力评价指标构成

一级指标	二级指标	三级指标
报纸影响力	报纸发行量	订阅发行量、零售发行量、印刷数量
	读者接触率	读者人口覆盖率、接触报纸频度
	报纸经营状况	报社经营收入、收入增长率
	报纸公信力	知名度、美誉度、权威性

（三）电视传播力研究

关于电视传播力的评价，最常用的方法是收视率数据分析。目前国际上普遍使用的收视率调查方法有两种，一种是采用人工记录的日记卡调查法，另一种是采用电子仪器记录的人员测量仪法。日记法是指由样本户中所有4岁及4岁以上的家庭成员，将每天收看电视的频道、时间段随时记录在日记卡上，记录人员根据日记卡中的记录获取电视观众收视信息的方法。而人员测量仪法是指用收视仪来详细记录样本户中所有4岁及4岁以上家庭成员收看电视的情况，从而获取电视观众收视信息的一种方法。由于人员测量仪法具有日记卡法无可比拟的优点，因而自80年代中期美国率先使用以来，这种方法在世界各国得到了广泛的应用。

随着收视率成为电视节目和广告交易的"通用货币",其影响力越来越大。但随之出现的问题也越来越突出。首先是"唯收视率"现象,使得低俗节目大行其道,而很多优秀节目却难以问世或持续。二是收视率数据造假,通过人为操控收视率数据,影响电视节目的身价和排期、电视台的收益、广告商的利润,进而影响整个电视产业。国家新闻出版广电总局多次采取措施严惩收视率乱象,其在2009年严查收视率买卖两端人群,又在2013年发布22条新规重整收视率,国内首个电视收视率调查国家标准也于2014年出台。即便如此,重压之下,收视率作假市场依然存在。

为了改变收视率作为电视节目评价的唯一标准的体系,中央电视台于2011年推出新的节目评价体系标准,指标包括引导力、影响力、传播力和专业性。其中分值最高的为传播力,占到了50%,其次是影响力,为25%,引导力为20%,专业性为5%。而影响力和传播力又细分为相关二级指标,传播力分为收视目标完成率、观众规模、忠诚度、成长趋势4个二级指标,影响力分为公信力和满意度2个指标。但总体来看,收视率左右电视节目影响力评价的现象并没有发生大的变化。

三　新媒体传播力指数体系

新媒体传播力指数体系由两大板块构成,一是媒体融合传播力指数,即衡量传统媒体在新媒体时代的综合传播能力与效果的指数体系;二是微媒体传播力评价指数,主要是关于微博、微信和新闻客户端的评价指数体系。

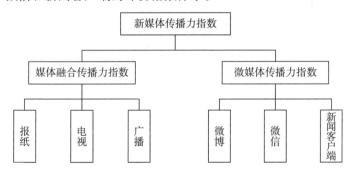

图1　新媒体传播力指数体系的构成

(一)媒体融合传播力指数

伴随互联网和新媒体的普及,传统媒体几乎无一例外融入互联网中。在新的媒体环境下,内容传播渠道得到大幅度扩展,媒体的功能也日益多样化。媒体间在竞争加剧的

同时，也出现了新的合作空间。"媒体融合"正从概念变为现实。在这一过程中，如何准确和全面地衡量各媒体的影响力，以及各个传统媒体在网络中的影响力，就有着非常重要的现实意义。

在媒体融合传播效果评估的指标设定上，主要有四个要素要综合考虑，一是传统渠道覆盖度，如受众规模、人口覆盖率等；二是新媒体覆盖度，如粉丝量、订阅数、传播数量等；三是互动性，如评论、点赞、分享总量；四是公信力指标，即不同媒体的知名度、美誉度、权威性。

表3　媒体融合传播力指数指标构成

一级指标	二级指标	三级指标
纸媒融合传播力	传统渠道覆盖度	订阅发行量、读者规模、人口覆盖率
	新媒体覆盖度	粉丝量、订阅数、传播数量
	互动性	评论、点赞、分享总量
	公信力	知名度、美誉度、权威性
广播融合传播力	传统渠道覆盖度	收听人口、收听率、收听份额
	新媒体覆盖度	粉丝量、订阅数、传播数量
	互动性	评论、点赞、分享总量
	公信力	知名度、美誉度、权威性
电视融合传播力	传统渠道覆盖度	收视人口、收视率、收视份额
	新媒体覆盖度	粉丝量、订阅数、传播数量
	互动性	评论、点赞、分享总量
	公信力	知名度、美誉度、权威性

（二）微媒体传播力指数

微媒体包括微博、微信、微视频、手机新闻客户端以及各种社交媒体等。随着"微媒体"的迅速普及，"微传播"正在迅速改变着传播生态和舆论格局。

微媒体传播力指数主要是对微博、微信和新闻客户端三类影响力最大的微媒体的影响力展开评价。共包括四类指标：覆盖度、传播量、互动性和影响力。其中，覆盖度的测量指标主要是粉丝数量或订阅数量。媒体覆盖指数越高，说明其潜在的受众人数越多、影响范围越广。传播量既包括发文数量，也包括阅读情况。传播量指数越高，说明该媒体的文章被越多的网友所看到。互动性指数指该账号所发文章被网友分享、评论、点赞的情况。媒体互动指数越高，说明有越多的网友乐于主动参与传播、与他人分享该媒体的文章，并对该媒体的文章发表自己的观点和看法。影响力指数则主要指相关媒体在网上被关注的情况和来自用户的正负面评价。

表4　微媒体传播力指数

一级指标	二级指标	三级指标
微博传播力	覆盖度	粉丝数量
	传播量	微博总量、原创微博数量、阅读量
	互动性	转发、评论、点赞量
	影响力	关注度、美誉度
微信传播力	覆盖度	订阅数量
	传播量	发布文章数、原创数量、阅读量
	互动性	评论、点赞、分享总量
	影响力	关注度、美誉度
新闻客户端传播力	覆盖度	下载量、订阅数量
	传播量	推送文章数量、阅读量
	互动性	评论、点赞、分享总量
	影响力	关注度、美誉度

四　热点舆情指数

（一）热点舆情的分类

热点舆情通常可以分为热点舆情事件与热点舆情问题。热点舆情事件是一个时期为人们广泛关注和热议的事件。热点舆情问题则是在各种与人们切身利益密切相关的问题与事物中，由于某种契机在特定时期为人们广泛关注的问题。热点事件和热点问题相互关联，可以相互影响及转化，如环境问题一直是与人们生活密切相关的问题，但正因为雾霾的出现，才使这一问题上升为热点问题。

热点舆情事件的范围异常广泛，有些涉及重大政治、经济和社会问题，与民生利益密切相关；有些则纯粹是娱乐事件或者恶搞，这既具有转型期中国社会矛盾频发，复杂多变的社会性因素的影响，也有和新媒体发展密切相关的特点。热点舆情事件也体现了网络的双重属性，一方面，它让民众拥有更多话语空间，开创了舆论监督的新实践形式；另一方面，也导致了网民群体极化与网络暴力现象的出现，以及极端民粹思想与低

俗文化泛滥。研究新媒体事件的分布、类型，发生与发展变化的规律，对于有效开展互联网治理与舆情管理有着重要意义。

热点舆情涉及的议题类型非常广泛，包括时事政治、社会民生、文化教育、企业财经、公共卫生、国际问题等几乎所有领域，并且在不同时期，人们的关注点也会有所变化。但从过去一个时期看，发生频率最高的是以下几种类型的舆情。

1. 民生问题

与自身衣食住行等生存发展密切相关的话题，统称为民生问题。从中国社会科学院舆情实验室的调查结果看，公众关注的热点问题，最为突出的问题可以分为两类：第一是占总数7成关注的热点问题，集中在食品安全问题和空气污染问题；第二是高房价问题、医疗问题和水质污染问题，约占总数的一半以上。由于众多民生问题没有得到很好解决，加之转型期民众缺乏基本的社会生存安全感，因而很容易在网络上对相关议题表现出高度的关注和一致的利益诉求。

2. 社会公平

与社会公平公正相关的议题在比例上仅次于民生问题，在影响上则占据首位。主要体现为官民对立和贫富对立的形式。主要议题有政府出台不受欢迎的政策、官员违法乱纪、政府行为不当、司法不公、权贵势力对弱势群体的伤害、警察权力滥用、征地拆迁、维权抗争事件等。从事件的关涉主体看，多涉及有垄断性权力的机构或个体，如公检法系统、职能部委、地方政府或官员、央企、大型企业等。

3. 事故灾害

事故灾害既包括天灾，也包括人祸。一般说来，事故灾害能否演变成重大热点舆情事件，除了灾害和损失的严重程度，更多是和"人祸"的危害程度密切相关，特别是政府或权力机构在其中扮演的角色。在这种背景下，相关责任方对事故的处理过程越公开透明，舆情的扩大程度和持续时间越容易得到控制，反之，越是回避责任、压制信息公开，越容易使事件扩大化和恶化，在这方面，天津港爆炸事故是一个典型的反面例子。

4. 娱乐事件

此类事件的核心特征多是以明星或知名公众人物为主角，往往涉及性、道德、八卦等隐私的曝光。一方面是网民的广泛参与，另一方面是传统媒体的介入和传播，从而使一些微小事件演化成爆炸性舆情事件。最典型的是王宝强离婚事件。而这类事件中，还有相当一部分是由于涉及性或隐私的视频曝光，满足了人们的"窥私欲"，而使影响不断扩大的。

5. 社会安全

安全性是与民众切身利益密切相关的问题。首先是人身安全，"和颐酒店女子遇袭"、"深圳女生未带身份证被强制传唤"、"雷洋事件"等，这些事件强化了公众的恐慌情绪，提高了舆情的烈度。医疗食品安全类舆情事件也会转瞬间成为社会热点，如"山东疫苗案"、"魏则西事件"爆出后，迅速引发全国民众的关注，导致整个社会对医疗体系不信任度的进一步加深。

6. 民族主义

民族主义事件往往与国际冲突及外交事务有关，特别是涉及日本、美国、"台独"、"藏独"、"港独"及其他反华势力的相关事件，往往容易演化成民族主义舆情事件，典型事件如钓鱼岛争端引发中国反日浪潮。

（二）热点舆情测量维度

热点舆情的衡量维度包括五个方面，分别是长度、广度、强度、热度和态度。五个指标综合起来构成对舆情热度的评价。

1. 长度：反映某一议题或事件持续时间的长短。网络时代，往往热点问题此起彼伏，一个热点会很快取代另一个热点，通常来说，可以称之为热点舆情事件的，大都会持续一周以上或更长时间，而不是转瞬即逝。

2. 广度：通过不同渠道和媒体传播，覆盖用户人群的范围。一般说来，传播手段和渠道越多，覆盖的受众和用户人群越广泛，舆情的热点指数越高。

3. 强度：在单位时间内，反映某一议题信息文本的多少。发稿量越大，特别是在某一时间段内越集中，表明舆情的热点指数越高。

4. 热度：即关于某一议题的关注度或参与度。通过对用户的发帖、讨论和搜索行为的分析，了解人们对某机构或团体、人物、议题等的关注度。

5. 态度：对网络媒体及网民意见和态度倾向的综合度量。通过对媒体及网民的关注方向、意见倾向两个层次的分类，呈现网民的总体评价和态度状况。

表5　热点舆情指数评价体系

	一级指标	权重	二级指标	权重
热点舆情指数	长度	15%	持续时间	15%
	广度	20%	传播渠道	10%
			传播范围	10%

强度	20%	传播总量	10%	
		传播集中度	10%	
热度	20%	关注度	10%	
		参与度	10%	
态度	25%	正负面评价	25%	

　　热点舆情指数通过对以上指标进行计算，将不同热点事件或议题的热度转化成具体数值，形成整体议题的舆情指数，帮助人们更好地把握舆情的现状及其演化的趋势性；透过舆情的随机性、偶然性找出其趋势性和必然性。该指数可以与其他议题之间进行比较和排序，并可用于舆情预警，为探索建立网络舆情监测与管理的有效机制奠定基础。

（三）热点舆情监测

　　热点舆情监测系统一般包含两大功能，一是信息自动采集功能。主要是通过网络页面之间的链接关系，从网上自动获取页面信息，并且随着链接不断向整个网络扩展，而新的技术突破点是关于社交媒体的信息采集和音视频信息的抓取。二是舆情分析引擎，涉的最主要的技术包括文本分类、聚类、观点倾向性识别、主题检测与跟踪、自动摘要等计算机文本信息内容识别技术和音视频识别技术。

　　舆情分析引擎的功能是整个监测系统的核心，通常包括以下几个方面：（1）识别功能。热点话题、敏感话题识别，可以根据新闻出处权威度、评论数量、发言时间密集程度等参数，识别出给定时间段内的热门话题。利用关键字布控和语义分析，识别敏感话题。（2）追踪功能。对主题、人物或机构的追踪和聚焦。跟踪的具体内容包括：信息来源、转载量、转载地址、地域分布、信息发布者等相关信息元素。（3）关注度分析功能。通过参与度和波及度等要素来考量，是衡量相关话题网络影响力的重要指标，网络关注度越高，表明其在网络中越受关注，网民参与讨论越活跃，相关话题在网站间的传播越广。（4）趋势分析功能。对突发事件进行跨时间、跨空间综合分析，获知事件发生的全貌并预测事件发展的趋势。（5）信息自动摘要功能。能够根据文档内容自动抽取文档摘要信息。用户无需查看全部文章内容，通过该智能摘要即可快速了解文章大意与核心内容，提高用户信息利用效率。（6）报警功能。对突发事件、涉及内容安全的敏感话题及时发现并发出危机预警，可以根据事件的危机等级，启动不同的危机公关处理方案，从而快速地控制事件的发展方向。（7）统计报告功能。根据舆情分析引擎处理后的结果库生成报告，为用户提供决策支持。

尽管各种舆情监测系统的功能在不断升级，专业的舆情分析方法也在不断改善，但单独采用网络监测的方法来研究网络舆情，特别是真实的社会舆情的局限性越来越突出，各种技术和方法的改进都难以突破这一瓶颈。

尽管网民享有表达自己意见的自由，但网络信息却并非其态度、意见和情绪的直接和客观反映。首先是因为网络的虚拟性，网民的真实身份不为他人所知，所以，网络言论往往呈现情绪化和极端化现象，较少有客观理性的分析与言论。其次是大量网络"水军"的存在，出于获利的目的，故意歪曲事实和炮制假新闻。三是各种形式的网络评论员的存在。虽然有一种观点认为网络评论员在维护中国社会稳定，消除不利于政府的网络谣言，维护政府形象，促进政府与民众沟通，建设和谐社会方面能起到积极作用。但更多意见认为，组织网络评论员制造舆论压制对方，以及利用公权力来制造虚假的舆论，进一步增大了网络舆情的噪音。

因此，网络舆情监测只是获取舆情研究数据的一种手段，只有通过和传统的社会调查、舆论调查等方法及研究成果相整合，才能进一步提升舆情研究的水平，使之更科学、严谨，成为各种决策的重要依据。在目前的中国国情下，建立基于概率样本库（Probability – based panels）的热点在线舆情调查系统有着重要的现实意义。

（原载《中国微传播指数报告》，中国社会科学出版社，2018）

自选理由：

中国舆情调查实验室自 2012 年成立以来，以打造国家级舆情智库和构建新媒体与大数据研究平台为目的，持续实施中国舆情指数调查，打造中国舆情调查与监测系统。通过对国家舆论议程设置、舆情传播状况、行业或企业的新媒体传播效果开展综合性评估，为政府部门及企事业机构提供综合舆情管理解决方案。以此为基础，编辑出版了"中国舆情智库丛书"。构建国家传播指数，是中国舆情调查实验室的核心项目之一。"微传播指数"是其中一个重要的组成部分。目的在于通过构建对微媒体传播力的测量指标体系，探索媒体舆情发展变化与传播的规律，进而为构建新媒体舆情管理学提出新的构想。

中国互联网治理的困局与逻辑重构

张化冰[*]

互联网治理是 20 世纪 90 年代开始伴随着全球化和信息化的发展出现的一个比较宽泛的概念。2005 年,在突尼斯举行的信息社会世界峰会（WSIS）提出互联网治理包含技术和公共政策两方面的问题。如今,随着信息技术的迅速发展,互联网治理不断拓向各行业领域,由技术发展带来的公共政策问题越来越多。

互联网治理与社会的联接越来越广泛而深入,有关互联网治理的模式和机制也一直被讨论。互联网的多元化或多主体治理模式已被国际社会所接纳,但迄今为止,如何构建科学有效的多元化、多主体互联网治理机制,国内外却都没有很好的经验。多元化治理模式有它产生的时代背景和国际背景,也是互联网生态发展的必然结果,但如何在这种模式中嵌入制度性的逻辑建构,却是一个需要持续探索的问题。

一 互联网治理与社会治理

当前全球网民数量已达 34 亿,互联网普及率达到 46%[①],中国网民规模达到 7.51亿,互联网普及率达到 54.3%。[②] 互联网对社会的影响已经无处不在,社会学家曼纽尔·卡斯特很早就提出了"网络社会"的概念。[③]

---

[*] 张化冰为中国社会科学院新闻与传播研究所副研究员。

[①] 数据来自有"互联网女皇"之称的 Mary Meeker 在美国 Code 大会上发布的 2017 年互联网趋势报告。

[②] 数据来自 2017 年 8 月第 40 次 CNNIC《中国互联网络发展状况统计报告》。

[③] 曼纽尔·卡斯特认为,网络建构了新社会形态,网络化逻辑的扩散实质地改变了生产、经验、权力与文化过程中的操作和结果,新信息技术范式为社会组织的渗透扩张提供了物质基础,在网络中现身或缺席,以及每个网络相对于其他网络的动态关系,都是我们社会中支配与变迁的关键根源。卡斯特称这种社会形态为"网络社会"。（参见〔美〕曼纽尔·卡斯特:《网络社会的崛起》,夏铸九等译,社会科学文献出版社,2001,第 569 页）

互联网既是社会治理的对象，也是社会治理的重要工具。随着中国信息化技术的发展，互联网在政府、社会层面的应用都更加广泛。2015年，国务院推出《关于积极推进"互联网＋"行动的指导意见》就是对互联网融入社会行业发展的直接鼓励和倡导。大数据、电子政务、云计算、人工智能等将成为解决政府、社会组织、各行业未来发展问题的重要手段。

当前互联网给社会治理带来三个主要问题。一是互联网给社会价值观带来的影响。信息技术不但为民众提供了获取、传播信息的平台，还形成了一个观点、意见交流的网络空间，信息输入系统的开放、多元必然给民众的传统价值观带来冲击，如果不能对信息的输入输出系统进行良好的治理设计，良莠不齐的内容传播则容易带来价值观的混乱和失衡。

二是互联网给传统管理机制带来的挑战。"互联网治理"的提法实际来自"媒体管理"的延伸，互联网作为报刊、广播和电视之后的第四媒体，各国都在思考这种新媒体形态的管理模式，并通过互联网治理论坛（IGF）等国际会议讨论全球互联网治理。由于互联网给传统媒体的巨大冲击，尤其是报刊业的日渐式微，旧有的政府管理机制已经不能适应新的媒体生态。

三是互联网给权力结构和组织结构带来的改变。曼纽尔·卡斯特认为："新的权力存在于信息的符码中，存在于再现的影像中；围绕着这种新的权力，社会组织起了它的制度，人们建立了自己的生活，并决定着自己的所作所为。"① 互联网给权力结构和组织结构带来的变化将伴随技术革新持续进行。未来互联网生态下的企业组织将具有这样几个特点：没有强制性的中心控制、次级单位具有自治的特质、次级单位之间彼此高度链接、点对点间的影响通过网络形成了非线性因果关系。②

互联网治理早就成为一个十分迫切的问题，这不仅是因为互联网的社会渗透和影响越来越深，还因为互联网治理已经成为现代社会治理的重要组成部分。十八届三中全会以后，中国从"社会管理创新"时代进入了"社会治理"时代，这是政府管理思维的根本性变化。十九大报告则提出，要打造共建共治共享的社会治理格局，加强社会治理制度建设，完善党委领导、政府负责、社会协同、公众参与、法治保障的社会治理体制。

从社会管理到社会治理一方面是政府管理思维在全球化背景下的转变，另一方面是信息化社会发展的必然结果。冷战结束以后，国际社会秩序翻开了新的一页，东西半球

---

① 〔美〕曼纽尔·卡斯特：《认同的力量》（第二版），曹荣湘译，社会科学文献出版社，2006，第416页。
② 〔美〕凯文·凯利：《失控》，陈新武等译，新星出版社，2010，第34页。

的壁垒被打破，政治、经济、文化方面的交流日益多元、丰富化，新的全球治理体系也在形成。而几乎同时期，互联网作为商业化应用开始在全球发展，信息化打破了传统时空界定的主权、边界，互联网在国家—社会秩序和全球秩序中起到越来越重要的作用，这使得互联网和社会治理之间的互动越来越密切，呈现一种相辅相成的关系。

二　国内外互联网治理模式及困境

互联网治理是政府、私营部门和民间社会根据各自的作用制定和实施的，旨在规范互联网发展和使用的共同原则、准则、规则、决策程序和方案。[①] 这是信息社会世界峰会早在2005年就提出的定义，这个定义并没有将政府作为互联网治理的核心，而是强调了多元化的治理主体，这对互联网治理和社会治理的关系具有前瞻性认识。

"治理"本身是一个政治学概念，提到治理一般首先会和政府部门联系起来，在20世纪90年代之前也的确如此。但在冷战结束后，随着全球化时代的到来，原本集中于政府的权力日益向社会扩散，社会治理模式从以政府为绝对核心逐渐向多层次、多主体、多元化的社会治理模式转变。

互联网治理模式也是这样一个发展历程，从政府部门完全主导逐渐向多利益攸关方[②]的社会治理模式转变。这种转变既是互联网技术不断发展导致传统媒体时代走向数字时代、继而走向社交媒体时代的必然要求，也是传播技术的革命性变革使得传统管理模式滞后、不能起到有效治理效果的被迫转型。

当前世界上的互联网治理模式主要有这样几种。第一，以法律规制为主导思想的互联网治理，以美国、德国、新加坡等为代表。美国很早就进行网络立法，1996年的《电信法》和1998年的《数字千年版权法》都具有里程碑式的意义，是对美国信息高速公路战略以及网络空间侵权的前瞻性立法。据统计，迄今为止美国国会及政府各部门已通过130多项与互联网相关的法律法规，数量居世界之首。[③] 德国是世界上第一个制定网络成文法的国家，即1997年通过的《多媒体法》，之后2007年又通过《电子交易

---

① 章晓英、苗伟山：《互联网治理：概念、演变及建构》，《新闻与传播研究》2015年第9期。

② 2005年，由联合国授权40个成员组成的互联网治理工作组（WGIG）在国际官方报告中第一次使用了"多利益攸关方"。对于"多利益攸关方"有不同的解读，比如国际互联网协会（ISOC）认为，"多利益攸关方"不是一种治理模式，而是一系列基本原则如共同责任、透明民主等。但"多利益攸关方"诞生的初衷就是要体现由多方参与互联网治理的开放理念。

③ 张伟、金蕊：《中外互联网治理模式的演化路径》，《南京邮电大学学报（社会科学版）》2016年第4期。

统一法》等。新加坡本身就推崇依法治国,在 1997 年通过《互联网行业准则》《互联网运行准则》之后,又相继对 IPTV、国家安全、垃圾邮件、电子商务等全部通过立法方式进行治理。

第二,以互联网自律为主导思想的互联网治理,以英国为代表。英国的互联网治理一直坚持"监督而非监控"的理念,主要通过互联网服务商和网民自己践行互联网治理的举措。虽然《刑法》《诽谤法》《青少年保护法》《广播法》等既有法律也适用于英国互联网的治理,在涉及网络安全和犯罪问题上政府也毫不手软,但最大限度地通过第三方治理互联网的理念却是始终如一。1996 年成立的互联网观察基金会(IWF)是英国最主要的互联网治理组织,这个半官方性质的基金会主要通过接受举报等方式监督互联网运行,将网络不良信息传播等情况通知互联网技术服务商和内容商,让他们第一时间处理。在英国政府的大力倡导下,网络技术安全已被设立为一门必修课,英国政府规定每一个五岁以上的儿童都要学习"打包、压缩、标记"等网络安全技术,目的是帮助孩子们形成在网络上保护个人隐私的习惯。①

第三,政府主导和社会、民间力量结合的互联网治理模式,以法国、日本为代表。法国的互联网发展比英美要晚一些,到 1998 年时才刚刚提出社会信息化行动纲领。但在互联网刚刚起步时,政府已经意识到仅仅依靠政府调控不能适应互联网发展的需要。法国在这个时期成立了一批互联网监护会、互联网域名注册协会、互联网用户协会等调控机构。2008 年时,法国总人口 6430 万,互联网用户数刚刚超过 3290 万,上网普及率终于超过 50%。② 但在 1999 年,法国政府就提出了"共同调控"的治理政策,构建以政府、网络技术和内容服务商、用户三方协商为基础的治理模式。当时法国还成立了一个由政府人员和公民个人共同组成的机构——互联网国家顾问委员会,专门制定互联网治理政策。同法国相仿,日本在信息产业发展的早期,政府就倡导民间主导型的"官民合作"互联网治理模式,注重加强与社会团体、民间机构和公民个人的合作。

我国的互联网治理一直是以立法为主,行业自律和技术手段为辅的模式。自我国接入互联网以来,全国人大、国务院及中央政府部门、最高法等制定的有关互联网管理的法律法规、规范性文件和司法解释已近 100 部。法治在网络空间治理中的作用不可取代,十八届四中全会决定指出,要"加强互联网领域立法,完善网络信息服务、网络安全保护、网络社会管理等方面的法律法规,依法规范网络行为"。

---

① 李海龙:《英国网络治理疏而不漏》,《学习时报》2015 年 1 月 5 日,第 2 版。
② 《法国互联网发展政策与管理体制对我国的启示》,求是理论网,http://www.qstheory.cn/gj/tszs/201104/t20110425_78304.htm,2011 年 4 月 25 日。

当前，全球互联网生态已进入以微信、微博、自媒体等为代表的社交媒体传播时代，技术赋予用户的权力远远超越了门户网站和 BBS 时代。网民获取、发布信息的渠道和数量不断升级，如果政府仍然以单一的自上而下的模式进行互联网治理必然导致失衡。治理对象已经从互联网技术服务商、内容运营商转化为几亿随时可以用文字、图像、音视频传播的用户，不断更新的传播生态要求政府部门必须转变治理思维，重构治理逻辑。

2017 年 8 月 25 日和 9 月 7 日，国家网信办先后公布《互联网论坛社区服务管理规定》《互联网跟帖评论服务管理规定》《互联网用户公众账号信息服务管理规定》《互联网群组信息服务管理规定》4 个新规。可以看出，我国互联网立法对象已从互联网服务商、运营商向移动互联网、自媒体的使用者转变，这是政府管理部门对社交媒体新生态的迅速回应。

一个国家的互联网治理应当置于整体社会治理的框架中，同社会发展生态和治理生态同步。虽然不同国家可能在治理方法、模式上有所差异，但也呈现出一些共同趋势，比如治理目的上逐渐从治理者的合理性转向被治理者的合理性，治理体制上逐渐从独断的治理转向共同的治理，治理结构上逐渐从垂直的治理转向水平的治理。[1]

近年来，全球的网络安全、网络犯罪、个人信息泄露等问题在互联网上愈演愈烈。不论是哪个国家，在互联网发展之初或以法律为治理导向或以市场、自律为治理导向，一旦互联网这个虚拟空间发展到一定程度并还在不断演化，网民的数量与日俱增、传播生态日益复杂乃至成为影响现实空间的重要力量时，政府对互联网治理的重新审视和重构治理逻辑就成为必然。

三　网络治理理论作为分析视角

社会治理理论和 20 世纪 80 年代以来的全球化、后工业化发展紧密相关，网络治理理论就是在这样的背景下产生并还在发展中的一种理论。网络治理理论中的"网络"并非指互联网，而是指网络组织，这个"网络"由很多个节点联接而成，每一个节点都可以是一个或一组人、事物或事件。

德国麦斯·普朗克学派认为，网络是一种制度架构，并且是一种非正式的制度架构，在网络中，行动者之间形成的关系是非正式组织起来的、非科层的、互惠的、相对稳定的互动关系和形式，以此实现共同利益，在这个过程中，行动者遵循共同的规则对

---

① 刘智峰：《论当代国家治理转型的五大趋势》，《北京行政学院学报》2014 年第 4 期。

网络成员的行为进行制约，以产生共同的结果。① "网络组织" 概念最先在经济学中使用，是指一群地位平等的 "节点" 依靠共同目标或兴趣而自发地聚合起来的组织，这种组织以平等、开放、分权为特征。② 网络治理理论首先被用于企业组织研究。传统的企业组织是由股东会、董事会和经理层等已经固化的层级组成，这种科层制结构使得组织成员们获取信息不对称、治理渠道狭窄、决策反应滞后。网络治理理论则可以促使企业组织各节点之间的关系更加平等开放，弥补了科层制组织结构的不足，扩展了企业发展、治理的路径和方法。

治理理论主要创始人罗西瑙认为，治理是由共同的目标所支持的，这个目标未必出自合法的以及正式规定的职责，而且它也不一定需要依靠强制力量克服挑战而使别人服从。③ 现代社会治理意味着针对各社会行业领域的管理行为不再由政府单一承担。网络治理理论主要包括以下两个要素，一是政府部门和非政府部门的合作，非政府部门包括私营机构、非营利组织、社会团体、公民个人等；二是对政府部门的管理权力、资源进行重新分配，让上述非政府部门一起参与公共服务。

总之，网络治理是通过协商、协调的手段联合政府部门、社会组织和个人等多元化主体，针对社会发展中出现的问题进行协同治理，一方面对社会权力、资源进行重新分配以实现治理效益最优最大化，另一方面是为了不断适应全球化、信息化带来的社会生态变化，使得社会治理逻辑与之同步。

由于网络治理牵涉到多元化的治理主体以及和传统治理模式的关系，学界主要有这样三种研究视角。第一种将网络治理看作是对传统以政府为中心、自上而下单一治理模式的改良，政府仍然在社会治理中居于核心地位，只是在权力、资源的分配和思维理念上有更加开放的心态。第二种强调网络治理中多元化主体之间的关系建构，这种观点不以治理目标的达成为着眼点，而是注重分析多元化治理方之间的联接模式和规则制定。第三种则把网络治理看作是一种全新的社会治理机制，力主从权力、资源、关系、组织等各个层面对社会治理机制进行重构。

尽管网络治理理论并非专门针对互联网提出，但此理论与当前互联网治理尤其是互联网社会的特点高度契合。互联网技术以开放式架构为基础，使得每一个在线的网民、组织都成为一个平等开放的节点，通过各种网络传播平台、各种信息符号进行联接。在社交媒体的背景下，互联网进一步对整个社会组织、个体的资源、权力进行了重新分

---

① 郦益奋：《网络治理：公共管理的新框架》，《公共管理学报》2007 年第 1 期。
② 张康之、程倩：《网络治理理论及其实践》，《新视野》2010 年第 6 期。
③ 〔美〕詹姆斯 N・罗西瑙：《没有政府的治理》，张胜军等译，江西人民出版社，2001，第 5 页。

配，挑战了传统媒体生态下政府对信息资源占有的绝对优势，构建了新的传媒生态和社会生态。

对互联网治理逻辑来说，由于信息技术还在不断发展而且变化很快，多元化治理主体之间的关系、规则、资源、认知会一直处于变动中，具有相当的不确定性和多种治理模式建构的可能性。对目前仍然处于核心地位的治理主体——政府来说，应当及时针对社会生态、治理生态的变化进行逻辑调整和重构，以使网络社会时代的社会治理有创新性发展。

四　中国互联网治理逻辑的重构

在之前我们分析的很多国家包括中国的互联网治理模式中，也有多元化主体在参与，如政府、媒体、自律组织、技术服务商等。但这些参与治理的多主体之间并没有制度化、逻辑化的关系联接。随着互联网技术在政府、社会组织、公民个体等层面更加广泛的运用，"互联网＋"将成为未来几年社会治理中的新生态、新挑战和新机遇。中国的互联网治理要实现多元化治理主体之间的良性互动，在这个过程中建构起新的治理逻辑和规则，形成共享共治的良好局面，网络治理理论可以给我们极大的启示。

1. 构建互联网治理多元化主体之间的良性互动机制

在我国政府部门早期的互联网治理机制中，存在着"九龙治水"的局面。十八届三中全会通过的《中共中央关于全面深化改革若干重大问题的决定》认为："面对互联网技术和应用飞速发展，现行管理体制存在明显弊端，主要是多头管理、职能交叉、权责不一、效率不高。"2014 年，中央网络安全和信息化领导小组的成立直接改观了政出多门的局面，管理部门之间的权责变得相对清晰明确。

近几年来，互联网生态呈现短时间内变化迅速的特点，腾讯、新浪、今日头条、优酷土豆等大互联网企业不断升级传播平台，给网民提供自媒体运营渠道，各种知识化、专业化、音视频化的社交网站层出不穷，更加细分化、自媒体化的网络空间使得传播节点之间的联接更紧密而具有黏性。

互联网生态处于不断变化中，网络节点和节点之间的关系一直在演变。因此，政府部门和互联网企业、非营利组织、社会团体、网民等之间应构建起一种共享共治的良性互动关系，使得社会发展既能享受信息技术进步带来的成果，又能对网络空间进行有效治理。当多元化治理节点之间的关系日益趋于平等、合作、开放，无论传媒生态如何变化，都不会影响一个健康、清朗的网络空间的构建。

2. 对互联网治理中的权力资源进行平等、开放配置

互联网治理过程中的权力、资源配置要符合传媒新生态的特点,一方面互联网架构是以自由、平等为理念的扁平化设计,另一方面互联网技术在发展演变中又重塑了网络空间的权力资源格局。

无论是企业还是政府机构,科层制都会使权力和资源相对集中,因此治理模式必然是以自上而下的垂直式治理为主。数亿网民之间的节点却是扁平化的关系联接,用一种垂直化的治理模式应对扁平化的结构生态,自然不能达到理想的效果。通过网络治理理论可以看出,多元化治理主体之间分享公共权力、共同参与公共事务是解决治理逻辑不对称的一个路径。

值得注意的是,网络空间中已经形成新的权力资源中心,那就是已经树立牢固地位的企业组织以及有巨大影响力的网络意见领袖,他们通过互联网平台形成了自己的"圈子"或"部落"。这是互联网技术自身发展导致的网络空间权力、资源的重新洗牌,这些数量有限的传播节点占有的权力资源远超出其他数量众多的传播节点。因此他们应当将自身拥有的传播权力、资源与公共治理服务结合,避免出现滥用公共权力和有权力而不作为两种状况,同时要在新的互联网治理逻辑中建构他们的自我治理和净化机制。

3. 对互联网新生态下的治理规则进行调整

传播学者喻国明认为,互联网治理的规则有两个层面,一是"硬"规则,主要指那些对于中国的国家安全、人民生活和社会秩序有着严重危害性影响,需要《中华人民共和国刑法》《中华人民共和国国家安全法》等法律法规严格管控和应对的层面;二是"软"规则,是指当前互联网状态下普通公民的网络实践所要遵循的一般规范。[①] 如果有一套所有网络节点都可以遵守的理性规则,那么互联网治理将事半功倍。但是不同的网民个体构成的节点不可能像互联网技术一样理性,尤其在网民数量众多的情况下能不能达成网络空间的规则共识就成为治理逻辑中的重要问题。

如今的互联网生态和十年前大不相同,一是 7 亿多网民是一个非常庞大的群体,整个群体下面又可根据使用习惯、喜好的不同分为更多细化的网民群体;二是各个不同年龄段、教育程度、职业的网民价值观形态各异。各种思想观点都汇聚于互联网中,形成了一个庞大、繁杂的信息生态系统。这个生态系统由于社交媒体的发展显得并不呆板、生硬,而是一幅中国网民的全景图。

因此,互联网治理的逻辑规则不能仅是法治和理性,还要有包容和情感。在法治和理性的规则中体现了对网络空间犯罪和不法、不道德信息坚决规制的态度,在包容和情

---

① 喻国明:《互联网治理应遵循的重要规则与操作关键》,《新闻与传播研究》2016 年第 S1 期。

感的规则中则体现出对共享共治的互联网精神的理解和鼓励。在法治和理性之外，如果互联网治理逻辑能让不同的网络节点感受到关系和情感的共振，就更容易形成网络空间的主流正向价值观。

4. 从国家战略层面对互联网治理进行顶层设计

互联网治理的路径将向多元化主体协商治理模式发展。政府部门、私营机构、非营利组织、公民个人等治理主体会越来越深入、广泛地参与到社会治理中来，但治理主体越广泛，它们在认知层面上也越容易出现差异，会对互联网生态、治理规则和逻辑提出不同的观点。如果在多元化治理主体之间没有国家战略层面的顶层设计，互联网协商治理的框架结构将不会牢固。

要建构起日益完善的多元化互联网治理机制，政府在其中扮演的角色非常重要，不仅要实现从单一管理者向多元化治理者的思维转型，更要承担起协调主客体关系、实现治理效益、建构逻辑机制的政府职能。因此，从国家战略层面对互联网治理进行顶层设计是互联网新生态下政府治理职能的最大体现，也是对未来中国互联网发展和社会治理的战略布局。

习近平总书记在十九大报告中八次提到互联网，指出在过去的五年中互联网建设管理运用不断完善，要继续加强互联网内容建设，建立网络综合治理体系，营造清朗的网络空间。同时十九大报告提出，要推动社会治理重心向基层下移，发挥社会组织作用，实现政府治理和社会调节、居民自治良性互动。在网络社会不断发展的将来，互联网治理和社会治理的融合度将越来越高，从国家战略层面对互联网治理进行顶层设计，这是中国互联网治理逻辑重构的核心，也是中国社会治理的重要组成部分。

（原载《学术研究》2017 年第 12 期）

自选理由：

互联网治理随着中国互联网的发展已经成为政府、业界、学界共同关注的议题，它既与媒体管理有关，又是社会治理的组成部分。本文试图通过对互联网治理中出现的一些问题进行逻辑上的梳理，探索未来互联网治理的路径。

中国网络群体事件研究的全球学术地图

——基于 CSSCI、TSSCI 和 SSCI 数据库 2003 年至 2014 年的实证研究

苗伟山　隋　岩[*]

一　研究背景、现存问题和目的

近十多年来，网络群体事件吸引了学术界的广泛兴趣。这里有关于环境污染（Tilt&Xiao，2010；陈阳，2010）、官员腐败（Zhou，2009）、城管打人（陈力丹，2014）等不同话题的研究；也有从舆情分析（喻国明、李彪，2010）、公共空间（赵云泽、韩梦霖，2013）、谣言传播（胡翼青，2008；隋岩、李燕，2012）等不同角度展开的分析；有对其在博客（Hassid，2012）、微博（Sullivan，2013）、搜索引擎（Jiang，2014）等不同媒介载体中的研究；还有大量关于其传播机制（师曾志，2010；李良荣、郑雯、张盛，2013）、社会政治影响的文章（Esarey&Xiao，2011；Rosen，2010）。中国的网络群体事件也在全球学术界引起了关注，*Political Communication* 2011 年刊发中国政治群体传播专题，*Information，Communication & Society* 2014 年刊发了中国社会互联网、社会网络与公民参与专刊。基于这个领域十多年来的大量文献，我们有必要对以往的研究进行系统性的回顾和梳理，但目前的文献综述普遍存在以下问题：

第一，在研究对象上，大部分的文献综述主要介绍国内的研究（例如，谢进川，2010），零星也有介绍国外的学术动态（例如，王超群，2012），但是没有全面总结中国大陆、港台地区和国外学术界的综合性研究；

第二，在研究内容上，很多研究是基于事件本身的梳理（例如，钟智锦、曾繁旭，

---

* 苗伟山系中国社会科学院新闻与传播研究所助理研究员，本文发表时为清华大学新闻与传播学院博士研究生；隋岩系中国传媒大学电视学院教授。

2014；王辰瑶、方可成，2009），很少有对学术研究本身的类型、主题、理论、方法等进行分析的系统性研究；

第三，在研究时间上，大部分研究都是某一年或几年的总结（例如，李彪，2011；谢耕耘、万旋傲，2012），少有跨时十多年的历时性大跨度研究；

第四，在研究目的上，现存大量研究仅仅就事论事，或者是描述性概述。本研究将在内容分析的基础上对三地的学术领域进行比较研究，避免概述性研究的偏颇和局限性。

基于此，对中国大陆、港台地区和国外的相关研究进行一个跨时十多年的梳理非常有必要。本文采取文献荟萃分析的思路（Meta – analysis based on literature，MAL），这个方法适合对某个研究领域进行严谨的评价，有助于获得其他领域的高度认可（An & Cheng，2010），因此也被广泛地应用在传播学领域的研究中（So，2010；Wei，2009）。

本文旨在系统性地检验2003年至2014年间发表在中国社会科学引文索引（下文简称为 CSSCI）、台湾社会科学引文索引（下文简称为 TSSCI）和社会科学引文索引（下文简称为 SSCI）中网络群体事件的研究。具体来说，文章通过内容分析总结了这十年中主要研究类型、话题、理论框架、方法，从而描摹这个领域的研究范式、存在的问题以及未来的研究趋势。本文还特别关注同一个研究对象在三个区域的学术圈有何差异化的学术呈现，这也为未来从知识生产和知识社会学的角度探索提供了基础。

二　研究问题

荟萃分析一般关注这个领域采取了哪些理论视角、用什么研究方法、分析哪些话题。例如魏然研究中国新媒体技术的文章中，主要集中在媒介技术种类、研究话题、理论视角和方法四个方面（Wei，2009）。基于本文的研究目的，主要研究问题包括：

研究问题1：过去的十多年在该领域发表了多少篇研究成果？其发表数量有何变化？

研究问题2：这十多年的主要研究类型有哪些？中国大陆、港台地区和国外学术界有何侧重点？

研究问题3：这十多年的主要研究话题有哪些？中国大陆、港台地区和国外学术界有何侧重点？

研究问题4：学者们在分析网络群体事件中最常用的理论框架有哪些？

研究问题5：这个领域最常使用哪些研究方法？中国大陆、港台地区和国外学术界有何侧重点？

三 研究方法

（一）抽样

首先，在来源期刊和数据库的选择上，本研究采取了如下步骤：

1. CSSCI 期刊。中国大陆新闻传播学期刊选择《国际新闻界》《新闻与传播研究》《新闻大学》和《现代传播》这四种期刊。有研究认为这四种期刊不论从 CSSCI 上榜持久性、影响因子还是半衰期等维度考核，都是新闻传播领域最强的四种期刊（杜骏飞，2007），并且在相关的荟萃研究中，这四种期刊都是研究对象（徐剑，2009；段京萧、任亚萧，2009；刘阳，2010）。

2. TSSCI 期刊。港台地区选择台湾社会科学引文索引中的三种新闻传播类期刊：《新闻学研究》《中华传播学刊》《传播与社会学刊》。[①]其中《新闻学研究》于 1967 年在台湾创刊，被誉为"台湾第一种新闻传播学术性期刊"（李瞻，2005）。《中华传播学刊》是台湾中华传播学会的会刊，于 2005 年进入 TSSCI。《传播与社会学刊》于 2006 年由香港中文大学和香港浸会大学创刊，于 2013 年被纳入 TSSCI。

3. SSCI 期刊。根据汤森路透公司的 SSCI 数据库统计，2014 年 SSCI 共计收入新闻传播类期刊 77 种，因为这些期刊内容广泛，不同学者一般会截取 SSCI 数据库中相关主题的部分期刊进行分析，例如苏钥机教授在分析亚洲传播时，选择了 23 种核心期刊（So，2010）。根据本文的研究对象，选择了 46 种核心期刊。[②]

---

① 信息检索来源：台湾"科技部"人文社会科学研究中心，TSSCI 收录期刊名单，http://www.hss. ntu. edu. tw/model. aspx? no＝67，2014 年 9 月 1 日。

② 本研究选择 SSCI 中 46 种期刊的名单列表如下：

期刊英文名称	期刊英文名称	期刊英文名称
Communication Research	Communication Theory	Personal Relationships
Journal of Communication	Public Opinion Quarterly	New Media & Society
Journalism Studies	Journalism	Media, Culture & Society
Communication Monographs	Science Communication	Health Communication
Interaction Studies	Political Communication	Journal of Mass Media Ethics
Visual Communication	Journal of Media Economics	Written Communication
Media International Australia	Public Relations Review	Javnost – The Public
Comunicar	Public Understanding of Science	Media Psychology

（转下页注）

本文的数据主要是从中国大陆的知网（CNKI）、港台地区三种期刊的官方网站以及西方的大众传播数据库（Communication and Mass Media Complete）中选择，统计截止到2014年12月4日。①

其次，在具体的文章筛选中，因为网络群体事件相关概念繁多，例如有网络突发事件、新媒体事件、网络舆论事件等等，其对应的英文名称也有 Online Activism, Online Collective Action, Online Protest, Internet Events 等等。本文将网络群体事件界定为"由特定事件引发网民关注、讨论和行动，通过形成网络舆论影响现实社会的传播现象"（隋岩、苗伟山，2014）。

在实际操作中，因为很难通过这么多关键词穷尽所有文章，在中国大陆和港台地区的抽样中，因为覆盖的期刊较少，本文对7种期刊逐期检索，大陆共筛选出256篇，港台地区25篇。在英文期刊中，因为期刊数量过多，研究者对选中的期刊分别在题目、关键词和摘要中用 China, Chinese 两个关键词检索，得到276篇文章，继而根据文章摘要和内容逐一审核，筛选出符合要求的文章48篇。

（接上页注②）

期刊英文名称	期刊英文名称	期刊英文名称
Quarterly Journal of Speech	Human Communication Research	Television & New Media
Journal of Language and Social Psychology	International Journal of Communication	Research on Language and Social Interaction
Chinese Journal of Communication	Asian Journal of Communication	Information Communication & Society
Communication And Critical Cultural Studies	Journal of Public Relations Research	Critical Studies in Media Communication
Journal of Computer Mediated Communication	Management Communication Quarterly	European Journal of Communication
International Journal of Public Opinion Research	Journal of Applied Communication Research	International Journal of Press Politics
Mass Communication And Society	Journal of Broadcasting & Electronic Media	Journalism & Mass Communication Quarterly
Journal of Media Psychology – Theories Methods and Applications		

① 本文的检索时间截止到2014年12月4日。对于2014年之前的文章，大部分都已通过数据库检索到，其中《新闻与传播研究》未将2013年部分文章上传到中国知网，本文通过纸质版期刊进行查阅。《中华传播学刊》和《传播与社会学刊》的官方网站有小部分文章未全文上传，本文根据文章摘要进行初步筛选后，直接联系相关作者索取文章。对于2014年的文章，虽未能覆盖全年，但已检索到截止到12月初的所有文章，基本能代表2014年的研究情况。

（二）分析单元和编码分类

研究焦点是研究者试图去描述或解释的主要话题或主体（An & Cheng，2010：73）。参考对网络群体事件的划分（许敏，2013；董天策、王君玲、2011），本文编码类别包括：（1）概述研究，包括对网络群体事件的界定，特定现象特点描述，以及社会影响等；（2）理论研究，指的是文章主要对相关理论在网络群体事件上进行检验、探索和相关建构等；（3）媒体话语，主要是对关于媒体事件的各种媒体的内容分析、报道框架、使用策略分析等；（4）传播机制，指网络群体事件的传播特点、过程、舆情分析和引导以及各种流言、谣言研究；（5）危机传播，从危机传播、风险社会、公关管理等角度对网络群体事件的认知、传播和管理研究；（6）社会抗争，侧重研究网络群体事件的媒体动员、社会组织和抗争性质的研究；（7）政治参与，主要关注网络群体事件的政治参与、公共协商以及相关的公民社会、公共治理等政治学角度的分析研究。

研究话题，是研究网络群体事件的类型。现实中群体事件的分类已经比较成熟（薛澜、钟开斌，2005；张伦、钟智锦、毛湛文，2014），但群体事件在现实和网络中有很大不同（方付建、王国华，2010），本文在参考十多年案例的基础上，将其划分为以下几大类：

表1 网络群体事件研究话题分类和说明①

类型	说明	举例
自然灾害	不可抗拒的自然原因造成的各种气象灾害、地质灾害和生物灾害等	汶川地震、舟曲泥石流、北京大雨
事故灾害	包括各种交通运输事故、安全事故、和社会生活密切相关的环境生态以及社会生活事故	温州动车追尾事件、央视大火事件
公共卫生安全	影响到整个社会的各种传染病事件、食品安全、动物疫情以及各种影响公共健康卫生的事件	非典事件、毒奶粉事件、甲型 H1N1 事件
政府公权	包括政府机构或相关人员滥用公权、渎职、恶性执法或执法不公以及各种反腐事件	微笑局长事件、躲猫猫事件、邓玉娇事件
社会矛盾	包括征地、拆迁、劳资矛盾等涉及生计的事件，也包括关注弱势群体、呼吁公平正义等社会风气的事件	重庆钉子户、乌坎事件、黑砖窑事件
环保事件	涉及社会某个区域的各种环境安全、污染、生态保护等事件	厦门 PX 事件、番禺垃圾焚烧、PM2.5 事件
其他事件	包括民族主义事件、慈善公益、网络谣言、人肉搜索、娱乐恶搞等	抵制家乐福事件、虐猫事件、抢盐谣言

---

① 对于网络群体性事件的研究话题分类中，其中自然灾害、事故灾害和公共卫生安全的说明参考借鉴了薛澜、钟开斌对于中国群体性事件的解释。（薛澜、钟开斌，2005）

理论运用。在过去的荟萃分析中，理论运用主要是辨析在文章中是明显的理论使用（Riffle & Freitag, 1997）。本文研究中主要分析文章是否对相关理论进行了验证、分析、探索和阐释，而仅仅在分析中提到理论名称或简单的说明，在本文的界定中并不纳入理论运用的类型。在具体的编码中，相关文章涉及的理论名称直接被编码记录，例如框架理论、铺垫理论、形象修复理论等等。如果文章中涉及多个理论，所有的理论都被编码记录。

研究方法。大部分传播学研究方法都可以归类到量化、质化和混合三个框架内（Trumbo, 2004）。量化研究是通过系统性筛选分析数据来研究相关问题，主要包括描述性分析、内容分析、调查统计和实验法等。陈向明（2006）认为质化研究是对研究现象进行深入的整体性探究，对其行为和意义建构获得解释性理解的一种活动，质化方法主要包括个案分析、文本分析、深度访谈、焦点小组、民族志等等。如果文章中混合使用了多种研究方法，则被编码为"混合"并详细注明具体的方法名称。

（三）编码过程

为检验编码准则和定义的清晰度，本研究采用重测法（王石番，1992：310）。首先随机选取了50篇文章，两位编码者对50篇文章进行独立编码，相互之间不进行沟通和讨论，接着通过内容分析相互同意度及信度检验公式进行测量（王石番，1992），测量公式如下：

$$相互同意度 = \frac{2M}{N_1 + N_2}$$

$$信度 = \frac{n \times (平均相互同意度)}{1 + [(n+1) \times 平均相互同意度]}$$

M　完全编码相同的次数

$N1$　第一位编码员的同意数量

$N2$　第二位编码员的同意数量

n　参与编码的人员数量

根据以上公式计算，发表文章的年度数量统计的信度为100%，研究领域的信度为91%，研究话题的信度为89%，理论统计为90%，方法统计为91%。总体的相互信度达92%。内容分析的信度系数达到85%就是比较满意的结果（Kassarjian, 1977），因此本研究的相互信度符合其标准。

四 研究结果

（一）文章发表数量趋势

本领域总体研究成果呈逐年上升趋势。2008 年是一个分水岭，之前年份发表数量基本是个位数，2008 年之后攀升到 30 篇左右。2012 年之后迎来又一个研究高峰，2012 年当年有 58 篇相关研究，2013 年共计 74 篇，2014 年（截至 12 月初）共计 68 篇。在学术期刊上，中国大陆四种期刊发表数量基本持平，港台地区较多发表在《传播与社会研究》（17 篇，占港台总量的 68%），国外发表较多的期刊有 *Chinese Journal of Communication*（11 篇，23%），*International Journal of Communication*（8 篇，17%），*Media Culture & Society*（6 篇，13%），*Public Relations Review*（6 篇，13%），*New Media & Society*（5 篇，10%）等。

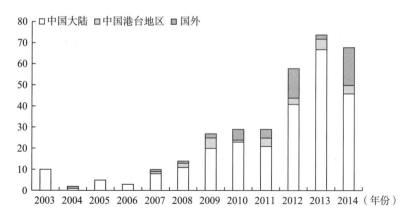

图 1 2003~2014 年新闻传播学期刊论文发表数量

（二）研究类型

总体研究类型明显地分为三个梯队：大部分研究集中在传播机制（24%）、媒体话语（23%）和概述研究（18%），这三类共占 65%。第二梯队包括危机传播（13%）、政治参与（9%）和社会抗争（9%），占所有研究的 1/3。理论研究属于涉及最少的领域（5%）。

就三个区域差异看，中国大陆的研究主要是以传播机制、媒体话语为主。中国港台地区除媒体话语之外，大量研究集中在社会抗争（林芬、赵鼎新，2008；黄月琴，2012）。各种概述性的研究在国外最热门（Hassid，2012；Esarey&Xiao，2011），值得关

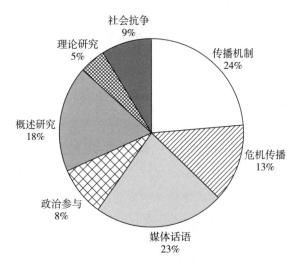

图2　2003～2014年网络群体事件的研究类型

注的是，在中国大陆最流行的传播机制研究在国外的比重较小。

表2　中国大陆、港台地区和国外文章研究类型的比较

研究类型	总体	中国大陆	中国港台地区	国外
传播机制	24%	28%	12%	8%
媒体话语	23%	23%	32%	19%
概述研究	18%	18%	4%	25%
危机传播	13%	14%	8%	13%
政治参与	9%	8%	8%	13%
社会抗争	9%	5%	24%	19%
理论研究	5%	4%	12%	4%

（三）研究话题

社会矛盾是学术界最关注的焦点（19%），这里包括征地、拖欠工资等现实生计，还有弱势群体、公正道义等问题。政府公权是另一个热点（17%），有关公权滥用、渎职、网络反腐等也是学术界关注的重点。另外公共安全（15%）和环保事件（13%）因为其关系到社会民生，也有较多研究。中国大陆和国外研究兴趣基本相同，中国港台地区在公共卫生安全和政府公权上兴趣较低，研究最多的是环保事件（曾繁旭，2009；黄月琴，2012）。

需要特别说明的是，某类话题因为单个的研究数量较少，被归类在"其他"中，

这类事件主要包括民族主义事件、慈善公益、网络谣言、人肉搜索、娱乐恶搞等等。因为研究数量较少，各个事件的占比相对均衡，娱乐恶搞是研究最多的话题。此外，中国港台地区和国外更关注民族主义、慈善公益和人肉搜索等话题。

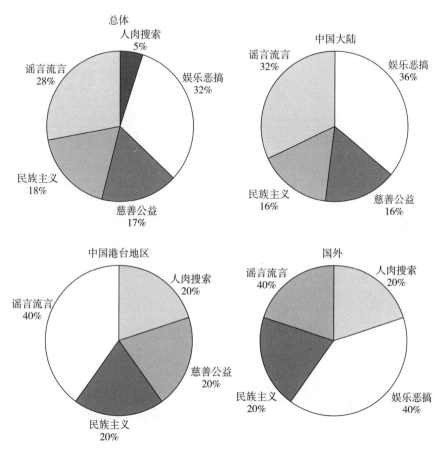

图3 "其他"类研究的话题分布

（四）理论应用

从理论应用的标准衡量，共99篇文章涉及理论的应用、阐释、验证或拓展，这其中91%的文章使用了单个理论，9%的使用了多个理论。中国大陆研究的理论性较差，只有不到1/5的文章涉及理论；国外研究中，理论应用达到40%；中国港台地区则有过半的文章都涉及理论，其中有8%的研究混合使用了两个以上的理论。

在所有的理论中，传播学领域的理论是最多的，以框架理论（Zhou&Moy，2007）、议程设置（李黎丹、官建文，2013）和沉默的螺旋（张金海、周丽玲、李博，2009）

等为主。公共领域理论也被较多运用（Li，2010；尹连根，2013）。另外，相当部分研究涉及社会抗争，因此社会运动的相关理论，例如动员理论（孙玮，2009）、政治机会理论（张宁，2013）等也被较多采纳。

表3　主要理论的使用

理论名称	举例	占比
传播学理论	框架理论（20%）、议程设置理论（5%）、沉默的螺旋理论（3%）	30%
公共领域理论		15%
社会运动理论	动员理论（5%）、政治机会理论（3%）、价值累加值理论（1%）	13%
危机传播理论	风险社会理论（5%）、情景式危机传播（2%）、形象修复理论（2%）	11%
公民社会理论	协商民主理论（2%）、公民社会理论（2%）	9%
社会心理理论	集体记忆（2%）、认知权威理论（2%）	6%
话语理论	对话理论（1%）、话语权理论（1%）	6%
认同理论	身份认同理论（1%）、承认政治理论（1%）	5%
其他		5%

备注：如果一篇文章引用两个以上理论，所有理论都纳入计算。因此本研究统计了在涉及理论的99篇文章中所有被引用的108个理论。

（五）方法使用

研究显示，本领域总体上量化和质化的方法持平，各占1/3，另外有21%的文章没有研究方法，15%使用混合的研究方法。从不同区域上看，中国大陆的研究中描述性研究（26%）、量化（32%）、质化（31%）较为均衡；中国港台地区以质化（30%）和混合方法（44%）为主；国外则量化（40%）、质化（33%）和混合方法（21%）都有使用。混合的研究方法在中国港台地区和国外都较多，且所占比例逐年上升，这表明了随着研究深入，学者们试图通过多种方式挖掘更加丰富的信息。

在具体方法上，内容分析、案例分析、文本分析使用最多。另外，中国大陆研究中还较多地使用了问卷调查（8%），中国港台地区在深度访谈使用上一枝独秀（使用率：中国港台地区21%，国外12%，中国大陆4%），国外则广泛涉及民族志（Sun，2012）、时间序列分析（Hassid，2012）等多种方法。

五　讨论与结论

本文系统性、全面性、比较性地将中国大陆、港台地区和国外的网络群体事件研究

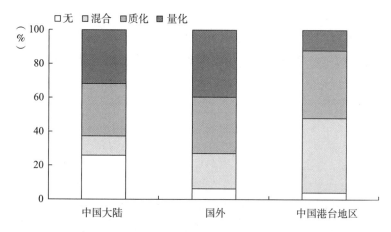

图4　中国大陆、港台地区和国外的研究方法总体情况

备注：如果一篇文章使用两个以上方法，所有方法都纳入计算。因此本研究统计了
使用了研究方法的258篇文章中所有被使用的方法，共计313个。

作为分析对象，总结这十多年该领域的研究现状、问题以及未来的趋势，这为未来的研究提出了思考。

首先，网络群体事件的学术研究既与现实密切相关，也受到了研究立场的影响。中国大陆从传播机制和危机传播视角展开的大量研究都内嵌着管理的视角。从非典、汶川地震等自然灾害到温州动车等事故灾难，从乌坎事件到毒奶粉事件，层出不穷的网络群体事件对社会秩序带来了极大的挑战。在这样的背景下，大量网络舆情监控、传播机制、危机应对等研究应运而生。港台地区的研究中较多关注社会抗争的视角。概述类研究是国外研究的主流，体现了国际学术界对这一中国独特的社会现象的关注和兴趣。这个领域的研究已经有十年，本文的分析也证明了学者们尝试从更多角度所做的努力，未来的研究将朝着更加多元化、跨学科的方向发展。

其次，这个领域的大部分研究目前还没有涉及理论的验证、解释和发展，在本文的抽样中，尚有相当部分的"三无"研究（无研究话题、无理论、无方法），这并不利于学术的有效积累和发展。在新闻传播研究中，理论在学术发展中至关重要（Chaffee，1996：15），但是中国学者擅长的是从实践出发，而非从理论逻辑的思辨来研究问题（李喜根，2009）。网络群体事件是转型中国的独特现象，为我们提供了丰富的研究素材，也为中国大陆和港台地区、西方的学术对话提供了机会。这也正是本文的旨趣：以网络群体事件为依托，探索中国大陆、港台地区和国外学术研究的异同和对话的可能。

网络群体事件是中国社会现实丰富且复杂的一个切面，我们不仅借此打通学术研究和社会实践的双向沟通，以学术理解和解释实践，以实践反哺和推动学术，更以具有中

国特点的区域经验链接了和国外学术对话的可能。正如本文研究展示的，中国大陆的研究提供了丰富的素材和洞见，港台地区的学术思考贡献了独特的视角和方法，国外的研究则展示了可能的方向和路径。摆在中国学者面前的，就是对现实问题进行独特性的分析，同时兼顾学术理论的普遍性，在学术与实践的交锋之中产生与世界的有效对话。

（原载《国际新闻界》2015 年第 1 期）

自选理由：

本文旨在系统性梳理分析关于中国网络群体性事件的研究状况，为这一议题的进一步研究提供较为详实的学术材料。从文章发表后的反响来看，这一初衷基本达到。本文在知网被下载 1588 次，被引用 9 次。

伪中立性：资讯聚合平台把关机制与
社会责任的考察

朱鸿军　周　逵*

　　在 Web. 2.0 时代移动互联网背景下，以手机移动 App "今日头条"为代表的资讯聚合平台中进驻了大量的内容来源，既有专业的新闻媒体，也包括个人、机构或企业的自媒体。平台通过记录客户端用户的每一次选择和点击，使用特殊的推荐引擎系统，借由机器算法推选出用户最感兴趣的内容，将其推送到用户的手机客户端首页。随着此类资讯客户端的崛起，以腾讯、网易为代表的"传统的"新闻客户端也感受到了低成本、高内容密度的新模式的威胁，也开始逐渐引入这种模式。"今日头条"模式逐渐成为如今国内网络主要的信息生产与传播模式。根据"今日头条"官网提供的数据，"今日头条"自 2012 年 8 月上线，经过 5 年快速发展，如今已经跻身新闻资讯客户端第一阵营，截至 2017 年 7 月，"头条号"平台的账号数量已超过 80 万个。①

　　这样的模式中，与传统资讯生产传播模式所不同的是，资讯生产环节，聚合中的内容生产者们取代了记者角色，资讯加工分发环节，机器算法取代了编辑。这种"以技术为主导"的内容产制分发模式从表层看赋予了资讯聚合平台把关的"中立性"，这使得原本传统媒体中"以人为主导"的记者、编辑的双重把关人制度受到了本质性的挑战，同时也时常成为这类平台逃避媒体社会责任、把关"不作为"的通用借口。然而，现实中，该类资讯聚合平台中各种危害甚大的传播乱象，催逼亟须进一步论证这种"中立性"的真实性和科学性，并在此基础上探讨这类资讯聚合平台所应承担的社会责任范畴和由此建立的应然把关机制。

*　朱鸿军系中国社会科学院新闻与传播研究所副研究员；周逵系中国传媒大学副教授。
①　数据来源于今日头条官方网站的"关于头条"的介绍，http://www.toutiao.com/about/。

一 把关机制、资讯聚合平台与媒介社会责任

媒介作为公众获取信息的主要通道，在一定程度上影响甚至决定着公众对于社会事件的认知和行动。因此许多针对媒介角色的研究将社会责任理论（Social Responsibility theory）同媒介运作结合在一起，去讨论大众媒体所承担的责任。在社会责任理论的框架下，媒体不仅仅是一种商业产品，更需要扮演公共受托人（public trustee）的角色。① 由于媒介所承担的社会责任，在媒体内容生产传播中，作为内容"把关人"的角色展现出了重要性。"把关人"的存在使得媒介传播有了一个取舍的选择。取舍过程中，内容由谁生产、生产的标准是什么、内容由谁传播、哪些内容应传播和如何传播等把关机制的状况，影响着媒介能否完成既定社会结构所期待的社会责任。

近年来，"资讯聚合者"（News aggregator）（国内习惯称之为"资讯聚合平台"）逐渐受到学界和业界的关注。在国外，以 Google News、Buzzfeed 为代表的资讯聚合类网站，正在取代如 New York Times、CNN、MSNBC 等传统的新闻网站，改变着人们消费新闻的方式。② "资讯聚合者"与传统新闻网站的最大不同在于，其应用机器算法来作为筛选内容的主要手段。尽管编辑仍然存在，但仅仅对内容进行初步的筛选，而真正决定内容是否被推送到特定用户面前的是计算机算法。Isbell 通过对 Google News、Digg、Techmeme 等美国资讯聚合网站或平台的观察，将"资讯聚合者"细分为四类：推送聚合者（feed aggregator）、专业门类信息聚合者（Specialty Aggregator）、用户推荐内容聚合者（User - curator Aggregator）、博客内容聚合者（blog aggregator）。推送聚合者整合各个新闻网站的主要内容，将其进行数字筛选和推送；专业门类信息聚合者则抓取有关特定领域的报道或内容进行聚合和推送；用户推荐内容聚合平台将用户所推荐的内容链接集合在一起；而博客内容聚合平台将集合不同的自媒体上的内容。③ 与美国的"资讯聚合者"相比较，以"今日头条"为代表的国内资讯聚合平台有诸多相似之处，如都以机器算法作为其内容分发的核心，新鲜程度（freshness）、有关地点（location）、相关性（relevance）和丰富性（diversity）等几个维度同样是机器算法所关注的重点等等，但也有诸多不同，其中有两大显著不同：一是完全放弃了内容生产者的角色，内容完全

---

① Bardoel, J., & d Haenens, L., Media responsibility and accountability. New conceptualizations and practices. *COMMUNICATIONS – SANKT AUGUSTIN* …. doi: 10.1515/comm, 2004, 007.

② Hurley, R. J., & Tewksbury, D., News aggregation and content differences in online cancer news, *Journal of Broadcasting & Electronic Media*, *2012*, 56（1）: 132 – 149.

③ Isbell, K. The rise of the news aggregator: Legal implications and best practices, 2010.

聚合而得；二是编辑的角色进一步被削弱，完全依赖机器算法进行内容分发和推送。

"今日头条"为代表的资讯聚合平台的这两大显著不同使其把关机制与传统"以自己人为主导"的记者、编辑的双重把关制度有着质的不同，这种不同自然会传导影响至这类平台的媒体社会责任层面。然而，资讯聚合平台的把关机制究竟有怎样的重大变化，它会如何影响资讯聚合平台商对自身承担媒体社会责任的理解和由此采取的把关作为，以及这些理解和作为又会怎样改变资讯聚合平台的传播生态，怎样科学理性地判断资讯聚合平台把关机制变化所引来的一系列影响，并针对个中的负面效应加以应对等等。这些问题，按照现有的文献来看，对其展开系统研究的成果并不多见，本文正试图拾缺，以此为研究对象，其中着重以"今日头条"为主要的分析案例。

二 "中立性"："今日头条"类资讯聚合平台
把关机制的质性变化

在巴斯针对传统媒体的研究中，传统媒体一直以来均沿用"双重行动模式"进行信息的把关，在资讯生产的过程中，记者扮演着主要角色，在信息加工和传播准备环节，编辑成为主要的把关人。[①] 随着博客、门户网站的兴起，资讯的生产主体开始变得多元，而编辑室与资讯生产者之间的紧密联系逐渐消失，但是以编辑和记者为核心的传播模式仍然是主要的资讯传播渠道。而在如今"今日头条"类资讯聚合平台的模式下，把关人的身份发生了本质性的变化，记者由"他者"身份的聚合生产者替代，智能算法行使了编辑的职能。于内容的把关上，这类平台从表层看越趋类同于网络服务技术服务商的地位，即在内容上的"中立性"。而在实践中，这类平台商也习惯将这种"中立性"自我标签化，"不生产新闻，只是新闻的搬运工""你关心的就是头条"，只是网络技术或平台服务商而非媒体，成为他们的常用外宣话语。

（一）内容获取的"他者"模式：聚合生产

传统媒体主要通过记者来获取内容，"今日头条"为代表的资讯聚合平台则主要借助"他者"身份的聚合生产者来产制内容。根据"今日头条"所公布的官方数据，"今日头条"的媒体合作伙伴超过 30 万，这 30 万中不仅包括"新华网""人民网""中国新闻周刊""山西新闻网"等新闻媒体，同时包括超过 23 万自媒体。

---

① Bass, A. Z., Refining the "gatekeeper" concept: A UN radio case study, *Journalism Quarterly*, 1969, 46
  (1): 69 – 72.

在"今日头条"这样的资讯平台中，自媒体内容与新闻媒体内容被混杂在了一起，而且博客内容聚合者的功能甚至超过新闻消息的推送功能。因此，平台中的内容结合了推送聚合者（feed aggregator）、专业门类信息聚合者（Specialty Aggregator）和博客内容聚合者（blog aggregator）这三类平台的共同特性，不仅对于传统新闻媒体的消息进行聚合，来自各平台的自媒体内容（"头条号"的内容）也是平台内容的重要组成部分，甚至其所占的内容比重要大幅超过传统新闻媒体内容。

随着"今日头条"这类网络媒体不断推进"头条号"的建设，吸引更多自媒体或内容写作团队的入驻，加之算法所提供的更加人性化和智能的阅读体验，"今日头条"等资讯聚合类媒体很快获得了用户的欢迎，在流量数据方面超过了部分传统的新闻客户端及门户网站，成为以腾讯、网易、搜狐为首的网络资讯平台（新闻客户端）的主要竞争对手。这也使得原本的网络媒体平台纷纷开始转向聚合生产的内容模式。网易新闻客户端开始推出网易号，腾讯新闻客户端推出企鹅号，都借鉴了"头条号"的内容聚合模式和推广手段，通过以流量为核心的激励手段吸引自媒体与其他内容创作者的入驻。这样的现象在一定程度上使得原本的新闻客户端的新闻发布模式变得更加智能，亦使得客户端所承载的资讯内容更加丰富。在这个过程中，新闻客户端的内容构建从单纯的新闻聚合，转变为"新闻＋原创"内容的集合，新闻客户端的身份逐渐从单纯的新闻聚合者，转变为"今日头条式"的"资讯聚合者"。

各大新闻客户端纷纷向聚合生产内容模式的转型给把关制度带来的影响是，资讯生产环节的"把关人"从"内部人"的专业记者变为"他者"的聚合生产者，这其中既有"他者"的专业记者，更有各种各样的民间内容提供者。把关人不再受到统一职业身份和职业伦理系统的约束而对内容进行过滤，作为平台提供者的资讯聚合商又以"他者所为""与自身无关或不知情"的中立身份而置身事外，这使得整个新闻客户端因缺乏"统一的保洁员"而成为一个鱼龙混杂甚至是被污染的庞大内容池，公众所获信息的真实性、健康性、有效性等都会被削弱。

（二）内容分发的"机器"模式：智能推送

传统信息获取习惯中以编辑为中心的内容生产者决定了受众所能够获取的内容。编辑深度参与内容的分发，对内容的选题、编校和呈现方式进行全方位把关。而到了"今日头条"的时代，以编辑为中心的信息分发模式被彻底颠覆，智能推送成为新的信息分发模式，冰冷的信息技术机器算法成了新的"把关人"，它们通过总结用户的阅读习惯、兴趣和阅读历史，为该特定群体的用户选择适合其阅读、符合其兴趣的内容，分发到观众手中。在这样的过程中，用户的兴趣习惯成为内容推荐的核心，也成为唯一的

"编辑"思路，用户不再需要手动选择自己感兴趣的内容，机器算法代替用户完成了选择的过程。正如"今日头条"的开发者张一鸣所认为的，"今日头条的'个性化推荐'实际上是不需要用户进行任何选择的，但这让用户感到更加方便"。

在这样的情况下，由机器算法所指定的把关人制度使得公众兴趣和流行话题成为把关的标准，符合大众兴趣或者符合该用户阅读习惯的内容才会被这类平台推送到公众面前，而那些可能具有新闻重要性但却不符合公众或者特定用户群体兴趣点的内容就无法通过机器算法的"把关"传递到公众面前。由此可见，在"今日头条"这样以媒介技术为核心的资讯分发平台中，用户所获得的内容更加智能，在一定程度上更加符合自身的观看习惯和兴趣爱好，但在机器"把关"的过程中，这种以兴趣为中心的内容分发，会导致一些重要信息因其缺乏对于观众的吸引力而被机器"把关人"拦在门外，观众针对不同内容的自主选择的权力也在逐步减少，即机器的"编辑"过程不仅取代了新闻室中人工编辑的功能，也在一定程度上缩短或取消了观众在各式信息中进行浏览、吸收和选择的过程。

根据巴斯对于媒介"把关人"制度的研究，"把关人"所具有的主要功能为检查功能、加工功能、评价功能、导向功能、桥梁功能。[1] 机器为核心的把关人制度，在一定程度上使得在资讯分发过程中，把关人所应具有的几大功能都受到了一定程度上的削弱。因此当信息分发从编辑中心转向机器中心，那么把关人的角色以及其功能实际上被进一步弱化了，在信息环境的活力和丰富程度获得加强的同时，信息环境的不可控性亦因此加强。

三 责任缺失下的媒体景观：资讯聚合平台中的传播乱象

"今日头条"类资讯聚合平台把关制度趋向"中立性"的质性变化，传导至媒体组织在媒体社会责任的范畴认定时同样也会发生很大变化。从资讯聚合平台来看，它并不像传统媒体的记者那样直接参与内容的生产，它只是提供了内容聚集的平台，也不像传统媒体的编辑主观介入内容的加工、删选和编发，它传递什么样的内容完全由机器算法自动处理，既然如此，那么自身就不应该承担那些要求记者、编辑的媒体社会责任，也不应在把关人层面有过多作为。基于这样的判断，这类资讯聚合平台所出现的媒体景观

---

① Bass, A. Z., Refining the "gatekeeper" concept: A UN radio case study, *Journalism Quarterly*, 1969, 46 (1): 69 – 72.

是：传播乱象丛生。

（一）双标题机制下"标题党"的泛滥

"今日头条"这类资讯聚合平台上资讯的质量并不如资讯的热度重要，平台针对大多数自媒体的回报机制也是以点击率作为主要的评判标准。因此在这类平台中，许多资讯都呈现明显的标题党特点，以吸引更多的用户点击。而"今日头条"更推出了"双标题"机制，即内容发布者可以起两个标题，那个受到更多点击和关注的标题将成为该内容的主要显示标题，这也进一步鼓励了"标题党"的诞生，使得"标题党"的资讯内容在"今日头条"这类平台中无处不在。

这些标题党资讯多数呈现两大特点：一是以偏概全。将一个事件中的部分事实单独拿出来作为标题，并进行过度渲染，以造成耸人听闻的效果，如《男子街边听到地砖下传来声音，用工具撬开后发现悲痛一幕》一文，以"地砖下传来声音"和"悲痛一幕"，吸引读者的注意。但实际上若点进去看的话，就会发现所谓"悲痛一幕"是一只小狗被关在地砖下面。二是标题与内容联系并不大。如《网曝金星私下照男人特征明显老公汉斯的反应是……》一文，以"男人特征"和"老公汉斯的反应是"来吸引眼球，但实际上内容并没有所谓的"男人特征明显"的私下照，亦没有谈及老公汉斯的反应。三是更有许多文章的内容中不仅缺乏对于标题内容的解读，亦缺少可靠的信源，如《81岁的谢贤一直对张柏芝念念不忘，心里只要张柏芝一个儿媳妇》一文中不仅并未讲到"81岁的谢贤对张柏芝念念不忘"，甚至并未对文章中的内容提供进一步的证据支持，仅仅简要叙述了一下谢贤的生平，便在文章结尾一口咬定，谢贤只想要张柏芝一个儿媳妇。

（二）非"新闻专业主义"的低质众包新闻

"众包新闻"（Crowdsourcing News）是随着社交媒体的发展而起的概念，新闻的众包以及社交媒体环境下越来越低的传播门槛使得民众可以通过自身来生产资讯，实现资讯的快速传播。"今日头条"的"头条号"可以被认为是"众包新闻"的一种表现形式，每当焦点的公共事件发生的时候，许多头条号都会对新闻做出快速反应，以不同的形式为用户提供解读。这些新闻并非来自官方新闻媒体，生产者没有经过专业的新闻职业训练，不熟悉强调真实、客观、社会责任等新闻专业主义的理念和做法，完全以自媒体的写作方式和独立私人的写作风格来进行内容的产制。

"众包新闻"的出现使得讯息的形式更为多样，但这些非"新闻专业主义"的内容所存在的弊端令人担忧：大多数内容没有进行实地调查和采访，而是依靠对网络咨询的复制、粘贴和进一步演绎而得，内容的真实性水分很大；为刺激流量吸引更多点击，炮制爆款文章，奇异新闻、腥膻性新闻等成为被偏爱的题材；在事件的解读中，事实、真相、理性的重要性让位于情感、非理性和利益，编造事实、夸张表达、偏激陈述成为惯用手法。

（三）"做号"灰色内容经济链的形成

随着以机器算法为核心的内容分发机制的流行，批量生产"爆款"文章的自媒体"做号"灰色内容经济链也逐步形成。根据《成都商报》对于自媒体做号现象的报道，自媒体的"做号"者们常常注册大量的自媒体账号，然后"通过抄袭、洗稿、伪原创等手段"进行大量低成本的内容生产。这些自媒体的内容生产者通常利用一些"创作"软件，在创作者选定一个当下的热点文化或社会现象之后，软件自动搜索已发布的相关主题文章，并对于这些文章进行再次编辑，生成一篇内容类似的"爆款原创文章"。借由这些热点事件的东风以及耸动的标题，获得平台的广泛分发，再通过一些"刷流量"的公司，将这些文章的流量刷高，从而使得文章成为热门文章，获得进一步的传播，"创作者"也将获得相对应的广告收益。

从资讯分发平台的角度来看，这样内容灰色经济链的诞生是机器算法核心的资讯分发模式所导致的后果之一。而随着"刷流量"和"洗稿"现象的频繁发生，仅仅使用机器作为"把关人"的劣势就体现出来，机器算法很难完成把关人所应具有的检查功能，相似主题的"爆款"文章以及其抄袭稿都会因其具有的话题性、兴趣点和热度被不断分发，而在这样的重复且质量低下的内容充斥媒介平台的时候，优质的内容原创者的利益被侵犯，这在削弱优质原创者创作激情的同时，亦进一步损害了资讯环境的健康。

四　伪中立性：资讯聚合平台的责任承担
与把关机制的优化

内容获取"他者"模式带来的"内容的不知情"，内容分发机器智能推送带来的"内容的非主观参与"，这都从表层赋予了"今日头条"类资讯聚合平台内容上的"中立性"，这也时常成为其不应承担诸多媒体社会责任的通用理由。然而，无论是从现实状况还是技术伦理的角度都表明，这类资讯聚合平台在内容层面的伪中立性身份。

实践中，这类资讯聚合平台的所谓"内容不知情"或"内容的非主观参与"并非属实。首先，在内容聚合环节，平台从各方聚合来的大量标题党、虚假、情色、侵权盗版等失范内容，如"红旗飘飘"①，即便普通用户都能一眼辨认，更何况专业的平台服务商，而且在很多时候资讯聚合者还能直接或间接收到各种针对这些内容的投诉举报；其次，在内容分发环节，平台所采用的便签推荐、概率推荐（马尔科夫链概率推荐）和商业推荐三种智能推送算法中，商业推荐所占的权重时常更大些，而从商业价值的角度来看，失范内容因稀缺性而产生的暴利更容易被推送给受众。

此外，即便这类资讯聚合平台果真对"内容不知情"或"内容的非主观参与"，也并不意味着就应扮演纯粹"中立者"的角色。因为从技术伦理的角度看，技术本身虽然是中立的，但技术的开发和运用需要遵循包括职业伦理在内的伦理规范，对于技术开发和运营者，尤其是对行业、国家乃至人类产生重大影响的技术开发和运营者来说，对技术的潜在危害给予预防应对，是其理应承担的社会责任。以内容聚合和智能分发为核心技术搭建起来的"今日头条"类资讯聚合平台，给传统媒体和网络媒体新闻资讯行业都带来了重大影响，虽然，在内容生产和传播环节它都会"不知情"或"非主观参与"，但它有义务和责任对平台内容的潜在负向效应，尤其是大面积和危害较大的负面影响，采取力所能及的预防和应对措施。

由此来看，既然这类资讯聚合平台在内容上是"伪中立性"的，这便为让其承担媒体的社会责任提供了合法性基础。如何承担？作用于把关领域，便要求其应对把关机制予以针对性的优化。具体表现为：在内容生产领域，对内容提供者的资质进行必要审核并建立相应的信用档案；对高频出现的失范内容进行监测，如安装反侵权盗版监测系统，如若用户上传了侵权文章，系统可以自动识别并给予封堵；畅通内容的举报投诉系统，让失范内容及时被告知处理。在内容分发领域，首先，应杜绝商业算法中倾向推送失范内容的做法，其次，设立推送中的过滤机制，对监测获知的失范内容予以拦截，再有，对受众长期接触的同质化内容增设提醒功能，减少"信息茧房"②现象的出现。

当然，对于这类资讯聚合平台所出现的诸多内容乱象，不能仅靠其自身的把关优化，还需要诸多社会因素的合力作用。对此，在社会责任理论的框架下，Bertra提出的加强媒介传播的质量和深度的三大思路值得借鉴，即法律和法庭、市场、媒介伦理和责

---

① 网络著作权法律制度中，在判定网络服务提供商是否应该承担侵权责任时，许多国家引入了"红旗原则"和"避风港原则"。当网络服务商对版权侵权行为处于明知或应知状况时就应该适用于"红旗原则"，而不能依托"避风港原则"免于承担责任，对于侵权行为应该像看到鲜艳的红旗一样，承担起监测、删除、排除的义务。

② 桑斯坦对"信息茧房"这样诠释：在信息领域中，公众对信息的需求十分有限，很大程度上受到个体的兴趣引导，从而将自己的生活拘束在好似蚕茧一样的"茧房"之中。桑斯坦：《信息乌托邦：众人如何生产知识》，毕竞悦译，法律出版社，2008。

任系统。① 有关资讯聚合平台责任的法律回应、政府在资讯聚合市场的监管、媒体道德委员会在此领域的介入、资讯聚合平台内部公司治理的优化（如对处于核心领域关键位置的企业，可在其治理体系中增加特殊股东，如以网民或网民团体为代表的特殊监督股）② 以及大众自我把关的加强等等都可以作为这类资讯聚合平台把关机制优化之外的应对之策。

五　结语

在"人人皆为自媒体""人人皆是内容生产者和传播者"的时代，于现代受众而言，看似不缺资讯内容，因为有海量内容，但又缺，缺的是大家最关心和自己最想知道的内容。"今日头条"类资讯聚合平台正是抓住了现代受众最缺的两部分内容进行服务，"头条"推送的是"世人皆知"的内容，"定制"满足了受众个体的独特需求。正因如此，此类平台已成为现代大众最欢迎的资讯客户端。然而，因其把关机制质的差别而带来的社会责任的推脱，直至把关领域的不作为，其传统空间的传播乱象丛生，所引发的危害已为世人瞩目。影响越大，责任越大，作为当前大众最欢迎的资讯聚合平台，面对这些传播乱象，不仅不能人为推波助澜，而且也理应主动参与治理，而不是中立旁观。

（原载《南昌大学学报》2017 年第 10 期）

自选理由：

惯常认为，网络技术服务商是技术中立者，诸多约束大众媒体的社会责任不应由其承担。聚合生产和智能分发是以"今日头条"为代表的资讯聚合平台最主要的内容生产和分发方式，这种"以技术为主导"的方式给传统"以人为主导"的把关机制带来了巨大冲击。把关中的"中立性"成为这类平台逃避媒体社会责任的通用理由，由此也带来了诸多传播乱象。内容不知情的非完全真实性、商业算法的倾向性以及技术运用的伦理责任都表明了此类平台的伪中立性，这提供了让其承担媒体社会责任和优化把关制度的合法基础。文章发表后《中国社会科学文摘》2018 年第 3 期全文转载，同时被人大复印资料《新闻与传播》2018 年第 4 期全文转载。

---

① Bertrand, C. J, *An arsenal for democracy: media accountability systems*, Hampton Press (NJ), 2003.

② 田丽：《增强互联网企业社会责任意识》，《人民日报》2016 年 5 月 9 日。

海外社交媒体内容过滤机制对我国互联网管理的启示

刘瑞生　孙　萍*

正如美国学者曼纽尔·卡斯特尔所言，"自从 2006 年以来，我们已经看到移动网络社会更为深远的扩张"①。近年来，全球一个最重要而显见的变化就是，基于移动、分享和沟通的社交媒体，已成为与人类社会生活高度嵌合的全球最活跃的互联网应用。全球几个社交媒体巨头凭借庞大的用户、海量的用户数据、多样的传播方式，勾连出一个"新世界"，正深刻影响着人类的社会生活、交往方式、传播生态、意识形态乃至政治秩序。

据最新统计，截至 2018 年 1 月，全球人口数量为 75.9 亿人，互联网用户数量超过 40 亿，而活跃的社交网络用户数已达到 31.96 亿。② Facebook、YouTube、Twitter、Whatsapp、Linkedin 等西方主要社交媒体应用均拥有庞大的用户，仅 Facebook 的月度活跃用户数就超过 20 亿。值得关注的是，社交媒体这个零门槛、成本低、影响大的信息传播空间，也成为不良、有害、非法信息的"天堂"，诸多"恶性"信息在社交媒体空间或呈现病毒性显传播，或呈潜伏式隐传播，不仅危害着网络生态，也引发了诸多问题，产生了恶劣的后果。也使得对社交媒体的有毒有害内容的治理成为互联网管理的一个世界性难题。

值得关注的是，在一向标榜言论表达和信息传播自由的美国，社交媒体巨头很早就

＊　刘瑞生系中国社会科学院新闻与传播研究所副研究员；孙萍系中国社会科学院新闻与传播研究所助理研究员。

① 〔美〕曼纽尔·卡斯特尔等：《移动通信与社会变迁：全球视角下的传播变革》，傅玉辉等译，清华大学出版社，2014，中文版序言。

② 《DIGITAL IN 2018：WORLD'S INTERNET USERS PASS THE 4 BILLION MARK》，http://wearesocial.cn/blog/2018/01/30/2018 - global - digital - report/.

建立了内容过滤的"潜规则",近年来更是不断推出新的举措。当前,我国是全球社交媒体用户第一大国,进一步提高信息内容管理水平,对社交媒体传播内容进行有效的引导和规制,是净化网络空间和优化传播生态的一个重大问题。充分认识西方社交媒体的内容过滤机制,对处于正在走向网络强国的我国有一定启示。

一 海外主要社交媒体的内容 过滤机制及最新动向

尽管对网络内容进行审查和过滤,是一个饱受争议乃至非议的做法,但海外主要社交媒体,尤其是美国的社交媒体巨头均有进一步加强信息过滤的趋势。

1. 社交媒体内容过滤的"潜规则"与"明举措"

从世界范围来看,内容审查和过滤是西方主要社交媒体监管内容的普遍做法,其过滤机制可分为明暗两种。

明的是公开使用的过滤机制。例如,2017 年 6 月,图片分享社交媒体 Instagram 推出自动评论过滤器。2017 年 12 月,Twitter 推出新的内容过滤规定,目的是过滤掉 Twitter 上的"仇恨"和"辱骂"内容,包括宣传或颂扬暴力的讯息。

暗的则是"潜规则",是不为人知的极为隐秘的内部过滤标准。据美国科技媒体网站 The Verge 报道,在 2009 年,Facebook 就创建了第一个内容审查的"标准",而曾担任 Facebook 内容政策主管的戴夫·威尔纳称,这份包含 15000 个词的"标准"可谓无所不包。[①]

2. 软硬"恶"信息:美国社交媒体内容过滤的重点内容

如何判断"恶性"信息,主要社交媒体难以形成一致性标准,其过滤的规则也有很大差异。从海外主要社交媒体新近公开推出的内容过滤举措中可以发现,目前几类危害大、恶果明显的"硬性"恶信息是其过滤的重点,相对过滤效果也比较显著,而对一些经过包装的"软色情""软暴力"的恶信息,则过滤效果不佳。此外,海外主要社交媒体还和中情局等美国国家安全机构紧密合作,形成一套"秘密"的监控与审查过滤机制。

第一,暴恐信息。近年来,社交网络成为"恐怖势力"的重要"藏身之地",恐怖

---

① Cathering Buni & Soraya Chemaly: "THE SECRET RULES OF THE INTERNET: The Murky History of Moderation, and How It's Shaping the Future of Free Speech," 2016 年 4 月 13 日, https://www.theverge.com/2016/4/13/11387934/internet - moderator - history - youtube - facebook - reddit - censorship - free - speech.

组织和暴力分子不仅利用社交网络进行组织勾连，还频频利用社交媒体进行暴恐宣传，一些类似于显示炸弹制造技术被反复上传到 YouTube 等网站，造成暴力恐怖事端在全球迭发，因此美国社交媒体纷纷加强对暴恐信息的过滤。例如，2017 年 12 月 Twitter 推出的新规主要针对暴力和威胁性信息，禁止"颂扬暴力或暴力行为者"的任何内容，以及"仇恨图像"，包括针对特定群体的相关"敌视和恶意"标志或符号，"针对个人或一群人的具体暴力威胁或企图造成严重身体伤害、死亡或生病都违反我们的政策"。此外，Twitter 将暂停"使用或宣传针对平民暴力行为以促进其理念的组织的附属账号"。

2018 年 1 月，美国立法机构再次敦促互联网公司努力打击恐怖主义和宣传，Facebook、Twitter 和 YouTube 等社交媒体公司表示，他们将比以往任何时候都更有效地阻止和删除有害内容。

第二，淫秽以及"软色情"信息。社交网络是淫秽信息的重灾区，尤其是一些经过加工包装处理过的"软色情"信息通过社交媒体和视频图片分享网站传播泛滥，对社会尤其是未成年人产生极大的负面影响。海外社交媒体尽管也在不断尝试推出新的手段和方法过滤这些信息，但效果不佳。例如，2018 年初，在我国曝出"邪典门"事件，网民发现在我国的一些社交媒体和视频网站有大量从美国流入的"儿童邪典片"，以流行的卡通角色包装了凶杀、绑架、怀孕、注射、互相殴打、血腥、暴力、恋物癖和厕所幽默等内容。① 而实际上，早在 2017 年夏天美国即曝出"艾莎门"（Elsagate）事件，某些社会组织在 YouTube 和 YouTube Kids 上传不适合儿童观看的血腥暴力和软色情动画视频。该事件令美国社会震惊，《福布斯》杂志将"艾莎门"事件称为"数字时代的黑暗烙印"。

第三，侵犯性、侮辱性言论。"泄愤"在社交媒体上较为普遍，Twiter 新规强调"个人禁止推送任何基于种族、民族、国家、性取向、性别、宗教、年龄、残疾以及疾病相关的具有暴力、攻击性、威胁性的言论。任何与此相关的内容将会被 Twitter 立即删除"。2015 年，Twitter 将负责处理侵犯性言论的工作人员增加了 3 倍。2017 年底，Facebook、Twitter、YouTube 和微软对其平台进行为期六周的监控，去掉了 70% 的被认为是攻击性的信息。

第四，垃圾信息。各种基于商业利益而在社交媒体泛滥的垃圾信息，也是被过滤的重点。

第五，加强对视频和直播内容的监管过滤。2017 年 5 月，Facebook 宣布将在未来一年内增聘 3000 人，审核和过滤直播平台上面的内容，以便更迅速地移除涉及暴力或谋

---

① 参见：https://weibo.com/ttarticle/p/show？id＝2309404196823353920791。

杀等不当行为的视频。2017 年 12 月，YouTube 在对政治、女同性恋、男同性恋、双性恋和变性人（LGBT）视频进行屏蔽之后，修改了内容过滤，采用了一种限制模式的可选视频过滤器，用于隐藏可能被视为不适合儿童的内容。

3. 美国社交媒体内容过滤的新动向

第一，社交媒体建立合作机制。这种合作主要有三个层面：一是与国家安全部门的合作，这已经不是一个秘密，Twitter 就公开说："我们基于用户上传的内容评估和不断完善我们的政策，同时还与其它安全组织合作以保证我们能够实践这个行业的最佳做法。"二是社交媒体之间的合作。由于单一社交媒体的网络过滤效果不佳，一些社交媒体开始建立合作机制。2017 年底，Facebook、YouTube、Twitter 和微软宣布，他们在合作的内容过滤平台上联手在社交网络中删除了超过 4 万个恐怖主义的视频和图片。三是与社会展开合作，Twitter 早就成立了"信任与安全委员会"（Twitter Trust & Safety Council），聚集了相关领域的专家来共同帮助 Twitter 公司应对平台中涉及虐待、欺凌、骚扰等具有侵犯性的内容类型。

第二，技术过滤。通过技术开发软件进行内容过滤，是一种简单、成本低的方式，海外主要社交媒体本身都具有强大的网络技术，他们不断开发内容过滤软件。当前，由于图片、语音、视频分享日益活跃，各社交媒体也在开发基于新的算法，针对图片、语音和视频的识别过滤新技术。如 YouTube 删除关于极端主义或其他不适当内容，而98% 的视频都是由网站的算法自动完成。如 2017 年 6 月，Instagram 推出自动评论过滤器，用以过滤垃圾消息，同时屏蔽内容和视频中的攻击性评论，这种自动评论过滤器可以自动清除英语、西班牙语、葡萄牙语、阿拉伯语、法语、德语、俄语、日语和汉语的垃圾消息。

第三，人工过滤。由于技术过滤相对简单且容易被用户通过各种方式规避，各社交媒体也采用人工过滤的手段。如 2014 年就有媒体报道称 Facebook 和 YouTube 之类社交网站在全球招有 10 万信息过滤员，专门删除性侵、暴力、斩首、恋童等内容，人工过滤"删帖"在东南亚已经形成一个庞大的劳力密集产业，人工过滤员须不断浏览最新上传内容，立即删除限制级帖文与影像。2017 年 12 月，Youtube 表示将会把其内容协调员（content moderator，负责删减不良信息的人）增加到 1 万人。YouTube 也承诺雇用更多的"版主"加强删帖。

第四，"关键词"过滤。通过设置"关键词"审核过滤社交网络内容，在技术上易于操作，成本也比较低。早在 2009 年，Facebook 即创建了第一个内容审查的"关键词"，共包含有 15000 个词。其他社交媒体也都设置有各自的"关键词"，并且在不断更新。2017 年 2 月，Twitter 推出关键词过滤功能，打击网络欺凌。

第五，内容过滤结合冻结"争议"账号。主要社交媒体在进行内容过滤的同时也会封停一些"争议"账号。在 Twitter 的新规中，就会冻结同宣扬暴力的组织有关联的账号，并已经封停了一批具有争议的用户。如 2017 年 12 月，Twitter 终止了曾经发表反回教徒言论和贴出煽动性视频的极右组织"英国优先党"领袖们的账号，包括其领导人婕达·弗兰森（Jayda Fransen）和保罗·戈尔丁（Paul Golding）。

第六，内容过滤工具结合用户举报。Twitter 也依靠用户举报来指认有问题的账户和内容，但是也在用新技术发展"内部工具"来提升其内容管理能力。

二　海外社交媒体内容过滤的特点

1. 社交媒体的内容管理是一个备受争议的世界性难题

饱受争议乃至非议，主要在于净化网络生态和维护言论自由之间的平衡度难以把握，社交媒体内容审查的尺度过大，用户则会认为有可能威胁其表达自由从而大发责难，而尺度过小则造成"恶性"信息对网络生态的大肆污染，同样会招致舆论指责和批评。

世界性难题，主要因为在全球联通的社交网络空间中，"恶性"信息数量庞大，传播方式多样，在标准上缺乏共识，识别和过滤成本太高，而反过滤的成本极低。因此，在过滤和反过滤的较量中，往往道高一尺魔高一丈，只要推出新的过滤规则，很快就会出现新的逃避过滤手段。例如，"艾莎门"中的动漫视频，就是规避了 YouTube 和 You-Tube Kids 内置的儿童安全算法而大肆传播。

2. 加强内容审查和过滤机制建设是主要社交媒体的共识

尽管如此，加强内容审查和信息过滤却是互联网行业一直通用的做法。早在 2012 年，Twitter 就可以针对不同国家和地区实施网络内容过滤。

在互联网行业最为发达的美国，内容审查 10 年前就在各家公司独立运作，它们根据用户和企业的价值取向建立了各自的内容审查标准。虽然舆论长期呼吁互联网平台内容过滤的透明公开化，但社交媒体审核和过滤的细节则作为商业机密并未公开，负责内容审查工作的员工被公司要求签订长期保密协议，无论在职还是离职都不能公开具体工作细节，因此几乎无人知晓它们如何制定内容审查标准。据报道，Facebook、Pinterest、YouTube 等拥有领先其他社交媒体 10 年的内容审核和过滤机制。

3. 社交媒体重视合作开展内容过滤

世界主要社交网络的内容审查与过滤系统一直是相互独立、缺乏沟通的。由于社交网络具有互通性，单一社交媒体的信息过滤机制往往是事倍功半，难以产生明显的效果。近年来，各社交媒体开始尝试合作构建审查系统。2016 年年底，Facebook、You-Tube、Twitter 和微软四家公司宣布成立反恐怖主义全球互联网论坛（GIFCT），目的在于遏制在社交平台上快速传播的恐怖主义视频和图片。

4. 社交媒体重视运用新的技术手段进行内容过滤机制建设

内容过滤和反过滤实质上也是网络信息技术的反复较量。海外主要社交媒体特别重视运用人工智能、语音识别、图片视频识别等新的技术手段。2015 年 3 月，Twitter 推出了一项名为"Quality filter"（质量过滤器）的测试功能，声称能够移除在你的通知时间轴上所有包含威胁、攻击性或者虐待的语言、重复的内容或者从可疑账号发送的信息。反恐怖主义全球互联网论坛（GIFCT）2017 年就是采用人工智能识别和共享数据库技术有效地过滤掉了大量恐怖主义视频和图片。Instagram 也不断发展新的网络内容筛查技术，2017 年 3 月开始使用照片模糊的方法处理含有侵犯性内容的照片。

早在 2016 年，YouTube 和 Facebook 就部署系统，以过滤或快速下线来自 ISIS 的视频和其他材料。视频网站采用的技术最初是为了识别及删除涉嫌版权侵权的内容。这项技术会识别视频的"数字指纹"，在数字指纹匹配之后予以删除。在相关视频被识别之后，这项技术能屏蔽同一视频的再次发布。

三 对我国提高网络过滤水平的启示与建议

经过 20 余年的高速发展，我国已经迅速成为网络大国，下个阶段将进入稳步发展力求成为网络强国。在这个阶段，我国互联网发展的主要矛盾、根本动力、战略目标已经发生重大转变，因此互联网内容管理观念和机制也要做出调整，才能适应新时代的发展要求。

1. 启示：把提高社交媒体内容过滤水平作为提高网络管理能力的重中之重

第一，作为社交网络用户全球第一大国，我国要高度重视提高社交媒体内容管理水平。

目前，我国互联网网民数量已经接近 8 亿，基于社交分享的各类应用是我国网络空间最基本和最活跃的应用。因此我国不仅是世界互联网用户第一大国，也是全球社交网络用户第一大国，目前微信的用户数量已经超过 10 亿，QQ、微博均拥有庞大的用户。我国社交媒体每天发布、分享的海量信息，影响着我国网络空间的清朗度。因此，能否成为真正意义上的网络强国，关键在于给网民提供积极的网络生态，而净化网络生态，关键在于社交媒体的内容管理水平。

第二，要根据互联网发展主要矛盾的转变，调整互联网内容管理观念。

在互联网高度发展的前 20 年，我国一直重视互联网内容监管，但在观念上，内容监管主要是为了保障网络高速发展的大局，在维护社会稳定和网络安全的前提下，满足

广大网民的基本需求。为此，我国逐步建立了一套与此相适应，具有中国特色的网络内容监管和信息过滤机制，对于维护我国网络安全、净化网络空间发挥了很大作用。如果说前一个阶段，我国互联网发展的主要矛盾是人民日益增长的网络文化生活文化需要同滞后的网络发展之间的矛盾，那么现阶段，我国互联网发展的主要矛盾，已经转变为广大网民日益增长的对美好网络生活的需要和不平衡不充分的网络发展与治理之间的矛盾。也就是说，网民之前主要需要的是基本的"上网"服务，而现阶段，他们需要的是"上好网"。新的目标和主要矛盾体现在内容监管上，就要求升级理念，提高互联网内容的过滤水平以更好地满足网民的需求。

第三，要发展有中国特色的高水平的网络内容监管机制。

中国要由网络大国成为网络强国，必须要提高网络内容管理的水平。尽管西方国家无视中国互联网快速发展的成就而一再抨击我国的互联网监管机制，但我们要看到，加强互联网监管是世界上主要国家的趋势，海外主要社交媒体也在不断发展内容过滤机制。对此，我们不必过于在意西方国家的评价，反而更要重视提高我国的互联网内容监管水平。有几个方面是我们需要提升的。一是网络内容过滤机制相对粗放，不够细致，有待进一步优化。二是内容过滤手段过于简单，新技术的应用不够，有时候容易造成粗暴过滤。三是内容过滤不平衡不充分，相对而言我们更重视显性的具有直接政治攻击性的信息和暴恐类犯罪信息，而对谣言、假新闻、软色情、低俗信息、垃圾信息尤其是侵权信息、非法广告等信息过滤不足。

2. 建议：发展有中国新时代特色的社交媒体内容管理机制

第一，在治理观念上重视综合平衡调整。从危害来看，不可低估软色情、软暴力、侵权、垃圾信息等隐性信息的危害，特别要重视对非法账号的监控，要将其看作是下个阶段内容过滤的重点。

第二，要加强对海外社交媒体的内容过滤机制的研究和介绍，提高网民对网络内容审核和过滤正当性的认识和支持。当前，包括美国互联网公司的全球网络审查和过滤在加强，互联网公司与政府的合作也日益紧密。例如谷歌 2017 年 9 月公布的数据透明度报告显示，2017 年上半年，全球各地的政府向谷歌发出 48941 项请求，要求提供数据，涉及 83345 个账户，其中 65% 的超过 54000 个账户的请求得到谷歌的配合，这些数量超过往年。同期，谷歌收到最多 500 份来自美国联邦调查局（FBI）的国家安全密函，涉及账户约 1500 个，密函要求谷歌提供信息，不需要得到法官的批准。① 尤其是随着全球

---

① 《谷歌数据透明度报告：政府索要数据次数破纪录》，凤凰网科技频道，2017 年 9 月 29 日，http://tech.ifeng.com/a/20170929/44703006_0.shtml。

反恐主义浪潮日益高涨，美国社交媒体都加强了对于仇视性和威胁性言论的监管和控制，它们对意识形态性强与政治性敏感信息采用相对"软"的方式过滤，而对"硬性恶信息"则一点不手软。我们对于"硬性恶信息"的治理相对不够硬，亟待加强。我们应该加强对海外社交媒体内容过滤的机制研究，借鉴其合理成分为我所用，并加强向社会介绍其他国家社交媒体的内容审查与过滤办法，以增强公众对网络过滤这一全球同行做法的认知。

第三，加强社交媒体内容过滤机制的合作。治理主体不能过于依赖社交媒体商业平台，建议引入第三方与商业利益无关的机构对其内容过滤进行评估和监督。

第四，细化内容过滤规则，增强有效性和可操作性。如 YouTube 在其"政策中心"的网站上明确指出了 YouTube 禁止发布的相关视频内容，包括：骚扰与网络欺诈、仇恨性言论、违规扮演、威胁、危害儿童、性与裸露、暴力、危险性内容、欺诈等。其中每一条都附带了相关解释性信息，以及可能涉及的内容。内容明确，有据可循。

第五，开发新的更有效的过滤新技术。互联网信息技术日新月异，内容过滤技术也要与时俱进，我们重点要开发基于新的算法的针对图片、语音、视频的过滤技术。

第六，要提高网络过滤的预防性和前瞻性。2017 年下半年，"儿童邪典片"引发全美社会各界抗议，之后 YouTube 开始大规模下线相关视频、封禁账号，到 11 月，YouTube 宣布删除了超过 50 个相关频道、15 万个视频。而我国 2018 年初才发现此类视频的流传，足以说明我国互联网监管的一定滞后性和对软性有害信息过滤的不足。

第七，要重视"深挖"社交网络"恶性"信息背后的"黑色、灰色"源头。在社交媒体中，"眼球"经济依然是最重要的法则，因此，"邪典片"之类"恶性"信息大肆传播的背后，都有一个庞大的利益链。2018 年 1 月，YouTube 宣布将限制从视频中赚钱的用户数量，并为其最知名的用户添加人性审查。Facebook 也在研究一种工具来通知那些"重点"用户，Twitter 将实施几项新措施以监督潜在的舆论和宣传操纵行为的讨论。因此，网络内容治理，我们要重视深挖源头。

第八，提高社交媒体的社会责任，加大对社交媒体平台的经济处罚力度。2017 年 4 月，德国已经开始实施一项法律，要求社交媒体网站删除仇恨言论、假新闻和非法内容，否则将处以最高 5000 万欧元罚款。我们也可以借鉴，加大对社交媒体平台的监管和处罚。

（原载《世界社会主义研究》2018 年第 4 期）

自选理由：

关于网络传播内容的规制，是互联网新媒体热兴以来一个极其重要而又饱受争议的议题。诸多学者更多地带着理想主义的诉求在讨论一种"完美"的信息传播空间，然而迅速发展并超越传统媒体理念的新兴媒体在信息内容传播方面又不断引发新问题，进一步加重"现实"的骨感。那么，与其期待"空想"，还不如让现实更好。就网络内容管理而言，强化是一个全球重要趋势。而在中国从网络大国迈向网络强国的进程中，优化网络内容管理是非常必要的。本文的特色就是搁置虚的理念，从更为务实的角度梳理西方社交媒体内容过滤机制的做法，为如何优化我国互联网内容管理提供了一种思路。

我国互联网音视频传播的
发展及其规制变迁

杨斌艳*

近十年来互联网音视频内容传播在中国迅猛发展，关于互联网音视频传播的规制也步步加强，二者形成了中国互联网传播规制的一个活生生的例子。本研究将规制视为政府与企业互动对话的过程，希望通过规制下现实传播格局的变迁来考察政府与企业在互联网领域的协商。

一 我国互联网音视频传播发展历程

我国的互联网音视频内容传播可以追溯到20世纪90年代末，1998年开始政府鼓励和扶持传统广播电台和电视台发展互联网音视频传播业务，并制定政策对广电行业的网站进行保护。但是，当时由于国内网速和带宽的整体限制，音视频的传播发展缓慢。2002年底开始，以门户网站为代表的商业网站为了突破《互联网站从事登载新闻业务管理暂行规定》① 关于"禁止商业网站自制新闻"的要求，以音视频格式为变通，开始创办访谈类音视频节目进行自制新闻的传播。2003～2004年起各商业网站纷纷进入互联网音视频传播领域。随着宽带网络的迅速普及，近10年我国互联网音视频传播火热发展，音视频内容也成为备受网民欢迎的内容，截至2011年12月31日，我国网络视频行业用户规模同比增加14.6%，达到3.25亿，使用率提升至63.4%。②

---

* 杨斌艳系中国社会科学院新闻与传播研究所副研究员，本文发表时为助理研究员。

① 《互联网站从事登载新闻业务管理暂行规定》，2000年11月7日由国务院新闻办公室、信息产业部发布，并自发布之日起执行。

② CNNIC：《中国互联网络发展状况统计报告》，2012年1月。

我国互联网音视频内容的传播大致可以分为以下几个阶段：

1. 酝酿尝试阶段：2003年以前

此时虽然出现了个别的通过互联网传播的音视频节目，但是主要集中于通过互联网进行远程教育、远程会议等等，由于带宽不够，与音视频相关的网络服务还难以得到普遍接受。

2. 蓬勃发展阶段：2003～2005年

这一阶段，随着宽带网的普及和宽带网用户的迅速增加，无论是传统电台、电视台的网站还是商业网站，都将音视频传播作为互联网发展的一个重头戏。各电台、电视台网站纷纷改版，音视频节目全部搬上互联网；商业网站纷纷推出"访谈"、"嘉宾聊天"等众多自制音视频节目，开辟"宽频"、"视频"、"影音"等专门的音视频栏目。音视频传播开始成为互联网最热门的竞争领域。

这一时期，网络视频传播已经形成了传播途径的"宽带网络与多种终端"和传播主体的"背景多元化的网站"，宽带打破了音视频内容在网上传播的瓶颈，除PC外，手机、掌上电脑等移动终端已经有一定的使用比例。广播电视媒体网站、各类新闻网站（媒体网站和专业新闻网站）、综合门户网站和电信宽带网站都有了自己的专门传播音视频的网站，而出版系统和新华书店系统等也建立了专门的音视频网站，还有大量的个人网站也专门进行音视频内容传播。①

3. "井喷"阶段：2006～2008年

互联网宽带用户持续迅猛增长，播客等互联网音视频传播新技术广泛应用，互联网音视频传播从内容到形式、从传播者到受众都进入急剧膨胀时期。这一阶段，除了传统电台、电视台网站纷纷转型为网络电台或网络电视，直接制作不同于电台和电视台的专门针对互联网传播的音视频节目。更重要的是，播客技术和概念的引入，催生了大批以个人为主体的音视频内容传播者，不仅涌现出一批音视频传播的专业网站，而且音视频内容传播融入了各类网站及个人博客或播客中，其中以用户分享为模式的专业视频网站纷纷成立。

4. "移动化、微视频"：2009～2011年

2009年被视为我国3G元年，自此中国移动互联网飞速发展，紧接着而来的，iPhone和iPad的火热流行，三网融合的快速推进，各种因素和环境都促使我国使用移动终端上网的人数猛增，而移动互联网的发展则带来了互联网音视频传播向移动终端的转型。2009年起各视频网站纷纷开始涉足手机视频领域，2010年视频内容移动化便集中

---

① 闵大洪、杨斌艳、姜飞：《音视频内容在互联网上的传播解析》，《国际广播影视》2005年第3、4期。

爆发。近两年，各视频网站还纷纷开发了 iPhone 和 iPad 的视频内容客户端。2010 年底又开始出现微视频，微视频具有"短、快、精"、大众参与方便、随时随地可发布的随意性等特点，迅速流行，而且被认为是未来两三年网络视频发展的热点。

二 当前互联网音视频传播格局

十年来，我国网络视频的传播经历了曲曲折折和激烈竞争，随着视频传播的发展和视频网站的变革，从视频内容传播的形态及网站功能其实已经很难进行各网站的区分，而无论变化如何迅速，竞争如何激烈，视频网站所归属和所依靠的主要背景，却一直较为稳定。而且正是因为各视频所归属和所依靠的主要背景不一样，在网络视频传播中其他方面也显示出了更多的不一样，从此角度对国内的视频传播格局进行描述则更为清晰明了。

1. 广电系统视频网站

所谓"广电系统网站"是指主要依靠传统的广播电视媒体而建立的视频网站，一种是各广播电台建立的自己的网站或者新媒体视频传播平台；一种是由传统广电媒体机构主办、持股的视频网站，比如以央视为主的中国网络电视台（cntv. cn）、上海文广集团下的上海网络电视（bbtv. cn）、湖南电视台的芒果 TV（imgo. tv）、由江苏广电领投的激动网（joy. cn）等等。有些直接将这些网站称为"电视台视频网站"[1] 或 "网络电视网站"[2]。但是，之所以将此类网站单独划分，主要还是从网站的主要归属进行判断的。

这类网站一般以传统的广电媒体或者传统媒介机构为背景，多被视为国营的代表。广而言之，在互联网视频传播普遍和流行后，视频内容的传播已经成为各传统媒体打造"全媒体"传播战略的重头戏，即使没有建立专门的视频网站，广电媒体尤其是电视台的网站上，视频内容的传播也非常普遍和丰富。甚至非电视为主的其他传统媒体的网站上也有丰富的视频内容传播。所以，从广义上来讲，像北京电视台的网站 BTV 在线（btv. com. cn）、新华网的新华视频（www. news. cn/video/index. htm）、人民网的人民电视（tv. people. com. cn）等等都可以算作广电系统视频网站一类。只是由于这一类的主流和竞争强者主要在于传统的电视台所建立的专门的视频传播网站，国内关于"视频网

---

[1] 张梦舟：《电视台视频网站与民营视频网站对比研究》，《今传媒》2011 年第 5 期。
[2] 毛勇、黄本一：《建立面向媒介融合的互联网管理体系——我国视频网站的管理及效果研究》，《新闻界》2009 年第 2 期。

站"的概念，一般较少包括这些网站或者频道。

这类网站一般被定位于国营，而且被视为具有"品牌优势、内容优势和资金技术、牌照、版权优势"①。就实际发展来看，此类视频网站也用足了这方面的优势，网站内容以电视台的现有内容为主体和强势，虽然也在网站独立自制内容和用户生成内容上传上提供服务或者希望突破，但是所依托电视台强大的海量的视频内容的供应，足以让其他内容可以被忽视。

2. 专业视频网站

所谓"专业视频网站"是指当年是以网络视频传播起家，而且只做视频传播的网站，而且起源于完全的互联网企业竞争和发展路径。比如土豆（tudou.com）、优酷（youku.com）、酷6（ku6.com）等等。这些网站最初大多以用户分享为模式，所以也多被称为"视频分享网站"。此类网站的显著特征是：（1）完全的商业背景和市场化运作；（2）提供视频分享服务既是显著特色，也是基本定位；（3）多受美国视频分享技术的影响，发展中多从国际风投市场获得资金支持。

这类网站不仅被定位为民营，而且还被视为"洋务派"②，意指它们不仅从美国学来视频分享的技术和模式，而且也多依靠美国的风险投资发展，在发展中也多以美国的YouTube等作为模范和样本。它们是最早发展起来的视频网站，也是国内视频分享的启蒙者，以互动性强、鼓励用户自主生产内容、草根味浓厚等特征，深受追捧和欢迎。

3. 门户视频网站

所谓"门户视频网站"是指国内几大门户网站所建立的专门视频网站或者频道，其中以新浪、搜狐、网易和百度、腾讯的视频网站或频道，被视为门户视频的代表。之所以将它们单独列出视为视频网站的一类，主要是因为这些门户网站在互联网传播领域的巨大影响力，即使视频不是它们的主打业务，但是以其强大的网络影响力、被关注度和雄厚的财力支持，它们的视频频道也被视为具有和视频网站一样的强大竞争力。而百度2010年更是全力打造了专业的视频网站爱奇艺（iqiyi.com），以"中国第一影视门户"的口号向所有的视频网站发起挑战。

其实，门户网站的视频传播算是我国网络音视频传播的鼻祖，但是由于门户网站业务众多，视频传播在各门户网站的业务和功能中并不是主流，所以一直处于默默前进的状态。然而，随着网络视频的流行和普及，尤其是2008年底专业视频网站的集体遭遇，

① 张梦舟：《电视台视频网站与民营视频网站对比研究》，《今传媒》2011年第5期。
② 瞬雨、深蓝：《视频网站拼爹时代》，《看天下》2011年第2期。

门户网站自 2009 年起开始在视频领域发力，迅速成为视频传播领域不可忽视的一支力量。

三　音视频规制的发展及变革

（一）广电总局规制的基本情况

我国的互联网监管以多主体、分权为主要模式，目前我国对互联网的监管主要分为资源监管、运营监管、内容监管、终端监管等，国家根据不同的互联网监管内容指定了不同的监管主体。[①] 由于音视频内容多由国家广播电影电视总局进行规制的传统，1998 年广电总局就开始酝酿出台互联网等信息网络传播视听节目管理办法，1999 年由于民营网站开办了传播教育节目和人物采访的网上电视台，广电总局关于互联网音视频传播的第一个文件出台。但是此条例在概念界定和具体的管理办法上都比较模糊。随着互联网音视频传播的发展变化，广电总局多次修订该条例。1999 年 10 月第一个条例出台，截至 2012 年，直接由广电总局发布的与互联网音视频传播直接相关的规制制度（包括重要的处理决定）等共有 16 个。

在众多的行政规章制度中，以 2003 年 2 月 10 日起实施的 15 号令《互联网等信息网络传播视听节目管理办法》、2004 年 10 月 11 日起实施的 39 号令《互联网等信息网络传播视听节目管理办法》和 2008 年 1 月 30 日起实施的 56 号令《互联网视听节目服务管理规定》最为关键。三个规定可以视作一脉相承，后面的令可以看作是前面的补充和完善。而 39 号令实施后，15 号令即被废除。39 号令和 56 号令就成为当前广电总局对于互联网音视频传播规制的主要依据。

（二）广电总局规制的重点

1. 行政许可制度

行政许可制度是广电总局对互联网音视频传播的主要管理思路和规制重点。15 号令、39 号令、56 号令都明确提出了《网上传播视听节目许可证》的要求，39 号令和 56 号令对申请许可证应当具备的条件、申请许可证须提交的材料、申请程序、有效期、变更及无证的处罚等进行了细致的规定，成为这两个规定的重点和核心内容。

[①] 毛勇、黄本一：《建立面向媒介融合的互联网管理体系——我国视频网站的管理及效果研究》，《新闻界》2009 年第 2 期。

在 56 号令对许可证放宽①以前，即使广电系统内的网站要拿到此证也要费一番功夫，对于商业网站而言，没有许可证进行的视频传播难以为继，要么提交申请补办证件，要么就得面临被关闭和被罚款的危险。一开始广电总局对于许可证的控制相当严格，截至 2006 年 12 月，全国仅发放了 66 个许可证，而其中只有 6 家为纯粹的商业网站，其余的均有国有机构的背景。北京市的商业网站仅有 TOM 和 Sina 两家获得了许可证。② 在这种情况下，很多商业网站不得不关停音视频服务。许可证制度为广电系统网站的发展赢得了时间，但是随后的播客却再一次给商业网站以机会，相互影响下，视频领域"三足鼎立"的竞争局面开始显现，也促使了 56 号令将许可证仅限制在"从事广播电台、电视台形态服务和时政类视听新闻服务"，而将"履行备案手续"也视为合法。虽然，截至 2011 年 6 月 30 日，互联网视听节目服务持证机构增加到 586 家。③ 但是，网上的音视频传播内容则是异彩纷呈。

2. 版权制度

对视频网站冲击较大的另一规制则是版权。版权问题虽然主要依据国家 2006 年 5 月 29 日颁布的《信息网络传播权保护条例》（中华人民共和国国务院令第 468 号），但是很多视频网站以用户自愿上传为屏蔽，依靠法律中的"避风港原则"也能赢得一时的安稳。2010 年 11 月 12 日广电总局向各省、自治区、直辖市广播影视局，新疆生产建设兵团广播电视局，总局机关各司局、直属各单位发文《国家广播电影电视总局关于印发〈广播影视知识产权战略实施意见〉的通知》，其中要求"加强对视听节目服务网站播放正版节目的监督工作，严厉打击互联网侵权盗版，重点打击影视剧作品侵权盗版行为"，可以视为广电总局对于网络视频节目版权问题的直接规制。

版权问题再一次带来了视频领域的大变化。传统广电媒体的网站在内容和资源上有极大的优势，不仅在新闻类节目上具有独特资源和优势，而且通过大量的影视剧的推介赢得一定市场；门户网站有强大的盈利渠道和原有的综合影响力，音视频方面既少有盈利压力又有综合影响力和人气的提升，也迅速走红。这些都形成了当年以用户分享起家的专业音视频网站的强大的竞争对手。专业视频分享网站面对不菲的版权费，开始走上

---

① 2008 年 1 月 30 日起实施的 56 号令中将原来仅有的许可证改为："从事互联网视听节目服务，应当依照本规定取得广播电影电视主管部门颁发的《信息网络传播视听节目许可证》（以下简称《许可证》）或履行备案手续。"

② 《获准开办网上传播视听节目业务的单位名单》，国家广电总局网站，2006 年 12 月 23 日，http://www.sarft.gov.cn/manage/publishfile/118/1228.html。

③ 《互联网视听节目服务持证机构名单（截至 2011 年 6 月 30 日）》，国家广电总局网站，2011 年 7 月 21 日，http://www.sarft.gov.cn/articles/2011/07/21/20110721171831580434.html。

了自制剧的原创内容开辟。这样，互联网音视频领域三足鼎立的局面更加明显。

四　广电总局规制的变革

纵观十多年广电总局关于互联网音视频传播的规制，其变化还是相当明显，这些变化一方面体现了管理者对于视频传播的认识不断提升，另一方面也是适应视频传播市场变化的必然。整体来看，在以下三个方面有了显著突破。

1. 明确了规制主体的职责和分工

多头管理曾经是我国互联网管理领域被最多诟病之处，互联网是个涉及广、影响大的新领域，政府初期的管理难免出现相互交叉、分工不明等种种现象。这在互联网音视频传播的初期也是一样，虽然广电总局积极地将此领域的管理纳入自己的业务内，但是由于涉及基础网络资源、运营监管等多个方面，而各家的分工和责任又比较模糊，所以除广电系统的网站外，广电总局的管理对于其他商业网站的效率甚微。这一现象，直到2007年12月27日56号令发布时，才明确强调了广电总局和信息产业部的明确职责分工。

2. 明确了管理范畴和重点

发展变化迅速是互联网领域发展的特点，政府和公众对于互联网音视频传播的认识都有一个发展和深化的过程，早期由于多部门交叉管理的现实和对于互联网音视频传播发展认识的局限，2003年初发布实施的15号令虽然是对互联网音视频传播的专门规制，但是在管理范畴上并不是十分明确，2004年7月6日广电总局发布了39号令，使用了与15号令相同的名字，进一步明确了管理范畴，并将15号令废止。

从15号令、39号令到56号令，广电总局对于互联网音视频服务的规制重点也越来越明确，即"许可证"制度，对于许可证的适用范围、实施、颁发和违规处罚等阐述得也越来越清晰。当前主要依据的39号令和56号令虽然也有传播内容、运营等方面的要求，但是这些要求主要依据国家以前统一规定的《互联网信息服务管理办法》（中华人民共和国国务院令第292号）和《广播电视管理条例》（中华人民共和国国务院令第228号），而行政许可制度则成为广电总局规制的重点和核心。

56号令进一步对于许可证的使用和范围等进行了细致规定，时政类新闻节目成为规制的重点，必须持证才可进行时政类新闻节目的传播，而且对于时政类视听新闻节目做了信息源的规定，要求必须是传统广电媒体的转载，即使有许可证的，也不能提供个人上载时政新闻类节目。

3. 引入了自律机制

2003 年 12 月 8 日，中国互联网协会互联网新闻信息服务工作委员会成立，在成立大会上，人民网、新华网、中国网、新浪网、搜狐网、网易网等参加会议的 30 多家互联网新闻信息服务单位共同签署了《互联网新闻信息服务自律公约》，被认为是中国网络媒体行业自律"机制完善阶段"的开始①，此后行业自律便成为互联网规制的重要补充，各种自律机构自律组织相继出现。

广电总局 56 号令明确引入了自律的概念。2008 年 2 月 22 日，广电总局组织央视国际、人民网、新华网等 8 家中央网络媒体共同发起签署了《中国互联网视听节目服务自律公约》，互联网音视频传播领域的自律组织正式形成。截至 2010 年 12 月，主流媒体网站和主要商业网站都已加入《中国互联网视听节目服务自律公约》，签约单位达 600 多家。②

4. 以培训促发展

以培训促发展，主动将管理政策通过培训的方式进行传达和解读，可以视为政府管理思路的一种转变。例如：2007 年 8 月 8~9 日，广电总局组织了首届"网络视听媒体发展与管理高级培训班"。参加培训班的有各省（区、市）、计划单列市广电局、电台、电视台，部分电信运营商，部分网络视听服务从业机构的相关业务负责人，共 140 人。③2010 年广电总局网络视听节目管理司在京举办 2010 互联网视听节目新持证机构管理培训班，136 家中央直属和地方互联网视听节目新持证机构的从业人员共 200 人参加培训。④

十年来互联网音视频传播领域发生了激烈的竞争，传播格局发生多次大变化，这些变化受市场、资金、技术、经济大环境等各方面的因素影响，而具体到各家网站其变数和影响变化的原因则更加多样和复杂。但是毫无疑问，政府的规制也是对互联网音视频传播影响最大的因素之一。2012 年，三网融合进一步推进、网络带宽免费大幅提速、通信费用逐步降低、多种终端价廉物美等等利好因素，必将迎来互联网音视频传播的一个新的发展机遇。在新的三足鼎立的格局下，竞争和变化仅是刚刚开始。

---

① 陈华：《走向文化自觉——中国网络媒体行业自律机制研究》，人民出版社，2011。
② 国家广播电影电视总局发展研究中心：《中国视听新媒体发展报告（2011）》，社会科学文献出版社，2011。
③ 《田进出席网络视听媒体发展与管理高级培训班》，国家广电总局网站，2007 - 09 - 11，http://www.sarft. gov. cn/articles/2007/09/11/20070911114357150952. html。
④ 《网络司举办互联网视听节目新持证机构管理培训班》，国家广电总局网站，2010 - 06 - 12，http://www.sarft. gov. cn/articles/2010/06/12/20100612162122380857. html。

下一轮的竞争将是以较为成熟的规范为基础，以正版和原创内容为基础的更高层面的竞争。传统广电系统越来越意识到网络传播的重要性，台网互动、台网一体成为他们后面的主要路子，传统媒体所积累的资源将被最大地调动；门户网站也开始了众多的拓展之路，2012 年 5 月 7 日，搜狐视频针对 PC 端的客户端软件"搜狐影音"第二版正式发布，将搜狐视频的"云迹服务"和独特的"2D 转 3D"等完美植入；①专业视频分享领域优酷和土豆的合并，更是被寄予更多的希望和猜测。

互联网音视频传播是我国互联网领域的一个代表，也是我国互联网发展的一个缩影。互联网是一个新兴的产业，互联网领域的发展和变化还很大，政府和企业要走的路都还很长。一位外国学者对中国互联网管理层②的访谈和研究显示：政策制定者共同的目标首先是促发展，其次才是规范；对于互联网及新技术的认识，强调其促进经济发展和满足人民需要，并要积极采纳和学习。③ 市场化是中国坚定不移要走的路子，无论是否曾经有过传统媒体、事业单位的背景，市场化、公平的市场竞争都是以后互联网音视频传播领域的主流。

（原载《新闻与传播研究》2012 年第 5 期）

自选理由：

本文重新回忆中国在网络治理过程中走过的道路，重新审视中国在发展和建设互联网过程中的艰辛，对于我们深入领会"我们不断推进理论创新和实践创新，不仅走出一条中国特色治网之道，而且提出一系列新思想新观点新论断，形成了网络强国战略思想"颇有启发。

本文回顾的十年是互联网音视频传播在中国从无到有、从稀少到流行的蓬勃发展的阶段，也是相关规制最为频繁和活跃的时期。当然，当时的管理和规制也因其间技术的快速变革、传播平台的大量涌现，以及网民的成长和智慧，受到了很多的挑战，在互联网传播领域我们眼见着、经历着政府管理者、互联网企业、网民（传播者）的互动和

---

① 《搜狐视频推出 PC 客户端"搜狐影音"》，和讯科技，2012 年 5 月 7 日，http://tech. hexun. com/2012 - 05 - 07/141133820. html。

② 2003 年和 2004 年其访问了 19 位中国政府官员，这些官员是中国互联网的管理者和相关政策制定者，大部分为国家政府和管理机构的中、高层管理者。

③ Zhang, Lena, "Behind the 'Great Firewall': Decoding China's Internet Media Policies from the Inside", *The International Journal of Research into New Media Technologies*, Sage Publications, 2006, Vol. 12 (3): 271 - 291. From: http://con. sagepub. com/cgi/content/abstract/12/3/271.

对话，这种对话和策略性行动重塑着中国互联网的发展，重塑着中国社会的发展。以规制为视角，通过互联网音视频领域最初十年间政府、企业、网民的力量博弈，记录和观察中国互联网治理的历史，通过鲜活的、正在发生的事实，讲述中国互联网领域的协商，探讨三方协商形成的可能因素，思考协商带来的意义和未来变革。

"中国特色治网之道"的研究意义深远。这些研究需要细品慢琢，需要时间的沉淀，需要共同记忆，需要集体反思，而无论如何，所有的研究和讨论都必须基于中国互联网发展的实际。

"信息拼图"在谣言传播中的作用研究

雷　霞[*]

一　问题的提出

如何定义谣言，谣言到底是什么，谣言的传播在新媒体时代表现出什么新特征等等这些问题，对于绝大部分人来说，并不是非常明确。中国社会科学院舆情调查实验室对关于整治网络谣言舆情的调查结果显示，多数人对于"网络谣言"的界定并不清楚，自认为对"什么是网络谣言"清楚的受访者仅占 14.6%，"比较清楚"的占 48.2%，"不太清楚"的占 29.2%，"不清楚"的占 2.6%，"不好说"的占 5.4%。[①] 从该调查结果可以看出，对于谣言的概念持不太清楚的人的数量已经大于 37.2% 之多，而那些自认为自己清楚的，也未必就真的清楚。实际上，在谣言相关的研究领域，对于谣言的界定也是莫衷一是，多数情形下，是将谣言简单等同于"虚假的信息"，甚至简单等同于"危害性信息"。

无论古今中外，谣言都是一个重要而又难以界定的概念，因此，大众对于谣言的认知也是模糊的。同时，面对谣言的大量传播，很多学者提出了信息公开、透明的应对方法，认为只要信息足够公开并且透明，谣言就会消亡。但是，新媒体时代的谣言生成与传播更加复杂，简单的及时公布真相并不能完全阻断数目巨大的谣言的传播。面对日益增多的谣言在新媒体平台上的传播，2013 年，国家集中力量进行了一次对于网络上谣言传播的强力度集中治理活动，采取了全国公安机关打击网络有组织制造传播谣言等违法犯罪的专项行动，对于谣言的传播起到了非常大的警示和遏制作用。但同时我们也应

---

[*]　雷霞系中国社会科学院新闻与传播研究所副研究员，本文发表时为助理研究员。

[①]　中国社会科学院中国特色社会主义理论体系研究中心：《合力构建聚民心尚理性的网络舆论空间》，《人民日报》2013 年 11 月 14 日，第 14 版。

该思考，这样强力度的治理背后，对于个人言论表达自由过度限制是否可能带来对正常的信息流通的不利影响？面对谣言传播带来的负面社会影响及其危害，必须要有强硬的法律制裁。但面对低危害性或非危害性的那些谣言信息，比如对于灾难、事故、食品安全、个人人身安全等的担忧所进行的自我缓释性的合理猜测性表达（往往在现实层面构成了谣言），是否这样的硬性治理也同样适用呢？这个问题值得深入思考。

喻国明通过对微博信息传播所造成的真相还原效应的观察，提出"无影灯效应"。他认为，任何个人的观点都可能不够全面，正如同每一盏灯都有"灯下黑"现象一样，但是，当所有知情人的观点汇聚在一起的时候，就会形成一种互相补充、互相纠错、互相印证、互相延伸的结构性关系，真相就会在这样的信息结构中毕现，这便是新媒体时代信息的"自清功能"。[①] 喻国明提出的"自清功能"提供了一个难能可贵的新的思路来理解新媒体上的信息传播，尤其是在很多人质疑新媒体上信息的真实可靠性的时候，这个思路给人们带来重要启发。但是，这一思路似乎只解释了网络信息传播中真实信息互相印证与传播的方面，而没有解释非真实信息的多人传播情形。尤其在网络水军以及各种网络营销公司普遍利用网络散布信息的情境下，"自清功能"比较理想主义。那么，是否有一种新的假设既能够阐释"自清功能"，又能够阐释未能"自清"的信息之间的拼接现象呢？笔者通过对近十年来谣言信息传播特征的观察，并结合相关的深度访谈等，试图找出答案。

二　文献回顾及谣言概念的界定

纳普认为，谣言是一种"旨在使人相信的宣言，它与当前时事有关，在未经官方证实的情况下广泛流传"[②]。谣言研究领域的两位奠基人奥尔波特和波斯曼认为，谣言是一个"与当时事件相关联的命题，是为了使人相信，一般以口传媒介的方式在人们之间流传，但是却缺乏具体的资料以证实其确切性"[③]。彼德森和吉斯特认为，谣言是一种"在人们之间私下流传的，对公众感兴趣的事物、事件或问题的未经证实的阐述或诠释"[④]。克罗斯在著名的谣言公式中加进了公众判断力因素，其谣言公式是：谣言 ＝ 事

---

① 喻国明：《"微博辟谣"是个伪命题》，《中国经济时报》2012 年 1 月 6 日，第 12 版。

② Knapp R. , A Psychology of Rumor, *Public Opinion Quarterly*, 8（1）, 1944, pp. 22 – 37.

③ Allport G. W. , Postman L. （1947）, An Analysis of Rumor, *Public Opinion Quarterly*, 10, hiver 1946 – 1947, pp. 501 – 517.

④ Peterson W. , Gist N. Rumor and Public Opinion, *American Journal of Sociology*, 57, 1951, pp. 159 – 167.

件重要性×事件模糊性÷公众批判能力。① 将公众的常识、理性思考和批判能力加进谣言公式，是对大众主观能动性的肯定，也使得谣言传播公式更加全面。美国社会学家特·希布塔尼认为，谣言反映了群体的智慧，谣言是在群体议论过程中产生的即兴新闻。② 卡普费雷在其基础上认为，谣言是信息的扩散过程，也是对信息的解释和评论过程。③ 对于个人来说，Rasnow 指出，谣言是一种公共的信息交流，反映了个人对某一社会现象的阐释，能帮助消除焦虑、获得平静；④ 对于社会来说，Fine 指出，谣言"允许群体在充分互动的基础上获得集体记忆，解构并重构社会信任，最终推动社会发展"⑤。

谣言的定义向来众说纷纭，但从西方 1940 年代至今谣言概念的发展中，笔者可以看到这样的逻辑，即受众由完全被动的，容易被说服的（纳普，1944、奥尔波特和波斯曼，1947），到主动寻求解释的（彼德森和吉斯特，1951、克罗斯，1953、特·希布塔尼，1966、卡普费雷，1987），再到探寻真相以形成集体记忆的（Fine，2007）这样一个脉络，谣言从旨在使人们相信（强效果的，受众完全被动，愿意相信一切信息），到旨在解释和阐释的（有限效果的，受众试图解释的，阐释的）转变，因此，对于谣言的认识也经历了由非理性到理性的转变。

国内学者普遍接受上述概念，比如苏萍认为，"谣言"是"旨在使人相信的宣言，它与当前时事有关，在未经官方证实的情况下广泛流传"⑥。王国宁将谣言直接定义为"传播开的虚假的消息"⑦。刘建明指出，"谣言作为舆论出现，是众人传播虚假事件的行为，但多数传播者并不认为是假的"⑧。以上对于"谣言"的定义和理解的共同点是在强调广泛流传的基础上，均认为"谣言"都是"未经证实"或没有根据的，因而偏

① 匡文波、郭育丰：《微博时代下谣言的传播与消解——以"7·23"甬温线高铁事故为例》，《国际新闻界》2012 年第 2 期，转引自王灿发、何雯：《突发公共事件的谣言传播系统及过程分析》，《青年记者》2009 年第 33 期。

② Shibutani T., *Improvised News: A Sociological Study of Rumor*, Indianapolis, Bobbs Merrill, 1966, 转引自〔法〕让－诺埃尔·卡普费雷（Jean–Noel Kapferer）：《谣言：世界最古老的传媒》，郑若麟译，上海人民出版社，2008，第 8 页。

③ 〔法〕让－诺埃尔·卡普费雷（Jean–Noel Kapferer）：《谣言：世界最古老的传媒》，郑若麟译，上海人民出版社，2008，第 8 页。

④ Ralph L. Rosnow. Rumor as Communication: A Contextualist Approach. *Journal of Communication* 38（1），1988, pp. 12–28.

⑤ Fine, G. A. "Rumor, Trust and Civil Society: Collective Memory and Cultures of Judgment". Diogenes, 2007（213）: 5–18，转引自周裕琼：《真实的谎言：抵制家乐福事件中的新媒体谣言分析》，邱林川、陈韬文主编《新媒体事件研究》，中国人民大学出版社，2011，第 102 页。

⑥ 苏萍：《谣言与近代教案》，上海远东出版社，2001，第 6 页。

⑦ 王国宁：《从传播学角度看谣言及其控制》，《新闻研究资料》1991 年总第 53 辑。

⑧ 刘建明：《舆论传播》，清华大学出版社，2001，第 291 页。

向于认为是"假"的。但是，很多情形下，谣言所传播的信息也可能后来被证明是真实的。而且，"未经证实"普遍被认为是"未经官方证实"，但是，首先，"未经证实"的并不一定是假的；其次，"官方"是否应该成为证实信息真实与否的唯一发布者或者鉴定者，值得商榷；再次，有的信息在一定条件和时空内被认为是假的，但转换时空或观察角度来看，又是真的。实际上，简单地将谣言等同于虚假的信息，显然是不客观的。加里·阿兰·费因（Gary Alan Fine，2007）认为，"虚假并非谣言的界定标准。谣言可真可假"①。王绍光指出，"在西文中，'谣言'是指在人群中传播的未经证实的说法，它可能为假，但也未必不真"②。胡钰则认为，"没有的事情说成有，这就是谣言"，并将谣言依据传播内容的差异分为两类：一类是人的反常性行为；另一类是社会现象或自然现象的反常性表现。③

有学者将"谣言"与"流言"视为同一概念，例如陈力丹认为，既然英文"rumor"被翻译成汉语为"谣言"、"流言"、"传闻"都可以，所以只强调了流言是没有确切来源的、在公众中流传的信息，并未区分"谣言"与"流言"。④蔡静认为，"在定义某信息为'谣言'时，它已经基本判断为'假'，如'辟谣'。而流言哄传，之所以社会影响广泛，一个根本原因是它在传播之时被人们信以为真或者至少被传播的信息有真实的可能性，因此，为了从学术上更确切地描述这一传播现象，在本书⑤里，将始终将其概括为'流言'"⑥。显然，这种观点忽略了有人明明知道是捏造的或虚假的"谣言"信息而故意传播的现象，而且将"谣言"与"流言"混为一谈，也有失偏颇。苏萍认为，"流言"、"讹言"、"谣言""最大的区别在于谣言的制造者是有目的、有意图的"⑦。当然，这样的区分比较牵强，是有漏洞的。

王绍光对"谣言"与"流言"、"传言"以及"谗言"进行了具体区分，指出，"'传言'是中性词，它不一定没有根据。'流言'是没有根据的传言，朱熹称之为'浮浪不根之言'（《诗经集传》卷七），但它不一定是有意制造出来的。'谣言'不是一般的流言，而是有意制造出来的流言，但不一定都是坏话。'谗言'最严重，它特指毁

---

① 转引自周裕琼：《真实的谎言：抵制家乐福事件中的新媒体谣言分析》，邱林川、陈韬文主编《新媒体事件研究》，中国人民大学出版社，2011，第100页。

② 王绍光：《序一：知之为知之，不知为不知》，〔美〕卡斯·R. 桑斯坦：《谣言》，张楠迪扬译，李连江校译，中信出版社，2010，第IX页。

③ 胡钰：《新闻与舆论》，中国广播电视出版社，2001，第1~2页。

④ 陈力丹：《舆论学：舆论导向研究》，中国广播电视出版社，1999，第102页。

⑤ 蔡静：《流言：阴影中的社会传播》，中国广播电视出版社，2008。

⑥ 蔡静：《流言：阴影中的社会传播》，中国广播电视出版社，2008，第3页。

⑦ 苏萍：《谣言与近代教案》，上海远东出版社，2001，第6页。

谤、陷害他人的谣言"①。笔者认为，王绍光对于谣言及其相近概念的区分有一定的合理性，而且这种相近概念的区分也有助于我们对于谣言概念认识的深化。只不过在现实的信息传播过程中，无论是"流言"还是"谣言"，都来自人们生活所处的环境以及人们自己内心的情绪，都反映着实实在在的问题，并非都是没有任何依据，相反，有些谣言事后被证明是真实的信息，所以，用是否是"没有依据"来判定"流言"或者"谣言"都有不妥。而且在谣言传播中，往往有主观故意的，也有无意的，这一点需要进一步区分。

周裕琼认为，流言"关注微观的群体互动"，而谣言"关注中观的集体行为"。② 从大的框架和宏观层面来看，这样的区分有一定的意义，但笔者认为，当谣言信息所涉及的内容牵扯到某个人或某个微观事件，但又在社会上引起高度关注，进而成为热门信息而被广泛传播时，我们该将之归于流言还是谣言呢？因此，这样的区分还有待更进一步探讨。笔者认为，从传播范围的广度来区分流言与谣言，是一个值得考量的角度。

"谣言"和"流言"在汉语习惯表达中显然是有不同的含义的，需要区分。但是，区分的标准以"是否有意"是有失偏颇的，因为，有些流言也可能是有意的，有些谣言也可能是无意的。而有些谣言事后被证明是真实的信息，所以，用"没有根据"或者"虚假"来区分"谣言"与"流言"也不合理。笔者认为，"谣言"和"流言"最大的区别在于传播的强度和广度不同，不在于是否故意或者是否有事实依据。一般来说，"谣言"的传播范围更广，强度更大，"流言"的传播范围较小，强度也较小。而对于"谣言"与"流言"的社会影响，则需要辩证看待，两者都有可能带来正面的社会影响，也有可能带来负面的社会影响。

在梳理了国内外对于谣言的概念界定与认识之后，本文试图用更加客观、中立与科学的视角来认识和界定谣言：谣言是被广泛传播的、含有极大的不确定性的信息。新媒体时代，谣言在传播过程中可能被个人与群体共同加工、增减、修补而产生变异，也有可能在个人与群体追求真相与明辨的过程中被证实或证伪，从而消除其不确定性。需要说明的是，本概念中所指涉的"不确定性"与广为流传的香农信息定义中的"不确定性"是有区别的。本概念中的"不确定性"关注的是信息本身的可靠性未被确定，而香农信息概念中的"不确定性"关注的是信息在传递过程中的失真，主要适用于信息

---

① 王绍光：《序一：知之为知之，不知为不知》，〔美〕卡斯·R. 桑斯坦：《谣言》，张楠迪扬译，李连江校译，中信出版社，2010，第Ⅸ页。

② 周裕琼：《当代中国社会网络谣言的本质特征、传播规律与社会功能：对八次实证研究发现的综合分析》，《中国传媒海外报告》2012 年第 8 期。

通信领域。谣言的明了过程或辟谣过程是对信息的不确定性的消除过程，一旦其不确定性被消除，谣言要么转化成为真实信息，要么转化成为不实信息，总之，一旦其不确定性被消除，谣言就终止或死亡了。但是，曾经是谣言的信息，如果不再被加工重现，那么在新媒体时代的信息海洋里很快就会彻底消失，如果又被加工或重新出现，即又被当作是新近消息传播开来或者是重新经过改造再传播开来，那么，它就以原来的形态或者被改造过的形态又"复活"了。

值得注意的是，谣言含有不确定性的信息，是对于大多数传播谣言的人而言，实际上对于最初或者传播中间故意制造、增补了不确定性信息的人来说，是明知不确定，但又以确定性的，或者求辟谣的形式来传播的。

同时还要注意到，谣言的制造与传播并不总是故意和恶意的，也有非故意的和非恶意的。有些谣言被辟谣或被怀疑虚假，后来被证实是真的；有些谣言从一开始就是假的，是被故意制造和传播的；有些谣言从一开始就是假的，是非故意制造和传播的；有些谣言信息中包含了部分真实的成分，部分虚假的成分，甚至真假掺和在一起，很难严格以"真"或"假"的二元法来进行区分。

本定义中舍弃以往公认概念中谣言是"未经官方证实"的提法，原因有二：其一，有些谣言虽然未被官方证实，但得到了直接相关的和拥有绝对权威性的非官方机构或个人的确定，显然，被确定后的信息就不能称之为谣言了。而有些时候，出于一些政治或经济目的，即便是官方已经"证实"的谣言也有可能是不实的，我们不能将"官方"定为证实谣言是否属实的唯一权威；其二，有些谣言是未被证"实"，但也有相当一部分谣言是未被证"伪"，因此，"证实"的说法不够贴切。本文提出的谣言概念中强调了"不确定性"，而这种不确定性就指可能是真，或者可能是假。而且，大量形形色色、大大小小的谣言，是不可能被"官方"一一所证实或证伪的，有些是没有必要得到官方证实或证伪的，也有一些是没有可能得到官方证实或证伪的。因此，本文不再沿用"未经官方证实"的提法。

本定义中舍弃以往公认概念中谣言是由"非官方发布"的提法，原因是，新闻消息一般被认为是会经由官方信息发布平台，或者官方权威部门直接通过其认可的大众传播媒介发布，而谣言作为不确定性未被消除的信息，是与之相对的，传统观念中也认为谣言生来就应该没有像官方这样的发布者的权威性。但是，事实上，官方在一定情形下也会（甚至故意会）发布一些不确定性的谣言信息，并且会暗示大众相信其确定性，以达到自己的政治或其他目的。比如，在2004年台湾"大选"期间，国民党、民进党、亲民党选举结果公布前一天，即3月19日下午，发生了陈水扁、吕秀莲称在台南市遭到不明枪击受伤事件。国民党与亲民党自动宣布停止举办原定的大型选举造势活动。3

月 20 日公开选举投票结果，陈水扁、吕秀莲以 50.11% 的得票率领先。但从 3 月 20 日晚开始，国（民党）亲（民党）联盟政治人物及其支持群众走上街头，开始了对选举不公不义的抗议。抗争活动一直持续了两周时间。根据台湾《联合报》3 月 22 日公布的民意调查，枪击事件"是选情逆转的最主要因素"，牵动了 8% 的选票流动，其中有 5% 的民众"由不投票或可能投票转为投票"，有 3% 的人则"由投票转为不投票"，两者相抵，投票率因此提高了 2%。① 枪击案后，国民党指控枪击案作假，意图获得民众同情以赢得选票。在这一事件中，无论民进党和国民党哪一方的说法属实，都有另外一方属于造谣，并且，双方均为官方。因此，有些时候，官方发布的信息不一定就不是谣言。而谣言的制造与传播者也不一定全是非官方。因此，本文不再沿用"非官方发布"的提法。

同时需要指出的是，该定义中的"不确定性"和"广泛流传"是缺一不可的。也就是说，即便是带有不确定性，如果没有被广泛流传，也成不了谣言，而广泛流传的信息，如果有很强的确定性，就不再是谣言了。正因为其不确定性未被消除，因而大多数时候当人们听到或看到谣言信息时，会自然而然地表现出一定程度的将信将疑，而且期望被确定。而"不确定性"正是区别谣言与新闻消息的重要指标。实际上，谣言本身无所谓真假，而是反映和隐含了某些社会和心理诉求，这些隐含的社会和心理诉求才是真正需要被正视和关注的。

三 "信息拼图"在谣言传播中的作用

在信息传播的过程中，无论信息的可靠性是否被确认，只要能与其他已有信息相互契合，就能形成"信息拼图"，从而被大范围传播和扩散。在新媒体时代，有时候打造和发布一条信息，不用标明该信息的可靠性或者来源，或者故意用不确定的来源，或者指明该消息来源为信息发布者的熟人、事件的当事人或目击者等等让人更加容易相信的形式，以口耳相传、手机短信、新闻客户端评论，或者社交网络等渠道和平台发布和传播，甚至能被大众媒体当作新闻由头来报道，更加扩大了其传播范围和关注热度。因此，"信息拼图"变得更加开放。而开放，就意味着有更多的可能性拼接，同时容易混杂更加不确定性的信息。这就给有意利用"信息拼图"来故意传播不良、虚假、危害性谣言信息的人以可乘之机，他们见缝插针地散播各种信息来填补信息空白和缝隙，以

---

① 范丽青：《阿扁枪击案全景记录：两颗子弹扭曲选举岛内人人成神探》，《瞭望东方周刊》2004 年 5 月 11 日，东方网，http://mil.eastday.com/eastday/mil/node3208/node16679/userobject1ai231975.html。

实现自己想要的"信息拼图",达到自己的目的。

(一)多角度的拼接

网民从各自视角出发,所发表的对于同一个事件及其相关联事件的看法和意见表达,以及对应的各个角度的情况表述,包括文字的,也包括声音的、画面的和动态影像的记录,从而可以还原一个全方位、全视角的立体事件,并形成逐渐接近真实的集体性记忆,这与以往的单纯由传统媒体机构记录新闻事件不同,原因正是因为增添了个人的记忆,并且个人的记忆被无数个另外的个人的记忆重置、验证、纠错、还原、叠加、强化而成为更加饱满和更加接近事实的记忆。

在 2013 年 12 月 2 日上午发生的北京撞人事件中,伴随一张显示一位外国年轻男士衣服被撕破,而倒地的一位中国中年女性像在"撒泼"的现场照片,各大网络媒体一边倒地配以文字报道外国小伙被中国"大妈"碰瓷,塑造出好心扶人却遭碰瓷的无辜"老外"和无礼又讹人的"大妈"形象,而网络舆论更是一边倒地质疑"大妈",为"老外"鸣不平。之后,随着一段"老外"用地道的北京脏话骂倒地"大妈"的视频的传播,以及多名网友提供的现场资料细节和媒体记者采访得知的"老外"骑一辆"无证摩托车"、"逆行"、"撞倒"并用粗话骂"大妈",而非之前报道中模糊处理的"大妈倒地"(没有报道被撞倒),各网络媒体于是又一边倒地质疑"老外"的言行。实际上,之前广泛流传的照片的摄影记者也承认自己为了"鞭笞丑恶",对事件过程进行了模糊化处理,只说"女子在经过一个骑车老外旁边时突然摔倒,随即瘫软倒地不起。外国小伙下车急忙搀扶,女子却要老外负责"[①],这样的语句本身含糊其词,并且刻意表达预设立场,完全不符合新闻规范。后续报道中描述的"瘫倒在地并有抽搐"的"大妈"听到"老外"要离开便"立即起身拉住老外的摩托车"情形,也让人怀疑"大妈"倒地时的瘫软是否真有"装"的嫌疑。比较先后立场完全相反的两类报道,都有让人质疑的地方,但媒体报道的立场太过偏激,缺乏中立。只不过,这个谣言起因于中国国际广播电台旗下国际在线网站,后来该事件的细节被纠正,事件原貌逐渐被还原,直至引发拍照人登报向大妈道歉,这个过程中离不开广大网友对于该事件的关注,尤其是网友们提供的相关细节资料的拼接。

新媒体技术的发展和各种新媒体平台都为信息的拼接和还原事件的真相提供了便捷。一是由于新媒体平台提供了快捷而又能够完整记录的途径,弥补了单靠人的大脑的

---

① 《新闻杂谈:以讹传讹》,网易新媒体,http://www.52rkl.cn/xinwenzatan/1204123262013.html,2013 年 12 月 4 日。

记忆容易产生的记忆误差；二是新媒体平台提供了多人互动、互相证伪或证实的可能，使得不可靠或者出现纰漏的记录在短时间内就可能被别的更加可靠而真实的记录所取代和淘汰。这就如同正在拼插的立体拼图，不适当的碎片非常容易被清理出局，而只有那些适当的碎片才能够天衣无缝地与别的碎片衔接，因为事实只有一个，因此，接近事实的碎片彼此能够契合。

因此，在新媒体时代，"信息拼图"在拼成事件原貌的过程中，不合适的拼块自然被淘汰，最合适的信息块被填充，于是还原了事件原貌，而且，这种还原是立体的、多侧面的和多维度的，含有文字的、图片的、声音的、影像的，而且是包含有情感和立场的。但"信息拼图"在不实信息的拼接和被策划的舆论宣传中同样起作用。如果关于事件的信息一开始是不实的和不全面的，而所谓的"了解真相"的网友也只是凭借道听途说和自己的猜测来发布信息，这样的信息一旦迅速拼接上，少量的真实的信息反而被排异，那么，不实的信息就主宰了舆论的主氛围，例如上面案例中，在关于对"老外"的质疑信息没有占领舆论主氛围时，针对"大妈"的质疑信息就形成了迅速的拼接而形成了主导舆论。另外一种情形，便是有意的、故意的舆论宣传，比如网络营销公司利用水军造势，有选择性地发布信息，甚至编造信息，再由其他水军发布与之能够拼接的"支援性"信息，从而迅速形成"信息拼图"，形成"舆论"。

（二）理性的验证

周裕琼通过实验发现，网民除从谣言来源、谣言本身、谣言背后的心理预期以及谣言的传播情境这四大传统线索来判断网络谣言是否可信外，还会积极主动地搜索相关信息，以集体合作的方式来对谣言进行多方验证。[①] 周裕琼所做的这个控制实验虽说是在小范围展开，但还是有效证明了在一个信息圈子里"谣言"的传播与扩散的一些理性层面的特征。通过散布于各个地方各个个人之间的多人即时互动与相互间的启发，形成了对于"谣言"信息多层面的互相补充与探求，完成了对于事件与信息的多维度、多角度、立体化的拼接，这种拼接除了事件真实存在和发生的细节，还包括对于该事件的看法与观点的拼接，因而成为一个理性的探索过程。

雅安地震中产生了很多谣言，有一些是不明就里、借题发挥的质疑和责难，见图1。[②]

---

① 周裕琼：《当代中国社会的网络谣言研究》，商务印书馆，2012，第138页。
② 来源：新浪微博，http://weibo.com/，2013年4月20日。

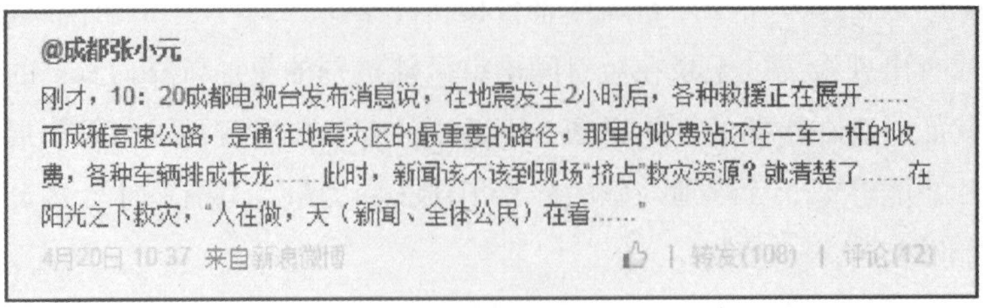

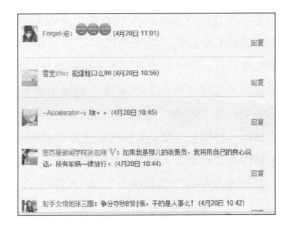

图1　新浪微博截图

跟在上面微博之后的评论大都是与该微博信息一致的质疑和责难愤怒，见图2。①

图2　新浪微博截图

但也有从另外一个角度澄清的评论，是对于上面微博信息的质疑，见图3。②

图3　新浪微博截图

可见，"信息拼图"中除了对于事实性信息的多方拼接外，确实还包含了理性思考的拼接，这是"信息拼图"非常可贵的一个特点。

（三）合理的质疑

理性的声音往往出现在沉默的螺旋不再沉默的时候，尤其是在一个备受关注的事件

---

① 来源：新浪微博，http://weibo.com/，2013年4月20日。
② 来源：新浪微博，http://weibo.com/，2013年4月20日。

所形成的公共舆论中，出现了与大多数人的意见相左的声音的时候，这个声音很有可能就是比较理性的。

比如在李天一等轮奸案中，曾有人称该案已经和解。新浪微博用户"@大鹏看天下"发微博："【李双江儿子轮奸案和解了？】25日傍晚，某认证博友称：李冠锋（李天一）未满18岁，作案又处醉酒状态，很难重判，5名嫌疑人家长与被害女孩家长沟通，赔偿重金、北京户口、工作、1套房，女孩已撤诉。2011年9月，李天一无证驾驶宝马车打人被教养，很大程度是受害人拒绝和解。请@北京发布@平安北京辟谣~。"发帖时间为2013年2月25日18：53，截至2月26日16：52，该微博信息被转发8941次，被评论2263次。这些评论中包含了理性的、结合法律常识的质疑，也有表示个人疑惑的、求真相的需求的传达，更有相信的、针对有钱人的对物质换来的和解的猜想和不满，还有直接揭示这是谣言的。在一些微博网友的评论中，虽然有一些非理性的言论，但夹杂在非理性的言论甚至谩骂中的，是很多理性的声音。评论中充满着对于真实可靠信息的期望，而且也充满着对于司法常识与科普知识的期待，网友自己发掘真相的兴趣浓厚，有的质疑是针对谣言信息本身，而有的质疑是针对谣言信息相关的科普与社会现象进行的自查与反思。随着真相的浮现，新浪微博对该微博定性为"不实信息"。在广大网友合理的质疑声中，逐渐得到了真相。

（四）"信息拼图"的排异性

谣言传播者传播谣言的原因大致可以分为以下四类。第一类是不知道信息来源或不追究信息是否属实，只是因为某种自身感兴趣的原因而传播了谣言；第二类是因为涉及的信息与本人或周围环境有密切关联，或与本人有关注需求的人或事物有关联；第三类是因为恶作剧的原因；第四类是为了追求点击率和吸引粉丝，故意"挖洞"，俗称"钓鱼谣言"，即故意留出"bug"（漏洞）来吸引网友质疑和澄清，自己则得到了关注。

在信息一旦发布便可以瞬间到达所有媒介平台的新媒体时代，无论出于上述哪一种原因，谣言传播者一旦传播出了谣言信息，就不再受自己控制了。谣言的传播往往有时候势不可收，最终即便谣言传播者自己站出来澄清，说明是自己制造和传播的谣言，但大众已经不再认可和相信，反而更加相信谣言本身了，这便是"信息拼图"的排异性造成的。也就是说，在一定时间内，当某些信息或观念成为传播的主流信息或观念时，其他的不能拼接的信息或观念就会被排异，因此在一定时间内有一个舆论的主流。只有当这个主流舆论被打破的时候，逐渐地有了其他信息或观念来填充并有了新的拼接的时候，主流信息或观念才有可能转移，从而形成新的主流舆论。这也从另外一个角度说明了"辟谣"的难度。

比如在 2013 年 7 月 25 日发生的一位北京的父亲带着他 9 岁的女儿摆地摊被城管打伤的事件，在事件被广泛关注的前期，舆论一律倒向同情父亲和女儿，批评城管，表达对城管及城管制度的愤恨和不满，后来又有人开始质疑这位父亲是《新京报》主编，主动发起该事件来"钓鱼"，再后来，出现了更加理性的声音，开始质疑 9 岁儿童摆地摊本身的非法性。一时间该事件成为热点事件，截至 2013 年 7 月 29 日 15：44，"父亲陪 9 岁女儿摆摊被打"在百度新闻热点排名第二，相关结果约 311000 个；"父亲陪 9 岁女儿练摊"在新浪微博搜索搜到 356411 条结果。事件发生后，该事件的视频被传到网上，引起广泛关注和热议。该事件背后的真相在不同时间段的说法众说纷纭，先后出现了谴责城管暴力执法说、新闻碰瓷说和谴责借用事件攻击城管执法说等。

当有人称带女儿摆地摊的父亲田先生为新京报社副总编田延辉，并引发大家对于"钓鱼"城管的质疑的时候，有新浪网友举报该消息不实，新浪微博对原始微博信息作了处理，见图 4。①

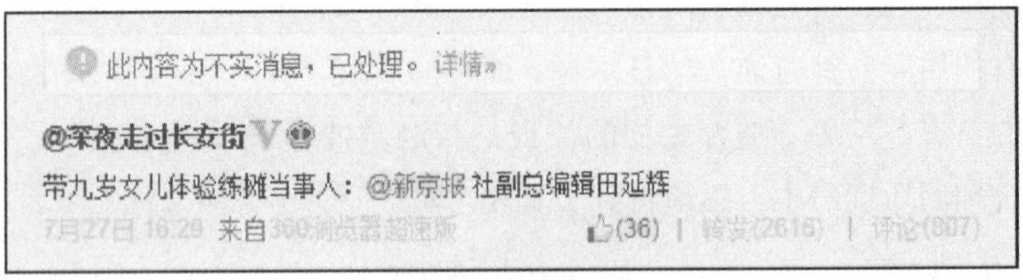

图 4　新浪微博截图

该谣言信息在被处理之前，引起很多网友的将信将疑甚至相信。随着该信息被举报和处理，这个谣言信息很快在该事件相关信息的"信息拼图"中被排除出局。

对于网络上流传的"提前预谋商讨，有多名媒体人埋伏在现场"等说法，田先生认为全是造谣，7 月 28 日下午，田先生通过新浪微博"@田予冬 2013"首次讲述了当天发生的事情，公开自己身份，否认"碰瓷"质疑，承认"练摊"违法，否认暴力抗法，指责暴力执法。

新浪微博用户"@大鹏看天下"表达了一种很有代表性的观点，见图 5。②

该微博发布于 2013 年 7 月 29 日 6：34，在短短的 1 小时 38 分钟的时间内，被转发 26962 次，评论 5264 次。而在这些转发与评论中，出现了"@老曾阿牛"这样的另外一种有代表性的声音，即质疑事件中主人公的未成年人身份及无证小贩等标签的合法性。

---

① 来源：新浪微博，http://weibo.com/，2013 年 7 月 27 日。

② 来源：新浪微博，http://weibo.com/，2013 年 7 月 29 日。

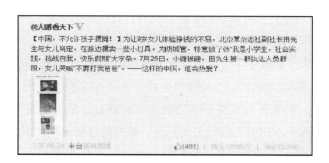

图 5 新浪微博截图

在当时，拥有 340940 粉丝的新浪微博用户"@北京西城"采信了完全不同的另外一种代表性观点，发布观点称，"对用未成年的孩子制造社会事件，炒作所谓城管暴力执法更认为应该予以谴责"。新浪微博用户"@捍卫北京的牙医晖子"则更是站在法律的角度借用"举报"并公示的方式来维护微博平台的理性，见图 6。①

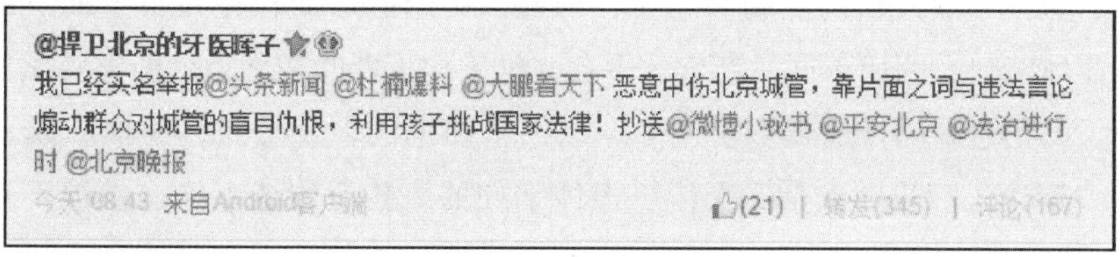

图 6 新浪微博截图

该微博发布于 2013 年 7 月 29 日 8：43。继这个微博之后，出现大量的谴责借用该事件来攻击城管执法的理性言论。于是，该事件舆论前期的一致的抗议城管行为的斥责声音转变为故意的"钓鱼"，再到反思女童不应该摆摊，再到谴责利用该事件攻击城管的理性声音。

由该事件的舆论转向可见，一般情形下，只要信息拼接上了，就被认为是"真实的"了；而不是只有真实的信息才能拼接上，营销水军为何能造势就是利用了这一点。大量的营销性谣言传播案例也已经证明，并非只有"真实"的信息才能迅速拼接并传播、蔓延开来，有时候即便是"虚假"的信息，只要能够与其他"虚假"的信息良好拼接，也照样能迅速传播、蔓延开来。

（五）利用"信息拼图"形成谣言的规律

通过对以上案例的观察，可以得出利用"信息拼图"形成谣言的规律如下。

---

① 来源：新浪微博，http://weibo.com/，2013 年 7 月 29 日。

1. "点""点"串联，"形成"谣言

一个谣言信息的制造过程，离不开谣言指称事件的各个"点"，也就是说，要制造一个媒体事件，首先要制造多个可以被串联或者被联想到一个事件的"点"，并且往往由不同的"推手"发布，再由专门人员将这些"点"串联起来，编成完整的故事，形成一个完整的事件，最终成为被精心策划的谣言。而且，每个人发布"一点点"不实信息，分散开来，再由不同的人串联，实际上，编造信息要承担的责任也分散化了，因为"点"比较多，要追究起责任来，是比较困难的，而且多数时候，对于这样的"一点点"的不实信息，是没有太多法律约束和惩罚的，这也是为什么营销者能够如此操作并规避"风险"的前提。

2. 推手助推，"制造"舆论

正是有了新媒体，媒体事件的制造和传播变得容易。在传统媒体时代，信息的采集和发布往往不像新媒体时代的信息这样分散，并且发布信息的渠道也没有新媒体时代这么多样化，更谈不上大众的互动参与了，因此，舆论的形成往往是自上而下的议程设置。而新媒体时代，利用不同的新媒体平台，推手们不费吹灰之力就能够将编辑好的虚假或者真实的信息瞬间推送到多个用户，以由下而上的自发形式，助推形成"舆论"，而这样的"舆论"很多时候是不受传统媒体掌控的，甚至传统媒体也是被不知不觉卷入其中的。

3. 大众媒体跟进，推向高潮

当被各社交化媒体平台或网站热帖炒作起来的事件渐炒渐热，引起一定程度的关注后，不论是传统媒体还是新媒体，总之大众媒体为了自身利益考虑以吸引大众眼球，或者为了自己的职业和社会责任来澄清事实，都会跟进事件，继而采访事件当事人或者相关者，往往将对事件的关注推向高潮。实际上，多数情况下，营销机构提供给媒体新闻由头或者"新近发生"的信息源，媒体则狂热地接受并替其扩散，从这种意义上来说，媒体其实是营销机构所利用的对象或者工具。

4. 大众配合，实被蛊惑

正是因为大众有了随时参与公共事件的平台，有些事件才更加容易进入大众视野，也更加容易被热炒。而更多时候，正是因为信息的不对称，大众往往只是凭靠自认为已经"掌握"了的信息或者情况来"填空"和进行"拼图"，自认为还原了信息的真相。但很多时候，大众只不过是被营销机构蛊惑或者利用的"棋子"罢了。

总体来看，近年来广泛流传的谣言有些与假新闻挂钩；有些首发于传统媒体，但传统媒体的新闻源很多来源于网络，而且是由于媒体记者未作详细核实就草率报道；有些则引发了群体性恐慌或群体性事件。一般情形下，事故类的谣言多先由口耳相传传开来，继而在网络上传开来，然后再引发广泛关注。在新媒体时代，一些谣言是在网络上制造和传播开来的；一些则是发生在现实中的事件和现实中已经出现的谣言，被上传到网络上引发广泛关注。

综上所述，"信息拼图"涵盖了三方力量，即各类媒体、大众和各类推手。在新媒体信息的海洋里，各类媒体发布各自认为是"新闻"的信息，大众用个人的情感与理性判断信息的真伪，并拼接起自己的信息世界，而推手们自编、自导、自演各种吸引人和不吸引人的剧目，目的是将媒体与大众都卷入自己的剧本，并且按照自己的剧本来演绎角色。毫无疑问，媒体的责任和发布确定性信息的难度更加增大，也更加有价值和意义。

四 "信息稀释"：阻断谣言信息的拼接

"信息拼图"的提出，能够让我们更深入地认识到信息在新媒体平台上的各种可能的拼接，当中包含有"自清"功能，也包含有被营销公司和网络水军利用来营造舆论氛围的信息拼接，从"信息拼图"的角度出发来认识谣言信息的传播，是真正意义上的从信息传播角度来阐释谣言信息的拼接，这个角度能够帮助我们以更加客观和中立的立场对待谣言信息的传播与扩散。在此思路下，笔者提出"信息稀释"既能保障正常信息传播的通畅，同时又能阻断不实谣言信息的拼接与传播和扩散。

稀释后的信息填充包含两个方面的内容：一个是谣言所涉及事件相关的更加真实的信息，一个是与该谣言所涉及信息有关联的或者无关联的新的热点话题的聚合。无论是哪一类的信息，一旦增加大量真实信息的传播和扩散，既有效稀释了不实信息，又有效阻断了不实信息的拼接；既可以推送更多的热点，也可以设置更多的社会议事和议程，还可以传播更多知识类、科普类、娱乐类的有用信息。

采用"信息稀释"方式来冲淡谣言信息的对接与传播，不是回避失实谣言信息所指涉的问题，而是用更加真实的信息来冲淡失实的信息；不是阻断大众对于不确定性信息的讨论、推测与质疑，而是要激发和鼓励大众对信息的理性交流和讨论。一方面，讨论者越多，越容易提出合理、合法的解决问题的方式；另一方面，各种各样大量的确定性信息能有效稀释当前的失实或不确定性的谣言信息。

在大众严重依赖各种新媒体搜索平台来获得信息的时代，很多时候，大众对于某事件的认知主要来源于网络搜索推送的信息。而在搜索功能中输入关键词，"自动完成"的词条就会出现在搜索输入框底下的下拉菜单中，供搜索者便捷选择和参照搜索。而这样一些自动完成的词条一般是基于用户搜索频度的累积。但在一定层面，下拉菜单所提示的词条所含信息并不是以事实为依据，而是以用户搜索为依据。这就造成一个问题，

即不明就里的使用者为了明确或确定一个信息而进行搜索，但在搜索过程中，大量的自动完成的提示有时候更加强化了这种不确定性，甚至导向不确定性的信息，而非直接引导搜索者进入确定性信息的链接。因此，散布在网络上的信息及其排序，是否应该以时间为序，或者以搜索热度为序，还是以事实依据为序，是值得深思的。

因此需要强调指出的是，在信息稀释后的信息填充，一定要确保真实的和有价值的信息，而不是滥竽充数的涂鸦式的填充、灌水式的信息填充，要极力避免不确定性的或虚假信息的填充。

新媒体时代的碎片化媒介消费正好有利于信息的填充。碎片化并不等同于简单和粗浅，相反，碎片化阅读留下大量"填空"的时间，更加有利于多角度、多维度甚至是更加深入的思考和拼接。而散布于网络的大量的参事议政者，大都具有对社会发展的关切和爱国的情怀。这些参事议政者在碎片化时间里的议政、论事和建言、献计、献策如果得到鼓励，是有利于推动社会问题的解决，有利于提升政府的公信力和亲和力，从而有利于社会的发展的。

（原载《新闻与传播研究》2014 年第 7 期）

自选理由：

本文是对"谣言""信息拼图"与"信息稀释"等概念的深入阐释。在信息的传播与扩散过程中，首先发出的信息如果与其他信息能够契合，从而嫁接形成"拼图"，就容易被认同和相信，并被大范围传播和扩散。与之相反，如果要阻断谣言信息经由"信息拼图"而形成大范围的传播，从信息传播角度而言，可以进行与之对应的"信息稀释"，即当谣言信息一旦有迹象表露被"拼图"而传播之时，大量的其他与该谣言信息不相关的信息，以及与该谣言信息相关的其他更加确定性的信息的入场，便可形成有效的对于该谣言信息传播的阻断，从而遏制谣言的传播和扩散。

本文提出"信息拼图"概念，这一提法比网络的"自清"（也即"自净"）功能更具中立性质，并涵盖了被各种营销或者利益主体所控制和助推的"拼图"现象，从而拓展了"自清"功能理论。同时，"信息拼图"概念还能有效解释谣言的扩散原因，并能为有效治理谣言提供"信息稀释"的参照。本文在谣言的研究，尤其是新媒体时代谣言研究方面提出了原创性观点，并兼备了学术的中立与严谨。有同行专家指出，该项研究从信息的"不确定性"这一维度构建谣言的定义及特征，与众多研究者对谣言的解释有所不同，为这一领域的研究呈现了一种新颖的观察视角和解析路径。

"历史虚无主义"的网络逆袭及其克服

孟 威[*]

对英雄邱少云事迹真实性的诋毁，在互联网上又点燃了一把火。这把火看似基于人体科学认识论的理性求证，实质上，振振有词的所谓"生理学"说辞背后，折射出的是网络舆论场上潜藏的一股意识形态暗流。"诋毁说"引爆了一直以来引而不发的思想"燃点"——互联网"颠覆观"背后的历史虚无主义，以及"过度反思"所掩盖的文化不自信和价值观危机。

"反思"与"颠覆"："诋毁说"的网络
看点及真相揭示

互联网言论已成为中国社会舆论的重要风向标。近年来，多元声音裹挟形形色色的文化思潮起起落落，国内外各种意识形态交锋愈演愈烈。"反思"与"颠覆"逐渐上升为网络舆论的两大主导性看点。客观地说，一些客观公正的批评文章，揭露经济领域的假冒伪劣现象、日常生活中的不道德行为、政治舞台上的腐败现象，表达民心民意，启发人们认清真相，呼唤精神文明，一定程度上起到了改善现实社会、网络环境的作用。

但是，有些网络言论却格外钟情于"控诉"，特别热衷于"曝光"，津津乐道于鞭挞"丑陋"、"阴暗面"，"冷嘲热讽"、"丑化"中国现实，极端偏激、情绪化，显示出强烈的政治干预性、煽动性。近来对英雄邱少云的诋毁就显露出这样的色彩——貌似站在"常识"立场上，以"冷静"、"客观"的面目质疑英雄的真实性，文字后面却隐含着不张自明的政治台词：英雄行为纯属伪造、英雄事迹不存在、中国人受到了共产党军

---

* 孟威系中国社会科学院新闻与传播研究所研究员。

史的"欺骗"和"愚弄"。这一言论并非偶发，它和不久前网上对黄继光、董存瑞、罗盛教、雷锋等一系列英雄人物的"诋毁"连成一片，混淆认识喧嚣一时。系列"英雄诋毁说"主要表达几个议题：英雄人物并非真实而系"伪造"；中国共产党军史谎言为官兵"共谋"；为所谓"正义"而战的英雄实属受"忽悠"的政治"炮灰"，和中国人一道蒙受欺骗；中国政府话语没有可信度。

从表达方式上看，"诋毁"舆论亦有其突出特点，或以图文并茂的大篇幅报道和链接吸引"眼球"，强化刻板印象和持续性关注；或伪造持不同说法人士的"回忆录"、"真话"、"独白"引发不满；或翻"文革"中的"拔高宣传"历史旧账，通过渲染、夸大、暗喻与联想，构造"谎话中国"的今世印象。互动言论对立化，不仅充满价值判断，粗口、脏话屡屡凸现，语言暴力本身也很容易助长外部对中国网民的负面印象。

新闻与言论相呼应，真假文本交叉运用，史料与戏骂掺杂配合，构建了一种"谎言"与"绝望"之下的抗议语境和议题框架，使所谓"反思历史"负面声音连成一片，加剧了一些人认识上的茫然，使之对中国军人的良好印象大打折扣，也造成了新的思想混乱，干扰着人们对党史真实性的评价，给中国文化社会制造新的不安定因素和舆论风险。

反思是自觉的前提，一个群体、一个国家或一个民族，通过反思历史审度今日，达到批判性的补充、超越，推动社会的发展进步，无疑具有积极的建设性意义。但关键是，反思的标准是什么？以何种尺度作为评判历史的依据？反思目标又指向何处？对这一系列问题的不同回答，是思想认识领域划分唯物论和唯心论的关键，也是我们能否到达理性认知的前提。

从历史的角度还原事实，将具体事实放诸时代环境之下做具体分析，公正客观地发掘真相，寻找形成历史人物精神价值取向和行为表现的内在逻辑，是马克思主义唯物论的根本立场，也是科学认识历史文化的必然选择。上个世纪 50 年代，在中国人民抗击美帝国主义侵略，援助朝鲜人民的自卫战争——抗美援朝战争中，涌现出一批可歌可泣的英雄人物，堵枪眼的黄继光、烈火烧身的邱少云、冰窟救出落水朝鲜少年的罗盛教、在平安北道遭美机轰炸牺牲的毛岸英……以他们为代表的中国军人，在极端残酷的战争中，浴血奋战、舍生忘死，保家卫国、英勇无畏，谱写了国际主义和革命英雄主义的时代赞歌，向世界彰显了中国人民无私无畏的精神力量和追求和平正义的高尚品格，在军史、党史乃至人类历史上留下了辉煌壮丽的篇章。对此，即便是当年作为对立面参战的一些美国士兵，对英勇无畏的志愿军也有着震彻心脾的记忆。在《听美国士兵讲中国志愿军的故事》中，一名叫霍尔的美国兵就这样说："从这时起，我第一次认识了中国人民。以后经过的种种事情，使我越来越明确地认识到，中国人民是了不起的人民，伟大的人民，你们确实是不寻常的!"并由衷地感慨:"(中国的军队)是毛泽东思想培养出来的有高度觉悟和战斗力的文明之师、威武之师。"种种历史记忆难以磨灭，历史真相更无法抹杀，中国英雄驰骋疆场为正义而战的历史写真，是不能凭某些人主观想象任意篡改与割断的，更不容诬蔑质疑信口推翻。

尊重历史还原真实，反思必须从事实出发，实事求是，才能得出真正有价值、有意义、有启发的结论。这是历史唯物主义的认识论，也是对反思最起码的要求。非此，反思必然误入认识歧途，而以歪曲的事实编造真相，更是对历史的背叛与践踏。

"诋毁说"：欺骗性表象下的"历史虚无主义"本质

"诋毁说"经不起推敲，它全然不顾或伪造摆弄史料史实，罔顾战争亲历者的见闻，对于特殊环境下人的意志潜能也置之不理，却极端片面地将历史僵化于"生理学"一点之上夸大其词。但是对于缺乏历史知识和战争认知的普通人，这种说法表面上却很具迷惑性，表现出四种舆论特征：

第一，它是以客观、冷静的面目出现，以科学常识的名义做出评判。比如，"人体承受机枪枪口的冲击力而不倒，违背人体物理规律"，"燃烧弹下，神经元的反应难以控制"云云，听上去很有人作为物质体、生理存在的真实性。

第二，说理看似通俗"质朴"，容易让人理解。比如，"以主观能动性歪曲事实，达到宣传的目的，这是教育的悲哀"，似乎对中国历史和国情很有了解和触痛。

第三，貌似现实、"接地气"的说法，易于引发某种心理共鸣。比如，"尊敬谈不上了，那种为了给民众洗脑而炮制出来的所谓英雄只会在真相被戳穿后遭到耻笑"，进而谴责抗美援朝战争的不合理性。

第四，迎合一些人所谓反思"中国宣传史上传播手法失误"的心理。如，新加坡《联合早报》的一篇文章称："当年的宣传手法有明显的意识形态特点与为政治服务的特征，人物往往高、大、全，事迹常常惊天地、泣鬼神。到了21世纪的今天，随着互联网技术的发展、社会意识形态多元化的取向、民众独立思考能力的提高，这些英雄人物和事迹已经很难打动现在的年轻一代。"但即便是这篇貌似中立的文章也不能不承认，它"折射出的是中国网络上政治立场的复杂多元"。[①] 在网络的围观炒作之下，种种以

---

① 之白：《从邱少云看中共宣传话语困境》，《联合早报》2015年4月21日。

"反思"为名的"反常"说辞，对以青年群体为主流的中国网民，尤其具有蒙蔽性和欺骗性，进而扰乱他们尚不成熟的思想认识和文化心态。

"诋毁说"堂而皇之地打着"反思"旗号，在价值观多元化、相对主义流行的网络语境中，"颠覆"历史、"颠覆"传统共识，企图另辟蹊径，制造新的价值认同。究其根源，这暴露出的是历史虚无主义的本质。就如海德格尔所说，"虚无"呈现出的是一种"基于存在的被遗忘状态"。它只是将"存在"缩减为一种"生理常识"意义上的曲解，一种偏颇的认识，却轻而易举地遗忘了作为"存在"的战争史实，也滤掉了特殊环境下，科学至今仍然无法解释的人类强大精神意志力。

回顾中国文化史，历史虚无主义汹涌来袭，曾掀起几次大的逆流，造成对文化中国的强烈冲击。一次是在鸦片战争特别是甲午战争后的近代史上，中国知识界被严酷现实所震惊，一些人对国家、民族的悲惨境遇百思不得其解，生发出不如"洋人"甚至"东洋人"的痛苦心态和悲观绝望情绪，彻底否定传统的虚无主义"反思"因之而生。一次发生在十年"文革"历史阶段，人们疯狂破"四旧"、砸烂旧世界，迫不及待地和传统分道扬镳，造成文化虚无主义的大肆泛滥。其结果是历史的发展逻辑颠倒、文化中的精华惨遭破坏，糟粕泛滥价值观迷失，文化中国伤痕累累。20世纪80年代，在中国打开国门拥抱世界的当口，振兴中华百业待兴，一些人却因生活落后于西方的现实反差而悲观失望，虚无主义思潮乘势再一次涌起，彻底否定传统文化、否定东方文明，中国社会传统再度遭到摧残。

20世纪末期以来，历史虚无主义与极端个人主义、新自由主义、原教旨主义等错误思潮在全球化传播环境中沉渣泛起，又一次挑起意识形态争斗。其言论特别针对发展中国家和社会主义制度，极尽鼓动、干预之能事，已造成了西亚北非、拉美一些国家、地区不可挽回的社会动荡和文化悲剧，也一直干扰着我国的改革开放进程和文化意识形态发展。与以往不同，近年来，历史虚无主义不再大动干戈，而是变换了姿态，暗藏于民间话语、各种文化论坛等传播形态之中，或以"质疑争鸣"的面目出现，或打着"学术研究"的旗号，或以"重评历史"为名伺机待发。互联网赋权、去中心化、隐蔽性强的舆论环境，以及舆论中对自由和开放的曲解，更助长了这股暗流。于是乎，谩骂被当作水平、大批判被用作武器、认丑作美，无良被当个性，"颠覆"逻辑下的"反思"，再度加剧了一些人对传统历史文化的无知、茫然与不自信。近期诋毁黄继光、邱少云等英雄人物的种种说辞和风潮，正是历史虚无主义泛滥的又一表征。其言论制造新的思想混乱，干扰中国社会文化思想界的理性认知与和谐稳定，其逆袭之潮，来得尤为迅猛。

抵制"诋毁说"："历史虚无主义"网络逆袭的克服与防范

文化是历史的产物，历史是文化的延伸。虚无主义的互联网逆袭，凸显出加强中华文化、文明建设的重要意义和现实紧迫性。历史已昭然揭示，对中国历史、传统文化采取彻底否定、彻底抛弃的态度，不仅是不客观的，也是不理智的。在互联网上，历史虚无主义导向下彻底反传统的做法一旦付诸实践，将是对一代人中国精神、中国风骨、中国品格的侵损，其后果不堪设想。果真如此，才是中国历史的最大悲哀。

及时有力地抵制"诋毁说"，摆脱虚无主义干扰，将互联网上的文化反思引向理性、科学的轨道，首先要坚定科学的理论指导，深入学习马克思主义唯物史观和思想方法，将它作为观察历史、探讨问题的"望远镜"和"显微镜"。科学地认识世界，全面、客观地看待历史问题，从而摆脱片面性、主观性与偏听偏从。无论是对中国古代文化还是西方文化、现实文化还是互联网文化，都要采取客观分析的态度辨明真伪、力戒盲目，也不能随波逐流、哗众取宠。

其次，抵制错误思潮的逆袭，也要坚定我们的文化自信心和定力，挺起中华文化的精神脊梁，弘扬社会主义核心价值观。习近平总书记说："中华文化积淀着中华民族最深沉的精神追求，是中华民族生生不息、发展壮大的丰厚滋养"，"是中华民族的突出优势，是我们最深厚的文化软实力"。我们要立足于中国文化传统，从历史国情、社会现实出发，着眼于时代特征，在中华文化的博大精深中汲取营养，借鉴一切有利于人类发展的先进成果，既不颂古讽今也不盲目崇拜，学会通过理性思考、负责任的反思，获得真理真知，增强文化前进的信心与力量。

第三，在与错误价值观和思想意识形态的博弈中，要充分发挥主流媒体的正能量，积极回应网民需求，提升"主流话语"的引导能力和水平。要更好地运用新闻媒体、网络、手机 App 等新媒体主流话语平台，及时发现问题主动出击，追踪新的热点解疑释惑，增强舆论影响力。要树立互联网思维，强化平民意识和微观视角，综合运用文字、漫画、游戏、微电影等新媒体音、形、意表达方式，使主流话语的传播更具亲切感、亲和力。也要积极发挥论坛、朋友圈等话语平台的互动作用，使正能量贴近舆论呈现的"最后一公里"，取得更好的传播实效。

第四，从长计议，要通过深入开展网络新媒体素养教育，提升人们理性运用新媒体的能力。帮助人们辨析和正确对待多种文化思潮，增强文化自信心和自觉性。增强责任意识和国家历史荣誉感，自觉利用网络抵制谬论，展示中国美好形象。

第五，建立起防范错误思潮的长效机制，加速推进网络法治建设，完善法律法规体系，严格法律监管，为正能量的发挥保驾护航，让谣言和"历史虚无主义"宵遁于法律框架的强大规制里，消逝于人们不断提升的文化理性之中。

（原载《人民论坛》2015 年第 5 月下期）

自选理由：

本文聚焦纪念抗战胜利 70 周年前夕甚嚣网络的"英雄诋毁说"，在舆论界首发揭示其"历史虚无主义"本质。文章对"诋毁说"作"历史虚无主义"的定位分析，作为前沿研究发表于核心期刊获全网转载。为此，作者接受《人民日报》等中央主流媒体采访，文章的内容也被做跟进报道。该文被中共中央网络安全和信息化领导小组办公室评为当年"全网优秀理论文章"，入选中央党史研究室《反对历史虚无主义论丛》（中央党史出版社，2018）。中国知网下载 713 次，被引 19 次。

电视媒体的"互联网化"观察：
基于视听内容的视角

冷 淞*

互联网深刻影响着媒介融合的历史进程，也深刻影响着传统电视媒体的发展方向，为了适应媒介融合带来的媒介生态与格局之变，为了能够在媒介融合时代继续焕发活力，传统电视媒体正在或主动或被动地接受着互联网的全面改造。在经历观众流失、广告下滑、人才外流等种种阵痛的同时，当下传统电视媒体在内容生产、内容传播与内容接受等方面都呈现出互联网化的趋势，传统电视媒体与互联网二者的关系变得愈加紧密。

一 内容生产的互联网化：主体重合、标准趋近、文化交融

传统电视媒体在内容生产方面呈现出互联网化的趋势，这一趋势主要表现为电视内容和网络视听内容在生产主体、生产标准和文化构成上的趋近。

（一）网台内容生产主体高度重合

电视台和视频网站既是内容生产机构，又是内容播出平台，二者兼具生产与传播的双重功能。目前电视台和视频网站的内容生产主体呈现高度重合的情况，电视内容生产以电视台、民营制作公司、视频网站为主体，而网络视听内容生产也是以电视台、民营制作公司、视频网站为主体，虽然它们是两类不同的传播平台，但是其内容生产主体却

---

* 冷淞系中国社会科学院新闻与传播研究所副研究员。

高度重合。

从生产与传播的关系角度回望中国电视发展史，我们可将其大致分为制播合一、制播分离、制播联动三个历史阶段。在制播合一阶段，电视内容需求相对有限，电视台的内容生产基本能够满足自身的播出需求，此时制作和播出尚未分离，电视内容生产主体与传播主体一致。进入制播分离阶段，电视台的内容需求迅速提升，其内容生产无法满足自身的播出需求，电视台之间开始进行内容交换，之后民营制作公司应运而生，大量行业外资源进入电视领域①，电视内容生产力得以解放，电视内容交易市场逐渐形成，制作和播出逐渐分离，电视内容传播主体依旧是电视台，电视内容生产主体变成电视台和民营制作公司。进入制播联动阶段，电视内容需求愈加旺盛，电视台纷纷以直接投资、联合投资、委托制作、联合制作等多种合作方式，与实力雄厚的民营制作公司强强联手，制作和播出深度联动，随着网络视频的快速崛起，电视内容传播主体变成了电视台和视频网站，电视内容生产主体则变成了电视台、民营制作公司和视频网站。

目前网络视听内容生产主要存在两种模式，一种是专业内容生产模式/PGC 模式（Professionally Generated Content），另一种是用户内容生产模式/UGC 模式（User Generated Content），其中专业内容生产模式/PGC 模式的生产主体主要是视频网站、电视台、民营制作公司。② 电视台是视频网站重要的内容提供者，大量的电视内容充实了视频网站的内容库。为了降低内容成本，实现差异化竞争，各大视频网站纷纷开始进行内容自制，视频网站这一播出平台也开始进行内容生产。对于民营制作公司而言，视频网站是一个广阔的新兴市场，其未来发展空间远远大于电视台。过去专门生产电视内容的民营制作公司，纷纷开拓网络视听内容生产业务，开始生产网络剧、网络综艺节目等内容，许多民营制作公司已经把市场重心从电视台转向视频网站。当下越来越多的电视人才流入市场，这些制作团队既生产电视内容，又生产网络视听内容，既服务于电视台，又服务于视频网站。

（二）网台内容生产标准趋于接近

视频网站在快速崛起过程中，出现了传播违规低俗内容、过度娱乐化等问题，相关监管机构及时地提升了网络视听内容的监管标准，开始对网络视听内容和电视内容实施

---

① 尹鸿：《"分离"或是"分制"？——对广电制播分离改革的思考》，《现代传播》2010 年第 4 期，第 98～100 页。

② 胡泳、张月朦：《互联网内容走向何方？——从 UGC、PGC 到业余的专业化》，《新闻记者》2016 年第 8 期，第 21～25 页。

同样的监管标准。中宣部副部长、国家新闻出版广电总局局长聂辰席在第四届中国网络视听大会上指出，要继续加大管理力度，网上网下导向管理"一个标准、一把尺子"。① 国家新闻出版广电总局电视剧司原司长李京盛、网络视听节目管理司司长罗建辉接连表态，总局将加强对网络剧和网络节目的管理，以后线上线下将统一标准，电视不让播的，网络也不能播。② 随后不久，《关于进一步加强网络原创视听节目规划建设和管理的通知》发布，宣布针对网生内容开启"备案登记制"，不仅前期制作不合格的网生内容不许播出，播出后炒作过度造成不良影响的节目也会被下架。监管机构正在不断加强对网络视听内容的监管力度，迅速实施了一些调控动作，《太子妃升职记》《上瘾》等多部网络剧和《hello 女神》《姐姐好饿》等多档网络综艺节目纷纷被下架或整改。

电视内容和网络视听内容的监管标准正在趋于接近，这也就意味着二者的生产标准也在趋于接近。网络视听内容给用户的印象已经不再是过去的廉价、粗俗、尺度大，而转向了高端、精细、大制作，网络视听内容与电视内容的品质差距正在不断缩小。据悉，爱奇艺网络剧《老九门》投资金额高达 1.68 亿，网络剧《心理罪》平均单集成本 300 万，如此规模的资金投入已超过许多中等规模电视剧的制作成本，投资成本的不断蹿升为网络视听内容品质的提升提供了资金保障。《火星情报局》第二季广告招商达 2.5 亿，《奇葩说》第四季广告招商总金额近 4 亿，冠名金额高达 1.8 亿，短短几年间网络综艺节目的广告招商纪录不断被刷新，日益强大的吸金能力表明了市场对于网络视听内容的认可，也印证了网络视听内容品质的快速提升。

（三）网络文化融入电视内容生产

当下网络文化正在逐渐融入电视内容生产，网络热门话题、网络流行语、网络热门段子、网络当红人物、网络 IP 等大量网络元素出现在电视综艺节目、电视剧和电视新闻里。

由网络小说改编而来的 IP 电视剧轮番占据电视屏幕，近两三年来先后有数百部网络小说被购买影视版权，其题材涵盖了仙侠、玄幻、悬疑、言情、都市、抗战等诸多领域。将网络小说改编成电视剧已经成为一股热潮，这股 IP 改编热潮成功打造了一大批热播剧目，《甄嬛传》《芈月传》《琅琊榜》《花千骨》《何以笙箫默》《三生三世十里桃

---

① 《国家新闻出版广电总局局长聂辰席：网上网下导向管理"一个标准、一把尺子"》，http://finance. sina. com. cn/roll/2016 - 12 - 09/doc - ifxypcqa9112174. shtml。

② 胡智锋、张国涛、张陆园：《多屏时代中国电视剧的变局与困局》，《中国广播电视学刊》2017 年第 3 期，第 24 ~ 27 页。

花》《诛仙青云志》等都是由热门网络小说改编而来。[1] 一部热门网络小说的点击量动辄数以亿计，流潋紫、南派三叔、顾漫等知名网络小说作家其粉丝数量更是蔚为可观，具有坚实的粉丝基础。将热门网络小说改编为电视剧，可以有效降低投资风险和宣推成本，可将大批"原著粉"转化为电视剧观众，借助于原著小说的网络口碑去提升 IP 改编剧的关注度和影响力。网络小说等 IP 资源很大程度上丰富了电视剧内容，但同时也反映出电视剧行业对于网络小说等 IP 资源的过度依赖。

"时"是当前电视内容生产的传媒本质[2]，电视综艺节目格外注重内容的时效性，无论是嘉宾的选择，还是话题的设置，或是内容的表述，都紧紧围绕一个"时"。为了保障内容的时效性，电视综艺节目往往选取网络上最当红的明星、最热门的话题、最流行的话语进行呈现，网络已成为时下电视综艺节目重要的内容来源地。电视综艺节目的编导、导演、编剧们每天都在刷着手机，尽力捕捉网络上每一个热门人物、热门话题、流行段子，将这些网络元素融入内容生产中。电视新闻的内容生产也是如此，大量的网络素材进入电视新闻当中，许多新闻线索都来源于网络，微博、微信等社交媒体已经成为当前许多重要新闻的首发地，电视台的记者和编辑将这些网络素材二次加工后呈现给电视观众。

二　内容传播的互联网化：网台联动、反向输出、网络宣推

媒介融合时代传统电视媒体在内容传播方面越来越离不开互联网，电视台与视频网站在内容传播方面深度联动。

（一）网台联动实现差异互补

一边是电视观众的大量流失和电视开机率的持续下降，一边是网络视频用户规模的迅速增长，电视台和视频网站面临着两种迥然不同的现实境遇。据中国互联网络信息中心统计，截至 2016 年 12 月，中国网络视频用户规模达 5.45 亿，网络视频用户使用率

---

① 张国涛、张陆园：《2015 年中国电视剧的生态与格局之变》，《中国广播电视学刊》2016 年第 3 期，第 26~29 页。

② 胡智锋、顾亚奇：《中国电视内容生产的潮流与趋势》，《中国广播电视学刊》2006 年第 1 期，第 23~25 页。

为 74.5%，手机网络视频用户规模约达 5 亿，手机网络视频用户使用率为 71.9%。① 上网看电视已经成为当下中国网民一种重要的文化消费习惯，越来越多的观众习惯通过网络来观看电视内容。电视播出平台的种种限制凸显了视频网站的相对自由，体制机制的差异使得视频网站成为电视内容消费的重要渠道。视频网站与电视台凭借资本实力和传播手段的双重优势联动呼应，形成跨屏共生的局面。

电视台和视频网站二者在许多方面都存在显著差异，网台联动有效实现了多方位的差异互补。首先是受众群体的互补，电视观众老龄化现象日趋严重，而视频网站用户普遍比较年轻，网台联动可以最大范围内覆盖不同年龄层次的观众；其次是传播周期的互补，电视以线性传播为特征，内容稍纵即逝，而视频网站则可以海量长期存储，网台联动有助于最长期限释放内容价值；第三是观看体验的互补，电视观看主要是家庭场景的观看，受时间和空间的限制，网络视频的观看则可随时随地自由选择，网台联动有助于丰富受众的观看体验。

无论对于电视台来说，还是视频网站而言，优质内容是稀缺的核心资源，售卖优质电视内容版权是电视内容生产主体收回成本的重要途径，购买优质电视内容版权是视频网站获取更大流量的主要方式。网台联动使得电视台和视频网站的关系更加密切，电视内容传播越来越离不开视频网站，视频网站的持续发展也越来越离不开电视台。虽然网络自制内容发展迅速，但目前电视台仍是视频网站主要内容来源，在多屏终端上真正取得较大关注度和影响力的主要还是电视内容，视频网站庞大的内容需求仅仅依靠目前自身的内容自制能力远不能满足。在当前的媒介融合时代，电视台在内容、机构、人才、收益等多个方面仍然焕发着一定的活力。②

（二）反向输出加速网台对接

近年来视频网站自制内容反向输出到电视台的现象频频出现，越来越多的网络综艺节目、网络剧亮相电视屏幕。其中输出规模最大的是网络综艺节目，优酷制作的《晓说》先后输出到浙江卫视和东方卫视，优酷制作的《侣行》先后输出到旅游卫视和中央电视台，腾讯视频制作的《我们 15 个》输出到东方卫视，爱奇艺制作的《爱上超模》第一季和第二季分别输出到湖北卫视和英国普罗派乐卫视 sky189 频道，乐视网制

---

① 数据来自 2017 年 1 月第 39 次《中国互联网络发展状况统计报告》，http://www.cnnic.net.cn/hlwfzyj/hl-wxzbg/hlwtjbg/201701/t20170122_66437.htm。

② 刘俊、胡智锋：《内容、机构、人才与收益：论当前媒介融合时代的电视活力——兼对"电视之死"的回应》，《编辑之友》2015 年第 3 期，第 5~10 页。

作的《十周嫁出去》输出到安徽卫视，爱奇艺制作的《我去上学啦》输出到东方卫视，优酷制作的《歌手是谁》输出到北京卫视。除了网络综艺节目，网络剧也是反向输出的重要内容，搜狐视频制作的网络剧《他来了，请闭眼》输出到东方卫视，爱奇艺制作的网络剧《奇异家庭》输出到江西电视台影视频道，爱奇艺会员付费网络剧《蜀山战纪》输出到安徽卫视。

电视台一直以来都是视频网站的主要内容提供者，电视台在视频网站的崛起过程中扮演了重要角色。过去都是视频网站从电视台手中购买内容版权，如今电视台开始从视频网站购买内容版权，网络自制内容实现了从视频网站到电视台的反向输出。这一现象的出现说明了电视台对视频网站内容生产能力的认可，网络自制内容已经达到了电视台的生产标准。这与大量优秀电视人才涌入视频网站有着密切关联，这些专业队伍将电视内容生产的系统经验移植到视频网站，从而大幅提升了视频网站的内容生产能力。

对于电视台而言，网络自制内容为其注入了新鲜的血液，有助于充实电视屏幕，丰富观众的观看体验，吸引年轻观众的关注。对于视频网站而言，网络自制内容反向输出到电视屏幕，有助于拓展内容分发渠道，扩大平台的影响力，提升版权和广告收益。许多网络自制内容已经在视频网站上获得了较高的点击量，具有一定的关注度和影响力，其收视效果已经过市场检验，具有一定的收视保障，电视台选购一些优质的网络自制内容可以大大降低自身的风险。

（三）网络宣推留住年轻用户

在媒介融合时代，电视内容的宣传推广方式与此前相比发生了巨大改变，电视内容越来越倚重网络宣推。当下传统电视媒体处于内忧外患的窘境，从内部来说，电视观众不断流失，电视人才不断出走，电视广告收益不断下降，从外部来说，网络视频行业迅速壮大，资金和人才大量聚拢，观众观看习惯逐渐改变，在这样的媒介生态环境下，电视台不得不转变宣推思路，加大网络宣推力度，从互联网平台吸引更多年轻观众的关注。

观众在哪里，需求就在哪里，市场就在哪里，只有把宣推重心放在互联网上，电视内容才能获得更高的关注度和更大的影响力。当下电视内容竞争异常激烈，如何从数量众多的竞品中脱颖而出，除依靠内容本身的过硬品质之外，就是靠在互联网平台上的宣传推广。一档电视综艺节目、一部电视剧、一部纪录片只有在网上火，才是真正的火，因此当前许多电视综艺节目、电视剧、纪录片都把大量的宣推资金投向互联网，以期从广阔的互联网平台导流。

网络宣推方式集中了报纸、杂志、广播、电视等传统媒介的各自优势，汇聚文字、图片、音频、视频、GIF 动图、表情包、超链接等多形态文本于一体，同时摆脱了传统宣推方式在版面、篇幅、时段、时长、空间、场景等方面的种种限制。电视内容的网络宣推方式立体多样，首先比较值得关注的是在微博、微信、QQ 等社交媒体上的话题、活动和事件营销，前不久万达集团董事长王健林"一个亿小目标"的话题刷遍微博和微信朋友圈，引发了大家关于"小目标"的大讨论，据了解这是王健林参加《鲁豫有约大咖一日行》节目的截图，这一话题由节目宣推团队精心策划并成功引爆社交媒体，大大提升了节目的知名度和影响力。其次是主流视频网站、直播平台、短视频平台等碎片内容、幕后花絮、病毒视频的推广，纪录片《我在故宫修文物》在电视平台播出时反响平平，后来却意外地在 B 站走红，收获了大量年轻粉丝。此外，还有同名小说、同名手游、同名手机 App 客户端等上下游衍生产品的推广，《爸爸去哪儿 2》《奔跑吧兄弟》《最强大脑》等热门电视综艺节目和《花千骨》《三生三世十里桃花》《青云志》等热播电视剧都推出了同名手机 App 客户端，在充分释放衍生品价值的同时，进一步提升了品牌的知名度。

三 内容接受的互联网化：跨屏互动、边看边买、网络评价

传统电视媒体在内容接受方面也深受互联网化的影响，观众与电视之间的距离逐渐拉近，观众的互动体验不断得以升级。

（一）跨屏互动丰富观看体验

"沙发土豆"一直被视为对传统电视观看方式的形象写照，观众像土豆一样窝在电视机前的沙发上，被动地接受电视传递的各种信息，此时的观众只是一个个单纯的看客，观众与电视之间仅仅是看与被看的关系。① 随着受众主体意识的不断觉醒，参与节目需求的不断提高，传统电视观看方式缺乏互动的问题逐渐暴露出来。进入移动互联网时代，智能手机极大地改变了电视互动方式，观众可以通过手机深度参与到电视互动中去。

回望中国电视发展史，其间主要存在观众来信、热线电话、短信投票、手机摇电视、视频弹幕等电视互动方式，上述互动方式在不同历史时期各自发挥了重要作用。中国电视诞生之初，观众来信这种互动方式便已存在，观众可以批评表扬、咨询求援、反

---

① 马季：《电子媒介时代的视觉狂欢》，《新闻大学》2006 年第 3 期，第 93～95 页。

映问题、提出建议，据悉每年春节联欢晚会之后中央电视台都收到大量的观众来信，成麻袋装堆成小山，随着书信通信的日渐式微，观众来信这种电视互动方式逐渐走向边缘。热线电话在相当长的时期内都是最主要的电视互动方式，这种方式方便快捷、互动周期短，可以有效实现场内与场外的即时互动，中央电视台《幸运52》便是一档以主持人和嘉宾电话连线为特色的互动类综艺节目。随着手机的不断普及，短信投票逐渐成为一种重要的电视互动方式，短信投票第一次获得全社会的关注是2005年湖南卫视《超级女声》全国总决赛，超女粉丝涌现街头争相拉路人为偶像投票，因考虑到短信投票存在技术漏洞会损伤比赛的公正性，后来主办方取消了短信投票。手机摇电视这种互动方式通过微信摇一摇功能将观众与电视内容实时地连接起来，手机摇电视大大拓展了观众参与电视互动的空间，2015年中央电视台春节联欢晚会与微信深度合作，首次推出微信摇一摇春晚抢红包活动，此后手机摇电视这种互动方式迅速普及开来。视频弹幕这种互动方式源于网络，弹幕是指在视频上滚动显示的评论，观众可以即时发送对于该内容的评论，也可以观看他人留下的评论，2014年湖南卫视第十届金鹰电视艺术节颁奖晚会上开启弹幕直播，这是弹幕在电视领域中的第一次尝试。

互动需求的日益增长和互动技术的不断进步共同推动电视互动方式的持续创新，手机摇电视、视频弹幕等跨屏互动方式也在不断丰富观众的观看体验。移动互联网时代智能手机的普及，让跨屏互动成为一种可能，手机正在不断拉近观众与电视之间的距离。观众在观看电视的同时，不仅可以时时刻刻评论吐槽，还可以与其他观众互动交流，与无数观众一起共同营造一种"在场感"，共赴一场虚拟的狂欢。①

（二）边看边买释放市场价值

T2O（TV to Online）是媒介融合时代电视媒体与线上网络的有效对接，观众可以一边观看电视，一边进行网络购物，这种边看边买模式将电视终端的娱乐与网络终端的消费自动勾连起来，它实现了电视与电商的跨界共赢，充分释放了传统电视媒体的市场价值。作为传统媒体的电视依然拥有强大的社会影响力，其手中掌握的亿万电视观众的注意力资源，就是电商网站最紧缺最需要的流量资源，边看边买模式有效地将电视观众的注意力资源转化为电商网站的流量资源，将注意力转化为购买力，进而实现流量资源的有效变现。在电商日益发达的时代，电视媒体的市场价值通过边看边买模式得到了充分释放，电视观众的娱乐体验和消费体验也在边看边买中一并得到了满足。

近年来边看边买模式正在不断探索前行，涵盖了多种电视节目类型，其中比较有代

---

① 时统宇、吕强：《"去情境化"的电子思想拟像》，《新闻与传播研究》2010年第6期，第61~69页。

表性的有纪录片《舌尖上的中国》、电视剧《何以笙箫默》、电视综艺节目《女神的新衣》、天猫双十一狂欢夜晚会等。《舌尖上的中国》第一季的热播带动了相关美食的淘宝销量，观众边看电视边去淘宝搜索购买相关美食，《舌尖上的中国》第二季与天猫旗下的天猫食品进行深度合作，同步首发每集纪录片中的相关食材和美食菜谱。东方卫视与阿里巴巴达成合作，观众可在观看《何以笙箫默》时，通过天猫手机客户端扫码东方卫视台标进入边看边买互动页面，即时选购电视剧中的同款商品。《女神的新衣》是一档电视与电商深度绑定的节目，天猫深度参与节目生产的整个流程，包括策划、招商、竞拍、投票在内的多个环节都有天猫的参与，节目秉承"娱乐即商业"的理念，通过明星、买手、设计师的合力展示来激发观众的购买意向，同时通过天猫手机客户端为观众创造即时便捷的购物渠道。2015年阿里巴巴与湖南卫视合作创办天猫"双十一"狂欢晚会，这场电视购物晚会是边看边买模式的一大创新，2016年与浙江卫视合作举办天猫"双十一"狂欢夜晚会，明星、娱乐、游戏、互动、商品、大奖等关键词将一个普通的夜晚营造成了一场边看边买的购物狂欢，通过秒杀、一元购、打折促销、零点抢购等实实在在的购物优惠来满足观众的物质需求，观众可以通过天猫和手机淘宝客户端摇一摇即刻跳转到相关购物页面，一键将添加商品到购物车，不断引流，积聚人气，在零点到来之际达到购物狂欢的高潮。

（三）网络评价影响收视效果

近年来电视收视率造假现象频繁出现，引发了行业内外的集体抵制，电视收视评价这一问题值得学界和业界重新思考。电视收视评价不能单纯地采用电视收视率和网络点击量等量化评价标准，还应将网络口碑作为重要的评价标准纳入其中。

作为一种综合性的评价方式，网络口碑评价是由无数观众的个体评价集合而成，它能够相对真实地反映出观众对于电视内容的观感评价。[①] 所有观众都可以在网络平台上对电视内容进行评论，它摆脱了门槛的限制，无论是平民草根还是专业人士，都可以在不违反相关法律法规的前提下进行自由发言，评论的内容可长可短，短则寥寥数字，长则千言万语，评论的形式多种多样，可采用文字、图片、表情包等多种方式。不同的声音在此汇聚，不同的观点在此碰撞，无论是夸赞还是吐槽或是痛批，观众都可将真实独特的体会自由表达出来，观众之间可以互动交流，持有不同意见的观众之间进行对抗、辩驳、互撕也是常有之事。

---

① 周小普、韩瑞娜、凌姝：《多屏发展背景下网络收视度的影响因素研究——以热播电视剧为例》，《国际新闻界》2014年第12期，第114~129页。

豆瓣网是目前国内影响力较大的影视内容第三方网络评价平台，豆瓣用户可以自由发表对影视内容的评论或为其打分，为潜在消费者提供相对客观、准确的点评信息。①在自媒体时代，微博"大V"和微信公众号的言论通常会影响普通观众对于电视内容的网络评价，这些意见领袖们粉丝众多，一呼百应，在网络口碑的形成中扮演了重要角色。网络口碑通常是动态变化的，网络口碑的变好或变坏会影响观众对于电视内容的态度，如果网络口碑变好则有可能出现"路转粉"和"黑转粉"的现象，如果网络口碑变差则有可能出现"路转黑"和"粉转黑"的现象，如果网络口碑一直都很一般则有可能出现"黑转路"和"粉转路"的现象，所谓"路"指的是路遇的陌生人，"粉"指的是狂热的支持者，"黑"指的是坚定的反对者。

网络口碑的好坏一定程度上影响着电视收视率的高低，近期热播电视剧《人民的名义》刷爆微信朋友圈，引发了广泛而热烈的讨论，获得了较好的网络口碑和较高的收视数据，成为一部全社会普遍关注的现象级大剧。此前该剧的网络宣推力度并不大，但以优质的内容迅速"收割"了良好的网络口碑，好口碑持续发酵形成了网络热门话题，大量粉丝自发地进行网络宣推，话题实现了裂变式传播，许多观众通过微信朋友圈知道这部电视剧，进而从网络终端流向电视终端，良好的网络口碑不断拉升电视收视率，开播以来收视率从2%一路飙升至8%，实现了网络口碑和电视收视的双丰收。

结　语

媒介融合使得电视媒体和新媒体之间的边界愈加模糊，电视台和视频网站二者在功能上逐渐趋近，视频网站在崛起过程中深受电视台的影响和滋养，当视频网站发展到一定阶段开始影响和反哺电视台，电视台和视频网站互相影响，你中有我，我中有你，二者的关系愈加紧密，在许多方面似乎都已经很难进行明晰切割。互联网时代新的视听内容形态层出不穷，它们不断拓宽我们既有的认知，传统概念已经很难去准确解释和界定这些新兴事物，网络综艺节目与电视综艺节目、网络剧与电视剧、网络纪录片与电视纪录片、网络直播与电视直播，这些新形态与旧形态之间的区隔我们很难去具体描摹。媒介融合的状态通常是混沌的、动态的、模糊的，面对日新月异的新事物，我们应从宏观视角去把握其发展大势，当前传统电视媒体在内容生产、传播与接受等环节都呈现出互

---

① 陈素、高诗劼：《锚定效应在网络口碑领域中的考察：以豆瓣电影在线评分为例》，《国际新闻界》2016年第3期，第34~48页。

联网化的趋势，未来这种趋势将会更加明显。

（原载《现代传播（中国传媒大学学报）》2017 年第 8 期）

自选理由：

当前互联网的发展已经深刻改变了人类的生产生活方式，同时也为各行业的发展提供了产业变革的新依据。电视作为一种传统媒体，已经受到了新媒体的层层冲击，迫切需要改变现存的发展困境，寻求新的发展道路，而互联网化则为电视媒体提升核心竞争力提供了一种新的方法和路径。为了能够在媒体融合时代继续焕发活力，电视媒体在内容生产、内容传播与内容接受等方面都逐渐呈现出互联网化的趋势。本文在一定程度上有助于推动电视媒体与新媒体的融合创新，加强传统媒体与网络媒体的多方面交流合作，引起了业界对于台网联动、跨屏交互的进一步思考。

媒介环境变迁视域下隐私权的流转

王　颖[*]

　　将隐私权的发展、演进及保护放在媒介形态变迁的视域中考察，不难发现，随着媒介环境的变迁，隐私观念和隐私权均表现出具有时代特征的形态。

大众传播媒体时代，隐私权保护相对平衡

　　在大众传播媒体时代，美国学者布兰代斯（Brandeis）和沃伦（Wallen）为代表的学者提出隐私权概念，并力倡从法律上予以保护。当时的大众传播媒体主要是报刊和随后出现的广播和电视，隐私权的提出是因为，在当时美国社会大众传媒业日益发达，个人信息的商业价值被发现并被新闻报道大量使用，给个人独立的私生活带来损害，旨在保障个人生活的安宁，个体不受到媒体和其他公权力干预。隐私权的价值追求与美国社会追求的新闻自由是相冲突的，因此，隐私权保护是在与其他价值诉求不断平衡、制约过程中发展完善的。

　　王四新教授总结认为，隐私保护需要从四个方面着手，一是防止公权力对隐私权的侵犯；二是防止私主体，比如各种商业团体和非商业团体对个人隐私权的侵犯；三是为个体利用自己的隐私信息和随时根据变化的真实情况修改不正确的个人信息创造条件或提供必要的技术支持；第四，也是最重要的一个方面，是当个体的隐私受到侵犯时，个体能够从现有的法律规定和司法机关获得司法救济。

　　大众传播媒介对隐私的侵犯属于私主体范畴。传统的传播媒介时代，包括印刷媒体时代、电子媒体时代，隐私权和隐私侵权保持动态平衡关系。虽然个人个体的隐私会被

---

　　* 王颖系中国社会科学院新闻与传播研究所助理研究员。

侵犯，但这种侵犯不至于从整体上改变保护和侵犯之间的平衡关系。报刊、广播电视等媒体对隐私权的侵犯不至于肆意，通过具体案件可以得到相对有效的救济。大众传播媒体报道活动中，尤其是涉及隐私的报道，都有比较严格的报道流程和审查审批程序，这种规范能事先审查排除掉可能侵犯隐私的报道。出现侵权行为之后，通过司法程序不难追溯到相关责任人。这种情况下，媒体从业人员在新闻报道中会更加审慎对待个体隐私问题。相对确定的信息源使得被侵权者维权难度较低。

互联网时代的媒介文化深刻地
影响着隐私观念

互联网时代到来，网络与传统媒体、新媒体之间的关系构建出全新的媒介生态和媒介文化。媒介生态或文化的变迁深刻地改变着隐私观念和隐私权。

互联网之前，公共生活和私人生活是可分的，人们通过物理空间的间隔可以实现自我与他人、公共事务与私人事务的间隔。然而，互联网环境下，尤其是移动互联网、大数据时代，这种间隔难以区别。社交媒介鼓励人们以各种方式晒自己的隐私信息，引导人们分享更多私密性的东西，这种媒介文化影响着人们的隐私观念，媒介生态影响着隐私权保护。中国社会科学院中国舆情调查实验室于 2015 年 10 月、12 月，在全国范围的城市居民舆情调查进行了两次"互联网治理"的舆情调查。调查抽样区域为大型城市、中型城市和小型城市，20 个城市总体样本规模为 2000 人。该调查显示，在社交媒体时代，电视、社交网络、微博、视频分享网站等构成立体网络，为个人生活分享方式多样化提供平台。尤其是社交媒体成为个人生活分享的主阵地。在社交媒体提供的海量数字存储空间上，各种公众人物和普通人均有不同程度自爆私生活。有专家指出，相较于大众传播媒介环境中个人生活、信息分享，社交媒体中个人生活或隐私的自爆和他爆更具积极性。一面是围观窥视，一面是隐私展示，形成了社交网络媒体中隐私呈现方式的一体化。新媒体以用户自生内容为特征，"用户中心—弱把关"，出现公民记者的分享型传播模式把传播的自由扩张到极限，技术的进步加速了隐私的扩张，个人空间与公共空间、个人生活与公共生活界限模糊。当下，我们很难界定社交网络究竟是公共领域还是个人领域，一方面正是源于上文所述的个人在社交媒体这个场域中的自我公开，另一方面是因为这个场域是有边界的，并不完全是公开透明的。因此，其间产生的隐私问题更为复杂。

互联网时代对隐私保护提出挑战

传统媒体违法侵害隐私容易受到法律追究，容易落实责任主体。而网络的虚拟性使得隐私权的侵权主体众多，例如，一个"人肉搜索"事件中，发起者、回答者、信息整理者、传播者以及服务商平台都可能成为侵权主体。很多服务商都无法控制自己服务器的内容，再加上网络发布信息的便利和大多数时无把关人的现实，助长了网络上隐私权的侵犯。进而，纠纷一旦诉诸法院，也存在侵权行为取证难、侵权行为混杂，难以区分的问题。总之，较之传统传媒环境，网络环境下，侵犯隐私权的几率更高、保护更难、后果更严重。

近年来，数据新闻发展迅速，在新闻报道中异军突起。随着媒体对数据需求的不断增多，基于公开数据的报道将推动政府和组织开放数据的进程。我国《"十三五"国家战略性新兴产业发展规划》提出"加快数据资源开放共享，发展大数据新应用新业态"，预计到 2020 年底之前，逐步实现信用、交通、医疗、卫生等民生保障服务领域的数据开放。因此，我国的数据新闻也将得到进一步的发展。有学者指出，数据新闻使用了大量的网络数据，带来隐私权的担忧，尤其是那些通过计算机软件抓取的个人信息，存在是否侵犯了隐私权的问题。例如，春运交通流向地图中，就有大量个人信息，虽然不能辨别个人行动轨迹，但是否构成了信息隐私权侵犯呢？是值得新闻从业人员警惕的新问题。

隐私权亟待积极、能动地保护

由于新媒体的"自媒体"技术特性以及个人信息分享习惯的转变，在社会性、交互性的传播环境下，隐私权从消极的不受干涉的权利正在转变成需要积极应对的能动的权利。

大数据的发展开启了新时代。隐私和个人信息的界限交叉，引起关于隐私权和个人信息权的争议。一些观点认为个人信息等同于个人隐私，并进一步主张法律之所以保护个人信息正是因为其涉及个人的隐私；另一观点认为个人信息与个人隐私存在着明确的界限，不能依附于隐私权保护之下。随着个人的各种信息被数字化，被记录、挖掘和分析，大数据将琐碎的个人信息汇集起来，个人的习惯、偏好、社交和关系都建立成为立体信息集，其中隐藏巨大的价值。在前所未有的数据收集、监控之下，隐私的界限和保护受到挑战。应对隐私权保护的新挑战，一些新的权利保护模式出现。近年来欧盟所提出的关于信息主体的"被遗忘权"扩展了隐私保护的内涵，是在新的媒介环境中对个人自主控制信息的赋权。当然，围绕它的争议仍然存在。"被遗忘权"存在与其他价值、权利的冲突，以及概念模糊、权利义务模糊等问题，但它提供了一种在新的媒介环境下保护个人隐私权的新模式。此外，被遗忘权的提出对新闻从业者也是一种反思，什么样的新闻报道和信息能避免被当事人要求删除，或不对当事人造成困扰，新闻报道中对隐私信息的分寸把握如何恰当考量。

针对如何加强个人隐私保护的问题，根据中国社会科学院中国舆情调查实验室的"互联网治理"的舆情调查，超过9成的人认为严惩窃取个人信息、侵犯隐私的违法行为（92.5%）重要，88.1%的人认为加快推出与数据保护、隐私相关法规非常重要及比较重要，84.6%的人认为建设能保障隐私权的网络物理基础设施非常重要及比较重要，85.5%的人认为加强新媒体素养教育，普及大数据与隐私保护知识重要。2017年3月15日，全国人大通过颁布《中华人民共和国民法总则》，其中第110条规定"自然人享有生命权、身体权、健康权、姓名权、肖像权、名誉权、荣誉权、隐私权、婚姻自主权等权利"，这一规定弥补了长期以来《民法通则》中没有明确规定"隐私权"的不足，是在"互联网＋"时代背景下，对隐私权保护的法律回应。然而，隐私的保护，不仅需要依赖法律及其严格实施，更需要社会的隐私共识、构建配套的设施机制，以及形成较强的隐私文化。面对隐私保护越来越困难，侵权行为越来越容易实施的现实，立法者和管理者不仅要加强针对性立法，同时还要综合考量互联网特有的生态和文化，以期解决这个时代课题。

（原载《中国社会科学报》2018年2月28日）

自选理由：

互联网时代，隐私权是影响最深刻的基本权利之一。如何认识、对待隐私，成为十分重要的课题。可以预见，随着技术发展，人们对隐私权的认识需要更大的智慧。本文从媒介流转角度检视隐私权的发展变化过程，尤其是着重阐述了互联网时代隐私观念的变化，隐私权权利内涵的变迁。

附录：40 年著作、期刊出版名录

　　说明：这里收录的是自 1978 年至 2018 年，以本所名义和在本所工作期间科研人员以个人名义正式出版的新闻学与传播学著作（包括译著），以及由本所主办的期刊等。按著作、期刊出版年份排列，同一年份按论著名、期刊名音序排列，论著在前，期刊在后。

1979 年

新闻研究资料（第一辑），中国社会科学院新闻研究所编，中国社会科学出版社

1980 年

高尔基论报刊，〔苏〕高尔基等著、徐耀魁等译，中国社会科学出版社
中国的西北角，中国社会科学院新闻研究所等编，新华出版社
中国共产党新闻工作文件汇编（上），中国社会科学院新闻研究所编，新华出版社
中国共产党新闻工作文件汇编（中），中国社会科学院新闻研究所编，新华出版社
中国共产党新闻工作文件汇编（下），中国社会科学院新闻研究所编，新华出版社
新闻研究资料（总第二辑），中国社会科学院新闻研究所编，中国社会科学出版社
新闻研究资料（总第三辑），中国社会科学院新闻研究所编，中国社会科学出版社
新闻研究资料（总第四辑），中国社会科学院新闻研究所编，中国社会科学出版社
新闻研究资料（总第五辑），中国社会科学院新闻研究所编，中国社会科学出版社

1981 年

高尔基论新闻和科学，〔苏〕高尔基著、王庚虎译，新华出版社
各国新闻出版法选辑，中国社会科学院新闻研究所等编，人民日报出版社
日本报业简史，宁新著，中国社会科学出版社

斯托列托夫案件，〔苏〕维利·利帕托夫著、徐耀魁等译，云南人民出版社

新闻采访与写作，中国社会科学院研究生院新闻系编，人民日报出版社

永志不忘——我的记者生涯，〔苏〕鲍·波利伏依著，徐耀魁译，新华出版社

新闻研究资料（总第六辑），中国社会科学院新闻研究所《新闻研究资料》编辑室编，新华出版社

新闻研究资料（总第七辑），中国社会科学院新闻研究所《新闻研究资料》编辑室编，新华出版社

新闻研究资料（总第八辑），中国社会科学院新闻研究所《新闻研究资料》编辑室编，新华出版社

新闻研究资料（总第九辑），中国社会科学院新闻研究所《新闻研究资料》编辑室编，新华出版社

新闻研究资料（总第十辑），中国社会科学院新闻研究所《新闻研究资料》编辑室编，新华出版社

1982 年

新闻论集，安岗著，天津人民出版社

新闻研究资料（总第十一辑），中国社会科学院新闻研究所《新闻研究资料》编辑室编，展望出版社

新闻研究资料（总第十二辑），中国社会科学院新闻研究所《新闻研究资料》编辑室编，展望出版社

新闻研究资料（总第十三辑），中国社会科学院新闻研究所《新闻研究资料》编辑室编，中国展望出版社

新闻研究资料（总第十四辑），中国社会科学院新闻研究所《新闻研究资料》编辑室编，中国展望出版社

新闻研究资料（总第十五辑），中国社会科学院新闻研究所《新闻研究资料》编辑室编，中国展望出版社

新闻研究资料（总第十六辑），中国社会科学院新闻研究所《新闻研究资料》编辑室编，中国展望出版社

中国新闻年鉴（1982）（创刊号），中国社会科学院新闻研究所编，中国社会科学出版社

1983 年

大进军——随军采访四年（2），〔苏〕鲍·波列伏依著、徐耀魁等译，新华出版社

粉碎"台风"计划——随军采访四年（1），〔苏〕鲍·波列伏依著、徐耀魁等译，新华出版社

传播学（简介），中国社会科学院新闻研究所世界新闻研究室编，人民日报出版社

简明新闻学，张宗厚等著，人民日报出版社

论社会主义新闻工作，戴邦著，人民日报出版社

马克思新闻思想研究论文集，中国社会科学院新闻研究所编，人民日报出版社

苏联名记者写作经验谈，〔苏〕格·萨加尔著、徐耀魁译，新华出版社

新闻采写经验谈：新华社记者训练班专题报告选集，戴邦等著，新华出版社

新闻干部培训讲座选，戴邦等编，人民日报出版社

新闻实践漫谈，何光先著，人民日报出版社

新闻学初探，何光先、卢惠民、张宗厚著，人民日报出版社

新闻学基本知识讲座（上），戴邦、钱辛波、卢惠民主编，人民日报出版社

这都是关于他的事，〔苏〕维利·利帕托夫著，徐耀魁等译，云南人民出版社

新闻研究资料（总第十七辑），中国社会科学院新闻研究所编，中国社会科学出版社

新闻研究资料（总第十八辑），中国社会科学院新闻研究所编，中国社会科学出版社

新闻研究资料（总第十九辑），中国社会科学院新闻研究所编，中国社会科学出版社

新闻研究资料（总第二十辑），中国社会科学院新闻研究所编，中国社会科学出版社

新闻研究资料（总第二十一辑），中国社会科学院新闻研究所编，中国社会科学出版社

新闻研究资料（总第二十二辑），中国社会科学院新闻研究所编，中国社会科学出版社

中国新闻年鉴（1983），中国社会科学院新闻研究所编，中国社会科学出版社

1984 年

报海学艺，何光先著，人民日报出版社

报纸工作谈话录，商恺编，人民日报出版社

编辑与评论，蒋元椿、钱湜辛、安子贞、保育钧、缪俊杰等著，中国社会科学院研究生院新闻系编，人民日报出版社

采访与记者修养，商恺、田流、戴邦等著，中国社会科学院研究生院新闻系编，人民日报出版社

各国广播电视法选辑，钱辛波、姜宇辉、张宗厚、曾美云编，群众出版社

纪念埃德加·斯诺，刘力群编，新华出版社

距柏林 896 公里——随军采访四年（3），〔苏〕鲍·波列伏依著、徐耀魁等译，新华出版社

毛泽东新闻理论研究，中国社会科学院新闻研究所、湖南新闻学会编，湖南人民出版社

纽伦堡审讯——随军采访四年（4），〔苏〕鲍·波列伏依著、徐耀魁等译，新华出版社

全国获奖新闻照片选介，伍素心编著，湖南美术出版社

新闻理论探讨，中国社会科学院新闻研究所编，人民日报出版社

新闻摄影实践百例，中国社会科学院新闻研究所新闻摄影研究室编，长城出版社

新闻学基本知识讲座（下），戴邦、钱辛波、卢惠民主编，人民日报出版社

延安文萃，中国社会科学院新闻研究所中国报刊史研究室编，北京出版社

中国摄影史话，中国社会科学院新闻研究所编，辽宁美术出版社

新闻研究资料（总第二十三辑），中国社会科学院新闻研究所《新闻研究资料》编辑部编，中国社会科学出版社

新闻研究资料（总第二十四辑），中国社会科学院新闻研究所《新闻研究资料》编辑部编，中国社会科学出版社

新闻研究资料（总第二十五辑），中国社会科学院新闻研究所《新闻研究资料》编辑部编，中国社会科学出版社

新闻研究资料（总第二十六辑），中国社会科学院新闻研究所《新闻研究资料》编辑部编，中国社会科学出版社

新闻研究资料（总第二十七辑），中国社会科学院新闻研究所《新闻研究资料》编辑部编，中国社会科学出版社

新闻研究资料（总第二十八辑），中国社会科学院新闻研究所《新闻研究资料》编辑部编，中国社会科学出版社

中国新闻年鉴（1984），中国社会科学院新闻研究所编，人民日报出版社

1985 年

北京读者听众观众调查，北京新闻学会调查组编，工人出版社

标题的艺术，彭朝丞著，人民日报出版社

好新闻（一九八四年全国好新闻入选作品），中国新闻学会、四川省新闻学会编，内部发行

敬礼，三 S，中国三 S 研究会编，中国新闻出版社

开创新闻工作新局面，中国社会科学院新闻研究所编，中国新闻出版社

抗战烽火录：《新华日报》通讯选，中国社会科学院新闻研究所中国报刊研究室编，新华出版社

马克思恩格斯论新闻，中国社会科学院新闻研究所编，新华出版社

日本的报业理论与实践，〔日〕稻叶三千果等著、张国成等译，新华出版社

斯诺通讯特写选，刘力群编，新华出版社

晚报纵横谈，方蒙编，中国新闻出版社

新闻理论与实践，何光先著，中国新闻出版社

新闻学基本知识讲座，戴邦、钱辛波、卢惠民主编，人民日报出版社

新闻学刊（第 1—3 期），中国新闻学会联合会、中国社会科学院新闻研究所主办，钱辛波主编，中国新闻出版社

新闻研究资料（总第二十九辑），中国社会科学院新闻研究所编，中国新闻出版社

新闻研究资料（总第三十辑），中国社会科学院新闻研究所编，中国新闻出版社

新闻研究资料（总第三十一辑），中国社会科学院新闻研究所编，中国新闻出版社

新闻研究资料（总第三十二辑），中国社会科学院新闻研究所编，中国新闻出版社

新闻研究资料（总第三十三辑），中国社会科学院新闻研究所编，中国新闻出版社

中国新闻年鉴（1985），中国社会科学院新闻研究所编，中国新闻出版社

1986 年

毛泽东新闻思想研究，窦其文著，中国新闻出版社

好新闻（1985 年全国好新闻入选作品），中国新闻学会联合会秘书处编，长征出版社

塑造形象的艺术：公共关系学概论，中国社会科学院新闻研究所公共关系课题组编著，科学普及出版社

首都新闻学会第一次学术年会新闻学论文集，首都新闻学会秘书处编，人民日报出版社

真实：新闻的生命，中国社会科学院新闻研究所等编，中国新闻出版社

新闻学刊（第1—6 期），中国新闻学会联合会、中国社会科学院新闻研究所主办，钱辛波主编

新闻研究资料（总第三十四辑），中国社会科学院新闻研究所《新闻研究资料》编辑部编，中国社会科学出版社

新闻研究资料（总第三十五辑），中国社会科学院新闻研究所《新闻研究资料》编辑部编，中国社会科学出版社

新闻研究资料（总第三十六辑），中国社会科学院新闻研究所《新闻研究资料》编辑部编，中国社会科学出版社

中国新闻年鉴（1986），中国社会科学院新闻研究所编，中国社会科学出版社

1987 年

各国新闻出版法选辑（续编），中国社会科学院新闻研究所、北京新闻学会编，人民日报出版社

好新闻——1986 年全国好新闻作品，中国新闻学会联合会秘书处编，人民日报出版社

抗日战争时期的中国新闻界，中国社会科学院新闻研究所编，重庆出版社

马列主义新闻学经典论著，陈力丹编，人民日报出版社

斯诺在内蒙古，刘力群、袁志发、包明德编，内蒙古人民出版社

新华日报史（1938—1947）（上卷），韩辛茹著，中国展望出版社

新闻实践指南，〔澳〕雷维尔等编，王非等译，中国新闻出版社

新闻写作技法新探，彭朝丞著，解放军出版社

新闻学刊（第1—6 期），中国新闻学会联合会、中国社会科学院新闻研究所主办

新闻研究资料（总第三十七辑），中国社会科学院新闻研究所《新闻研究资料》编辑部编，中国社会科学出版社

新闻研究资料（总第三十八辑），中国社会科学院新闻研究所《新闻研究资料》编辑部编，中国社会科学出版社

新闻研究资料（总第三十九辑），中国社会科学院新闻研究所《新闻研究资料》编辑部编，中国社会科学出版社

新闻研究资料（总第四十辑），中国社会科学院新闻研究所《新闻研究资料》编辑部编，中国社会科学出版社

中国新闻年鉴（1987），中国社会科学院新闻研究所编，中国社会科学出版社

1988 年

当代中国报纸大全，中国社会科学院新闻研究所等编，宁夏人民出版社

好新闻——1987 年全国好新闻作品，中国新闻学会联合会秘书处编，人民日报出版社

七国新闻传播事业，中国社会科学院新闻研究所编，重庆出版社

人与人之间，〔苏〕乌戈洛夫 著，徐耀魁译，新华出版社

时评与通讯，中国社会科学院新闻研究所中国报刊史研究室等编，人民日报出版社

世界新闻史大事记，陶涵主编，人民日报出版社

世界新闻史纲，陈力丹著，福建人民出版社

首都新闻学会第二次学术年会新闻学论文集（1987），首都新闻学会秘书处编，人民日报出版社

台湾的昨天与今天，喻权域著，新华出版社

新闻编辑的艺术，彭朝丞著，中国新闻出版社

新闻学小词典，陈力丹编，中国新闻出版社

现代新闻学，何光先著，云南教育出版社

中国的报刊，王凤超编著，人民出版社

新闻学刊（第 1—6 期），中国新闻学会联合会、中国社会科学院新闻研究所主办

新闻研究资料（总第四十一辑），中国社会科学院新闻研究所《新闻研究资料》编辑部编，中国社会科学出版社

新闻研究资料（总第四十二辑），中国社会科学院新闻研究所《新闻研究资料》编辑部编，中国社会科学出版社

新闻研究资料（总第四十三辑），中国社会科学院新闻研究所《新闻研究资料》编辑部编，中国社会科学出版社

新闻研究资料（总第四十四辑），中国社会科学院新闻研究所《新闻研究资料》编辑部编，中国社会科学出版社

中国新闻年鉴（1988），中国社会科学院新闻研究所等编，中国社会科学出版社

1989 年

大众传播通论，〔美〕梅尔文德弗勒等著颜建军、王怡红 等译，华夏出版社

范长江传，方蒙著，中国新闻出版社

国际得奖摄影作品选评，伍素心编，上海人民美术出版社

好新闻：1988 年全国好新闻入选作品，中国新闻学会联合会秘书处主编，中国新闻出版社

十年新闻写作变革，何光先著，中国新闻出版社

世界十国新闻史纲要，陶涵主编，文津出版社

现代新闻标题学，彭朝丞著，长征出版社

艺术与社会，〔英〕赫伯特·里德著，陈方明、王怡红译，工人出版社

中国传播效果透视，陈崇山、弥秀玲主编，沈阳出版社

新闻学刊（第 1—2 期），中国新闻学会联合会、中国社会科学院新闻研究所主办

新闻研究资料（总第四十五辑），中国社会科学院新闻研究所《新闻研究资料》编辑部编，何炳然主编、阎焕书副主编，中国社会科学出版社

新闻研究资料（总第四十六辑），中国社会科学院新闻研究所《新闻研究资料》编辑部编，何炳然主编、阎焕书副主编，中国社会科学出版社

新闻研究资料（总第四十七辑），中国社会科学院新闻研究所《新闻研究资料》编辑部编，何炳然主编、阎焕书副主编，中国社会科学出版社

新闻研究资料（总第四十八辑），中国社会科学院新闻研究所《新闻研究资料》编辑部编，何炳然主编、阎焕书副主编，中国社会科学出版社

新闻研究资料（总第四十九辑），中国社会科学院新闻研究所《新闻研究资料》编辑部编，阎焕书副主编，中国社会科学出版社

中国新闻年鉴（1989），中国社会科学院新闻研究所、中国新闻学联合会编，中国社会科学出版社

1990 年

大众传播学，徐耀魁著，辽宁教育出版社

现代应用新闻学（上、下），何光先主编，新华出版社

新华日报史：1938—1947，韩辛茹著，重庆出版社

中国明代新闻传播史，尹韵公著，重庆出版社

新闻研究资料（总第五十辑），中国社会科学院新闻研究所《新闻研究资料》编辑部编，阎焕书副主编，中国社会科学出版社

新闻研究资料（总第五十一辑），中国社会科学院新闻研究所《新闻研究资料》编辑部编，中国社会科学出版社

新闻研究资料（总第五十二辑），中国社会科学院新闻研究所《新闻研究资料》编辑部编，阎焕书副主编，中国社会科学出版社

1991 年

当代实用公共关系，明安香著，经济管理出版社

公共关系学，明安香著，河南美术出版社

奇迹在这里发生，何光先著，工人出版社

中国电视史，郭镇之著，中国人民大学出版社

新闻研究资料（总第五十三辑），中国社会科学院新闻研究所《新闻研究资料》编辑部编，阎焕书副主编，中国社会科学出版社

新闻研究资料（总第五十四辑），中国社会科学院新闻研究所《新闻研究资料》编辑部编，阎焕书副主编，中国社会科学出版社

新闻研究资料（总第五十五辑），中国社会科学院新闻研究所《新闻研究资料》编辑部编，孙旭培主编、阎焕书副主编，中国社会科学出版社

中国新闻年鉴（1990），中国社会科学院新闻研究所、中国新闻学会联合会编，中国社会科学出版社

1992 年

新闻通讯员手册，钱辛波著，大连出版社

现场短新闻写作概要，彭朝丞著，人民日报出版社

昨天与今天——历史学新闻学论文集，尹韵公著，成都出版社

新闻研究资料（总第五十六辑），中国社会科学院新闻研究所《新闻研究资料》编辑部编，孙旭培主编、阎焕书副主编，中国社会科学出版社

新闻研究资料（总第五十七辑），中国社会科学院新闻研究所《新闻研究资料》编辑部编，孙旭培主编、阎焕书副主编，中国社会科学出版社

新闻研究资料（总第五十八辑），中国社会科学院新闻研究所《新闻研究资料》编辑部编，孙旭培主编、阎焕书副主编，中国社会科学出版社

新闻研究资料（总第五十九辑），中国社会科学院新闻研究所《新闻研究资料》编辑部编，孙旭培主编、阎焕书副主编，中国社会科学出版社

中国新闻年鉴（1991），中国社会科学院新闻研究所编，中国社会科学出版社

1993 年

《大公报》与现代中国，方蒙著，重庆出版社

电视学原理，刘志明著，中国人民大学出版社

广告策划技巧 20 例，孙五三 等主编，青岛出版社

精神交往论——马克思恩格斯的传播观，陈力丹著，开明出版社

怎样写好经济新闻，彭朝丞著，人民日报出版社

新闻研究资料（总第六十辑），中国社会科学院新闻研究所《新闻研究资料》编辑部编，孙旭培主编、阎焕书副主编，中国社会科学出版社

新闻研究资料（总第六十一辑），中国社会科学院新闻研究所编，孙旭培主编、阎焕书副主编，中国社会科学出版社

中国新闻年鉴（1992），中国社会科学院新闻研究所编，中国社会科学出版社

致青年记者 60 封信，商恺著，经济日报出版社

1994 年

比较新闻学，王怡红著，开明出版社

公共关系总论，明安香等著，人民日报出版社

进入"地球村"：中国儿童与大众传播，卜卫著，四川少年儿童出版社

人权问题纵横谈，喻权域著，辽宁人民出版社

新闻侵权与诉讼，孙旭培主编，人民日报出版社

新闻学新论，孙旭培著，当代中国出版社

新闻与传播研究（第 1 期），中国社会科学院新闻研究所主办，孙旭培主编、李斯颐副主编

新闻与传播研究（第 2—4 期），中国社会科学院新闻研究所主办，孙旭培主编、孙五三副主编

中国新闻年鉴（1993），中国社会科学院新闻研究所编，中国社会科学出版社

中国新闻年鉴（1994），中国新闻年鉴杂志社编，中国新闻年鉴社

1995 年

名牌战略：企业成功之路，明安香主编，中国水利水电出版社

企业形象管理：最新一代管理，明安香著，中国水利水电出版社

中外名记者丛书：陆饴，韩辛茹著，人民日报出版社

新闻与传播研究（第 1—4 期），中国社会科学院新闻研究所主办，喻权域主编、孙五三副主编

中国新闻年鉴（1995），中国新闻年鉴杂志社编，中国新闻年鉴杂志社

1996 年

思想管理者，〔美〕席勒著，王怡红译，台湾远流出版事业股份公司

新闻标题学，彭朝丞著，人民日报出版社

新闻与传播研究（第1—4期），中国社会科学院新闻研究所主办，喻权域主编、孙五三副主编

中国新闻年鉴（1996），中国新闻年鉴杂志社编，阎焕书主编、梁博祥副主编，中国新闻年鉴杂志社

1997 年

儿童教育忧思录，孙云晓、卜卫著，辽宁人民出版社

广播电视新闻概论，明安香、郭镇之主编，人民日报出版社

华夏传播论：中国传统文化中的传播，孙旭培主编，人民出版社

媒介·人·现代化，陈崇山、孙五三主编，中国社会科学出版社

领导者媒介形象设计，中国社会科学院新闻研究所、中央电视台研究室合编，龙永枢、杨伟光主编，社会科学文献出版社

生活在网络中，严峰、卜卫著，中国人民大学出版社

新闻与传播研究（第1—4期），中国社会科学院新闻与传播研究所主办，喻权域主编、孙五三副主编

中国新闻年鉴（1997），中国社会科学院新闻与传播研究所主办，梁博祥副主编，中国新闻年鉴杂志社

1998 年

传播科技纵横，闵大洪著，警官教育出版社

电视，卜卫著，暨南大学出版社

广告，卜卫著，暨南大学出版社

西方新闻理论评析，徐耀魁主编，新华出版社

新闻，卜卫著，暨南大学出版社

延安《解放日报》史，王敬主编，新华出版社

新闻与传播研究（第1—3期），中国社会科学院新闻与传播研究所主办，喻权域主编、孙五三副主编

新闻与传播研究（第4期），中国社会科学院新闻与传播研究所主办，尹韵公主编、

孙五三副主编

中国新闻年鉴（1998），中国社会科学院新闻与传播研究所主办，梁博祥代主编，中国新闻年鉴杂志社

1999 年

报业经济与报业经营，唐绪军著，新华出版社

电视影响评析，时统宇著，新华出版社

社会科学成果价值评估，卜卫、周海宏、刘晓红著，社会科学文献出版社

信息高速公路与大众传播，明安香著，华夏出版社

舆论学：舆论导向研究，陈力丹著，中国广播电视出版社

新闻与传播研究（第 1—4 期），中国社会科学院新闻与传播研究所主办，尹韵公主编

中国新闻年鉴（1999），中国社会科学院新闻与传播研究所主办，中国新闻年鉴社

2000 年

聚焦《华西都市报》，尹韵公主编，中国社会科学出版社

媒介形态变化：认识新媒介，〔美〕罗杰·菲德勒著，明安香译，华夏出版社

世界传媒概览，徐耀魁主编，重庆出版社

通讯员习作点评，陈力丹著，中国广播电视出版社

消息写作，时统宇著，中国广播电视出版社

新闻标题制作，彭朝丞著，中国广播电视出版社

新闻侵权：从传统媒介到网络——避免与化解纠纷的实践指南，张西明等著，新华出版社

新中国传媒 50 年，中国新闻年鉴编辑委员会编辑，中国新闻年鉴社

新闻与传播研究（第 1—4 期），中国社会科学院新闻与传播研究所主办，尹韵公主编

中国新闻年鉴（2000），中国社会科学院新闻与传播研究所主办，梁博祥主编，中国新闻年鉴社

2001 年

大众传播心理研究，刘晓红、卜卫著，中国广播电视出版社

公共关系教程（第 8 版），〔美〕斯各特·卡特里普等著，明安香译，华夏出版社

获奖消息赏析（1979—1999），彭朝丞著，人民日报出版社

媒介与性别，卜卫著，江苏人民出版社

深度报道范文评析，时统宇编著，新华出版社

硕士论文写作，陈力丹著，中国广播电视出版社

新闻与法：媒体法律问题手册，张西明著，广州出版社

新闻与传播研究（第1—4期），中国社会科学院新闻与传播研究所主办，尹韵公主编、张满丽副主编

中国新闻年鉴（2001），中国社会科学院新闻与传播研究所主办，梁博祥主编，中国新闻年鉴社

2002 年

大众媒介对儿童的影响，卜卫著，新华出版社

马克思主义新闻学词典，陈力丹著，中国广播电视出版社

媒介与儿童教育，卜卫著，新世界出版社

世界新闻传播史，陈力丹著，上海交通大学出版社

有效的公共关系，〔美〕格伦·布鲁姆、艾伦··森特、斯科特·卡特里普著，明安香译，华夏出版社

张力与限制：新闻法治与自律的比较研究，张西明著，重庆出版社

中国新闻界人物，尹韵公主编，中国人事出版社

新闻与传播研究（第1—4期），中国社会科学院新闻与传播研究所主办，尹韵公主编、张满丽副主编

中国新闻年鉴（2002），中国社会科学院新闻与传播研究所主办，梁博祥、阎焕书主编，中国新闻年鉴社

2003 年

电视批评理论研究，时统宇著，中国广播电视出版社

马克思主义新闻思想概论，陈力丹著，复旦大学出版社

数字传媒概要，闵大洪著，复旦大学出版社

人与人的相遇：人际传播论，王怡红著，人民出版社

新美利坚帝国，张西明著，中国社会科学出版社

舆论——感觉周围的精神世界，陈力丹著，上海交通大学出版社

中日关系新思维与舆论，刘志明主编，NICCS

新闻与传播研究（第 1—4 期），中国社会科学院新闻与传播研究所主办，尹韵公主编、张满丽副主编

中国新闻年鉴（2003），中国社会科学院新闻与传播研究所主办，阎焕书主编，中国新闻年鉴社

2004 年

当代中国新闻改革，孙旭培著，人民出版社

媒介消费的法律保障——兼论媒体对受众的底线责任，宋小卫著，中国广播电视出版社

谁比谁真实：电视，张建珍等著，云南人民出版社

网络互动：意义诠释与规则探讨，孟威著，经济管理出版社

中国传媒的活动空间，孙旭培著，人民出版社

中国传媒集团发展报告，《中国传媒集团发展报告》课题组编，湖南教育出版社

新闻与传播研究（第 1—4 期），中国社会科学院新闻与传播研究所主办，尹韵公主编、张满丽副主编

中国新闻年鉴（2004），中国社会科学院新闻与传播研究所主办，阎焕书主编，中国新闻年鉴社

中国新闻年鉴·传媒调查卷，中国社会科学院新闻与传播研究所编，刘志明主编，中国新闻年鉴社

2005 年

标题的制作艺术，彭朝丞、王秀芬著，新华出版社

大众传播新论，徐耀魁著，苏州大学出版社

海外传媒在中国，姜飞主编，中国文联出版社

跨文化传播的后殖民语境，姜飞著，中国人民大学出版社

美国：超级传媒帝国，明安香著，社会科学文献出版社

喻权域文集，喻权域著，上海辞书出版社

新闻与传播研究（第 1—4 期），中国社会科学院新闻与传播研究所主办，尹韵公主编、张满丽副主编

中国新闻年鉴（2005），中国社会科学院新闻与传播研究所主办，阎焕书主编，中国新闻年鉴社

2006 年

促进农村校外青少年健康教育的传播战略研究，卜卫、刘晓红主编，北京大学医学出版社

传播学研究：和谐与发展，尹韵公、明安香主编，新华出版社

全球传播格局，明安香主编，社科文献出版社

中西方电视文化比较研究，冷淞著，中国戏剧出版社

新闻与传播研究（第1—4期），中国社会科学院新闻与传播研究所主办，尹韵公主编、张满丽副主编

中国新闻年鉴（2006），中国社会科学院新闻与传播研究所主办，阎焕书主编、钱莲生执行主编，中国新闻年鉴社

2007 年

纪念中国社会科学院建院三十周年学术论文集·新闻与传播研究所卷，中国社会科学院新闻与传播研究所编，方志出版社

马克思恩格斯全球化思想研究，刘志明著，中央民族大学出版社

收视率导向研究，时统宇等著，四川人民出版社

新闻与传播研究（第1—4期），中国社会科学院新闻与传播研究所主办，尹韵公主编、张满丽副主编

中国新闻年鉴（2007），中国社会科学院新闻与传播研究所主办，钱莲生主编，中国新闻年鉴社

2008 年

传播学简史，〔法〕阿芒·马特拉、米歇尔·马特拉著，孙五三译，中国人民大学出版社

传媒全球化与中国崛起，明安香著，社会科学文献出版社

嬗变与重构——中国 IPTV 发展研究，黄楚新著，中国传媒大学出版社

受众本位论，陈崇山著，社会科学文献出版社

中日传播研究，刘志明著，学林出版社

新闻与传播研究（第1—6期），中国社会科学院新闻与传播研究所主办，尹韵公主编、张满丽、刘瑞生副主编

中国新闻年鉴（2008），中国社会科学院新闻与传播研究所主办，钱莲生主编，中

国新闻年鉴社

2009 年

媒介消费之讼：中国内地案例重述与释解，宋小卫著，中国社会科学出版社

西方电视审美文化，冷淞著，中国广播电视出版社

尹韵公自选集，尹韵公著，学习出版社

新闻与传播研究（第 1—6 期），中国社会科学院新闻与传播研究所主办，尹韵公主编，张满丽、刘瑞生副主编

中国新闻年鉴（2009），中国社会科学院新闻与传播研究所主办，钱莲生主编，中国新闻年鉴社，

2010 年

艰难的新闻自律，陈力丹、季为民等著，人民日报出版社

马克思主义经典文献的出版和传播研究，庄前生主编，中国社会科学出版社

媒介融合背景下的新闻报道，黄楚新主编，浙江大学出版社

中国传播学 30 年：1978 – 2008，王怡红、胡翼青主编，杨瑞明、张丹副主编，中国大百科全书出版社

中国新媒体发展报告 – 2010，尹韵公主编，吴信训副主编、刘瑞生执行主编，社会科学文献出版社

新闻与传播研究（第 1—6 期），中国社会科学院新闻与传播研究所主办，尹韵公主编，张满丽、刘瑞生副主编

中国新闻年鉴（2010），中国社会科学院新闻与传播研究所主办，钱莲生主编，中国新闻年鉴社

2011 年

传播与文化，姜飞著，中国传媒大学出版社

电视娱乐：传播形态与社会影响研究，殷乐著，中国社会科学出版社

冷眼向洋看传媒，时统宇著，新华出版社

媒介融合背景下的传媒创新，黄楚新主编，浙江大学出版社

土门日记：华县皮影田野调查手记，沙垚著，清华大学出版社

消除家庭暴力与媒介倡导：研究、见证与实践，卜卫、张祺主编，中国社会科学出版社

中国新媒体发展报告－2011，尹韵公主编，吴信训副主编、刘瑞生执行主编，社会科学文献出版社

新闻与传播研究（第1—6期），中国社会科学院新闻与传播研究所主办，尹韵公主编，张满丽、刘瑞生副主编

中国新闻年鉴（2011），中国社会科学院新闻与传播研究所主办，钱莲生主编，中国新闻年鉴社

2012 年

电视知识分子，时统宇、吕强著，社会科学文献出版社

国民党新闻传播制度研究，向芬著，中国社会科学出版社

马克思、恩格斯、列宁、斯大林论新闻出版，尹韵公主编，宋小卫、向芬、冷淞、王颖副主编，中国社会科学出版社

媒介伦理的道德论据，孟威著，经济管理出版社

实践的逻辑，孙五三著，中国社会科学出版社

文明传播的哲学视野，杨瑞明、张丹等主编，中国社会科学出版社

新媒介素养，黄楚新主编，知识产权出版社

新媒体时代我国版权保护制度优化研究——基于新制度经济学视角，朱鸿军著，苏州大学出版社

中国突围：中国影视文化对外传播战略研究，冷淞等著，中国广播电视出版社

新闻与传播研究（第1—2期），中国社会科学院新闻与传播研究所主办，尹韵公主编，张满丽、刘瑞生副主编

新闻与传播研究（第3—6期），中国社会科学院新闻与传播研究所主办，唐绪军主编，张满丽、刘瑞生副主编

中国新媒体发展报告 No.3（2012），尹韵公主编，吴信训副主编、刘瑞生执行主编，社会科学文献出版社

中国新闻年鉴（2012），中国社会科学院新闻与传播研究所主办，钱莲生主编，中国新闻年鉴社

2013 年

广告主对大众媒体的影响与控制，王凤翔著，社会科学文献出版社

马克思主义新闻传播史论的研究历程（第一卷），中国社会科学院新闻与传播研究所马克思主义新闻学研究室编，中国社会科学出版社

品道午餐学术沙龙演讲集（第一辑），姜飞、张丹主编，中国社会科学出版社

媒介消费诉愿管理研究，宋小卫等著，科学出版社

网络空间的规制与平衡：一种比较研究的视角，张化冰著，中国社会科学出版社

中国新媒体发展报告 No.4（2013），唐绪军主编，吴信训、黄楚新、刘瑞生副主编，社会科学文献出版社

中国新闻传播的发展，中国社会科学院新闻与传播研究所创新工程"新闻传播发展趋势研究"项目组，中国社会科学出版社

新闻与传播研究（第1—12期），中国社会科学院新闻与传播研究所主办，唐绪军主编，钱莲生常务副主编，张满丽、刘瑞生副主编

中国新闻年鉴（2013），中国社会科学院新闻与传播研究所主办，钱莲生主编，中国新闻年鉴社

2014 年

马克思主义新闻传播史论的研究历程（第二卷），中国社会科学院新闻与传播研究所马克思主义新闻学研究室，中国社会科学出版社

新农村：一部历史，沙垚著，清华大学出版社

移动新媒体时代的舆论引导研究，雷霞著，中国广播电视出版社

中国未成年人互联网运用报告（2013 - 2014），李文革、沈杰、季为民主编，社会科学文献出版社

中国新媒体发展报告 No.5（2014），唐绪军主编，吴信训、黄楚新、刘瑞生副主编，社会科学文献出版社

中国舆情指数报告（2013），刘志明主编，刘晓红、杨斌艳副主编，社会科学文献出版社

新闻学传播学文摘 2014（总第1卷），唐绪军主编、殷乐执行主编，中国社会科学出版社

新闻与传播研究（第1—6期），中国社会科学院新闻与传播研究所主办，唐绪军主编，钱莲生常务副主编，张满丽、刘瑞生副主编

新闻与传播研究（第7—12期），中国社会科学院新闻与传播研究所主办，唐绪军主编，钱莲生执行主编，刘瑞生、朱鸿军副主编

中国新闻年鉴（2014），中国社会科学院新闻与传播研究所主办，钱莲生主编，中国新闻年鉴社

2015 年

安岗新闻论集，陈崇山、陈日浓主编，中国社会科学出版社

China Intercultural Communication Annual，姜飞主编，China Social Sciences Press

马克思主义新闻传播史论的研究历程（第三卷），中国社会科学院新闻与传播研究所马克思主义新闻学研究室，中国社会科学出版社

品道午餐学术沙龙演讲集（第二辑），姜飞、张丹主编，中国社会科学出版社

新媒体：融合与发展，黄楚新著，人民日报出版社

新媒体与社会发展，孟威主编，人民日报出版社

中国媒体融合发展现状，唐绪军、黄楚新等主编，中国社会科学出版社

中国新闻传播的发展：2013 – 2014，中国社会科学院新闻与传播研究所创新工程"新闻传播发展趋势研究"项目组，中国社会科学出版社

中国新闻传播的发展：2014 – 2015，中国社会科学院新闻与传播研究所创新工程"新闻传播发展趋势研究"项目组，中国社会科学出版社

中国新媒体发展报告 No. 6（2015），唐绪军主编，吴信训、黄楚新、刘瑞生副主编，社会科学文献出版社

新闻学传播学文摘 – 2015（总第 2 卷），唐绪军主编、殷乐执行主编，中国社会科学出版社

治学例话：全国新闻传播学优秀论文品鉴（第一辑），唐绪军主编、钱莲生副主编，中国社会科学出版社

治学例话：全国新闻传播学优秀论文品鉴（第二辑），唐绪军主编、钱莲生副主编，中国社会科学出版社

新闻与传播研究（第 1—12 期），中国社会科学院新闻与传播研究所主办，唐绪军主编，钱莲生执行主编，刘瑞生、朱鸿军副主编

中国新闻传播学年鉴（2015）（创刊号），中国社会科学院新闻与传播研究所编，唐绪军主编、钱莲生副主编，中国社会科学出版社

中国新闻年鉴（2015），中国社会科学院新闻与传播研究所主办，钱莲生主编，中国新闻年鉴社

2016 年

实证：数字时代新丝路文化建设研究——以甘肃省为例，陈积银、李玉政、朱鸿军等著，中国社会科学出版社

新媒体时代抗议性谣言传播及其善治策略研究，雷霞著，中国社会科学出版社

新形势下媒体国际传播与话语权竞争，冷淞等著，中国社会科学出版社

一个人的京剧史：张正芳评传，沙垚等著，清华大学出版社

舆情大数据指数，刘志明著，社会科学文献出版社

治学例话：全国新闻传播学优秀论文品鉴（第三辑），唐绪军主编、钱莲生副主编，中国社会科学出版社

中国跨文化传播研究年刊（第 1 辑），姜飞主编，中国社会科学出版社

中国网络媒体 20 年：1994—2014，闵大洪著，电子工业出版社

中国新闻界的"半边天"，陈崇山编著，中国社会科学出版社

中国新媒体发展报告 No.7（2016），唐绪军主编，吴信训、黄楚新副主编，社会科学文献出版社

新闻与传播研究（第 1—12 期），中国社会科学院新闻与传播研究所主办，唐绪军主编，钱莲生执行主编，刘瑞生、朱鸿军副主编

中国新闻传播学年鉴（2016），中国社会科学院新闻与传播研究所编，唐绪军主编、钱莲生副主编，中国社会科学出版社

中国新闻年鉴（2016），中国社会科学院新闻与传播研究所主办，钱莲生主编，中国新闻年鉴社

2017 年

电视节目低俗化批判研究，时统宇等著，中国社会科学出版社

沟通之桥：人际传播经典读本（第十版），〔美〕约翰·斯图尔特著，王怡红等译，北京大学出版社

共筑基层教育中国梦，季为民主编，中国社会科学出版社

全球电视节目模式观察（2016 年，第一卷），张建珍等著，吉林大学出版社

全球视野　中国实践：首届中外合作互联网治理论坛论文集，唐绪军主编、殷乐副主编，中国社会科学出版社

吾土吾民：农民的文化表达与主体性，沙垚著，中国社会科学出版社

新媒体影像的国际化传播——中国影视文化传播供给侧研究，冷淞等著，中国广播影视出版社

野火之后：当代台湾新闻业观察、反思与批判，向芬著，九州出版社

宜居中国发展指数报告（2017—2018），刘志明著，中国社会科学出版社

中国媒体融合发展现状（2015—2016），唐绪军、黄楚新等著，社会科学文献出

版社

中国新媒体发展报告 No. 8（2017），唐绪军主编，吴信训、黄楚新副主编，社会科学文献出版社

新闻学传播学文摘 2016. No. 1（总第 3 卷），唐绪军主编、张满丽执行主编，中国社会科学出版社

新闻学传播学文摘 2016. No. 2（总第 4 卷），唐绪军主编、张满丽执行主编，中国社会科学出版社

治学例话：全国新闻传播学优秀论文品鉴（第四辑），唐绪军主编、钱莲生副主编，中国社会科学出版社

新闻与传播研究（第 1—12 期），中国社会科学院新闻与传播研究所主办，唐绪军主编，钱莲生执行主编，刘瑞生、朱鸿军副主编

中国新闻传播学年鉴（2017），中国社会科学院新闻与传播研究所编，唐绪军主编、钱莲生副主编，中国社会科学出版社

中国新闻年鉴（2017），中国社会科学院新闻与传播研究所主办，钱莲生主编，中国新闻年鉴社

2018 年

厕所革命，刘志明主编，中国社会科学出版社

国内外媒体融合典型案例库，朱鸿军著，中国书籍出版社

失序与平衡：媒体融合中的版权制度，朱鸿军著，中国社会科学出版社

新媒体、微传播与融媒发展，黄楚新著，人民日报出版社

中国媒体融合发展现状（2016 - 2017），唐绪军、黄楚新、彭韵佳著，中国社会科学出版社

中国新媒体发展报告 No. 9（2018），唐绪军主编，吴信训、黄楚新副主编，社会科学文献出版社

中国微传播指数报告（2018），刘志明主编，中国社会科学出版社

图书在版编目（CIP）数据

知往鉴来：中国社会科学院新闻与传播研究所建所
四十周年论文集／中国社会科学院新闻与传播研究所编
. -- 北京：社会科学文献出版社，2018.11
ISBN 978 - 7 - 5201 - 3387 - 6

Ⅰ.①知… Ⅱ.①中… Ⅲ.①新闻学 - 传播学 - 文集
Ⅳ.①G210 - 53

中国版本图书馆 CIP 数据核字（2018）第 204957 号

知往鉴来

——中国社会科学院新闻与传播研究所建所四十周年论文集

编　　者／中国社会科学院新闻与传播研究所

出 版 人／谢寿光
项目统筹／蔡继辉
责任编辑／连凌云

出　　版／社会科学文献出版社（010）59367026
　　　　　地址：北京市北三环中路甲 29 号院华龙大厦　邮编：100029
　　　　　网址：www. ssap. com. cn
发　　行／市场营销中心（010）59367081　59367083
印　　装／三河市东方印刷有限公司

规　　格／开　本：787mm × 1092mm　1/16
　　　　　印　张：35　字　数：694 千字
版　　次／2018 年 11 月第 1 版　2018 年 11 月第 1 次印刷
书　　号／ISBN 978 - 7 - 5201 - 3387 - 6
定　　价／168.00 元